2019ANTIQUES AUCTION RECORDS

拍卖年鉴 瓷器

2018.1.1～2018.12.31

欣 弘 主编

CNS | 湖南美术出版社

图书在版编目(CIP)数据

2019古董拍卖年鉴·瓷器 / 欣弘编. 一长沙：湖南美术出版社，2019.1
ISBN 978-7-5356-8553-7

Ⅰ.①2… Ⅱ.①欣… Ⅲ.①历史文物－拍卖－价格－中国－2019－年鉴②瓷器(考古)－拍卖－价格－中国－2019－年鉴 Ⅳ.①F724.787-54

中国版本图书馆CIP数据核字(2018)第293842号

2019古董拍卖年鉴·瓷器

出 版 人：黄 啸
主　　编：欣 弘
策　　划：易兴宏　李志文
责任编辑：李 坚

湖南美术出版社出版发行(长沙市东二环一段622号)
湖南省新华书店经销
雅昌文化(集团)有限公司制版、印刷
(本书采用CTP工艺制版、印刷)
开本：787×1092　1/16　印张：21
版次：2019年1月第1版　印次：2019年1月第1次印刷
ISBN 978-7-5356-8553-7
定价：178.00元

邮购联系：0731-84787105　邮编：410016　网址：http://www.arts-press.com/
电子邮箱：market@arts-press.com
如有倒装、破损、少页等印装质量问题，请与印刷厂联系斢换。

目　录

凡　例

1.《2019古董拍卖年鉴》分瓷器卷、玉器卷、杂项卷、珠宝翡翠卷、书画卷共五册，收录了纽约、伦敦、巴黎、日内瓦、香港、澳门、台北、北京、上海、广州、昆明、天津、重庆、成都、合肥、南京、西安、沈阳、济南等城市或地区的几十家拍卖公司几百个专场的2018年度拍卖成交记录与拍品图片。

2.本书内文条目原则上保留了原拍卖记录，按拍品号、品名、估价、成交价、尺寸、拍卖公司名称、拍卖日期等排序，部分原内容缺或不详的不注明，书画卷内文条目还有作者姓名、作品形式、创作年代等内容。

3.因境外拍卖公司宿地不同，本书拍品中有多种币种：RMB人民币，USD美元，EUR欧元，GBP英磅，HKD港币，TWD台币。但本书所有拍品成交价均按汇率转换成RMB(人民币)币种。

4.多人合作的作品，目录中仅列出一位主要作者的名字。

5.查看书中图片大图及拍品详情，请登陆微信小程序“拍卖典藏”进入《拍卖年鉴》栏目查询。

陶　器

4 新石器时代 马家窑文化 半山类型 彩绘陶罐（两件）
估　价：USD 1,000~1,500
成交价：RMB 103,123
高9.8cm；高11.1cm 纽约佳士得 2018-03-20

16 战国 陶罐（三件）
估　价：USD 2,000~3,000
成交价：RMB 30,144
尺寸不一 纽约佳士得 2018-03-20

35 汉 绿釉陶马
估　价：GBP 60,000~100,000
成交价：RMB 592,900
高132cm 伦敦佳士得 2018-05-15

114 唐 三彩双龙柄瓶
估　价：HKD 200,000~300,000
成交价：RMB 190,924
高34cm 中国嘉德 2018-04-02

1275 北魏 彩绘陶牛车
估　价：USD 7,000~10,000
成交价：RMB 111,183
长20.3cm；长18.7cm 纽约佳士得 2018-09-13

11 隋 灰釉骑马男俑两尊
估　价：USD 6,000~8,000
成交价：RMB 118,988
纽约佳士得 2018-03-20

1150 北魏 彩绘陶武士俑
估　价：USD 8,000~12,000
成交价：RMB 153,945
高55.8cm 纽约佳士得 2018-09-13

649 唐 绿釉彩凤首执壶
估　价：HKD 1,500,000~2,000,000
成交价：RMB 1,543,440
高42cm 中国嘉德 2018-10-02

3991 唐 蓝彩罐
估　价：RMB 60,000~80,000
成交价：RMB 115,000
高11.7cm 西泠拍卖 2018-07-08

1274 唐 三彩骑马女俑
估　价：USD 25,000~35,000
成交价：RMB 342,100
高40.7cm 纽约佳士得 2018-09-13

37 唐 陶打马球女俑（一组两件）
估　价：GBP 15,000~20,000
成交价：RMB 409,640
宽36.2cm 伦敦佳士得 2018-05-15

34 唐 三彩骆驼
估　价：GBP 10,000~15,000
成交价：RMB 102,410
高57cm 伦敦佳士得 2018-05-15

1281 辽 三彩迦陵频迦壶
估　价：USD 15,000~25,000
成交价：RMB 102,630
高16.5cm 纽约佳士得 2018-09-13

156 辽代 三彩婴戏荷叶枕
估　价：HKD 150,000~300,000
成交价：RMB 143,724
长20cm 香港中汉 2018-05-31

3954 辽 三彩如意绶带纹花口粉盒
估　价：RMB 200,000~300,000
成交价：RMB 230,000
口径9.3cm 西泠拍卖 2018-07-08

832 金 磁州窑三彩莲鱼纹碗
估　价：USD 6,000~8,000
成交价：RMB 299,338
直径17.8cm 纽约佳士得 2018-09-13

482 元/明 彩塑罗汉坐像（一组两尊）
估　价：GBP 3,000~5,000
成交价：RMB 183,260
直径29cm×2 伦敦苏富比 2018-05-18

5048 元 赣州窑柳斗罐
估　价：RMB 15,000~25,000
成交价：RMB 17,250
直径10cm 中国嘉德 2018-05-19

1173 元 当阳峪绞胎盘
估　价：RMB 250,000~350,000
成交价：RMB 287,500
直径20cm 保利厦门 2018-07-15

449 明 泥塑彩绘飞天像两尊
估　价：USD 20,000~30,000
成交价：RMB 158,650
纽约苏富比 2018-03-20

79 明 三彩龙瓦当
估　价：GBP 10,000~15,000
成交价：RMB 280,280
长117cm 伦敦苏富比 2018-05-16

5065 清早期 宜钧釉连环式笔舔（一对）
估　价：RMB 50,000~80,000
成交价：RMB 632,500
长11cm×2 北京保利 2018-06-19

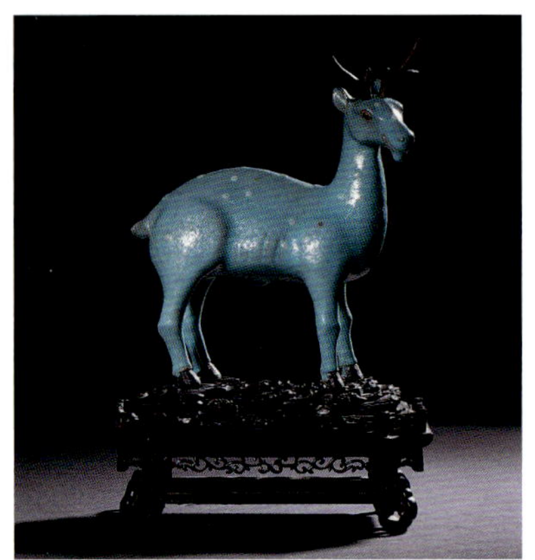
951 清雍正 宜钧釉紫砂胎瑞鹿摆件
估 价：RMB 400,000~600,000
成交价：RMB 667,000
高19cm；长16cm 博美拍卖 2018-01-05

1658 清乾隆 宜兴窑粉彩山水皮球花纹折沿洗
估 价：RMB 100,000~180,000
成交价：RMB 115,000
直径37.5cm；高10.8cm 中贸圣佳 2018-11-24

132 民国 石湾陶潘玉书作时迁偷鸡
"潘玉书制"款
估 价：HKD 30,000~50,000
成交价：RMB 389,760
高24cm 香港诚昌 2018-05-30

青 瓷

越 窑

68 西晋 越窑青釉卧羊水注
估 价：GBP 30,000~40,000
成交价：RMB 431,200
高18cm 伦敦苏富比 2018-05-16

139 唐 越窑青釉花口盘
估 价：HKD 180,000~220,000
成交价：RMB 171,832
直径17.5cm 中国嘉德 2018-04-02

134 五代/北宋 越窑青釉刻莲瓣纹罐
估 价：HKD 120,000~150,000
成交价：RMB 114,554
高7.5cm 中国嘉德 2018-04-02

657 五代 越窑青釉花口盘
估 价：HKD 60,000~80,000
成交价：RMB 236,661
直径14cm 中国嘉德 2018-10-02

3007 五代 越窑秘色青釉花口杯
估 价：HKD 80,000~100,000
成交价：RMB 236,661
直径10.3cm 保利香港 2018-10-02

1191 元 越窑执壶
估 价：RMB 260,000~360,000
成交价：RMB 299,000
高23.5cm 保利厦门 2018-07-15

3950 北宋 十月款越窑刻花牡丹纹盖罐
款识："十月"
估 价：RMB 400,000~500,000
成交价：RMB 2,760,000
高12cm 西泠拍卖 2018-07-08

157 北宋 耀州窑青釉刻花卉纹花口渣斗
估 价：HKD 380,000~450,000
成交价：RMB 364,101
直径12.4cm 香港中汉 2018-05-31

耀州窑

69 五代/北宋 耀州窑青釉刻花罐
估 价：GBP 50,000~70,000
成交价：RMB 1,617,000
直径13cm 伦敦苏富比 2018-05-16

2916 北宋 耀州窑青釉刻蓉塘戏鹭纹嘟噜瓶
估 价：HKD 500,000~700,000
成交价：RMB 1,725,500
宽14.6cm 佳士得 2018-05-30

211 北宋 耀州窑青釉刻牡丹纹盘
估 价：USD 30,000~50,000
成交价：RMB 2,394,700
纽约苏富比 2018-09-12

637 北宋至金 耀州窑青釉印花双婴戏梅纹碗
估 价：HKD 50,000~80,000
成交价：RMB 51,448
直径12.8cm 中国嘉德 2018-10-02

22 北宋 耀州窑青釉印缠枝菊花纹碗
估 价：HKD 150,000~200,000
成交价：RMB 218,000
直径19cm 佳士得 2018-10-04

70 金 耀州窑青釉胆瓶
估 价：GBP 60,000~80,000
成交价：RMB 6,804,336
高28.8cm 伦敦苏富比 2018-05-16

663 北宋至金 耀州窑月白釉印花“醉解千愁”铭龙首八方杯
估 价：HKD 5,000~10,000
成交价：RMB 97,751
宽12.5cm 中国嘉德 2018-10-02

71 宋 耀州窑青釉瑞兽足炉
估 价：GBP 60,000~80,000
成交价：RMB 1,078,000
高18cm 伦敦苏富比 2018-05-16

501 北宋 耀州窑刻芙蓉纹碗
估 价：USD 30,000~50,000
成交价：RMB 2,363,885
直径20.8cm 纽约佳士得 2018-03-22

汝 窑

8006 北宋 汝窑天青釉茶盏
成交价：RMB 49,982,450
直径10.2cm 佳士得 2018-11-26

131 北宋 汝窑天青釉洗
成交价：RMB 60,888,000
直径14.5cm 台北艺流 2018-06-30

1133 元 天青魁首-汝窑青釉洗（清凉寺）
估　价：RMB 2,800,000~3,800,000
成交价：RMB 11,500,000
直径19cm 保利厦门 2018-07-15

仿汝釉

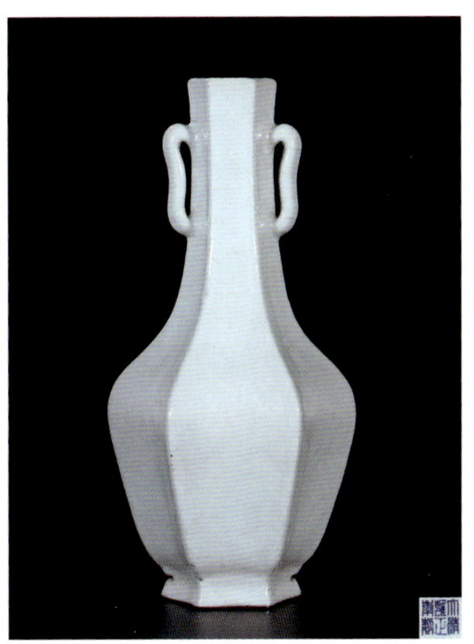

5937 清雍正 仿汝六棱形穿带瓶
“大清雍正年制”款
估　价：RMB 600,000~800,000
成交价：RMB 690,000
高28cm 北京保利 2018-06-20

909 清雍正 仿汝釉双蚰耳小炉
“大清雍正年制”六字三行篆书款
估　价：RMB 800,000~1,200,000
成交价：RMB 1,495,000
直径9.5cm；宽13cm 保利厦门 2018-01-08

5697 清雍正 仿汝釉大盘
“大清雍正年制”款
成交价：RMB 126,500
直径45.5cm 北京保利 2018-12-09

913 清雍正 仿汝釉弦纹尊
“大清雍正年制”六字三行篆书款
估 价：RMB 2,800,000~3,800,000
成交价：RMB 3,220,000
高32.5cm 保利厦门 2018-01-08

5898 清雍正 仿汝釉小花盆及盆奁
“雍正年制”款
估 价：RMB 1,300,000~2,300,000
成交价：RMB 2,300,000
盆直径13.9cm；托直径14.3cm 北京保利 2018-06-20

3050 清雍正 仿汝天青釉花盆
青花“大清雍正年制”六字单行篆书款
估 价：HKD 750,000~950,000
成交价：RMB 715,965
长24.5cm 保利香港 2018-04-02

3313 清乾隆 仿汝釉天圆地方葫芦瓶
估 价：HKD 1,000,000~1,500,000
成交价：RMB 1,852,128
高31cm 保利香港 2018-10-02

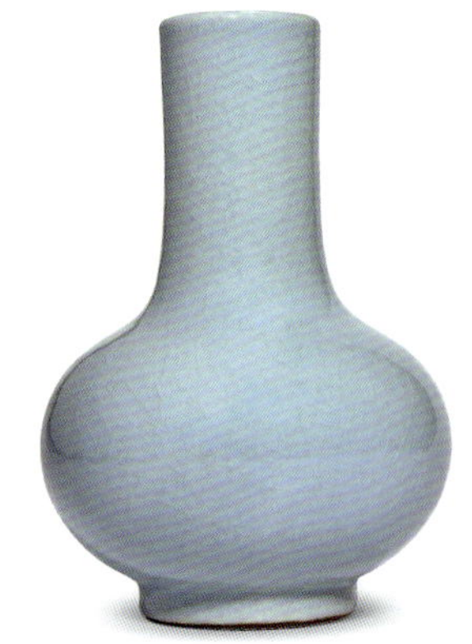

2808 清乾隆 仿汝釉小天球瓶
“大清乾隆年制”六字三行篆书款
估 价：RMB 200,000~300,000
成交价：RMB 828,000
高14.4cm 北京匡时 2018-12-05

2810 清乾隆 仿汝釉弦纹瓶
"大清乾隆年制"六字三行篆书款
估　价：RMB 3,000,000~4,000,000
成交价：RMB 13,225,000
高29cm 北京匡时 2018-12-05

3096 清乾隆 仿汝釉八方瓶
"大清乾隆年制"六字三行篆书款
估　价：HKD 350,000~550,000
成交价：RMB 572,772
高33cm 保利香港 2018-04-02

132 清乾隆 仿汝釉莲蓬口瓶
"大清乾隆年制"款
估　价：USD 30,000~50,000
成交价：RMB 684,200
纽约苏富比 2018-09-12

565 清乾隆 仿汝釉撇口观音瓶
"大清乾隆年制"六字三行篆书款
估　价：HKD 650,000~800,000
成交价：RMB 1,594,888
高21.2cm 中国嘉德 2018-10-02

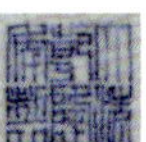

2815 清乾隆 仿汝釉鱼篓尊
“大清乾隆年制”六字三行篆书款
估　价：RMB 4,000,000~5,000,000
成交价：RMB 12,420,000
高10cm 北京匡时 2018-12-05

3668 清乾隆 仿汝釉大碗
“大清乾隆年制”款
估　价：HKD 300,000~500,000
成交价：RMB 1,061,813
直径35.5cm 香港苏富比 2018-04-03

1252 清乾隆 仿汝釉鸠耳尊
“大清乾隆年制”三行六字篆书款
估　价：RMB 800,000~1,000,000
成交价：RMB 862,500
高33.5cm 华艺国际 2018-11-16

2964 清乾隆 仿汝窑六方水仙盆
“大清乾隆年制“六字篆书款
估　价：HKD 200,000~300,000
成交价：RMB 221,750
宽27.9cm 佳士得 2018-11-28

1784 清乾隆 仿汝釉灵芝花插
“乾隆年制”四字篆书款
估　价：RMB 300,000~500,000
成交价：RMB 632,500
高14cm 华艺国际 2018-11-16

6 清乾隆 仿汝釉撇口大碗
“大清乾隆年制”六字三行篆书款
估　价：HKD 200,000~300,000
成交价：RMB 607,063
直径35.5cm 香港中汉 2018-11-29

2615 清乾隆 仿汝釉羽觞耳杯
“大清乾隆年制”篆书款，乾隆本朝
估　价：RMB 80,000~120,000
成交价：RMB 3,220,000
长11.2cm 中国嘉德 2018-06-18

官 窑

3062 南宋 官窑胆瓶
估　价：HKD 2,500,000~3,000,000
成交价：RMB 10,290,480
高15.1cm 香港苏富比 2018-04-02

3105 南宋 官窑青釉葵瓣洗
成交价：RMB 70,938,072
直径14cm 香港苏富比 2018-10-03

2918 南宋 龙泉仿官窑瓜棱花口瓶
估　价：HKD 1,500,000~3,000,000
成交价：RMB 2,614,640
高18.2cm 佳士得 2018-05-30

3040 南宋 官窑鸟食器
估　价：HKD 600,000~800,000
成交价：RMB 1,213,500
高6.2cm 香港苏富比 2018-04-02

2902 南宋 官窑鬲式炉
估　价：HKD 2,200,000~2,800,000
成交价：RMB 3,783,920
宽11.4cm 佳士得 2018-05-30

171 宋 官窑天青釉长颈胆瓶
估 价：NTD 8,000,000~16,000,000
成交价：RMB 2,666,800
高24cm 台北艺流 2018-12-01

3006 明 龙泉黑胎官窑净瓶
估 价：RMB 2,000,000~3,000,000
成交价：RMB 5,290,000
高23cm 北京荣宝 2018-12-03

5745 明永乐 处州龙泉官窑青釉梅瓶
估 价：RMB 1,500,000~2,000,000
成交价：RMB 2,070,000
高38.8cm 北京保利 2018-06-20

6436 明永乐 处州龙泉官窑刻花果纹墩式碗
估 价：RMB 600,000~800,000
成交价：RMB 747,500
直径20.5cm 北京保利 2018-12-09

3010 明 大明处州龙泉官窑盘
估 价：RMB 80,000~100,000
成交价：RMB 92,000
直径30.5cm 北京荣宝 2018-12-03

仿官釉

530 南宋 龙泉窑仿官釉贯耳壶
估　价：USD 40,000~60,000
成交价：RMB 6,933,005
高22.5cm 纽约佳士得 2018-03-22

28 南宋 龙泉窑仿官窑小碗
估　价：HKD 50,000~80,000
成交价：RMB 98,100
直径8.8cm 佳士得 2018-10-04

669 元至明 官釉戟耳簋式炉
估　价：HKD 60,000~80,000
成交价：RMB 432,163
宽10.5cm 中国嘉德 2018-10-02

6459A 元 官釉渣斗
估　价：RMB 500,000~800,000
成交价：RMB 575,000
宽13cm 北京保利 2018-12-09

3968 明或更早 官釉双耳簋式炉
估　价：RMB 80,000~120,000
成交价：RMB 92,000
高5.5cm 西泠拍卖 2018-07-08

5743 明早期 仿官釉鼓钉洗
估　价：RMB 400,000~600,000
成交价：RMB 460,000
直径18.5cm 北京保利 2018-06-20

930 清雍正 仿官釉葫芦瓶
估　价：RMB 380,000~480,000
成交价：RMB 747,500
高16.3cm 保利厦门 2018-01-08

1506 清雍正 仿官釉弦纹贯耳瓶
成交价：RMB 126,500
高35.3cm 中贸圣佳 2018-11-24

5497 清雍正 仿官釉仿古汉壶尊
"大清雍正年制"款
估　价：RMB 5,500,000~7,500,000
成交价：RMB 8,280,000
高54.4cm 北京保利 2018-12-08

5069 清雍正 仿官釉洗口尊
"大清雍正年制"款
估　价：RMB 1,300,000~2,300,000
成交价：RMB 2,472,500
高10.5cm 北京保利 2018-06-19

101 清雍正 仿官釉鸠耳尊
"大清雍正年制"款
估　价：HKD 1,500,000~1,800,000
成交价：RMB 3,034,560
高19.7cm 香港苏富比 2018-10-03

3049 清雍正 仿官釉双耳尊
"大清雍正年制"六年三行篆书款
估　价：HKD 1,800,000~2,500,000
成交价：RMB 2,100,164
高23cm 保利香港 2018-04-02

610 清雍正 铁骨大观釉石榴尊
"大清乾隆年制"篆书款
估　价：RMB 80,000~150,000
成交价：RMB 690,000
高16.6cm 中贸圣佳 2018-06-20

2926 清雍正 仿官釉耳杯
"大清雍正年制"款
估　价：RMB 80,000~100,000
成交价：RMB 103,500
长8.6cm 北京荣宝 2018-12-03

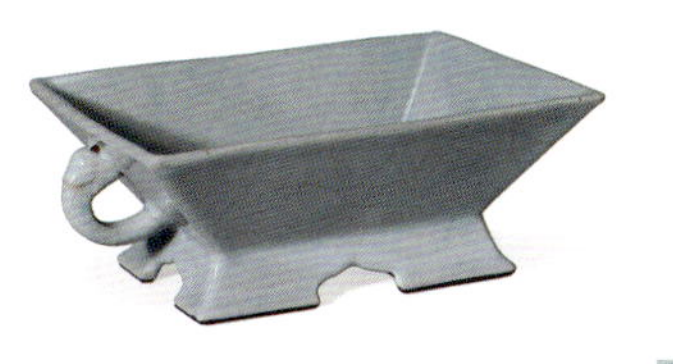

912 清雍正 仿官釉兽耳簠
“大清雍正年制”六字三行篆书款
估　价：RMB 600,000~900,000
成交价：RMB 690,000
长16.5cm；高6.5cm 保利厦门 2018-01-08

115 清乾隆 仿官釉荸荠瓶
“大清乾隆年制”款
估　价：USD 60,000~80,000
成交价：RMB 2,894,166
纽约苏富比 2018-09-12

249 清乾隆 仿官釉观音瓶
“大清乾隆年制”六字三行篆书款
估　价：RMB 800,000~1,500,000
成交价：RMB 1,035,000
高20.2cm 北京中汉 2018-06-19

938 清乾隆 仿官釉铺首四连橄榄瓶
“乾隆年制”四字篆书款
估　价：RMB 1,500,000~2,000,000
成交价：RMB 4,600,000
高16.2cm 保利厦门 2018-01-08

5323 清乾隆 仿官釉直口小瓶
“乾隆年制”款
估　价：RMB 650,000~950,000
成交价：RMB 920,000
高10cm 北京保利 2018-12-08

5906 清乾隆 仿官釉贯耳八方瓶
“大清乾隆年制”款
估 价：RMB 600,000~800,000
成交价：RMB 920,000
高14.6cm 北京保利 2018-06-20

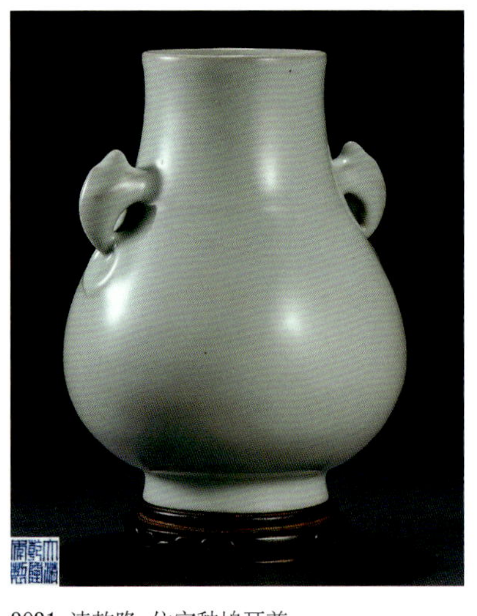

3931 清乾隆 仿官釉鸠耳尊
“大清乾隆年制”六字三行篆书款
估 价：RMB 1,500,000~1,800,000
成交价：RMB 2,127,500
高20cm 西泠拍卖 2018-07-08

948 清乾隆 仿官釉铜卣式牺耳尊
“大清乾隆年制”六字三行篆书款
估 价：RMB 1,800,000~2,800,000
成交价：RMB 2,070,000
高35.5cm 保利厦门 2018-07-15

5496 清乾隆 仿官釉三羊开泰尊
“大清乾隆年制”款
估 价：RMB 1,800,000~2,500,000
成交价：RMB 2,990,000
高34.5cm 北京保利 2018-12-08

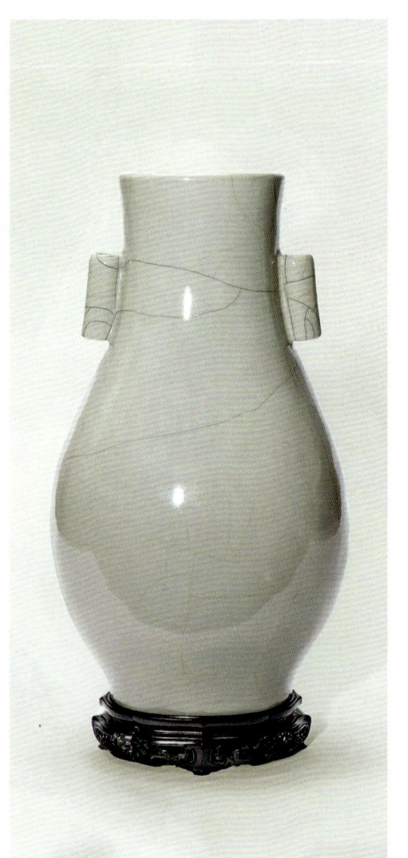

609 清乾隆 铁骨大观釉贯耳橄榄尊
“大清乾隆年制”篆书款
估 价：RMB 1,600,000~2,000,000
成交价：RMB 1,840,000
高36.4cm 中贸圣佳 2018-06-20

6478 清乾隆 仿官釉贯耳方壶
“大清乾隆年制”款
估　价：RMB 450,000~650,000
成交价：RMB 517,500
高31cm 北京保利 2018-12-09

5518 清乾隆 仿官釉花口碗
“大清乾隆年制”款
估　价：RMB 200,000~300,000
成交价：RMB 575,000
直径5.4cm 北京保利 2018-12-08

5557 清乾隆 仿官釉三足葵口洗
“大清乾隆年制”款
估　价：RMB 650,000~850,000
成交价：RMB 747,500
宽21.5cm 北京保利 2018-12-09

5583 清 仿官釉琮式瓶
估　价：RMB 5,000~8,000
成交价：RMB 339,250
高11.5cm 北京保利 2018-12-09

950 清乾隆 仿官窑三足葵口洗
“大清乾隆年制”六字三行篆书款
估　价：RMB 800,000~1,500,000
成交价：RMB 1,058,000
直径20.5cm 保利厦门 2018-07-15

钧　窑

538 北宋 钧窑天青釉盘
估　价：USD 60,000~80,000
成交价：RMB 2,059,277
直径29.1cm 纽约佳士得 2018-03-22

2901 北宋/金 钧窑天青釉盘
估　价：HKD 300,000~400,000
成交价：RMB 643,075
直径26cm 佳士得 2018-11-28

3022 北宋 钧窑月白釉撇口盏
估　价：HKD 200,000~250,000
成交价：RMB 205,792
直径11.1cm 保利香港 2018-10-02

540 北宋/金 钧窑天蓝釉钵
估 价：USD 30,000~50,000
成交价：RMB 1,110,550
直径19cm 纽约佳士得 2018-03-22

536 北宋/金 钧窑天青釉紫斑小碗
估 价：USD 50,000~70,000
成交价：RMB 1,348,525
直径8.2cm 纽约佳士得 2018-03-22

3109 北宋 钧窑紫斑碗
估 价：HKD 20,000,000~30,000,000
成交价：RMB 21,032,640
直径9cm 香港苏富比 2018-10-03

3605 北宋 钧窑紫斑碗
估 价：HKD 12,000,000~16,000,000
成交价：RMB 11,746,680
直径9cm 香港苏富比 2018-04-03

218 北宋 钧窑天蓝釉碗
估 价：USD 30,000~50,000
成交价：RMB 256,575
纽约苏富比 2018-09-12

7867 宋 钧窑天蓝釉碗
估 价：HKD 100,000
成交价：RMB 340,608
直径21.5cm 万昌斯 2018-11-29

3093 金 钧窑紫斑三足炉
估　价：HKD 200,000~300,000
成交价：RMB 203,000
高8cm 佳士得 2018-05-30

5312 元 钧窑天青玫瑰紫斑盘口三足鬲式炉
估　价：RMB 150,000~200,000
成交价：RMB 4,600,000
宽10.5cm；高9cm 北京保利 2018-12-08

18 金代 钧窑玫瑰紫釉盘
估　价：HKD 80,000~100,000
成交价：RMB 210,795
直径16.2cm 香港中汉 2018-05-31

1374 元 钧窑天蓝釉紫斑三足炉
估　价：USD 4,000~6,000
成交价：RMB 145,393
纽约苏富比 2018-09-15

1135 元 钧窑玫瑰紫斑折沿盘
估　价：RMB 1,000,000~2,000,000
成交价：RMB 2,990,000
直径19cm 保利厦门 2018-07-15

5609 元 钧窑盘
估　价：RMB 200,000~300,000
成交价：RMB 230,000
直径17.8cm 北京保利 2018-12-09

5311 元 钧窑紫斑盏及盏托
估　价：RMB 150,000~200,000
成交价：RMB 828,000
高6.2cm 北京保利 2018-12-08

5074 元 钧窑紫斑盏
估 价：RMB 800,000~1,200,000
成交价：RMB 2,012,500
直径8.3cm 北京保利 2018-06-19

5442 元 钧窑玫瑰紫渣斗式花盆
“二”字款
估 价：RMB 1,300,000~2,300,000
成交价：RMB 1,495,000
宽25cm 北京保利 2018-12-12

541 元/明初 钧窑天蓝釉长方盆
“十”字款
估 价：USD 70,000~90,000
成交价：RMB 1,269,200
长17.2cm 纽约佳士得 2018-03-22

8021 元/明初 钧窑天蓝“四”字仰钟式花盆
估 价：HKD 30,000,000~50,000,000
成交价：RMB 29,891,900
宽25.4cm 佳士得 2018-11-26

542 元/明初 钧窑玫瑰紫釉鼓钉洗
“五”字款
估 价：USD 150,000~200,000
成交价：RMB 3,734,621
直径20.9cm 纽约佳士得 2018-03-22

仿钧釉

5012 明 钧窑月白釉小杯（一对）
估 价：RMB 1,000,000~1,200,000
成交价：RMB 1,150,000
直径6.3cm×2 北京匡时 2018-06-15

2318 明初 钧窑天青釉花盆
“六”字（已磨）建福宫 凝晖堂用
成交价：RMB 48,875,000
高18.5cm；直径20cm 中国嘉德 2018-11-20

120 清雍正 仿钧窑变釉钵
估 价：HKD 50,000~80,000
成交价：RMB 306,611
直径14.2cm 香港中汉 2018-05-31

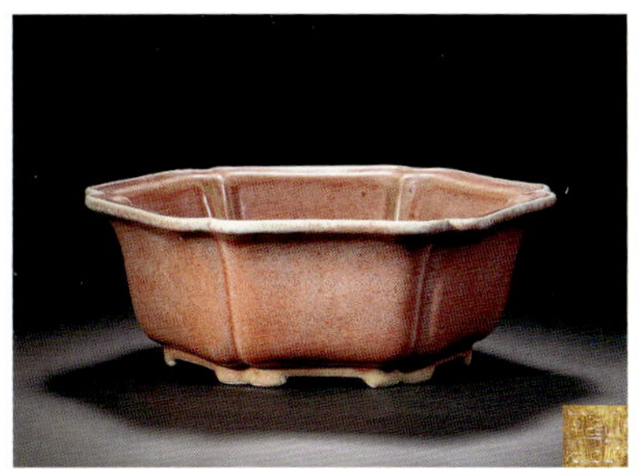

3439 清雍正 仿钧窑玫瑰紫釉六棱花瓣口盆
“大清雍正年制”款
估　价：HKD 300,000~500,000
成交价：RMB 535,059
高10.6cm；直径29cm 保利香港 2018-10-02

3958 宋 哥窑蒜头形水滴
估　价：RMB 500,000~600,000
成交价：RMB 862,500
高4.5cm 西泠拍卖 2018-07-08

哥　窑

132 南宋 哥窑三足鼎式炉
估　价：NTD 8,000,000~16,000,000
成交价：RMB 9,133,200
高14cm 台北艺流 2018-06-30

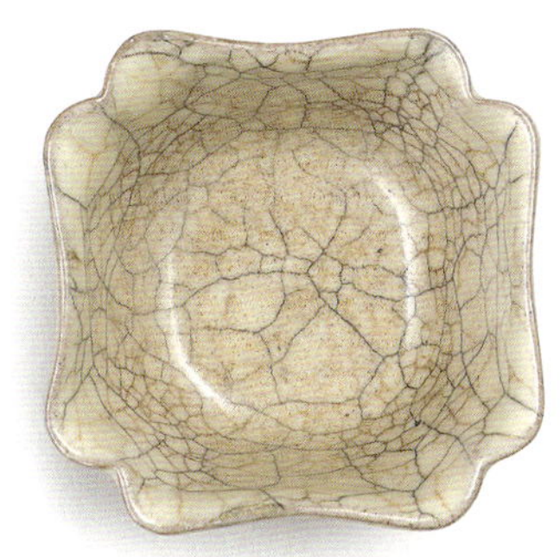

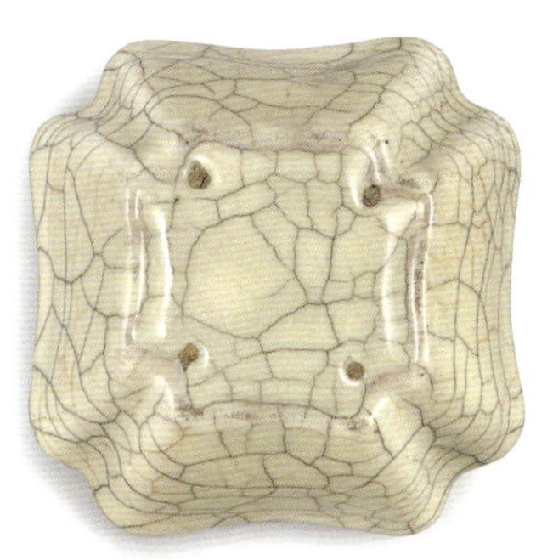

3046 南宋 哥窑四方倭角小洗
估　价：HKD 5,000,000~7,000,000
成交价：RMB 5,436,480
直径6.7cm 香港苏富比 2018-04-02

6459 元 哥窑盏
估　价：RMB 1,000,000~1,500,000
成交价：RMB 1,265,000
直径7.4cm 北京保利 2018-12-09

5076 元／明 哥窑倭角小方洗
估 价：RMB 600,000~800,000
成交价：RMB 690,000
宽5cm 北京保利 2018-06-19

3087 宋至明初 哥窑八方杯
估 价：HKD 120,000~150,000
成交价：RMB 121,350
直径7.9cm 香港苏富比 2018-04-02

仿哥釉

2314 明 仿哥釉印池
估 价：RMB 300,000~500,000
成交价：RMB 1,023,500
宽7.5cm 中国嘉德 2018-11-20

2016 明 哥釉渣斗
估 价：RMB 150,000~200,000
成交价：RMB 218,500
直径10cm 华艺国际 2018-11-17

1518 明 仿哥釉冲天耳三足炉
估 价：RMB 180,000~250,000
成交价：RMB 207,000
长12.5cm 中贸圣佳 2018-11-24

1620 明 哥釉四方笔筒
估 价：RMB 150,000~200,000
成交价：RMB 1,092,500
高9.2cm 中贸圣佳 2018-11-24

951 清雍正 哥釉纸槌瓶
“大清雍正年制”六字三行篆书款
估 价：RMB 4,800,000~6,800,000
成交价：RMB 7,590,000
高16.5cm 保利厦门 2018-07-15

1218 清雍正 仿哥釉三连口凸字扁瓶
“大清雍正年制”款
估 价：RMB 7,000,000~10,000,000
成交价：RMB 8,970,000
高52.5cm 北京华辰 2018-11-19

1134 清雍正 仿哥釉铺首四方尊
“大清雍正年制”青花三行六字篆书款
估 价：RMB 500,000~600,000
成交价：RMB 552,000
高32.5cm 华艺国际 2018-05-23

2343 清雍正 仿哥釉铺首瓶
“大清雍正年制”篆书款，雍正本朝
估 价：RMB 1,500,000~2,500,000
成交价：RMB 2,415,000
高25.6cm 中国嘉德 2018-11-20

599 清雍正 仿哥釉八卦纹双螭耳抱月瓶
“大清雍正年制”款
估 价：HKD 5,000,000~6,000,000
成交价：RMB 5,144,800
高48.7cm 中国嘉德 2018-10-02

2960 清雍正 仿哥釉兽环方壶
“大清雍正年制”款
估 价：HKD 2,600,000~4,000,000
成交价：RMB 2,856,140
高37.5cm 佳士得 2018-11-28

945 清雍正 仿哥釉饕餮纹贯耳方壶
"大清雍正年制"六字三行篆书款
估 价：RMB 4,800,000~6,800,000
成交价：RMB 6,210,000
高46cm 保利厦门 2018-07-15

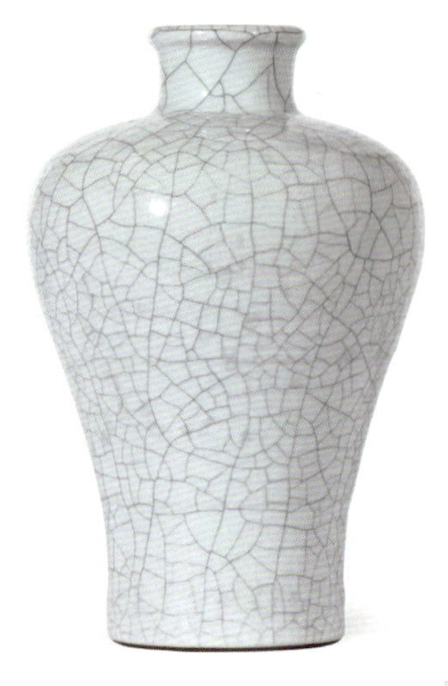

908 清乾隆 哥釉弦纹梅瓶
"大清乾隆年制"六字三行篆书款
估 价：RMB 500,000~700,000
成交价：RMB 1,495,000
高22cm 保利厦门 2018-01-08

2807 清乾隆 仿哥釉荸荠扁瓶
"大清乾隆年制"六字三行篆书款
估 价：RMB 2,000,000~2,600,000
成交价：RMB 3,335,000
高21.8cm 北京匡时 2018-12-05

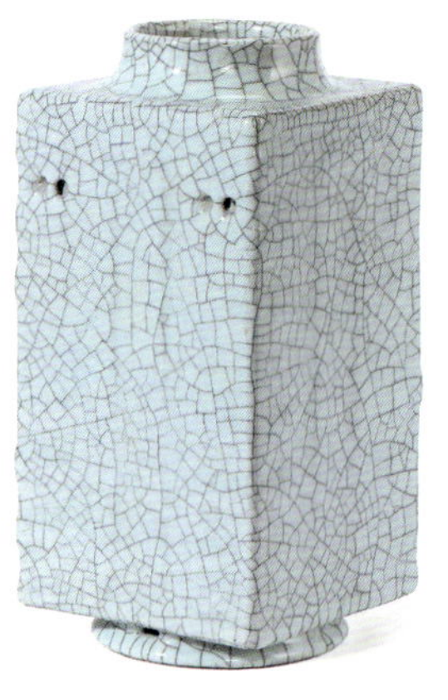

937 清乾隆 仿哥釉穿带琮式瓶
"大清乾隆年制"六字三行篆书款
估 价：RMB 1,800,000~2,800,000
成交价：RMB 2,530,000
高29.5cm 保利厦门 2018-01-08

7 清乾隆 仿哥釉八卦琮式瓶
"大清乾隆年制"六字三行篆书款
估 价：HKD 1,200,000~1,500,000
成交价：RMB 1,360,658
高29.2cm 香港中汉 2018-11-29

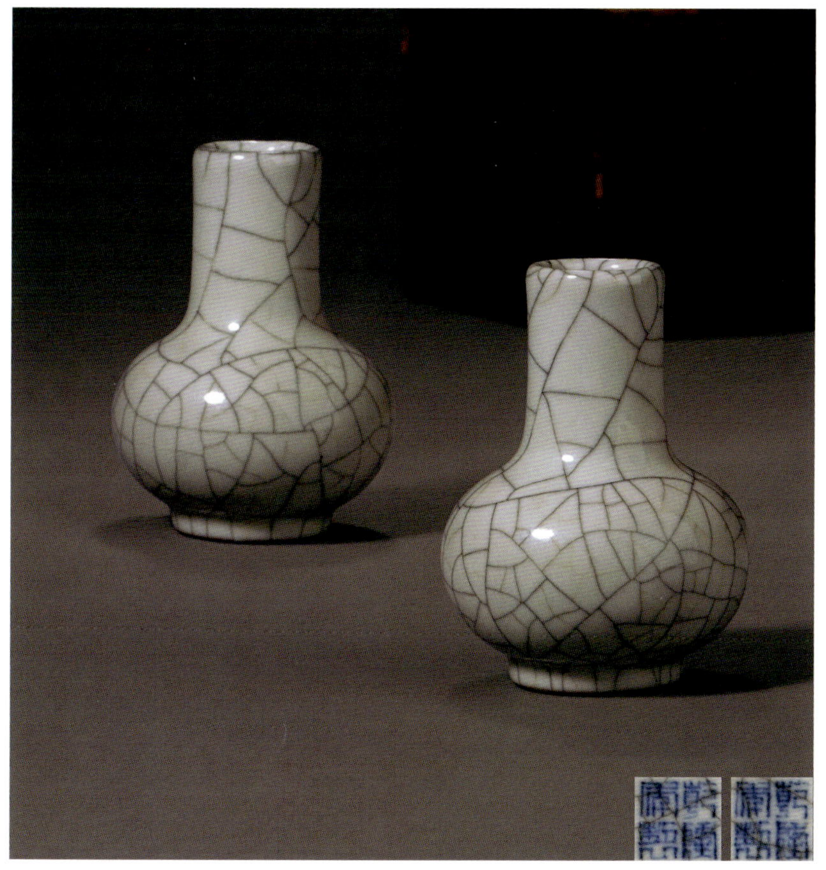

828 清乾隆 仿哥釉小天球瓶（一对）
“乾隆年制”四字二行篆书款
估 价：RMB 800,000~1,000,000
成交价：RMB 2,300,000
高9.8cm×2 北京诚轩 2018-06-17

1538 清乾隆 仿哥釉凸弦纹橄榄尊
“大清乾隆年制”篆书款
估 价：RMB 200,000~300,000
成交价：RMB 230,000
高17cm 中贸圣佳 2018-11-24

2905 清乾隆 仿哥釉花口碗
“乾隆年制”款
估 价：RMB 30,000~50,000
成交价：RMB 63,250
直径12cm 北京荣宝 2018-12-03

939 清乾隆 仿哥釉螭耳尊
“大清乾隆年制”六字三行篆书款
估 价：RMB 1,200,000~1,800,000
成交价：RMB 3,565,000
高22.8cm 保利厦门 2018-01-08

3579 清乾隆 仿哥釉双系耳尊
“大清乾隆年制”款
估 价：RMB 2,400,000~3,000,000
成交价：RMB 2,760,000
高21.9cm 北京荣宝 2018-06-14

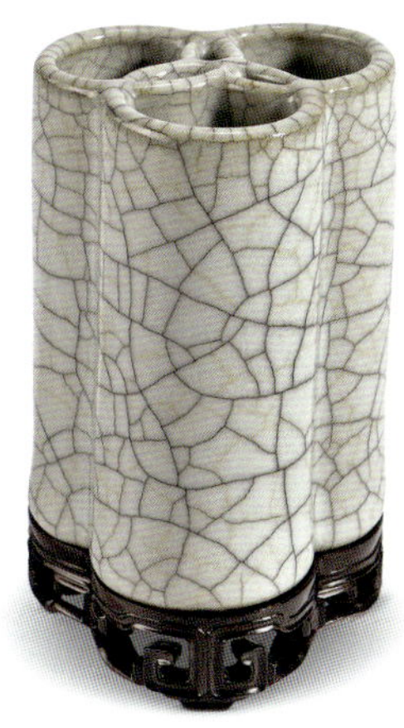

2816 清乾隆 仿哥釉三联笔筒
“大清乾隆年制”六字三行篆书款
估 价：RMB 200,000~300,000
成交价：RMB 1,495,000
高9.8cm 北京匡时 2018-12-05

91 清道光 仿哥釉葵口碗（一对）
“大清道光年制”六字三行篆书款
估　价：RMB 60,000~80,000
成交价：RMB 138,000
直径12cm×2 北京中汉 2018-11-21

5324 清道光庚子年（1840年） 仿哥釉四方小洗
“道光庚子年定王府制”款
估　价：RMB 20,000~30,000
成交价：RMB 322,000
宽7.2cm 北京保利 2018-12-08

3069 哥釉小长颈瓶
估　价：RMB 2,000,000~3,000,000
成交价：RMB 2,300,000
高8.7cm 中贸圣佳 2018-11-24

龙泉窑

2984 北宋 龙泉青釉围棋盖罐（一对）
估　价：HKD 180,000~260,000
成交价：RMB 324,800
高9.7cm×2 佳士得 2018-05-30

528 南宋 龙泉窑鱼耳瓶
估　价：USD 60,000~80,000
成交价：RMB 1,745,150
高28.6cm 纽约佳士得 2018-03-22

8007 南宋 龙泉粉青釉纸槌瓶
成交价：RMB 38,007,950
高23.4cm 佳士得 2018-11-26

75 南宋 龙泉窑青釉琮式瓶
估 价：GBP 40,000~60,000
成交价：RMB 1,293,600
高25.8cm 伦敦苏富比 2018-05-16

30 南宋 龙泉窑青釉鱼龙耳盘口瓶
估 价：HKD 800,000~1,000,000
成交价：RMB 872,000
高26.5cm 佳士得 2018-10-04

3018 南宋 龙泉窑粉青釉长颈瓶
估 价：HKD 600,000~700,000
成交价：RMB 617,376
高25cm 保利香港 2018-10-02

526 南宋 龙泉窑小凤尾尊
估 价：USD 15,000~25,000
成交价：RMB 475,950
高17.4cm 纽约佳士得 2018-03-22

235 南宋 龙泉窑青釉贴龙纹罐配盖
估 价：USD 12,000~15,000
成交价：RMB 171,050
纽约苏富比 2018-09-12

3973 南宋 龙泉窑粉青釉鬲式炉
估 价：RMB 400,000~600,000
成交价：RMB 552,000
高13.6cm；口径16cm 西泠拍卖 2018-07-08

527 南宋 龙泉窑弦纹三足炉
估 价：USD 10,000~15,000
成交价：RMB 396,625
直径14.7cm 纽约佳士得 2018-03-22

3103 南宋 龙泉青釉碗
估　价：HKD 1,800,000~2,200,000
成交价：RMB 2,071,000
直径11.3cm 香港苏富比 2018-10-03

238 宋 龙泉窑青釉弦纹梅瓶
估　价：USD 60,000~80,000
成交价：RMB 1,710,500
纽约苏富比 2018-09-12

29 南宋 龙泉窑青釉菱口杯
估　价：HKD 150,000~250,000
成交价：RMB 163,500
直径9cm 佳士得 2018-10-04

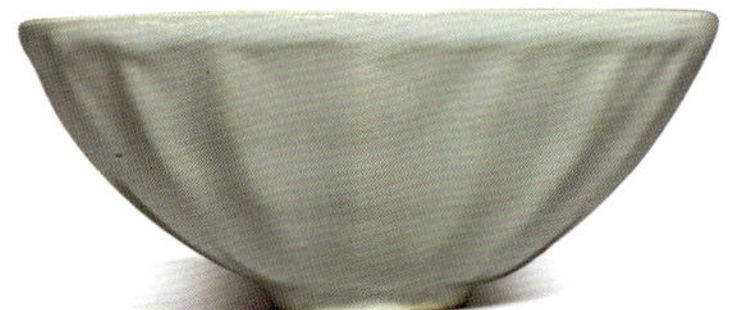

237 南宋 龙泉窑青釉莲瓣纹碗
估　价：USD 30,000~50,000
成交价：RMB 171,050
纽约苏富比 2018-09-12

781 元 龙泉窑玉壶春瓶
估　价：RMB 800,000~1,200,000
成交价：RMB 1,667,500
高33cm 北京东正 2018-06-17

774 元 龙泉窑粉青釉双凤耳瓶
估　价：RMB 1,800,000~2,600,000
成交价：RMB 2,070,000
高17.5cm 北京东正 2018-06-17

778 元 龙泉窑青釉凤耳盘口瓶
估 价：RMB 1,200,000~2,200,000
成交价：RMB 1,380,000
高17cm 保利厦门 2018-07-15

2251 元 龙泉窑凤耳盘口瓶
估 价：RMB 80,000~120,000
成交价：RMB 1,207,500
高26.5cm 北京翰海 2018-06-30

5152 元 龙泉窑福寿套瓶
估 价：RMB 400,000~600,000
成交价：RMB 552,000
高23.5cm 北京保利 2018-06-19

5315 元 龙泉青釉瓜棱花口瓶
估 价：RMB 300,000~500,000
成交价：RMB 517,500
高14.5cm 北京保利 2018-12-08

5441 元 龙泉粉青釉大贯耳弦纹壶
估 价：RMB 3,000,000~5,000,000
成交价：RMB 5,520,000
高37.7cm 北京保利 2018-12-12

3100 元 龙泉青瓷凤尾尊
估　价：HKD 100,000~150,000
成交价：RMB 964,250
高26cm 佳士得 2018-05-30

3028 元 龙泉青釉剔刻四季花卉纹铺首耳罐
估　价：HKD 5,000,000~7,000,000
成交价：RMB 4,953,200
高29.8cm 佳士得 2018-05-30

5151 元 龙泉窑开光花卉罐
估　价：RMB 250,000~350,000
成交价：RMB 517,500
北京保利 2018-06-19

6439 元 龙泉三足冲耳小炉
估　价：RMB 120,000~150,000
成交价：RMB 299,000
宽8cm；高7.6cm 北京保利 2018-12-09

5798 元 龙泉窑刻莲花五管盖壶
估　价：RMB 100,000~150,000
成交价：RMB 161,000
高31cm 北京保利 2018-06-20

3671 元 龙泉青釉浮雕“金玉满堂”花卉图罐
估　价：HKD 250,000~300,000
成交价：RMB 283,400
高27.5cm 香港苏富比 2018-10-03

3943 元 龙泉窑水月观音像
估　价：RMB 300,000~400,000
成交价：RMB 345,000
高27.4cm 西泠拍卖 2018-07-08

585 元 龙泉窑墩式碗
估 价：RMB 600,000~800,000
成交价：RMB 690,000
直径26.7cm 保利厦门 2018-01-08

775 元 龙泉窑锦地缠枝莲纹大盘
估 价：RMB 400,000~500,000
成交价：RMB 690,000
直径50cm 北京东正 2018-06-17

770 元 龙泉窑青釉刻宝相花纹大碗
估 价：RMB 600,000~800,000
成交价：RMB 690,000
直径17.2cm 北京东正 2018-06-17

5072 元 龙泉窑葵口杯
估 价：RMB 150,000~250,000
成交价：RMB 1,035,000
直径9.5cm 北京保利 2018-06-19

6438 元 龙泉粉青花口杯
估 价：RMB 200,000~300,000
成交价：RMB 391,000
直径8.8cm 北京保利 2018-12-09

935 元 龙泉窑梅子青釉双鱼洗
估 价：RMB 200,000~300,000
成交价：RMB 552,000
直径21.5cm 保利厦门 2018-01-08

773 元 龙泉窑青釉真武大帝
估 价：RMB 160,000~200,000
成交价：RMB 287,500
高20.8cm 中贸圣佳 2018-06-20

778 明早期 龙泉窑缠枝纹梅瓶
估 价：RMB 1,200,000~1,800,000
成交价：RMB 1,495,000
高26cm 北京东正 2018-06-17

683 元末明初 龙泉窑青釉执壶连盖
估 价：HKD 180,000~220,000
成交价：RMB 411,584
高28.5cm 中国嘉德 2018-10-02

914 元末明初 龙泉窑菱花口折沿盘
估 价：RMB 800,000~1,200,000
成交价：RMB 1,380,000
直径48cm 保利厦门 2018-01-08

106 明初 龙泉青釉划莲花菱口折沿大盘
估 价：HKD 250,000~300,000
成交价：RMB 981,000
直径56.5cm 香港苏富比 2018-10-03

10 明早期 龙泉窑青釉刻花金钱纹大盘
估 价：RMB 350,000~450,000
成交价：RMB 504,000
直径37cm 上海联合 2018-11-25

3448 明早期 处州龙泉窑印划花牡丹纹钵式大碗
估 价：HKD 500,000~800,000
成交价：RMB 668,824
直径28.6cm 保利香港 2018-10-02

5353 明早期 龙泉窑折枝花卉海浪纹菱口大碗
估 价：RMB 400,000~600,000
成交价：RMB 598,000
直径28cm；高13.7cm 北京保利 2018-12-08

2637 明初 龙泉窑龙纹画缸
估 价：RMB 200,000~400,000
成交价：RMB 2,530,000
直径40.5cm；高29cm 中国嘉德 2018-06-18

1620 明初 龙泉窑八卦纹三足洗
估 价：RMB 200,000~300,000
成交价：RMB 1,437,500
直径23.5cm 华艺国际 2018-11-16

915 明洪武 龙泉青釉划花牡丹纹玉壶春瓶
估 价：RMB 2,000,000~3,000,000
成交价：RMB 3,450,000
高33.5cm 保利厦门 2018-01-08

3447 明洪武 处州龙泉青釉菱口大盘
估 价：HKD 1,000,000~1,500,000
成交价：RMB 1,028,960
直径54.5cm 保利香港 2018-10-02

5744 明洪武/永乐 处州龙泉粉彩浮雕缠枝花卉大碗
估 价：RMB 1,000,000~1,500,000
成交价：RMB 1,150,000
直径20.7cm 北京保利 2018-06-20

5746 明永乐 龙泉窑模印莲花纹壮罐
估 价：RMB 350,000~550,000
成交价：RMB 402,500
高27.5cm 北京保利 2018-06-20

776 明永乐 龙泉窑划花牡丹纹墩式碗
估 价：RMB 400,000~600,000
成交价：RMB 690,000
直径28cm；高13cm 保利厦门 2018-07-15

6440 明中期 龙泉窑露胎开光阿拉伯文炉
估 价：RMB 150,000~200,000
成交价：RMB 345,000
高12cm 北京保利 2018-12-09

918 明永乐 龙泉青瓷枇杷纹葵口折沿大盘
估 价：RMB 2,000,000~3,000,000
成交价：RMB 3,450,000
直径47cm；高8.5cm 保利厦门 2018-07-15

769 明永乐 龙泉窑缠枝莲纹莲子碗
估　价：RMB 480,000~580,000
成交价：RMB 552,000
直径18.6cm 北京东正 2018-06-17

2941 明 龙泉窑罗汉
估　价：RMB 80,000~100,000
成交价：RMB 97,750
高20.5cm 北京荣宝 2018-12-03

101 14世纪末/15世纪初 龙泉窑青釉刻花开光榴开百子图菱花式大盘
估　价：USD 350,000~550,000
成交价：RMB 3,369,726
纽约苏富比 2018-03-20

3011 明 龙泉窑花口洗
估　价：RMB 600,000~800,000
成交价：RMB 747,500
直径17.5cm 北京荣宝 2018-12-03

仿龙泉釉

4773 清乾隆 仿龙泉青釉凸花云龙纹盘
估　价：RMB 50,000~80,000
成交价：RMB 126,500
直径22.2cm 中国嘉德 2018-05-18

景德镇青釉

1741 北宋 青釉瓜棱执壶
估　价：USD 4,000~6,000
成交价：RMB 31,730
纽约苏富比 2018-03-24

4153 北宋 青釉钵
估　价：RMB 100,000~120,000
成交价：RMB 115,000
口径14.2cm 西泠拍卖 2018-07-08

3984 南宋 青釉三足水滴
估　价：RMB 300,000~400,000
成交价：RMB 494,500
高8.2cm 西泠拍卖 2018-07-08

3115 宋 龙泉青釉葵瓣洗
估　价：HKD 700,000~900,000
成交价：RMB 763,000
直径14.5cm 香港苏富比 2018-10-03

5735 元 青釉观音坐像
估　价：RMB 100,000~120,000
成交价：RMB 126,500
高23.5cm 北京保利 2018-06-20

5472 明宣德 霁青釉暗刻朵云行龙纹盘
“大明宣德年制”款
估　价：RMB 1,600,000~2,600,000
成交价：RMB 3,105,000
直径20.2cm 北京保利 2018-12-08

889 明成化 仿宋青釉葵瓣形杯
“大明成化年制”六字二行楷书款
估　价：RMB 300,000~400,000
成交价：RMB 1,552,500
直径7.7cm 北京诚轩 2018-06-17

5363 明嘉靖 青釉暗刻花卉纹卧足洗
“嘉靖年制”款
估　价：RMB 600,000~800,000
成交价：RMB 862,500
直径15.2cm 北京保利 2018-12-08

3104 明万历辛卯年（1591） 冬青釉浅碗
“万历辛卯如城家藏”八字楷书款
估　价：HKD 240,000~350,000
成交价：RMB 426,300
直径13.6cm 佳士得 2018-05-30

3203 明 青釉印牡丹纹碗
估　价：RMB 400,000~600,000
成交价：RMB 460,000
直径17cm 北京荣宝 2018-06-14

3033 明 青釉刻花盖盒
估　价：RMB 130,000~150,000
成交价：RMB 103,500
直径10.5cm 北京荣宝 2018-12-03

3210 清康熙 青釉雕穿芝螭龙纹凤尾尊
“大明成化年制”仿款
估　价：HKD 1,000,000~1,500,000
成交价：RMB 910,125
高75.8cm 香港苏富比 2018-04-03

942 清康熙 冬青釉祥云纹马蹄尊
“大清康熙年制”六字三行楷书款
估　价：RMB 1,200,000~2,500,000
成交价：RMB 1,380,000
高8cm 保利厦门 2018-07-15

5082 清康熙 冬青釉浅浮雕如意祥云纹马蹄尊
“大清康熙年制”款
估　价：RMB 1,100,000~1,500,000
成交价：RMB 1,725,000
直径7.8cm 北京保利 2018-06-19

5484 清康熙 粉青釉菊瓣瓶
“大清康熙年制”款
估　价：RMB 5,500,000~6,500,000
成交价：RMB 6,325,000
高21.1cm 北京保利 2018-12-08

241 清康熙 冬青釉云纹马蹄尊
“大清康熙年制”六字三行款，康熙本朝
估　价：HKD 1,200,000~1,800,000
成交价：RMB 1,145,544
高8.2cm 中国嘉德 2018-04-02

2819 清康熙 粉青釉暗刻夔凤纹笔海
“宣和年制”四字双行楷书款
估　价：RMB 150,000~200,000
成交价：RMB 345,000
直径17.7cm 北京匡时 2018-12-05

316 清康熙 青釉刻穿芝龙纹笔筒
“宣德年制”仿款
估　价：USD 15,000~20,000
成交价：RMB 333,165
纽约苏富比 2018-03-20

5492 清雍正 粉青釉六方瓶
“大清雍正年制”款
估　价：RMB 5,500,000~8,500,000
成交价：RMB 9,775,000
高28cm 北京保利 2018-12-08

10 清雍正 仿汝天青釉弦纹蒜头瓶
“大清雍正年制”六字三行篆书款
成交价：RMB 8,293,450
高28.2cm 香港中汉 2018-11-29

827 清雍正 御窑粉青釉葫芦瓶
“大清雍正年制”款
估　价：RMB 2,200,000~2,800,000
成交价：RMB 3,450,000
高32cm 北京东正 2018-06-17

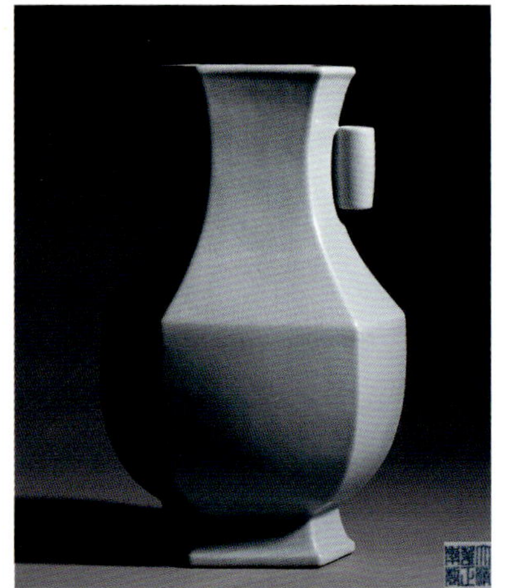

1250 清雍正 仿汝天青釉六方贯耳大瓶
"大清雍正年制"三行六字篆书款
估 价：RMB 2,100,000~3,000,000
成交价：RMB 2,415,000
高46.5cm 华艺国际 2018-11-16

5068 清雍正 粉青釉刻青竹灵芝纹盘（一对）
"大清雍正年制"款
估 价：RMB 500,000~700,000
成交价：RMB 943,000
直径11.6cm×2 北京保利 2018-06-19

3054 清雍正 粉青釉加蓝料彩螭龙纹折沿大盘
青花"大清雍正年制"六字三行篆书款
估 价：HKD 3,000,000~3,500,000
成交价：RMB 3,054,784
直径50cm 保利香港 2018-04-02

3048 清雍正 粉青釉浮雕菊瓣纹四系花篮尊
青花"大清雍正年制"六字三行篆书款
估 价：HKD 2,200,000~2,800,000
成交价：RMB 2,100,164
高12cm；直径16cm 保利香港 2018-04-02

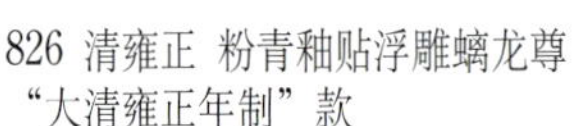

826 清雍正 粉青釉贴浮雕螭龙尊
"大清雍正年制"款
估 价：RMB 1,800,000~2,800,000
成交价：RMB 3,220,000
高17cm 北京东正 2018-06-17

537 清雍正 粉青釉凸雕如意云头纹碗
“大清雍正年制”六字双行楷书款
估 价：RMB 270,000~350,000
成交价：RMB 310,500
直径24cm；高11cm 保利厦门 2018-07-15

5924 清雍正 粉青印菊花纹弦纹笠式碗
“大清雍正年制”款
估 价：RMB 800,000~1,200,000
成交价：RMB 1,265,000
直径21cm 北京保利 2018-06-20

3201 清雍正 粉青釉菊瓣碗
“大清雍正年制”款
估 价：HKD 1,200,000~1,800,000
成交价：RMB 1,011,250
直径18.4cm 香港苏富比 2018-04-03

3061 清雍正 粉青釉锥拱雕花折枝花卉瑞果纹大宫碗
“大清雍正年制”篆书款
估 价：RMB 2,000,000~3,000,000
成交价：RMB 2,875,000
直径34cm；高16.5cm 中贸圣佳 2018-11-24

2344 清雍正 粉青釉模印折枝花卉纹大碗
“大清雍正年制”六字三行篆书款，雍正本朝
估 价：RMB 2,300,000~2,800,000
成交价：RMB 2,875,000
直径34cm；高17cm 中国嘉德 2018-11-20

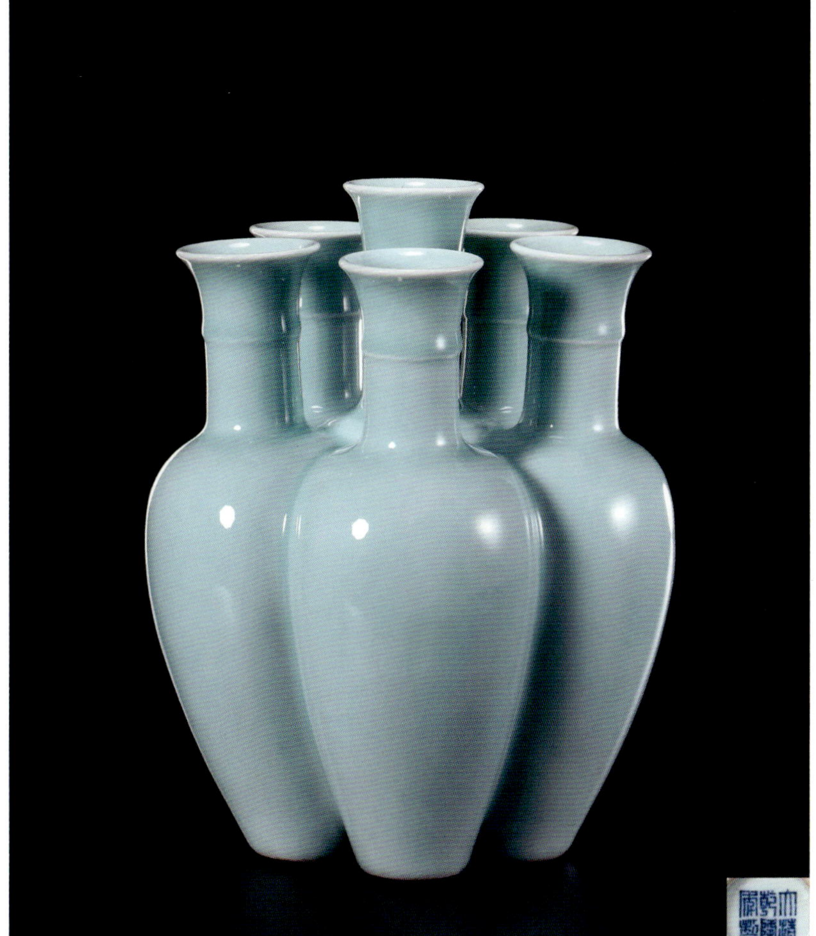

953 清乾隆 粉青釉六孔瓶
“大清乾隆年制”六字三行篆书款
估 价：RMB 5,500,000~7,500,000
成交价：RMB 6,325,000
高24cm 保利厦门 2018-07-15

5191 清雍正 粉青釉菱口三足洗
“大清雍正年制”款
估　价：RMB 1,600,000~2,600,000
成交价：RMB 2,530,000
直径22.5cm 北京保利 2018-06-19

2809 清乾隆 粉青釉描金鱼篓尊
“大清乾隆年制”六字三行篆书款
估　价：RMB 2,600,000~3,000,000
成交价：RMB 5,175,000
高12cm 北京匡时 2018-12-05

535 清乾隆 粉青釉夔凤耳海棠式大瓶
“大清乾隆年制”款
估　价：USD 300,000~500,000
成交价：RMB 7,862,694
纽约苏富比 2018-03-21

771 清乾隆 粉青釉花瓶
估　价：USD 800,000~1,200,000
成交价：RMB 7,694,525
高40cm 纽约佳士得 2018-03-22

3060 清乾隆 粉青釉锥拱饕餮纹双龙首衔环尊
“大清乾隆年制”篆书款
估　价：RMB 80,000~200,000
成交价：RMB 414,000
高23cm 中贸圣佳 2018-11-24

4660 清乾隆 冬青釉三兽足冲天耳炉
“大清乾隆年制”篆书款
估　价：RMB 280,000~350,000
成交价：RMB 322,000
直径31.8cm；高28cm 中贸圣佳 2018-11-25

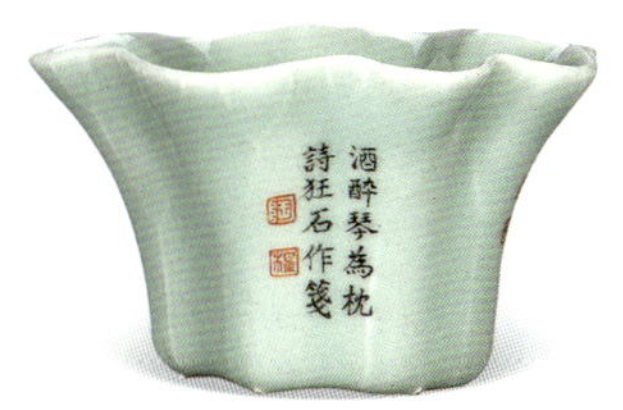

1730 清乾隆 唐英制“陶榷”款豆青釉诗文荷花杯
估　价：RMB 200,000~300,000
成交价：RMB 230,000
直径9.5cm 华艺国际 2018-11-16

3032 清乾隆 豆青釉鼓钉洗
“大清乾隆年制”三行六字篆书款
估　价：RMB 150,000~200,000
成交价：RMB 368,000
直径14cm 北京匡时 2018-12-05

179 清乾隆 豆青釉铺兽首鼓形罐（一对）
“大清乾隆年制”六字篆书刻款
估　价：GBP 20,000~30,000
成交价：RMB 916,300
高16.5cm×2 伦敦佳士得 2018-05-15

534 清乾隆 粉青釉如意纹六孔瓶
“大清乾隆年制”款
估　价：USD 150,000~250,000
成交价：RMB 3,598,182
纽约苏富比 2018-03-21

3602 清乾隆 粉青釉万年吉庆如意盖瓶
“大清乾隆年制”款
估　价：HKD 1,800,000~2,500,000
成交价：RMB 3,348,480
通高25cm 香港苏富比 2018-10-03

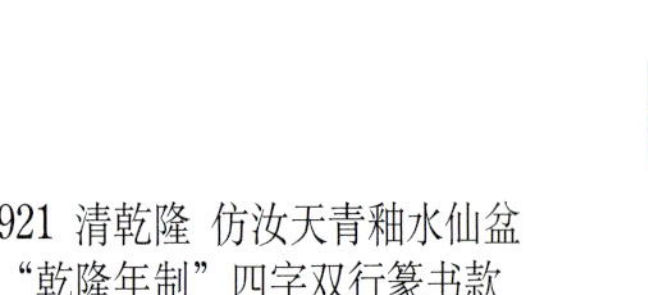

921 清乾隆 仿汝天青釉水仙盆
“乾隆年制”四字双行篆书款
估　价：RMB 2,800,000~3,800,000
成交价：RMB 3,450,000
长23.6cm 保利厦门 2018-07-15

602 清乾隆 宋官式冬青釉暗刻夔龙西番莲纹洗
估　价：RMB 200,000~500,000
成交价：RMB 1,495,000
高7.3cm；直径25.8cm 中贸圣佳 2018-06-20

112 清乾隆 粉青釉模印花卉纹高足盘
“大清乾隆年制”六字单行篆书款
估　价：HKD 50,000~80,000
成交价：RMB 268,285
直径17.2cm 香港中汉 2018-05-31

949 清乾隆 粉青釉雕折枝花果纹大碗
“大清乾隆年制”六字三行篆书款
估　价：RMB 3,000,000~4,000,000
成交价：RMB 3,680,000
直径34cm；高16.5cm 保利厦门 2018-07-15

2287 清乾隆 粉青釉叶形洗
“大清乾隆年制”篆书款
估　价：RMB 70,000~90,000
成交价：RMB 483,000
长12.5cm 北京翰海 2018-06-30

1536 清中期 粉青釉仿青铜纹铺首花插（一对）
估 价：RMB 30,000~80,000
成交价：RMB 230,000
高10cm×2 中贸圣佳 2018-11-24

2896 清道光 粉青釉模印缠枝菊花小罐
“大清道光年制”款
估 价：RMB 150,000~200,000
成交价：RMB 172,500
高9.5cm 北京荣宝 2018-12-03

2247 清光绪 粉青釉贯耳瓶
估 价：RMB 20,000 ~ 40,000
成交价：RMB 333,500
高30cm 北京翰海 2018-06-30

1592 粉青釉弦纹梅瓶
估 价：RMB 200,000~300,000
成交价：RMB 368,000
高18.8cm 中贸圣佳 2018-11-24

4638 青釉五孔瓶
估 价：RMB 150,000~200,000
成交价：RMB 172,500
高21.5cm 中贸圣佳 2018-11-25

1591 天青釉盏盘
估 价：RMB 600,000~800,000
成交价：RMB 690,000
高17.3cm 中贸圣佳 2018-11-24

其他窑青釉

13 战国 灰釉原始三足盖炉
估 价：USD 2,000~4,000
成交价：RMB 30,144
两耳直径20.3cm 纽约佳士得 2018-03-20

136 晋 青釉铺首四系小罐
估 价：HKD 5,000~6,000
成交价：RMB 21,002
高10cm 中国嘉德 2018-04-02

1739 唐 青釉双龙耳瓶
估 价：USD 3,000~5,000
成交价：RMB 25,384
纽约苏富比 2018-03-24

1321 12世纪 高丽青瓷竹节纹玉壶春瓶
估 价：USD 25,000~30,000
成交价：RMB 470,388
高36.8cm 纽约佳士得 2018-09-13

3790 五代 高丽窑青釉狻猊像
估 价：RMB 45,000~80,000
成交价：RMB 69,000
高21.5cm 西泠拍卖 2018-07-08

1155 13/14世纪 高丽后期青釉透雕荷花纹枕
估 价：USD 4,000~6,000
成交价：RMB 119,735
长11.1cm 纽约佳士得 2018-09-13

790 明 欧窑桃形水盛
估 价：RMB 10,000~20,000
成交价：RMB 195,500
长8cm 保利厦门 2018-07-15

965 清 漳窑关公像
估 价：RMB 180,000~250,000
成交价：RMB 276,000
高35cm 博美拍卖 2018-01-05

白 瓷

定窑白釉

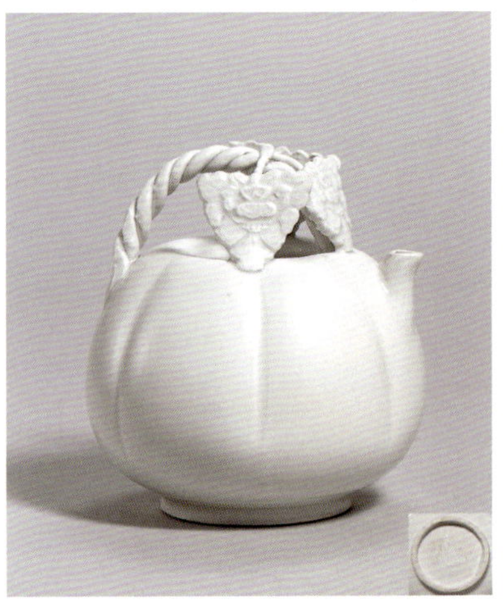

2902 五代/北宋 定窑瓜棱式提梁壶
估 价：HKD 800,000~1,200,000
成交价：RMB 1,663,125
高12.5cm 佳士得 2018-11-28

2925 五代/北宋初 定窑沥粉堆花"官"字款方盘（一对）
估　价：HKD 8,000,000~12,000,000
成交价：RMB 7,681,520
直径9.6cm×2 佳士得 2018-05-30

73 北宋 定窑白釉镂雕花卉纹熏炉
估　价：GBP 80,000~120,000
成交价：RMB 862,400
直径15cm 伦敦苏富比 2018-05-16

2905 北宋 定窑煎茶风炉铫子摆件
估　价：HKD 300,000~500,000
成交价：RMB 456,750
高18cm 佳士得 2018-05-30

3963 北宋 定窑白釉执壶
估　价：RMB 800,000~1,200,000
成交价：RMB 1,380,000
高20cm 西泠拍卖 2018-07-08

3107 北宋 定窑白釉弦纹三足奁式炉
估　价：HKD 3,000,000~4,000,000
成交价：RMB 6,906,240
直径13.9cm 香港苏富比 2018-10-03

3017 北宋 定窑白釉刻螭龙莲花莲瓣盘
估　价：HKD 800,000~1,200,000
成交价：RMB 3,494,880
直径16.5cm 香港苏富比 2018-04-02

504 北宋/金 定窑刻牡丹纹折沿盘
估 价：USD 400,000~600,000
成交价：RMB 6,019,181
直径26cm 纽约佳士得 2018-03-22

北宋 定窑白釉碗
“官”
价：HKD 100,000
价：RMB 319,320
5.4cm 万昌斯 2018-11-29

211 北宋 定窑暗刻龙纹洗
估 价：HKD 400,000~500,000
成交价：RMB 467,712
口径14.5cm 智得拍卖 2018-05-28

3012 北宋 定窑莲花螭龙盘
估 价：HKD 1,500,000~2,000,000
成交价：RMB 1,646,336
直径17.5cm 保利香港 2018-10-02

505 北宋 定窑刻螭龙纹洗
估 价：USD 60,000~80,000
成交价：RMB 2,973,101
直径14cm 纽约佳士得 2018-03-22

2947 北宋 定窑刻萱草花纹大碗
估 价：HKD 1,200,000~1,800,000
成交价：RMB 1,441,375
直径23.2cm 佳士得 2018-11-28

8005 北宋 定窑刻莲纹花口碗
估 价：HKD 1,200,000~1,800,000
成交价：RMB 1,552,250
直径19.7cm 佳士得 2018-11-26

3091 北宋 定窑刻萱草纹花口碗
估 价：HKD 250,000~400,000
成交价：RMB 426,300
直径21.5cm 佳士得 2018-05-30

5 宋/金 定窑瑞狮枕
估 价：GBP 80,000~120,000
成交价：RMB 2,973,124
宽21cm 伦敦佳士得 2018-05-15

758 贡御白瓷刻划飞龙纹折腹大盘
成交价：RMB 9,200,000
直径30.5cm 中贸圣佳 2018-06-20

3960 宋/金 官字款定窑印荷花纹碟（一对）
估 价：RMB 700,000~900,000
成交价：RMB 805,000
口径11cm×2 西泠拍卖 2018-07-08

7882 金 定窑白釉双系罐
估 价：HKD 65,000
成交价：RMB 234,168
高15.9cm 万昌斯 2018-11-29

1132 元 定窑葫芦形执壶
估 价：RMB 500,000~600,000
成交价：RMB 575,000
高21cm 保利厦门 2018-07-15

仿定釉

3002 明 白釉皮囊壶
估 价：RMB 80,000~100,000
成交价：RMB 92,000
高27cm 北京荣宝 2018-12-03

2590 元 定窑白釉印花缠枝牡丹纹盘
估 价：RMB 2,300,000~2,600,000
成交价：RMB 2,645,000
直径29.8cm 北京匡时 2018-12-05

磁州窑白釉

822 北宋 磁州窑白釉梅瓶
估 价：USD 10,000~15,000
成交价：RMB 256,575
高24.9cm 纽约佳士得 2018-09-13

836 北宋/金 磁州窑白釉折沿大盆
估 价：USD 6,000~8,000
成交价：RMB 102,630
直径28.7cm 纽约佳士得 2018-09-13

512 北宋 磁州窑白釉瓶
估 价：USD 50,000~70,000
成交价：RMB 634,600
高30.5cm 纽约佳士得 2018-03-22

德化窑

1346 17世纪初 德化白釉书卷观音坐像
“何朝宗”葫芦形印款
估　价：USD 60,000~80,000
成交价：RMB 940,775
高21.9cm 纽约佳士得 2018-09-13

901 明晚期 德化窑白瓷狮耳炉
“大明成化年制”六字三行楷书款
估　价：RMB 50,000~65,000
成交价：RMB 92,000
宽15.8cm 北京诚轩 2018-06-17

3109 明晚期 德化白釉文昌帝君坐像
“何朝宗印”款
估　价：HKD 1,500,000~2,600,000
成交价：RMB 1,522,500
高38.5cm 佳士得 2018-05-30

339 17世纪/18世纪 德化白釉观音立像
“何朝宗”款
估　价：USD 40,000~60,000
成交价：RMB 855,250
纽约苏富比 2018-09-12

52 清康熙 德化白釉杯（一对）
估　价：HKD 60,000~80,000
成交价：RMB 103,550
高5.5cm×2 佳士得 2018-10-04

3451 18世纪 “何朝宗印”德化窑白釉观音立像
“何朝宗印”款
估　价：HKD 300,000~500,000
成交价：RMB 308,688
高49.3cm 保利香港 2018-10-02

景德镇白釉

3009 北宋 湖田窑青白釉梅瓶
估 价：HKD 250,000~300,000
成交价：RMB 843,747
高32cm 保利香港 2018-10-02

531 北宋 青白釉瓜棱执壶
估 价：USD 6,000~8,000
成交价：RMB 436,288
高25cm 纽约佳士得 2018-03-22

3988 北宋 湖田窑青白釉狮钮温壶（一套）
估 价：RMB 500,000~700,000
成交价：RMB 805,000
壶高22cm 西泠拍卖 2018-07-08

654 北宋至金 白釉刻划花水波游鱼纹盘
估 价：HKD 1,200,000~1,800,000
成交价：RMB 823,168
直径26.3cm 中国嘉德 2018-10-02

532 北宋 青白釉莲纹盖盒
估 价：USD 4,000~6,000
成交价：RMB 182,448
直径10.2cm 纽约佳士得 2018-03-22

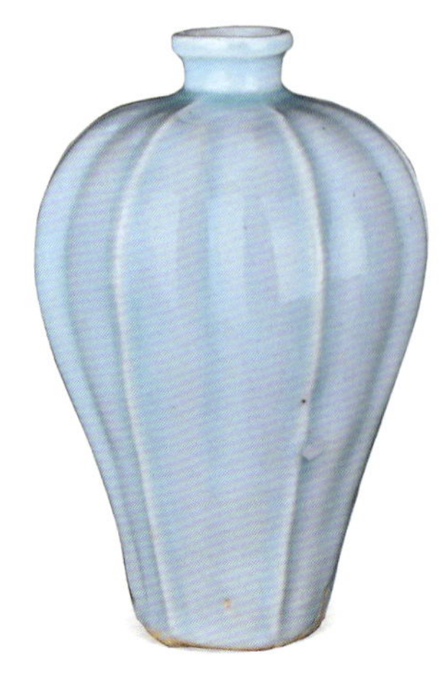

253 南宋 湖田窑青白釉小梅瓶
估 价：HKD 340,000~380,000
成交价：RMB 370,272
高18cm 智得拍卖 2018-05-28

2983 南宋/元 青白釉仿古纹兽面鬲式炉
估 价：HKD 400,000~600,000
成交价：RMB 406,000
高17cm 佳士得 2018-05-30

3946 南宋 湖田窑观音坐像
估 价：RMB 120,000~150,000
成交价：RMB 138,000
高15.5cm 西泠拍卖 2018-07-08

3948 南宋 湖田窑青白釉蛋壳钵
估 价：RMB 200,000~300,000
成交价：RMB 230,000
高8cm；直径10cm 西泠拍卖 2018-07-08

535 南宋 青白釉划花花口碗
估 价：USD 4,000~6,000
成交价：RMB 103,123
直径18.2cm 纽约佳士得 2018-03-22

74 宋 青白釉缠枝莲纹花口瓶
估 价：GBP 30,000~50,000
成交价：RMB 452,760
高24.2cm 伦敦苏富比 2018-05-16

3520 宋 影青釉瓜棱形执壶
估 价：HKD 120,000~150,000
成交价：RMB 152,739
高21cm 保利香港 2018-04-02

4097 宋 白釉划花萱草纹罐
估 价：RMB 150,000~200,000
成交价：RMB 207,000
高16.8cm 西泠拍卖 2018-07-08

3987 宋/元 青白釉桐荫仕女荷叶形枕
估 价：RMB 200,000~300,000
成交价：RMB 253,000
高14cm；长22cm 西泠拍卖 2018-07-08

66 宋 定系白釉瑞狮莲纹高足炉
估 价：GBP 25,000~30,000
成交价：RMB 452,760
高17.8cm 伦敦苏富比 2018-05-16

3938 宋 白釉葵花形盏托
估 价：RMB 100,000~120,000
成交价：RMB 115,000
直径11.2cm 西泠拍卖 2018-07-08

773 元 青白釉花卉纹八方梅瓶
估 价：RMB 800,000~1,200,000
成交价：RMB 1,725,000
高17cm 北京东正 2018-06-17

5306 元 白釉瓜棱塑贴狮纹提梁壶
估 价：RMB 150,000~200,000
成交价：RMB 368,000
高13cm 北京保利 2018-12-08

756 元 青白釉瓜棱形执壶
估 价：RMB 150,000~200,000
成交价：RMB 264,500
高11.7cm 北京东正 2018-06-17

1139 元 白釉盘口长颈瓶
估 价：RMB 800,000~1,000,000
成交价：RMB 690,000
高45cm 保利厦门 2018-07-15

791 元 枢府釉模印鸾凤纹梅瓶（一对）
估 价：RMB 550,000~800,000
成交价：RMB 632,500
高26cm；高25.8cm 中贸圣佳 2018-06-20

790 元 枢府釉高浮雕双凤纹荷叶小盖罐
估 价：RMB 320,000~450,000
成交价：RMB 368,000
高8.5cm 中贸圣佳 2018-06-20

5807 元 月白釉双耳炉
估 价：RMB 400,000~600,000
成交价：RMB 460,000
高22.5cm 北京保利 2018-06-20

1111 元 青白釉狮形枕
估 价：RMB 200,000~300,000
成交价：RMB 230,000
长21cm；高9.5cm 保利厦门 2018-07-15

763 元 白釉斗笠碗
估 价：RMB 180,000~250,000
成交价：RMB 207,000
直径17.7cm 北京东正 2018-06-17

1186 元 枢府窑甜白釉花卉盘
估 价：RMB 80,000~120,000
成交价：RMB 230,000
直径19cm 保利厦门 2018-07-15

5734 元 青白釉盏及盏托（一对）
估 价：RMB 300,000~400,000
成交价：RMB 345,000
直径7.4cm；直径13cm 北京保利 2018-06-20

5189 元 白釉刻莲塘双凫大钵式碗
估 价：RMB 3,500,000~5,500,000
成交价：RMB 4,370,000
直径27.8cm 北京保利 2018-06-19

5071 元 邢窑白釉点彩鹦鹉杯
估 价：RMB 200,000~300,000
成交价：RMB 690,000
长13cm 北京保利 2018-06-19

4056 元 枢府釉龙纹高足杯
估 价：RMB 80,000~120,000
成交价：RMB 149,500
高9.8cm；口径11.5cm 西泠拍卖 2018-07-08

5305 元 白釉镂空线条纹香熏
估 价：RMB 150,000~200,000
成交价：RMB 632,500
高8cm 北京保利 2018-12-08

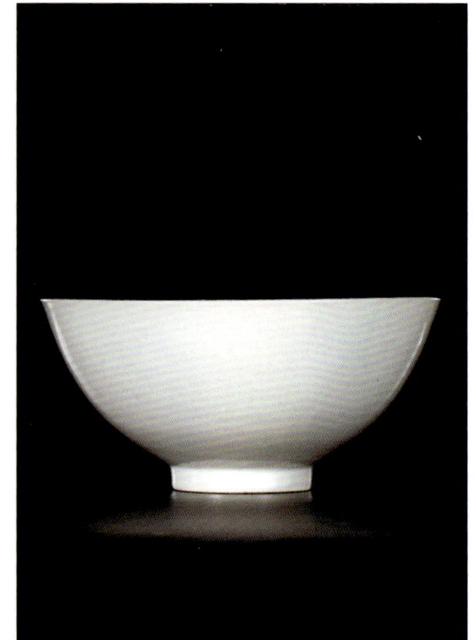

3416 明早期 白釉暗刻莲纹碗
估　价：HKD 1,300,000~1,800,000
成交价：RMB 1,852,128
直径27cm 保利香港 2018-10-02

3034 明永乐 甜白釉玉壶春瓶
估　价：HKD 1,300,000~1,600,000
成交价：RMB 1,431,930
高32cm 保利香港 2018-04-02

765 明永乐 甜白釉暗刻龙纹罐
估　价：HKD 850,000~950,000
成交价：RMB 874,616
高20.5cm 中国嘉德 2018-10-02

2699 明永乐 白釉四系罐
估　价：RMB 250,000~350,000
成交价：RMB 368,000
15.3cm × 14.7cm × 14.7cm 中国嘉德 2018-06-18

5471 明永乐 甜白釉带盖执壶
估　价：RMB 1,100,000~1,600,000
成交价：RMB 1,897,500
高30cm 北京保利 2018-12-08

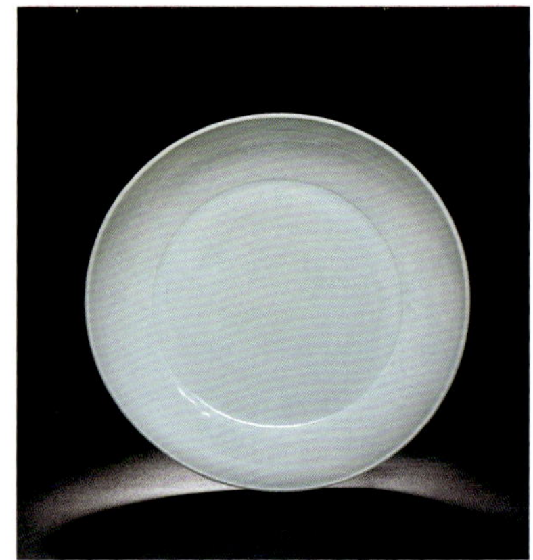

3035 明永乐 甜白釉内折枝牡丹缠枝花卉外折枝瑞果纹大盘
估　价：HKD 1,500,000~1,800,000
成交价：RMB 1,479,661
直径34.3cm 保利香港 2018-04-02

5751 明永乐 甜白釉暗刻缠枝花卉碗
估　价：RMB 1,600,000~2,200,000
成交价：RMB 1,955,000
直径20.8cm 北京保利 2018-06-20

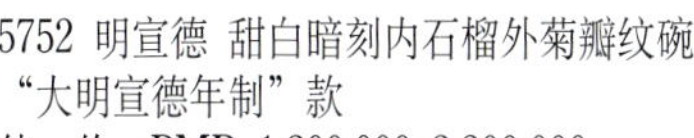

5752 明宣德 甜白暗刻内石榴外菊瓣纹碗
“大明宣德年制”款
估　价：RMB 1,200,000~2,200,000
成交价：RMB 1,725,000
直径20.8cm 北京保利 2018-06-20

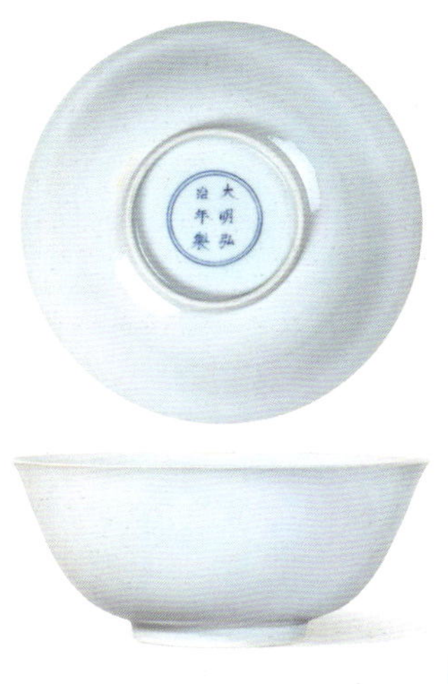

5738 明弘治 白釉大碗
“大明弘治年制”款
估　价：RMB 1,000,000~1,600,000
成交价：RMB 1,437,500
直径20.3cm 北京保利 2018-06-20

568 明正德 白釉十棱洗
“正德年制”四字双行楷书款
估　价：RMB 380,000~480,000
成交价：RMB 437,000
直径19.6cm 保利厦门 2018-01-08

5364 明嘉靖 白釉暗刻花卉纹小罐
“大明嘉靖年制”款
估　价：RMB 150,000~200,000
成交价：RMB 207,000
高13.4cm 北京保利 2018-12-08

2936 明嘉靖 甜白釉暗刻凤纹盘
“大明嘉靖年制”款
估 价：RMB 880,000~1,000,000
成交价：RMB 1,012,000
直径12.4cm 北京荣宝 2018-12-03

1721 明 龙凤纹枢府折壶
估 价：RMB 200,000~300,000
成交价：RMB 230,000
高24cm 上海匡时 2018-04-30

6782 明 甜白釉四系罐
估 价：HKD 200,000
成交价：RMB 194,880
高14.9cm 万昌斯 2018-05-30

3004 明 白釉刻花盘
估 价：RMB 300,000~400,000
成交价：RMB 437,000
直径20cm 北京荣宝 2018-12-03

3755 明 白釉龙首勺
估 价：RMB 20,000~30,000
成交价：RMB 161,000
长12.2cm 中国嘉德 2018-09-19

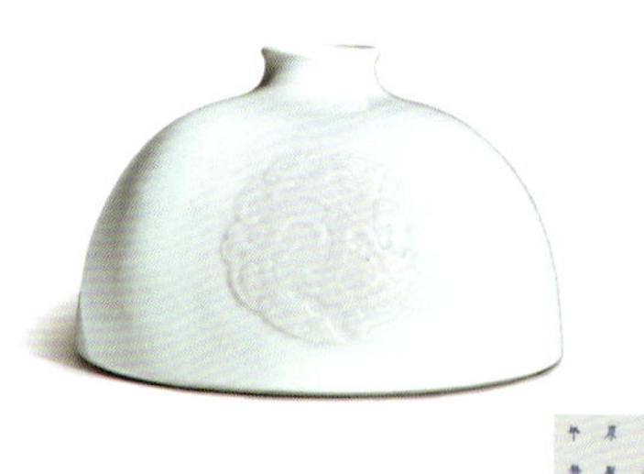

112 清康熙 白釉团龙纹太白尊
“大清康熙年制”款
估 价：USD 80,000~120,000
成交价：RMB 684,200
纽约苏富比 2018-09-12

3047 清康熙 白釉暗刻双龙赶珠纹碗
估 价：HKD 250,000~300,000
成交价：RMB 534,587
直径15.7cm 保利香港 2018-04-02

108 清康熙 白釉暗刻赶珠龙纹杯
“大清康熙年制”款
估 价：USD 50,000~70,000
成交价：RMB 598,675
纽约苏富比 2018-09-12

1253 清雍正 白釉菊瓣盘
“大清雍正年制”两行六字楷书款
估 价：RMB 1,000,000~1,300,000
成交价：RMB 1,150,000
直径17.8cm 华艺国际 2018-11-16

5487 清雍正 甜白釉模印暗刻莲瓣花口盘
“大清雍正年制”款
估 价：RMB 1,300,000~1,800,000
成交价：RMB 3,450,000
直径30cm 北京保利 2018-12-08

3846 清雍正 白釉莲蓬香盒
估 价：RMB 5,000 ~ 8,000
成交价：RMB 25,300
直径7.3cm 中国嘉德 2018-09-19

923 清雍正 影青釉暗刻缠枝莲纹高足碗
“大清雍正年制”六字单行楷书款
估 价：RMB 350,000~450,000
成交价：RMB 368,000
直径15.5cm；高10.5cm 保利厦门 2018-07-15

113 清雍正 白釉灵芝纹小杯
“大清雍正年制”款
估 价：USD 40,000~60,000
成交价：RMB 1,710,500
纽约苏富比 2018-09-12

1737 清雍正 甜白釉莲花口高足杯
“大清雍正年制”六字楷书横款
估 价：RMB 600,000~800,000
成交价：RMB 862,500
高9.5cm 华艺国际 2018-11-16

851 清雍正 白釉暗刻龙纹杯（一组六只）
“大明成化年制”六字二行楷书款
估 价：RMB 60,000~80,000
成交价：RMB 437,000
直径5.2cm×6 北京诚轩 2018-06-17

13 清雍正 白釉模印绳纹桶式缸
“大清雍正年制”六字三行篆书款
估 价：HKD 5,000,000~6,000,000
成交价：RMB 3,832,640
直径38.6cm 香港中汉 2018-05-31

51 清雍正 白釉模印夔龙纹大莲子碗
“大清雍正年制”双圈六字楷书款
估 价：HKD 100,000~200,000
成交价：RMB 348,800
直径20.3cm 佳士得 2018-10-04

797 18世纪 白釉三孔葫芦瓶
估 价：RMB 10,000~20,000
成交价：RMB 322,000
高11cm 保利厦门 2018-07-15

907 18世纪 白釉双羊耳出戟尊
估 价：RMB 150,000~250,000
成交价：RMB 667,000
高26cm 保利厦门 2018-01-08

138 清乾隆 月白釉敦
“大清乾隆年制”款
估　价：USD 10,000~15,000
成交价：RMB 684,200
纽约苏富比 2018-09-12

797 清乾隆 白釉观音坐像
估　价：RMB 50,000~100,000
成交价：RMB 207,000
高23.5cm 中贸圣佳 2018-06-20

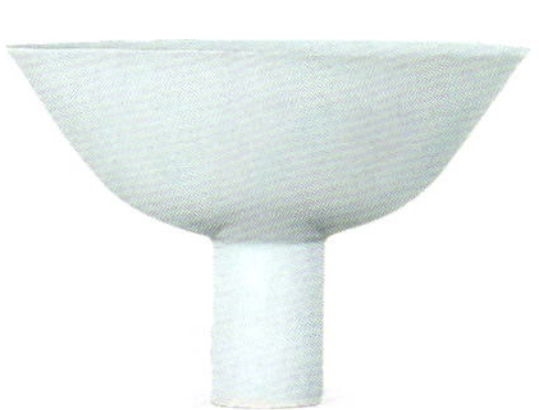

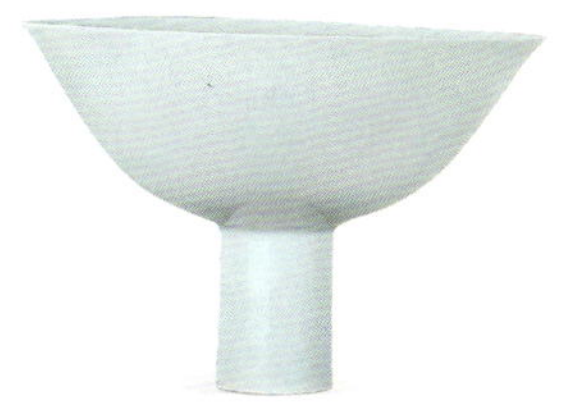

940 清乾隆 白釉暗刻龙纹高足碗（一对）
“大清乾隆年制”六字双行楷书款
估　价：RMB 350,000~550,000
成交价：RMB 805,000
直径14.3cm×2 保利厦门 2018-01-08

764 清乾隆 白釉模印宝相花纹镦
“大清乾隆年制”六字三行篆书款
估　价：RMB 200,000~300,000
成交价：RMB 287,500
直径16cm 保利厦门 2018-07-15

5941 清嘉庆 白釉仿定印花卉石榴尊
“大清嘉庆年制”款
估　价：RMB 1,000,000~1,500,000
成交价：RMB 1,150,000
高22.5cm 北京保利 2018-06-20

其他窑白釉

823 隋 白瓷胡人像（两件）
估　价：HKD 300,000~500,000
成交价：RMB 463,032
高26.5cm 中国嘉德 2018-10-02

3010 隋 白釉碗
估　价：HKD 50,000~80,000
成交价：RMB 113,186
高9cm；直径12.8cm 保利香港 2018-10-02

4078 隋 巩县窑白釉杯
估　价：RMB 20,000~30,000
成交价：RMB 138,000
高7.9cm；口径9.2cm 西泠拍卖 2018-07-08

6835 唐早期 邢窑白釉长颈瓶
估 价：HKD 100,000
成交价：RMB 194,880
高25.1cm 万昌斯 2018-05-30

1272 唐 白釉贴花双龙耳尊
估 价：USD 10,000~15,000
成交价：RMB 145,393
高41.5cm 纽约佳士得 2018-09-13

3956 唐 盈字款邢窑小执壶
款识："盈"
估 价：RMB 150,000~200,000
成交价：RMB 287,500
高11.8cm 西泠拍卖 2018-07-08

3957 唐 邢窑沥粉堆花卉纹倭角方盘
"盈"字款
估 价：RMB 600,000~800,000
成交价：RMB 977,500
高2.3cm；边长12cm 西泠拍卖 2018-07-08

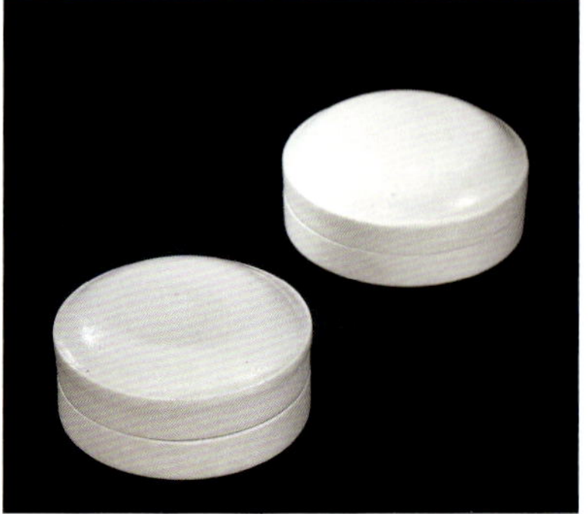

3002 唐 白釉素香盒（一对）
估 价：HKD 20,000 ~ 25,000
成交价：RMB 25724
直径6.8cm；直径6.6cm 保利香港 2018-10-02

4049 五代 邢窑菱花口盘
估 价：RMB 40,000~60,000
成交价：RMB 69,000
高4.4cm；口径16.5cm 西泠拍卖 2018-07-08

1449 五代 邢窑三叶碟
估 价：RMB 45,000~60,000
成交价：RMB 55,200
高3cm；口径12cm 西泠拍卖 2018-09-29

757 白釉长颈大盘口瓶
估 价：RMB 250,000~350,000
成交价：RMB 575,000
高37.8cm 中贸圣佳 2018-06-20

939 窑白釉卧狮形枕
估 价：RMB 1,000,000~1,600,000
成交价：RMB 1,150,000
高9cm；长16cm 保利厦门 2018-07-15

772 影青釉刻花仕女枕
估 价：RMB 390,000~500,000
成交价：RMB 460,000
长19.5cm 中贸圣佳 2018-06-20

632 白釉印花莲池鸳鸯纹折沿盘
估 价：RMB 1,500,000~1,800,000
成交价：RMB 1,725,000
直径14.2cm 中贸圣佳 2018-06-20

黑 瓷

黑 釉

810 北宋/金 磁州窑黑釉堆线纹小口瓶
估 价：USD 20,000~30,000
成交价：RMB 470,388
高22cm 纽约佳士得 2018-09-13

518 北宋/金 黑釉堆线纹双系罐
估 价：USD 18,000~25,000
成交价：RMB 436,288
直径17.8cm 纽约佳士得 2018-03-22

522 北宋 黑釉铁锈斑斗笠碗
估　价：USD 12,000~18,000
成交价：RMB 301,435
直径15.6cm 纽约佳士得 2018-03-22

3967 北宋 建窑虹油滴天目盏
款识："鼎固"
估　价：RMB 900,000~1,200,000
成交价：RMB 1,380,000
高7cm；口径12.3cm 西泠拍卖 2018-07-08

88 北宋 黑釉铁锈斑茶盏
估　价：HKD 200,000~300,000
成交价：RMB 250,700
直径9cm 佳士得 2018-10-04

506 北宋 定窑黑釉鹧鸪斑碗
成交价：RMB 26,732,525
直径19cm 纽约佳士得 2018-03-22

229 北宋/金 黑釉鹧鸪斑纹碗
估　价：USD 15,000~20,000
成交价：RMB 299,338
纽约苏富比 2018-09-12

1314 北宋/金 黑釉褐斑盖碗
估　价：USD 8,000~12,000
成交价：RMB 94,078
高11.5cm 纽约佳士得 2018-09-13

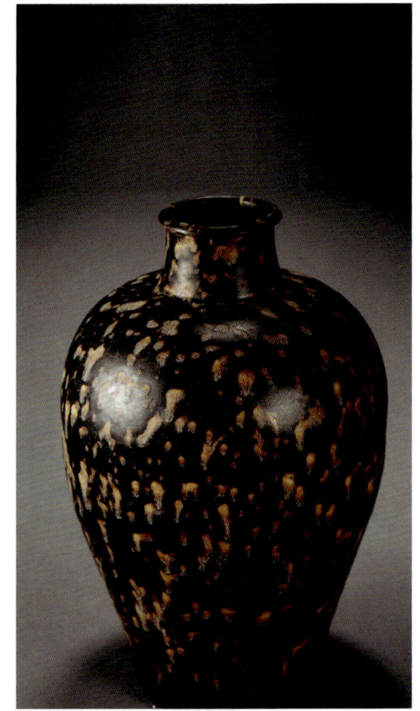

3982 南宋 吉州窑玳瑁梅瓶
估　价：RMB 300,000~500,000
成交价：RMB 345,000
高32cm 西泠拍卖 2018-07-08

668 南宋 吉州窑黑釉梅瓶
估 价：HKD 200,000~300,000
成交价：RMB 596,797
高19.7cm 中国嘉德 2018-10-02

6839 南宋 建窑“油滴天目”茶盏
估 价：HKD 100,000
成交价：RMB 467,712
直径8.9cm 万昌斯 2018-05-30

524 南宋 建窑兔毫盏
估 价：USD 30,000~50,000
成交价：RMB 872,575
直径15.8cm 纽约佳士得 2018-03-22

65 南宋 建窑银毫束口盏
估 价：RMB 180,000
成交价：RMB 287,500
高7cm；口径11.3cm 浙江佳宝 2018-07-01

3111 南宋 建窑兔毫釉茶盏
估 价：HKD 1,000,000~1,500,000
成交价：RMB 2,180,000
直径12.2cm 香港苏富比 2018-10-03

1305 南宋 吉州窑木叶碗
估 价：USD 6,000~8,000
成交价：RMB 256,575
直径10.9cm 纽约佳士得 2018-09-13

3037 宋 河南黑釉长颈撇口瓶
估　价：HKD 400,000~600,000
成交价：RMB 424,725
高27.2cm 香港苏富比 2018-04-02

3965 宋 淄博窑黑釉线条壶
估　价：RMB 150,000~200,000
成交价：RMB 253,000
高17cm 西泠拍卖 2018-07-08

230 宋 黑釉大罐
估　价：USD 30,000~50,000
成交价：RMB 256,575
纽约苏富比 2018-09-12

3106 宋 黑漆葵瓣盘
估　价：HKD 150,000~200,000
成交价：RMB 523,200
香港苏富比 2018-10-03

3978 宋 当阳峪窑鹧鸪斑葵口盘
估　价：RMB 100,000~150,000
成交价：RMB 172,500
直径17cm 西泠拍卖 2018-07-08

59 宋 建窑黑釉兔毫盏
估　价：GBP 40,000~60,000
成交价：RMB 916,300
直径12.4cm 伦敦苏富比 2018-05-16

1575 黑定束口大盏
估　价：RMB 200,000~300,000
成交价：RMB 575,000
直径15.5cm 中贸圣佳 2018-11-24

748 宋 吉州窑剪纸贴花茶盏
估　价：NTD 280,000~400,000
成交价：RMB 383,400
直径16.5cm 罗芙奥 2018-06-02

3966 宋 怀仁窑油滴盏
估　价：RMB 180,000~250,000
成交价：RMB 207,000
高4.3cm；口径9cm 西泠拍卖 2018-07-08

521 金 黑釉铁锈花玉壶春瓶
估　价：USD 8,000~12,000
成交价：RMB 222,110
高27.2cm 纽约佳士得 2018-03-22

7874 金 怀仁窑黑釉油滴盘
估　价：HKD 80,000
成交价：RMB 298,032
直径20.5cm 万昌斯 2018-11-29

6454 元 黑釉梅瓶
估　价：RMB 600,000~800,000
成交价：RMB 690,000
高24cm 北京保利 2018-12-09

1020 元 磁州窑黑釉弦纹梅瓶
估　价：RMB 1,000,000~1,500,000
成交价：RMB 1,150,000
高34.5cm 北京华辰 2018-11-19

3040 元 黑釉木叶纹双耳八方瓶
估　价：RMB 300,000~500,000
成交价：RMB 345,000
高27cm 北京荣宝 2018-12-03

1180 元 黑釉铁锈斑小梅瓶
估　价：RMB 120,000~220,000
成交价：RMB 322,000
直径19cm 保利厦门 2018-07-15

1151 元 当阳峪黑釉盖罐（一对）
估　价：RMB 230,000~330,000
成交价：RMB 345,000
高11.6cm；高11.3cm 保利厦门 2018-07-15

6073 元 建窑黑釉盏
估　价：RMB 60,000~80,000
成交价：RMB 920,000
直径12.5cm；托直径17cm 北京保利 2018-06-21

1121 元 怀仁窑油滴盏
估 价：RMB 80,000~120,000
成交价：RMB 207,000
直径8cm 保利厦门 2018-07-15

758 元 北方窑口黑釉油滴茶盏
估 价：RMB 180,000~250,000
成交价：RMB 207,000
直径9.3cm 北京东正 2018-06-17

1940 明以前 吉州窑玳瑁釉梅瓶
估 价：RMB 150,000~300,000
成交价：RMB 402,500
高18cm 广东崇正 2018-07-05

6458 元 吉州窑黑釉木叶盏
估 价：RMB 150,000~200,000
成交价：RMB 172,500
直径14.8cm 北京保利 2018-12-09

1168 明 曜变天目盏
估 价：RMB 500,000~800,000
成交价：RMB 575,000
直径12cm 保利厦门 2018-07-15

759 黑定堆白线条罐
估 价：RMB 60,000~100,000
成交价：RMB 345,000
高10cm；直径13cm 中贸圣佳 2018-06-20

3001 明 黑釉兔毫“供御”盏
“供御”款
估 价：RMB 1,500,000~2,000,000
成交价：RMB 1,840,000
直径12.5cm 北京荣宝 2018-12-03

褐　釉

104 隋/唐 酱褐釉双龙柄瓶
估　价：HKD 60,000~80,000
成交价：RMB 57,277
高37cm 中国嘉德 2018-04-02

510 北宋 磁州窑褐釉跳刀罐
估　价：USD 6,000~8,000
成交价：RMB 237,975
高9cm 纽约佳士得 2018-03-22

804 北宋 磁州窑褐釉篦纹碗
估　价：USD 3,000~5,000
成交价：RMB 299,338
直径11cm 纽约佳士得 2018-09-13

3102 宋 褐漆钵
估　价：HKD 300,000~400,000
成交价：RMB 1,199,000
直径16cm 香港苏富比 2018-10-03

5307 元 褐釉乳钉柳斗纹罐
估　价：RMB 100,000~150,000
成交价：RMB 241,500
直径9cm；高8.6cm 北京保利 2018-12-08

3237 明 褐色釉盏
估　价：RMB 120,000~180,000
成交价：RMB 138,000
直径13cm 北京荣宝 2018-06-14

乌金釉

1122 元 乌金釉银毫束口盏
估　价：RMB 560,000~660,000
成交价：RMB 862,500
直径12.5cm 保利厦门 2018-07-15

3649 宋 乌金釉束口油滴盏
估　价：RMB 300,000~400,000
成交价：RMB 368,000
直径6.5cm×12.5cm 西泠拍卖 2018-07-08

3019 清康熙 乌金釉小罐
估　价：HKD 50,000~80,000
成交价：RMB 219,563
高7.1cm 保利香港 2018-04-02

彩　瓷

褐　彩

1123 元 长沙窑贴塑执壶
估　价：RMB 50,000~80,000
成交价：RMB 138,000
高19.5cm 保利厦门 2018-07-15

3989 唐 长沙窑贴塑胡人纹执壶
估　价：RMB 100,000~150,000
成交价：RMB 115,000
高18cm 西泠拍卖 2018-07-08

2953 元 龙泉窑青瓷褐斑点彩玉壶春瓶
估　价：HKD 2,000,000~3,000,000
成交价：RMB 3,494,780
高25cm 佳士得 2018-11-28

1273 唐 绿釉骑马男俑及褐彩骑马男俑
估　价：USD 20,000~30,000
成交价：RMB 273,680
高40.6cm 纽约佳士得 2018-09-13

95 元 磁州窑褐彩龙纹罐
估　价：HKD 180,000~260,000
成交价：RMB 196,200
高21.7cm 佳士得 2018-10-04

781 褐彩豹斑纹梅瓶
估　价：RMB 150,000~300,000
成交价：RMB 172,500
高24.5cm 中贸圣佳 2018-06-20

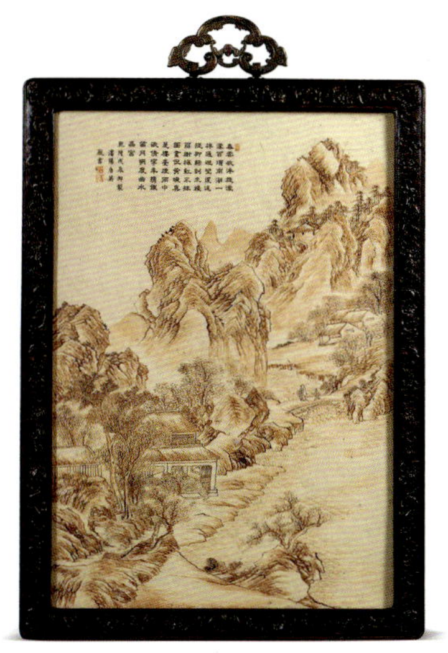

5440 清乾隆 唐英制米黄地褐彩御题诗山水楼阁瓷板
估 价：RMB 1,600,000~2,000,000
成交价：RMB 2,530,000
38cm×56cm 北京保利 2018-12-12

青 花

5148 元 青花孔雀牡丹带盖梅瓶
估 价：RMB 13,000,000~18,000,000
成交价：RMB 16,675,000
高45cm 北京保利 2018-06-19

5141 元 青花缠枝“福禄万代”大葫芦瓶（亚历山大瓶）
估 价：RMB 35,000,000~55,000,000
成交价：RMB 56,810,000
高47cm 北京保利 2018-06-19

729 元 青花云龙纹玉壶春瓶
估 价：RMB 600,000~800,000
成交价：RMB 690,000
高25.2cm 中贸圣佳 2018-06-20

1932 元 青花云龙纹梅瓶（一对）
成交价：RMB 32,200,000
高32.5cm；高33.5cm 广东崇正 2018-07-05

5147 元 青花垂肩通景人物故事图大梅瓶
估　价：RMB 2,000,000~5,000,000
成交价：RMB 2,990,000
高43.7cm 北京保利 2018-06-19

5498 元 青花莲池清趣玉壶春瓶
估　价：RMB 1,000,000~1,500,000
成交价：RMB 1,610,000
高28cm 北京保利 2018-12-08

927 元 青花缠枝牡丹纹梅瓶
估　价：RMB 8,000,000~12,000,000
成交价：RMB 11,270,000
高42cm 保利厦门 2018-01-08

5144 元 青花云龙纹大罐
估 价：RMB 8,000,000~13,000,000
成交价：RMB 11,500,000
高28.5cm 北京保利 2018-06-19

5139 元 青花荷塘鸳鸯盘
估 价：RMB 1,200,000~1,500,000
成交价：RMB 1,955,000
直径29.2cm 北京保利 2018-06-19

51 元 青花番莲纹匜
估 价：HKD 300,000~500,000
成交价：RMB 388,063
长162cm 邦瀚斯 2018-11-27

3208 元 青花莲塘菱口折沿大盘
估 价：HKD 4,000,000~6,000,000
成交价：RMB 3,980,280
直径39.8cm 香港苏富比 2018-04-03

5137 元 青花莲瓣纹盏托
估 价：RMB 800,000~1,200,000
成交价：RMB 1,725,000
直径16cm 北京保利 2018-06-19

2589 元 青花荷塘鸳鸯纹折沿菱口盘
估 价：RMB 450,000~550,000
成交价：RMB 517,500
直径28.5cm 北京匡时 2018-12-05

5499 元 青花满池娇纹花口折沿盘
估 价：RMB 2,600,000~3,600,000
成交价：RMB 4,370,000
直径28.5cm 北京保利 2018-12-08

5142 元 青花模印游龙纹高足杯
估 价：RMB 5,500,000~8,500,000
成交价：RMB 7,590,000
北京保利 2018-06-19

5145 元 青花外缠枝莲内荷塘纹大碗
估 价：RMB 500,000~700,000
成交价：RMB 3,622,500
直径29.5cm 北京保利 2018-06-19

835 明早期 黄地青花缠枝花卉纹执壶
估 价：RMB 3,500,000~4,500,000
成交价：RMB 4,025,000
高37cm 北京东正 2018-06-17

913 明洪武 青花缠枝菊纹玉壶春瓶
估 价：RMB 1,800,000~2,800,000
成交价：RMB 2,645,000
高32.5cm 保利厦门 2018-07-15

117 明洪武 青花灵芝番莲纹菱口折沿盏托
估 价：HKD 1,800,000~2,500,000
成交价：RMB 1,962,000
直径19.6cm 香港苏富比 2018-10-03

547 明永乐 青花缠枝牡丹纹玉壶春瓶
估　价：RMB 4,000,000~4,500,000
成交价：RMB 4,715,000
高26.5cm 上海匡时 2018-04-30

5749 明永乐 青花灵芝纹石榴尊
估　价：RMB 3,200,000~5,200,000
成交价：RMB 3,680,000
高18.6cm 北京保利 2018-06-20

176 明永乐 青花轮花纹绶带耳葫芦扁瓶
估　价：USD 80,000~120,000
成交价：RMB 2,052,600
纽约苏富比 2018-09-12

122 明永乐 青花宝相花纹绶带葫芦扁壶
估　价：HKD 7,000,000~9,000,000
成交价：RMB 11,091,840
高31.5cm 香港苏富比 2018-10-03

2905 明永乐 青花缠枝牡丹纹执壶
估　价：HKD 5,000,000~7,000,000
成交价：RMB 5,410,700
高30cm 佳士得 2018-11-28

21 明永乐 青花折枝花卉纹八方烛台
估　价：RMB 1,800,000~2,200,000
成交价：RMB 1,840,000
高14.5cm 北京中汉 2018-04-15

110 明永乐 青花葡萄纹折沿盘
估　价：HKD 6,000,000~8,000,000
成交价：RMB 6,592,320
直径37.3cm 香港苏富比 2018-10-03

2904 明永乐 青花葡萄纹折沿盘
估　价：HKD 3,500,000~5,500,000
成交价：RMB 7,752,380
直径38cm 佳士得 2018-11-28

730 明永乐 青花缠枝花卉葡萄纹海浪折沿大盘
估　价：RMB 1,500,000~2,500,000
成交价：RMB 4,657,500
直径37.5cm 中贸圣佳 2018-06-20

2806 明永乐 慈禧御赐青花葡萄纹折沿大盘
估　价：RMB 4,000,000~5,000,000
成交价：RMB 13,225,000
直径38cm 北京匡时 2018-12-05

3207 明永乐 青花花卉纹菱口折沿盘
估　价：HKD 3,500,000~4,000,000
成交价：RMB 4,077,360
直径37.8cm 香港苏富比 2018-04-03

5354 明永乐 青花缠枝花卉一把莲盘
估　价：RMB 2,000,000~2,500,000
成交价：RMB 3,795,000
直径27.6cm 北京保利 2018-12-08

108 明永乐 青花花果纹菱花式小盘
估　价：USD 500,000~700,000
成交价：RMB 3,750,486
纽约苏富比 2018-03-20

58 明永乐 青花缠枝花卉波浪纹大盘
估　价：HKD 1,500,000~2,000,000
成交价：RMB 3,410,400
直径40.5cm 香港诚昌 2018-05-30

5747 明永乐 青花内外缠枝花卉文碗
估　价：RMB 400,000~600,000
成交价：RMB 460,000
直径19.8cm 北京保利 2018-06-20

105 明永乐 青花缠枝月季纹笠式碗
估　价：HKD 3,000,000~4,000,000
成交价：RMB 4,080,960
直径20cm 香港苏富比 2018-10-03

110 明宣德 青花缠枝花卉纹执壶
“大明宣德年制”款
估　价：USD 600,000~800,000
成交价：RMB 19,894,710
纽约苏富比 2018-03-20

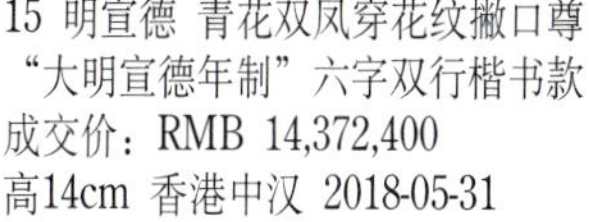

15 明宣德 青花双凤穿花纹撇口尊
“大明宣德年制”六字双行楷书款
成交价：RMB 14,372,400
高14cm 香港中汉 2018-05-31

5750 明宣德 青花八吉祥纹罐
“大明宣德年制”款
估 价：RMB 4,000,000~6,000,000
成交价：RMB 4,600,000
高18cm 北京保利 2018-06-20

2906 明宣德 青花折枝花果图瓜棱罐
“大明宣德年制”款
估 价：HKD 3,000,000~5,000,000
成交价：RMB 2,643,260
高11.4cm 佳士得 2018-11-28

5086 明宣德 青花葡萄纹葫芦形鸟食罐
“大明宣德年制”款
估 价：RMB 650,000~850,000
成交价：RMB 1,725,000
高6.1cm 北京保利 2018-06-19

6444 明宣德 青花缠枝花卉豆
“大明宣德年制”款
估 价：RMB 300,000~400,000
成交价：RMB 345,000
高10cm 北京保利 2018-12-09

125 明宣德 青花石榴花盘
“大明宣德年制”款
估 价：HKD 3,000,000~4,000,000
成交价：RMB 3,767,040
直径29.5cm 香港苏富比 2018-10-03

5473 明宣德 青花地留白石榴纹大盘
“大明宣德年制”款
估 价：RMB 900,000~1,500,000
成交价：RMB 1,955,000
直径51cm 北京保利 2018-12-08

175 明宣德 青花鱼藻纹十棱菱口大碗
估 价：NTD 25,000,000~50,000,000
成交价：RMB 7,467,040
直径23cm 台北艺流 2018-12-01

5475 明宣德 青花内模印缠枝芍药纹碗
“大明宣德年制”款
估 价：RMB 3,600,000~4,600,000
成交价：RMB 6,325,000
直径20cm 北京保利 2018-12-08

972 明宣德 青花龙纹大碗
估　价：USD 100,000~150,000
成交价：RMB 17,666,370
直径21cm 纽约佳士得 2018-05-10

1603 明宣德 青花莲瓣轮花纹鸡心碗
“大明宣德年制”楷书款
估　价：RMB 1,500,000~2,000,000
成交价：RMB 2,070,000
长16cm；高9.9cm 中贸圣佳 2018-11-24

1069 明宣德 青花苜蓿花荷塘纹碗
“大明宣德年制”青花两行六字楷书款
估　价：RMB 1,600,000~2,000,000
成交价：RMB 1,782,500
直径15.2cm 华艺国际 2018-05-23

912 明宣德 青花缠枝莲纹碗
“大明宣德年制”六字双行楷书款
估　价：RMB 1,000,000~1,500,000
成交价：RMB 1,552,500
直径21cm；高10cm 保利厦门 2018-07-15

2946 明宣德 青花矾红海兽波涛纹高足杯
“大明宣德年制”双圈六字楷书款
估　价：HKD 10,000,000~15,000,000
成交价：RMB 9,825,200
直径9.9cm 佳士得 2018-05-30

5748 明宣德 青花缠枝莲托八宝大碗
“大明宣德年制”款
估　价：RMB 800,000~1,200,000
成交价：RMB 1,380,000
直径28cm 北京保利 2018-06-20

539 明宣德 青花海水龙纹钵
“大明宣德年制”六字单行楷书款
估　价：RMB 800,000~1,000,000
成交价：RMB 920,000
直径26cm 保利厦门 2018-01-08

2907 明宣德 青花缠枝莲纹莲子碗
“大明宣德年制”款
估　价：HKD 4,000,000~6,000,000
成交价：RMB 4,346,300
直径20.8cm 佳士得 2018-11-28

5355 明宣德 青花缠枝花卉菊瓣纹花浇
“大明宣德年制”款
估 价：RMB 10,000,000~15,000,000
成交价：RMB 15,525,000
高13.4cm 北京保利 2018-12-08

3608 明宣德 青花暗花缠枝芍药笠式碗
“大明宣德年制”款
估 价：HKD 4,000,000~6,000,000
成交价：RMB 4,290,240
直径20.6cm 香港苏富比 2018-10-03

5037 明宣德 白釉暗刻海水青花龙纹瓷砖
估 价：RMB 200,000~300,000
成交价：RMB 1,035,000
33cm × 18.3cm × 3.7cm 北京匡时 2018-06-15

5476 明宣德 青花杂宝“泽物为物”纹桥钮方章
“大明宣德癸丑年造”款
估 价：RMB 1,000,000~1,500,000
成交价：RMB 1,667,500
6.4cm × 6.5cm × 4.5cm 北京保利 2018-12-08

5500 明景泰-天顺 青花庭院仕女图梅瓶
估 价：RMB 300,000~400,000
成交价：RMB 517,500
高25cm 北京保利 2018-12-08

113 明成化 青花缠枝花莲瓣口瓶
估 价：USD 1,000,000~1,500,000
成交价：RMB 18,371,670
纽约苏富比 2018-03-20

3070 明成化 青花内金刚宝杵外缠枝宝相花纹盘
估 价：RMB 4,000,000~5,000,000
成交价：RMB 1,725,000
直径17.4cm 中贸圣佳 2018-11-24

5178 明成化 青花“竹溪六逸”雅集图罐
估　价：RMB 12,000,000~22,000,000
成交价：RMB 27,025,000
高23.5cm；宽24cm 北京保利 2018-06-19

5177 明成化 青花缠枝山茶花纹宫碗
“大明成化年制”款
估　价：RMB 6,500,000~8,500,000
成交价：RMB 10,350,000
直径15.2cm 北京保利 2018-06-19

6445 明成化 青花葡萄纹高足碗
估　价：RMB 800,000~1,200,000
成交价：RMB 1,150,000
直径15.7cm 北京保利 2018-12-09

5176 明成化 青花折枝花卉纹卧足杯
“大明成化年制”款
估　价：RMB 3,500,000~6,500,000
成交价：RMB 10,005,000
直径7.7cm 北京保利 2018-06-19

5739 明正德 黄地青花折枝石榴花纹盘
“大明正德年制”款
估　价：RMB 1,500,000~2,000,000
成交价：RMB 1,725,000
直径29.5cm 北京保利 2018-06-20

127 明正德 黄地青花石榴花盘
“大明正德年制”款
估 价：HKD 5,000,000~7,000,000
成交价：RMB 7,220,160
直径29.2cm 香港苏富比 2018-10-03

887 明正德 青花缠枝卷草托莲纹碗
“正德年制”四字二行楷书款
估 价：RMB 600,000~750,000
成交价：RMB 977,500
直径20.7cm 北京诚轩 2018-06-17

5365 明正德 青花卷草阿拉伯文五崖笔山
“大明正德年制”款
估 价：RMB 1,600,000~2,600,000
成交价：RMB 3,450,000
高13.4cm；直径20cm 北京保利 2018-12-08

2935 明嘉靖 青花云鹤纹葫芦瓶
估 价：RMB 700,000~1,000,000
成交价：RMB 805,000
高9.7cm 北京荣宝 2018-12-03

882 明嘉靖 青花琴棋书画图罐
“大明嘉靖年制”六字二行楷书款
估 价：RMB 100,000~120,000
成交价：RMB 943,000
高13.2cm 北京诚轩 2018-06-17

57 明嘉靖 青花婴戏图大罐
“大明嘉靖年制”款
估 价：HKD 1,500,000~2,200,000
成交价：RMB 1,559,040
高34cm 香港诚昌 2018-05-30

1208 明嘉靖 青花龙纹方罐
“大明嘉靖年制”两行六字楷书款
估 价：RMB 500,000~600,000
成交价：RMB 552,000
高12cm 华艺国际 2018-11-16

5369 明嘉靖 青花人物故事图方斗杯
“大明嘉靖年制”款
估 价：RMB 300,000~400,000
成交价：RMB 460,000
直径9.9cm；高7cm 北京保利 2018-12-08

5479 明嘉靖 青花庭院婴戏纹罐
“大明嘉靖年制”款
估 价：RMB 7,000,000~11,000,000
成交价：RMB 12,075,000
高34.5cm 北京保利 2018-12-08

1335 明嘉靖 青花龙纹杯
“大明嘉靖年制”款
估 价：USD 30,000~50,000
成交价：RMB 641,438
直径11.2cm 纽约佳士得 2018-09-13

3669 明嘉靖 青花婴戏杯
“大明嘉靖年制”款
估 价：HKD 150,000~200,000
成交价：RMB 414,200
直径8.7cm 香港苏富比 2018-10-03

1627 明嘉靖 青花鹦鹉啄金桃纹盘
“大明嘉靖年制”楷书款
估 价：RMB 500,000~600,000
成交价：RMB 575,000
直径22.5cm；高3cm 中贸圣佳 2018-11-24

5741 明嘉靖 青花团龙凤碗
“大明嘉靖年制”款
估 价：RMB 400,000~600,000
成交价：RMB 517,500
高9.5cm；直径17cm 北京保利 2018-06-20

5370 明嘉靖 青花倭角松下采药图盖盒
“大明嘉靖年制”款
估 价：RMB 850,000~1,050,000
成交价：RMB 1,322,500
长15.7cm 北京保利 2018-12-08

115 明嘉靖 青花三羊开泰仰钟式碗（一对）
“大明嘉靖年制”款
估 价：HKD 5,000,000~7,000,000
成交价：RMB 18,939,840
直径16.2cm×2 香港苏富比 2018-10-03

3030 明嘉靖 青花雉鸡牡丹纹八方盖盒
“大明嘉靖年制”款
估 价：HKD 800,000~1,200,000
成交价：RMB 812,000
宽29.5cm 佳士得 2018-05-30

1023 明中期 青花双狮绣球纹盘
“大明成化年制”款
估 价：RMB 800,000~1,200,000
成交价：RMB 920,000
直径31cm 北京华辰 2018-11-19

5478 明隆庆 青花婴戏图碗
“大明隆庆年造”款
估 价：RMB 300,000~400,000
成交价：RMB 1,012,000
直径20cm 北京保利 2018-12-08

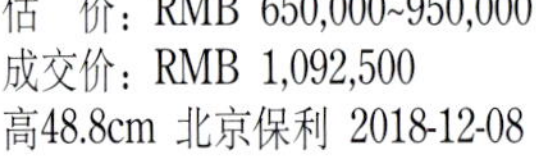

5376 明万历 青花莲托八吉祥海马瑞兽图梅瓶
估 价：RMB 650,000~950,000
成交价：RMB 1,092,500
高48.8cm 北京保利 2018-12-08

1217 明万历 青花寿字葫芦瓶
估 价：RMB 800,000~1,000,000
成交价：RMB 920,000
高65cm 北京华辰 2018-11-19

3105 明万历 青花龙凤纹茶壶
“大明万历年制”双圈六字楷书款
估 价：HKD 80,000~120,000
成交价：RMB 659,750
高20.2cm 佳士得 2018-05-30

108 明万历 青花龙凤纹瓜棱罐
“大明万历年制”六字双行楷书款
估 价：HKD 300,000~400,000
成交价：RMB 526,988
高12.6cm 香港中汉 2018-05-31

538 明万历 青花云龙纹寿字大罐
“大明万历年制”六字双行楷书款
估 价：RMB 1,200,000~1,600,000
成交价：RMB 3,450,000
高50cm 保利厦门 2018-01-08

5383 明万历 青花龙纹四方香炉
“大明万历年制”款
估 价：RMB 220,000~320,000
成交价：RMB 460,000
高10cm 北京保利 2018-12-08

738 明万历 青花四爱图八方蛐蛐罐
“大明万历年制”楷书款
估 价：RMB 300,000~500,000
成交价：RMB 517,500
高10.4cm；直径10.4cm 中贸圣佳 2018-06-20

6466 明万历 青花孔雀牡丹铺首鼓墩（一对）
估 价：RMB 500,000~800,000
成交价：RMB 575,000
高36cm×2 北京保利 2018-12-09

451 明万历 青花甪端形熏炉配盖
估 价：USD 60,000~80,000
成交价：RMB 2,062,450
纽约苏富比 2018-03-20

213 明万历 青花穿花翼龙如意纹大罐
“大明万历年制”六字双行楷书款
估 价：RMB 1,500,000~2,500,000
成交价：RMB 1,725,000
直径45cm 北京中汉 2018-06-19

5382 明万历 青花梵文莲瓣供盘
“大明万历年制”款
估 价：RMB 400,000~600,000
成交价：RMB 713,000
直径19cm 北京保利 2018-12-08

5765 明万历 青花对凤纹碗
“大明万历年制”款
估 价：RMB 450,000~650,000
成交价：RMB 862,500
直径19.9cm 北京保利 2018-06-20

5087 明万历 青花福禄寿小碗
“大明万历年制”款
估 价：RMB 200,000~300,000
成交价：RMB 322,000
直径8cm 北京保利 2018-06-19

5380 明万历 青花龙凤穿花杯
“大明万历年制”款
估 价：RMB 150,000~200,000
成交价：RMB 264,500
直径9.5cm 北京保利 2018-12-08

637 明万历 青花龙凤纹小碗
“大明万历年制”款
估 价：HKD 350,000~400,000
成交价：RMB 360,136
直径9.7cm 北京匡时 2018-10-03

5372 明万历 青花龙纹镂空莲托八吉祥长方盖盒
“大明万历年制”款
估 价：RMB 850,000~1,050,000
成交价：RMB 1,322,500
长25.7cm；宽19.5cm；高9cm 北京保利 2018-12-08

3028 明万历 青花双龙戏珠长方盖盒
“大明万历年制”三行六字楷书款
估　价：RMB 1,000,000~1,500,000
成交价：RMB 1,380,000
24cm×15.3cm×8cm 北京匡时 2018-12-05

5373 明万历 青花双龙赶珠纹捧盒
“大明万历年制”款
估　价：RMB 400,000~600,000
成交价：RMB 862,500
直径18.5cm 北京保利 2018-12-08

188 明万历 青花麒麟形香插
“大明万历年制”六字楷书款
估　价：GBP 15,000~20,000
成交价：RMB 452,760
长10.6cm 伦敦佳士得 2018-05-15

742 明万历 青花外云龙纹内壬字云纹连笔山长方笔盒
“大明万历年制”楷书款
估　价：RMB 400,000~600,000
成交价：RMB 460,000
长29.5cm；宽11.8cm；高9.5cm 中贸圣佳 2018-06-20

5366 明万历 青花江崖海水云龙纹三崖笔山
“大明万历年制”款
估　价：RMB 900,000~1,200,000
成交价：RMB 1,667,500
长15.8cm；高10.8cm 北京保利 2018-12-08

741 明万历 青花江崖海水云龙纹三峰笔山
“大明万历年制”楷书款
估　价：RMB 300,000~500,000
成交价：RMB 506,000
长16cm；高10.8cm 中贸圣佳 2018-06-20

5769 明万历 青花人物故事折沿洗
“大明万历年制”款
估　价：RMB 1,000,000~1,500,000
成交价：RMB 1,782,500
宽35.5cm 北京保利 2018-06-20

59 明万历 青花龙凤纹笔洗
“大明万历年制”款
估　价：HKD 380,000~500,000
成交价：RMB 438,480
高11cm 香港诚昌 2018-05-30

3106 明万历 青花道教人物图碗
“大明万历年制”双圈六字楷书款
估　价：HKD 300,000~500,000
成交价：RMB 507,500
直径15.5cm 佳士得 2018-05-30

747 明万历 青花花草纹捏塑太湖洞石鱼穿
估　价：RMB 180,000~250,000
成交价：RMB 322,000
高41cm；宽35cm 中贸圣佳 2018-06-20

3431 明崇祯 青花人物故事图筒瓶
估　价：HKD 400,000~600,000
成交价：RMB 572,772
高38.8cm 保利香港 2018-04-02

118 明崇祯 青花花鸟人物图筒瓶
“癸未年季夏月写”、“竹石居”
估　价：GBP 8,000~12,000
成交价：RMB 668,360
高45.2cm 伦敦苏富比 2018-05-16

1625 明崇祯 青花“萧何月下追韩信”图花觚
估　价：RMB 600,000~800,000
成交价：RMB 690,000
高45cm 中贸圣佳 2018-11-24

3036 明崇祯 青花“春社醉归”案缸
估　价：RMB 500,000~800,000
成交价：RMB 575,000
直径21.5cm 北京匡时 2018-12-05

3053 明崇祯 青花崔戎捧靴图笔筒
估　价：RMB 1,000,000~1,200,000
成交价：RMB 1,150,000
高21cm 北京匡时 2018-12-05

4664 明崇祯 青花山水人物纹三足笔筒
估　价：RMB 380,000~580,000
成交价：RMB 690,000
直径20.5cm 中国嘉德 2018-05-18

5770 明崇祯 青花洗象图大笔筒
估 价：RMB 450,000~650,000
成交价：RMB 851,000
高26cm 北京保利 2018-06-20

211 明中期 青花瑞兽纹双象耳炉
估 价：RMB 120,000~200,000
成交价：RMB 218,500
长29.5cm 北京中汉 2018-06-19

4123 明中期 青花花卉纹孔明碗
估 价：RMB 350,000~400,000
成交价：RMB 402,500
口径16.5cm 西泠拍卖 2018-07-08

1522 18世纪 青花牡丹图抱月瓶
估 价：USD 4,000~6,000
成交价：RMB 1,348,525
纽约苏富比 2018-03-24

20 明 青花缠枝莲玉壶春瓶
估 价：RMB 380,000~600,000
成交价：RMB 5,520,000
高45cm 上海嘉禾 2018-06-25

242 18世纪 青花四季花卉灵虫纹大缸
估 价：RMB 10,000~20,000
成交价：RMB 460,000
直径60.5cm 北京中汉 2018-06-19

1204 清早期 青花折枝三多纹梅瓶
估 价：RMB 100,000~200,000
成交价：RMB 517,500
高29cm 华艺国际 2018-11-16

4718 清顺治 青花花鸟纹莲子罐
估 价：RMB 60,000~90,000
成交价：RMB 92,000
高31cm 中国嘉德 2018-05-18

56 清顺治 青花凤穿牡丹纹大盘
"玉堂佳器"款
估 价：RMB 180,000~250,000
成交价：RMB 230,000
直径37.2cm 深圳至正国际 2018-08-25

5200 清康熙 青花刀马人大棒槌瓶
估 价：RMB 2,600,000~3,600,000
成交价：RMB 2,990,000
高76cm 北京保利 2018-06-19

4681 清康熙 青花百鹿图大棒槌瓶
估 价：RMB 1,500,000~2,500,000
成交价：RMB 2,162,000
高72cm 中国嘉德 2018-05-18

19 清康熙 青花渔樵耕读图棒槌瓶
估 价：HKD 200,000~300,000
成交价：RMB 632,200
高46.8cm 佳士得 2018-10-04

1 清康熙 青花天盘万寿大尊
成交价：RMB 66,232,290
高76.5cm；口径37.5cm；腹径47cm 香港中汉
2018-11-29

2634 清康熙 青花夔凤纹摇铃尊
“大清康熙年制”六字三行楷书款
估 价：RMB 1,750,000~2,000,000
成交价：RMB 2,012,500
高16.8cm 北京匡时 2018-12-05

3666 清康熙 青花夔凤纹双陆尊
“大清康熙年制”款
估 价：HKD 800,000~1,200,000
成交价：RMB 872,000
高18.7cm 香港苏富比 2018-10-03

525 清康熙 青花夔凤纹摇铃尊
“大清康熙年制”款
估 价：USD 60,000~80,000
成交价：RMB 1,745,150
纽约苏富比 2018-03-21

3527 清康熙 青花山水人物观音尊
估 价：RMB 800,000~1,500,000
成交价：RMB 920,000
高45.5cm 北京荣宝 2018-06-14

1929 清康熙 青花开窗“喜上眉梢”“海屋添筹”图凤尾尊
估 价：RMB 400,000~800,000
成交价：RMB 805,000
高46.5cm 广东崇正 2018-07-05

464 清康熙 青花“红拂传”故事图纹花觚
估 价：RMB 80,000~120,000
成交价：RMB 126,500
高44cm 太平洋 2018-11-22

1207 清康熙 青花饕餮纹茶叶罐
“大清康熙年制”两行六字楷书款
估 价：RMB 1,000,000~1,500,000
成交价：RMB 1,150,000
高13.2cm 华艺国际 2018-11-16

714 清康熙 青花云龙纹小盖罐
“大清康熙年制”楷书款
估 价：RMB 550,000~700,000
成交价：RMB 632,500
直径9cm；高11.4cm 中贸圣佳 2018-06-20

2323 清康熙 青花缠枝花卉纹斗笠碗
“大清康熙年制”六字二行楷书款，康熙本朝
估 价：RMB 200,000~300,000
成交价：RMB 230,000
高7.5cm；直径20.5cm 中国嘉德 2018-11-20

455 清康熙 青花御制耕织图大碗
估 价：RMB 80,000~150,000
成交价：RMB 322,000
直径20cm 太平洋 2018-11-22

3410 清康熙 青花香草龙穿花纹碗
“大明嘉靖年制”款
估 价：HKD 180,000~250,000
成交价：RMB 308,688
直径18.5cm 保利香港 2018-10-02

458 清康熙 黄地青花云龙纹盘
“大清康熙年制”款
估 价：RMB 300,000~500,000
成交价：RMB 575,000
直径25.5cm 北京保利 2018-07-27

2912 清康熙 青花团凤纹杯
“大清康熙年制”款
估 价：RMB 2,000,000~2,200,000
成交价：RMB 2,300,000
直径9.2cm 北京荣宝 2018-12-03

2908 清康熙 青花十二月令花神杯（一套十二件）
“大清康熙年制”双圈六字双行楷书款
成交价：RMB 32,020,700
直径6.5cm 佳士得 2018-11-28

3001 清康熙 青花海涛纹杯
“大清康熙年制”双圈六字楷书款
估 价：HKD 700,000~900,000
成交价：RMB 2,224,880
直径9.1cm 佳士得 2018-05-30

901 清康熙 青花“叱石成羊”图杯
“大清康熙年制”六字双行楷书款
估 价：RMB 200,000~500,000
成交价：RMB 1,610,000
直径7cm；高5cm 保利厦门 2018-07-15

3510 清康熙 青花花卉小杯
估 价：RMB 450,000~600,000
成交价：RMB 690,000
直径6cm；高4cm 北京荣宝 2018-06-14

454 清康熙 青花团龙纹茶圆
估 价：RMB 80,000~120,000
成交价：RMB 92,000
直径9.3cm 太平洋 2018-11-22

928 清康熙 青花十八学士图笔筒
估 价：RMB 500,000~1,000,000
成交价：RMB 667,000
直径18cm 保利厦门 2018-07-15

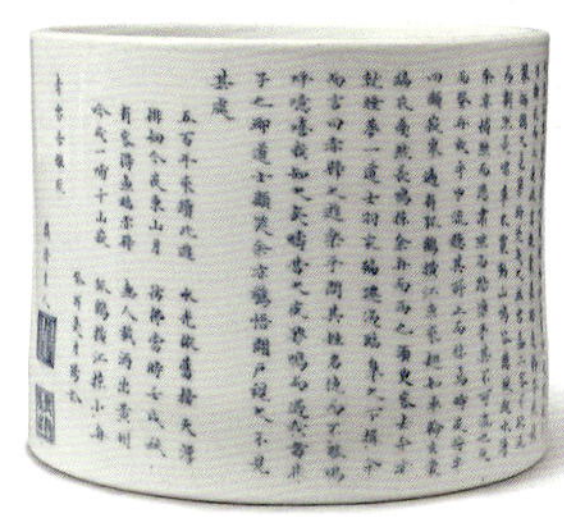

524 清康熙 青花赤壁夜游图诗文笔筒
“文章山斗”款
估 价：USD 60,000~80,000
成交价：RMB 951,900
纽约苏富比 2018-03-21

2595 清康熙 仿宣德青花龙凤纹十棱洗
“大明宣德年制”六字双行楷书款
估 价：RMB 250,000~300,000
成交价：RMB 287,500
直径17cm 北京匡时 2018-12-05

3532 清康熙 青花龙戏珠纹洗
估　价：RMB 1,200,000~1,800,000
成交价：RMB 1,380,000
直径13.8cm 北京荣宝 2018-06-14

821 清康熙 青花团龙纹茶圆（一对）
“大清康熙年制”款
估　价：RMB 1,500,000~2,000,000
成交价：RMB 3,795,000
高9.2cm×2cm×2 北京东正 2018-06-17

3002 清康熙 青花团龙纹葵式碗
“大清康熙年制”双圈六字楷书款
估　价：HKD 2,000,000~3,000,000
成交价：RMB 2,030,000
直径19.4cm 佳士得 2018-05-30

148 清康熙 青花庭园仕女图碗
“大明宣德年制”仿款
估　价：HKD 150,000~200,000
成交价：RMB 16,323,840
直径19.5cm 香港苏富比 2018-10-03

925 清雍正 青花缠枝花卉纹大天球瓶
估　价：RMB 3,800,000~4,800,000
成交价：RMB 5,520,000
高55cm 保利厦门 2018-01-08

5192 清雍正 黄地青花缠枝莲梅瓶
“大清雍正年制”款
估 价：RMB 3,000,000~5,000,000
成交价：RMB 4,025,000
高23.3cm 北京保利 2018-06-19

5195 清雍正 青花神仙人物纹壁瓶
估 价：RMB 650,000~850,000
成交价：RMB 977,500
高28cm 北京保利 2018-06-19

1233 清雍正 青花福寿连绵纹六方贯耳瓶
“大清雍正年制”款
估 价：RMB 2,500,000~4,000,000
成交价：RMB 3,105,000
高28cm 北京华辰 2018-11-19

37 清雍正 淡描青花缠枝花卉葫芦瓶
“大清雍正年制”款
估 价：RMB 300,000~400,000
成交价：RMB 977,500
高23cm 深圳至正国际 2018-08-25

103 清雍正 青花缠枝花卉纹撇口大尊
“大清雍正年制”款
估 价：HKD 3,000,000~5,000,000
成交价：RMB 9,312,960
高70cm 香港苏富比 2018-10-03

132 清雍正 青花折枝花卉纹罐
“大清雍正年制”款
估　价：HKD 4,000,000~6,000,000
成交价：RMB 8,475,840
高25.2cm 香港苏富比 2018-10-03

251 清雍正 青花瓜瓞绵绵小罐
“大清雍正年制”六字楷书款
估　价：GBP 30,000~50,000
成交价：RMB 323,400
高9.5cm 伦敦佳士得 2018-05-15

3418 清雍正 青花如意耳荔枝纹抱月瓶
估　价：HKD 7,000,000~10,000,000
成交价：RMB 12,347,520
高26.5cm 保利香港 2018-10-02

1525 清雍正 青花缠枝花卉如意披肩蕉叶纹折肩云耳盘口尊
“大清雍正年制”楷书款
估　价：RMB 3,500,000~5,000,000
成交价：RMB 4,025,000
高33.8cm 中贸圣佳 2018-11-24

3445 清雍正 青花宝相花莲托八吉祥纹折沿大盘
“大清雍正年制”款
估　价：HKD 1,800,000~2,800,000
成交价：RMB 1,852,128
直径45cm 保利香港 2018-10-02

1201 清雍正 青花团凤如意连连纹碗
“大清雍正年制”青花双行六字楷书款
估 价：RMB 50,000~80,000
成交价：RMB 356,500
直径12cm 华艺国际 2018-11-16

933 清雍正 青花云鹤九桃纹盘
“大清雍正年制”六字双行楷书款
估 价：RMB 1,200,000~1,500,000
成交价：RMB 2,530,000
直径21.5cm 保利厦门 2018-01-08

2602 清雍正 青花宝相花八宝纹折沿大盘
“大清雍正年制”六字双行楷书款
估 价：RMB 1,500,000~1,800,000
成交价：RMB 1,725,000
直径44.7cm 北京匡时 2018-12-05

3923 清雍正 青花一束莲纹盘
“大清雍正年制”六字双行楷书款
估 价：RMB 1,000,000~1,200,000
成交价：RMB 1,840,000
直径35cm 西泠拍卖 2018-07-08

108 清雍正 黄地青花一把莲纹盘
“大清雍正年制”款
估 价：HKD 1,500,000~2,000,000
成交价：RMB 1,635,000
直径21.5cm 香港苏富比 2018-10-03

3035 清雍正 青花宝相花莲托八吉祥大盘
“大清雍正年制”双圈六字楷书款
估 价：HKD 800,000~1,200,000
成交价：RMB 1,218,000
直径45cm 佳士得 2018-05-30

2604 清雍正 柠檬黄地青花九桃纹盘
“大清雍正年制”六字双行楷书款
估 价：RMB 1,000,000~1,200,000
成交价：RMB 1,150,000
直径27.2cm 北京匡时 2018-12-05

903 清雍正 青花洞石花蝶纹盘
“大清雍正年制”六字双行楷书款
估 价：RMB 600,000~800,000
成交价：RMB 862,500
直径21cm 保利厦门 2018-07-15

2308 清雍正 青花莲池鸳鸯卧足小盘（一对）
“大清雍正年制”六字二行楷书款，雍正本朝
估 价：RMB 600,000~800,000
成交价：RMB 1,046,500
直径11.3cm；直径11.4cm 中国嘉德 2018-11-20

2940 清雍正 青花八宝纹高足杯
“大清雍正年制”六字楷书横款
估 价：HKD 3,000,000~5,000,000
成交价：RMB 4,173,680
直径9.4cm 佳士得 2018-05-30

1545 清雍正 青花万寿锦纹寿桃盘（一对）
“大清雍正年制”楷书款
估 价：RMB 450,000~600,000
成交价：RMB 552,000
直径21cm×2 中贸圣佳 2018-11-24

1059 清雍正 黄地青花折枝花果纹葵口高足碗
“大清雍正年制”青花两行六字楷书款
估 价：RMB 800,000~1,200,000
成交价：RMB 1,495,000
直径15.5cm 华艺国际 2018-05-23

3510 清雍正 仿成化青花莲托梵文卧足杯（一对）
“大清雍正年制”款
估 价：RMB 300,000~500,000
成交价：RMB 736,000
直径9.3cm×2 中国嘉德 2018-01-13

5491 清雍正 粉青釉青花五蝠茶碗
“大清雍正年制”款
估 价：RMB 450,000~650,000
成交价：RMB 943,000
直径9.8cm 北京保利 2018-12-08

901 清雍正 青花灵芝花卉纹碗
“大清雍正年制”六字双行楷书款
估 价：RMB 120,000~180,000
成交价：RMB 437,000
直径7.5cm 保利厦门 2018-01-08

4803 清雍正 仿成化青花淡描团菊纹杯（一对）
“大清雍正年制”款
估 价：RMB 600,000~900,000
成交价：RMB 1,012,000
直径7.4cm×2 中国嘉德 2018-05-18

4 清雍正 青花团寿纹杯
“大清雍正年制”六字双行楷书款
估 价：RMB 150,000~200,000
成交价：RMB 368,000
直径9.4cm 北京中汉 2018-11-21

5093 清雍正 青花仿成化缠枝莲小杯（一对）
“大清雍正年制”款
估 价：RMB 550,000~850,000
成交价：RMB 632,500
直径7.2cm×2 北京保利 2018-06-19

704 清雍正 青花缠枝花卉大钵盂式案缸
估 价：RMB 80,000~200,000
成交价：RMB 805,000
直径34.5cm；高16.2cm 中贸圣佳 2018-06-20

2307 清雍正 仿成化青花缠枝莲纹小杯（一对）
“大清雍正年制”六字二行楷书款，雍正本朝
估 价：RMB 300,000~500,000
成交价：RMB 483,000
直径7.1cm×2 中国嘉德 2018-11-20

145 清雍正 青花赶珠龙纹折腰碗（一对）
“大清雍正年制”款
估 价：HKD 400,000~600,000
成交价：RMB 708,500
直径17cm×2 香港苏富比 2018-10-03

3620 清乾隆 黄地青花穿花龙纹天球瓶
"大清乾隆年制"款
估　价：HKD 30,000,000~40,000,000
成交价：RMB 57,104,479
高60.8cm 香港苏富比 2018-04-03

606 清乾隆 青花苍龙教子图荸荠瓶
"大清乾隆年制"篆书款
估　价：RMB 5,000,000~8,000,000
成交价：RMB 10,925,000
高24.7cm 中贸圣佳 2018-06-20

2812 清乾隆 青花缠枝佛莲"福庆有余"纹象耳扁瓶
"大清乾隆年制"六字三行篆书款
估　价：RMB 10,000,000~12,000,000
成交价：RMB 13,800,000
高31cm 北京匡时 2018-12-05

5427A 清乾隆 青花八吉祥吉庆有余双凤耳六方瓶
“大清乾隆年制”款
估 价：RMB 5,500,000~8,500,000
成交价：RMB 10,350,000
高35.3cm 北京保利 2018-12-12

926 清乾隆 青花缠枝莲纹六方瓶
“大清乾隆年制”六字三行篆书款
估 价：RMB 4,800,000~6,800,000
成交价：RMB 8,280,000
高47.5cm 保利厦门 2018-01-08

917 清乾隆 青花折枝花果纹六方瓶
“大清乾隆年制”六字三行篆书款
估 价：RMB 8,000,000~10,000,000
成交价：RMB 10,350,000
高66cm 保利厦门 2018-07-15

569 清乾隆 青花云蝠纹双螭龙耳瓶
“大清乾隆年制”六字三行篆书款
估　价：HKD 8,000,000~10,000,000
成交价：RMB 8,153,200
高19.8cm 中国嘉德 2018-10-02

6 清乾隆 青花仿宣折枝花果三多纹梅瓶
“大清乾隆年制”六字三行篆书款
估　价：HKD 6,000,000~8,000,000
成交价：RMB 8,144,360
高25.3cm 香港中汉 2018-05-31

1213 清乾隆 御窑青花折枝瑞果纹梅瓶
“大清乾隆年制”三行六字篆书款
估　价：RMB 6,000,000~6,800,000
成交价：RMB 6,900,000
高32.2cm 华艺国际 2018-11-168

406 清乾隆 青花折枝花果六方大瓶
“大清乾隆年制”款
估　价：RMB 2,600,000~3,600,000
成交价：RMB 3,680,000
高66cm 北京保利 2018-01-21

5199 清乾隆 青花折枝花果纹梅瓶
"大清乾隆年制"款
估 价：RMB 6,500,000~8,500,000
成交价：RMB 7,475,000
高32.5cm 北京保利 2018-06-19

2274 清乾隆 青花花卉福禄寿六方瓶
"大清乾隆年制"篆书款
估 价：RMB 1,600,000~3,000,000
成交价：RMB 2,070,000
高67cm 北京翰海 2018-06-30

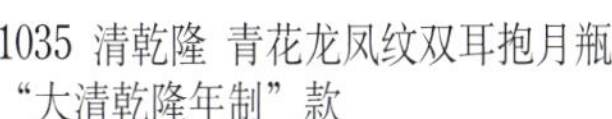

1035 清乾隆 青花龙凤纹双耳抱月瓶
"大清乾隆年制"款
估 价：RMB 2,800,000~3,800,000
成交价：RMB 3,220,000
高46cm 北京华辰 2018-11-19

5928 清乾隆 青花缠枝莲纹赏瓶
"大清乾隆年制"款
估 价：RMB 1,000,000~1,500,000
成交价：RMB 1,782,500
高37cm 北京保利 2018-06-20

5 清乾隆 青花缠枝莲蕉叶海浪纹玉堂春瓶
“大清乾隆年制”六字三行篆书款
估 价：HKD 80,000~100,000
成交价：RMB 1,293,516
高38cm 香港中汉 2018-05-31

1209 清乾隆 青花缠枝宝相花纹铺首蒜头瓶式壁挂（带座）
“大清乾隆年制”青花六字篆书款
估 价：RMB 500,000~600,000
成交价：RMB 552,000
高25cm 华艺国际 2018-11-16

2968 清乾隆 青花葫芦扁瓶
“大清乾隆年制”六字篆书款
估 价：HKD 1,000,000~1,500,000
成交价：RMB 1,219,625
高17.8cm 佳士得 2018-11-28

4530 清乾隆 青花芭蕉竹石纹玉壶春瓶
“大清乾隆年制”篆书款
估 价：RMB 180,000~300,000
成交价：RMB 943,000
长16.5cm；高28.4cm 中贸圣佳 2018-11-25

70 清乾隆 青花缠枝莲纹双夔凤耳大瓶（一对）
估 价：RMB 200,000~300,000
成交价：RMB 368,000
高81cm×2 北京中汉 2018-11-21

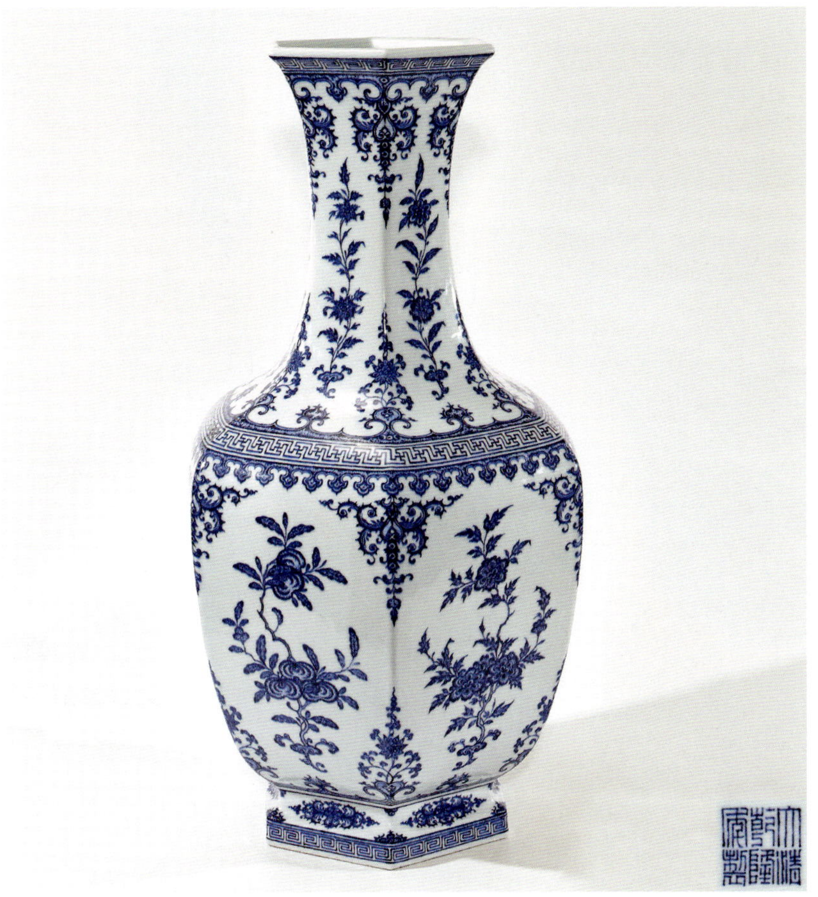

3067 清乾隆 青花折枝瑞果纹折肩六方大尊
"大清乾隆年制"篆书款
估 价：RMB 6,500,000~8,000,000
成交价：RMB 9,430,000
高65.7cm 中贸圣佳 2018-11-24

2273 清乾隆 青花缠枝花卉八吉祥盖碗尊
估 价：RMB 1,600,000~3,000,000
成交价：RMB 2,070,000
高49.5cm 北京翰海 2018-06-30

5968 清乾隆 青花缠枝莲纹鹿头尊
"大清乾隆年制"款
估 价：RMB 1,500,000~2,000,000
成交价：RMB 1,725,000
高44.5cm 北京保利 2018-06-20

3068 清乾隆 青花莲托八宝纹大铺首尊
估 价：RMB 4,000,000~6,000,000
成交价：RMB 5,175,000
高49.7cm 中贸圣佳 2018-11-24

2334 清乾隆 青花缠枝花卉纹双龙耳尊
"大清乾隆年制"六字三行篆书款，乾隆本朝
估 价：RMB 580,000~880,000
成交价：RMB 2,415,000
高34.5cm 中国嘉德 2018-11-20

2811 清乾隆 青花瓜蝶连绵纹七孔小尊
"大清乾隆年制"六字三行篆书款
估 价：RMB 600,000~800,000
成交价：RMB 690,000
高10cm 北京匡时 2018-12-05

1524 清乾隆 青花缠枝莲纹小尊（一对）
“大清乾隆年制”篆书款
估　价：RMB 400,000~800,000
成交价：RMB 1,150,000
高8.1cm×2 中贸圣佳 2018-11-24

5426 清乾隆 青花莲池清趣图折肩大贯耳壶
“大清乾隆年制”款
估　价：RMB 16,000,000~20,000,000
成交价：RMB 25,300,000
高54cm 北京保利 2018-12-12

3204 清乾隆 青花云龙戏珠纹螭龙耳扁壶
“大清乾隆年制”款
估　价：HKD 15,000,000~20,000,000
成交价：RMB 18,056,880
高30.2cm 香港苏富比 2018-04-03

3311 清乾隆 青花缠枝莲纹执壶
估　价：HKD 600,000~1,000,000
成交价：RMB 1,337,648
高10.4cm 保利香港 2018-10-02

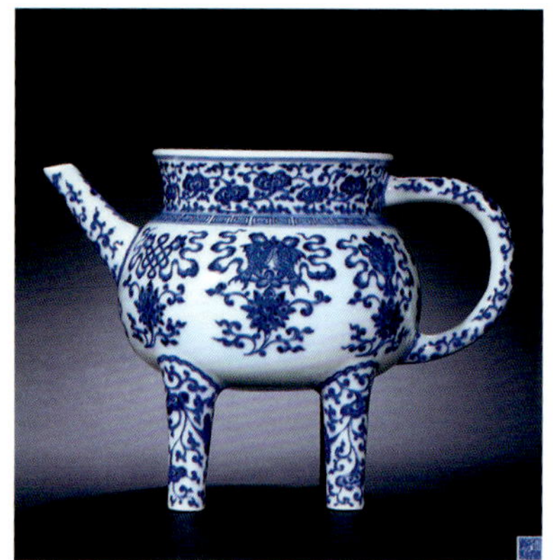
6480 清乾隆 青花莲托八吉祥纹盉壶
“大清乾隆年制”款
估　价：RMB 1,000,000~1,500,000
成交价：RMB 1,437,500
高17.6cm；宽24.5cm 北京保利 2018-12-09

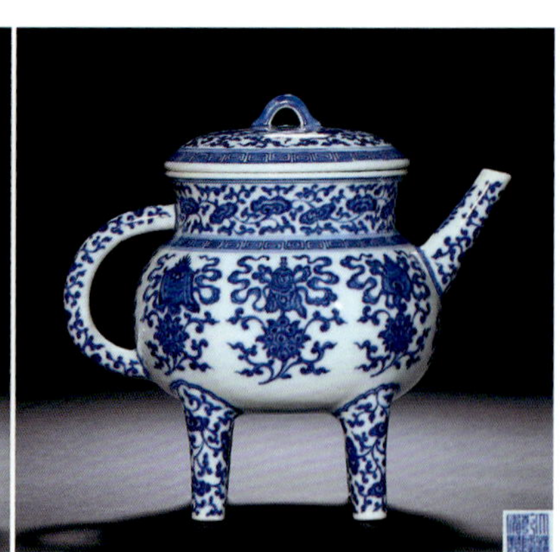
5929 清乾隆 青花八吉祥莲花缠枝纹盉壶
“大清乾隆年制”款
估　价：RMB 1,200,000~1,800,000
成交价：RMB 2,012,500
高21.5cm 北京保利 2018-06-20

908 清乾隆 青花缠枝花卉纹太白罐
“大清乾隆年制”六字三行篆书款
估 价：RMB 1,800,000~2,800,000
成交价：RMB 2,530,000
高32.5cm 保利厦门 2018-07-15

3432 清乾隆 黄地青花夔龙穿花纹双系小罐
“大清乾隆年制”款
估 价：HKD 1,200,000~1,800,000
成交价：RMB 1,337,648
高10cm 保利香港 2018-10-02

5194 清乾隆 青花六龙捧日挂屏
估 价：RMB 1,200,000~1,800,000
成交价：RMB 1,610,000
长79cm × 45.2cm 北京保利 2018-06-19

570 清乾隆 青花缠枝莲纹小口罐
“大清乾隆年制”六字三行篆书款
估 价：HKD 800,000~1,000,000
成交价：RMB 1,955,024
高12.3cm 中国嘉德 2018-10-02

143 清乾隆 青花垂肩如意缠枝花卉纹赏瓶
“大清乾隆年制”款
估 价：HKD 300,000~500,000
成交价：RMB 1,526,000
高37cm 香港苏富比 2018-10-03

2751 清乾隆 青花春耕图双福如意大抱月瓶
"大清乾隆年制"六字篆书刻款
估　价：HKD 60,000,000~80,000,000
成交价：RMB 56,718,200
高59cm 佳士得 2018-05-30

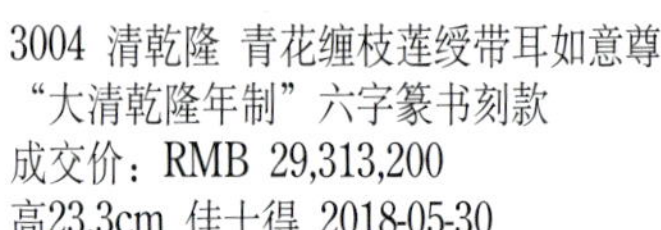

3004 清乾隆 青花缠枝莲绶带耳如意尊
"大清乾隆年制"六字篆书刻款
成交价：RMB 29,313,200
高23.3cm 佳士得 2018-05-30

1232 清乾隆 青花团凤牡丹纹如意耳四方瓶
“大清乾隆年制”款
估 价：RMB 800,000~1,200,000
成交价：RMB 1,035,000
高14cm 北京华辰 2018-11-19

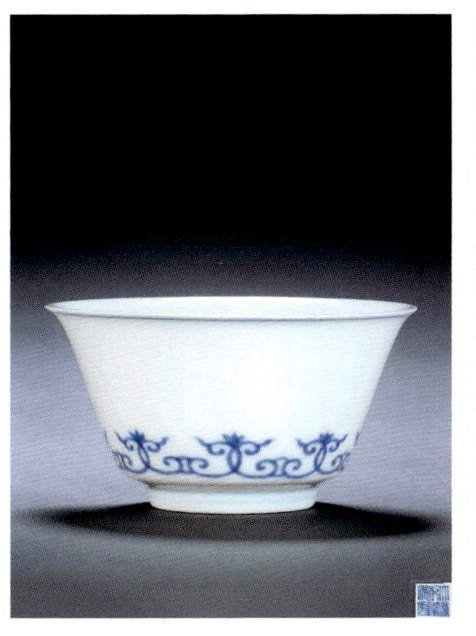

6479 清乾隆 青花如意卷草纹马蹄杯
“大清乾隆年制”款
估 价：RMB 450,000~650,000
成交价：RMB 747,500
直径8.5cm 北京保利 2018-12-09

1067 清乾隆 青花海水应龙穿花纹大盘
“大清乾隆年制”青花三行六字篆书款
估 价：RMB 2,800,000~3,500,000
成交价：RMB 3,450,000
直径50.8cm 华艺国际 2018-05-23

5193 清乾隆 黄地青花九桃盘
“大清乾隆年制”款
估 价：RMB 1,100,000~1,800,000
成交价：RMB 2,185,000
直径26.5cm 北京保利 2018-06-19

5425 清乾隆 青花正面龙捧寿大盘
“大清乾隆年制”款
估 价：RMB 2,600,000~3,600,000
成交价：RMB 4,025,000
直径44.5cm 北京保利 2018-12-12

2616 清乾隆 青花瑞兽纹小高足盘（一对）
“大清乾隆年制”篆书款，乾隆本朝
估 价：RMB 300,000~500,000
成交价：RMB 782,000
直径7cm×2 中国嘉德 2018-06-18

552 清乾隆 青花缠枝四季花卉纹大盘
“大清乾隆年制”六字三行篆书款
估 价：RMB 350,000~400,000
成交价：RMB 517,500
直径41cm 上海匡时 2018-04-30

3023 清乾隆 青花八仙祝寿图碗（一对）
“大清乾隆年制”款
估 价：HKD 800,000~1,200,000
成交价：RMB 1,193,275
直径10.6cm×2 保利香港 2018-04-02

2440 清乾隆 青花双凤纹盘（一对）
“大清乾隆年制”六字三行篆书款，乾隆本朝
估 价：RMB 130,000~180,000
成交价：RMB 207,000
直径16.3cm×2 中国嘉德 2018-11-20

5967 清乾隆 青花缠枝莲托八宝杵大碗（一对）
“大清乾隆年制”款
估 价：RMB 700,000~900,000
成交价：RMB 897,000
直径25.8cm×2 北京保利 2018-06-20

1230 清乾隆 青花婴戏碗（一对）
“大清乾隆年制”款
估 价：RMB 200,000~400,000
成交价：RMB 322,000
直径15.5cm×2 北京华辰 2018-11-19

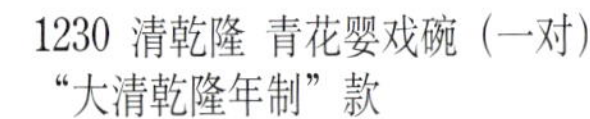

1852 清乾隆 青花贯套花纹盘（一对）
估 价：RMB 240,000~280,000
成交价：RMB 276,000
直径15.5cm×2 华艺国际 2018-11-17

67 清乾隆 青花云龙纹碗（一对）
“大清乾隆年制”六字三行篆书款
估 价：RMB 150,000~250,000
成交价：RMB 218,500
直径10.9cm×2 北京中汉 2018-11-21

1540 清乾隆 青花缠枝番莲梵文高足杯
"大清乾隆年制"款
估　价：USD 15,000~25,000
成交价：RMB 301,435
纽约苏富比 2018-03-24

69 清乾隆 青花云龙纹盖盒
"大明成化年制"六字双行楷书款
估　价：RMB 250,000~300,000
成交价：RMB 287,500
直径6.7cm 北京中汉 2018-11-21

3016 清乾隆 青花云龙纹案缸
"大清乾隆年制"款
估　价：HKD 900,000~1,300,000
成交价：RMB 935,528
直径21cm 保利香港 2018-04-02

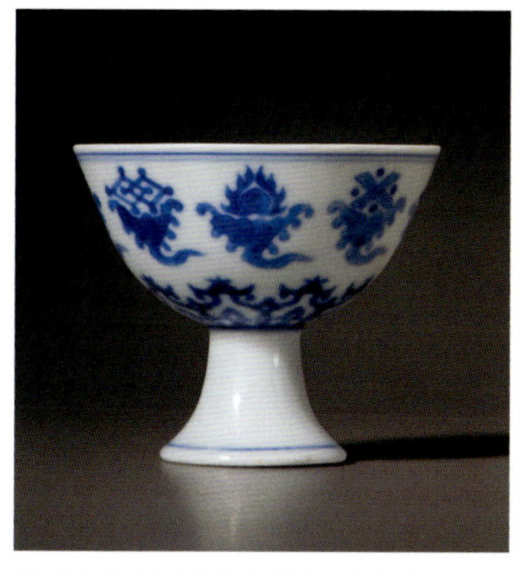

68 清乾隆 青花莲托杂宝纹小高足杯
"大清乾隆年制"六字单行篆书款
估　价：RMB 50,000~80,000
成交价：RMB 195,500
高5.5cm 北京中汉 2018-11-21

149 清乾隆 青花海水云龙纹钵
"大清乾隆年制"款
估　价：USD 20,000~30,000
成交价：RMB 299,338
纽约苏富比 2018-09-12

905 清乾隆 青花海水云龙纹锣洗
"大清乾隆年制"六字三行篆书款
估　价：RMB 300,000~500,000
成交价：RMB 552,000
直径15.5cm 保利厦门 2018-07-15

924 清乾隆 青花般若波罗蜜多心经伏虎罗汉图盖钵
估　价：RMB 1,200,000~1,600,000
成交价：RMB 1,380,000
高18cm 保利厦门 2018-01-08

427 清嘉庆 青花莲托八宝纹烛台
估　价：RMB 50,000~80,000
成交价：RMB 57,500
高12.5cm 太平洋 2018-11-22

923 清嘉庆 青花夔凤福寿纹双耳长颈胆瓶
“大清嘉庆年制”六字三行篆书款
估 价：RMB 2,800,000~3,800,000
成交价：RMB 5,577,500
高31.5cm 保利厦门 2018-01-08

1539 清嘉庆 青花串枝花卉纹纸槌瓶
“大清嘉庆年制”篆书款
估 价：RMB 550,000~650,000
成交价：RMB 862,500
高30.6cm 中贸圣佳 2018-11-24

135 清嘉庆 青花九龙闹海纹瓶
“大清嘉庆年制”六字三行篆书款
估 价：HKD 200,000~300,000
成交价：RMB 431,172
高26cm 香港中汉 2018-05-31

3050 清嘉庆 青花暗刻苍龙教子图捧盒
“大清嘉庆年制”款
估 价：RMB 20,000~30,000
成交价：RMB 253,000
直径34.5cm 中国嘉德 2018-09-19

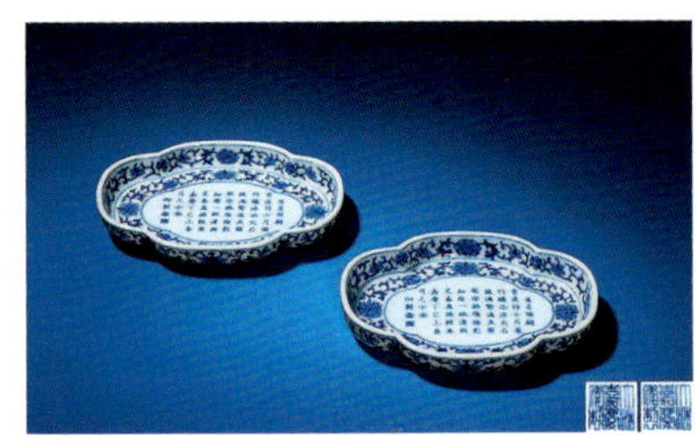

270 清嘉庆 青花缠枝花卉御制诗文海棠形洗（一对）
“大清嘉庆年制”六字双行篆书款
估 价：RMB 250,000~350,000
成交价：RMB 517,500
长15.8cm×2 北京中汉 2018-06-19

39 清道光 青花云龙纹大葫芦瓶
“大清道光年制”六字三行篆书款
估 价：RMB 500,000~800,000
成交价：RMB 575,000
高43.5cm 北京中汉 2018-06-19

126 清道光 青花缠枝花卉纹长颈瓶（一对）
"大清道光年制"款
估　价：GBP 20,000~30,000
成交价：RMB 1,617,000
高37cm×2 伦敦佳士得 2018-05-15

1240 清道光 青花洞石芭蕉玉壶春瓶（一对）
"慎德堂制"款
估　价：RMB 900,000~1,500,000
成交价：RMB 1,092,500
高20cm×2 北京华辰 2018-11-19

3746 清道光二十九年(1849年) 青花缠枝莲开光携琴访友诗文壶
估　价：RMB 30,000~50,000
成交价：RMB 713,000
长15.2cm 中国嘉德 2018-09-19

819 清道光 青花万寿无疆纹碗（一对）
"大清道光年制"六字三行篆书款
估　价：RMB 50,000~65,000
成交价：RMB 138,000
直径18.4cm×2 北京诚轩 2018-06-17

2970 清道光 里青花外胭脂红地粉彩轧道开光五谷丰登碗（一对）
"大庆道光年制"六字篆书款
估　价：HKD 500,000~800,000
成交价：RMB 831,563
直径14.9cm×2 佳士得 2018-11-28

3672 清道光 青花八仙贺寿碗（一对）
“大清道光年制”款
估　价：HKD 150,000~200,000
成交价：RMB 323,600
直径15cm×2 香港苏富比 2018-04-03

1841 清咸丰 青花“三友图”盘（一对）
估　价：RMB 200,000~300,000
成交价：RMB 218,500
直径18cm×2 华艺国际 2018-11-17

5881 清咸丰 青花云龙赶珠纹碗
“大清咸丰年制”款
估　价：RMB 120,000~180,000
成交价：RMB 345,000
直径11.1cm 北京保利 2018-06-20

5930 清咸丰 青花芭竹石纹玉壶春瓶
“大清咸丰年制”款
估　价：RMB 800,000~1,200,000
成交价：RMB 1,437,500
高29cm 北京保利 2018-06-20

150 18世纪/19世纪初 青花苍龙教子图大玉壶春瓶
估　价：USD 30,000~50,000
成交价：RMB 940,775
纽约苏富比 2018-09-12

1555 清光绪 青花海水云龙纹铺首衔环大盖瓶（一对）
估　价：RMB 600,000~800,000
成交价：RMB 690,000
高141cm×2 中贸圣佳 2018-11-24

2821 清光绪 青花松鼠葡萄纹大碗
“大清光绪年制”六字双行楷书款
估　价：RMB 50,000~80,000
成交价：RMB 161,000
直径22.3cm 北京匡时 2018-12-05

547 清光绪 黄地青花九桃缠枝花卉纹大盘
“储秀宫制”款
估 价：USD 40,000~60,000
成交价：RMB 1,665,825
纽约苏富比 2018-03-21

3886 清光绪 青花缠枝莲团螭开光“万寿无疆”冰箱
“大清光绪年制”款
估 价：RMB 100,000~200,000
成交价：RMB 471,500
46cm×46cm×31cm 中国嘉德 2018-09-19

1087 清宣统 内青花外粉彩荷塘纹碗（一对）
“大清宣统年制”青花两行六字楷书款
估 价：RMB 200,000~300,000
成交价：RMB 253,000
直径17.5cm×2 华艺国际 2018-05-23

67 清光绪 青花团龙四季花卉纹盖盒（一对）
估 价：HKD 300,000~350,000
成交价：RMB 381,500
直径27cm×2 佳士得 2018-10-04

713 19世纪 青花海水江崖赶珠云龙纹大缸
估 价：USD 15,000~20,000
成交价：RMB 412,490
纽约苏富比 2018-03-21

682 民国 王步作青花岁寒三友图观音瓶（一对）
“大清康熙年制”六字双行楷书款
估 价：RMB 3,800,000~5,800,000
成交价：RMB 4,427,500
高84cm×2；直径36cm×2 保利厦门 2018-07-15

1508 民国 蓝彩山水图诗文瓶
估 价：USD 3,000~5,000
成交价：RMB 94,078
纽约苏富比 2018-09-15

1072 民国 王步绘青花卢雀图瓷板
估 价：RMB 2,000,000~3,000,000
成交价：RMB 4,255,000
画心50cm×23.5cm 华艺国际 2018-05-23

119 民国 王步作青花雀鸟图印泥盒两件
估 价：USD 20,000~30,000
成交价：RMB 2,223,650
纽约苏富比 2018-09-12

3461 民国 王步 青花人物故事瓷板（一组四件）
估 价：RMB 10,000,000~13,000,000
成交价：RMB 29,325,000
24cm×37.5cm×4 北京匡时 2018-06-15

877 现代 王步 双飞燕青花笔洗
估 价：RMB 450,000~550,000
成交价：RMB 517,500
直径20.8cm 中贸圣佳 2018-06-20

3427 冷军 爽秋 青花瓷板
题识：爽秋 甲午冷军大写 钤印：冷军
估 价：RMB 1,000,000~1,500,000
成交价：RMB 1,265,000
112cm×82cm 中国嘉德 2018-06-20

42 青花云鹤双层盖盒
估 价：HKD 30,000~50,000
成交价：RMB 414,200
高13cm 佳士得 2018-10-04

釉里红

5140 元 釉里红荷塘鹭鸶纹匜
估 价：RMB 350,000~550,000
成交价：RMB 747,500
长17.5cm 北京保利 2018-06-19

6 明洪武 釉里红缠枝牡丹纹执壶
估 价：GBP 70,000~90,000
成交价：RMB 592,900
高33.5cm 伦敦佳士得 2018-05-15

1594 明洪武 釉里红缠枝花卉玉壶春瓶
估 价：RMB 1,300,000~1,800,000
成交价：RMB 1,495,000
高32.4cm 中贸圣佳 2018-11-24

5737 明洪武 釉里红缠枝花卉玉壶春瓶
估　价：RMB 3,000,000~4,000,000
成交价：RMB 4,140,000
高33.5cm 北京保利 2018-06-20

6443 明洪武 釉里红缠枝牡丹纹墩式碗
估　价：RMB 2,000,000~3,000,000
成交价：RMB 2,300,000
直径21.2cm 北京保利 2018-12-09

17 明洪武 釉里红缠枝牡丹纹大碗
估　价：HKD 1,400,000~2,000,000
成交价：RMB 1,916,320
直径20.5cm 香港中汉 2018-05-31

104 清康熙 白釉贴釉里红螭龙纹长颈瓶（一对）
“大清康熙年制”款
估　价：USD 100,000~150,000
成交价：RMB 1,368,400
纽约苏富比 2018-09-12

929 清康熙 釉里红夔凤纹双陆尊
“大清康熙年制”六字三行楷书款
估　价：RMB 800,000~1,000,000
成交价：RMB 2,300,000
高17.5cm 保利厦门 2018-01-08

5015 清康熙 釉里红折枝花卉纹苹果尊
“大清康熙年制”六字三行楷书款
估　价：RMB 700,000~800,000
成交价：RMB 805,000
高7.2cm 北京匡时 2018-06-15

604 清康熙 釉里红竹石芭蕉纹执壶
估　价：HKD 800,000~1,200,000
成交价：RMB 823,168
高34.5cm 北京匡时 2018-10-03

701 清康熙 豆青釉里红荷花缸
估　价：RMB 450,000~500,000
成交价：RMB 713,000
高16cm 北京东正 2018-06-17

946 清康熙 釉里红团龙纹碗
“大清康熙年制”六字双行楷书款
估　价：RMB 1,000,000~2,000,000
成交价：RMB 1,150,000
直径14.5cm 保利厦门 2018-07-15

5013 清康熙 釉里红团凤纹杯
“大清康熙年制”六字双行楷书款
估　价：RMB 600,000~700,000
成交价：RMB 1,265,000
直径9.4cm 北京匡时 2018-06-15

635 清康熙 釉里红龙纹十棱洗
“大明宣德年制”六字双行楷书款
估　价：RMB 80,000~150,000
成交价：RMB 322,000
直径14.5cm 保利厦门 2018-07-15

50 清康熙 釉里红三多纹碗（一对）
“大清康熙年制”双圈六字楷书款
估　价：HKD 260,000~380,000
成交价：RMB 490,500
直径15.4cm×2 佳士得 2018-10-04

501 清康熙 釉里红云龙赶珠纹碗
“大清康熙年制”款
估　价：USD 8,000~12,000
成交价：RMB 206,245
纽约苏富比 2018-03-21

50 清雍正 釉里红三鱼大碗（一对）
“大清雍正年制”款
估　价：HKD 500,000~800,000
成交价：RMB 974,400
直径22.5cm×2 香港诚昌 2018-05-30

6482 清乾隆 釉里红宝相花双兽耳扁瓶
“大清乾隆年制”款
估　价：RMB 750,000~950,000
成交价：RMB 1,092,500
高25cm 北京保利 2018-12-09

905 清乾隆 釉里红海水云龙纹小梅瓶
“大清乾隆年制”六字三行篆书款
估　价：RMB 800,000~1,200,000
成交价：RMB 2,530,000
直径11.5cm 保利厦门 2018-01-08

3203 清乾隆 釉里红云龙鸿福葫芦瓶
“大清乾隆年制”款
估　价：HKD 8,000,000~12,000,000
成交价：RMB 7,863,480
高31.3cm 香港苏富比 2018-04-03

1209 清乾隆 釉里红云龙纹小梅瓶
“大清乾隆年制”款
估　价：RMB 500,000~800,000
成交价：RMB 632,500
高11.5cm 北京华辰 2018-11-19

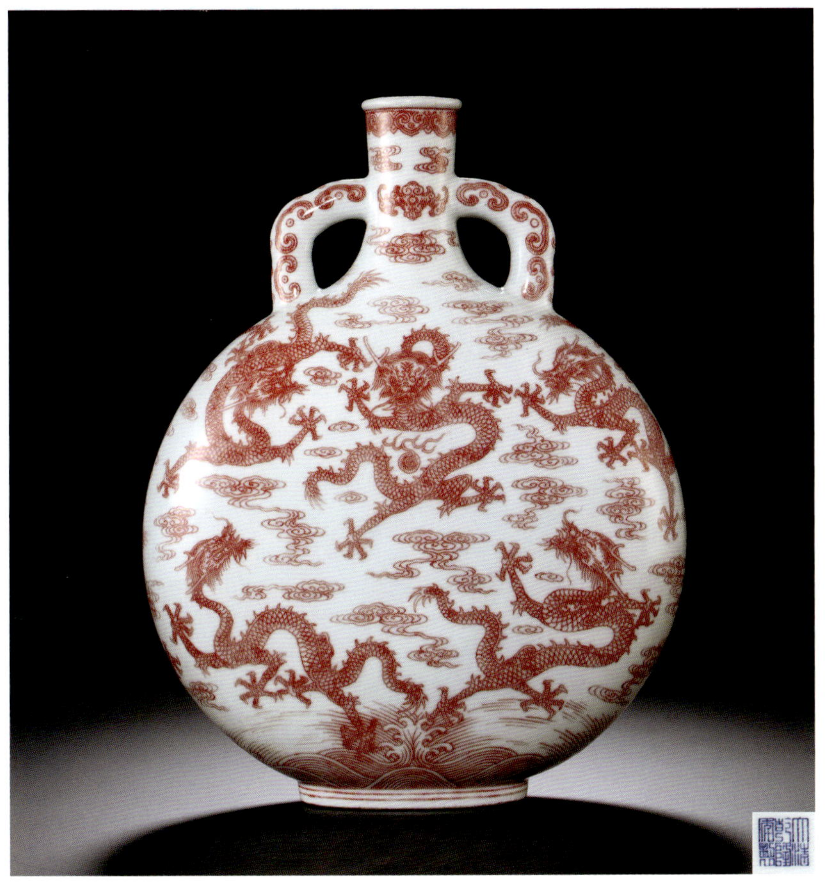

5424 清乾隆 釉里红云海九龙如意耳抱月瓶
“大清乾隆年制”款
估 价：RMB 12,000,000~18,000,000
成交价：RMB 21,850,000
高26cm 北京保利 2018-12-12

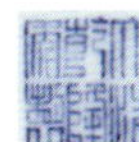

113 清乾隆 釉里红莲花锦纹如意耳扁壶
“大清乾隆年制”款
估 价：HKD 2,500,000~3,500,000
成交价：RMB 10,045,440
高17.5cm 香港苏富比 2018-10-03

3419 清乾隆 釉里红喜上梅梢纹如意耳抱月瓶
“大清乾隆年制”款
估 价：HKD 2,600,000~3,600,000
成交价：RMB 3,807,152
高26.2cm 保利香港 2018-10-02

3601 清乾隆 釉里红番莲纹印盒
“大清乾隆年制”款
估 价：HKD 600,000~800,000
成交价：RMB 1,011,250
直径5.5cm 香港苏富比 2018-04-03

564 清道光 釉里红“渔樵耕读”图方瓶
“道光年制”四字单行篆书款
估 价：RMB 1,200,000~1,600,000
成交价：RMB 1,380,000
高30.5cm 保利厦门 2018-01-08

5031 清嘉庆 釉里红缠枝花果纹长颈瓶
“大清嘉庆年制”六字三行篆书款
估 价：RMB 1,200,000~1,500,000
成交价：RMB 1,380,000
高29.5cm 北京匡时 2018-06-15

3043 清 釉里红团花纹摇铃尊
“大清康熙年制”款
成交价：RMB 1,380,000
高12.3cm 中国嘉德 2018-09-19

青花釉里红

703 元 青花釉里红龙凤纹狮耳尊
估 价：RMB 2,200,000~3,000,000
成交价：RMB 3,565,000
高38.5cm 北京东正 2018-06-17

529 18世纪 传唐英制青花釉里红一品富贵图瓶（一对）
估 价：USD 200,000~300,000
成交价：RMB 2,532,054
纽约苏富比 2018-03-21

378 清康熙 青花釉里红缠枝牡丹纹盖罐
估 价：USD 6,000~8,000
成交价：RMB 269,705
纽约苏富比 2018-03-20

381 清康熙 青花釉里红鱼藻图大盘
估 价：USD 10,000~15,000
成交价：RMB 436,288
纽约苏富比 2018-03-20

301 清康熙 青花釉里红山水高士图印泥盒
估 价：USD 10,000~15,000
成交价：RMB 301,435
纽约苏富比 2018-03-20

14 清康熙 青花釉里红圣主得贤臣颂大笔筒
“大清康熙年制”六字三行楷书款
估 价：HKD 5,000,000~6,000,000
成交价：RMB 5,557,328
直径19.3cm 香港中汉 2018-05-31

141 清康熙 青花釉里红“圣主得贤臣颂”笔筒
“大清康熙年制”款“熙朝传古”印
估 价：HKD 500,000~700,000
成交价：RMB 5,859,840
直径19.2cm 香港苏富比 2018-10-03

914 清康熙 青花釉里红“圣主得贤臣颂”笔筒
“大清康熙年制”六字三行楷书款
估 价：RMB 1,800,000~3,000,000
成交价：RMB 2,645,000
直径19cm；高15.5cm 保利厦门 2018-07-15

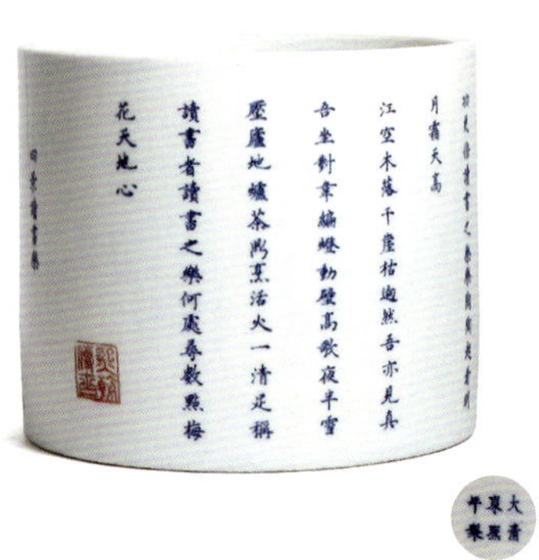

2943 清康熙 青花釉里红四景读书乐诗文笔筒
“大清康熙年制”三行六字楷书款
估 价：HKD 3,500,000~4,500,000
成交价：RMB 3,491,600
直径19.1cm 佳士得 2018-05-30

1526 清雍正 贡御青花釉里红加胭脂紫彩灵芝西番莲纹大抱月瓶
估 价：RMB 13,000,000~15,000,000
成交价：RMB 14,950,000
高48.1cm 中贸圣佳 2018-11-24

5901 清雍正 青花釉里红三果纹高足碗
“大清雍正年制”款
估 价：RMB 800,000~1,300,000
成交价：RMB 1,840,000
直径16.6cm 北京保利 2018-06-20

933 清乾隆 青花釉里红海水龙纹抱月瓶
“大清乾隆年制”六字三行篆书款
估 价：RMB 3,800,000~4,800,000
成交价：RMB 6,440,000
高26.5cm 保利厦门 2018-07-15

6110 清乾隆 青花釉里红龙纹扁瓶
估　价：RMB 800,000~1,200,000
成交价：RMB 2,415,000
高38.5cm 北京保利 2018-06-21

207 18世纪 青花釉里红梅花纹梅瓶
估　价：GBP 70,000~90,000
成交价：RMB 754,600
高53cm 伦敦佳士得 2018-05-15

906 清乾隆 青花釉里红缠枝莲纹莲蓬口瓶
“大清乾隆年制”六字三行篆书款
估　价：RMB 350,000~550,000
成交价：RMB 2,300,000
高23.5cm 保利厦门 2018-07-15

1210 清乾隆 青花釉里红缠枝花卉瓶
“大清乾隆年制”款
估　价：RMB 1,000,000~1,500,000
成交价：RMB 1,150,000
高38cm 北京华辰 2018-11-19

26 清乾隆 青花釉里红八仙过海纹碗
“大清乾隆年制”六字三行篆书款
估　价：HKD 200,000~300,000
成交价：RMB 523,330
直径22.3cm 香港中汉 2018-11-29

715 清乾隆 青花釉里红“八仙过海”碗
“大清乾隆年制”六字三行篆书款，乾隆本朝
估　价：HKD 160,000~220,000
成交价：RMB 257,240
直径13cm 中国嘉德 2018-10-02

1062 清乾隆 御窑松石绿地青花釉里红海水腾龙纹扁壶
“大清乾隆年制”青花三行六字篆书款
成交价：RMB 16,100,000
高30.8cm 华艺国际 2018-05-23

3082 清中期 青花釉里红瑞兽香薰
估 价：RMB 10,000~20,000
成交价：RMB 103,500
高17cm 北京匡时 2018-12-05

71 清乾隆 青花釉里红缠枝莲纹鸠耳尊
“大清乾隆年制”青花篆书款
估 价：HKD 6,000,000~9,000,000
成交价：RMB 20,844,500
高343cm 邦瀚斯 2018-11-27

4890 清晚期 青花釉里红桃花春燕瓶
估 价：RMB 200,000~300,000
成交价：RMB 483,000
高53.1cm 中贸圣佳 2018-11-25

3 清乾隆 青花釉里红云龙赶珠纹水盂
估　价：GBP 8,000~12,000
成交价：RMB 495,880
直径10.8cm 伦敦苏富比 2018-05-16

青花加彩

608 明嘉靖 青花五彩鱼藻纹罐
"大明嘉靖年制"款
估　价：RMB 100,000~200,000
成交价：RMB 218,500
直径42cm 北京保利 2018-04-29

911 明嘉靖 青花五彩葡萄纹小杯
"大明嘉靖年制"六字双行楷书款
估　价：RMB 700,000~800,000
成交价：RMB 805,000
直径8cm；高6cm 保利厦门 2018-07-15

2328 明万历 青花矾红彩龙纹盘
"大明万历年制"六字二行楷书款，万历本朝
估　价：RMB 500,000~800,000
成交价：RMB 575,000
直径16.8cm 中国嘉德 2018-11-20

19 明万历 青花五彩龙凤纹盘
"大明万历年制"六字双行楷书款
估　价：HKD 400,000~500,000
成交价：RMB 418,664
直径21.9cm 香港中汉 2018-11-29

20 明万历 青花五彩五谷丰登碗（一对）
"大明万历年制"六字双行楷书款
估　价：HKD 800,000~1,000,000
成交价：RMB 879,194
直径16.8cm × 2 香港中汉 2018-11-29

54 明万历 青花五彩云龙纹葵口折沿洗
"大明万历年制"六字双行楷书款
估　价：RMB 280,000~350,000
成交价：RMB 402,500
直径37.5cm 北京中汉 2018-04-15

524 明万历 青花五彩双龙戏珠纹盖盒
"大明万历年制"六字单排楷书款
成交价：RMB 8,165,000
长35cm；高10cm 上海匡时 2018-04-30

44 明万历 青花五彩八仙贺寿图碗
“大明万历年制”双圈六字楷书款
估 价：HKD 600,000~800,000
成交价：RMB 981,000
直径17cm 佳士得 2018-10-04

4041 清顺治 青花五彩人物纹花觚
估 价：RMB 20,000~30,000
成交价：RMB 103,500
高40.7cm 中国嘉德 2018-09-20

1243 清康熙 青花绿龙纹盘
“大清康熙年制”款
估 价：RMB 500,000~800,000
成交价：RMB 667,000
直径32cm 北京华辰 2018-11-19

131 清康熙 青花地五彩云龙纹碗
“大清康熙年制”六字双行楷书款
估 价：HKD 50,000~80,000
成交价：RMB 287,448
直径14cm 香港中汉 2018-05-31

601 清康熙 青花五彩荷花鸳鸯花神杯
估 价：RMB 1,200,000~2,500,000
成交价：RMB 4,887,500
高4.9cm；直径6.9cm 中贸圣佳 2018-06-20

3042 清康熙 青花五彩群仙会笔筒
估 价：RMB 1,000~2,000
成交价：RMB 414,000
高16cm 中国嘉德 2018-09-19

53 清雍正 青花绿彩云龙纹盘
“大清雍正年制”六字双行楷书款
估 价：RMB 300,000~400,000
成交价：RMB 345,000
直径21.3cm 北京中汉 2018-11-21

229 清雍正 青花加矾红折枝宝相花纹小杯（一对）
“大清雍正年制”六字双行楷书款
估 价：RMB 380,000~500,000
成交价：RMB 632,500
直径8.1cm 北京中汉 2018-06-19

1167 清乾隆/嘉庆 青花加矾红云龙戏珠纹大瓶（一对）
估 价：USD 20,000~30,000
成交价：RMB 470,388
高53cm×2 纽约佳士得 2018-09-13

2312 清雍正 仿成化青花红彩花卉纹小杯
“大清雍正年制”六字二行楷书款，雍正本朝
估 价：RMB 480,000~580,000
成交价：RMB 552,000
直径8.3cm；高4.3cm 中国嘉德 2018-11-20

5330 清雍正 青花斗彩云龙纹水盂
“大清雍正年制”款
估 价：RMB 1,000,000~1,500,000
成交价：RMB 1,725,000
直径6.5cm 北京保利 2018-12-08

3658 清雍正 青花矾红彩番莲纹碗（一对）
“大清雍正年制”款
估 价：HKD 600,000~800,000
成交价：RMB 654,000
直径8.1cm×2 香港苏富比 2018-10-03

3317 清乾隆 青花加彩团花纹花口瓶
估 价：HKD 100,000~150,000
成交价：RMB 514,480
高20.4cm 保利香港 2018-10-02

2879 清乾隆 青花黄彩云龙纹盘
“大清乾隆年制”款
成交价：RMB 299,000
直径24.7cm 北京荣宝 2018-12-03

42 清乾隆 青花矾红云龙纹盖盒
“大清乾隆年制”款
估 价：RMB 350,000~500,000
成交价：RMB 1,127,000
直径23cm 深圳至正国际 2018-08-25

3407 清同治 青花胭脂红彩海水八仙纹碗
青花“大清同治年制”六字双行楷书款
估 价：HKD 20,000~40,000
成交价：RMB 95,462
直径12cm 保利香港 2018-04-02

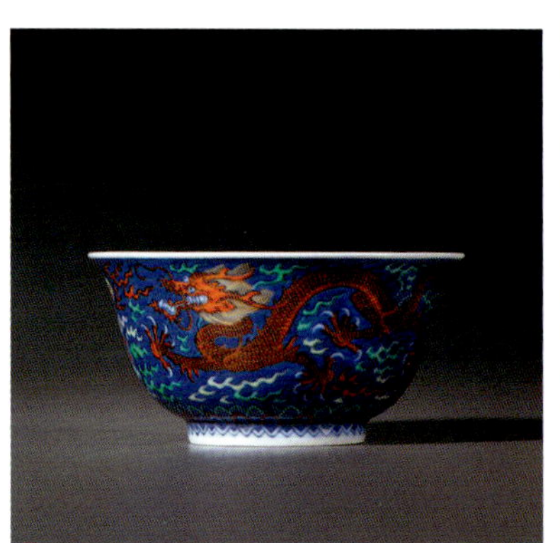

7 清乾隆 青花地五彩云龙纹茶碗
“大清乾隆年制”六字三行篆书款
估 价：RMB 100,000~200,000
成交价：RMB 184,000
直径10.3cm 北京中汉 2018-11-21

5657 清中期 青花加斗彩夔凤缠枝花卉八宝纹大盘
“大清乾隆年制”款
估 价：RMB 100,000~120,000
成交价：RMB 115,000
直径48cm 北京保利 2018-12-09

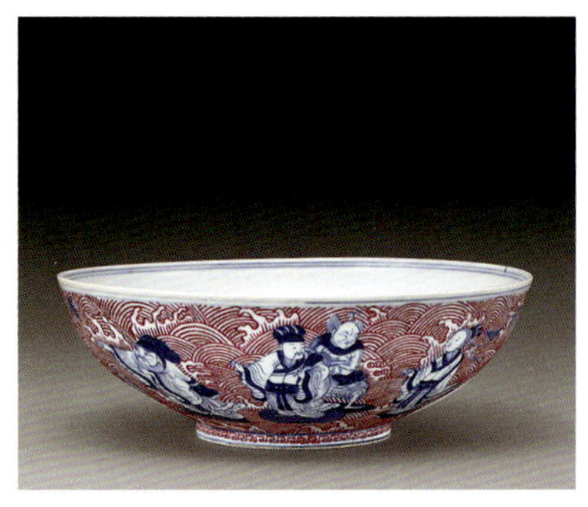

2178 清光绪 胭脂红青花海水八仙人物碗
“大清光绪年制”楷书款
估 价：RMB 20,000~40,000
成交价：RMB 143,750
直径22cm 北京翰海 2018-06-30

3012 清乾隆 木纹釉开光青花拐子龙纹墨床
“大清乾隆年制”三行六字篆书款
成交价：RMB 80,500
7.5cm×3.7cm×2.7cm 北京匡时 2018-12-05

3423 清道光 青花五彩龙凤纹碗（一对）
“大清道光年制”款
估 价：HKD 200,000~300,000
成交价：RMB 329,267
直径15cm×2 保利香港 2018-10-02

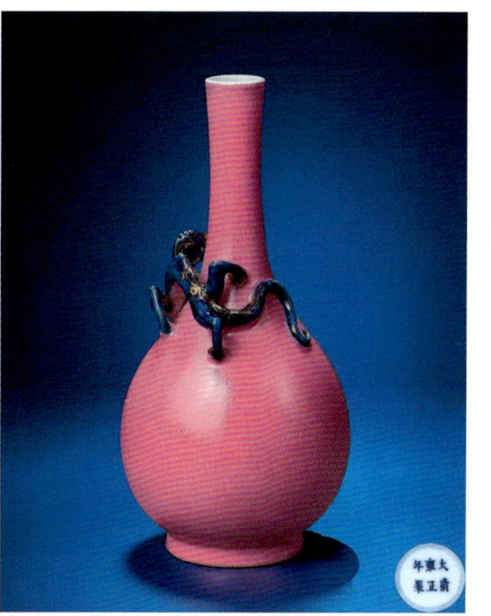

284 19世纪 胭脂红釉盘青花描金螭龙直颈瓶
“大清雍正年制”六字三行楷书款
估 价：RMB 20,000~30,000
成交价：RMB 460,000
高22.8cm 北京中汉 2018-06-19

109 明万历 斗彩荷塘鸳鸯纹大碗
“大明万历年制”六字双行楷书款
估 价：HKD 500,000~800,000
成交价：RMB 3,928,456
直径17.6cm 香港中汉 2018-05-31

3436 王步 青花加粉彩寿桃纹缸（一对）
估 价：HKD 600,000~800,000
成交价：RMB 843,747
直径53cm×2 保利香港 2018-10-02

825 清咸丰 青花粉彩开光草虫图茶壶
“咸丰辛亥仲春退思堂主人制”款
估 价：RMB 1,800,000~2,800,000
成交价：RMB 4,600,000
高10.5cm；直径6cm；宽5.5cm 北京东正
2018-06-17

斗 彩

5477 明嘉靖 斗彩如意云纹折腰盘
“大明嘉靖年制”款
估 价：RMB 1,150,000~1,550,000
成交价：RMB 1,955,000
直径14.7cm 北京保利 2018-12-08

910 清康熙 斗彩松竹梅纹玉壶春瓶
“大明宣德年制”六字三行楷书款
估 价：RMB 1,200,000~1,800,000
成交价：RMB 1,725,000
高27cm 保利厦门 2018-07-15

1777 清康熙 斗彩缠枝莲纹罐
“大清康熙年制”两行六字楷书款
估 价：RMB 300,000~400,000
成交价：RMB 322,000
高7.5cm 华艺国际 2018-11-16

362 清康熙 斗彩寿老观卷图盘
估 价：USD 5,000~7,000
成交价：RMB 142,785
纽约苏富比 2018-03-20

934 清康熙 斗彩描金八宝纹折腰盘
“大清康熙年制”六字双行楷书款
估 价：RMB 1,200,000~2,000,000
成交价：RMB 1,955,000
直径26cm 保利厦门 2018-01-08

3612 清康熙 斗彩饮中八仙之“苏晋图”题诗卧足杯
“大清康熙年制”款 “赏”印
估 价：HKD 1,800,000~2,500,000
成交价：RMB 2,621,160
直径6.4cm 香港苏富比 2018-04-03

3511 清康熙 斗彩鸡缸杯
估　价：RMB 500,000~800,000
成交价：RMB 862,500
直径9.8cm 北京荣宝 2018-06-14

2305 清康熙 仿成化斗彩鸡缸杯
“大明成化年制”六字二行楷书款，康熙时期
估　价：RMB 200,000~300,000
成交价：RMB 598,000
直径6.2cm 中国嘉德 2018-11-20

2915 清康熙 斗彩荷塘鸳鸯杯
“大清康熙年制”款
估　价：RMB 300,000~400,000
成交价：RMB 345,000
高4.3cm 北京荣宝 2018-12-03

1731 清康熙 斗彩人物图茶圆
估　价：RMB 120,000~160,000
成交价：RMB 195,500
直径6.5cm 华艺国际 2018-11-16

367 清康熙 斗彩仙女祝寿图八方花盆
“大清康熙年制”款
估　价：USD 350,000~500,000
成交价：RMB 2,532,054
宽51.1cm 纽约苏富比 2018-03-20

1256 清雍正 仿成化斗彩开光折枝莲纹罐
“大明成化年制”两行六字楷书款
估　价：RMB 200,000~250,000
成交价：RMB 287,500
高10.7cm 华艺国际 2018-11-16

1223 清雍正 斗彩花卉小天球瓶
“大清雍正年制”款
估　价：RMB 600,000~900,000
成交价：RMB 782,000
高10cm 北京华辰 2018-11-19

605 清康熙/雍正 斗彩花果图花盆
估　价：HKD 850,000~1,000,000
成交价：RMB 874,616
高36cm；直径30cm 北京匡时 2018-10-03

5020 清雍正 斗彩花卉纹盘
“大清雍正年制”六字双行楷书款
估　价：RMB 800,000~900,000
成交价：RMB 1,150,000
直径20cm 北京匡时 2018-06-15

5092 清雍正 斗彩仿成化如意纹折腰小碟
“大清雍正年制”款
估 价：RMB 650,000~850,000
成交价：RMB 747,500
直径8.2cm 北京保利 2018-06-19

904 清雍正 斗彩并蒂莲纹盘（一对）
“大清雍正年制”六字双行楷书款
估 价：RMB 800,000~1,000,000
成交价：RMB 920,000
直径13.5cm×2 保利厦门 2018-01-08

292 清雍正 斗彩灵仙祝寿纹盘
估 价：RMB 600,000~800,000
成交价：RMB 805,000
直径21.8cm 八益拍卖 2018-04-28

3925 清雍正 斗彩团花寿字盘
“大清雍正年制”款
估 价：RMB 500,000~800,000
成交价：RMB 690,000
直径20.5cm 中国嘉德 2018-09-19

1257 清雍正 斗彩西番莲纹盘
“大清雍正年制”两行六字楷书款
估 价：RMB 550,000~600,000
成交价：RMB 598,000
直径20cm 华艺国际 2018-11-16

6784 清雍正 御制斗彩“龙”纹盘
“大清雍正年制”款
估 价：HKD 250,000
成交价：RMB 662,592
直径17.5cm 万昌斯 2018-05-30

706 清雍正 斗彩海水云龙赶珠纹笠式碗
“大清雍正年制”款
估 价：USD 40,000~60,000
成交价：RMB 674,263
纽约苏富比 2018-03-21

1224 清雍正 斗彩花卉斗笠碗（一对）
“大清雍正年制”款
估 价：RMB 3,000,000~5,000,000
成交价：RMB 3,680,000
直径23cm×2 北京华辰 2018-11-19

3435 清雍正 斗彩郁金香纹碗
"大清雍正年制"款
估 价：HKD 1,800,000~2,800,000
成交价：RMB 1,852,128
直径11.8cm 保利香港 2018-10-02

1219 清雍正 斗彩暗八仙碗
"大清雍正年制"款
估 价：RMB 500,000~800,000
成交价：RMB 598,000
直径13cm 北京华辰 2018-11-19

752 清雍正 斗彩松竹梅纹杯
"大清雍正年制"六字二行楷书款，雍正本朝
估 价：HKD 1,950,000~2,500,000
成交价：RMB 2,057,920
直径8.5cm 中国嘉德 2018-10-02

546 清雍正 斗彩缠枝莲纹小碗（一对）
"大清雍正年制"六字双行楷书款
估 价：RMB 500,000~600,000
成交价：RMB 575,000
直径9.5cm×2 保利厦门 2018-01-08

1733 清雍正 御窑仿成化斗彩鸡缸杯
"大明成化年制"两行六字楷书方框款
估 价：RMB 900,000~1,200,000
成交价：RMB 1,380,000
直径8.2cm 华艺国际 2018-11-16

73 清雍正 斗彩并头莲纹碗
"大清雍正年制"青花楷书款
估 价：HKD 600,000~800,000
成交价：RMB 665,250
直径123cm 邦瀚斯 2018-11-27

2309 清雍正 斗彩云蝠纹小杯（一对）
"大清雍正年制"六字二行楷书款，雍正本朝
估 价：RMB 600,000~800,000
成交价：RMB 2,185,000
直径7cm×2 中国嘉德 2018-11-20

11 清雍正 仿成窑斗彩团花花鸟纹撇口杯
“大明成化年制”六字双行楷书款
估 价：HKD 400,000~600,000
成交价：RMB 1,322,261
直径8cm 香港中汉 2018-05-31

243 清雍正 斗彩三多杯（一对）
“大清雍正年制”六字二行楷书款，雍正本朝
估 价：HKD 1,200,000~1,800,000
成交价：RMB 1,145,544
直径7.3cm×2 中国嘉德 2018-04-02

731 清雍正 斗彩灵芝纹杯（一对）
“大明成化年制”六字二行楷书款，雍正本朝
估 价：HKD 400,000~600,000
成交价：RMB 1,028,960
直径7.5cm×2 中国嘉德 2018-10-02

2602 清雍正 斗彩莲托五珍宝卧足小杯
“大清雍正年制”六字二行楷书款，雍正本朝
估 价：RMB 500,000~800,000
成交价：RMB 897,000
直径7.4cm 中国嘉德 2018-06-18

23 清雍正 斗彩落花流水纹缸式杯
“大明成化年制”六字双行楷书款
估 价：HKD 300,000~500,000
成交价：RMB 732,662
直径8.4cm 香港中汉 2018-11-29

676 清雍正 斗彩花蝶纹茶圆
“大清雍正年制”六字三行楷书款
估 价：RMB 200,000~300,000
成交价：RMB 598,000
直径9cm；高5cm 保利厦门 2018-07-15

1664 清雍正 斗彩落花流水九如杯（一对）
估 价：RMB 400,000~600,000
成交价：RMB 552,000
口径7.2cm×2 上海匡时 2018-04-30

24 清雍正 斗彩兰蝶纹三秋杯
“大明成化年制”六字双行楷书款
估 价：HKD 450,000~600,000
成交价：RMB 470,997
直径9cm 香港中汉 2018-11-29

5326 清雍正 仿成窑斗彩鸡缸杯
“大明成化年制”款
估 价：RMB 50,000~100,000
成交价：RMB 402,500
直径8cm 北京保利 2018-12-08

1225 清雍正 斗彩三多小杯
“大清雍正年制”款
估 价：RMB 300,000~500,000
成交价：RMB 345,000
直径7.3cm 北京华辰 2018-11-19

1226 清雍正 斗彩花卉纹花插
“大清雍正年制”款
估 价：RMB 250,000~350,000
成交价：RMB 287,500
高15cm 北京华辰 2018-11-19

1272 清乾隆 斗彩云福纹荸荠瓶
估 价：RMB 4,000,000~6,000,000
成交价：RMB 6,325,000
高21cm 印千山 2018-01-12

8888 清乾隆 斗彩加粉彩暗八仙缠枝莲纹天球瓶
“大清乾隆年制”六字篆书刻款
估 价：HKD 70,000,000~90,000,000
成交价：RMB 106,047,200
高53.9cm 佳士得 2018-05-30

5423 清乾隆 斗彩加粉彩三多双蝠耳抱月瓶
“大清乾隆年制”款
估　价：RMB 7,000,000~9,000,000
成交价：RMB 10,120,000
高30cm 北京保利 2018-12-12

4540 清乾隆 斗彩绿龙罐
“大清乾隆年制”篆书款
估　价：RMB 600,000~800,000
成交价：RMB 690,000
直径16.8cm；高19.8cm 中贸圣佳 2018-11-25

153 清乾隆 斗彩番莲团菊纹盖罐
“大清乾隆年制”款
估　价：USD 30,000~50,000
成交价：RMB 726,963
纽约苏富比 2018-09-12

1227 清乾隆 斗彩苍龙教子扁瓶
估　价：RMB 600,000~900,000
成交价：RMB 747,500
高47cm 北京华辰 2018-11-19

9 清乾隆 斗彩莲托八吉祥纹花觚
“大清乾隆年制”六字单行篆书款
估　价：HKD 1,000,000~1,500,000
成交价：RMB 958,160
高35cm 香港中汉 2018-05-31

1222 清乾隆 斗彩八仙碗（一对）
“大清乾隆年制”款
估 价：RMB 700,000~1,000,000
成交价：RMB 897,000
直径11.2cm×2 北京华辰 2018-11-19

805 清嘉庆 斗彩花卉纹碗（一对）
“大清嘉庆年制”篆书款
估 价：RMB 300,000~500,000
成交价：RMB 690,000
高6cm；直径15cm 中贸圣佳 2018-06-20

5028 清乾隆 斗彩缠枝花卉纹案缸
“大清乾隆年制”六字三行篆书款
估 价：RMB 2,000,000~2,600,000
成交价：RMB 3,680,000
直径32.8cm；高23cm 北京匡时 2018-06-15

5329 清乾隆 斗彩瑞莲福至心灵水盂
“大清乾隆年制”款
估 价：RMB 4,500,000~6,500,000
成交价：RMB 8,970,000
高5.5cm 北京保利 2018-12-08

2317 清乾隆 斗彩莲托八宝纹贲巴壶
“大清乾隆年制”六字三行篆书款，乾隆本朝
估 价：RMB 3,800,000~4,800,000
成交价：RMB 4,370,000
高19.3cm 中国嘉德 2018-11-20

慎德堂製 慎德堂製

4 清道光 斗彩缠枝花卉纹盖碗（一对）
“慎德堂制”款
估 价：GBP 6,000~8,000
成交价：RMB 592,900
直径6.1cm×2 伦敦苏富比 2018-05-16

5931 清道光 斗彩团菊纹罐
“大清道光年制”款
估 价：RMB 400,000~600,000
成交价：RMB 667,000
高12cm 北京保利 2018-06-20

3922 明成化-弘治 红绿彩高士图盘
“大明宣德年制”六字双行楷书款
估 价：RMB 120,000~150,000
成交价：RMB 161,000
直径17cm 西泠拍卖 2018-07-08

红绿彩

1176 明 怀仁窑红绿彩小盏（一对）
估 价：RMB 60,000~80,000
成交价：RMB 69,000
直径8cm×2 保利厦门 2018-07-15

五 彩

5316 元 五彩戗金八吉祥梵文高足杯
估 价：RMB 3,000,000~4,000,000
成交价：RMB 3,450,000
高11cm 北京保利 2018-12-08

14 明嘉靖 五彩仕女婴戏图罐
“大明嘉靖年制”六字双行楷书款
估 价：RMB 80,000~120,000
成交价：RMB 379,500
高29.4cm 北京中汉 2018-09-21

925 明嘉靖 五彩双龙戏珠纹杯
“大明嘉靖年制”六字双行楷书款
估　价：RMB 500,000~700,000
成交价：RMB 747,500
直径8.2cm 博美拍卖 2018-01-05

5090 明万历 五彩云龙仙人五毒纹小盘
“大明万历年制”款
估　价：RMB 500,000~600,000
成交价：RMB 862,500
直径9.3cm 北京保利 2018-06-19

5379 明万历 五彩清供图纹碗
“大明万历年制”款
估　价：RMB 250,000~350,000
成交价：RMB 402,500
直径19.2cm 北京保利 2018-12-08

3915 明万历 五彩群猫图花棱形盖盒
“大明万历年制”六字双行楷书款
估　价：RMB 400,000~500,000
成交价：RMB 517,500
直径14.4cm；高10.5cm 西泠拍卖 2018-07-08

5766 明万历 五彩瑞兽龙纹碗（一对）
“大明万历年制”款
估　价：RMB 1,300,000~2,300,000
成交价：RMB 2,760,000
直径14.8cm×2 北京保利 2018-06-20

44 明万历 五彩八仙纹碗
估　价：HKD 600,000~800,000
成交价：RMB 999,000
直径17cm 香港佳士得 2018-10-04

5481 明万历 五彩柳荫莺蝶纹盖盒
“大明万历年制”款
估　价：RMB 800,000~1,200,000
成交价：RMB 1,380,000
直径24.4cm 北京保利 2018-12-08

5378 明万历 五彩花鸟图盘
“大明万历年制”款
估　价：RMB 300,000~400,000
成交价：RMB 483,000
直径31.4cm 北京保利 2018-12-08

5480 明万历 五彩缠枝花卉纹罐
“大明万历年制”款
估　价：RMB 600,000~800,000
成交价：RMB 828,000
高9.8cm 北京保利 2018-12-08

5367 明万历 五彩海水云龙纹斗笔管
“大明万历年制”款
估　价：RMB 2,000,000~3,000,000
成交价：RMB 3,910,000
长16cm 北京保利 2018-12-08

2325 明万历 五彩鱼藻纹折沿洗
“大明万历年制”六字二行楷书款，万历本朝
估　价：RMB 1,200,000~1,800,000
成交价：RMB 1,322,500
直径35.5cm 中国嘉德 2018-11-20

5507 清顺治 五彩花果纹筒瓶
估　价：RMB 550,000~750,000
成交价：RMB 897,000
高48cm 北京保利 2018-12-08

348 清顺治 五彩勒马玉楼图筒瓶
估 价：USD 8,000~12,000
成交价：RMB 273,680
纽约苏富比 2018-09-12

836 清康熙 五彩加金凸雕群仙庆寿图大棒槌瓶
估 价：RMB 1,800,000~2,600,000
成交价：RMB 5,750,000
高76.5cm 北京东正 2018-06-17

329 清康熙 五彩浮雕四仙图洗口尊
估 价：USD 80,000~120,000
成交价：RMB 1,665,825
纽约苏富比 2018-03-20

322 清康熙 五彩叩马阻兵图大棒槌瓶
估 价：USD 400,000~600,000
成交价：RMB 9,994,950
纽约苏富比 2018-03-20

4691 清康熙 五彩木兰破敌人物故事图凤尾尊
估 价：RMB 600,000~900,000
成交价：RMB 690,000
高45cm 中国嘉德 2018-05-18

3322 清康熙 五彩荷塘清趣盘
估　价：HKD 500,000~800,000
成交价：RMB 1,749,232
直径25cm 保利香港 2018-10-02

1008 清康熙 五彩龙凤呈祥纹大盘
“大清康熙年制”青花两行六字楷书款
估　价：RMB 900,000~1,300,000
成交价：RMB 1,380,000
直径32cm 华艺国际 2018-05-23

3656 清康熙 五彩穿花龙凤纹大盘
“大清康熙年制”款
估　价：HKD 800,000~1,200,000
成交价：RMB 872,000
直径32.5cm 香港苏富比 2018-10-03

503 清康熙 五彩暗花祝寿图盘（一对）
“大明成化年制”仿款
估　价：USD 40,000~60,000
成交价：RMB 555,275
纽约苏富比 2018-03-21

723 清康熙 五彩“落花流水”碗
“大明成化年制”六字二行楷书款，康熙本朝
估　价：HKD 1,200,000~1,800,000
成交价：RMB 1,646,336
直径21cm 中国嘉德 2018-10-02

346 清康熙 五彩寿桃纹高足盖碗
估　价：USD 150,000~250,000
成交价：RMB 951,900
纽约苏富比 2018-03-20

5508 清康熙 五彩诗文花卉碗
“大明成化年制”款
估　价：RMB 150,000~200,000
成交价：RMB 322,000
直径19.6cm 北京保利 2018-12-08

504 清康熙 五彩西厢记人物故事图仰钟式杯（一对）
“大清康熙年制”款
估 价：USD 100,000~150,000
成交价：RMB 7,329,630
纽约苏富比 2018-03-21

1732 清康熙 五彩花神杯（石榴花）
“大清康熙年制”双行六字楷书款
估 价：RMB 1,800,000~2,200,000
成交价：RMB 2,070,000
直径6.5cm 华艺国际 2018-11-16

3614 清康熙 五彩花神杯
“大清康熙年制”款 “赏”字
估 价：HKD 300,000~500,000
成交价：RMB 981,000
直径6.6cm 香港苏富比 2018-10-03

902 清康熙 五彩“十一月月季”花神杯
“大清康熙年制”六字双行楷书款
估 价：RMB 600,000~1,200,000
成交价：RMB 2,070,000
直径6.5cm；高5cm 保利厦门 2018-07-15

248 清康熙 五彩松下高士图杯
“大清康熙年制”双圈六字楷书款
估 价：GBP 10,000~15,000
成交价：RMB 808,500
直径9cm 伦敦佳士得 2018-05-15

560 清雍正 墨地五彩缠枝莲纹胆瓶
估 价：RMB 200,000~300,000
成交价：RMB 460,000
高23.5cm 保利厦门 2018-01-08

6483 清雍正 墨地五彩加柠檬黄缠枝花卉盘
“大清雍正年制”款
估 价：RMB 300,000~400,000
成交价：RMB 345,000
直径14.5cm 北京保利 2018-12-09

540 清嘉庆 五彩龙凤呈祥纹碗（一对）
“大清嘉庆年制”款
估　价：USD 20,000~30,000
成交价：RMB 436,288
纽约苏富比 2018-03-21

415 18世纪 墨地素三彩花卉图大盖罐
估　价：USD 8,000~12,000
成交价：RMB 67,426
纽约苏富比 2018-03-20

三　彩

1259 明万历 蓝釉三彩龙凤壶
“大明宣德年制”款
估　价：RMB 130,000~150,000
成交价：RMB 149,500
高25cm 北京华辰 2018-11-19

209 明代 三彩弥勒佛
估　价：RMB 560,000~580,000
成交价：RMB 690,000
未来四方 2018-01-20

109 清康熙 素三彩山水人物纹梅瓶
估　价：RMB 5,000~8,000
成交价：RMB 17,250
高17.7cm 北京中汉 2018-09-21

414 17世纪 素三彩海水江崖杂宝纹盖罐
估　价：USD 8,000~12,000
成交价：RMB 87,258
纽约苏富比 2018-03-20

450 明 三彩卧狮
估　价：USD 4,000~6,000
成交价：RMB 174,515
纽约苏富比 2018-03-20

369 清康熙 洒蓝地釉里三彩八仙祝寿图观音尊
估　价：USD 8,000~12,000
成交价：RMB 222,110
纽约苏富比 2018-03-20

317 清康熙 釉里三彩湖山独钓图炉
“大清康熙年制”款
估　价：USD 15,000~25,000
成交价：RMB 793,250
纽约苏富比 2018-03-20

1009 清康熙 虎皮三彩墩式碗
“大清康熙年制”青花两行六字楷书款
估　价：RMB 80,000~100,000
成交价：RMB 86,250
直径12.5cm 华艺国际 2018-05-23

1554 清康熙 素三彩折枝花卉赭绿云龙纹大盘
“大清康熙年制”楷书款
估　价：RMB 200,000~400,000
成交价：RMB 828,000
直径35.3cm 中贸圣佳 2018-11-24

20 清康熙 釉里三彩山水垂钓图花觚
底书“大明宣德年制”寄托款
估　价：HKD 300,000~500,000
成交价：RMB 327,000
高40.2cm 佳士得 2018-10-04

3409 清康熙 黄地素三彩龙纹盘（一对）
“大清康熙年制”款
估　价：HKD 500,000~700,000
成交价：RMB 720,272
直径13.3cm×2 保利香港 2018-10-02

3014 清康熙 白地素三彩暗龙花蝶纹碗
“大清康熙年制”款
估　价：HKD 350,000~450,000
成交价：RMB 334,117
直径14.9cm 保利香港 2018-04-02

2619 清康熙 釉下三彩花鸟纹笔筒
“大清康熙年制”六字二行楷书款，康熙时期
估　价：RMB 400,000~600,000
成交价：RMB 460,000
高14.5cm 中国嘉德 2018-06-18

5556 清道光 黄地赭绿彩双龙戏珠纹小碟（五件）
“大清道光年制”款
估　价：RMB 150,000~200,000
成交价：RMB 241,500
直径10.7cm 北京保利 2018-12-09

3673 清光绪 黄地三彩云龙戏珠纹折沿盘
“储秀宫制”款
估　价：HKD 400,000~600,000
成交价：RMB 654,000
直径63.2cm 香港苏富比 2018-10-03

5439 清雍正 粉彩唐英风格鱼龙变化虞美人抱月瓶
估　价：RMB 800,000~1,200,000
成交价：RMB 920,000
高29.5cm 北京保利 2018-12-12

粉　彩

2804 清雍正 粉彩群仙品酌图灯笼瓶
估　价：RMB 1,500,000~1,800,000
成交价：RMB 4,600,000
高23cm 北京匡时 2018-12-05

106 清雍正 粉彩踏雪寻梅图玉壶春瓶
估　价：HKD 280,000~350,000
成交价：RMB 651,549
高21.5cm 香港中汉 2018-05-31

3087 清雍正 粉彩福山寿海马蹄尊
“惜阴堂制”两行四字楷书款
估　价：RMB 300,000~400,000
成交价：RMB 345,000
高7.7cm 北京匡时 2018-06-15

1553 清雍正 粉彩花卉锦地镂空狮钮四方熏炉
估　价：RMB 50,000~80,000
成交价：RMB 103,500
高22.7cm 中贸圣佳 2018-11-24

5179 清雍正 粉彩过枝八桃五蝠福寿双全盘成对
“大清雍正年制”款
成交价：RMB 50,600,000
直径20.2cm 北京保利 2018-06-19

1234 清雍正 粉彩安居乐业瓶
“大清雍正年制”款
估　价：RMB 400,000~600,000
成交价：RMB 460,000
高18cm 北京华辰 2018-11-19

2301 清雍正 粉彩“玉堂富贵”花卉纹碗
“大清雍正年制”六字青花楷书款
估　价：RMB 6,000,000~8,000,000
成交价：RMB 7,475,000
直径14.6cm 中国嘉德 2018-11-20

224 清雍正 粉彩云鹤双龙捧寿福山寿海纹折沿大盘
“大清雍正年制”六字三行楷书款
估 价：RMB 950,000~1,200,000
成交价：RMB 1,092,500
直径53.8cm 北京中汉 2018-06-19

3914 清雍正 粉彩百花迎春图碗
“大清雍正年制”六字双行楷书款
估 价：RMB 400,000~500,000
成交价：RMB 805,000
口径14.5cm 西泠拍卖 2018-07-08

2608 清雍正 珊瑚红地洋彩九秋同庆花卉纹碗（一对）
“雍正御制”四字二行楷书款，雍正本朝
估 价：RMB 6,000,000~8,000,000
成交价：RMB 6,900,000
直径13cm；直径13.2cm 中国嘉德 2018-06-18

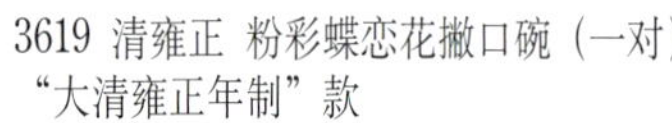

3619 清雍正 粉彩蝶恋花撇口碗（一对）
“大清雍正年制”款
估 价：HKD 1,800,000~2,500,000
成交价：RMB 2,224,750
直径18cm×2 香港苏富比 2018-04-03

25 清雍正 粉彩虞美人杂宝博古纹盖碗
“大清雍正年制”六字双行楷书款
估 价：HKD 200,000~300,000
成交价：RMB 376,798
直径11cm 香港中汉 2018-11-29

5327 清雍正 粉彩松鹤折腰小杯（一对）
“大清雍正年制”款
估 价：RMB 1,300,000~1,800,000
成交价：RMB 2,587,500
直径6.1cm×2 北京保利 2018-12-08

857 清雍正 粉彩过枝蝶恋花图杯
“大清雍正年制”六字二行楷书款
估 价：RMB 150,000~200,000
成交价：RMB 460,000
直径9cm 北京诚轩 2018-06-17

5029 清雍正 唐英制粉彩山水纹题诗双耳方杯
“陶铸”、“片月”印章款
估 价：RMB 800,000~900,000
成交价：RMB 1,265,000
高5.3cm 北京匡时 2018-06-15

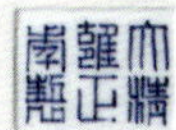

916 清雍正 洋彩镂雕团龙捧寿纹塔式笔筒
“大清雍正年制”六字三行篆书款
估 价：RMB 2,800,000~3,800,000
成交价：RMB 5,290,000
高17cm 保利厦门 2018-07-15

2752 清乾隆 瓷胎洋彩黄地锦上添花莲纹长春百子图双龙耳瓶
“大清乾隆年制”矾红六字篆书款
估 价：HKD 50,000,000~80,000,000
成交价：RMB 53,977,700
高38.8cm 佳士得 2018-05-30

562 清雍正 外胭脂红内粉彩寿桃纹茶圆
“大清雍正年制”六字二行楷书款
估 价：HKD 600,000~800,000
成交价：RMB 617,376
直径9.5cm 中国嘉德 2018-10-02

4792 清雍正 粉彩麻姑献寿图折沿洗
估 价：RMB 470,000~670,000
成交价：RMB 552,000
直径40.3cm 中国嘉德 2018-05-18

3622 清乾隆 紫红地洋彩轧道锦上添花胆瓶
“大清乾隆年制”款
估　价：HKD 40,000,000~60,000,000
成交价：RMB 40,663,981
高21.7cm 香港苏富比 2018-04-03

17 清乾隆 绿地粉彩轧道通景十八罗汉图双耳撇口瓶
成交价：RMB 5,665,968
高37.2cm 伦敦苏富比 2018-05-16

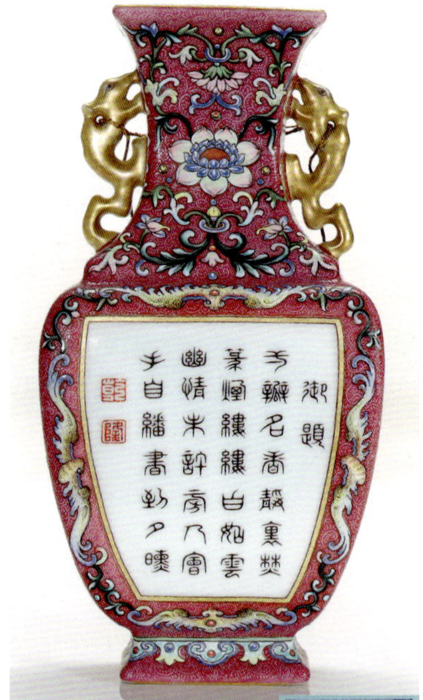

5432 清乾隆 御制洋彩胭脂红地轧道祥莲瑞蝠纹开光御题诗壁瓶
“大清乾隆年制”款
成交价：RMB 23,575,000
高18.2cm 北京保利 2018-12-12

615 清乾隆 洋彩透云蝠内八仙贺寿玲珑转心瓶
“乾隆年制”款
估　价：HKD 8,000,000~10,000,000
成交价：RMB 10,289,600
高30cm 北京匡时 2018-10-03

2630 清乾隆 御制青花夹洋彩通景“桃花源”图双耳活环大瓶
“大清乾隆年制”六字三行篆书款，乾隆本朝
成交价：RMB 50,600,000
高55.2cm 中国嘉德 2018-06-18

5979 清乾隆 粉彩九桃天球瓶
“大清乾隆年制”款
估　价：RMB 3,500,000~5,500,000
成交价：RMB 4,600,000
高52.3cm 北京保利 2018-06-20

156 清乾隆 粉彩湖山村隐图锦上添花凤耳大瓶
“大清乾隆年制”款
估　价：USD 500,000~700,000
成交价：RMB 3,222,582
纽约苏富比 2018-09-12

172 清乾隆 洋彩胭脂红地锦上添花梅瓶
估　价：NTD 10,000,000~20,000,000
成交价：RMB 3,200,160
高38cm 台北艺流 2018-12-01

607 清乾隆 黄地洋彩凤穿牡丹纹吉庆绶带耳盘口瓶
"大清乾隆年制"篆书款
估　价：RMB 2,200,000~3,500,000
成交价：RMB 3,162,500
高38.8cm 中贸圣佳 2018-06-20

5077 清乾隆 粉彩描金缠枝西番莲纹双耳瓶（一对）
"大清乾隆年制"款
估　价：RMB 800,000~1,200,000
成交价：RMB 2,070,000
高15.5cm×2 北京保利 2018-06-19

545 清乾隆 粉彩锦上添花开光山水图御题诗轿瓶（一对）
"大清乾隆年制"款 题识：官汝称名品 新瓶制更嘉 随行供啸咏 沿路撷芳华 挂处轻车称 簪来野卉斜 红尘安得近 香籁度帷纱 乾隆御题 印文：乾隆
估　价：USD 100,000~150,000
成交价：RMB 2,379,750
纽约苏富比 2018-03-21

1274 清乾隆 粉彩堆雕螭龙追把瓶
估　价：RMB 550,000~850,000
成交价：RMB 1,380,000
高32cm 印千山 2018-01-12

417 清乾隆 约1740年 粉彩锦堂富贵图大盖瓶（一对）
估　价：USD 250,000~400,000
成交价：RMB 1,745,150
纽约苏富比 2018-03-20

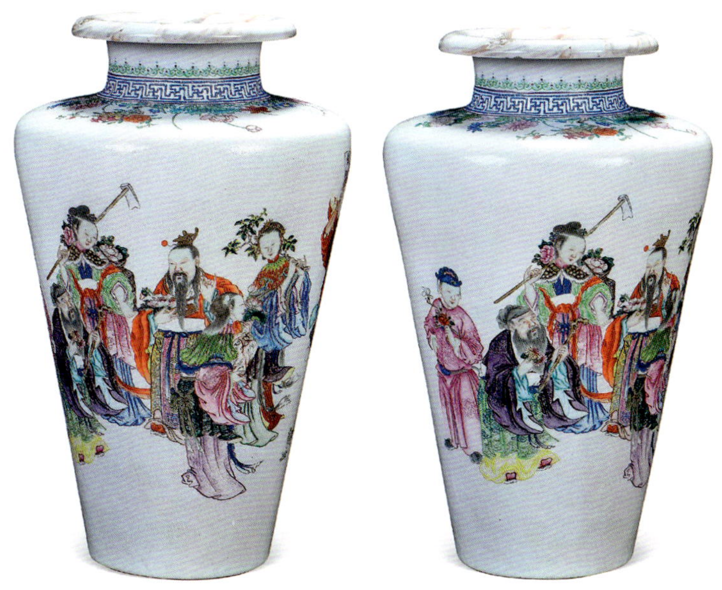

624 清乾隆 粉彩木釉十二花神卷口瓶
估　价：RMB 700,000~1,000,000
成交价：RMB 1,035,000
高42cm 北京保利 2018-04-29

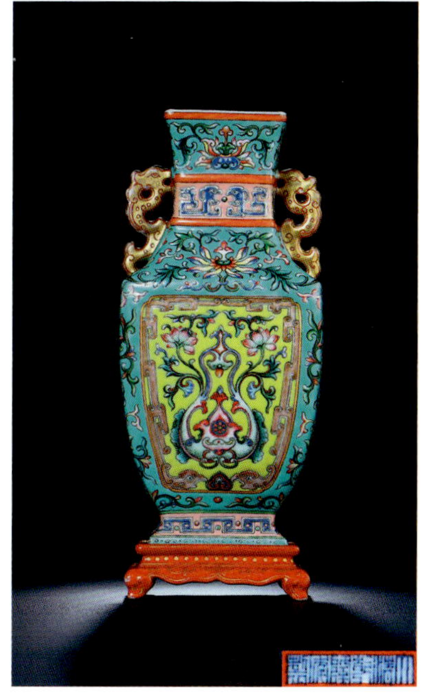

3321 清乾隆 松石绿地洋彩缠枝莲纹螭龙耳四方扁瓶
估　价：HKD 600,000~1,200,000
成交价：RMB 1,028,960
高20.1cm 保利香港 2018-10-02

565 清乾隆 粉彩缠枝花卉开光“山水楼廓”图海棠瓶
“大清乾隆年制”六字三行篆书款
估　价：RMB 800,000~1,000,000
成交价：RMB 920,000
高47cm 保利厦门 2018-01-08

3036 清乾隆 洋彩绿地轧道云蝠葫芦壁瓶
金彩“大清乾隆年制”六字篆书横款
估　价：HKD 800,000~1,200,000
成交价：RMB 812,000
高18.5cm 佳士得 2018-05-30

18 清乾隆 黄地粉彩莲托八吉祥纹贲巴瓶
“大清乾隆年制”矾红六字篆书款
估　价：GBP 30,000~50,000
成交价：RMB 539,000
高25.7cm 伦敦佳士得 2018-05-15

1259 清乾隆 胭脂红地粉彩轧道“春江水暖图”灯笼瓶
“大清乾隆年制”三行六字篆书款
估　价：RMB 270,000~350,000
成交价：RMB 299,000
高40cm 华艺国际 2018-11-16

19 清乾隆 绿地粉彩缠枝莲三多纹梅瓶
“大清乾隆年制”矾红六字篆书款
估　价：GBP 40,000~60,000
成交价：RMB 754,600
高21.5cm 伦敦佳士得 2018-05-15

550 清乾隆 松石绿地粉彩吉庆纹莲花瓶
“赐经楼制”四字单行篆书款
估　价：RMB 20,000~30,000
成交价：RMB 356,500
高44.5cm 上海匡时 2018-04-30

1245 清乾隆 珊瑚红地粉彩八吉祥纹花觚
“大清乾隆年制”矾红款
估　价：RMB 500,000~600,000
成交价：RMB 575,000
高27.5cm 华艺国际 2018-11-16

2801 清乾隆 粉彩百鹿尊
估　价：HKD 20,000,000~30,000,000
成交价：RMB 40,021,740
高44.5cm 香港佳士得 2018-11-28

3001 清乾隆 洋彩黄地粉青透龙夹层吉庆有余玲珑尊
“大清乾隆年制”蓝料款
估　价：HKD 50,000,000~70,000,000
成交价：RMB 130,007,352
高40.8cm 香港苏富比 2018-10-03

2801 清乾隆 磁胎洋彩蓝耳百鹿尊
“大清乾隆年制”青花六字篆书款
估　价：HKD 20,000,000~30,000,000
成交价：RMB 40,003,700
高44.5cm 佳士得 2018-11-28

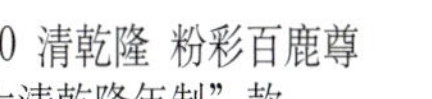

2900 清乾隆 粉彩百鹿尊
“大清乾隆年制”款
估　价：RMB 1,500,000~2,600,000
成交价：RMB 2,990,000
高45cm 北京荣宝 2018-12-03

5445 清乾隆 洋彩八吉祥宝相花花觚（一对）
“大清乾隆年制”款
估 价：RMB 2,600,000~3,600,000
成交价：RMB 2,990,000
高23cm×2 北京保利 2018-12-12

1389 清乾隆 胭脂红地粉彩八吉祥纹罐
“大清乾隆年制”六字篆书刻款
估 价：USD 30,000~50,000
成交价：RMB 1,026,300
高33cm 纽约佳士得 2018-09-13

112 清乾隆 蓝地粉彩仿珐华荷塘图盖罐
估 价：HKD 80,000~100,000
成交价：RMB 872,000
连盖通高40.7cm 香港苏富比 2018-10-03

1207 清乾隆 粉彩胭脂红花卉壶
“大清乾隆年制”款
估 价：RMB 1,500,000~2,000,000
成交价：RMB 1,840,000
长16cm；高14cm 北京华辰 2018-11-19

541 清乾隆 蓝地粉彩番莲八吉祥纹贲巴壶
“大清乾隆年制”款
估 价：USD 100,000~150,000
成交价：RMB 1,427,850
纽约苏富比 2018-03-21

824 清乾隆 胭脂紫地粉彩缠枝莲托八宝纹鼎式三足炉
“大清乾隆年制”款
估 价：RMB 1,800,000~2,600,000
成交价：RMB 3,450,000
高15.5cm；宽15cm 北京东正 2018-06-17

146 清乾隆 胭脂紫地洋彩莲托八吉祥纹朝冠耳香炉
“大清乾隆年制”六字单行篆书款
估　价：HKD 300,000~400,000
成交价：RMB 689,875
高45.5cm 香港中汉 2018-05-31

937 清乾隆 胭脂地粉彩缠枝莲纹佛塔
估　价：RMB 1,000,000~2,000,000
成交价：RMB 1,322,500
高44cm 保利厦门 2018-07-15

608 清乾隆 洋彩‘华封献祝’图瓷板
估　价：RMB 2,600,000~3,000,000
成交价：RMB 2,990,000
长51cm；宽40cm 中贸圣佳 2018-06-20

1266 清乾隆 粉彩斋戒牌
估　价：RMB 50,000~80,000
成交价：RMB 57,500
长5.5cm 北京华辰 2018-11-19

1038 清乾隆 粉彩七珍八宝供器
“大清乾隆年制”款
估　价：RMB 250,000~350,000
成交价：RMB 287,500
高39cm 北京华辰 2018-11-19

144 清乾隆 粉彩折枝瑞果三多纹墩式碗
“大清乾隆年制”六字三行篆书款
估 价：HKD 300,000~400,000
成交价：RMB 431,172
直径15cm 香港中汉 2018-05-31

3205 清乾隆 松石绿地粉彩安居图如意耳瓶
“大清乾隆年制”款
估 价：HKD 7,000,000~9,000,000
成交价：RMB 14,173,680
高34cm 香港苏富比 2018-04-03

1 清乾隆 宫粉地洋彩鹤鹿同春如意瓶
“大清乾隆年制”款
估 价：GBP 500,000~700,000
成交价：RMB 121,984,566
高28cm 巴黎苏富比 2018-06-12

699 清乾隆 松石绿地粉彩宝相花纹如意耳瓶
“大清乾隆年制”款
估 价：RMB 280,000~380,000
成交价：RMB 483,000
高20.3cm 北京东正 2018-06-17

5421 清乾隆 御制洋彩江山万代如意耳琵琶尊
“大清乾隆年制”款
成交价：RMB 94,875,000
高37cm 北京保利 2018-12-08

4 清乾隆 黄地洋彩葫芦形福禄斋戒牌
估 价：HKD 20,000~30,000
成交价：RMB 297,030
长6.5cm 香港中汉 2018-05-31

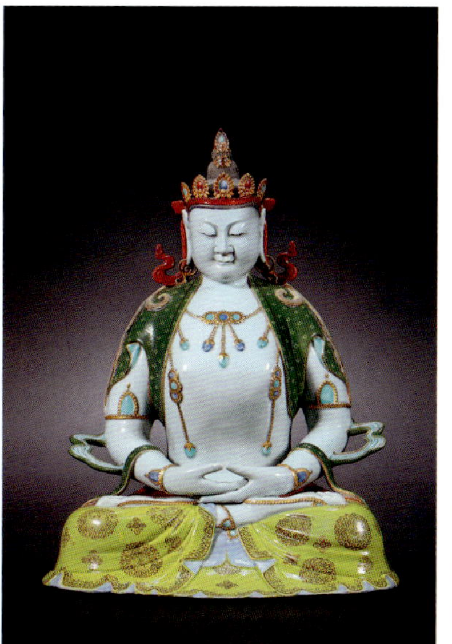

3039 清乾隆 御制粉彩无量寿佛坐像
估 价：HKD 1,600,000~2,200,000
成交价：RMB 2,004,702
高41.5cm 保利香港 2018-04-02

4654 清乾隆 粉彩观音像
估 价：RMB 100,000~150,000
成交价：RMB 115,000
高27.3cm 中贸圣佳 2018-11-25

116 清乾隆 粉彩太平有象摆件
估 价：RMB 50,000~80,000
成交价：RMB 82,800
长31.5cm 北京中汉 2018-04-15

1395 清乾隆 粉青地粉彩花卉纹四足盘
估 价：USD 20,000~30,000
成交价：RMB 153,945
直径18.4cm 纽约佳士得 2018-09-13

700 清乾隆 粉彩婴戏图碗（一对）
“乾隆年制”款
估 价：RMB 1,800,000~2,800,000
成交价：RMB 3,680,000
直径15cm×2 北京东正 2018-06-17

5886 清乾隆 粉彩过枝癞瓜花卉碗
“大清乾隆年制”款
估 价：RMB 520,000~820,000
成交价：RMB 920,000
直径10.8cm 北京保利 2018-06-20

130 清乾隆 粉彩过枝癞瓜纹碗（一对）
“大清乾隆年制”款
估 价：USD 60,000~80,000
成交价：RMB 812,488
纽约苏富比 2018-09-12

1264 清乾隆 粉彩百花不落地盖碗
“大清乾隆年制”矾红三行六字篆书款
估 价：RMB 1,000,000~1,200,000
成交价：RMB 1,782,500
直径10.4cm 华艺国际 2018-11-16

574 清乾隆 粉彩八吉祥纹碗（一对）
“大清乾隆年制”六字三行篆书款
估 价：HKD 250,000~400,000
成交价：RMB 596,797
直径10.5cm×2 中国嘉德 2018-10-02

3043 清乾隆 粉彩白地轧道海水矾红龙纹杯（一对）
青花“大清乾隆年制”六字三行篆书款
估 价：HKD 300,000~600,000
成交价：RMB 954,620
直径9.4cm×2 保利香港 2018-04-02

2929 清乾隆 珊瑚红地粉彩花卉笔筒
估 价：RMB 550,000~600,000
成交价：RMB 632,500
高13.2cm；直径12.5cm 北京荣宝 2018-12-03

3935 清乾隆 天蓝地粉彩宝相花纹花盆
估 价：RMB 450,000~500,000
成交价：RMB 632,500
直径17.5cm 西泠拍卖 2018-07-08

5332 清乾隆 粉彩癞瓜葫芦形水洗
估 价：RMB 150,000~200,000
成交价：RMB 287,500
长9.8cm 北京保利 2018-12-08

116 清乾隆 粉彩花卉图诗文双胜形笔筒
估 价：USD 60,000~80,000
成交价：RMB 1,539,450
纽约苏富比 2018-09-12

1260 清乾隆 粉彩山水图折沿盆
估 价：RMB 200,000~300,000
成交价：RMB 287,500
直径38.5cm 华艺国际 2018-11-16

5431 清乾隆 御制洋彩“江山一统”八卦玲珑旋转笔筒
“大清乾隆年制”款
估 价：RMB 22,000,000~32,000,000
成交价：RMB 48,300,000
直径10.4cm；高12.1cm 北京保利 2018-12-12

5079 清乾隆 御制洋彩胭脂红地轧道西洋花卉纹腰圆水盂连盖
“大清乾隆年制”款
估　价：RMB 6,600,000~9,600,000
成交价：RMB 29,900,000
长7.3cm；高5.7cm 北京保利 2018-06-19

1512 清乾隆 粉彩无量寿佛
估　价：RMB 3,000,000~5,000,000
成交价：RMB 4,025,000
高 28.7cm 中贸圣佳 2018-11-24

5030 清乾隆 粉彩仙山楼阁纹御题诗砚屏
估　价：RMB 600,000~800,000
成交价：RMB 1,380,000
16.5cm × 22.8cm 北京匡时 2018-06-15

1076 清乾隆 粉彩涂金无量寿佛
估　价：RMB 600,000~800,000
成交价：RMB 874,000
高21cm 华艺国际 2018-05-23

1511 清乾隆 粉彩太平有象陈设件
估　价：RMB 220,000~300,000
成交价：RMB 253,000
长26.4cm；高27.4cm 中贸圣佳 2018-11-24

3616 清乾隆 粉彩描金云龙纹笔
“大清乾隆年制”款
估 价：HKD 1,200,000~1,800,000
成交价：RMB 1,853,000
长17.1cm 香港苏富比 2018-10-03

6488 清嘉庆 胭脂红地粉彩九子婴戏瓜瓞绵绵长颈瓶
“大清嘉庆年制”款
估 价：RMB 4,600,000~6,600,000
成交价：RMB 4,830,000
高35.1cm 北京保利 2018-12-09

1262 清乾隆 洋彩描金大吉葫芦壁挂
估 价：RMB 450,000~550,000
成交价：RMB 575,000
高35cm 华艺国际 2018-11-16

157 清嘉庆 粉彩福寿双全图天球瓶 / 民国粉彩福寿双全图天球瓶
“大清嘉庆年制”款
估 价：USD 80,000~120,000
成交价：RMB 1,197,350
纽约苏富比 2018-09-12

160 清嘉庆 粉彩万花锦纹长颈瓶
“大清嘉庆年制”款
估 价：USD 250,000~350,000
成交价：RMB 3,222,582
纽约苏富比 2018-09-12

16 清嘉庆 粉红地粉彩轧道福寿双全纹瓶
“大清嘉庆年制”款
估 价：GBP 40,000~60,000
成交价：RMB 1,185,800
高20.5cm 伦敦苏富比 2018-05-16

620 清嘉庆 粉彩猴子挑双耳瓶
估 价：HKD 300,000
成交价：RMB 814,436
高37cm 香港诚昌 2018-05-28

83 清嘉庆 秋葵绿地洋彩洞石四季花卉纹铺首双环耳撇口瓶
“大清嘉庆年制”六字三行篆书款
估 价：RMB 200,000~300,000
成交价：RMB 368,000
高68.4cm 北京中汉 2018-11-21

5201 清嘉庆 黄地粉彩三阳开泰象耳尊（一对）
“大清嘉庆年制”款
估 价：RMB 5,000,000~7,000,000
成交价：RMB 5,750,000
高29cm×2 北京保利 2018-06-19

451 清嘉庆 珊瑚红地洋彩西番莲纹梅瓶
估 价：RMB 150,000~250,000
成交价：RMB 230,000
高15.8cm 太平洋 2018-11-22

1202 清嘉庆 粉彩折枝图太白罐
“大清嘉庆年制”款
估 价：RMB 700,000~1,000,000
成交价：RMB 862,500
高20cm 北京华辰 2018-11-19

1243 清嘉庆 绿地粉彩八吉祥纹炉
“大清嘉庆年制”篆书款
估 价：RMB 800,000~1,200,000
成交价：RMB 1,380,000
高29cm 华艺国际 2018-11-16

707 清嘉庆 黄地粉彩八宝纹香炉
“大清嘉庆年制”篆书款，嘉庆本朝
估 价：HKD 300,000~500,000
成交价：RMB 308,688
宽25.5cm 中国嘉德 2018-10-02

697 清嘉庆 粉彩莲台八宝供器（一对）
“大清嘉庆年制”款
估　价：USD 20,000~30,000
成交价：RMB 356,963
纽约苏富比 2018-03-21

3428 清中期 黄地粉彩龙纹豆（一对）
估　价：HKD 100,000~200,000
成交价：RMB 432,163
高29.3cm×2 保利香港 2018-10-02

134 清嘉庆 浅绿地粉彩御制诗海棠式茶盘（一对）
估　价：HKD 100,000~150,000
成交价：RMB 545,000
直径16.2cm×2 香港苏富比 2018-10-03

5097 清嘉庆 胭脂红地洋彩九秋花卉图小碗（一对）
“大清嘉庆年制”款
估　价：RMB 3,500,000~5,500,000
成交价：RMB 5,175,000
直径9.2cm×2 北京保利 2018-06-19

66 清嘉庆 蓝釉洋彩西番莲纹四层奁盒
估　价：RMB 150,000~250,000
成交价：RMB 460,000
高22.5cm 深圳至正国际 2018-08-25

1853 清嘉庆 粉彩百花不落地碗
估　价：RMB 300,000~400,000
成交价：RMB 345,000
直径11cm 华艺国际 2018-11-17

2719 清中期 绿地粉彩镂空描金“事事如意”纹大如意
估　价：RMB 280,000~380,000
成交价：RMB 517,500
长42.7cm 中国嘉德 2018-06-18

1043 清中期 仿石纹地粉彩开光婴戏纹盖盒
估 价：RMB 120,000~150,000
成交价：RMB 138,000
长8cm 北京华辰 2018-11-19

373 清嘉庆 胭脂地洋彩宝相花纹贡盆
“大清嘉庆年制”款
估 价：RMB 1,800,000
成交价：RMB 1,840,000
直径39cm 广东衡益 2018-07-01

697 清嘉庆 天蓝釉粉彩花卉纹三足香插
“大清嘉庆年制”款
估 价：RMB 1,500,000~2,000,000
成交价：RMB 1,725,000
高14.5cm 北京东正 2018-06-17

1203 清道光 果绿地洋彩西番莲螭龙葫芦瓶
“慎德堂制”款
估 价：RMB 3,000,000~4,000,000
成交价：RMB 3,680,000
高28cm 北京华辰 2018-11-19

621 清道光 淡绿地粉彩通景“三多”图双耳瓶
“大清道光年制”款
估 价：HKD 2,500,000~3,500,000
成交价：RMB 2,881,088
高28.5cm 北京匡时 2018-10-03

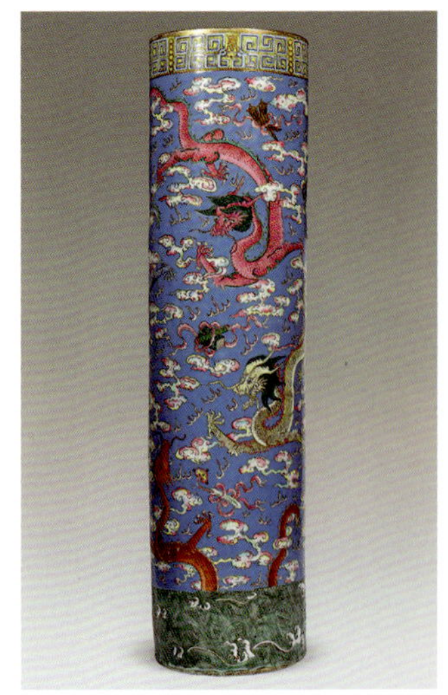

1531 清道光 蓝地洋彩云龙纹大筒瓶
估 价：RMB 700,000~900,000
成交价：RMB 805,000
高108.1cm；直径27.3cm 中贸圣佳 2018-11-24

558 清道光 粉彩锦地玉堂富贵纹茶壶
“玉堂富贵”四字双行隶书款
估 价：RMB 300,000~400,000
成交价：RMB 368,000
直径21.5cm；高15cm 保利厦门 2018-01-08

3686 清道光 粉彩三多墩式碗（一对）
“大清道光年制”款
估 价：RMB 100,000~150,000
成交价：RMB 506,000
直径15cm×2 北京荣宝 2018-06-14

1265 清道光 粉彩莲塘纹御题诗盖碗
“慎德堂”款
估 价：RMB 800,000~900,000
成交价：RMB 920,000
直径10.8cm 华艺国际 2018-11-16

87 清道光 黄地洋彩描金折枝四季花卉纹碗
“慎德堂制”四字双行楷书款
估 价：RMB 80,000~120,000
成交价：RMB 253,000
直径14.4cm 北京中汉 2018-11-21

8 清道光 粉彩过枝癞瓜纹盖碗（一对）
“大清道光年制”六字三行篆书款
估 价：RMB 300,000~500,000
成交价：RMB 575,000
直径11.9cm×2 北京中汉 2018-11-21

3511 清道光 黄地轧道粉彩寿海开光花卉纹碗（一对）
“大清道光年制”款
估 价：RMB 220,000~320,000
成交价：RMB 759,000
直径15cm×2 中国嘉德 2018-01-13

1399 清道光 粉彩瑞犬纹碗（一对）
“大清道光年制”款
估 价：USD 20,000~30,000
成交价：RMB 555,913
直径18.5cm×2 纽约佳士得 2018-09-13

2899 清咸丰 粉彩龙纹“福寿万代”爵杯（一对）
“大清咸丰年制”款
估 价：RMB 60,000~80,000
成交价：RMB 80,500
高14cm×2 北京荣宝 2018-12-03

22 清咸丰 黄地粉彩开光人物图碗
“大清咸丰年制”矾红六字楷书款
估 价：GBP 15,000~25,000
成交价：RMB 344,960
直径10.5cm 伦敦佳士得 2018-05-15

2414 清同治 黄地粉彩喜鹊梅花大碗
“同治年制”四字二行楷书款，同治本朝
估 价：RMB 20,000~30,000
成交价：RMB 57,500
直径26cm 中国嘉德 2018-11-20

4753 清同治 胭脂红地粉彩岁寒三友诗文蟋蟀罐、过笼、记分牌一套三件
估 价：RMB 200,000~300,000
成交价：RMB 322,000
直径13cm；长7.7cm；长6.7cm 中国嘉德 2018-05-18

1262 清光绪 粉彩百蝶赏瓶（一对）
“大清光绪年制”款
估 价：RMB 500,000~800,000
成交价：RMB 575,000
高40cm×2 北京华辰 2018-11-19

2490 清光绪 粉彩云蝠纹赏瓶
“大清光绪年制”六字二行楷书款，光绪本朝
估 价：RMB 60,000~80,000
成交价：RMB 184,000
高39.3cm 中国嘉德 2018-11-20

1052 清光绪 粉彩百蝶图荷叶罐
估 价：RMB 350,000~450,000
成交价：RMB 437,000
高40cm 华艺国际 2018-03-30

2143 清光绪 粉彩夔凤纹盘
成交价：RMB 74,750
直径18cm 华艺国际 2018-11-17

1558 清光绪 粉彩百鹿尊（一对）
“大清乾隆年制”篆书款
估　价：RMB 330,000~400,000
成交价：RMB 299,000
高37.1cm × 2 中贸圣佳 2018-11-24

3457 民国 田鹤仙 粉彩罗浮仙子梅花瓶
估　价：RMB 1,500,000~2,200,000
成交价：RMB 2,185,000
高39.8cm 北京匡时 2018-06-15

2462 清光绪 粉彩荷叶秋操杯
估　价：RMB 28,000~38,000
成交价：RMB 71,300
长19.6cm 中国嘉德 2018-11-20

2884 清宣统 粉彩花卉玉壶春瓶
“大清宣统年制”款
估　价：RMB 100,000~200,000
成交价：RMB 138,000
高29cm 北京荣宝 2018-12-03

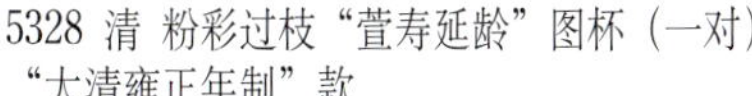

5328 清 粉彩过枝“萱寿延龄”图杯（一对）
“大清雍正年制”款
估　价：RMB 500,000~800,000
成交价：RMB 747,500
直径8.5cm × 2 北京保利 2018-12-08

3466 民国 王大凡 粉彩秋江鱼隐图瓶
估　价：RMB 1,200,000~1,600,000
成交价：RMB 1,380,000
高19.3cm 北京匡时 2018-06-15

3458 民国 汪野亭 粉彩山水葵口瓶（一组两件）
估 价：RMB 1,200,000~2,000,000
成交价：RMB 2,070,000
高25cm×2 北京匡时 2018-06-15

3451 民国 何许人 粉彩群鹅嬉水瓶
钤印：许人、何处、延庆楼制
估 价：RMB 800,000~1,000,000
成交价：RMB 1,150,000
高18cm 北京匡时 2018-06-15

2578 民国 王琦 粉彩稚子敲针作钓钩人物故事瓶
估 价：RMB 1,000,000~1,200,000
成交价：RMB 1,495,000
高16.5cm 北京匡时 2018-12-05

2577 民国 汪野亭 粉彩湖山春暖蒜头瓶
钤印：平山
估 价：RMB 300,000~350,000
成交价：RMB 345,000
高20.8cm 北京匡时 2018-12-05

2582 民国 田鹤仙 粉彩青绿山水人物瓶
钤印：古石、鹤仙
估　价：RMB 300,000~400,000
成交价：RMB 345,000
高22.5cm 北京匡时 2018-12-05

1729 民国 王晓帆 刘阮入天台粉彩马蹄尊
钤印：小凡 底款："济"
估　价：RMB 880,000~980,000
成交价：RMB 1,012,000
高16cm 中贸圣佳 2018-11-24

3425 民国 王琦 粉彩四尊者人物瓷板（一组四件）
估　价：RMB 6,000,000~8,000,000
成交价：RMB 14,950,000
37.5cm×24.5cm×4 北京匡时 2018-06-15

3463 民国 徐仲南 粉彩渔樵耕读瓷板（一组四件）
估　价：RMB 1,600,000~2,600,000
成交价：RMB 3,220,000
37cm×24cm×4 北京匡时 2018-06-15

384 民国十八年（1929年） 王大凡作粉彩泛舟五湖图及红拂夜奔图瓷板一组两屏
估　价：USD 150,000~200,000
成交价：RMB 2,138,125
纽约苏富比 2018-09-12

720 民国 王琦、程意亭、邓碧珊及余见田作粉彩瓷板（一套四屏）
估　价：USD 30,000~50,000
成交价：RMB 1,586,500
纽约苏富比 2018-03-21

1748 民国 张志汤 秋郊牧马图粉彩扇形瓷板
钤印：张志汤印
估　价：RMB 880,000~980,000
成交价：RMB 1,230,500
瓷板61.5cm×21.2cm 中贸圣佳 2018-11-24

3455 民国 刘雨岑 粉彩荷间鸳鸯长条瓷板
估　价：RMB 800,000~1,200,000
成交价：RMB 1,495,000
93cm×23cm 北京匡时 2018-06-15

1761 民国 汪野亭 秋江帆影青绿山水粉彩瓷板
钤印：汪平、野亭
估　价：RMB 800,000~1,000,000
成交价：RMB 920,000
长78.2cm；宽27.8cm 中贸圣佳 2018-11-24

1749 民国 魏墉生 桃李夜宴粉彩瓷板
钤印：墉生
估　价：RMB 750,000~850,000
成交价：RMB 862,500
长79.7cm；宽21.2cm 中贸圣佳 2018-11-24

1717 民国 田鹤仙 梅花弄影粉彩瓷板
印文：鹤仙
估　价：RMB 600,000~800,000
成交价：RMB 690,000
长25cm；宽39cm 中贸圣佳 2018-11-24

1737 民国 王琦 米颠拜石粉彩瓷板
钤印：西昌訇迷、王琦
估　价：RMB 550,000~650,000
成交价：RMB 874,000
长25.3cm；宽39.3cm 中贸圣佳 2018-11-24

863 民国 王大凡 花神粉彩册页两片
估　价：RMB 200,000~250,000
成交价：RMB 632,500
瓷板12cm × 19cm × 2 中贸圣佳 2018-06-20

2574 民国 王琦 粉彩人物册页（一组两件）
钤印：王琦、王琦
估 价：RMB 300,000~350,000
成交价：RMB 368,000
17cm×8cm×2 北京匡时 2018-12-05

1771 民国 余文襄 梁园飞雪粉彩瓷板
钤印：文襄、余印
估 价：RMB 350,000~400,000
成交价：RMB 402,500
长25cm；宽38cm 中贸圣佳 2018-11-24

1868 民国 田鹤仙绘粉彩梅花图瓷板
估 价：RMB 600,000~800,000
成交价：RMB 632,500
39cm×25.3cm 华艺国际 2018-11-17

6494 民国 王琦作粉彩降龙罗汉挂屏
估 价：RMB 500,000~600,000
成交价：RMB 1,127,000
37.5cm×24.5cm 北京保利 2018-12-09

868 民国 程意亭 荷塘鸟趣粉彩瓷板
估 价：RMB 750,000~850,000
成交价：RMB 862,500
长25.4cm；高38.5cm 中贸圣佳 2018-06-20

3441 民国 张志汤 粉彩春郊散牧图瓷板
估 价：RMB 600,000~700,000
成交价：RMB 805,000
46.5cm×29.5cm 北京匡时 2018-06-15

6493 民国 王琦作粉彩渊明爱菊挂屏
估 价：RMB 500,000~600,000
成交价：RMB 759,000
38cm×25cm 北京保利 2018-12-09

1721 民国 王晓帆 江边观景图粉彩瓷板
钤印：济、小凡
估 价：RMB 500,000~600,000
成交价：RMB 598,000
长24.8cm；宽38cm 中贸圣佳 2018-11-24

383 民国甲戌年（1934年） 何许人作粉彩雪阁寒林图诗文四方笔筒
估 价：USD 15,000~25,000
成交价：RMB 1,710,500
纽约苏富比 2018-09-12

3422 民国 王琦 何许人 王大凡 汪野亭 许人出品粉彩春夏秋冬山水人物四方笔筒
估　价：RMB 5,000,000~7,000,000
成交价：RMB 8,165,000
高19.5cm 北京匡时 2018-06-15

3427 民国 王大凡 粉彩东坡遗风瓷砚
估　价：RMB 400,000~600,000
成交价：RMB 713,000
14.7cm×10.5cm×3.2cm 北京匡时 2018-06-15

2581 民国 徐仲南 粉彩竹石图诗文四方笔筒
钤印：徐、徐印、之印
估　价：RMB 1,000,000~1,200,000
成交价：RMB 1,150,000
高14.8cm 北京匡时 2018-12-05

2726 民国 郭葆昌粉彩山水诗文砚屏
估　价：RMB 550,000~650,000
成交价：RMB 713,000
18.5cm×12.5cm 中国嘉德 2018-06-18

871 民国 程意亭 何许人 毕伯涛 岁寒图 雪景图 秋闱双禽图粉彩三长条
估　价：RMB 1,550,000~1,650,000
成交价：RMB 1,782,500
瓷板20cm×81.5cm×3 中贸圣佳 2018-06-20

3440 民国 汪大仓 粉彩果老骑驴长条横板
估　价：RMB 600,000~700,000
成交价：RMB 943,000
19.5cm×80.5cm 北京匡时 2018-06-15

3392 当代 王锡良 粉彩人物松风吹解带瓷盘
估　价：RMB 400,000~500,000
成交价：RMB 529,000
直径21cm 北京匡时 2018-06-15

9 20世纪 藕荷地粉彩花鸟纹花盆（一对）
上钤“大雅斋”三字楷书款及“天地一家春”椭圆形篆书款。
估　价：HKD 300,000~400,000
成交价：RMB 327,000
直径38cm×2 佳士得 2018-10-04

2555 当代 戴荣华2005年作 粉彩祝寿图瓶
>钤印：戴、戴荣华
估　价：RMB 450,000~500,000
成交价：RMB 575,000
高34.8cm 北京匡时 2018-12-05

2563 当代 王锡良2006年作 粉彩兰亭集序图瓷板
估　价：RMB 2,000,000~2,800,000
成交价：RMB 4,082,500
32cm×53.5cm 北京匡时 2018-12-05

3395 当代 王锡良 粉彩东山行乐图瓶（一组两件）
估 价：RMB 1,800,000~2,000,000
成交价：RMB 2,070,000
高31.6cm×2 北京匡时 2018-06-15

5851 1970年代作 粉彩《梅雀双清图》薄胎瓶
底款：“景德镇制”
估 价：RMB 200,000~300,000
成交价：RMB 345,000
高24.5cm 北京保利 2018-12-09

851 章鉴 1981年 骏马图粉彩薄胎瓶
钤印：之印；底款：“景德镇制”
成交价：RMB 586,500
高18.8cm 中贸圣佳 2018-06-20

3999 1940年作 汪野亭-粉彩开光《深林古寺枫林晓露》图灯笼尊
钤印：“平山”、“汪”、“野亭”；“潘氏珍藏”四字双行篆书款
估 价：RMB 1,500,000~2,000,000
成交价：RMB 2,242,500
高50cm 西泠拍卖 2018-07-08

153 二十世纪 松绿地粉彩开光花卉御制诗六棱灯笼瓶
“大清乾隆年制”六字三行篆书款
估　价：HKD 100,000~150,000
成交价：RMB 335,356
高32.4cm 香港中汉 2018-05-31

3409 郭文连 黄龙飞瀑　粉彩瓷板
题识：文连 钤印：郭文连
估　价：RMB 800,000~1,000,000
成交价：RMB 2,185,000
113cm × 57cm 中国嘉德 2018-06-20

2975 郭文连 马到成功 粉彩瓷板
钤印：文连之印、南山草堂、马
估　价：RMB 5,000,000~8,000,000
成交价：RMB 5,750,000
168cm × 80cm 中国嘉德 2018-11-20

1204 毕伯涛 粉彩花鸟四屏瓷板
估　价：RMB 600,000~800,000
成交价：RMB 920,000
长38cm；宽25cm × 4 南京经典 2018-01-06

1788 章鉴 吴康 绘 五十年代 伟人像粉彩挂盘（一套）
估　价：RMB 500,000~600,000
成交价：RMB 575,000
直径27.4cm 中贸圣佳 2018-11-24

珐琅彩

1 清康熙 粉红地珐琅彩开光花卉碗
“康熙御制”红料款
成交价：RMB 193,195,268
直径14.7cm 香港苏富比 2018-04-03

2606 清雍正 珐琅彩万花锦纹碗
“雍正年制”四字二行楷书款，雍正本朝
估 价：RMB 6,000,000~10,000,000
成交价：RMB 8,970,000
直径10.2cm 中国嘉德 2018-06-18

611 清雍正 金红料珐琅彩外胭脂水内绘瑞果纹马蹄杯（一对）
“大清雍正年制”楷书款
估 价：RMB 7,000,000~9,000,000
成交价：RMB 8,050,000
直径8.3cm×2 中贸圣佳 2018-06-20

557 清康熙 洒蓝地珐琅彩寿桃纹碗（疑似后加彩）
“康熙御制”四字双行楷书款
估 价：RMB 800,000~1,200,000
成交价：RMB 920,000
直径14.5cm 保利厦门 2018-01-08

858 清雍正 红地珐琅彩九秋图碗
“雍正御制”四字二行楷书款
估 价：RMB 2,800,000~3,500,000
成交价：RMB 4,715,000
直径11.2cm 北京诚轩 2018-06-17

1273 清乾隆 珐琅彩开光西洋妇婴图双管耳瓶
成交价：RMB 78,200,000
高15.5cm 印千山 2018-01-12

717 民国或乾隆 珐琅彩课子图蒜头瓶
“乾隆年制”楷书款
估 价：RMB 1,000,000~1,800,000
成交价：RMB 3,105,000
高15.2cm 中贸圣佳 2018-06-20

4555 清宣统 蓝料内外松竹梅纹碗
“大清宣统年制”楷书款
估 价：RMB 10,000~30,000
成交价：RMB 71,300
直径14cm 中贸圣佳 2018-11-25

3435 民国 叶震嘉 珐琅彩抬头见福镇纸
钤印：叶震嘉印
估 价：RMB 400,000~500,000
成交价：RMB 1,150,000
长21.3cm 北京匡时 2018-06-15

1 清乾隆 御制珐琅彩虞美人题诗碗
“乾隆年制”蓝料款；“佳丽”、“翠铺”、“霞映”印
成交价：RMB 147,728,136
直径11.8cm 香港苏富比 2018-10-03

1733 民国 叶震嘉 竹报平安人物故事珐琅彩瓶
“大清乾隆年制”款
估　价：RMB 1,100,000~1,200,000
成交价：RMB 1,633,000
高47.2cm 中贸圣佳 2018-11-24

广　彩

312 清乾隆 广彩狩猎图大碗
估　价：RMB 150,000~200,000
成交价：RMB 201,140
直径41cm 广东省拍 2018-09-20

1272 清 广彩人物故事图瓶（一对）
估　价：RMB 80,000~120,000
成交价：RMB 109,250
高90cm×2 博美拍卖 2018-01-05

珐华彩

3095 明成化/弘治 珐华彩“一鹭莲科”图罐
估　价：HKD 300,000~400,000
成交价：RMB 429,579
高25cm 保利香港 2018-04-02

5502 明正德或嘉靖 珐华八仙过海罐
估 价：RMB 1,200,000~1,800,000
成交价：RMB 1,840,000
高36.5cm 北京保利 2018-12-08

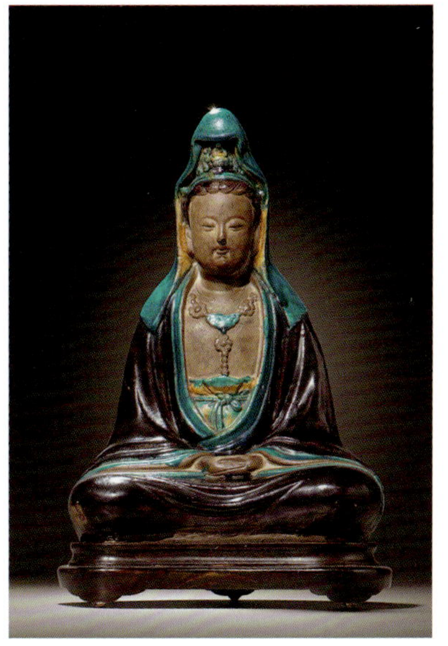

23 明中期 珐华釉观音坐像
估 价：RMB 150,000~200,000
成交价：RMB 172,500
高40.5cm 北京中汉 2018-11-21

5358 明中期 珐华瓔珞花卉纹梅瓶
估 价：RMB 150,000~200,000
成交价：RMB 299,000
高27cm 北京保利 2018-12-08

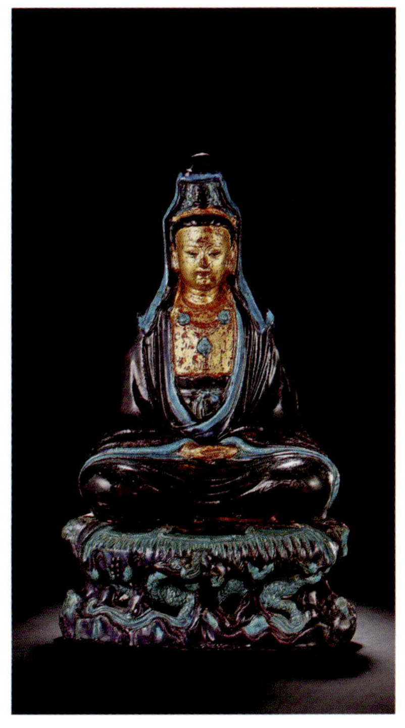

3438 明 珐华彩观音坐像
估 价：HKD 20,000~30,000
成交价：RMB 105,008
高55cm 保利香港 2018-04-02

5359 明中期 珐华八仙拜寿图雕瓷人物瓷板座屏
估 价：RMB 120,000~180,000
成交价：RMB 230,000
高27.9cm；直径28.1cm 北京保利 2018-12-08

5501 明代 珐华莲池纹钵式卷缸
估 价：RMB 150,000~200,000
成交价：RMB 345,000
直径18.5cm 北京保利 2018-12-08

浅绛彩

1782 清同治 金品卿 花鸟浅绛碗（一对）
“大清同治年制”款
估　价：RMB 100,000~120,000
成交价：RMB 230,000
直径15.4cm×2 中贸圣佳 2018-11-24

6167 清晚期 祉庭石氏绘浅绛彩山水楼台瓷板
估　价：RMB 30,000~50,000
成交价：RMB 149,500
长38cm×25.5cm 北京保利 2018-06-21

1701 清同治 金品卿 梅花诗文浅绛笔筒
钤印：金诰、生涯 砚；底款：“大清同治年制”
成交价：RMB 368,000
直径6.6cm；高12.3cm 中贸圣佳 2018-11-24

3437 清光绪 程门浅绛彩山水人物纹大铺首尊
“大清康熙年制”款
成交价：RMB 216,082
高39cm 保利香港 2018-10-02

1752 清晚期 王少维 虎溪三笑图浅绛赏瓶
题识：王少维作
估　价：RMB 600,000~800,000
成交价：RMB 690,000
高39cm 中贸圣佳 2018-11-24

3469 清晚期 程门 浅绛彩山水花鸟人物琮式瓶
估 价：RMB 1,300,000~1,600,000
成交价：RMB 2,185,000
高29.3cm×2 北京匡时 2018-06-15

3470 清晚期 王少维 浅绛彩山水纹瓷板
估 价：RMB 300,000~400,000
成交价：RMB 713,000
31cm×41cm 北京匡时 2018-06-15

1741 程门 1877年作 山水浅绛瓷板
钤印：门、松生
估 价：RMB 400,000~600,000
成交价：RMB 690,000
长31.4cm；宽41.8cm 中贸圣佳 2018-11-24

2585 清晚期 金品卿 浅绛松鹤延年瓷板
钤印：臣诰、品卿
估 价：RMB 500,000~600,000
成交价：RMB 632,500
41cm×30.5cm 北京匡时 2018-12-05

886 清晚期 王少维 渔樵问答浅绛山水瓷板
估 价：RMB 300,000~400,000
成交价：RMB 621,000
长43.5cm；宽32.3cm 中贸圣佳 2018-06-20

887 清晚期 王少维 携琴访友浅绛山水看盘
估 价：RMB 80,000~120,000
成交价：RMB 345,000
长42.6cm 宽32cm 中贸圣佳 2018-06-20

1569 民国 浅绛彩山水花鸟图六方花盆
估 价：USD 1,500~3,000
成交价：RMB 301,435
纽约苏富比 2018-03-24

红 彩

3146 明嘉靖 内暗刻如意花卉纹外矾红云龙寿字碗
估 价：RMB 20,000 ~ 30,000
成交价：RMB 46,000
直径12.3cm 中国嘉德 2018-01-13

5740 明嘉靖 矾红龙纹大碗
“大明嘉靖年制”款
估 价：RMB 1,000,000~1,500,000
成交价：RMB 1,725,000
直径31.3cm 北京保利 2018-06-20

136 明正德 矾红阿拉伯文盘
“大明正德年制”音意款
估 价：GBP 30,000~50,000
成交价：RMB 409,640
直径20.7cm 伦敦苏富比 2018-05-16

624 明嘉靖 黄地红彩莲托八宝纹小罐
估 价：HKD 25,000 ~ 40,000
成交价：RMB 34,500
高17cm 保利香港 2018-07-15

6467 明嘉靖 黄釉地矾红彩“丹鹤八卦”图倭角盖盒
“大明嘉靖年制”款
估 价：RMB 80,000~120,000
成交价：RMB 379,500
长12.7cm 北京保利 2018-12-09

2 清康熙 矾红描金龙凤捧寿纹盘
“福寿无疆”四字单行款
估 价：RMB 20,000~30,000
成交价：RMB 109,250
直径15.5cm 北京中汉 2018-11-21

2963 清康熙 矾红彩暗花洪福齐天盘
“大清康熙年制”双圈六字楷书款
估 价：HKD 300,000~400,000
成交价：RMB 831,563
直径17.4cm 佳士得 2018-11-28

3042 清康熙 矾红双龙赶珠纹碗
“大清康熙年制”青花六字双行楷书款
估 价：HKD 100,000~140,000
成交价：RMB 200,470
高15.9cm 保利香港 2018-04-02

1071 清康熙 矾红云龙纹碟
估 价：RMB 50,000~80,000
成交价：RMB 89,700
直径10.5cm 华艺国际 2018-03-30

1023 清雍正 矾红龙纹杯
估　价：RMB 50,000~70,000
成交价：RMB 184,000
直径6cm 华艺国际 2018-05-23

10 清雍正 矾红彩卷草纹水丞
估　价：GBP 5,000~8,000
成交价：RMB 280,280
高5cm 伦敦佳士得 2018-05-15

3581 清乾隆 矾红藏草瓶
估　价：RMB 600,000~800,000
成交价：RMB 690,000
高22cm 北京荣宝 2018-06-14

5078 清乾隆 御制矾红描金“万福延年”小葫芦瓶
“大清乾隆年制”款
估　价：RMB 2,600,000~3,600,000
成交价：RMB 6,440,000
高11cm 北京保利 2018-06-19

3066 清乾隆 矾红彩宝相花甘露瓶（一对）
估　价：RMB 800,000~1,000,000
成交价：RMB 1,610,000
高21cm×2 中贸圣佳 2018-11-24

27 清乾隆 矾红彩甘露瓶
估 价：HKD 400,000~500,000
成交价：RMB 418,664
高22.1cm 香港中汉 2018-11-29

5975 清乾隆 珊瑚红莲托八宝纹花觚
“大清乾隆年制”款
估 价：RMB 650,000~850,000
成交价：RMB 747,500
高27.5cm 北京保利 2018-06-20

616 清乾隆 胭脂红赶珠云龙纹花觚
“大清乾隆年制”款
估 价：HKD 1,500,000~1,800,000
成交价：RMB 1,543,440
高26.5cm 北京匡时 2018-10-03

2925 清乾隆 松石绿地胭脂红彩云龙纹双耳鼎式炉
“大清乾隆年制“胭脂红彩六字篆书横款
估 价：HKD 2,800,000~3,800,000
成交价：RMB 2,856,140
高24.2cm 佳士得 2018-11-28

561 清嘉庆 矾红龙凤穿花纹盖罐（一对）
“大清嘉庆年制”六字三行篆书款
估　价：RMB 700,000~900,000
成交价：RMB 2,645,000
高29cm×2 上海匡时 2018-04-30

5970 清乾隆 矾红龙纹杯（一对）
“大清乾隆年制”款
估　价：RMB 600,000~800,000
成交价：RMB 690,000
直径6.3cm×2 北京保利 2018-06-20

2971 清同治/光绪 矾红彩九龙戏珠纹大盘
“储秀宫制”青花四字篆书款
估　价：HKD 240,000~350,000
成交价：RMB 388,063
直径48cm 佳士得 2018-11-28

2278 民国 白釉胭脂水螭龙纹瓶
“居仁堂制”篆书款
估　价：RMB 120,000~200,000
成交价：RMB 264,500
高17.5cm 北京翰海 2018-06-30

1747 王步 民国 对石传经矾红笔筒
钤印：王步 底款：“竹溪”
估 价：RMB 1,000,000~1,200,000
成交价：RMB 2,070,000
直径4.5cm；高13.8cm 中贸圣佳 2018-11-24

1014 18世纪/19世纪 墨彩矾红描金群仙图瓷板
估 价：USD 30,000~50,000
成交价：RMB 256,575
纽约苏富比 2018-09-15

黄 彩

181 明嘉靖 红地黄彩龙纹罐
估 价：RMB 50,000
成交价：RMB 230,000
高21cm 北京中贝 2018-06-24

173 明嘉靖 紫地黄彩穿莲凤凰纹方斗杯
“大明嘉靖年制”款
估 价：USD 40,000~60,000
成交价：RMB 359,205
纽约苏富比 2018-09-12

3662 清康熙 蓝地黄彩赶珠云龙盘
“大清康熙年制”款
估 价：HKD 300,000~400,000
成交价：RMB 303,375
直径25.3cm 香港苏富比 2018-04-03

319 清康熙 青花地黄彩赶珠云龙纹盘
“大清康熙年制”款
估 价：USD 100,000~150,000
成交价：RMB 1,269,200
纽约苏富比 2018-03-20

2923 明万历 茄皮紫地黄彩暗花云龙纹碗
“大明万历年制”款
估 价：HKD 1,200,000~2,000,000
成交价：RMB 3,281,900
直径15.1cm 佳士得 2018-11-28

35 清乾隆 青花黄釉缠枝莲六蝠纹花盆
“大清乾隆年制”款
估 价：HKD 300,000~500,000
成交价：RMB 438,480
高7cm；长20cm 香港诚昌 2018-05-30

绿 彩

5362 明嘉靖 黄地绿彩刻花卉碟
“大明嘉靖年制”款
估 价：RMB 650,000~950,000
成交价：RMB 1,322,500
直径15.4cm 北京保利 2018-12-08

35 明正德 矾红地绿彩双龙戏珠大盘
“大明正德年制”款
估 价：RMB 380,000~500,000
成交价：RMB 1,150,000
直径26.8cm 深圳至正国际 2018-08-25

5896 清康熙 黄地绿彩云龙纹碗（一对）
“大清康熙年制”款
估 价：RMB 700,000~1,000,000
成交价：RMB 1,173,000
直径14.6cm×2 北京保利 2018-06-20

3012 清雍正 黄地绿彩庭院婴戏图碗
“大清雍正年制”款
估 价：HKD 650,000~950,000
成交价：RMB 1,097,813
直径14.9cm 保利香港 2018-04-02

1058 清雍正 仿正德黄地绿彩龙纹盘
“大明正德年制”青花两行六字楷书款
估 价：RMB 200,000~300,000
成交价：RMB 368,000
直径18.5cm 华艺国际 2018-05-23

5909 清康熙 黄地绿彩云龙赶珠寿字纹碗（一对）
“大清康熙年制”款
估 价：RMB 360,000~560,000
成交价：RMB 460,000
直径10.2cm×2 北京保利 2018-06-20

1206 清雍正 黄地绿彩云蝠鸡心碗
“大清雍正年制”款
估 价：RMB 1,000,000~1,500,000
成交价：RMB 1,265,000
直径15cm 北京华辰 2018-11-19

3424 清雍正 黄地绿彩桃果纹碗（一对）
“大清雍正年制”款
估 价：HKD 220,000~280,000
成交价：RMB 473,322
直径12.4cm×2 保利香港 2018-10-02

5017 清雍正 黄地绿彩云龙纹碗
“大清雍正年制”六字双行楷书款
估 价：RMB 1,000,000~1,200,000
成交价：RMB 1,150,000
直径14cm 北京匡时 2018-06-15

104 清雍正 黄地绿彩婴戏图碗（一对）
"大清雍正年制"六字双行楷书款
估 价：HKD 550,000~650,000
成交价：RMB 1,006,068
直径14.8cm×2 香港中汉 2018-05-31

1205 清乾隆 黄地绿龙纹碗
"大清乾隆年制"款
估 价：RMB 160,000~200,000
成交价：RMB 184,000
直径10.5cm 北京华辰 2018-11-19

1026 清雍正 黄地绿彩缠枝莲纹卧足杯
"大清雍正年制"青花两行六字楷书款
估 价：RMB 600,000~800,000
成交价：RMB 667,000
直径7.2cm 华艺国际 2018-05-23

550 清乾隆 白地绿彩云龙赶珠纹罐
"大清乾隆年制"款
估 价：USD 30,000~50,000
成交价：RMB 515,613
纽约苏富比 2018-03-21

3028 清乾隆 黄地绿彩暗刻海水云龙纹贯耳橄榄瓶
"大清乾隆年制"款
估 价：HKD 3,800,000~5,800,000
成交价：RMB 9,546,200
高30.5cm 保利香港 2018-04-02

3650 清乾隆 黄地绿彩云龙纹花口盘（一对）
“大清乾隆年制”款
估 价：HKD 400,000~600,000
成交价：RMB 599,500
直径13.1cm×2 香港苏富比 2018-10-03

2142 清嘉庆 黄地绿彩龙凤纹渣斗
估 价：RMB 100,000~150,000
成交价：RMB 172,500
直径8.5cm 华艺国际 2018-11-17

549 清道光 白地绿彩云龙赶珠纹罐
“大清道光年制”款
估 价：USD 20,000~30,000
成交价：RMB 333,165
纽约苏富比 2018-03-21

1 清道光 黄地绿彩万寿茶碗
“慎德堂制”四字双行楷书款
估 价：RMB 20,000~30,000
成交价：RMB 126,500
直径11cm 北京中汉 2018-11-21

97 清光绪 黄地绿彩云龙赶珠纹碗（一对）
“大清光绪年制”六字双行楷书款
估 价：RMB 30,000~50,000
成交价：RMB 94,300
直径15.1cm×2 北京中汉 2018-11-21

紫 彩

3 清乾隆 绿地紫龙纹碗
“大清乾隆年制”六字三行篆书款
估 价：HKD 250,000~300,000
成交价：RMB 239,540
直径11cm 香港中汉 2018-05-31

1508 民国 胭脂紫彩菊瓣盘
“大清乾隆年制”仿款
估　价：USD 3,000~5,000
成交价：RMB 436,288
纽约苏富比 2018-03-24

赭　彩

4211 清乾隆 米黄釉赭彩山水人物纹大碗
“大清乾隆年制”款
估　价：RMB 1,000~2,000
成交价：RMB 23,000
直径19.5cm 中国嘉德 2018-09-20

仿古铜彩

2768 清乾隆 仿古铜彩炉
估　价：RMB 15,000~25,000
成交价：RMB 32,200
宽24.3cm；高15cm 中国嘉德 2018-06-18

1881 民国 古铜彩开光山水诗文双耳瓶
估　价：RMB 30,000~50,000
成交价：RMB 69,000
高19.5cm 华艺国际 2018-11-17

5512 清康熙 绿地赭彩暗刻龙纹碗（一对）
“大清康熙年制”款
估　价：RMB 650,000~950,000
成交价：RMB 1,127,000
直径10.3cm×2 北京保利 2018-12-08

金　彩

2919 北宋晚期 定窑黑釉描金玉壶春瓶
估　价：HKD 1,200,000~1,800,000
成交价：RMB 1,319,500
高21.1cm 佳士得 2018-05-30

455 清康熙 乌金釉描金赶珠云龙纹瓶
估　价：USD 20,000~30,000
成交价：RMB 158,650
纽约苏富比 2018-03-20

2903 元 御用蓝釉金彩云龙纹玉壶春瓶
估　价：HKD 3,000,000~5,000,000
成交价：RMB 3,814,100
高25.5cm 佳士得 2018-11-28

2275 清雍正 酱釉描金冰梅扁瓶
“且以永日杨如清风”篆书款
估　价：RMB 40,000~60,000
成交价：RMB 632,500
高21.7cm 北京翰海 2018-06-30

5196 清乾隆 抹红描金双龙牡丹四系壁瓶
估　价：RMB 1,000,000~1,500,000
成交价：RMB 1,495,000
高26.5cm 北京保利 2018-06-19

5024 清乾隆 蓝釉描金花卉纹橄榄瓶
“大清乾隆年制”六字三行篆书款
估　价：RMB 3,500,000~4,000,000
成交价：RMB 4,140,000
高74cm 北京匡时 2018-06-15

2753 清乾隆 绿地金彩雕青铜纹双系尊（一对）
“大清乾隆年制”六字篆书刻款
估　价：HKD 20,000,000~30,000,000
成交价：RMB 19,569,200
高10.2cm×2 佳士得 2018-05-30

2924 清乾隆 珊瑚红地金彩折枝莲纹圆盖盒（一对）
“乾隆年制“描金方框四字篆书款
估　价：HKD 1,500,000~2,600,000
成交价：RMB 3,069,020
直径10.5cm×2 佳士得 2018-11-28

3930 清嘉庆 洒蓝地金彩夔凤牡丹寿字纹瓶
“大清嘉庆年制”六字三行篆书款
估　价：RMB 1,000,000~1,200,000
成交价：RMB 1,725,000
高30cm 西泠拍卖 2018-07-08

2240 清光绪 霁蓝釉描金皮球花赏瓶
“大清光绪年制”楷书款
估　价：RMB 20,000~40,000
成交价：RMB 276,000
高38.5cm 北京翰海 2018-06-30

5725 清光绪 祭蓝釉金彩龙凤猴鹿八方大瓶
“大清光绪年制”款
估　价：RMB 300,000~500,000
成交价：RMB 345,000
高55cm 北京保利 2018-12-09

625 清 宝石蓝釉描金开光松竹梅转心瓶（一对）
“大清乾隆年制”款
估　价：HKD 1,200,000~1,600,000
成交价：RMB 1,234,752
高35cm × 2 北京匡时 2018-10-03

936 清嘉庆 蓝地金彩万福连连纹蒜头瓶（一对）
“大清嘉庆年制”六字三行篆书款
估　价：RMB 16,000,000~20,000,000
成交价：RMB 33,350,000
高28.5cm × 2 保利厦门 2018-01-08

2486 清光绪 珊瑚红描金喜字盖盒
估　价：RMB 15,000~25,000
成交价：RMB 78,200
直径24.6cm 中国嘉德 2018-11-20

白 花

3525 清康熙 矾红留白龙纹盘
估　价：RMB 200,000~300,000
成交价：RMB 287,500
直径15.7cm 北京荣宝 2018-06-14

62 清乾隆 矾红地留白缠枝花卉纹碗
“大清乾隆年制”六字三行篆书款
估　价：RMB 150,000~250,000
成交价：RMB 172,500
直径13.1cm 北京中汉 2018-11-21

5509 清康熙 墨地凸白花鸟琵琶尊
估　价：RMB 200,000~300,000
成交价：RMB 368,000
高21.5cm 北京保利 2018-12-08

2765 清雍正 蓝地堆白莲池鱼藻纹碗
“大清雍正年制”六字三行楷书款，雍正本朝
估　价：RMB 150,000~250,000
成交价：RMB 310,500
直径17.4cm 中国嘉德 2018-06-18

3617 清雍正 洒蓝釉白花花卉纹盘
“大清雍正年制”款
估　价：HKD 3,500,000~5,000,000
成交价：RMB 3,494,880
直径33.3cm 香港苏富比 2018-04-03

2605 清雍正 蓝釉堆白鱼藻纹盉式盖碗（一对）
“大清雍正年制”楷书款，雍正本朝
估　价：RMB 6,600,000~7,600,000
成交价：RMB 7,590,000
直径17.5cm×2 中国嘉德 2018-06-18

3601 清雍正 洒蓝釉白花花卉纹盘
“大清雍正年制”款
估　价：HKD 1,500,000~2,000,000
成交价：RMB 2,825,280
直径33.2cm 香港苏富比 2018-10-03

3223 明 白地黑彩人物绘画罐
估　价：RMB 350,000~400,000
成交价：RMB 402,500
高32cm 北京荣宝 2018-06-14

墨　彩

514 金 磁州窑白地黑花蝴蝶纹钵
估　价：USD 40,000~60,000
成交价：RMB 872,575
高18cm 纽约佳士得 2018-03-22

513 北宋/金 磁州窑白地黑花鱼藻纹小口瓶
估　价：USD 500,000~700,000
成交价：RMB 11,121,365
高25.1cm 纽约佳士得 2018-03-22

815 北宋/金 磁州窑白地黑花牡丹纹小口瓶
估　价：USD 60,000~80,000
成交价：RMB 513,150
高24.1cm 纽约佳士得 2018-09-13

1257 清雍正 墨彩山水小碗
“大清雍正年制”款
估　价：RMB 250,000~400,000
成交价：RMB 287,500
直径9.3cm 北京华辰 2018-11-19

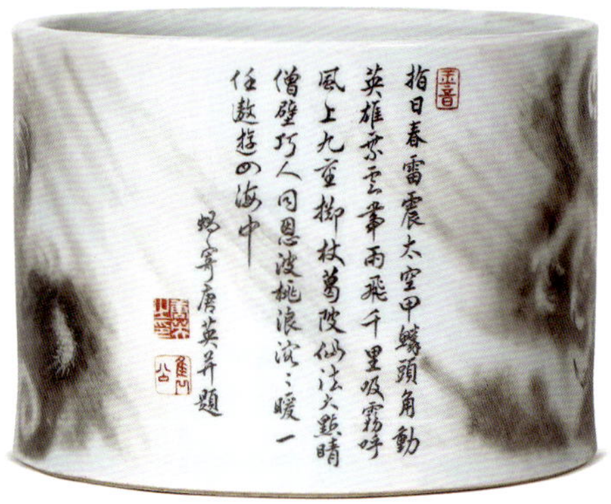

915 清乾隆 唐英制墨彩云龙纹题诗笔筒
“大清乾隆年制”六字三行篆书款；钤印：“玉音”、“唐英之印”、“隽公”
估　价：RMB 2,200,000~3,200,000
成交价：RMB 3,737,500
直径19.5cm；高14.5cm 保利厦门 2018-07-15

3434 清雍正 墨彩山水亭台楼阁高仕图案几
估　价：HKD 100,000~180,000
成交价：RMB 421,874
长15.4cm；宽21cm 保利香港 2018-10-02

61 清乾隆 墨彩开光山水御题诗文八方小笔筒
估　价：RMB 7,000,000~9,000,000
成交价：RMB 6,325,000
高10cm 北京中汉 2018-11-21

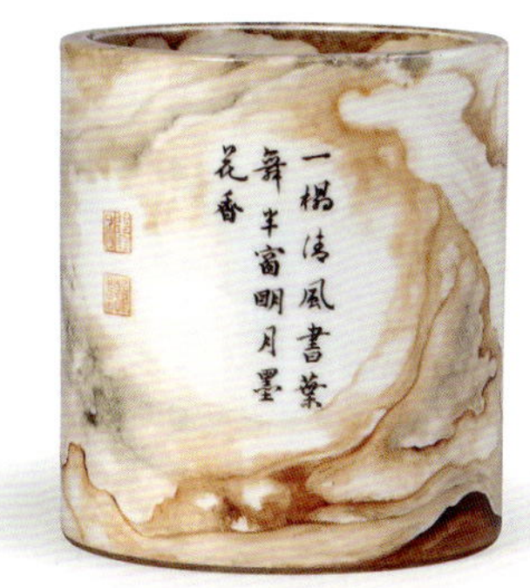

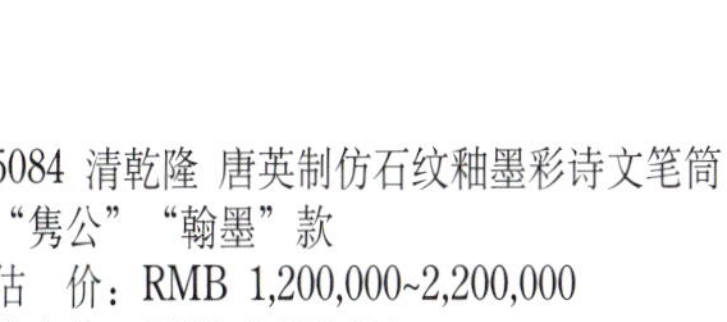

5084 清乾隆 唐英制仿石纹釉墨彩诗文笔筒
“隽公”“翰墨”款
估 价：RMB 1,200,000~2,200,000
成交价：RMB 2,300,000
高11.1cm 北京保利 2018-06-19

1532 清光绪 松石绿地墨彩花鸟纹大卷缸
估 价：RMB 250,000~300,000
成交价：RMB 299,000
直径46cm；高31.3cm 中贸圣佳 2018-11-24

1260 清乾隆 墨彩山水瓶
“德诚斋制”款
估 价：RMB 200,000~300,000
成交价：RMB 230,000
高26cm 北京华辰 2018-11-19

3126 清光绪 黄地墨彩牡丹图大缸
矾红“体和殿制”篆书横款
估 价：HKD 800,000~1,200,000
成交价：RMB 812,000
直径53cm 佳士得 2018-05-30

889 清晚期 金品卿 鹊鸲登梅刻瓷荸荠瓶
估 价：RMB 650,000~850,000
成交价：RMB 747,500
高66cm 中贸圣佳 2018-06-20

4795 清晚期 金品卿 梅花墨彩茶盏（一对）
盖款：“同治年制”；底款：“乐斋自制”
估 价：RMB 400,000~500,000
成交价：RMB 920,000
直径10.4cm；高8.5cm×2 中贸圣佳 2018-11-25

刻剔彩

516 北宋 磁州窑黑剔花牡丹纹梅瓶
估　价：USD 80,000~120,000
成交价：RMB 2,516,189
高30.7cm 纽约佳士得 2018-03-22

205 北宋 磁州窑黑釉剔缠枝牡丹纹大瓶
估　价：USD 150,000~200,000
成交价：RMB 1,282,875
纽约苏富比 2018-09-12

517 北宋/金 磁州窑绿釉黑剔花牡丹纹瓶
估　价：USD 80,000~120,000
成交价：RMB 1,586,500
高21.5cm 纽约佳士得 2018-03-22

508 北宋/金 磁州窑黑剔花钱纹钵
估　价：USD 10,000~15,000
成交价：RMB 1,269,200
高15.2cm 纽约佳士得 2018-03-22

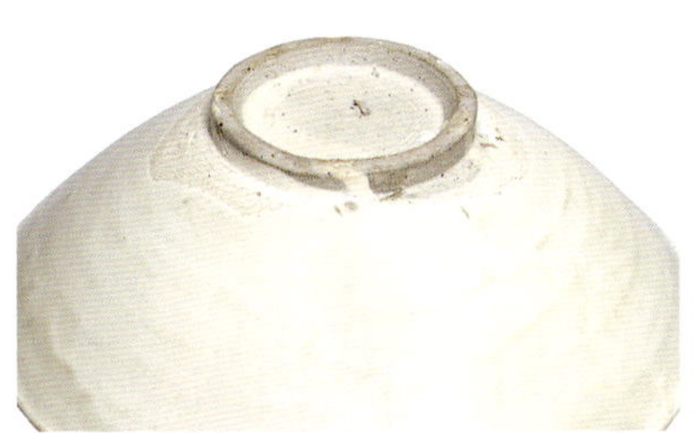

2949 北宋 登封白沙窑刻花卉纹碗
估 价：HKD 200,000~300,000
成交价：RMB 221,750
直径21cm 佳士得 2018-11-28

5809 元 磁州窑刻划牡丹纹梅瓶
估 价：RMB 300,000~500,000
成交价：RMB 345,000
高35cm 北京保利 2018-06-20

827 金 磁州窑黑剔花几何纹罐
估 价：USD 100,000~150,000
成交价：RMB 1,197,350
高18cm 纽约佳士得 2018-09-13

其他彩瓷

72 元 吉州窑黑釉剪纸剔凤凰纹瓶
估 价：GBP 100,000~150,000
成交价：RMB 1,078,000
高28cm 伦敦苏富比 2018-05-16

7884 金 磁州窑彩绘刻花”冰消北岸”纹梅瓶
估 价：HKD 180,000
成交价：RMB 745,080
高39.8cm 万昌斯 2018-11-29

5668 清康熙 黑漆螺钿人物瓷笔筒
估　价：RMB 50,000~80,000
成交价：RMB 92,000
高14.5cm 北京保利 2018-12-09

4567 清雍正 卧鹿图马蹄杯（一对）
“大清雍正年制”楷书款
估　价：RMB 250,000~300,000
成交价：RMB 310,500
直径6.1cm×2 中贸圣佳 2018-11-25

139 清乾隆 彩绘餐具一套
估　价：USD 200,000~300,000
成交价：RMB 7,343,730
纽约佳士得 2018-05-09

1271 清光绪 粉青釉加彩“福寿万代”琮式瓶
“大清光绪年制”两行六字楷书款
估　价：RMB 100,000~150,000
成交价：RMB 195,500
高30cm 华艺国际 2018-11-16

1283 清同治 绿地松竹梅诗文蟋蟀罐（一套三件）
估 价：RMB 300,000~500,000
成交价：RMB 552,000
尺寸不一 印千山 2018-01-12

1237 清光绪 紫地花卉花盆（一对）
“永庆长春”款
估 价：RMB 150,000~300,000
成交价：RMB 184,000
长17.5cm×2 北京华辰 2018-11-19

1487 民国 瓷雕罗怙罗尊者坐像
“曾龙升造”款
估 价：USD 10,000~15,000
成交价：RMB 342,100
纽约苏富比 2018-09-15

3431 民国 徐仲南 釉上彩花鸟瓶
估 价：RMB 180,000~220,000
成交价：RMB 207,000
高19.5cm 北京匡时 2018-06-15

124 民国 何许人 四季山水人物方瓶
“许人何处”款；“乾隆年制”底款
估 价：HKD 200,000~300,000
成交价：RMB 409,248
高35cm 香港诚昌 2018-05-30

125 民国 王琦画关云长瓷板
估 价：HKD 300,000~500,000
成交价：RMB 682,080
38.3cm×25cm 香港诚昌 2018-05-30

3437 民国 潘匋宇 釉上彩春夏秋冬四季屏（一组四件）
估　价：RMB 900,000~1,000,000
成交价：RMB 1,035,000
74.5cm×18cm×4 北京匡时 2018-06-15

128 民国 王大凡 人物瓷板（一套四块）
估　价：HKD 200,000~300,000
成交价：RMB 487,200
高38cm；宽25cm 香港诚昌 2018-05-30

现当代瓷器

2556 当代 戴荣华1996年作 综合装饰秾丽最宜新着雨瓶
钤印：古雅斋、童心
估　价：RMB 250,000~300,000
成交价：RMB 287,500
高33.5cm 北京匡时 2018-12-05

3388 当代 夏忠勇 墨彩描金胡笳十八拍伏桶瓶
估　价：RMB 150,000~180,000
成交价：RMB 345,000
高35.7cm 北京匡时 2018-06-15

896 现代 周湘甫 大富贵亦寿考墨彩描金蝠耳瓶（一对）
估　价：RMB 800,000~1,200,000
成交价：RMB 1,035,000
高34.2cm×2 中贸圣佳 2018-06-20

5823 邓景渊 湖南省陶瓷研究所 釉下五彩《丝路花雨》瓶
估　价：RMB 680,000~880,000
成交价：RMB 1,012,000
高46cm 北京保利 2018-12-09

3998 1926年作 王琦绘粉彩"渔樵问答"图故事瓶
钤印："匋匋斋"、"匋迷"、"王琦"、"匋乐"
估　价：RMB 600,000~800,000
成交价：RMB 1,207,500
高41cm 西泠拍卖 2018-07-08

5808 1971年作 醴陵群力瓷厂 釉下五彩《松鹰图》瓶
底款："中国醴陵"
估　价：RMB 600,000~780,000
成交价：RMB 897,000
高50cm 北京保利 2018-12-09

2562 当代 赖德全 中华印象彩虹瓷板
款识：赖德全2018。
估 价：RMB 2,000,000~2,800,000
成交价：RMB 3,162,500
82cm × 82cm 北京匡时 2018-12-05

5844 戴荣华 古彩《古典美女》薄胎瓶
印章：山；底款："景德镇制"
估 价：RMB 360,000~460,000
成交价：RMB 287,500
高16.3cm 北京保利 2018-12-09

5848 朱乐耕 古彩《梅花仕女》兽耳梅瓶
底款：朱乐耕制作于中国景德镇
估 价：RMB 450,000~550,000
成交价：RMB 529,000
高54cm 北京保利 2018-12-09

3425 乐茂顺 金秋时节醉江南 新彩综合装饰瓶
钤印：乐
估 价：RMB 200,000~280,000
成交价：RMB 402,500
高42.8cm 中国嘉德 2018-06-20

5833 1970年代作 轻工部陶瓷研究所 半刀泥高温色釉《鳜鱼肥》综合装饰长颈瓶
底款："景德镇制"
估 价：RMB 160,000~180,000
成交价：RMB 184,000
高38cm 北京保利 2018-12-09

5816 1950年代作 桃红堆白《玉兰花》手抓壶
估　价：RMB 200,000~300,000
成交价：RMB 345,000
长16cm；高10.8cm 北京保利 2018-12-09

2908 陈善林 米字纹盖罐　粉青釉盖罐
估　价：RMB 100,000~150,000
成交价：RMB 172,500
20.2cm×28.5cm 中国嘉德 2018-11-20

3015 李泉 色戒　高温颜色釉瓷板
题识：李泉2015年6月
估　价：RMB 400,000~600,000
成交价：RMB 575,000
86cm×82cm 中国嘉德 2018-11-20

1741 启功 启功绘制瓷板画
成交价：RMB 667,000
30cm×22cm 中国嘉德 2018-11-21

5817 1960年代作 加彩《韶山日出》毛泽东主席立像
题款：韶山日出
估　价：RMB 100,000~150,000
成交价：RMB 172,500
高29.8cm 北京保利 2018-12-09

5802 史一墨 羊舞岭窑高温窑变《楚风汉韵》大盘
题款：YiMo 2017；印章：史
估　价：RMB 50,000~80,000
成交价：RMB 149,500
直径49cm 北京保利 2018-12-09

5818 1970年代作 釉下五彩《红梅》笔筒（醴陵特制主席用瓷）
底款："中国制造"
估　价：RMB 600,000~1,000,000
成交价：RMB 1,150,000
直径9.5cm×11.8cm 北京保利 2018-12-09

5828 1974年作 釉下五彩《春夏秋冬》双面四季花碗（一套四只）
底款："中国醴陵"
估　价：RMB 1,200,000~1,600,000
成交价：RMB 1,817,000
直径12.5cm 北京保利 2018-12-09

527 余文囊 雪景人物里外大碗（一对）
估　价：HKD 150,000
成交价：RMB 477,310
直径23.5cm×2 香港诚昌 2018-04-02

851 黄勇 2013年作 静气超然
题识：静气超然，黄勇；钤印：之印
估　价：HKD 1,750,000~2,000,000
成交价：RMB 3,498,464
113cm×57cm 保利香港 2018-10-01

854 黄勇 2017年作 《雅集图》系列三件
估　价：HKD 4,375,000~5,000,000
成交价：RMB 10,289,600
82cm×173cm×3 保利香港 2018-10-01

849 黄勇 2013年作 道不虚行
钤印：崇、之印、山宗园
估　价：HKD 1,750,000~2,000,000
成交价：RMB 1,646,336
90cm×80cm 保利香港 2018-10-01

846 黄勇 2014年作 笑指山林别有天
钤印：崇、之印、存我
估　价：HKD 1,750,000~2,000,000
成交价：RMB 3,910,048
80cm×80cm 保利香港 2018-10-01

4276 瓷器（六件）
估　价：RMB 1,000~2,000
成交价：RMB 1,058,000
尺寸不一 中国嘉德 2018-09-20

2927 乘风破浪　东道汝窑茶具一套 张守智（设计）
估　价：RMB 520,000~600,000
成交价：RMB 598,000
壶长16.9cm；宽8.7cm；高8.3cm；海长12.5cm；宽8.7cm；高8.6cm；杯直径6.4cm×4；高3.3cm；碟直径9.1cm×4；高1.5cm；香道7.1cm；直径高3.9cm 中国嘉德 2018-11-20

207 18世纪 霁红釉梅瓶
估　价：RMB 180,000~280,000
成交价：RMB 402,500
高19.3cm 北京中汉 2018-06-19

2913 卢伟孙 溪山月影 粉青釉陶艺
估　价：RMB 100,000~250,000
成交价：RMB 322,000
25cm×25cm×17cm 中国嘉德 2018-11-20

色釉瓷

红　釉

3101 宋 朱漆莲瓣盘
估　价：HKD 200,000~300,000
成交价：RMB 348,800
直径17cm 香港苏富比 2018-10-03

大明宣德年製

2 明宣德 矾红盘
估　价：HKD 80,000~150,000
成交价：RMB 89,645
直径12.5cm 香港诚昌 2018-05-30

2934 15世纪 红釉鸟食器
估　价：HKD 400,000~600,000
成交价：RMB 385,700
高4.5cm 佳士得 2018-05-30

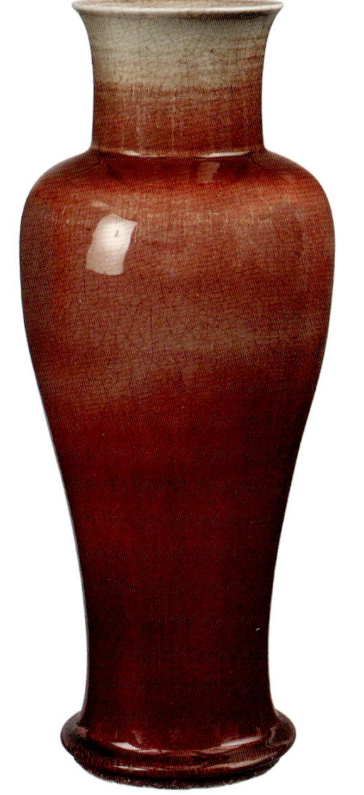

438 18世纪 郎窑红釉观音尊
估　价：USD 40,000~60,000
成交价：RMB 253,840
纽约苏富比 2018-03-20

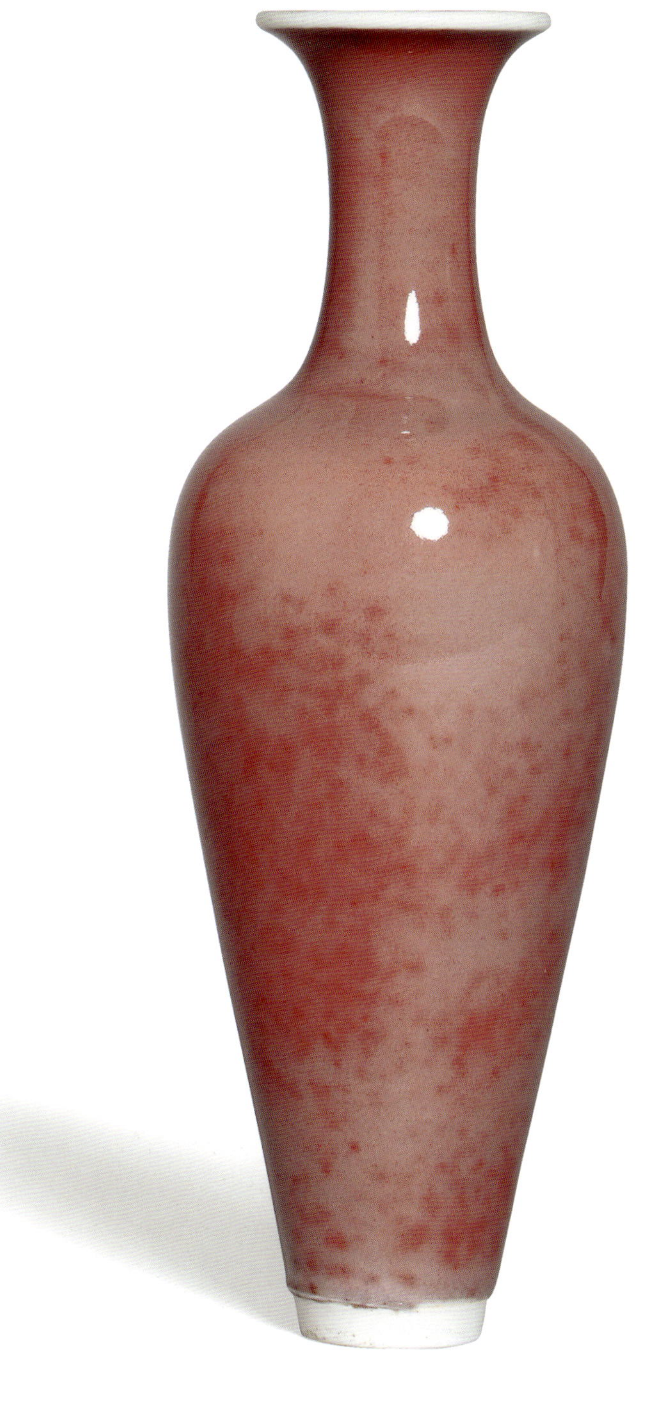

大清康熙年製

5482 清康熙 豇豆红釉柳叶瓶
"大清康熙年制"款
估　价：RMB 2,600,000~3,000,000
成交价：RMB 4,600,000
高15.5cm 北京保利 2018-12-08

5483 清康熙 豇豆红釉菊瓣瓶
"大清康熙年制"款
估 价：RMB 2,200,000~2,800,000
成交价：RMB 3,910,000
高21.3cm 北京保利 2018-12-08

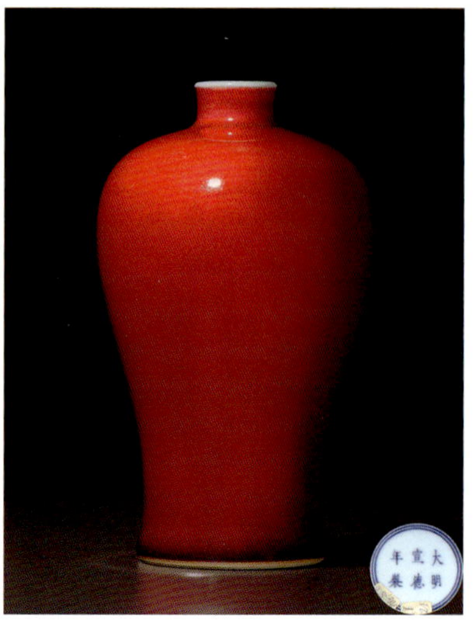

12 清康熙 宝石红釉梅瓶
"大明宣德年制"六字三行楷书款
估 价：RMB 60,000~80,000
成交价：RMB 379,500
高18cm 北京中汉 2018-11-21

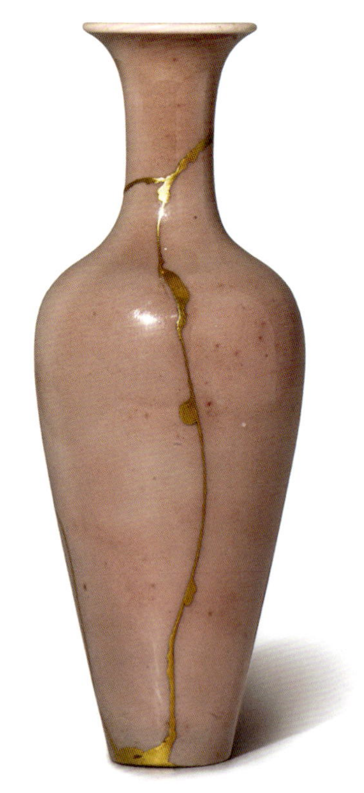

1093 清康熙 豇豆红釉柳叶瓶
"大清康熙年制"款
估 价：USD 3,000~5,000
成交价：RMB 324,995
纽约苏富比 2018-09-15

808 清康熙 郎窑红釉塔式瓶
“滕氏祭器，鸣盛堂藏”款
估　价：RMB 180,000~250,000
成交价：RMB 322,000
高25.1cm 中贸圣佳 2018-06-20

2315 清康熙 豇豆红釉暗刻团螭纹太白尊
“大清康熙年制”六字三行楷书款，康熙本朝
估　价：RMB 1,000,000~1,500,000
成交价：RMB 1,725,000
直径12.7cm 中国嘉德 2018-11-20

5910 清康熙 豇豆红釉太白尊
“大清康熙年制”款
估　价：RMB 1,300,000~2,300,000
成交价：RMB 3,565,000
直径12.6cm 北京保利 2018-06-20

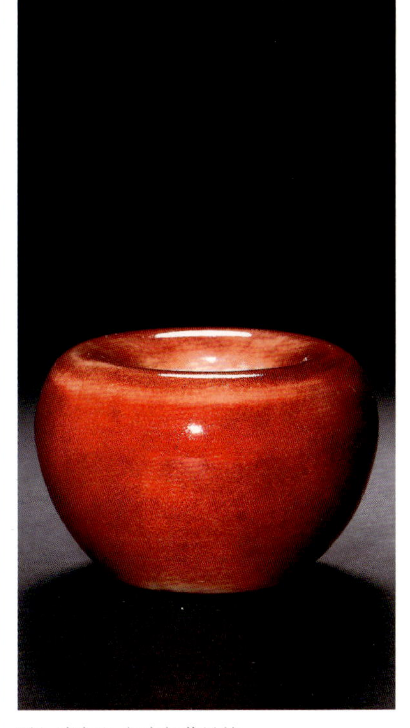

501 清康熙 郎窑红苹果尊
成交价：RMB 310,500
直径9cm；高6cm 保利厦门 2018-01-08

3611 清康熙 豇豆红釉太白尊
“大清康熙年制”款
估　价：HKD 700,000~900,000
成交价：RMB 1,618,000
直径12.6cm 香港苏富比 2018-04-03

2935 清康熙 豇豆红印泥盒
“大清康熙年制”六字三行楷书款
估　价：HKD 600,000~800,000
成交价：RMB 862,750
直径7.2cm 佳士得 2018-05-30

5322 清康熙 胭脂水釉马蹄杯
“大清康熙年制”款
估　价：RMB 2,600,000~3,600,000
成交价：RMB 5,175,000
直径8.3cm 北京保利 2018-12-08

902 清康熙 豇豆红釉镗锣洗
“大清康熙年制”六字三行楷书款
估　价：RMB 400,000~600,000
成交价：RMB 920,000
直径11cm 保利厦门 2018-01-08

505 清康熙 豇豆红釉暗刻团龙纹太白尊
“大清康熙年制”款
估　价：USD 80,000~120,000
成交价：RMB 674,263
纽约苏富比 2018-03-21

931 清康熙 祭红釉水盂
“大清康熙年制”六字三行楷书款
估　价：RMB 350,000~500,000
成交价：RMB 552,000
直径12cm 保利厦门 2018-01-08

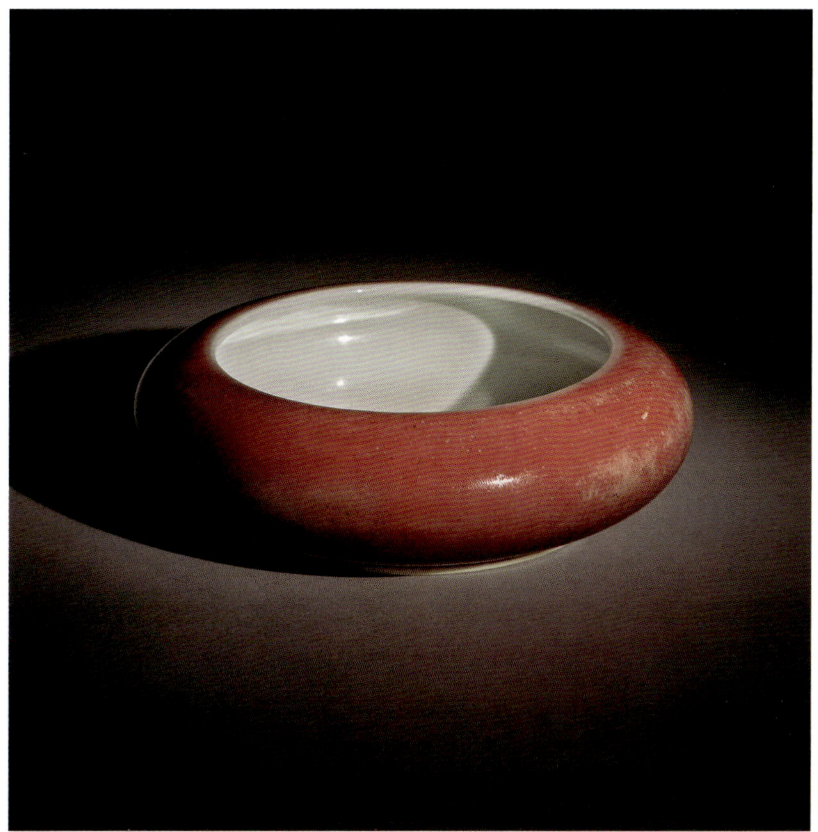

318 清康熙 豇豆红釉镗锣洗
“大清康熙年制”款
估　价：USD 50,000~70,000
成交价：RMB 1,110,550
纽约苏富比 2018-03-20

120 清康熙 豇豆红釉镗锣洗
“大清康熙年制”款
估　价：HKD 120,000~150,000
成交价：RMB 1,962,000
直径11.6cm 香港苏富比 2018-10-03

680 康熙 郎窑红笔筒
估 价：RMB 50,000~80,000
成交价：RMB 322,000
高18cm 保利厦门 2018-07-15

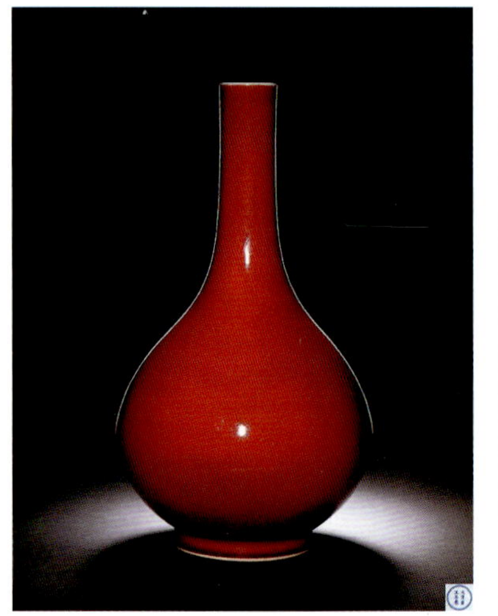

911 清雍正 霁红釉胆瓶
“大清雍正年制”六字双行楷书款
估 价：RMB 800,000~1,500,000
成交价：RMB 920,000
高39.4cm 保利厦门 2018-01-08

5894 清雍正 胭脂粉釉菊瓣盘
“大清雍正年制”款
估 价：RMB 800,000~1,200,000
成交价：RMB 1,437,500
直径16.1cm 北京保利 2018-06-20

2802 清雍正 年窑红釉如意足花盆（一对）
“大清雍正年制”六字三行篆书款
估 价：RMB 300,000~400,000
成交价：RMB 517,500
直径20.5cm×2 北京匡时 2018-12-05

3038 清雍正 胭脂水釉菊瓣盘
“大清雍正年制”两行六字楷书款
估 价：RMB 800,000~1,200,000
成交价：RMB 920,000
直径18cm 北京匡时 2018-12-05

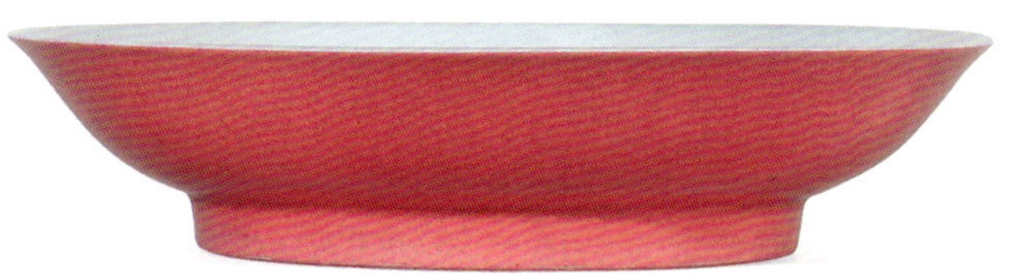

5096 清雍正 胭脂粉釉盘
“大清雍正年制”款
估　价：RMB 2,200,000~3,200,000
成交价：RMB 3,795,000
直径13.4cm 北京保利 2018-06-19

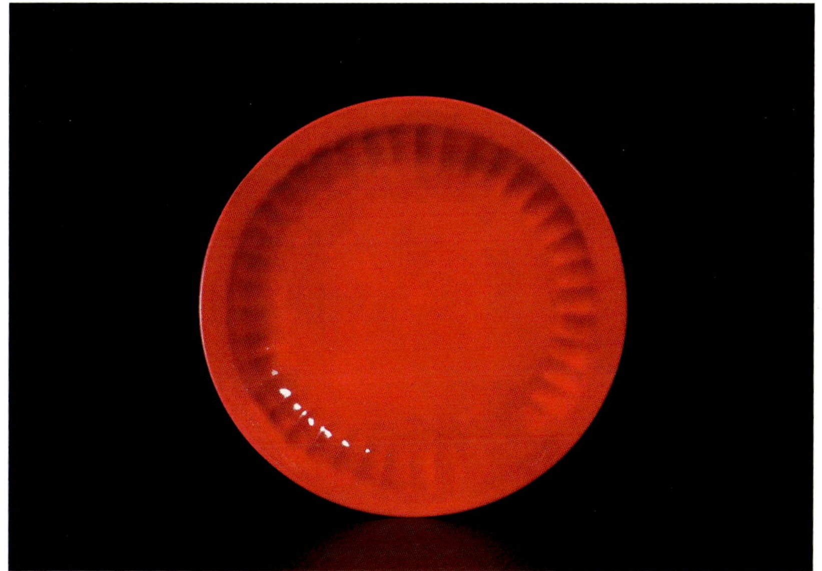

3441 清雍正 胭脂红釉菊瓣盘
“大清雍正年制”款
估　价：HKD 1,000,000~1,800,000
成交价：RMB 1,028,960
直径17.3cm 保利香港 2018-10-02

2614 清雍正 红釉高足碗（一对）
“大清雍正年制”六字三行篆书款，雍正本朝
估　价：RMB 100,000~200,000
成交价：RMB 345,000
直径19cm×2 中国嘉德 2018-06-18

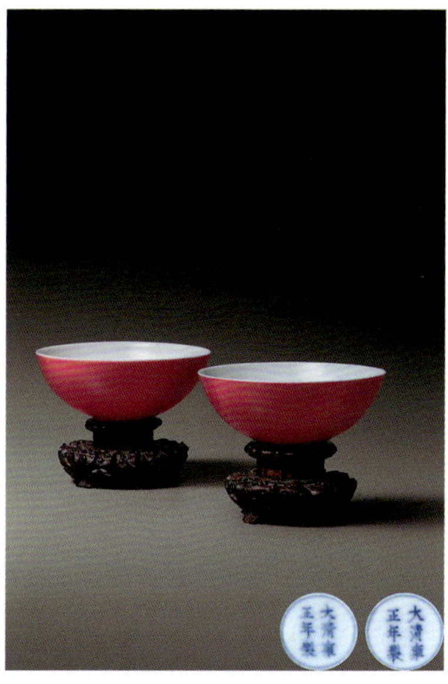

11 清雍正 胭脂红釉小碗（一对）
“大清雍正年制”六字双行楷书款
估　价：RMB 1,500,000~2,500,000
成交价：RMB 2,070,000
直径9.1cm×2 北京中汉 2018-11-21

3529 清雍正 霁红釉卧足碗
“大清雍正年制”款
估　价：HKD 100,000~150,000
成交价：RMB 246,950
直径13.1cm 保利香港 2018-10-02

5094 清雍正 霁红釉小杯
“大清雍正年制”款
估 价：RMB 350,000~550,000
成交价：RMB 598,000
直径7.3cm 北京保利 2018-06-19

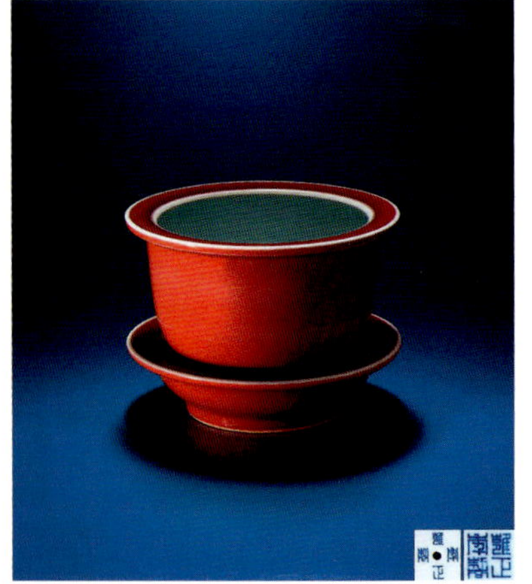

208 清雍正 霁红釉花盆盆奁（一套）
“雍正年制”四字篆书款
估 价：RMB 100,000~200,000
成交价：RMB 782,000
盆直径14cm；奁直径14.3cm 北京中汉 2018-06-19

543 清雍正 霁红釉花盆
“大清雍正年制”六字三行篆书款
估 价：RMB 280,000~300,000
成交价：RMB 322,000
高13.5cm 上海匡时 2018-04-30

2928 清雍正 红釉水呈
“大清雍正年制”款
估 价：RMB 1,300,000~1,500,000
成交价：RMB 1,495,000
直径6cm 北京荣宝 2018-12-03

2633 清乾隆 红釉梅瓶
“大清乾隆年制”六字三行篆书款，乾隆本朝
估 价：RMB 1,500,000~2,500,000
成交价：RMB 1,725,000
高23.5cm 中国嘉德 2018-06-18

5889 清雍正 霁红釉茶钟（一对）
“大清雍正年制”款
估 价：RMB 450,000~650,000
成交价：RMB 805,000
直径7.7cm×2 北京保利 2018-06-20

1644 清乾隆 霁红釉撇口荸荠瓶
“大清乾隆年制”篆书款
估 价：RMB 700,000~1,000,000
成交价：RMB 805,000
高17.5cm 中贸圣佳 2018-11-24

932 清乾隆 霁红釉梅瓶
“大清乾隆年制”六字三行篆书款
估 价：RMB 1,200,000~1,800,000
成交价：RMB 1,840,000
高30cm 保利厦门 2018-01-08

4761 清乾隆 红釉茶圆（一对）
“大清乾隆年制”款
估 价：RMB 580,000~880,000
成交价：RMB 667,000
直径9cm×2 中国嘉德 2018-05-18

1985 清乾隆 胭脂红釉菊瓣盘
估 价：RMB 300,000~500,000
成交价：RMB 483,000
直径18cm 华艺国际 2018-11-17

1779 清乾隆 胭脂红釉水丞（配座）
“大清乾隆年制”矾红六字三行篆书款
估 价：RMB 800,000~1,200,000
成交价：RMB 920,000
长6.8cm 华艺国际 2018-11-16

919 清道光 胭脂红釉广口瓶
“定府行有恒堂珍赏”款
估 价：RMB 600,000~800,000
成交价：RMB 747,500
高12cm 保利厦门 2018-07-15

696 清 红釉卧牛
估 价：RMB 200,000~300,000
成交价：RMB 230,000
长25cm 北京东正 2018-06-17

761 黄釉水波纹带盖执壶
成交价：RMB 287,500
高19.7cm 中贸圣佳 2018-06-20

1280 辽 黄釉线刻执壶
估 价：USD 6,000~8,000
成交价：RMB 555,913
高31.8cm 纽约佳士得 2018-09-13

黄 釉

79 唐 长沙窑青黄釉葫芦形执壶
估 价：HKD 20,000~40,000
成交价：RMB 41,420
高19cm 佳士得 2018-10-04

2647 元 龙泉窑黄釉鬲式炉
估 价：RMB 1,000,000~1,200,000
成交价：RMB 1,150,000
直径9.2cm；高7.7cm 北京匡时 2018-12-05

8 明弘治 黄釉牺耳罐
估 价：GBP 40,000~60,000
成交价：RMB 700,700
高33cm 伦敦佳士得 2018-05-15

5360 明正德 娇黄釉盘
“大明正德年制”款
估 价：RMB 450,000~650,000
成交价：RMB 747,500
直径17.8cm 北京保利 2018-12-08

217 明弘治 娇黄釉盘
“大明弘治年制”六字双行楷书款
估 价：RMB 50,000~80,000
成交价：RMB 345,000
直径21.1cm 北京中汉 2018-06-19

1735 明嘉靖 黄釉爵杯
“大明嘉靖年制”两行六字楷书款
估 价：RMB 800,000~1,000,000
成交价：RMB 977,500
直径9cm 华艺国际 2018-11-16

5760 明正德 黄釉仰钟碗
“正德年制”款
估 价：RMB 1,000,000~1,500,000
成交价：RMB 1,725,000
直径13.7cm 北京保利 2018-06-20

5089 明嘉靖 娇黄釉仰钟杯
“大明嘉靖年制”款
估 价：RMB 600,000~800,000
成交价：RMB 690,000
直径9.9cm 北京保利 2018-06-19

5361 明嘉靖 娇黄釉碗
“大明嘉靖年制”款
估　价：RMB 800,000~1,200,000
成交价：RMB 1,495,000
直径17.8cm 北京保利 2018-12-08

460 清康熙 黄釉长颈瓶
估　价：RMB 200,000~300,000
成交价：RMB 345,000
高19cm 太平洋 2018-11-22

910 清康熙 黄釉夔龙纹簋（一对）
估　价：RMB 200,000~300,000
成交价：RMB 356,500
高28.5cm×2 博美拍卖 2018-01-05

3404 清康熙 黄釉碗
“大清康熙年制”款
估　价：HKD 350,000~450,000
成交价：RMB 370,426
直径16.3cm 保利香港 2018-10-02

12 清康熙 娇黄釉撇口钟式杯
“大清康熙年制”六字双行楷书款
估　价：HKD 150,000~250,000
成交价：RMB 240,732
直径9.2cm 香港中汉 2018-11-29

52 清雍正 黄釉九弦菊瓣纹长颈瓶
“大清雍正年制”款
估　价：HKD 300,000~500,000
成交价：RMB 487,200
高23cm 香港诚昌 2018-05-30

3059 清雍正 娇黄釉浮雕苍龙教子图大梅瓶
估　价：RMB 20,000~80,000
成交价：RMB 368,000
高60cm；直径25.4cm 中贸圣佳 2018-11-24

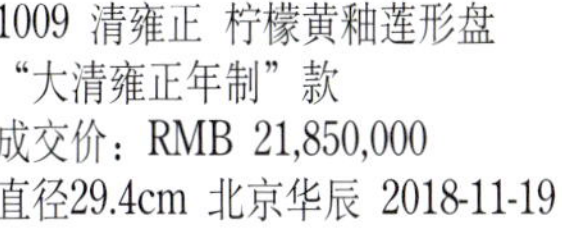

1009 清雍正 柠檬黄釉莲形盘
“大清雍正年制”款
成交价：RMB 21,850,000
直径29.4cm 北京华辰 2018-11-19

5895 清雍正 黄釉暗刻八吉祥高足碗
“大清雍正年制”款
估　价：RMB 1,000,000~1,500,000
成交价：RMB 1,725,000
直径18.5cm 北京保利 2018-06-20

530 清雍正 黄釉暗花松鹤遐龄图小盘
“大清雍正年制”款
估　价：USD 30,000~50,000
成交价：RMB 555,275
纽约苏富比 2018-03-21

3518 清雍正 姜黄釉菊瓣盘
“守愚堂制”款
估　价：HKD 250,000~350,000
成交价：RMB 257,240
直径16.3cm 保利香港 2018-10-02

444 清雍正 柠檬黄模印夔龙纹大碗
估　价：RMB 650,000~800,000
成交价：RMB 782,000
直径23cm 太平洋 2018-11-22

3405 清雍正 娇黄釉碗（一对）
“大清雍正年制”款
估 价：HKD 500,000~700,000
成交价：RMB 720,272
直径14.4cm×2 保利香港 2018-10-02

2610 清雍正 黄釉仰钟杯（一对）
“大清雍正年制”六字二行楷书款，雍正本朝
估 价：RMB 1,000,000~1,500,000
成交价：RMB 1,495,000
直径9.5cm；直径9.7cm 中国嘉德 2018-06-18

5319 清雍正 柠檬黄釉杯（一对）
“大清雍正年制”款
估 价：RMB 2,200,000~3,200,000
成交价：RMB 3,795,000
直径7.3cm×2 北京保利 2018-12-08

1025 清雍正 柠檬黄釉小杯
“大清雍正年制”青花两行六字楷书款
估 价：RMB 900,000~1,500,000
成交价：RMB 1,610,000
直径5cm 华艺国际 2018-05-23

1013 清雍正 柠檬黄釉杯（一对）
“大清雍正年制”款
估 价：RMB 800,000~1,200,000
成交价：RMB 920,000
直径5cm×2 北京华辰 2018-11-19

3053 清雍正 娇黄釉撇口小杯（一对）
青花双圈“大清雍正年制”六字双行楷书款
估 价：HKD 1,800,000~2,800,000
成交价：RMB 1,909,240
高3.6cm；直径6.2cm×2 保利香港 2018-04-02

5320 清雍正 柠檬黄釉小碟
“大清雍正年制”款
估 价：RMB 400,000~500,000
成交价：RMB 690,000
直径7.9cm 北京保利 2018-12-08

5321 清雍正 柠檬黄釉葫芦形水呈
“大清雍正年制”款
估 价：RMB 600,000~800,000
成交价：RMB 1,046,500
高5cm 北京保利 2018-12-08

2338 清乾隆 黄釉暗刻龙纹盘
“大清乾隆年制”六字二行楷书款，乾隆本朝
估 价：RMB 100,000~150,000
成交价：RMB 299,000
直径14.2cm 中国嘉德 2018-11-20

246 清乾隆 柠檬黄釉高足盘
“大清乾隆年制”六字单行篆书款
估 价：RMB 200,000~300,000
成交价：RMB 368,000
直径17cm 北京中汉 2018-06-19

130 清乾隆 柠檬黄釉小盘（一对）
“大清乾隆年制”款
估 价：HKD 400,000~600,000
成交价：RMB 599,500
直径8.9cm × 2 香港苏富比 2018-10-03

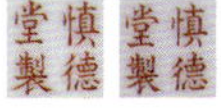

1988 清道光 娇黄釉渣斗（一对）
估 价：RMB 267,000~350,000
成交价：RMB 287,500
直径8.5cm × 2 华艺国际 2018-11-17

1785 清同治 黄釉雕瓷烹茗图船
估　价：RMB 200,000~280,000
成交价：RMB 230,000
长18.5cm 华艺国际 2018-11-16

894 明永乐/宣德 霁蓝釉高足碗
估　价：RMB 200,000~280,000
成交价：RMB 230,000
直径14.9cm；高10.7cm 北京诚轩 2018-06-17

93 清同治 黄釉模印龟甲纹三足铜
“大清同治年制”六字双行楷书款
估　价：RMB 50,000~80,000
成交价：RMB 195,500
高17.1cm 北京中汉 2018-11-21

281 清光绪 黄釉模印龟甲纹三足铜
“大清光绪年制”六字双行楷书款
估　价：RMB 180,000~250,000
成交价：RMB 379,500
高16.8cm 北京中汉 2018-06-19

蓝　釉

28 唐 蓝釉三足小罐
估　价：USD 2,000~3,000
成交价：RMB 95,190
高5cm 纽约佳士得 2018-03-20

6767 宋 钧窑紫斑天蓝釉碗
估　价：HKD 10,000
成交价：RMB 116,928
直径14.4cm 万昌斯 2018-05-30

5038 明宣德 孔雀蓝釉弦纹三足炉
估　价：RMB 1,000,000~1,200,000
成交价：RMB 1,495,000
直径14.7cm；高14cm 北京匡时 2018-06-15

4411 明嘉靖 蓝釉杏圆玉壶春执壶
估　价：RMB 35,000~55,000
成交价：RMB 40,250
高23.4cm 中国嘉德 2018-09-20

114 17世纪 蓝釉卧足盘
估　价：USD 30,000~50,000
成交价：RMB 598,675
纽约苏富比 2018-09-12

5067 清康熙 天蓝釉苹果尊
“大清康熙年制”款
估　价：RMB 1,200,000~2,200,000
成交价：RMB 4,370,000
直径10.2cm 北京保利 2018-06-19

2648 清康熙 天蓝釉柳叶瓶
“大清康熙年制”六字双行楷书款
估　价：RMB 1,000,000~1,500,000
成交价：RMB 1,610,000
高16cm 北京匡时 2018-12-05

2598 清康熙 天蓝釉菊瓣瓶
“大清康熙年制”六字三行楷书款
估　价：RMB 600,000~800,000
成交价：RMB 690,000
高21cm 北京匡时 2018-12-05

655 清康熙 天蓝釉苹果尊
估　价：HKD 250,000
成交价：RMB 526,988
直径7.5cm 香港诚昌 2018-05-28

3037 清康熙 天蓝釉百条罐
估　价：RMB 800,000~1,200,000
成交价：RMB 920,000
直径18cm 北京匡时 2018-12-05

1557 清康熙 霁蓝釉觚式笔海
“大清康熙年制”楷书款
估　价：RMB 550,000~600,000
成交价：RMB 690,000
直径25cm；高28cm 中贸圣佳 2018-11-24

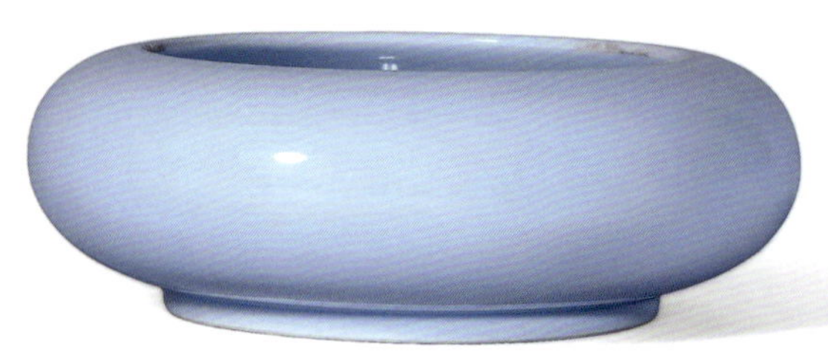

5066 清康熙 天蓝釉镗锣洗
“大清康熙年制”款
估　价：RMB 450,000~650,000
成交价：RMB 862,500
直径12cm 北京保利 2018-06-19

9 清雍正 宝石蓝釉弦纹直颈塔式瓶
“大清雍正年制”六字双行楷书款
估　价：HKD 2,000,000~3,000,000
成交价：RMB 4,709,970
高27.3cm 香港中汉 2018-11-29

3051 清雍正 天蓝釉长颈瓶
青花“大清雍正年制”六字三行篆书款
估　价：HKD 800,000~1,200,000
成交价：RMB 782,788
高15.3cm 保利香港 2018-04-02

941 清雍正 天蓝釉天球瓶
“大清雍正年制”六字三行楷书款
估　价：RMB 500,000~800,000
成交价：RMB 1,092,500
高33cm 保利厦门 2018-01-08

5486 清康熙 天蓝釉镗锣洗
“大清康熙年制”款
估　价：RMB 2,300,000~3,300,000
成交价：RMB 3,795,000
宽11.5cm 北京保利 2018-12-08

5892 清雍正 天蓝釉盘（一对）
“大清雍正年制”款
估 价：RMB 400,000~600,000
成交价：RMB 690,000
直径13.2cm×2 北京保利 2018-06-20

138 清乾隆 霁蓝釉长颈胆瓶
“大清乾隆年制”款
估 价：HKD 2,000,000~3,000,000
成交价：RMB 4,290,240
高46.5cm 香港苏富比 2018-10-03

2939 清雍正 霁蓝釉水丞
“大清雍正年制”双圈六字楷书款
估 价：HKD 300,000~500,000
成交价：RMB 659,750
直径6cm 佳士得 2018-05-30

3063 清雍正 宝石蓝釉花囊
“大清雍正年制”楷书款
估 价：RMB 4,800,000~6,000,000
成交价：RMB 5,520,000
高15.9cm 中贸圣佳 2018-11-24

952 清乾隆 天蓝釉观音瓶
“大清乾隆年制”六字三行篆书款
估 价：RMB 4,000,000~6,000,000
成交价：RMB 6,440,000
高27.5cm 保利厦门 2018-07-15

3064 清乾隆 霁蓝釉锥拱云龙纹活环双耳盘口尊
“大清乾隆年制”篆书款
估 价：RMB 550,000~700,000
成交价：RMB 632,500
高36.8cm 中贸圣佳 2018-11-24

3005 清乾隆 孔雀蓝釉灯笼尊
“大清乾隆年制”六字篆书刻款
估 价：HKD 800,000~1,200,000
成交价：RMB 1,319,500
高23.5cm 佳士得 2018-05-30

587 清乾隆 天蓝釉石榴尊
“大清乾隆年制”款
估 价：HKD 500,000~600,000
成交价：RMB 514,480
宽12.5cm 中国嘉德 2018-10-02

74 清乾隆 霁蓝釉小杯（一对）
“大清乾隆年制”六字三行篆书款
估 价：RMB 60,000~80,000
成交价：RMB 184,000
直径8.5cm×2 北京中汉 2018-11-21

1556 清同治 宝石蓝釉玉壶春瓶（一对）
“大清同治年制”楷书款
估 价：RMB 500,000~800,000
成交价：RMB 575,000
高29.6cm×2 中贸圣佳 2018-11-24

5520 清乾隆 蓝釉碗
“大清乾隆年制”款
估 价：RMB 300,000~350,000
成交价：RMB 437,000
直径15cm 北京保利 2018-12-08

5521 清道光 蓝釉碗
“大清道光年制”款
估 价：RMB 150,000~200,000
成交价：RMB 253,000
直径14.9cm 北京保利 2018-12-08

3624 清乾隆 霁蓝釉鹦鹉耳扁壶
“大清乾隆年制”款
估 价：HKD 5,000,000~7,000,000
成交价：RMB 6,407,280
高32.5cm 香港苏富比 2018-04-03

绿 釉

22 汉 琥珀绿釉盖壶
估 价：USD 3,000~5,000
成交价：RMB 59,494
高42.5cm 纽约佳士得 2018-03-20

9 北齐 绿釉贴花大罐
估 价：USD 6,000~8,000
成交价：RMB 237,975
高57.5cm 纽约佳士得 2018-03-20

80 辽 绿釉贴花倒流壶
估 价：HKD 80,000~100,000
成交价：RMB 87,200
高12cm 佳士得 2018-10-04

5503 明晚期 瓜绿釉碗
“大明嘉靖年制”款
估 价：RMB 50,000~80,000
成交价：RMB 161,000
直径17.6cm 北京保利 2018-12-08

823 清雍正 松石绿釉菊瓣纹盘
“大清雍正年制”款
估 价：RMB 1,200,000~1,800,000
成交价：RMB 2,415,000
直径18.2cm 北京东正 2018-06-17

3031 明 河南绿钧胆瓶
估 价：RMB 300,000~500,000
成交价：RMB 345,000
高28.5cm 北京荣宝 2018-12-03

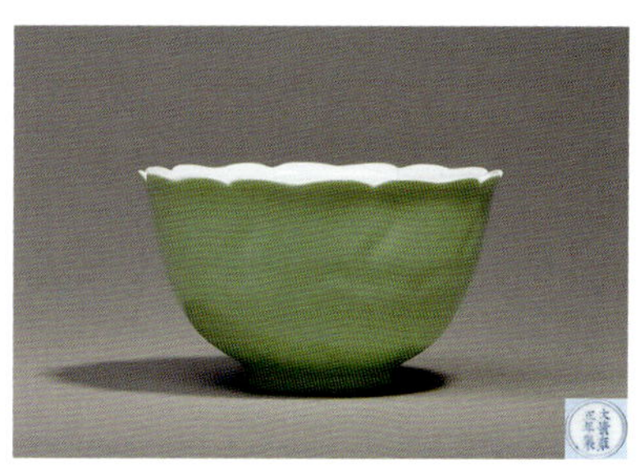

1736 清雍正 秋葵绿釉花口茶碗
“大清雍正年制”两行六字楷书款
估 价：RMB 1,500,000~2,000,000
成交价：RMB 2,300,000
直径9.5cm 华艺国际 2018-11-16

5493 清雍正 瓜绿釉莲托八宝纹高足碗
“大清雍正年制”款
估 价：RMB 500,000~700,000
成交价：RMB 897,000
直径18.4cm 北京保利 2018-12-08

928 清雍正 淡松石绿釉夔龙纹撇口浅碗
“大清雍正年制”六字双行楷书款
估　价：RMB 120,000~220,000
成交价：RMB 575,000
直径14cm 保利厦门 2018-01-08

1010 清雍正 松石绿釉杯子（一对）
“大清雍正年制”款
估　价：RMB 800,000~1,200,000
成交价：RMB 920,000
直径7.3cm×2 北京华辰 2018-11-19

5488 清雍正 松石绿釉盖盒
“大清雍正年制”款
估　价：RMB 1,200,000~2,200,000
成交价：RMB 2,300,000
直径19.3cm 北京保利 2018-12-08

918 清乾隆 苹果绿釉荸荠瓶
“大清乾隆年制”六字三行篆书款
估　价：RMB 800,000~1,200,000
成交价：RMB 1,380,000
高18.8cm 博美拍卖 2018-01-05

3076 清乾隆 秋葵绿釉茶圆
“乾隆年制”款
估　价：RMB 2,000,000~2,600,000
成交价：RMB 2,300,000
直径11.2cm 北京荣宝 2018-12-03

金 釉

3602 清雍正 金釉盘
“大清雍正年制”款
估 价：HKD 1,800,000~2,500,000
成交价：RMB 1,820,250
高18.7cm 香港苏富比 2018-04-03

2607 清雍正 金釉碗
“大清雍正年制”六字二行楷书款，雍正本朝
估 价：RMB 7,000,000~9,000,000
成交价：RMB 8,050,000
直径11.2cm 中国嘉德 2018-06-18

酱 釉

3990 唐 长沙窑酱釉双鱼壶
估 价：RMB 120,000~150,000
成交价：RMB 138,000
高25cm 西泠拍卖 2018-07-08

184 北宋 当阳山谷窑酱釉盏托连盏
估 价：HKD 80,000~120,000
成交价：RMB 66,823
直径13.4cm 中国嘉德 2018-04-02

1574 紫定撇口盏
估 价：RMB 30,000~80,000
成交价：RMB 207,000
直径12.1cm 中贸圣佳 2018-11-24

217 宋/金 耀州窑酱釉梅瓶
估 价：HKD 600,000~800,000
成交价：RMB 633,360
高21cm 智得拍卖 2018-05-28

2976 金 定窑柿釉印游鱼花卉纹碗
估 价：HKD 600,000~800,000
成交价：RMB 609,000
直径16.5cm 佳士得 2018-05-30

2640 元 紫定盏
估 价：RMB 180,000~280,000
成交价：RMB 345,000
直径15.2cm 中国嘉德 2018-06-18

5306A 元 柿釉盏托
估 价：RMB 400,000~600,000
成交价：RMB 460,000
直径11.6cm 北京保利 2018-12-08

1773 清乾隆 紫金釉菊瓣瓶
“大清乾隆年制”三行六字篆书金款
估 价：RMB 300,000~500,000
成交价：RMB 460,000
高9cm 华艺国际 2018-11-16

3603 清康熙 紫金釉碗
“大清康熙年制”款
估 价：HKD 700,000~900,000
成交价：RMB 960,688
直径12.3cm 香港苏富比 2018-04-03

2290 清乾隆 酱釉观音坐像
估 价：RMB 80,000~120,000
成交价：RMB 345,000
高45.5cm 北京翰海 2018-06-30

铁锈釉

6072 元 当阳裕铁锈花斗笠盏
估 价：RMB 60,000~80,000
成交价：RMB 80,500
直径12cm 北京保利 2018-06-21

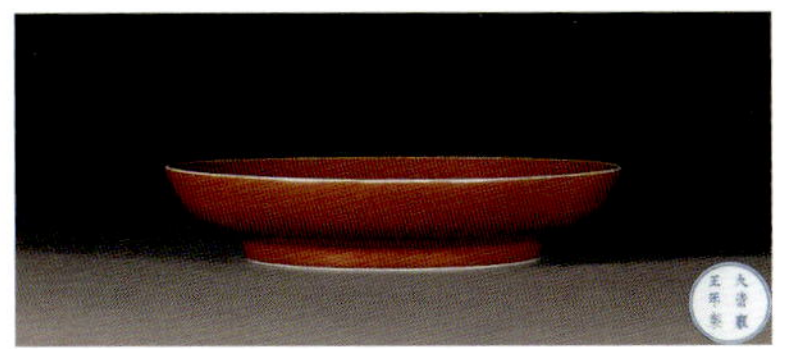

852 清雍正 铁锈花釉盘
“大清雍正年制”六字二行楷书款
估　价：RMB 150,000~200,000
成交价：RMB 172,500
直径20.5cm 北京诚轩 2018-06-17

3041 元 窑变花釉盏（四只）
估　价：RMB 150,000~250,000
成交价：RMB 172,500
直径12cm×4 北京荣宝 2018-12-03

窑变釉

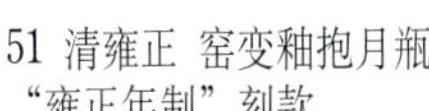

51 清雍正 窑变釉抱月瓶
“雍正年制”刻款
估　价：HKD 1,200,000~1,800,000
成交价：RMB 2,436,000
高34cm 香港诚昌 2018-05-30

1006 清雍正 窑变釉玉壶春瓶
“雍正年制”款
估　价：RMB 400,000~600,000
成交价：RMB 460,000
高25cm 北京华辰 2018-11-19

5513 清雍正 窑变釉三联尊
估　价：RMB 400,000~500,000
成交价：RMB 816,500
高34cm 北京保利 2018-12-08

3377 清雍正 窑变釉三足洗
“大清雍正年制”款
估 价：RMB 1,200,000~1,500,000
成交价：RMB 1,380,000
直径20.6cm 北京荣宝 2018-06-14

3006 清乾隆 窑变釉蝴蝶耳大瓶
“大清乾隆年制”六字篆书刻款
估 价：HKD 1,500,000~1,800,000
成交价：RMB 2,030,000
高43cm 佳士得 2018-05-30

137 清乾隆 窑变釉三联瓶
估 价：USD 20,000~30,000
成交价：RMB 513,150
纽约苏富比 2018-09-12

538 清乾隆 窑变釉双耳瓶
“大清乾隆年制”款
估 价：USD 50,000~70,000
成交价：RMB 1,031,225
纽约苏富比 2018-03-21

3026 清乾隆 窑变釉撇口荸荠瓶
"大清乾隆年制"款
估 价：HKD 1,200,000~1,800,000
成交价：RMB 1,766,047
高21.5cm 保利香港 2018-04-02

5904 清乾隆 窑变釉双耳盖碗尊
"大清乾隆年制"款
估 价：RMB 850,000~1,250,000
成交价：RMB 1,495,000
高21.7cm 北京保利 2018-06-20

3027 清乾隆 窑变釉石榴尊
"大清乾隆年制"款
估 价：HKD 800,000~1,200,000
成交价：RMB 1,193,275
高19.3cm 保利香港 2018-04-02

5198 清乾隆 窑变釉仿古弦纹双耳罍式尊
"大清乾隆年制"款
估 价：RMB 2,600,000~3,600,000
成交价：RMB 5,060,000
高34cm 北京保利 2018-06-19

947 清乾隆 窑变釉秋海棠式花觚
"大清乾隆年制"六字三行篆书款
估 价：RMB 900,000~1,900,000
成交价：RMB 1,035,000
高26.5cm 保利厦门 2018-07-15

3509 清乾隆 窑变釉四方倭角小笔筒
估 价：RMB 30,000~50,000
成交价：RMB 345,000
高9.8cm 中国嘉德 2018-01-13

549 清乾隆 窑变釉达摩人物（一对）
估　价：RMB 600,000~700,000
成交价：RMB 690,000
高47cm×2 上海匡时 2018-04-30

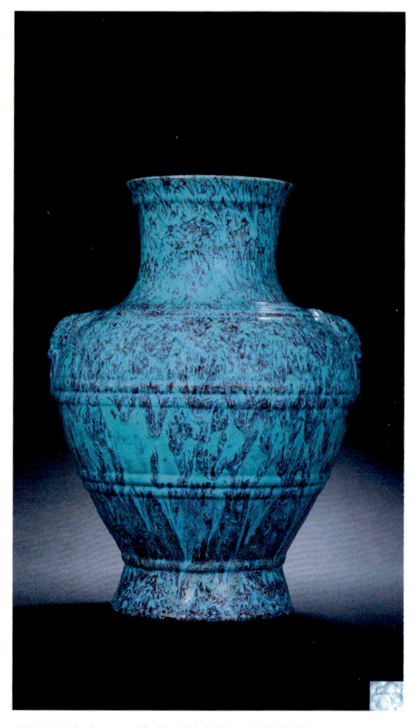

6476 清雍正 炉钧釉铺首耳弦纹尊
“雍正年制”款
估　价：RMB 600,000~800,000
成交价：RMB 713,000
高25cm 北京保利 2018-12-09

2880 清道光 窑变釉贯耳瓶
“大清道光年制”款
成交价：RMB 425,500
高30.3cm 北京荣宝 2018-12-03

炉钧釉

1509 清雍正 炉钧釉弦纹小花觚
成交价：RMB 253,000
高16.1cm；直径9.9cm 中贸圣佳 2018-11-24

5905 清乾隆 炉钧釉灯笼瓶
“大清乾隆年制”款
估　价：RMB 800,000~1,200,000
成交价：RMB 1,380,000
高23.5cm 北京保利 2018-06-20

3576 清乾隆 炉均釉菱形出戟尊
估　价：RMB 400,000~500,000
成交价：RMB 460,000
高34.5cm 北京荣宝 2018-06-14

3015 清乾隆 炉钧釉冲耳三足炉
估　价：HKD 200,000~300,000
成交价：RMB 286,386
直径15.9cm 保利香港 2018-04-02

3408 清中期 炉钧釉直口缸
估　价：HKD 350,000~550,000
成交价：RMB 596,797
高24.3cm 保利香港 2018-10-02

仿古铜釉

5935 清乾隆 仿古铜釉洒金竹节三足炉
“大清乾隆年制”款
估　价：RMB 800,000~1,000,000
成交价：RMB 1,058,000
直径10cm 北京保利 2018-06-20

3037 清乾隆 金地描金仿古铜釉乳钉狮钮双耳方炉
描金“乾隆年制”四字双行篆书款
估　价：HKD 150,000~250,000
成交价：RMB 715,965
高10.5cm；直径7.5cm 保利香港 2018-04-02

815 清 仿古铜釉编钟
“雍正年制”、“周宝钟”篆书款
估　价：RMB 80,000~120,000
成交价：RMB 575,000
高50cm 中贸圣佳 2018-06-20

仿木釉

73 18世纪 仿木纹釉碗
估 价：USD 4,000~6,000
成交价：RMB 31,730
直径14cm 纽约佳士得 2018-03-20

609 清乾隆 仿石纹釉扳指
“大清乾隆年制”六字单行篆书款
成交价：RMB 23,000
直径3cm 保利厦门 2018-01-08

5489 清雍正 洋彩仿花梨木纹釉黄彩篾纹瓷桶
“大清雍正年制”款
估 价：RMB 3,500,000~5,500,000
成交价：RMB 7,130,000
直径39cm 北京保利 2018-12-08

1238 清乾隆 木纹釉花盆（一对）
估 价：RMB 220,000~300,000
成交价：RMB 253,000
直径37cm×2 北京华辰 2018-11-19

仿竹釉

361 清晚期 仿竹黄雕夔龙纹竹节笔筒
“大清乾隆年制”款
成交价：RMB 11,500
高11.9cm 北京保利 2018-04-29

仿石釉

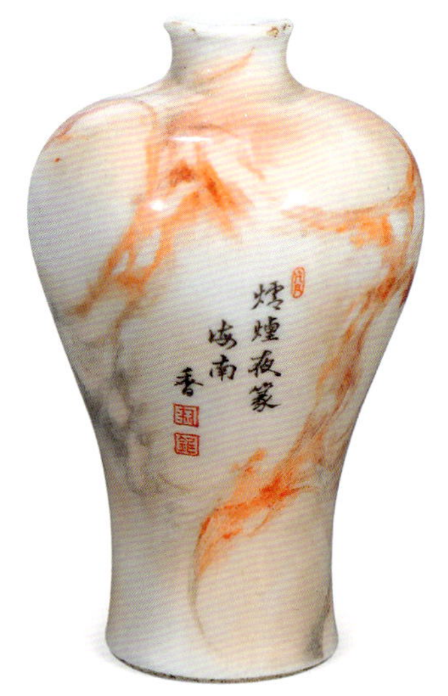

468 清乾隆 石纹釉诗文梅瓶
“乾隆年制”款
估 价：RMB 50,000~80,000
成交价：RMB 86,250
高12cm 北京保利 2018-07-27

794 18至19世纪 仿石釉渣斗
估　价：HKD 200,000~300,000
成交价：RMB 205,792
宽22.3cm 中国嘉德 2018-10-02

茄皮紫釉

2818 清康熙 茄皮紫釉暗刻龙纹盘
"大清康熙年制"六字双行楷书款
估　价：RMB 200,000~300,000
成交价：RMB 460,000
直径25cm 北京匡时 2018-12-05

5511 清康熙 茄皮紫釉碗
"大清康熙年制"款
估　价：RMB 150,000~200,000
成交价：RMB 322,000
高12.5cm 北京保利 2018-12-08

6477 清雍正 新紫釉弦纹瓶
"雍正年制"款
估　价：RMB 2,600,000~3,600,000
成交价：RMB 3,220,000
高21cm 北京保利 2018-12-09

5517 清雍正 茄皮紫缠枝石榴纹小碟（一对）
"大清雍正年制"款
估　价：RMB 120,000~180,000
成交价：RMB 632,500
直径11cm×2 北京保利 2018-12-08

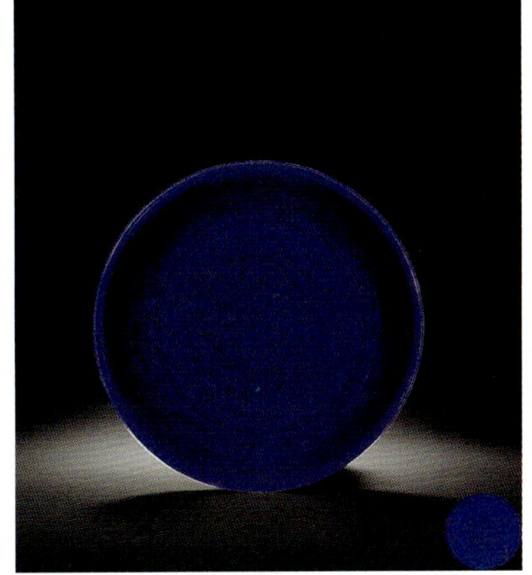

3070 清乾隆 茄皮紫釉暗刻云龙纹盘
"大清乾隆年制"三行六字楷书款
估　价：RMB 50,000~60,000
成交价：RMB 57,500
直径19.5cm 北京匡时 2018-06-15

5908 清乾隆 茄皮紫釉暗刻云龙赶珠纹盘（一对）
“大清乾隆年制”款
估　价：RMB 450,000~650,000
成交价：RMB 747,500
直径19.1cm×2 北京保利 2018-06-20

5519 清乾隆 茄皮紫釉大碗
“大清乾隆年制”款
估　价：RMB 150,000~200,000
成交价：RMB 287,500
直径23.8cm 北京保利 2018-12-08

茶叶末釉

743 唐 茶叶末釉树叶纹脉枕
估　价：NTD 750,000~900,000
成交价：RMB 166,140
长16cm；高8cm 罗芙奥 2018-06-02

3922 元 茶叶末小盏
估　价：RMB 10,000~20,000
成交价：RMB 11,500
直径10.5cm 北京匡时 2018-06-16

3764 明 茶叶末釉三登尊
估　价：RMB 50,000~80,000
成交价：RMB 115,000
高19.5cm 中国嘉德 2018-09-19

5495 清雍正 茶叶末釉小葫芦瓶
“雍正年制”款
估　价：RMB 800,000~1,200,000
成交价：RMB 1,610,000
高20.3cm 北京保利 2018-12-08

603 清乾隆 厂官釉茶叶末菊棱贯耳瓶
“大清乾隆年制”篆书款
估 价：RMB 1,500,000~2,800,000
成交价：RMB 4,025,000
高40.2cm 中贸圣佳 2018-06-20

604 清乾隆 厂官釉茶叶末六方贯耳瓶
“大清乾隆年制”篆书款
估 价：RMB 2,600,000~3,500,000
成交价：RMB 2,990,000
高35cm 中贸圣佳 2018-06-20

2803 清乾隆 茶叶末釉双龙耳海棠瓶
“大清乾隆年制”六字三行篆书款
估 价：RMB 1,000,000~1,200,000
成交价：RMB 3,220,000
高29.5cm 北京匡时 2018-12-05

3406 清乾隆 茶叶末釉贯耳瓶
“大清乾隆年制”款
估 价：HKD 2,000,000~2,600,000
成交价：RMB 3,086,880
高24.9cm 保利香港 2018-10-02

5027 清乾隆 茶叶末釉描金福寿纹葫芦瓶
“大清乾隆年制”六字三行篆书款
估 价：RMB 1,300,000~1,500,000
成交价：RMB 1,725,000
高24.7cm 北京匡时 2018-06-15

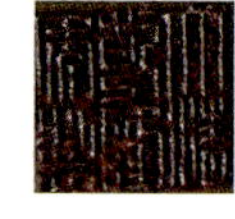

1127 清乾隆 茶叶末釉荸荠瓶（原配座）
“大清乾隆年制”三行六字篆书刻款
估 价：RMB 800,000~1,200,000
成交价：RMB 1,322,500
高42.5cm 华艺国际 2018-05-23

543 清乾隆 茶叶末釉贴塑粉彩绘三多纹双耳瓶
估 价：RMB 600,000~1,100,000
成交价：RMB 690,000
高29.5cm 保利厦门 2018-07-15

3586 清乾隆 茶叶末釉盘口瓶
“大清乾隆年制”款
估 价：RMB 1,000,000~1,500,000
成交价：RMB 1,150,000
高18.5cm 北京荣宝 2018-06-14

3005 清乾隆 茶叶末釉荸荠扁瓶
“大清乾隆年制”款
估 价：HKD 850,000~1,050,000
成交价：RMB 1,002,351
高33cm 保利香港 2018-04-02

13 清乾隆 茶叶末釉长颈瓶
“大清乾隆年制”六字三行篆书款
估 价：RMB 200,000~300,000
成交价：RMB 586,500
高32.7cm 北京中汉 2018-11-21

2256 清乾隆 茶叶末釉摇铃尊
"大清乾隆年制"篆书款
估 价：RMB 1,200,000~2,000,000
成交价：RMB 4,945,000
高26.8cm 北京翰海 2018-06-30

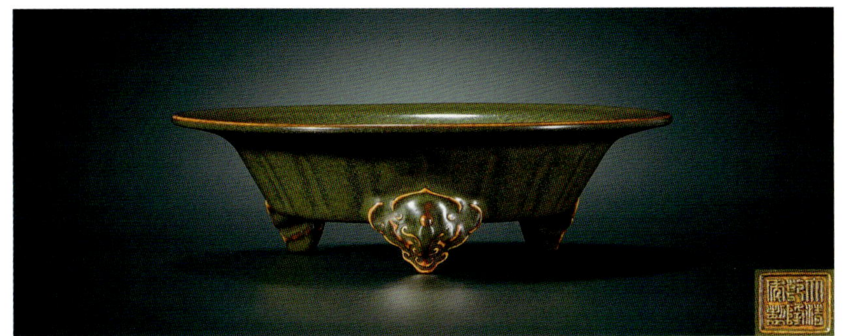

8 清乾隆 茶叶末釉三兽足天盘口折沿洗
"大清乾隆年制"六字三行篆书款
估 价：HKD 1,200,000~1,500,000
成交价：RMB 1,149,792
直径21.2cm 香港中汉 2018-05-31

1128 清乾隆 茶叶末釉鸠耳尊
"大清乾隆年制"三行六字篆书刻款
估 价：RMB 1,500,000~2,000,000
成交价：RMB 1,610,000
高20.5cm 华艺国际 2018-05-23

4 清乾隆 茶叶末釉缸
"大清乾隆年制"六字篆书刻款
估 价：HKD 200,000~300,000
成交价：RMB 599,500
直径20cm 佳士得 2018-10-04

其他色釉

411 隋 米色釉瓷罐带玉钮盖
估 价：HKD 40,000~60,000
成交价：RMB 38,185
高5.3cm 中国嘉德 2018-04-02

144 唐 鲁山窑花釉双系注壶
估 价：HKD 150,000~180,000
成交价：RMB 143,193
高21cm 中国嘉德 2018-04-02

反 瓷

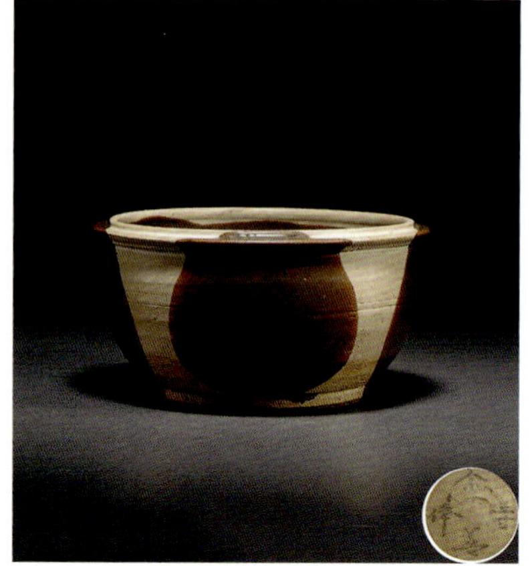

1465 唐 耀州窑点褐彩钵
成交价：RMB 16,100
高9.7cm；口径7.6cm 西泠拍卖 2018-09-29

4775 清道光 仿紫砂素瓷贯耳瓶
“大清道光年制”款
估 价：RMB 150,000~250,000
成交价：RMB 172,500
高29.3cm 中国嘉德 2018-05-18

1102 明 湖田窑素身高足盏（一对）
估 价：RMB 35,000~45,000
成交价：RMB 40,250
直径16cm×2 保利厦门 2018-07-15

2018瓷器拍卖成交汇总

(成交价RMB：2万元以上)

拍品名称	物品尺寸	成交价RMB	拍卖公司	拍卖日期
陶 器				
新石器时代 马家窑文化 半山类型 彩绘陶罐（两件）	9.8cm；高11.1cm	103,123	纽约佳士得	2018-03-20
战国 陶罐（三件）	across 9.7cm	30,144	纽约佳士得	2018-03-20
汉 绿釉陶瓶	高40.5cm	27,764	纽约佳士得	2018-03-20
汉 绿釉博山炉		47,039	纽约苏富比	2018-09-15
汉 绿釉陶马	高132cm	592,900	伦敦佳士得	2018-05-15
汉 灰陶乐舞俑（四件）		29,934	纽约苏富比	2018-09-15
汉至六朝 灰陶动物（三件）		27,368	纽约苏富比	2018-09-15
北魏 彩绘陶武士俑	高55.8cm	153,945	纽约佳士得	2018-09-13
北魏 彩绘陶马	高21.6cm	111,183	纽约佳士得	2018-09-13
北魏 彩绘陶牛车	长20.3cm；长18.7cm	111,183	纽约佳士得	2018-09-13
北魏 灰陶加彩文官立俑（两件）		43,629	纽约苏富比	2018-03-24
北齐 灰釉骆驼	高25.5cm	20,625	纽约佳士得	2018-03-20
隋 灰釉骑马男俑两尊	across 20.3cm	118,988	纽约佳士得	2018-03-20
唐 三彩双龙柄瓶	高34cm	190,924	中国嘉德	2018-04-02
唐 灰釉双龙耳瓶	高36.5cm	111,055	纽约佳士得	2018-03-20
唐 绿釉彩凤首执壶	高42cm	1,543,440	中国嘉德	2018-10-02
唐 蓝彩罐	高11.7cm	115,000	西泠拍卖	2018-07-08
唐 三彩加蓝彩贴塑狮子纹三足炉	直径23cm	299,338	纽约佳士得	2018-09-13
唐 三彩兽蹄足炉	直径15.5cm	27,368	纽约佳士得	2018-09-13
唐 三彩宝鸦形灯盏		273,680	纽约苏富比	2018-09-12
唐 彩绘骆驼陶俑及胡人立像	高41cm	161,700	伦敦佳士得	2018-05-15
唐 三彩三足盘	直径28cm	292,320	香港诚昌	2018-05-30
唐代 三彩盘	口径23.8cm；高5.6cm	82,824	智得拍卖	2018-05-28
唐 三彩印花杯		111,055	纽约苏富比	2018-03-24
唐 陶加彩马(一对)		555,913	纽约苏富比	2018-09-12
唐 陶打马球女俑（一组两件）	宽36.2cm	409,640	伦敦佳士得	2018-05-15
唐 三彩骑马女俑	高40.7cm	342,100	纽约佳士得	2018-09-13
唐 陶加彩女立俑		158,650	纽约苏富比	2018-03-21
唐 加彩陶女俑连座	高68cm	155,904	香港诚昌	2018-05-30
唐 三彩贵妇俑	高40.7cm	141,288	万昌斯	2018-05-30
唐 三彩陶马	49.5cm	118,580	伦敦苏富比	2018-05-18
唐 三彩骆驼	高57cm	102,410	伦敦佳士得	2018-05-15
唐 三彩陶马	高48.5cm	87,200	佳士得	2018-10-04
唐初 陶加彩骑马俑		59,494	纽约苏富比	2018-03-24
唐 三彩胡人立俑	宽11.5cm；高26.5cm	57,500	浙江佳宝	2018-07-01
唐 三彩骆驼	高39cm	42,958	中国嘉德	2018-04-02
唐 三彩骆驼		42,763	纽约苏富比	2018-09-15
唐 三彩马	36.5cm	37,730	伦敦苏富比	2018-05-18
唐 彩绘陶仕女	高35cm	30,184	伦敦佳士得	2018-05-15
唐 白釉骆驼	高30.5cm	17,452	纽约佳士得	2018-03-20
北宋/金 磁州窑三彩花卉纹香炉	高7cm	47,039	纽约佳士得	2018-09-13
北宋 搅胎碗	直径12.6cm	38,486	纽约佳士得	2018-09-13
北宋 搅胎碗	直径13cm	34,210	纽约佳士得	2018-09-13
宋 绞釉瓶	高15.9cm	40,447	万昌斯	2018-11-29
宋 磁州窑三彩花卉纹盘	直径14.7cm	190,380	纽约佳士得	2018-03-22
宋 砂胎束口蓝兔毫盏	直径7.5 × 12.3cm	97,750	西泠拍卖	2018-07-08
宋 包银砂胎束口兔毫盏	直径6.9 × 13cm	23,000	西泠拍卖	2018-07-08
宋 陶瓷袖珍人物及动物（一组十四件）		47,039	纽约苏富比	2018-09-15
辽 三彩迦陵频迦壶	高16.5cm	102,630	纽约佳士得	2018-09-13
辽代 三彩婴戏荷叶枕	长20cm	143,724	香港中汉	2018-05-31
辽 三彩如意绶带纹花口粉盒	高6.5cm；口径9.3cm	230,000	西泠拍卖	2018-07-08
辽 三彩印花牡丹纹盘（一对）	直径24.8cm	113,186	中国嘉德	2018-10-02
金 磁州窑三彩莲鱼纹碗	直径17.8cm	299,338	纽约佳士得	2018-09-13
元/明 彩塑罗汉坐像（一组两尊）	29cm	183,260	伦敦苏富比	2018-05-18
元 赣州窑柳斗罐	直径10cm	17,250	中国嘉德	2018-05-19

拍品名称	物品尺寸	成交价RMB	拍卖公司	拍卖日期
元至明 陶加彩观音立像		42,763	纽约苏富比	2018-09-15
元 当阳峪绞胎盘	直径20cm	287,500	保利厦门	2018-07-15
元 山西绞胎纹碗	直径8.5cm	138,000	保利厦门	2018-07-15
元 当阳峪窑绞胎钵	直径8cm	391,000	保利厦门	2018-07-15
明 泥塑彩绘飞天像两尊		158,650	纽约苏富比	2018-03-20
明 三彩龙瓦当	117cm	280,280	伦敦苏富比	2018-05-16
18世纪 泥塑彩绘骑马俑		30,144	纽约苏富比	2018-03-20
清早期 宜钧釉八卦纹琮式瓶	高30cm	63,250	保利厦门	2018-07-15
清早期 宜钧釉仿青铜双龙耳尊	高32.5cm	34,500	保利厦门	2018-07-15
清早期 宜钧釉太白罐	高20cm	23,000	保利厦门	2018-07-15
清初 宜钧天蓝釉花口盘	直径14.2cm	51,750	中贸圣佳	2018-11-25
清早期 宜均贡碗	高8.2cm；宽22.5cm	25,300	上海匡时	2018-04-30
清早期 宜钧釉连环式笔舔（一对）	长11cm	632,500	北京保利	2018-06-19
清雍正 宜钧釉紫砂胎瑞鹿摆件	高19cm；长16cm	667,000	博美拍卖	2018-01-05
清乾隆 绞胎四方笔筒	高12cm	32,200	保利厦门	2018-07-15
清乾隆 宜兴窑粉彩山水皮球花纹折沿洗	直径37.5cm；高10.8cm	115,000	中贸圣佳	2018-11-24
清中期 宜钧窑三足双耳小炉	宽6.5cm	23,000	北京保利	2018-12-09
清中期 宜钧釉四方笔筒	高9.5cm	55,200	保利厦门	2018-07-15
清中期 宜钧釉笔筒	直径12cm；高13.5cm	23,000	保利厦门	2018-07-15
清中期 宜钧釉小提篮	长9cm	23,000	保利厦门	2018-07-15
19世纪 德国 MEISSEN 彩绘陶瓷斗牛犬装饰品 梅森窑厂制（一对）	18.5 × 7.5 × 16cm 13 × 7 × 15cm	48,300	北京保利	2018-06-18
19世纪 石湾窑天蓝釉紫斑弦纹花盆		39,663	纽约苏富比	2018-03-24
清 灰泥加彩菩萨首像		22,237	纽约苏富比	2018-09-15
清 石湾达摩	高64cm	84,318	香港诚昌	2018-05-28
民国 王步风格 青瓷花鸟铁骨泥尊	高19cm	34,500	中贸圣佳	2018-11-25
民国 石湾陶潘玉书作时迁偷鸡	高24cm	389,760	香港诚昌	2018-05-30
1926年作 王琦绘粉彩“渔樵问答”图故事瓶	高41cm	1,207,500	西泠拍卖	2018-07-08
石湾孙子像	高34cm；宽49cm	67,071	香港诚昌	2018-05-28
刘泽棉制 石湾窑布袋和尚立像	高36cm	51,750	广东崇正	2018-07-04
80年代 石湾柴窑红釉达摩	高52cm	93,553	香港诚昌	2018-04-02
80年代 石湾廖洪标作释迦牟尼雕塑	高55cm	28,745	香港诚昌	2018-05-28
德国 梅森MEISSEN出品 花卉彩绘陶瓷茶具（四十两件套）		23,000	保利厦门	2018-07-15
明末清初 宜钧六棱洗	直径15.5cm	146,160	香港诚昌	2018-05-30
明 宜钧釉笔舔	直径11.4cm	36,800	中国嘉德	2018-09-19
清早期 宜钧回纹花口洗	直径12.5cm	28,750	中国嘉德	2018-05-19
清早期 宜钧釉龙龟型砚滴	长10cm	32,200	保利厦门	2018-07-15
清中期 宜钧四足洗	长12cm	40,250	保利厦门	2018-07-15
清中期 宜钧荷叶形小洗	长12.7cm	23,000	北京中汉	2018-09-21
清 宜钧天蓝釉水盂	宽15.5cm	21,850	北京保利	2018-12-08
明 石湾窑变三足洗	直径10.3cm	18,400	华艺国际	2018-11-17
清 石湾窑桃形洗	宽8.5cm	52,504	中国嘉德	2018-04-02
清道光 邵友兰制紫砂白泥葵花形水洗	直径9.3cm	25,300	北京中汉	2018-11-21
青 瓷				
越窑				
东晋 越窑包金口水盂	高2.5cm；直径12.5cm	36,800	浙江佳宝	2018-07-01
西晋 越窑青釉卧羊水注	18cm	431,200	伦敦苏富比	2018-05-16
唐 越窑青釉花口盘	直径17.5cm	171,832	中国嘉德	2018-04-02
唐 越窑青釉捧盒	高8cm；直径15.4cm	92,000	西泠拍卖	2018-07-08
五代 越窑莲花尊	高16cm；口直径13cm	32,200	浙江佳宝	2018-07-01

*查看图片请参照凡例4方法

拍品名称	物品尺寸	成交价RMB	拍卖公司	拍卖日期
五代至北宋 越窑青釉执壶		27,368	纽约苏富比	2018-09-15
五代至北宋 越窑青釉执壶		20,526	纽约苏富比	2018-09-15
五代/北宋 越窑青釉刻莲瓣纹罐	高7.5cm	114,554	中国嘉德	2018-04-02
五代 越窑青釉花口盘	直径14cm	236,661	中国嘉德	2018-10-02
五代 越窑青釉盏和盏托	盏口径9cm；盏托口径12.8cm	38,976	智得拍卖	2018-05-28
五代/金 越窑刻花盖盒两件及耀州窑碗陶模一件	across 12.4cm	38,076	纽约佳士得	2018-03-20
五代 越窑秘色青釉花口杯	高6.7cm；直径10.3cm	236,661	保利香港	2018-10-02
五代 越窑青釉粉盒	口径9.3cm；高4.5cm	17,539	智得拍卖	2018-05-28
五代 越窑秘色瓷钵	高5.3cm；口径15.5cm	345,000	西泠拍卖	2018-07-08
北宋 十月款越窑刻花牡丹纹盖罐	高12cm	2,760,000	西泠拍卖	2018-07-08
北宋 越窑刻牡丹纹圆盒	直径12.7cm	206,245	纽约佳士得	2018-03-22
北宋 越窑狮镇	宽7cm；高3cm	23,000	浙江佳宝	2018-07-01
宋 越窑暗刻婴戏图瓜棱盒	直径10.5cm	62,050	中国嘉德	2018-04-02
元 越窑执壶	高23.5cm	299,000	保利厦门	2018-07-15
明 越窑公道壶	长12cm	115,000	保利厦门	2018-07-15
明 越窑青釉折沿洗	直径14.6cm	69,000	太平洋	2018-11-22
耀州窑				
五代/北宋 耀州窑青釉刻花罐	13cm	1,617,000	伦敦苏富比	2018-05-16
北宋 耀州窑青釉刻蓉塘戏鹭纹嘟噜瓶	宽14.6cm	1,725,500	佳士得	2018-05-30
北宋/金 耀州窑龙纹兽足炉	直径12cm	171,050	纽约佳士得	2018-09-13
北宋/金 耀州窑孩童坐像	高7.7cm	102,630	纽约佳士得	2018-09-13
北宋 耀州窑青釉刻牡丹纹盘		2,394,700	纽约苏富比	2018-09-12
北宋/金 耀州窑刻花盘	直径18.3cm	205,260	纽约佳士得	2018-09-13
北宋 耀州窑青釉刻花盘		111,055	纽约苏富比	2018-03-21
北宋 耀州窑青釉刻划水波纹盘		34,210	纽约苏富比	2018-09-12
北宋/金 耀州窑青釉模印童子纹碗	直径12.1cm	51,561	纽约佳士得	2018-03-20
北宋至金 耀州窑青釉印花双婴戏梅纹碗	直径12.8cm	51,448	中国嘉德	2018-10-02
北宋 耀州窑团菊纹盏	高5.2cm；口径12.8cm	34,500	西泠拍卖	2018-07-08
北宋至金 耀州窑青釉印花缠枝菊纹盏	直径11cm	30,869	中国嘉德	2018-10-02
北宋至金 耀州窑月白釉印花“醉解千愁”铭龙首八方杯	宽12.5cm	97,751	中国嘉德	2018-10-02
北宋 耀州窑盖盒	直径9.9cm	79,325	纽约佳士得	2018-03-22
北宋 耀州窑青釉刻花卉纹花口渣斗	直径12.4cm	364,101	香港中汉	2018-05-31
北宋 耀州窑刻芙蓉纹碗	直径20.8cm	2,363,885	纽约佳士得	2018-03-22
北宋 耀州窑刻牡丹纹碗	直径22cm	316,443	纽约佳士得	2018-09-13
北宋 耀州窑青釉印缠枝菊花纹碗	19cm	218,000	佳士得	2018-10-04
北宋/金 耀州窑印花碗（一对）	直径12.7cm	188,155	纽约佳士得	2018-09-13
北宋 耀州窑青釉划莲花纹碗	直径19cm	174,400	佳士得	2018-10-04
北宋/金 耀州窑青釉花口小碗	直径10.2cm	158,650	纽约佳士得	2018-03-20
北宋/金 耀州窑刻莲花纹碗	直径10.9cm	111,183	纽约佳士得	2018-09-13
北宋 耀州窑青釉刻花碗	直径14cm	95,190	纽约佳士得	2018-03-20
北宋/金 耀州窑青釉印花小碗（两件）		47,039	纽约苏富比	2018-09-15
北宋/金 耀州窑青釉模印童子纹碗	直径12.7cm	35,696	纽约佳士得	2018-03-20
北宋 耀州窑花口碗	直径19cm	27,368	纽约佳士得	2018-09-13
北宋/金 耀州窑青釉模印花卉纹笠式小碗	直径10.2cm	22,211	纽约佳士得	2018-03-20
宋 耀州窑青釉刻缠枝牡丹纹瓶		384,863	纽约苏富比	2018-09-12

拍品名称	物品尺寸	成交价RMB	拍卖公司	拍卖日期
宋 耀州窑青釉瑞兽足炉	18cm	1,078,000	伦敦苏富比	2018-05-16
宋金 耀州窑卍字纹三兽足炉	高8.5cm；口径12cm	86,250	西泠拍卖	2018-07-08
宋/金 耀州窑青釉盘	直径22.9cm	152,600	佳士得	2018-10-04
宋 耀州窑花口盘	高2cm；口径；13cm	36,800	西泠拍卖	2018-07-08
宋 耀州窑刻花摩羯纹海碗	高9cm；口径23cm	207,000	西泠拍卖	2018-07-08
宋 耀州窑青釉瓜棱钵	高8.3cm；直径14cm	57,500	西泠拍卖	2018-07-08
宋 耀州窑青釉刻游鱼纹碗		29,934	纽约苏富比	2018-09-15
北宋11世纪；12世纪 耀州窑青釉刻花碗	直径13cm	65,400	佳士得	2018-10-04
金 耀州窑青釉胆瓶	28.8cm	6,804,336	伦敦苏富比	2018-05-16
金 耀州窑“网格”纹梅瓶	高14.6cm	29,232	万昌斯	2018-05-30
金 耀州窑青釉印牡丹纹碗	直径17.5cm	59,950	佳士得	2018-10-04
金 耀州窑柿釉碗	直径11.7cm	27,368	纽约佳士得	2018-09-13
元 耀州窑模印水禽纹斗笠碗	直径11.4cm	138,000	北京东正	2018-06-17
元 耀州窑斗笠盏（一对）	直径11.9cm	20,700	北京中汉	2018-06-19
元 耀州窑印花碗	直径22cm	71,300	华艺国际	2018-11-17
元 耀州窑印牡丹纹笠式盏	直径12cm	57,500	北京保利	2018-06-20
元 耀州窑缠枝纹折沿洗	直径12.7cm	46,000	北京东正	2018-06-17
明 耀州窑海水瑞兽撇口三足炉	直径17.2cm	28,750	北京荣宝	2018-06-14
清 耀州窑瓶	高13cm	69,000	北京翰海	2018-09-16
耀州窑剔花花卉纹大盏	直径22cm；高8cm	69,000	中贸圣佳	2018-11-25
汝窑				
北宋 汝窑天青釉茶盏	直径10.2cm	49,982,450	佳士得	2018-11-26
北宋 汝窑天青釉洗	直径14.5cm	60,888,000	台北艺流	2018-06-30
宋 汝窑天青釉长方八棱贯耳瓶	高15.5cm	8,000,400	台北艺流	2018-12-01
宋 汝窑三足洗	高5cm	426,688	台北艺流	2018-12-01
宋 汝窑青釉八棱洗	直径12cm	354,844	维理达	2018-05-27
元 天青魁首--汝窑青釉洗（清凉寺）	直径19cm	11,500,000	保利厦门	2018-07-15
仿汝釉				
清雍正 仿汝六棱形穿带瓶	高28cm	690,000	北京保利	2018-06-20
清雍正 仿汝釉云耳抱月瓶	高47cm	276,000	博美拍卖	2018-01-05
清雍正 仿汝釉弦纹尊	高32.5cm	3,220,000	保利厦门	2018-01-08
清雍正 仿汝釉双蚰耳小炉	直径9.5cm；宽13cm	1,495,000	保利厦门	2018-01-08
清雍正 仿汝釉大盘	直径45.5cm	126,500	北京保利	2018-12-09
清雍正 仿汝釉撇口大盘	直径45.6cm	97,750	北京中汉	2018-06-19
清雍正 仿汝釉盘	直径18cm	82,800	北京中汉	2018-04-15
清雍正 仿汝釉小花盆及盆奁	盆直径13.9cm；托直径14.3cm	2,300,000	北京保利	2018-06-20
清雍正 仿汝天青釉花盆	高14.5cm；高6.8cm；宽15.1cm；长24.5cm	715,965	保利香港	2018-04-02
清雍正 仿汝釉六方渣斗	10.3cm	377,300	伦敦苏富比	2018-05-16
清乾隆 仿汝釉弦纹瓶	高29cm	13,225,000	北京匡时	2018-12-05
清乾隆 仿汝釉天圆地方葫芦瓶	高31cm	1,852,128	保利香港	2018-10-02
清乾隆 仿汝釉撇口观音瓶	高21.2cm	1,594,888	中国嘉德	2018-10-02
清乾隆 仿汝釉八棱盘口瓶	高21.5cm	1,380,000	保利厦门	2018-07-15
清乾隆 仿汝釉小天球瓶	高14.4cm	828,000	北京匡时	2018-12-05
清乾隆 仿汝釉莲蓬口瓶		684,200	纽约苏富比	2018-09-12
清乾隆 仿汝釉八方瓶	高33cm	572,772	保利香港	2018-04-02
清乾隆 仿汝釉八方瓶	高33.5cm	322,000	北京诚轩	2018-06-17
清乾隆 仿汝釉梅瓶	直径20.1cm	264,500	北京中汉	2018-04-15
清乾隆 仿汝釉梅瓶	高18.5cm	23,000	北京保利	2018-04-30
清乾隆 仿汝釉鱼篓尊	高10cm	12,420,000	北京匡时	2018-12-05
清乾隆 仿汝釉鸠耳尊	高33.5cm	862,500	华艺国际	2018-11-16
清乾隆 仿汝釉朝天耳炉	直径8cm	230,000	华艺国际	2018-05-23
清乾隆 仿汝釉盘（一对）	直径11.5cm	144,054	保利香港	2018-10-02
清乾隆 仿汝釉撇口大碗	直径35.5cm	607,063	香港中汉	2018-11-29
清乾隆 仿汝釉羽觞耳杯	长11.2cm	3,220,000	中国嘉德	2018-06-18

拍品名称	物品尺寸	成交价RMB	拍卖公司	拍卖日期
清乾隆 仿汝窑六方水仙盆	宽27.9cm	221,750	佳士得	2018-11-28
清乾隆 仿汝天青釉花盆	高9.4cm；长21.5cm；宽12.4cm	69,000	西泠拍卖	2018-07-08
清乾隆 仿汝釉大碗	35.5cm	1,061,813	香港苏富比	2018-04-03
清乾隆 仿汝釉灵芝花插	高14cm	632,500	华艺国际	2018-11-16
光绪 仿汝釉琮式瓶	高28cm	21,850	广东衡益	2018-07-01
19世纪 仿汝釉小罐		769,725	纽约苏富比	2018-09-15
清 仿汝抱月瓶	高49cm	23,000	北京保利	2018-04-30
清 仿汝釉三牺尊	高28.5cm	63,250	华艺国际	2018-03-30
官窑				
南宋 官窑胆瓶	15.1cm	10,290,480	香港苏富比	2018-04-02
南宋 龙泉仿官窑瓜棱花口瓶	高18.2cm	2,614,640	佳士得	2018-05-30
南宋 官窑投壶	12.2cm	809,000	香港苏富比	2018-04-02
南宋 官窑鬲式炉	宽11.4cm	3,783,920	佳士得	2018-05-30
南宋 官窑青釉葵瓣洗	14cm	70,938,072	香港蘇富比	2018-10-03
南宋 官窑鸟食器	6.2cm	1,213,500	香港苏富比	2018-04-02
宋 官窑天青釉长颈胆瓶	高24cm	2,666,800	台北艺流	2018-12-01
明永乐 处州龙泉官窑青釉梅瓶	高38.8cm	2,070,000	北京保利	2018-06-20
明永乐 处州龙泉官窑刻花果纹墩式碗	直径20.5cm	747,500	北京保利	2018-12-09
明 龙泉黑胎官窑净瓶	高23cm	5,290,000	北京荣宝	2018-12-03
明 郊坛下官窑八角杯	长8.5cm	437,000	保利厦门	2018-07-15
明 大明处州龙泉官窑盘	直径30.5cm	92,000	北京荣宝	2018-12-03
仿官釉				
南宋 龙泉窑仿官釉贯耳壶	高22.5cm	6,933,005	纽约佳士得	2018-03-22
南宋 龙泉窑仿官釉盏	高4.1cm；口径9.5cm	57,500	西泠拍卖	2018-09-29
南宋 龙泉窑仿官窑小碗	直径8.8cm	98,100	佳士得	2018-10-04
宋 龙泉窑仿官窑式莲瓣纹碗		51,315	纽约苏富比	2018-09-12
元至明 官釉戟耳簋式炉	宽10.5cm	432,163	中国嘉德	2018-10-02
元 官釉渣斗	宽13cm	575,000	北京保利	2018-12-09
明早期 仿官釉鼓钉洗	直径18.5cm	460,000	北京保利	2018-06-20
明 官釉小葫芦瓶	高10cm	514,480	保利香港	2018-10-02
明 仿官釉四方贯耳穿带瓶	高16.8cm	40,250	北京中汉	2018-04-15
明或更早 官釉双耳簋式炉	高5.5cm；通径7.9cm	92,000	西泠拍卖	2018-07-08
明或以后 仿官窑三足鬲式炉	直径14.3cm	54,500	佳士得	2018-10-04
明“李”字款仿官窑葵瓣口盘	口径14cm；高3cm	115,000	西泠拍卖	2018-07-08
明 仿官釉八方小洗	长5.7cm	437,000	北京保利	2018-06-19
清初或更早 仿官釉双耳尊	高17cm	178,250	华艺国际	2018-05-23
清雍正 仿官釉葫芦瓶	高16.3cm；带座高18.8cm	747,500	保利厦门	2018-01-08
清雍正 仿官釉胆式小瓶	高13.5cm	747,365	香港中汉	2018-05-31
清雍正 官釉葫芦瓶	高21cm	519,800	广东省拍	2018-09-20
清雍正 仿官釉弦纹双耳扁瓶	高29cm	207,000	博美拍卖	2018-01-05
清雍正 仿官釉小瓶		174,515	纽约苏富比	2018-03-21
清雍正 仿官釉弦纹贯耳瓶	高35.3cm	126,500	中贸圣佳	2018-11-24
清雍正-乾隆 仿官釉小琮式瓶	高12.5cm	92,000	保利厦门	2018-07-15
清雍正 仿官釉象耳双联瓶	高33cm	74,750	中国嘉德	2018-09-20
清雍正 仿官釉胆式小瓶	高11.3cm	34,500	北京匡时	2018-12-05
清雍正 仿官釉仿古汉壶尊	高54.4cm	8,280,000	北京保利	2018-12-08
清雍正 仿官釉鸠耳尊	19.7cm	3,034,560	香港苏富比	2018-10-03
清雍正 仿官釉洗口尊	高10.5cm	2,472,500	北京保利	2018-06-19
清雍正 仿官釉双耳尊	高23cm	2,100,164	保利香港	2018-04-02
清雍正 仿官釉铺首尊	高25.5cm	1,380,000	保利厦门	2018-01-08
清雍正 铁骨大观釉石榴尊	高16.6cm；直径15.8cm	690,000	中贸圣佳	2018-06-20
清雍正 仿官釉铺首尊	高23.5cm	195,500	北京中汉	2018-11-21
清雍正 官釉六角罐	↑ 11cm	336,168	香港普艺	2018-06-02
清雍正 仿官釉斗笠盏	直径10.2cm；高4.4cm	103,500	博美拍卖	2018-01-05
清雍正 仿官釉兽耳簠	长16.5cm；高6.5cm	690,000	保利厦门	2018-01-08

拍品名称	物品尺寸	成交价RMB	拍卖公司	拍卖日期
清雍正-乾隆 仿官釉如意耳海棠形炉	高29.4cm	40,250	中国嘉德	2018-09-19
清雍正 仿官釉耳杯	长8.6cm	103,500	北京荣宝	2018-12-03
清雍正 仿官釉荷叶式盆（一对）	高19cm×2	230,000	广东崇正	2018-07-05
清雍正 仿官釉葵口笔舔	直径15cm	230,000	保利厦门	2018-07-15
清雍正 仿官釉葵口洗	高2.9cm；长11cm	103,500	西泠拍卖	2018-07-08
清雍正 仇炎之旧藏仿官釉双桃砚滴	长13.5cm	172,500	中贸圣佳	2018-11-25
清乾隆 仿官釉铺首四连橄榄瓶	高16.2cm	4,600,000	保利厦门	2018-01-08
清乾隆 仿官釉荸荠瓶		2,894,166	纽约苏富比	2018-09-12
清乾隆 仿官釉蒜头瓶	高27.1cm	1,852,128	保利香港	2018-10-02
清乾隆 仿官釉八方贯耳瓶（一对）	高14.5cm×2	1,380,000	保利厦门	2018-07-15
清乾隆 仿官釉观音瓶	高20.2cm	1,035,000	北京中汉	2018-06-19
清乾隆 仿官釉直口小瓶	高10cm	920,000	北京保利	2018-12-08
清乾隆 仿官釉贯耳八方瓶	高14.6cm	920,000	北京保利	2018-06-20
清乾隆 仿官釉八方贯耳瓶	高15cm	632,500	西泠拍卖	2018-07-08
清乾隆 仿官釉双象耳方瓶	高25cm	632,500	北京荣宝	2018-06-14
清乾隆 仿官釉贯耳瓶	高30.5cm	598,000	北京翰海	2018-06-30
清乾隆 仿官窑小瓶	高10.5cm	592,900	伦敦佳士得	2018-05-15
清乾隆 仿官釉八方贯耳小瓶	高14cm	460,000	北京保利	2018-06-20
清乾隆 仿官釉琮式八卦纹瓶	高38cm	322,000	西泠拍卖	2018-07-08
清乾隆 仿官釉六方大贯耳瓶	高45cm	253,000	北京中汉	2018-04-15
清乾隆 仿官釉象耳盘口瓶	高30cm	218,500	北京中汉	2018-04-15
清乾隆 仿官釉贯耳瓶	高30.5cm	207,000	北京保利	2018-06-20
清乾隆 仿官窑琮式瓶	高28.5cm	190,924	保利香港	2018-04-02
清乾隆 仿官釉八方贯耳瓶	高14.3cm	182,700	佳士得	2018-05-30
清乾隆 仿官釉六方撇口大瓶	高68.2cm	172,500	北京中汉	2018-06-19
乾隆 仿官釉琮式壁瓶	高29cm	138,000	广东衡益	2018-07-01
清乾隆 仿宋官釉大琮式瓶	高28.5cm	126,500	太平洋	2018-06-09
乾隆 仿官釉双耳海棠式口瓶连座	高27cm	97,750	广东衡益	2018-07-01
清乾隆 仿官釉四方瓶	高41cm	71,300	中国嘉德	2018-01-13
清乾隆 仿官釉六方贯耳瓶	高36cm	69,000	北京保利	2018-10-27
清乾隆 仿官釉螭耳瓶	高39.2cm	59,800	中国嘉德	2018-05-18
清乾隆 仿官釉双耳方瓶	高19.5cm	57,500	北京保利	2018-07-27
清乾隆 仿官釉象耳海棠瓶	高16cm	57,500	广东崇正	2018-07-05
清乾隆 仿官釉小贯耳瓶	高8.6cm	55,200	华艺国际	2018-11-17
18世纪 仿官釉海棠形双耳瓶	高11cm	43,700	保利厦门	2018-01-08
清乾隆 仿官釉八卦纹小琮式瓶		42,763	纽约苏富比	2018-09-12
清乾隆 仿官釉双耳小瓶	高15.8cm	34,500	中国嘉德	2018-11-20
清乾隆 仿官釉三羊开泰尊	高34.5cm	2,990,000	北京保利	2018-12-08
清乾隆 仿官釉鸠耳尊	高20cm	2,127,500	西泠拍卖	2018-07-08
清乾隆 官釉阔口尊	高13.5cm	2,127,500	保利厦门	2018-07-15
清乾隆 仿官釉铜卣式牺耳尊	高35.5cm	2,070,000	保利厦门	2018-07-15
清乾隆 铁骨大观釉贯耳橄榄尊	高36.4cm	1,840,000	中贸圣佳	2018-06-20
清乾隆 仿官釉三羊尊	高29.5cm	1,840,000	保利厦门	2018-07-15
清乾隆 仿官釉贯耳尊	高53.5cm	713,000	北京中汉	2018-04-15
清乾隆 仿官釉太平有象海棠尊	高45cm	287,500	北京中汉	2018-06-19
清乾隆 仿官釉鸠耳尊	高17.5cm	51,750	华艺国际	2018-11-17
清乾隆 仿官釉贯耳方壶	高31cm	517,500	北京保利	2018-12-09
清乾隆 官釉双兽耳炉	高13.5cm；直径15.5cm	19,163	香港诚昌	2018-05-28
清乾隆 仿官釉花口碗	直径5.4cm	575,000	北京保利	2018-12-08
清乾隆 仿官釉六方花盆	长28cm	805,000	北京荣宝	2018-06-14
清乾隆 仿官釉水仙盆	22.8×14×4.8cm	42,550	博美拍卖	2018-01-06
清乾隆 仿官釉树形笔筒	高17cm	103,500	华艺国际	2018-05-23
清乾隆 仿官窑三足葵口洗	直径20.5cm	1,058,000	保利厦门	2018-07-15
清乾隆 仿官釉三足葵口洗	宽21.5cm	747,500	北京保利	2018-12-09
清18世纪 仿官釉荷叶笔洗	长8.9cm	85,525	纽约佳士得	2018-09-13
清乾隆 仿官釉蔗节水洗	直径12.8cm	28,750	北京匡时	2018-12-05
清乾隆 仿官釉三足洗	直径30cm	28,750	中国嘉德	2018-05-18

拍品名称	物品尺寸	成交价RMB	拍卖公司	拍卖日期
清乾隆 仿官釉水呈	高2.5cm	56,593	保利香港	2018-10-02
清中期 仿官釉双耳瓶	高13cm	172,500	保利厦门	2018-07-15
清中期 仿官釉大笔筒	直径21cm	20,700	中国嘉德	2018-09-20
清中期 官釉洗	直径13.5cm	25,300	华艺国际	2018-11-17
清道光 仿官釉八方瓶	高32.4cm	230,000	中国嘉德	2018-06-18
清道光 仿官釉模印八卦纹琮式瓶	高27.5cm	115,000	北京中汉	2018-04-15
清道光 仿官釉葵口碗	直径11.5cm	29,900	太平洋	2018-06-09
清咸丰 仿官釉八卦琮式瓶	高28cm	138,000	北京诚轩	2018-06-17
清同治 仿官釉八卦方瓶	高28.2cm	230,000	北京翰海	2018-06-30
清光绪；清19世纪 仿官釉琮式瓶 绿彩仿哥釉罐及绿釉镗锣洗	高27cm	103,550	佳士得	2018-10-04
18世纪/19世纪 仿官釉倭角双耳瓶	20cm	48,510	伦敦苏富比	2018-05-18
清光绪 仿官釉八卦方瓶	高27.3cm	43,700	北京翰海	2018-06-30
清 仿官窑胆瓶	20cm	431,200	伦敦苏富比	2018-05-18
清 仿官釉琮式瓶	高11.5cm	339,250	北京保利	2018-12-09
清 官釉四方瓶	高30cm	28,750	北京翰海	2018-05-13
清 仿官釉四方琮式瓶	宽17.5cm	23,000	北京保利	2018-07-27
清 仿官釉贯耳尊	高31.5cm	218,500	博美拍卖	2018-01-06
清十九世纪 仿官釉灵芝形笔掭		64,144	纽约蘇富比	2018-09-12
清十八/十九世纪 仿官釉洗（两件）		25,658	纽约蘇富比	2018-09-15
清 仿官釉团龙纹水洗	高9.5cm；直径13.2cm	23,000	广东崇正	2018-07-05
清十八/十九世纪初 仿官釉堆白一路连科纹水盂		42,763	纽约蘇富比	2018-09-12
清 仿官釉、仿哥釉文房（六件）	尺寸不一	36,800	中国嘉德	2018-05-18
仿官釉贯耳瓶	高14.2cm	20,700	西泠拍卖	2018-05-04
官釉单耳杯	高5.6cm；直径8.5cm	253,000	中贸圣佳	2018-06-20
钧窑				
北宋/金 钧窑青釉三足炉		118,988	纽约苏富比	2018-03-21
北宋/金 钧窑天蓝釉三足炉	直径16cm	62,050	中国嘉德	2018-04-02
北宋 钧窑天青釉盘	直径29.1cm	2,059,277	纽约佳士得	2018-03-22
北宋/金 钧窑天青釉盘	直径26cm	643,075	佳士得	2018-11-28
北宋/金 钧窑天蓝釉盘	直径17cm	381,848	中国嘉德	2018-04-02
北宋 钧窑天蓝釉小盘		324,995	纽约苏富比	2018-09-12
北宋/金 钧窑天蓝釉盘	直径18.8cm	68,420	纽约佳士得	2018-09-13
北宋至金 钧窑天蓝釉钵式碗	直径10.3cm	185,213	中国嘉德	2018-10-02
北宋 钧窑月白釉撇口盏	高5.1cm；直径11.1cm	205,792	保利香港	2018-10-02
北宋/金 钧窑天蓝釉钵	直径19cm	1,110,550	纽约佳士得	2018-03-22
北宋 钧窑紫斑碗	9cm	21,032,640	香港苏富比	2018-10-03
北宋 钧窑紫斑碗	9cm	11,746,680	香港苏富比	2018-04-03
北宋/金 钧窑天青釉紫斑小碗	直径8.2cm	1,348,525	纽约佳士得	2018-03-22
北宋/金 钧窑青釉花式碗	直径22cm	384,863	纽约佳士得	2018-09-13
北宋 钧窑天蓝釉碗		256,575	纽约苏富比	2018-09-12
北宋/金 钧窑天蓝釉碗	直径21.6cm	190,380	纽约佳士得	2018-03-22
宋/金 钧窑绿釉鸡心罐	高8.2cm	188,155	纽约佳士得	2018-09-13
宋 钧窑天蓝釉三足炉	直径9.3cm	79,830	万昌斯	2018-11-29
宋 钧窑天蓝釉盘	21.3cm	194,040	伦敦苏富比	2018-05-16
宋 钧窑青釉盘	15.8cm	64,680	伦敦苏富比	2018-05-16
宋/金 钧窑小盏和盏托（一套）	口径8cm；托口径11.5cm	48,720	智得拍卖	2018-05-28
宋 钧窑天蓝釉碗	直径21.5cm	340,608	万昌斯	2018-11-29
宋 钧窑乳钉纹三足洗	C:16cm 高7cm	667,000	比斯特	2018-08-30
宋 钧窑天蓝釉折沿洗	直径18.6cm	53,220	万昌斯	2018-11-29
宋 钧窑天蓝釉碗	8.3cm	301,840	伦敦苏富比	2018-05-16
宋/金 钧窑天蓝釉紫斑碗		150,718	纽约苏富比	2018-03-21
宋 钧窑月白釉敛口碗	14.8cm	75,844	香港苏富比	2018-04-02
金 钧窑紫斑三足炉	高8cm	203,000	佳士得	2018-05-30

拍品名称	物品尺寸	成交价RMB	拍卖公司	拍卖日期
金 钧窑玫瑰紫斑鬲式炉	高7.4cm	133,765	保利香港	2018-10-02
金 钧窑天蓝釉小鬲式炉	高5.3cm	66,823	中国嘉德	2018-04-02
金代 钧窑玫瑰紫釉盘	直径16.2cm	210,795	香港中汉	2018-05-31
金 钧窑天蓝釉浅盘	直径17cm	95,462	中国嘉德	2018-04-02
金代 钧窑天蓝釉紫斑大碗	口径18cm；高8cm	194,880	智得拍卖	2018-05-28
金 钧窑天蓝釉碗	直径21.5cm	81,143	中国嘉德	2018-04-02
金/元 钧窑紫斑碗	口径17.5cm；高7.5cm	38,976	智得拍卖	2018-05-28
金/元 钧窑天青釉紫斑大碗	直径24.7cm	32,200	北京中汉	2018-04-15
金/元 钧窑天青釉紫斑碗	直径18.6cm	20,700	北京中汉	2018-04-15
金/元 钧窑紫斑折沿洗	口径13cm；高3.5cm	146,160	智得拍卖	2018-05-28
金 钧窑青釉小碗	直径8.1cm	356,963	纽约佳士得	2018-03-22
金 钧窑紫斑天蓝釉鸡心水丞	直径10.8cm；高9.8cm	63,864	万昌斯	2018-11-29
金 钧窑天蓝釉紫斑大碗	直径22.5cm	59,494	纽约佳士得	2018-03-20
元 钧窑天青玫瑰紫斑盘口三足鬲式炉	宽10.5cm；高9cm	4,600,000	北京保利	2018-12-08
元 钧窑天蓝釉紫斑三足炉		145,393	纽约苏富比	2018-09-15
元 钧窑三足炉	高4.5cm	57,500	北京保利	2018-06-20
元 钧窑双耳三足盖炉	高16cm	53,900	伦敦佳士得	2018-05-15
元 钧窑天蓝釉紫斑三足炉	高8.6cm	34,500	广东崇正	2018-07-05
元 钧窑玫瑰紫斑折沿盘	直径19cm	2,990,000	保利厦门	2018-07-15
元 钧窑盘	直径17.8cm	230,000	北京保利	2018-12-09
元 钧窑月白釉折沿盘	直径19.7cm	230,000	北京保利	2018-06-20
元 钧窑紫斑笑脸盘	直径22.5cm	207,000	保利厦门	2018-07-15
元 钧窑盘	直径17.5cm	46,000	保利厦门	2018-07-15
元 钧窑紫斑盏及盏托	高6.2cm	828,000	北京保利	2018-12-08
元 钧窑小杯及盏托（一套）	尺寸不一	57,500	中国嘉德	2018-11-20
元 钧窑大碗	直径19cm	172,500	保利厦门	2018-07-15
元 钧窑紫斑盏	直径8.3cm	2,012,500	北京保利	2018-06-19
元 钧窑玫瑰紫斑盏	直径9cm	667,000	保利厦门	2018-07-15
元 钧窑月白釉小盏	直径7cm	230,000	北京保利	2018-06-20
元 钧窑系天蓝釉红斑杯	直径7.6cm；高4.6cm	97,750	北京东正	2018-06-17
元 钧窑玫瑰紫渣斗式花盆	宽25cm	1,495,000	北京保利	2018-12-12
元 钧窑丁香紫釉笔舔	直径8.3cm	322,000	北京保利	2018-06-19
元 钧窑玫瑰紫碗	直径20cm	304,500	佳士得	2018-05-30
元 钧窑紫斑碗	直径19.7cm	72,696	纽约佳士得	2018-09-13
元 钧窑天蓝釉紫斑碗		72,696	纽约苏富比	2018-09-15
元/明 钧窑天蓝釉碗	21cm	43,120	伦敦苏富比	2018-05-18
元/明 钧窑器（两件）	高8.5cm	25,384	纽约佳士得	2018-03-20
明初 钧窑天青釉花盆	高18.5cm；直径20cm	48,875,000	中国嘉德	2018-11-20
元/明初 钧窑天蓝“四”字仰钟式花盆	宽25.4cm	29,891,900	佳士得	2018-11-26
元/明初 钧窑天蓝釉长方盆	长17.2cm	1,269,200	纽约佳士得	2018-03-22
元/明初 钧窑玫瑰紫釉鼓钉洗	直径20.9cm	3,734,621	纽约佳士得	2018-03-22
明 / 清 钧窑执壶	长12.1cm；高20.3cm	20,700	中贸圣佳	2018-11-25
明 钧窑大笔洗	直径19cm	92,000	北京荣宝	2018-12-03
仿钧釉				
明早期 钧瓷带紫斑大碗	口直径18cm	48,300	上海嘉禾	2018-10-14
17世纪 钧窑系碗	直径17cm	94,078	纽约佳士得	2018-09-13
明或更早 钧窑灵芝形壁瓶	长21cm	161,000	博美拍卖	2018-01-05
明、清 黑釉朝冠耳炉、钧釉小瓶各一件	高15.7cm；长11cm	51,750	中国嘉德	2018-09-19
明 钧窑三足炉	高8cm	80,500	保利厦门	2018-07-15
明 早期钧瓷带紫斑三足香炉	6.5 x 7cm	40,250	上海嘉禾	2018-06-25
明 钧窑东沟绿釉盏托（一套）	直径9cm；直径11.5cm	172,500	保利厦门	2018-07-15
明 钧窑菊瓣形盏托	盏直径9cm；直径托12cm	92,000	保利厦门	2018-07-15

拍品名称	物品尺寸	成交价RMB	拍卖公司	拍卖日期
明 钧窑大碗	直径22.5cm	299,000	保利厦门	2018-07-15
明 钧窑菊瓣碗	直径22cm	34,500	北京保利	2018-07-27
明 钧窑月白釉小杯（一对）	直径6.3cm×2	1,150,000	北京匡时	2018-06-15
明/清 钧窑系瓷器（三件）	高10.2cm；Pear-shaped vase：高12.1cm；Dish：直径17.8cm	19,038	纽约佳士得	2018-03-20
清雍正 仿钧釉梅瓶	高12cm	34,500	博美拍卖	2018-01-05
清雍正 仿钧窑变釉钵	直径14.2cm	306,611	香港中汉	2018-05-31
清雍正 仿钧窑玫瑰紫釉六棱花瓣口盆	高10.6cm；直径29cm	535,059	保利香港	2018-10-02
清雍正-乾隆 仿钧釉荷叶笔舔	长8.6cm	126,500	中国嘉德	2018-09-19
18世纪 仿钧釉螭龙双耳炉	宽16cm	185,213	中国嘉德	2018-10-02
清乾隆 仿钧釉六方花盆	长21cm	40,250	中国嘉德	2018-05-19
清乾隆 仿钧釉荷叶洗	长24cm	23,000	中国嘉德	2018-09-19
清乾隆 仿钧釉红斑水盂	高3.5cm	23,000	北京匡时	2018-06-15
18世纪 仿钧釉船形水丞	宽10cm	102,896	中国嘉德	2018-10-02
清中期 仿钧窑水仙盆	长22cm	80,500	中国嘉德	2018-11-20
清晚期 留佩自造 爱心孔 椭圆钧釉花盆	宽39cm；高6cm	20,700	上海泛华	2018-04-15
清 钧釉双龙耳瓶	高30cm	23,000	北京保利	2018-04-29
清代 仿钧釉棱口折沿洗	直径26cm；高7.8cm	27,600	中贸圣佳	2018-11-25
民国 钧釉四系瓶	高25.58cm；口径4.5cm	218,500	未来四方	2018-01-20
民国 钧釉达摩	高25cm	161,000	未来四方	2018-01-20
哥窑				
南宋 哥窑三足鼎式炉	高14cm	9,133,200	台北艺流	2018-06-30
南宋 哥窑四方倭角小洗	6.7cm	5,436,480	香港蘇富比	2018-04-02
宋 哥窑叶式洗	C：13.5cm	10,350,000	比斯特	2018-08-30
宋 哥窑蒜头形水滴	高4.5cm	862,500	西泠拍卖	2018-07-08
元 哥窑盏	直径7.4cm	1,265,000	北京保利	2018-12-09
元—明 哥窑倭角小方洗	宽5cm	690,000	北京保利	2018-06-19
宋至明初 哥窑八方杯	7.9cm	121,350	香港苏富比	2018-04-02
仿哥釉				
元-明 仿哥釉墩式碗	高7cm；口径12cm	25,300	西泠拍卖	2018-05-04
元 哥釉碗	直径13cm	64,960	北京适珍	2018-01-07
明以前 仿哥窑倭角八方洗	直径11.6cm	172,500	广东崇正	2018-07-05
明早期 仿哥釉琴形暖砚	10.5×7×3cm	71,300	广东崇正	2018-07-05
明宣德 哥釉青花云龙纹大碗	直径29.7cm	1,207,500	北京中汉	2018-04-15
明成化 仿哥釉出戟花觚	高16.5cm	32,200	北京中汉	2018-09-21
明嘉靖 哥釉蝉形砚台	10.7×7×2.8cm	27,600	北京匡时	2018-12-05
明 哥釉盘口双耳瓶	高24.5cm	43,700	北京翰海	2018-09-16
明或更早 仿哥釉直口瓶	高20.5cm	20,700	华艺国际	2018-03-30
明 仿哥釉冲天耳三足炉	长12.5cm；高6.8cm	207,000	中贸圣佳	2018-11-24
明 仿哥釉朝天耳三足炉		136,840	纽约苏富比	2018-09-12
明 仿哥釉炉	高9.5cm；直径15.8cm	126,500	中贸圣佳	2018-06-20
明 哥釉象耳炉	直径15cm	32,200	华艺国际	2018-11-17
明 仿哥釉菊瓣盘	直径12.3cm	40,250	北京中汉	2018-04-15
明 龙泉仿哥釉双鱼盘	直径22cm	23,000	北京保利	2018-12-09
明晚期 仿哥釉莲瓣盘（五只）	直径14.1cm	23,000	中国嘉德	2018-01-13
明 哥窑花口碗	直径18.3cm	115,000	北京保利	2018-01-21
明 哥釉大碗	直径25cm	34,500	华艺国际	2018-11-17
明代 哥釉马蹄小杯	口径5cm；高3cm	29,232	智得拍卖	2018-05-28
明 哥釉渣斗	直径10cm	218,500	华艺国际	2018-11-17
明 哥釉四方笔筒	高9.2cm	1,092,500	中贸圣佳	2018-11-24
明 仿哥釉方形洗	长7cm	56,350	华艺国际	2018-03-30
明 仿哥釉印池	宽7.5cm	1,023,500	中国嘉德	2018-11-20
明 仿哥釉撇口碗	16.9cm	80,900	香港苏富比	2018-04-02
18世纪 仿哥釉贯耳穿带瓶	高35.2cm	69,000	北京中汉	2018-04-15
18世纪 仿哥釉贯耳瓶	高22.3cm	69,000	北京中汉	2018-09-21

拍品名称	物品尺寸	成交价RMB	拍卖公司	拍卖日期
18世纪 仿哥釉双铺首耳炉	长15.5cm	34,500	北京中汉	2018-09-21
清十八世纪 仿哥釉高足葵口碗	直径11.4cm	34,500	北京中汉	2018-11-21
清早期 哥釉贯耳瓶	高14.5cm	20,700	华艺国际	2018-03-30
清早期 仿哥釉四方洗	长6.5cm	28,750	中国嘉德	2018-05-18
清康熙 哥釉树叶形笔舔	长15.7cm	21,850	北京匡时	2018-12-05
清雍正 仿哥釉三连口凸字扁瓶	高52.5cm	8,970,000	北京华辰	2018-11-19
清雍正 哥釉纸槌瓶	高16.5cm	7,590,000	保利厦门	2018-07-15
清雍正 仿哥釉八卦纹双螭耳抱月瓶	高48.7cm	5,144,800	中国嘉德	2018-10-02
清雍正 仿哥釉铺首瓶	高25.6cm	2,415,000	中国嘉德	2018-11-20
清雍正 仿哥釉折腰盘口瓶	高26.5cm	120,750	华艺国际	2018-03-30
清雍正 仿哥釉双龙耳四方长颈瓶	高33.6cm	92,000	中贸圣佳	2018-06-20
清雍正 仿哥釉铺首四方尊	高32.5cm	552,000	华艺国际	2018-05-23
清雍正 仿哥釉狮耳方尊	高27.1cm	28,750	中国嘉德	2018-05-18
清雍正 仿哥釉饕餮纹贯耳方壶	高46cm	6,210,000	保利厦门	2018-07-15
清雍正 仿哥釉兽环方壶	高37.5cm	2,856,140	佳士得	2018-11-28
清雍正 仿哥釉太白罐	高32.7cm	43,700	中国嘉德	2018-01-13
清雍正 哥釉冲天耳炉	直径10cm	23,000	华艺国际	2018-11-17
清雍正 仿哥釉石榴形水洗	长18cm	20,700	华艺国际	2018-03-30
清乾隆 仿哥釉荸荠扁瓶	高21.8cm	3,335,000	北京匡时	2018-12-05
清乾隆 仿哥釉穿带琮式瓶	高29.5cm	2,530,000	保利厦门	2018-01-08
清乾隆 仿哥釉小天球瓶（一对）	高9.8cm×2	2,300,000	北京诚轩	2018-06-17
清乾隆 仿哥釉海棠式双耳瓶	高31cm	1,718,316	保利香港	2018-04-02
清乾隆 哥釉弦纹梅瓶	高22cm	1,495,000	保利厦门	2018-01-08
清乾隆 仿哥釉八卦琮式瓶	高29.2cm	1,360,658	香港中汉	2018-11-29
清乾隆 仿哥釉穿带瓶	高31cm	816,500	西泠拍卖	2018-07-08
清乾隆 仿哥釉四方八卦纹琮式瓶	高27.8cm	805,000	北京中汉	2018-06-19
清乾隆 仿哥釉八卦纹琮式瓶	高28cm	517,500	北京匡时	2018-12-05
清乾隆 仿哥釉象耳瓶	高40.5cm	460,000	北京翰海	2018-06-30
清乾隆 仿哥釉瓶	高18cm	172,500	北京保利	2018-10-27
清乾隆 仿哥釉琮式瓶	高13.8cm	89,700	北京中汉	2018-04-15
清乾隆 仿哥釉双联瓶	高15.2cm	69,000	中贸圣佳	2018-11-25
清乾隆 仿哥釉贯耳瓶	高30cm	48,300	北京中汉	2018-04-15
清乾隆 仿哥釉小贯耳瓶	高14.7cm	48,300	中国嘉德	2018-09-19
清乾隆 绿哥釉小胆瓶	高19.6cm	46,000	中贸圣佳	2018-11-25
清乾隆 哥釉凸雕百寿图四方瓶	高16.3cm	34,500	北京匡时	2018-06-15
清乾隆 仿哥釉龙耳盘口瓶	高38.4cm	31,050	博美拍卖	2018-01-06
乾隆 哥釉洗口扁瓶连座	高23cm	28,750	广东衡益	2018-07-01
清乾隆 仿哥釉八卦琮式瓶	高8.8cm	20,700	北京保利	2018-10-27
清乾隆 仿哥釉螭耳尊	高22.8cm	3,565,000	保利厦门	2018-01-08
清乾隆 仿哥釉双系耳尊	高21.9cm	2,760,000	北京荣宝	2018-06-14
清乾隆 仿哥釉凸弦纹橄榄尊	高17cm,直径17.2cm	230,000	中贸圣佳	2018-11-24
清乾隆 仿哥釉小鸠耳尊	高21.3cm	195,500	中国嘉德	2018-05-18
清乾隆 哥釉象耳尊	高33.5cm	23,000	中贸圣佳	2018-11-25
18世纪 仿哥釉花觚	直径22.5cm	48,300	保利厦门	2018-01-08
清乾隆 仿哥釉双耳炉	高8.1cm；直径12.4cm	78,200	中贸圣佳	2018-11-24
清乾隆 仿哥釉压经炉	宽13cm	51,750	保利厦门	2018-01-08
清乾隆 哥釉双耳炉	直径10cm	43,700	北京匡时	2018-12-05
清乾隆 绿哥釉蚰耳炉	长17cm	25,300	中国嘉德	2018-01-13
清乾隆 仿哥釉三足炉	直径12cm	25,300	中国嘉德	2018-11-20
清乾隆 哥釉香炉	长11.5cm	23,000	印千山	2018-01-12
清乾隆 仿哥釉三足小炉	直径13cm；高6.1cm	23,000	中贸圣佳	2018-11-25
清乾隆 仿哥釉器座	高15.5cm	20,700	北京保利	2018-10-27
清乾隆 仿哥釉花口碗	直径12cm	63,250	北京荣宝	2018-12-03
18世纪 仿哥釉大碗	直径21cm；高9cm	46,000	保利厦门	2018-01-08
清乾隆 仿哥釉荷叶式杯	长11.9cm；高8.6cm	28,750	中贸圣佳	2018-11-25

拍品名称	物品尺寸	成交价RMB	拍卖公司	拍卖日期
清乾隆 仿哥釉三联笔筒	高9.8cm	1,495,000	北京匡时	2018-12-05
清乾隆 仿哥釉笔筒	直径10cm；高12cm	25,300	北京匡时	2018-12-05
清乾隆 仿哥釉三峰笔架山	长14.3cm；高9cm	230,000	中贸圣佳	2018-11-24
清乾隆 蓝哥釉印盒	直径7.2cm	80,500	北京保利	2018-12-08
清乾隆 仿哥釉鱼穿	高15.4cm	34,500	博美拍卖	2018-01-06
清中期 仿哥釉玉壶春瓶	高18.5cm	48,300	北京保利	2018-12-09
清中期 仿哥釉双联象耳瓶	高33cm	36,800	西泠拍卖	2018-07-08
清中期 仿哥釉双耳活环盘口瓶	高37.5cm	33,600	上海联合	2018-07-01
清中期 仿哥釉鸡心水丞/琮式瓶/柿形水丞	尺寸不一	25,300	华艺国际	2018-11-17
清中期 仿哥釉双鹿兽耳尊	高37.5cm	34,500	太平洋	2018-11-22
清中期 仿哥釉冲天耳炉	直径11cm	32,200	华艺国际	2018-03-30
清中期 黄哥釉青花三羊开泰图弦纹筒式炉	直径12.3cm	23,000	中国嘉德	2018-09-19
清中期 哥窑香炉	直径11cm	23,000	北京翰海	2018-05-13
清中期 仿哥釉八方小杯	直径6.3cm	23,000	北京中汉	2018-04-15
清中期仿哥釉香炉、水呈（两件）	宽7.5cm；宽5.5cm	23,000	北京保利	2018-06-21
清道光 仿哥釉八方瓶	高33cm	115,000	保利厦门	2018-01-08
清道光 仿哥釉葵口碗（一对）	直径12cm	138,000	北京中汉	2018-11-21
清道光庚子年（1840年）仿哥釉四方小洗	宽7.2cm	322,000	北京保利	2018-12-08
清 绿哥釉荸荠瓶	高17.5cm	40,250	博美拍卖	2018-01-06
清 哥釉方瓶	高39cm	34,500	北京保利	2018-01-21
清 清仿“成化年制”款 哥窑铁锈花五彩刀马旦人物图双环耳纹瓶（一对）	高45cm	22,600	广东省拍	2018-09-20
清 哥釉梅瓶	高34cm	21,850	太平洋	2018-06-09
清 青花团凤纹狮耳方瓶、仿哥釉铁绣花青花麒麟图狮耳盘口瓶、红釉粉彩牡丹纹瓶各一件	高45.6cm；高41.6cm；高39.7cm	20,700	中国嘉德	2018-05-19
清 哥釉狮耳蒜头瓶	高23cm	19,550	广东衡益	2018-07-01
清晚期 哥釉开片汉壶尊	高29.4cm	69,000	中贸圣佳	2018-11-25
清 哥釉兽耳方尊	高33cm	32,200	太平洋	2018-11-22
清 哥瓷螭耳盘口尊	高38.5cm	23,000	北京翰海	2018-01-14
清代 哥釉尊	高32cm	20,700	南京经典	2018-07-22
清 仿哥釉太白罐	高34.5cm	43,700	博美拍卖	2018-01-06
清 哥釉八卦双耳六方炉	宽18.5cm	138,000	北京保利	2018-06-21
清 哥釉双耳炉	宽16cm	20,700	北京保利	2018-07-27
清 仿哥釉双如意耳花口尊	高24cm	34,500	北京保利	2018-01-21
清代 哥釉四方倭角捧盒	长16cm；宽16cm；高9.5cm	59,800	南京经典	2018-07-22
清 仿哥釉水洗	直径19.8cm	55,200	华艺国际	2018-11-17
哥釉小长颈瓶	高8.7cm	2,300,000	中贸圣佳	2018-11-24
哥釉青花瓶	高60cm	34,500	未来四方	2018-01-20
龙泉窑				
北宋 龙泉青釉瓶	高21.5cm	81,249	纽约佳士得	2018-09-13
北宋 龙泉青釉围棋盖罐（一对）	高9.7cm	324,800	佳士得	2018-05-30
南宋 龙泉粉青釉纸槌瓶	高23.4cm	38,007,950	佳士得	2018-11-26
南宋 龙泉窑鱼耳瓶	高28.6cm	1,745,150	纽约佳士得	2018-03-22
南宋 龙泉窑青釉琮式瓶	25.8cm	1,293,600	伦敦苏富比	2018-05-16
南宋 龙泉窑青釉鱼龙耳盘口瓶	高26.5cm	872,000	佳士得	2018-10-04
南宋 龙泉青釉长颈瓶	高17.5cm	726,963	纽约佳士得	2018-09-13
南宋 龙泉窑粉青釉长颈瓶	高25cm	617,376	保利香港	2018-10-02
南宋 龙泉穿带瓶	高24cm	238,655	香港诚昌	2018-04-02
南宋至元 龙泉窑粉青釉直颈瓶	高19.5cm	229,109	保利香港	2018-04-02
南宋 龙泉窑粉青釉凤耳瓶	高17cm	172,500	西泠拍卖	2018-07-08
南宋 龙泉青釉盘口瓶	高14cm	140,140	伦敦佳士得	2018-05-15
南宋 龙泉窑粉青釉凤耳瓶	高15.8cm	138,000	西泠拍卖	2018-09-29
南宋 龙泉窑青釉瓶		95,190	纽约苏富比	2018-03-21

拍品名称	物品尺寸	成交价RMB	拍卖公司	拍卖日期
南宋 龙泉窑粉青釉纸槌瓶	高16.5cm；通径7.5cm	74,750	西泠拍卖	2018-05-04
南宋 龙泉青釉长颈盘口瓶	高16.4cm	51,448	保利香港	2018-10-02
南宋 龙泉窑瓜棱花口瓶	宽7cm；高12.5cm	34,500	浙江佳宝	2018-07-01
南宋 龙泉印花文字长颈瓶	高14cm	28,745	香港诚昌	2018-05-28
南宋 龙泉窑小凤耳瓶	高7.5cm	27,600	西泠拍卖	2018-09-29
南宋 龙泉窑小凤尾尊	高17.4cm	475,950	纽约佳士得	2018-03-22
南宋 龙泉窑青釉贴龙纹罐配盖		171,050	纽约苏富比	2018-09-12
南宋 龙泉窑粉青釉小罐	高5.7cm；直径5.4cm	51,448	保利香港	2018-10-02
南宋 龙泉窑粉青釉鬲式炉	高13.6cm；口径16cm	552,000	西泠拍卖	2018-07-08
南宋 龙泉窑仿官米黄釉鬲式炉	高7.6cm；口径8.1cm	402,500	西泠拍卖	2018-07-08
南宋 龙泉窑弦纹三足炉	直径14.7cm	396,625	纽约佳士得	2018-03-22
南宋 龙泉窑粉青釉鬲式炉	高14.3cm	391,000	西泠拍卖	2018-09-29
南宋 龙泉窑青釉龙耳簋式炉	宽13.7cm	239,800	佳士得	2018-10-04
南宋 龙泉窑粉青釉鬲式炉	高11.5cm；通径14.5cm	172,500	西泠拍卖	2018-05-04
南宋 龙泉窑米黄釉双耳三足炉	高11.5cm	102,896	保利香港	2018-10-02
南宋 龙泉窑青釉九思炉	高9.5cm；口径13.9cm	69,000	西泠拍卖	2018-07-08
南宋 龙泉窑刻莲纹斗笠盏	口径11cm	46,000	西泠拍卖	2018-07-08
南宋 龙泉窑官式莲瓣盘	高4.2cm；口径16.4cm	138,000	西泠拍卖	2018-07-08
南宋 龙泉窑粉青釉八方盘	高2.8cm；直径15.2cm	115,000	西泠拍卖	2018-07-08
南宋 龙泉窑莲瓣盘	高4cm；口径13cm	32,200	西泠拍卖	2018-09-29
南宋 龙泉窑莲瓣纹盖碗	高9.8cm；直径11.5cm	138,000	西泠拍卖	2018-07-08
南宋 龙泉窑仿官莲瓣碗	高6cm；口径12.7cm	57,500	西泠拍卖	2018-07-08
南宋 龙泉窑青釉莲瓣纹碗	直径21.5cm	57,277	中国嘉德	2018-04-02
南宋 龙泉窑粉青釉茶盏	高4.5cm；口径9cm	20,700	西泠拍卖	2018-05-04
南宋 龙泉窑翠青釉小盏	高4.5cm；口径8.4cm	18,400	西泠拍卖	2018-07-08
南宋 龙泉窑青釉葵口杯	直径9cm	163,500	佳士得	2018-10-04
南宋 龙泉窑米黄釉莲瓣杯	口径9cm；高5cm	92,000	西泠拍卖	2018-07-08
南宋/元（1127-1368）龙泉窑青釉花形小杯	直径9cm	62,050	中国嘉德	2018-04-02
南宋 龙泉窑青釉贴花双鱼洗	直径29cm	267,294	中国嘉德	2018-04-02
南宋 龙泉窑青釉贴花双鱼洗	直径22.3cm	133,647	中国嘉德	2018-04-02
南宋 龙泉窑小洗	直径13cm	118,988	纽约佳士得	2018-03-22
南宋 龙泉窑梅子青釉双鱼洗	高5.8cm；口径18.2cm	74,750	西泠拍卖	2018-07-08
南宋 龙泉窑双鱼洗	直径13.3cm	43,392	羅芙奧	2018-12-01
南宋 龙泉窑板沿洗	高5cm；通径16cm	23,000	西泠拍卖	2018-05-04
南宋 龙泉青釉碗	11.3cm	2,071,000	香港苏富比	2018-10-03
南宋/明 龙泉青釉器皿（三件）	across 10.2cm	380,760	纽约佳士得	2018-03-20
南宋 龙泉窑青釉莲瓣纹碗		171,050	纽约苏富比	2018-09-12
南宋 龙泉青釉莲瓣小碗	直径8.8cm	128,288	纽约佳士得	2018-09-13
南宋 龙泉青釉莲瓣碗	直径15.6cm	68,420	纽约佳士得	2018-09-13
宋 龙泉窑青釉弦纹梅瓶		1,710,500	纽约苏富比	2018-09-12
宋-元 龙泉窑菱花形环耳瓶	高25cm；通径14cm	138,000	西泠拍卖	2018-05-04
宋-元 龙泉窑双铺首瓶	高13.5cm；通径6cm	34,500	西泠拍卖	2018-05-04
宋代 龙泉窑青釉鬲式香炉	口径10.4cm；高7.8cm	438,480	智得拍卖	2018-05-28
宋代 龙泉窑青釉鼓钉香炉	口径11cm；高6cm	214,368	智得拍卖	2018-05-28

拍品名称	物品尺寸	成交价RMB	拍卖公司	拍卖日期
宋 龙泉鬲式炉	高10.5cm；宽13.5cm	136,416	香港诚昌	2018-05-30
宋-元 龙泉窑三兽足炉	高10.5cm；通径13cm	69,000	西泠拍卖	2018-05-04
宋 龙泉窑青釉「双龙耳」炉	长11.6cm	29,803	万昌斯	2018-11-29
宋-元 龙泉窑三足炉	高11.3cm；通径11cm	20,700	西泠拍卖	2018-09-29
宋代 龙泉窑青釉斗笠盏	口径14cm；高5.2cm	165,648	智得拍卖	2018-05-28
宋 龙泉窑青釉印牡丹纹菱花式盘		85,525	纽约苏富比	2018-09-12
宋 河滨遗范铭龙泉窑莲纹把杯	高4cm；口径9.3cm	51,750	西泠拍卖	2018-07-08
宋-元 龙泉窑鸟食杯	高3.5cm；通径8.5cm	28,750	西泠拍卖	2018-05-04
宋 龙泉窑青釉渣斗	11.5cm	20,482	伦敦苏富比	2018-05-18
宋 龙泉窑青釉花棱形洗	11.2cm	28,028	伦敦蘇富比	2018-05-18
元 龙泉窑粉青釉双凤耳瓶	高17.5cm	2,070,000	北京东正	2018-06-17
元 龙泉窑玉壶春瓶	高33cm	1,667,500	北京东正	2018-06-17
元 龙泉窑青釉凤耳盘口瓶	高17cm	1,380,000	保利厦门	2018-07-15
元 龙泉窑凤耳盘口瓶	高26.5cm	1,207,500	北京翰海	2018-06-30
元 龙泉窑粉青釉纸槌瓶	高13.5cm	920,000	北京东正	2018-06-17
元 龙泉窑福寿套瓶	高23.5cm	552,000	北京保利	2018-06-19
元 龙泉青釉瓜棱花口瓶	高14.5cm	517,500	北京保利	2018-12-08
元 龙泉粉青釉直颈瓶	高19.2cm	517,500	北京保利	2018-06-20
元 龙泉梅子青琮式瓶	高21.5cm	229,109	保利香港	2018-04-02
元 龙泉窑弦纹瓶	高17.2cm	207,000	北京东正	2018-06-17
元 龙泉窑直颈瓶	高19.5cm	172,500	北京保利	2018-06-21
元 龙泉窑青釉缠枝牡丹纹瓶		76,973	纽约苏富比	2018-09-15
元 龙泉双鱼耳瓶	高17cm	57,277	保利香港	2018-04-02
元 龙泉窑青釉"福寿"兽耳衔环瓶	高19.5cm	47,731	中国嘉德	2018-04-02
元 龙泉青瓷凤尾尊	高26cm	964,250	佳士得	2018-05-30
元 龙泉青釉刻牡丹纹凤尾尊	高63cm	558,250	佳士得	2018-05-30
元 龙泉粉青釉大贯耳弦纹壶	高37.7cm	5,520,000	北京保利	2018-12-12
元 龙泉窑刻莲花五管盖壶	高31cm	161,000	北京保利	2018-06-20
元 龙泉窑青釉刻花花卉纹小执壶	宽9.7cm	21,002	中国嘉德	2018-04-02
元 龙泉青釉剔刻四季花卉纹铺首耳罐	高29.8cm	4,953,200	佳士得	2018-05-30
元 龙泉窑开光花卉罐		517,500	北京保利	2018-06-19
元 龙泉青釉浮雕"金玉满堂"花卉图罐	27.5cm	283,400	香港苏富比	2018-10-03
元 龙泉窑青釉刻牡丹菊瓣纹大罐	高35.5cm	172,500	中贸圣佳	2018-06-20
元 龙泉小盖罐	高7cm	161,000	保利厦门	2018-07-15
元/明 龙泉窑青釉弦纹罐	直径30cm	95,462	中国嘉德	2018-04-02
元 龙泉窑青釉划花印海兽百禄纹罐	高21.3cm	70,850	佳士得	2018-10-04
元 龙泉窑青釉菊瓣小罐	直径14cm	55,200	中国嘉德	2018-09-19
元 龙泉窑青釉菊瓣小罐	直径13.5cm	32,200	中国嘉德	2018-05-18
元 龙泉窑青釉凸花金玉满堂花卉纹大罐	直径32cm	28,750	中国嘉德	2018-01-13
元 龙泉窑粉青鬲式炉	直径12.5cm；高10cm	345,000	保利厦门	2018-07-15
元 龙泉三足冲耳小炉	宽8cm；高7.6cm	299,000	北京保利	2018-12-09
元 龙泉青釉三足炉	高10cm	230,000	北京保利	2018-12-09
元 龙泉青釉模印缠枝牡丹纹三足炉	直径21.6cm	192,850	佳士得	2018-05-30
元 龙泉窑三足炉（带座）	直径24.5cm	115,000	华艺国际	2018-11-17
元 龙泉三足弦纹炉	高10cm	71,300	北京保利	2018-12-09
元 龙泉青釉三足小炉	高7cm	69,000	北京保利	2018-06-19
元 龙泉出筋小炉	宽9.8cm	57,500	北京保利	2018-06-21
元 龙泉青釉三足炉	28.5cm	43,120	伦敦苏富比	2018-05-18

拍品名称	物品尺寸	成交价RMB	拍卖公司	拍卖日期
元 龙泉窑青釉弦纹筒式炉	直径9cm	40,250	中国嘉德	2018-01-13
元代 龙泉窑青釉香炉	口径10.8cm；高12cm	37,027	智得拍卖	2018-05-28
元 龙泉窑八卦纹琴炉	高6.5cm；口直径7cm	34,500	浙江佳宝	2018-07-01
元 龙泉窑鼓钉炉	高4.5cm；直径13cm	25,560	罗芙奥	2018-06-02
元 龙泉灵龟仙鹤烛台（一对）	高20.5cm	86,234	香港诚昌	2018-05-28
元 龙泉窑青釉人物烛台	高25cm	57,500	中国嘉德	2018-05-18
元 龙泉窑斗笠碗	直径14.2cm	322,000	北京东正	2018-06-17
元 龙泉窑墩式碗	直径26.7cm	690,000	保利厦门	2018-01-08
元 龙泉窑水月观音像	高27.4cm	345,000	西泠拍卖	2018-07-08
元 龙泉窑锦地缠枝莲纹大盘	直径50Cm	690,000	北京东正	2018-06-17
元 龙泉窑缠枝莲纹折沿大盘	直径48cm	575,000	北京东正	2018-06-17
元 龙泉窑龙纹盘	高7cm；直径33.5cm	345,000	西泠拍卖	2018-07-08
元 龙泉青釉龙纹大盘	直径36.1cm	323,400	伦敦佳士得	2018-05-15
元 龙泉窑模印龙纹大盘	直径34cm	248,201	保利香港	2018-04-02
元代 龙泉窑青釉龙纹大盘	口径34.5cm	199,752	智得拍卖	2018-05-28
元 龙泉青釉刻花卉纹花口盘	直径39cm	158,200	广东省拍	2018-09-20
元 龙泉窑模印双凤纹菊瓣盘	直径16.8cm	71,300	北京匡时	2018-12-05
元 龙泉窑贴塑龙纹折沿盘	直径33.5cm	57,500	华艺国际	2018-05-23
元 龙泉窑印花牡丹纹盘	高6.8cm；直径33.8cm	52,900	西泠拍卖	2018-07-08
元 龙泉窑青釉印花菊纹盘	直径16.2cm	48,300	北京匡时	2018-12-05
元 龙泉窑青釉莲瓣纹盘	直径16cm	47,731	中国嘉德	2018-04-02
元 龙泉窑褐彩贴塑婴戏纹盘	直径15.5cm	43,700	北京保利	2018-12-09
元 龙泉窑划花盘	直径33.4cm	23,000	北京保利	2018-10-27
元 龙泉窑青釉刻宝相花纹大碗	直径17.2cm	690,000	北京东正	2018-06-17
元 龙泉窑刻缠枝花莲瓣纹大碗	直径20.9cm	632,500	北京东正	2018-06-17
元 龙泉窑笠式碗	直径13.8cm	92,000	北京保利	2018-12-09
元 龙泉窑青釉莲瓣纹碗	直径15.5cm	66,823	中国嘉德	2018-04-02
元 龙泉窑葵口杯	直径9.5cm	1,035,000	北京保利	2018-06-19
元 龙泉粉青花口杯	直径8.8cm	391,000	北京保利	2018-12-09
元 龙泉青釉八方杯	宽9.5cm	322,000	北京保利	2018-12-08
元 龙泉窑八角小杯	直径8.2cm	138,000	中国嘉德	2018-06-18
元 龙泉窑公道杯	高8.5cm	39,100	保利香港	2018-10-02
元 龙泉窑香盒	直径9cm	28,750	保利厦门	2018-01-08
元 龙泉窑梅子青釉双鱼洗	直径21.5cm	552,000	保利厦门	2018-01-08
元 龙泉窑露胎双鱼洗	直径14.5cm	368,000	北京保利	2018-06-19
元 龙泉窑折沿洗	直径12cm	287,500	北京东正	2018-06-17
元 龙泉窑青釉双鱼纹折沿洗	直径12cm	17,250	北京中汉	2018-09-21
元 龙泉窑青釉真武大帝	高20.8cm	287,500	中贸圣佳	2018-06-20
元 龙泉窑青釉观音龛	高23cm	69,000	中国嘉德	2018-05-18
元 龙泉窑青釉刻花大碗		63,460	纽约苏富比	2018-03-24
14世纪 龙泉窑青釉刻花花卉纹褐斑执壶	宽17cm	400,940	中国嘉德	2018-04-02
元/14世纪 龙泉窑青釉划花清香美酒纹罐	高25cm	196,200	佳士得	2018-10-04
14世纪 龙泉窑青釉划花刻蕃莲纹碗	直径17.2cm	305,200	佳士得	2018-10-04
明早期 龙泉窑缠枝纹梅瓶	高26cm	1,495,000	北京东正	2018-06-17
明早期 龙泉窑青釉镂空缠枝牡丹纹长颈瓶	高26cm	267,530	保利香港	2018-10-02
明早期 龙泉窑剔刻花卉玉壶春瓶	高34cm	138,000	北京保利	2018-06-21
明早期 龙泉窑青釉玉壶春瓶	高26.8cm	94,300	北京中汉	2018-04-15
明初 龙泉窑玉壶春瓶	高33cm	86,250	华艺国际	2018-11-17
元末明初 龙泉青釉刻花瓶	高21.5cm	41,052	纽约佳士得	2018-09-13
明早期 龙泉窑刻花卉纹大凤尾尊（花觚）	高46.5cm	51,750	北京中汉	2018-04-15
元末明初 龙泉窑青釉执壶连盖	高28.5cm	411,584	中国嘉德	2018-10-02

2018瓷器拍卖成交汇总

(成交价RMB：2万元以上)

拍品名称	物品尺寸	成交价RMB	拍卖公司	拍卖日期
元/明初 龙泉青釉金玉满堂大盖罐	高33cm	239,470	纽约佳士得	2018-09-13
明早期 龙泉窑三足炉	高15.5cm	57,500	北京匡时	2018-12-05
元末明初 龙泉窑菱花口折沿盘	直径48cm	1,380,000	保利厦门	2018-01-08
明初 龙泉青釉划莲花菱口折沿大盘	56.5cm	981,000	香港苏富比	2018-10-03
明早期 龙泉窑青釉刻花金钱纹大盘	直径37cm	504,000	上海联合	2018-11-25
明早期 龙泉窑刻划花缠枝花卉纹大盘	直径47.4cm	138,000	北京中汉	2018-11-21
元末明初 龙泉窑青釉刻印花折沿盘	直径36.6cm	47,731	中国嘉德	2018-04-02
明早期 龙泉窑青釉刻花八方大盘	直径33.7cm	46,000	北京中汉	2018-04-15
明早期 龙泉窑青釉大盘	直径49cm	40,250	中国嘉德	2018-09-19
明早期 龙泉窑刻花卉纹菱口大盘	高8.5cm；口直径38.5cm	34,500	浙江佳宝	2018-07-01
明早期 处州龙泉窑印划花牡丹纹钵式大碗	直径28.6cm	668,824	保利香港	2018-10-02
明早期 龙泉窑折枝花卉海浪纹菱口大碗	直径28cm；高13.7cm	598,000	北京保利	2018-12-08
元末明初 龙泉窑刻牡丹纹大碗	直径31.5cm	345,000	保利厦门	2018-01-08
明早期 龙泉窑刻花卉纹卧足碗	直径11.7cm	230,000	北京东正	2018-06-17
明早期 龙泉暗刻花卉纹浅碗	直径11.5cm	161,000	保利厦门	2018-01-08
明早期 龙泉刻花卉碗	直径17cm	143,193	保利香港	2018-04-02
明早期 处州龙泉窑粉青釉撇口碗	高9.6cm；直径20.7cm	51,448	保利香港	2018-10-02
明早期 龙泉窑青釉诸葛碗	直径20.8cm	48,300	北京诚轩	2018-06-17
明初 龙泉窑龙纹画缸	直径40.5cm；高29cm	2,530,000	中国嘉德	2018-06-18
明初 龙泉窑百条缸	直径36cm；高23cm	598,000	保利厦门	2018-07-15
明初 龙泉窑八卦纹三足洗	直径23.5cm	1,437,500	华艺国际	2018-11-16
明初 龙泉窑鱼藻纹洗	直径30.5cm	437,000	中国嘉德	2018-11-20
元末明初 龙泉窑鼓钉八卦纹三足洗	直径32cm	57,500	保利厦门	2018-01-08
明早期 龙泉窑青釉镂空钱纹砚屏	长19cm	20,700	中国嘉德	2018-05-18
明早期 龙泉窑甪端香熏	高17.5cm	63,250	保利厦门	2018-01-08
元末；明初 龙泉窑青釉高足碗	高8.9cm	43,600	佳士得	2018-10-04
明洪武 龙泉青釉划花牡丹纹玉壶春瓶	高33.5cm	3,450,000	保利厦门	2018-01-08
明洪武 处州龙泉青釉菱口大盘	直径54.5cm	1,028,960	保利香港	2018-10-02
明洪武 处州龙泉莲纹折沿盘	直径18.8cm	322,000	北京保利	2018-12-08
明洪武 龙泉窑葵花口盏托	直径19cm	184,000	保利厦门	2018-01-08
明洪武/永乐 处州龙泉粉彩浮雕缠枝花卉大碗	直径20.7cm	1,150,000	北京保利	2018-06-20
元至洪武 龙泉窑贴塑双鱼纹花口盆	直径29.8cm	299,000	北京东正	2018-06-17
明永乐 龙泉窑模印莲花纹壮罐	高27.5cm	402,500	北京保利	2018-06-20
明永乐 龙泉窑划花牡丹纹墩式碗	直径28cm；高13cm	690,000	保利厦门	2018-07-15
明永乐 龙泉青瓷枇杷纹葵口折沿大盘	直径47cm；高8.5cm	3,450,000	保利厦门	2018-07-15
明永乐 龙泉窑青釉大盘	直径42cm	191,632	香港中汉	2018-05-31
明永乐 龙泉窑缠枝莲纹莲子碗	直径18.6cm	552,000	北京东正	2018-06-17
明永乐 处州龙泉缠枝花卉碗	直径20.2cm；高9.3cm	287,500	北京保利	2018-12-08
明永乐 龙泉窑内外暗刻宝相花纹卧足洗	直径11cm	172,500	保利厦门	2018-01-08
明永乐/宣德 龙泉窑青釉刻花卉纹碗	直径20.3cm	221,750	佳士得	2018-11-28
15世纪 龙泉窑青釉划花卉纹大盘	直径49cm	141,700	佳士得	2018-10-04

拍品名称	物品尺寸	成交价RMB	拍卖公司	拍卖日期
明中期 龙泉窑露胎开光阿拉伯文炉	高12cm	345,000	北京保利	2018-12-09
明 龙泉鱼耳海棠口瓶（一对）	高25cm×2	667,000	保利厦门	2018-07-15
明 龙泉窑暗刻牡丹纹梅瓶	高50cm	391,000	保利厦门	2018-01-08
明 龙泉窑菊瓣梅瓶	高28cm	218,500	北京保利	2018-04-29
明 龙泉窑牡丹纹梅瓶	高30cm	207,000	印千山	2018-01-12
明 龙泉青釉玉壶春瓶	高15.5cm	75,460	伦敦佳士得	2018-05-15
明 龙泉窑青釉镂空缠枝牡丹纹长颈瓶		63,460	纽约苏富比	2018-03-24
明 龙泉窑花卉大梅瓶	高35cm	46,000	北京保利	2018-06-21
明 龙泉窑玉壶春瓶	高27cm	33,350	华艺国际	2018-03-30
明 龙泉窑青釉刻牡丹纹兽耳环瓶	高40cm；直径22.5cm	29,380	广东省拍	2018-09-20
明 龙泉窑刻花梅瓶	高36.5cm	28,750	北京荣宝	2018-06-14
明 龙泉窑青釉观音瓶	21.4cm	21,560	伦敦苏富比	2018-05-18
明 龙泉窑刻花小贯耳瓶	直径9.8cm；高17.7cm	17,250	中贸圣佳	2018-11-25
明中期 龙泉窑青釉暗刻花卉纹尊	高37.5cm	34,500	中国嘉德	2018-09-19
明晚期 龙泉窑青釉暗刻花卉纹凤尾尊（一对）	高47cm	28,750	中国嘉德	2018-05-18
明 龙泉窑青釉碗、暗刻花卉纹凤尾尊各一件	高29cm；直径17.2cm	28,750	中国嘉德	2018-09-19
明晚期；清初 龙泉窑青釉花觚	高20cm	38,150	佳士得	2018-10-04
明 龙泉窑青釉瓜棱壶	直径12cm	48,300	北京荣宝	2018-12-03
15世纪初 龙泉窑青釉刻牡丹纹盖罐		384,863	纽约苏富比	2018-09-12
明 龙泉窑刻花卉罐	高34cm	92,000	北京保利	2018-01-21
明 龙泉窑青釉凸花缠枝莲纹壮罐	高29.5cm	80,500	中国嘉德	2018-05-19
明 龙泉窑青釉罐	直径32cm	62,050	中国嘉德	2018-04-02
明 龙泉窑青釉小盖罐		22,237	纽约苏富比	2018-09-15
明 龙泉窑三足炉	直径14cm；高12cm	345,000	北京荣宝	2018-12-03
明中期 龙泉窑印花卉三足炉	直径24.5cm	132,250	北京保利	2018-04-29
明 龙泉窑青釉刻缠枝莲纹索耳三足炉		94,078	纽约苏富比	2018-09-12
明 龙泉青釉炉	高11.5cm	69,000	北京保利	2018-12-09
明 龙泉窑双耳炉	直径14cm	46,000	北京荣宝	2018-12-03
明 龙泉窑青釉八卦纹三足炉		39,663	纽约苏富比	2018-03-21
明 龙泉窑双耳炉	高28cm	34,500	华艺国际	2018-03-30
明中期 龙泉窑青釉凸花八卦纹炉	直径24.2cm	34,500	中国嘉德	2018-09-19
明 龙泉窑双耳三足炉	高13cm	25,300	北京荣宝	2018-06-14
明 龙泉窑青瓷香炉、圆山传衣书法立轴（两件）	高5cm；直径10.2cm	23,000	广东崇正	2018-07-05
明 龙泉窑青釉牡丹纹朝天耳三足炉		19,038	纽约苏富比	2018-03-24
明 龙泉窑青釉斗笠盏	直径13cm	32,200	北京荣宝	2018-12-03
明-清 白釉六方形箭筒 嵌粉彩瓷板插屏 粉彩弥勒像 龙泉窑三足炉及龙泉窑钵（一组六件）	尺寸不一	18,400	西泠拍卖	2018-09-29
明 龙泉窑释迦牟尼佛坐像	高25.5cm	391,000	保利厦门	2018-07-15
明 龙泉窑观音像	高17.5cm	57,500	北京保利	2018-10-27
明 龙泉窑观音像	高30cm	34,500	北京保利	2018-07-27
十四世纪末/15世纪初 龙泉窑青釉刻花开光榴开百子图菱花式大盘		3,369,726	纽约苏富比	2018-03-20
明 龙泉窑暗刻花卉盘花口盘	直径39.8cm	230,000	广东崇正	2018-07-05
明 龙泉窑青釉莲花纹盘	38.5cm	182,025	香港苏富比	2018-04-03
明 龙泉窑青釉印花格纹刻花花卉纹大盘	直径45.5cm	57,277	中国嘉德	2018-04-02
明 龙泉窑青釉冰裂纹碗（一对）	直径14.5cm×2	690,000	保利厦门	2018-07-15

拍品名称	物品尺寸	成交价RMB	拍卖公司	拍卖日期
明中期 龙泉窑青釉朱买臣故事图碗	直径18.2cm	57,500	北京诚轩	2018-06-17
明 龙泉窑暗刻花卉大碗	直径38cm	28,750	太平洋	2018-11-22
明 龙泉窑菊瓣碗	直径21.8cm	28,750	北京中汉	2018-09-21
明代 龙泉窑刻花碗	高17.8cm；口径10cm	25,300	未来四方	2018-01-20
明 龙泉莲子杯	直径8.5cm；高4.5cm	86,250	保利厦门	2018-07-15
明 "天之美禄"铭龙泉窑方碟（一对）	长10.6cm；宽10.6cm	40,250	西泠拍卖	2018-07-08
明中期 龙泉窑青釉暗刻花卉纹缸	直径42.4cm	28,750	中国嘉德	2018-09-19
明 龙泉窑花口洗	直径17.5cm；高5.8cm	747,500	北京荣宝	2018-12-03
明 龙泉窑青釉双鱼洗	直径35cm	64,914	中国嘉德	2018-04-02
明 龙泉窑莲纹印盒	直径7.7cm	92,000	北京东正	2018-06-17
明 龙泉窑青釉刻魁星点斗花卉图砚屏		27,368	纽约蘇富比	2018-09-15
明 龙泉观音	高21cm	115,000	北京翰海	2018-09-16
明 龙泉窑罗汉	高20.5cm	97,750	北京荣宝	2018-12-03
明 龙泉窑青釉船形水滴	宽10.5cm	51,448	中国嘉德	2018-10-02
明 龙泉窑青釉镂空缠枝花卉纹花插	高16.5cm	32,200	中国嘉德	2018-09-20
十四世纪 龙泉窑青釉庭阁仕女图罐		513,150	纽约苏富比	2018-09-12
十四/15世纪 龙泉窑青釉缠枝花卉纹罐	32cm	28,028	伦敦苏富比	2018-05-18
龙泉窑塔	高40cm	230,000	未来四方	2018-01-20
仿龙泉釉				
18世纪 仿龙泉窑青釉暗刻缠枝莲纹双耳四足炉	直径17cm	46,000	北京中汉	2018-06-19
清乾隆 仿龙泉青釉锥拱荷花纹玉壶春瓶	直径20.5cm；高31cm	80,500	中贸圣佳	2018-06-20
清乾隆 仿龙泉青釉凸花云龙纹盘	直径22.2cm	126,500	中国嘉德	2018-05-18
清乾隆 仿龙泉青釉暗刻缠枝莲纹花口小盘	直径8.5cm	23,000	中国嘉德	2018-01-13
清 龙泉窑香炉	宽9cm；高10cm	23,000	凤凰拍卖	2018-01-21
景德镇青釉				
北宋 青釉瓜棱执壶		31,730	纽约苏富比	2018-03-24
北宋 青釉划花鸳鸯纹粉盒	高4.3cm；口径10.2cm	80,500	西泠拍卖	2018-07-08
北宋 青釉钵	高6.4cm；口径14.2cm	115,000	西泠拍卖	2018-07-08
南宋 湖田窑婴戏纹执壶	高8.5cm；通径11cm	36,800	西泠拍卖	2018-05-04
南宋 龙泉青釉洗	直径14cm	203,000	佳士得	2018-05-30
南宋 青釉三足水滴	高8.2cm	494,500	西泠拍卖	2018-07-08
宋元 青釉莲瓣盏	高5.5cm；口径8.5cm	80,500	西泠拍卖	2018-07-08
宋 龙泉青釉葵瓣洗	14.5cm	763,000	香港蘇富比	2018-10-03
宋 青釉器（两件）		29,934	纽约苏富比	2018-09-15
元代 青釉螭龙柄寿桃长流执壶	高22cm	437,000	深圳至正国际	2018-08-25
元 青釉观音坐像	高23.5cm	126,500	北京保利	2018-06-20
元 龙泉粉青釉折沿洗	直径15cm	402,500	北京东正	2018-06-17
明初 翠青釉刻花罐	高29cm	43,700	华艺国际	2018-11-17
明宣德 霁青釉暗刻朵云行龙纹盘	直径20.2cm	3,105,000	北京保利	2018-12-08
明成化 灰青釉双兽耳瓶	高23.5cm	28,750	北京保利	2018-12-09
明成化 仿宋青釉葵瓣形杯	直径7.7cm	1,552,500	北京诚轩	2018-06-17
明嘉靖 青釉暗刻花卉纹卧足洗	直径15.2cm	862,500	北京保利	2018-12-08
明万历辛卯年（1591）冬青釉浅碗	直径13.6cm	426,300	佳士得	2018-05-30

拍品名称	物品尺寸	成交价RMB	拍卖公司	拍卖日期
明16/17世纪 青釉牡丹纹瓶	高48.9cm	64,680	伦敦佳士得	2018-05-15
明 青釉鱼耳瓶	高25cm	287,500	北京荣宝	2018-06-14
明 豆青暗刻龙纹梅瓶	高36cm	46,000	北京翰海	2018-09-16
明代 青釉荷叶罐	高35cm；口径23cm	40,250	未来四方	2018-01-20
明 青釉双耳炉	宽13cm	57,500	北京保利	2018-12-09
明 青釉炉	直径14cm	43,700	北京翰海	2018-01-14
明 青釉莲瓣纹盘	直径16cm	115,000	北京荣宝	2018-06-14
明 青釉盘	直径7cm；高4cm	115,000	北京荣宝	2018-06-14
明 青釉印牡丹纹碗	直径17cm	460,000	北京荣宝	2018-06-14
明 青釉海水鱼纹模印大碗	直径23cm	299,000	北京荣宝	2018-12-03
明 青釉莲瓣碗	直径17cm	253,000	北京荣宝	2018-06-14
明 青釉莲瓣碗	直径11.5cm	27,600	北京荣宝	2018-06-14
明 青釉牡丹剔刻杯	高7cm；直径13cm	57,500	北京荣宝	2018-06-14
明 高足印花杯	直径11cm	34,500	北京荣宝	2018-06-14
明 青釉刻花盖盒	直径10.5cm	103,500	北京荣宝	2018-12-03
明 龙泉粉青釉洗	直径13.5cm	138,000	保利厦门	2018-07-15
明 青釉花口洗	直径12.5cm	92,000	北京荣宝	2018-06-14
明 青釉花口洗	直径13cm	69,000	北京荣宝	2018-06-14
明 青釉水注（带盖）	高14cm；直径12cm	115,000	北京荣宝	2018-06-14
明 龙泉青釉狮子滚绣球纸镇嵌楠木刻"破尘出卷"满、汉文方章	长12.5cm；宽7.3cm	36,800	北京中汉	2018-06-19
18世纪 粉青釉弦纹铺首大尊	高53.2cm	414,000	北京中汉	2018-09-21
清早期 青釉三足炉	直径25.8cm	17,250	中国嘉德	2018-01-13
清康熙 粉青釉菊瓣瓶	高21.1cm	6,325,000	北京保利	2018-12-08
清康熙 青釉龙纹瓶	高23.5cm	273,680	纽约佳士得	2018-09-13
清康熙 青釉刻缠枝莲纹纸槌瓶		111,055	纽约苏富比	2018-03-20
清康熙 豆青釉暗刻莲花纹梅瓶	高24cm	69,969	中国嘉德	2018-10-02
清康熙 粉青釉暗刻螭龙纹长颈瓶	高22cm	57,500	北京匡时	2018-06-15
清康熙 冬青釉祥云纹马蹄尊	高8cm	1,380,000	保利厦门	2018-07-15
清康熙 冬青釉云纹马蹄尊	高8.2cm	1,145,544	中国嘉德	2018-04-02
清康熙 青釉雕穿芝螭龙纹凤尾尊	75.8cm	910,125	香港苏富比	2018-04-03
清康熙 东青釉暗刻云龙纹观音尊	高41.9cm	92,000	北京中汉	2018-06-19
清康熙 粉青釉模印穿花龙纹铺首尊	高33.4cm	36,800	北京中汉	2018-09-21
清康熙 青釉暗刻锦地铺首花觚	高40.5cm	32,200	中国嘉德	2018-05-18
清康熙 青釉暗刻花卉花觚	高42cm	23,000	北京保利	2018-10-27
清康熙 豆青釉葵瓣洗	直径14.1cm	120,750	北京诚轩	2018-06-17
清康熙 冬青釉浅浮雕如意祥云纹马蹄尊	直径7.8cm	1,725,000	北京保利	2018-06-19
清康熙 粉青釉暗花缠枝莲纹碗	直径16.3cm	102,410	伦敦佳士得	2018-05-15
清康熙 粉青釉暗刻夔凤纹笔海	直径17.7cm；高15.5cm	345,000	北京匡时	2018-12-05
清康熙 青釉刻穿芝龙纹笔筒		333,165	纽约苏富比	2018-03-20
清康熙 青釉竹节笔筒	直径12cm；高13.5cm	92,000	中贸圣佳	2018-11-25
清康熙 青釉堆白竹节笔筒	高14.5cm	69,000	中国嘉德	2018-05-18
清康熙 豆青釉暗刻衔芝龙纹笔筒	高14.6cm	40,250	中贸圣佳	2018-11-24
清康熙 青釉暗刻云龙纹笔筒	直径18.3cm	32,200	中国嘉德	2018-09-19
清康熙 青釉砚	直径15.5cm	109,250	北京保利	2018-04-29
清雍正 粉青釉六方瓶	高28cm	9,775,000	北京保利	2018-12-08
清雍正 仿汝天青釉弦纹蒜头瓶	高28.2cm	8,293,450	香港中汉	2018-11-29
清雍正 御窑粉青釉葫芦瓶	高32cm	3,450,000	北京东正	2018-06-17
清雍正 仿汝天青釉六方贯耳大瓶	高46.5cm	2,415,000	华艺国际	2018-11-16
清雍正 粉青釉模印菊瓣小贯耳瓶	高9.4cm	126,500	中贸圣佳	2018-06-20
清雍正 青釉弦纹瓶	高29cm	20,700	北京保利	2018-10-28

2018瓷器拍卖成交汇总

(成交价RMB：2万元以上)

拍品名称	物品尺寸	成交价RMB	拍卖公司	拍卖日期
清雍正 粉青釉贴浮雕螭龙尊	高17cm	3,220,000	北京东正	2018-06-17
清雍正 粉青釉石榴尊	高18cm	400,940	保利香港	2018-04-02
清雍正 冬青釉六棱撇口尊	直径20.5cm；高15cm	172,500	保利厦门	2018-07-15
清雍正-乾隆 豆青釉石榴尊	高19cm	34,500	太平洋	2018-06-09
清雍正 粉青釉小花觚	高12.2cm	20,579	保利香港	2018-10-02
清雍正 青釉兽耳扁壶	高22cm	920,000	深圳至正国际	2018-08-25
清雍正 豆青釉暗刻花卉镗锣洗	直径16cm	172,500	太平洋	2018-06-09
清雍正 粉青釉浮雕菊瓣纹四系花篮尊	高12cm；直径16cm	2,100,164	保利香港	2018-04-02
清雍正 粉青釉凸雕如意云头纹碗	直径24cm；高11cm	310,500	保利厦门	2018-07-15
清雍正 粉青釉凸花如意头纹碗	直径24.1cm	230,000	北京诚轩	2018-06-17
清雍正 粉青釉加蓝料彩螭龙纹折沿大盘	直径50cm	3,054,784	保利香港	2018-04-02
清雍正 粉青釉刻青竹灵芝纹盘（一对）	直径11.6cm	943,000	北京保利	2018-06-19
清雍正 粉青釉小盘	直径13.2Cm	460,000	北京保利	2018-06-20
清雍正 粉青釉暗刻灵芝纹小盘（一对）	直径11.6cm	402,500	中国嘉德	2018-06-18
清雍正 冬青釉浮雕福山寿海纹盘	直径20cm	218,500	保利厦门	2018-01-08
清雍正 粉青釉模印寿山福海折腰盘	直径19.5cm	115,000	北京保利	2018-07-27
清雍正 粉青釉锥拱雕花折枝花卉瑞果纹大宫碗	直径34cm；高16.5cm	2,875,000	中贸圣佳	2018-11-24
清雍正 粉青釉模印折枝花卉纹大碗	直径34cm；高17cm	2,875,000	中国嘉德	2018-11-20
清雍正 粉青印菊花纹弦纹笠式碗	直径21cm	1,265,000	北京保利	2018-06-20
清雍正 粉青釉浅浮雕花卉纹碗	直径22.2cm	943,000	北京保利	2018-06-20
清雍正 粉青模印花卉碗	直径11.5cm	184,000	北京荣宝	2018-12-03
清雍正 天青釉碗	直径11cm	105,800	博美拍卖	2018-01-05
清雍正 粉青釉凤纹高足杯	直径9.8cm；高9cm	69,000	北京匡时	2018-12-05
清雍正 粉青釉仿影青模印凤纹高足杯	直径9.3cm	51,750	太平洋	2018-11-22
清雍正 粉青釉钵式水洗	直径12cm	345,000	华艺国际	2018-11-17
清雍正 粉青钵	高9.5cm；直径12.5cm	97,440	香港诚昌	2018-05-30
清雍正 粉青釉菱口三足洗	直径22.5cm	2,530,000	北京保利	2018-06-19
清雍正 粉青釉菊瓣碗	18.4cm	1,011,250	香港苏富比	2018-04-03
清雍正 粉青釉浮雕缠枝花卉纹碗（一对）		793,250	纽约苏富比	2018-03-21
清乾隆 粉青釉夔凤耳海棠式大瓶		7,862,694	纽约苏富比	2018-03-21
清乾隆 粉青釉花瓶	高40cm	7,694,525	纽约佳士得	2018-03-22
清乾隆 粉青釉六孔瓶	高24cm	6,325,000	保利厦门	2018-07-15
清乾隆 粉青釉葫芦瓶	高32.3cm	2,530,000	北京保利	2018-06-19
清乾隆 粉青釉菊瓣蒜头瓶	高31.5cm	1,193,275	保利香港	2018-04-02
清乾隆 冬青釉葫芦瓶	高33cm	1,012,000	北京匡时	2018-06-15
18世纪 豆青釉刻龙纹长颈瓶	高61.6cm	410,520	纽约佳士得	2018-09-13
清乾隆 粉青釉花口瓶	高19.3cm	343,663	保利香港	2018-04-02
清乾隆 粉青釉模印花卉盘口瓶	高21.6cm	144,054	保利香港	2018-10-02
清乾隆 豆青釉堆白暗八仙纹盘口瓶	高52cm	115,000	华艺国际	2018-05-23
清乾隆 豆青釉粉彩仕女双螭龙耳瓶	高36.7cm	86,250	北京匡时	2018-06-15
18世纪 粉青釉琮式瓶	高13.4cm	82,317	保利香港	2018-10-02
清乾隆 粉青釉双耳瓶	高15.5cm	55,200	华艺国际	2018-03-30
18世纪 粉青釉莱菔瓶	高19.5cm	34,500	华艺国际	2018-03-30
清乾隆 豆青釉印花瓶	高23cm	25,300	华艺国际	2018-03-30
清乾隆 青釉凸花兽面纹象耳盘口瓶	高20.6cm	23,000	中国嘉德	2018-09-19
清乾隆 粉青釉双龙耳瓶	高16cm	20,700	保利厦门	2018-07-15
清乾隆 粉青釉双耳瓶	高15.5cm	17,250	华艺国际	2018-11-17
清乾隆 粉青釉描金鱼篓尊	高12cm	5,175,000	北京匡时	2018-12-05
清乾隆 粉青釉锥拱饕餮纹双龙首衔环尊	高23cm	414,000	中贸圣佳	2018-11-24
清乾隆 青釉褐彩海棠口尊	高16.9cm	216,082	保利香港	2018-10-02
清乾隆 豆青釉铺首尊	高25cm	20,700	太平洋	2018-06-09
清乾隆 天青釉花觚	高28cm	34,500	太平洋	2018-11-22
清乾隆 豆青釉铺兽首鼓形罐（一对）	高16.5cm	916,300	伦敦佳士得	2018-05-15
清乾隆 粉青釉日月罐		324,995	纽约苏富比	2018-09-12
清乾隆 粉青釉鼓式罐	高16.5cm	308,688	保利香港	2018-10-02
清乾隆 冬青釉模印夔龙纹罐	高25.8cm	230,000	北京中汉	2018-09-21
清乾隆 豆青釉日月罐	高19cm	230,000	北京翰海	2018-06-30
清乾隆 豆青釉月牙罐	高19cm	172,500	北京中汉	2018-06-19
清乾隆 粉青釉日月罐		158,650	纽约苏富比	2018-03-21
清乾隆 粉青釉日月罐		111,055	纽约苏富比	2018-03-21
清乾隆 冬青釉月牙罐	高19cm	55,200	华艺国际	2018-11-17
清乾隆 豆青釉鼓钉罐	高16.1cm	46,000	上海匡时	2018-04-30
清乾隆 豆青釉青花题诗茶叶罐	高17.5cm	23,000	北京中汉	2018-09-21
清乾隆 豆青模印菊花纹罐	高9.5cm	20,700	太平洋	2018-11-22
乾隆 粉青釉双耳三足炉连座	高23cm；直径17.5cm	2,990,000	广东衡益	2018-07-01
清乾隆 冬青釉三兽足冲天耳炉	直径31.8cm；高28cm	322,000	中贸圣佳	2018-11-25
清乾隆 豆青釉鼓钉洗	直径14cm	368,000	北京匡时	2018-12-05
清乾隆 豆青釉内刻外印缠枝牡丹纹大碗	直径26cm	239,800	佳士得	2018-10-04
清乾隆 唐英制「陶榷」款豆青釉诗文荷花杯	直径9.5cm	230,000	华艺国际	2018-11-16
清乾隆 豆青釉模印缠枝花卉纹大碗	直径26.5cm	210,795	香港中汉	2018-05-31
清乾隆 豆青釉碗	高5.3cm；口直径11.3cm	172,500	浙江佳宝	2018-07-01
清乾隆 豆青釉盘	直径25.2cm	51,448	保利香港	2018-10-02
清乾隆 豆青釉粉彩花卉五蝠纹碗	直径17.2cm	40,250	北京中汉	2018-04-15
清乾隆 豆青釉荷叶洗	宽22.5cm；高4.5cm	34,500	保利厦门	2018-01-08
清乾隆 豆青釉皮球花纹盘（一对）	直径16cm×2	32,200	保利厦门	2018-07-15
清乾隆 青釉暗刻水波纹花口斗笠碗	直径26.5cm	51,750	中国嘉德	2018-01-13
清乾隆 粉青釉如意纹六孔瓶		3,598,182	纽约苏富比	2018-03-21
清乾隆 粉青釉万年吉庆如意盖瓶	通高 25cm	3,348,480	香港苏富比	2018-10-03
清乾隆 粉青釉盘	直径20cm	862,500	深圳至正国际	2018-08-25
清乾隆 粉青釉模印花卉纹高足盘	直径17.2cm	268,285	香港中汉	2018-05-31
清乾隆 粉青釉折沿盘（一对）	直径16.8cm	267,294	保利香港	2018-04-02
清乾隆 粉青釉盘	直径16.5cm	74,750	保利厦门	2018-07-15
清乾隆 青釉盘（一对）	直径16.8cm	69,000	中国嘉德	2018-05-19
清乾隆 青釉暗刻缠枝荷花纹盘	直径16.4cm	46,303	保利香港	2018-10-02
清乾隆 青釉花瓣形格盘	直径13.6cm	28,750	北京保利	2018-01-21
清乾隆 粉青釉雕折枝花果纹大碗	直径34cm；高16.5cm	3,680,000	保利厦门	2018-07-15
清乾隆 粉青釉折沿碗（一对）	直径18cm×2	517,500	保利厦门	2018-07-15
清乾隆 敬畏堂制冬青釉盖碗	直径10.5cm	172,500	保利厦门	2018-01-08
清乾隆 青釉暗刻皮球花纹碗（一对）	直径15cm	154,344	中国嘉德	2018-10-02
清乾隆 粉青釉弦纹折沿碗	直径18cm	57,500	中国嘉德	2018-11-20
清乾隆 青釉高足碗	直径15.7cm	32,200	中国嘉德	2018-05-18

拍品名称	物品尺寸	成交价RMB	拍卖公司	拍卖日期
唐英 款 清乾隆 青釉墨彩诗文折沿碗	直径17cm	20,700	中国嘉德	2018-05-19
清乾隆 天青釉高足碟	→17cm	130,732	香港普艺	2018-06-02
清乾隆 仿汝天青釉水仙盆	长23.6cm	3,450,000	保利厦门	2018-07-15
清乾隆 青釉粉彩博古图八方花盆	直径40.5cm	66,700	中国嘉德	2018-05-18
清乾隆 粉青釉模印夔龙纹缸	直径18.5cm	92,000	北京保利	2018-07-27
清乾隆 青釉点彩四方笔筒	高8cm	109,000	佳士得	2018-10-04
清乾隆 东青釉灵芝形笔舔	长11.2cm	184,000	北京中汉	2018-06-19
清乾隆 豆青釉叶形笔舔	长9.5cm	34,500	华艺国际	2018-05-23
清乾隆 青釉荷花笔舔	长11.5cm	28,750	中国嘉德	2018-01-13
清乾隆 宋官式冬青釉暗刻夔龙西番莲纹洗	高7.3cm；直径25.8cm	1,495,000	中贸圣佳	2018-06-20
清乾隆 粉青釉叶形洗	长12.5cm	483,000	北京翰海	2018-06-30
清乾隆 粉青釉加粉彩灵芝形洗		190,380	纽约蘇富比	2018-03-21
清乾隆 粉青釉模印「福禄寿」纹镗锣洗	直径11.2cm	92,000	北京荣宝	2018-12-03
清乾隆 青釉洗	直径15.4cm	92,000	中国嘉德	2018-01-13
清乾隆 冬青釉粉彩灵芝形洗	长19.2cm	43,700	北京中汉	2018-06-19
清乾隆 粉青釉柿形水盂	宽6.5×高3.2cm	97,750	北京诚轩	2018-06-17
清乾隆 青釉鼓钉纹水盂	直径7.6cm	86,250	华艺国际	2018-03-30
清乾隆 熊光裕款青釉墨彩诗文印盒	长6.5cm	28,750	中国嘉德	2018-09-19
清乾隆 粉青釉刻花卉纹大碗	直径34.3cm	427,625	纽约佳士得	2018-09-13
清乾隆 青釉暗刻兽面纹甗	高21.7cm	32,200	中国嘉德	2018-05-18
清中期 青釉堆白花蝶双耳大瓶（一对）	高87.5cm	437,000	北京保利	2018-04-29
清嘉庆 青釉粉彩螭龙瓶	高45.5cm	184,000	北京保利	2018-10-27
清中期 豆青釉人物纹瓶	高58cm；口径20cm	115,000	未来四方	2018-01-20
清中期 青釉鬲式瓶	高33cm	36,800	北京保利	2018-01-21
清中期 青釉青花加白神仙人物纹天球瓶	高41.7cm	28,750	中国嘉德	2018-09-19
清中期 豆青釉拐子龙纹瓶	高51.5cm	17,250	华艺国际	2018-11-17
清中期 粉青釉开光粉彩婴戏人物海棠尊	高29cm	138,000	北京保利	2018-10-27
清中期 豆青釉缠枝花卉纹双耳盘口尊	高43.5cm；口直径14cm	80,500	浙江佳宝	2018-07-01
清中期 青釉凸花云蝠纹尊	高32cm	28,750	中国嘉德	2018-01-13
清中期 豆青釉开光青花山水纹卷缸	高20.5cm	51,750	南京经典	2018-07-22
清嘉庆 天青釉如意耳水洗	直径10cm	210,016	香港诚昌	2018-04-02
清嘉庆 仿永乐青釉暗刻缠枝花卉纹碗	直径15.1cm	55,200	中国嘉德	2018-09-19
清中期 青釉卧足杯	直径8.5cm	36,800	中国嘉德	2018-09-19
清中期 宝啬斋款豆青釉花蝶纹小水呈	高6.5cm	253,000	中国嘉德	2018-06-18
清中期 粉青釉仿青铜纹铺首花插（一对）	高10cm	230,000	中贸圣佳	2018-11-24
清中期 冬青釉水丞	高7.8cm	34,500	北京保利	2018-06-21
清道光 青釉赏瓶	高37.7cm	46,000	北京保利	2018-04-30
清道光 粉青釉模印缠枝菊花小罐	高9.5cm	172,500	北京荣宝	2018-12-03
清道光 豆青釉铺首罐	高16.5cm	162,285	中国嘉德	2018-04-02
清道光 冬青釉铺首鼓钉罐	高16.6cm	78,200	北京中汉	2018-06-19
清道光 粉青釉鼓式罐	高16.5cm	63,250	北京保利	2018-12-09
清道光 青釉鼓钉罐	高16.8cm	20,700	中国嘉德	2018-06-18
清道光 豆青釉折腰盘	直径17cm	82,317	保利香港	2018-10-02
清道光 豆青釉红彩团凤碗	直径14.1cm	69,000	北京翰海	2018-06-30
清道光 粉青釉压模如意纹大碗	直径17cm	40,250	北京荣宝	2018-06-14
清道光 冬青釉暗刻弦纹碗（一对）	直径13.5cm	57,500	保利厦门	2018-07-15
清咸丰 青釉粉彩皮球花开光喜鹊登梅纹海棠尊	高36.8cm	598,000	北京匡时	2018-06-15

拍品名称	物品尺寸	成交价RMB	拍卖公司	拍卖日期
清同治 豆青釉杏圆贯耳瓶	高31cm	66,700	太平洋	2018-06-09
清同治 粉青釉贯耳瓶	高30.7cm	40,250	北京中汉	2018-04-15
清光绪 粉青釉琮式瓶（一对）	高27.5cm	349,846	中国嘉德	2018-10-02
清光绪 粉青釉贯耳瓶	高30.5cm	333,500	北京翰海	2018-06-30
清光绪 粉青釉八卦方瓶	高27.5cm	241,500	北京翰海	2018-06-30
清光绪 豆青八卦瓶	高27cm	161,000	北京翰海	2018-05-13
清光绪 粉青釉八卦琮式瓶	高27.3cm	103,500	北京保利	2018-12-09
清光绪 粉青釉贯耳瓶	高31cm	78,200	印千山	2018-01-12
清光绪 粉青釉八卦纹琮式瓶	高28cm	78,200	中国嘉德	2018-01-13
清光绪 粉青釉模印八卦纹琮式瓶	高27.1cm	74,750	北京中汉	2018-06-19
清光绪 粉青釉贯耳瓶	高30cm	48,300	中国嘉德	2018-01-13
19世纪 粉青釉杏圆贯耳瓶	高30.4cm	36,800	北京中汉	2018-04-15
19世纪 青釉暗花缠枝菊花纹梅瓶		35,696	纽约苏富比	2018-03-24
清光绪 青釉八卦琮式瓶	高28cm	32,200	北京保利	2018-07-27
清光绪 青釉贯耳瓶（一对）	高28.7cm	28,750	中国嘉德	2018-05-19
19世纪 青釉五孔瓜棱葫芦瓶		24,591	纽约苏富比	2018-03-20
清光绪 青釉兽面纹罍	高36cm	23,000	北京保利	2018-04-29
清光绪 冬青釉模印如意云头纹大碗	直径24.1cm	172,500	北京中汉	2018-06-19
19世纪 粉青釉刻花卉纹如意耳葫芦尊	高24cm	85,525	纽约佳士得	2018-09-13
19世纪 粉青釉模印缠枝花卉纹如意绶带耳葫芦瓶	高23.2cm	84,318	香港中汉	2018-05-31
清光绪 青釉凸花如意纹大碗	直径24.2cm	51,750	中国嘉德	2018-05-19
18世纪/19世纪 青釉花盆	直径21.cm	43,120	伦敦佳士得	2018-05-15
清晚期 青釉凸花凤凰牡丹图大胆瓶	高43.8cm	25,300	中国嘉德	2018-01-13
清晚期 青釉三联葫芦瓶	高18.1cm	20,700	中国嘉德	2018-01-13
清晚期 青釉开光刻瓷山水人物纹象耳尊	高38cm	20,700	中国嘉德	2018-09-19
清晚期 粉青釉竹节纹水仙盆（一对）	长23.5cm×2	25,300	保利厦门	2018-01-08
清 青釉八卦纹抱月瓶	高49.7cm	69,000	博美拍卖	2018-01-05
清 冬青釉竹节纹胆瓶	高49.5cm	40,250	广东衡益	2018-07-01
清 粉青釉弦纹盘口瓶	高22.5cm	36,800	广东衡益	2018-07-01
清 粉青釉玄纹瓶	高22.4cm	34,500	博美拍卖	2018-01-06
清 豆青釉双耳扁瓶	高22cm	32,200	太平洋	2018-11-22
清 天青釉盘口瓶	高15.3cm	25,300	华艺国际	2018-11-17
清 冬青釉三孔葫芦瓶	高18cm	23,000	保利厦门	2018-01-08
清 粉青釉粉彩花蝶象耳尊（一对）	高26cm	24,640	北京适珍	2018-01-07
清 天青釉暗刻团龙纹太白尊	高8.5cm；直径12cm	20,700	保利厦门	2018-01-08
清 豆青釉矾红团凤纹碗	直径14.2cm	51,750	北京荣宝	2018-06-14
清 青釉诗文盘	直径15.5cm	40,250	北京荣宝	2018-06-14
清 白釉碗、青釉花口碗各一只	直径16.4cm；直径15.4cm	28,750	中国嘉德	2018-09-19
清代 天青釉雕瓷四方倭角印泥盒	长7.7cm；宽7.7cm；高5cm	40,250	南京经典	2018-01-06
清 粉青釉钵	直径15cm	34,500	中国嘉德	2018-01-13
清代 豆青釉笔海	口径21cm；高14.5cm	36,800	南京经典	2018-01-06
清 豆青地螭龙纹笔筒	高16.5cm	48,300	华艺国际	2018-11-17
清道光 冬青釉福禄水洗	直径15cm	92,000	北京荣宝	2018-06-14
清 粉青釉仿古四足洗	长11cm	80,500	北京保利	2018-12-08
清 粉青云纹镇纸	长17.5cm	24,150	北京保利	2018-12-09
民国 天青釉花觚	高21cm	78,200	北京荣宝	2018-06-14
粉青釉弦纹梅瓶	高18.8cm	368,000	中贸圣佳	2018-11-24
青釉五孔瓶	高21.5cm；直径14.2cm	172,500	中贸圣佳	2018-11-25
黄胜 粉青釉兰草花蝶罐	高33.5cm	69,000	北京荣宝	2018-05-18

2018瓷器拍卖成交汇总

(成交价RMB：2万元以上)

拍品名称	物品尺寸	成交价RMB	拍卖公司	拍卖日期
豆青釉青花花卉花盘（一对）	高19cm	30,800	北京乔禧	2018-05-13
二十世纪 青釉竹节纹六方坐墩（一对）		25,658	纽约苏富比	2018-09-15
天青釉盏盘	高17.3cm	690,000	中贸圣佳	2018-11-24
韩国 高丽十二世纪 青釉花纹盖盒	across 4.9cm	17,452	纽约佳士得	2018-03-20
李震 龙腾瓷跃 梅子青釉洗	33×8cm	82,800	中国嘉德	2018-11-20
黄胜 粉青釉诗文水洗	直径31cm；高11cm	46,000	北京荣宝	2018-05-18
黄胜 青釉荷塘水洗	直径28cm；高8cm	34,500	北京荣宝	2018-05-18
黄胜 粉青釉鸬鹚水洗	直径25cm；高6.5cm	34,500	北京荣宝	2018-05-18
艺林堂 粉青釉古佩纹文房（一组八件）	尺寸不一	20,700	北京匡时	2018-06-16
日本 二十世纪 松尾重利作青釉碗		20,526	纽约苏富比	2018-09-15
其他窑青釉				
战国 灰釉原始三足盖炉	across handles20.3cm	30,144	纽约佳士得	2018-03-20
晋 青釉铺首四系小罐	高10cm	21,002	中国嘉德	2018-04-02
唐 青釉双龙耳瓶		25,384	纽约苏富比	2018-03-24
唐代 相州窑如意枕	长17.5cm；高9cm	97440	智得拍卖	2018-05-28
五代 高丽窑青釉狻猊像	高21.5cm	69,000	西泠拍卖	2018-07-08
北宋 耀州印婴碗	直径16cm	59,186	香港诚昌	2018-04-02
宋/金 高丽青瓷胆瓶	高18cm	29232	智得拍卖	2018-05-28
高丽12世纪 青瓷竹节纹玉壶春瓶	高36.8cm	470,388	纽约佳士得	2018-09-13
14世纪 高丽青瓷玉壶春	高31.7cm	34,500	北京保利	2018-06-21
高丽后期13/14世纪 青釉透雕荷花纹枕	长11.1cm	119,735	纽约佳士得	2018-09-13
明 欧窑桃形水盛	长8cm	195,500	保利厦门	2018-07-15
清 漳窑关公像	高35cm	276,000	博美拍卖	2018-01-05
李朝时代 青釉盘口梅瓶	高25.3cm	345,000	北京中汉	2018-09-21
高丽王朝十二世纪 青瓷花卉纹花口盏配青瓷花卉纹花口盏托	托直径13.7cm；盏直径7.6cm	23,000	北京中汉	2018-09-21
白 瓷				
定窑白釉				
五代/北宋 定窑瓜棱式提梁壶	高12.5cm	1,663,125	佳士得	2018-11-28
五代/北宋初 定窑沥粉堆花"官"字款方盘（一对）	9.6cm	7,681,520	佳士得	2018-05-30
五代 定窑绳纹洗	高6.5cm；直径9.5cm	23,004	羅芙奧	2018-06-02
北宋 定窑白釉执壶	高20cm；通径16cm	1,380,000	西泠拍卖	2018-07-08
北宋 定窑白釉执壶	高19.3cm	402,500	西泠拍卖	2018-07-08
北宋 定窑白釉弦纹三足奁式炉	13.9cm	6,906,240	香港苏富比	2018-10-03
北宋 定窑白釉镂雕花卉纹熏炉	15cm	862,400	伦敦苏富比	2018-05-16
北宋 定窑煎茶风炉铫子摆件	高18cm	456,750	佳士得	2018-05-30
北宋/金 定窑刻牡丹纹折沿盘	直径26cm	6,019,181	纽约佳士得	2018-03-22
北宋 定窑白釉刻螭龙莲花莲瓣盘	16.5cm	3,494,880	香港苏富比	2018-04-02
北宋 定窑莲花螭龙盘	直径17.5cm	1,646,336	保利香港	2018-10-02
北宋 定窑印花海葡萄螭龙盘	直径16.7cm	463,032	保利香港	2018-10-02
北宋 定窑金彩寿山福海盘	直径18.4cm	273,680	纽约佳士得	2018-09-13
北宋 定窑刻花萱草纹折腰盘	高4cm；口径20cm	230,000	西泠拍卖	2018-07-08
北宋 定窑白釉花式盘		205,260	纽约苏富比	2018-09-12
北宋 定窑白釉刻莲纹小盘		190,380	纽约苏富比	2018-03-24
北宋/金 定窑白釉印花摩羯纹盘	直径23cm	163,500	佳士得	2018-10-04
北宋 定窑白釉花口盘	高3.2cm；直径15.2cm	161,000	西泠拍卖	2018-07-08
北宋/金 定窑折沿盘	直径18.1cm	158,650	纽约佳士得	2018-03-22
北宋 定窑刻花双鱼盘	直径17.8cm	57,500	西泠拍卖	2018-07-08

拍品名称	物品尺寸	成交价RMB	拍卖公司	拍卖日期
北宋 定窑箍金官字款刻花碗	直径20.5cm	6,088,800	台北艺流	2018-06-30
北宋 定窑白釉碗	直径15.4cm	319,320	万昌斯	2018-11-29
北宋 定窑葵口萱草纹大碗	口径20.5cm；高6.5cm	243,600	智得拍卖	2018-05-28
北宋 定窑素纹大碗	高7.9cm；直径22.4cm	205,792	保利香港	2018-10-02
北宋 定窑莲瓣纹盖碗	直径10cm	85,916	中国嘉德	2018-04-02
北宋/金 定窑白釉筋纹花口碗	直径10.7cm	62,050	中国嘉德	2018-04-02
北宋 定窑划花盏	高6.5cm；口直径19cm	34,500	浙江佳宝	2018-07-01
北宋 定窑刻花萱草纹碟	高2.1cm；直径12.5cm	51,750	西泠拍卖	2018-07-08
北宋 定窑划花萱草纹碟	高2.2cm；直径11.6cm	34,500	西泠拍卖	2018-07-08
北宋 定窑刻螭龙纹洗	直径14cm	2,973,101	纽约佳士得	2018-03-22
北宋 定窑暗刻龙纹洗	口径14.5cm；高3cm	467,712	智得拍卖	2018-05-28
北宋 定窑花口洗	高1.5cm；直径12.3cm	80,500	浙江佳宝	2018-07-01
北宋 定窑刻莲纹花口碗	直径19.7cm	1,552,250	佳士得	2018-11-26
北宋 定窑刻萱草花纹大碗	23.2cm	1,441,375	佳士得	2018-11-28
北宋 定窑刻萱草纹花口碗	直径21.5cm	426,300	佳士得	2018-05-30
北宋 定窑白釉划莲花纹花口碗	直径19cm	54,500	佳士得	2018-10-04
北宋 定窑系白釉莲瓣纹碗		47,595	纽约苏富比	2018-03-21
宋 定窑系白釉瓶		51,315	纽约苏富比	2018-09-15
宋/金 定窑瑞狮枕	宽21cm	2,973,124	伦敦佳士得	2018-05-15
贡御白瓷刻划飞龙纹折腹大盘	直径30.5cm	9,200,000	中贸圣佳	2018-06-20
宋 定窑白釉刻莲纹盘	10.5cm	150,920	伦敦苏富比	2018-05-18
宋 定窑白釉菱形盘	13.1cm	53,900	伦敦苏富比	2018-05-18
宋 定窑系黑釉油滴盏	高4.8cm；口径13.5cm	28,750	西泠拍卖	2018-07-08
宋金 官字款定窑印荷花纹碟（一对）	高1.4cm；口径11cm	805,000	西泠拍卖	2018-07-08
宋 定窑刻划花荷花纹粉盒	高5.7cm；口径12.2cm	230,000	西泠拍卖	2018-07-08
金 定窑白釉双系罐	高15.9cm	234,168	万昌斯	2018-11-29
金 定窑模印犀牛望月图盘	直径15cm	59,868	纽约佳士得	2018-09-13
金 定窑白釉印花卉纹花口碗		85,525	纽约苏富比	2018-09-12
元 定窑葫芦形执壶	高21cm	575,000	保利厦门	2018-07-15
元 定窑白釉印花缠枝牡丹纹盘	直径29.8cm	2,645,000	北京匡时	2018-12-05
元 定窑划萱草纹花口盘	直径21.5cm	109,250	北京保利	2018-10-27
元 定窑撇口盏	直径12cm	402,500	保利厦门	2018-07-15
元 定窑刻花小盏	直径9.5cm	92,000	保利厦门	2018-07-15
元 定窑白釉茶圆	直径7.8cm	40,250	北京保利	2018-06-20
明 定窑莲瓣碗	高13.2cm	230,000	保利厦门	2018-07-15
明 定窑刻花洗	直径13.5cm	23,000	北京荣宝	2018-06-14
18世纪 仿定窑白釉模印兽面纹双耳炉	直径12.1cm	20,700	北京中汉	2018-09-21
18世纪 仿定窑白釉内暗刻斗笠碗（一对）	直径20.4cm	36,800	北京中汉	2018-09-21
清乾隆 仿定窑洗口瓶	高20.5cm	230,000	保利厦门	2018-01-08
清乾隆 仿定窑模印花卉纹天球瓶	高31.8cm	149,500	北京匡时	2018-06-15
十世纪 定窑白釉葵口盘		95,190	纽约苏富比	2018-03-21
仿定釉				
明 白釉皮囊壶	高27cm	92,000	北京荣宝	2018-12-03
清早期 浆胎仿定釉暗刻花卉纹小瓶	高7.8cm	43,700	中国嘉德	2018-09-19
清雍正-乾隆 浆胎仿定釉三羊水丞	直径6cm	195,500	中国嘉德	2018-09-19
清乾隆 浆胎仿定釉凸花瓶花博古图方瓶	高16.2cm	23,000	中国嘉德	2018-09-19
清乾隆 浆胎仿定釉太白尊	直径12.4cm	105,800	中国嘉德	2018-09-19

拍品名称	物品尺寸	成交价RMB	拍卖公司	拍卖日期
清乾隆 浆胎仿定釉凸花绳纹水丞	长6.4cm	28,750	中国嘉德	2018-09-19
清代 仿定白釉雕云蝠纹小洗	长10cm	46,000	中贸圣佳	2018-11-25
清 仿定白釉暗刻花卉纹小水盂	直径7cm；高5.1cm	32,200	中贸圣佳	2018-11-25
磁州窑白釉				
北宋 磁州窑白釉瓶	高30.5cm	634,600	纽约佳士得	2018-03-22
北宋 磁州窑白釉梅瓶	高24.9cm	256,575	纽约佳士得	2018-09-13
北宋 磁州窑白釉大梅瓶	高32.3cm	188,155	纽约佳士得	2018-09-13
北宋 磁州窑白釉瓶	高34.4cm	68,420	纽约佳士得	2018-09-13
北宋/金 磁州窑白釉玉壶春瓶	高29cm	68,420	纽约佳士得	2018-09-13
北宋 磁州窑白釉梅瓶	高23.4cm	38,486	纽约佳士得	2018-09-13
北宋 磁州窑白釉花口瓶	高16.5cm	29,934	纽约佳士得	2018-09-13
北宋/金 磁州窑白釉折沿大盆	直径28.7cm	102,630	纽约佳士得	2018-09-13
金 磁州窑虎形枕	长29.5cm	102,630	纽约佳士得	2018-09-13
金 磁州窑虎形枕		47,595	纽约苏富比	2018-03-20
元 磁州窑四系罐	高31.5cm	51,750	华艺国际	2018-11-17
德化窑				
17世纪 德化白釉贴螭龙纹瓶		47,039	纽约苏富比	2018-09-15
明末清初 德化白釉莲子形执壶	高13.5cm	57,500	北京中汉	2018-04-15
明末清初 德化窑素身三足炉	高9cm；直径10.5cm	41,400	广东衡益	2018-07-01
17世纪 德化白釉炉（一对）	直径11.4cm	41,158	中国嘉德	2018-10-02
17世纪初 德化白釉书卷观音坐像	高21.9cm	940,775	纽约佳士得	2018-09-13
17世纪 德化渡海观音立像（何朝宗）葫芦印款	高37.5cm	483,000	保利厦门	2018-07-15
17世纪 德化白釉观音坐像	高36cm	194,040	伦敦佳士得	2018-05-15
17世纪 德化麒麟像	高17.7cm	23,798	纽约佳士得	2018-03-20
明末 德化诗文杯	直径8cm；高6.5cm	34,500	保利厦门	2018-01-08
17世纪 德化仿犀角杯	高4.3cm；直径10cm	25,560	罗芙奥	2018-06-02
17世纪 德化白釉诗文碗	直径12.7cm	32,500	纽约佳士得	2018-09-13
明、清 德化窑、漳州窑白釉炉、瓶（六件）	尺寸不一	20,700	中国嘉德	2018-01-13
明晚期 德化窑白瓷狮耳炉	宽15.8×高7.7cm（不含座）	92,000	北京诚轩	2018-06-17
明 德化白釉仿古出戟方鼎	高13.5cm	46,000	保利厦门	2018-01-08
明晚期 德化白釉文昌帝君坐像	高38.5cm	1,522,500	佳士得	2018-05-30
明晚期（约1640-1660年）德化白釉佛像	高27.3cm	324,995	纽约佳士得	2018-09-13
明 "何朝宗"款德化窑观音	高33.5cm	345,000	北京荣宝	2018-12-03
明末清初 德化窑鼎式炉	高30.7cm	48,300	中贸圣佳	2018-11-25
明末清初 德化观音像	高35cm	500,000	华艺国际	2018-11-17
17世纪/18世纪 德化白釉铺首簋式炉	14.8cm	64,680	伦敦苏富比	2018-05-16
17世纪/18世纪 德化白釉夔龙纹鼎式炉		51,561	纽约苏富比	2018-03-21
17世纪/18世纪 德化白釉鼎式炉		22,237	纽约苏富比	2018-09-15
17世纪/18世纪 德化白釉观音立像		855,250	纽约苏富比	2018-09-12
17世纪/18世纪 德化白釉文人坐像		111,183	纽约苏富比	2018-09-15
17世纪/18世纪 德化白釉关帝坐像	17cm	25,872	伦敦苏富比	2018-05-18
17世纪/18世纪 德化布袋和尚	高15.2cm	33,317	纽约佳士得	2018-03-20
17世纪/18世纪 德化白釉器（两件）	Vase：高10.9cm；Cup：across 9.6cm	19,038	纽约佳士得	2018-03-20
清早期 德化窑白釉天鸡壶	高12.9cm	149,500	北京中汉	2018-11-21
清早期 德化窑刻诗文执壶	高17.2cm	149,500	北京保利	2018-12-09
清早期 德化窑兽钮镂空八卦纹朝冠耳三足熏炉	高14.5cm	23,000	保利厦门	2018-01-08
清早期 德化窑观音像	高25cm	36,800	华艺国际	2018-03-30
清早期 德化窑白釉贴塑瑞兽纹仿犀角杯（三只）	长14.5cm；长13.3cm；长13cm	59,800	中国嘉德	2018-09-19
清早期 德化窑白釉梅花杯、八方杯（三只）	长12.3cm；长10.2cm；长9cm	57,500	中国嘉德	2018-09-19
清早期 德化窑叶形水洗	带座高5.3cm；高4cm；通径10cm	18,400	西泠拍卖	2018-07-07
清早期 德化窑白瓷狮钮方章（一对）	长3.4×宽3.4×高6cm×2	69,000	北京诚轩	2018-06-17
清早期 德化窑白釉双面印	长4.1cm	59,800	中国嘉德	2018-09-19
清康熙 德化窑白釉狮耳炉	长17.5cm	25,300	中国嘉德	2018-05-18
清康熙 德化白釉斗母元君坐像及德化白釉观音坐像	斗母元君坐像：25cm	32,340	伦敦苏富比	2018-05-18
清康熙 德化白釉杯（一对）	高5.5cm	103,550	佳士得	2018-10-04
清康熙 德化雕瓷花卉笔筒	高14cm；直径10cm	207,000	北京荣宝	2018-06-14
18世纪 "何朝宗印"德化窑白釉观音立像	高49.3cm	308,688	保利香港	2018-10-02
清中期 德化窑书卷观音立像	高87cm	66,700	北京保利	2018-12-09
清中期 德化窑水月观音坐像	高22cm	28,750	北京中汉	2018-04-15
18世纪/19世纪 德化白釉观音立像	88cm	431,200	伦敦苏富比	2018-05-16
19世纪 德化白釉渔人立像		68,420	纽约苏富比	2018-09-15
19世纪 德化白釉观音立像		51,315	纽约苏富比	2018-09-15
19世纪 德化骑狮观音像	高20.5cm	36,800	保利厦门	2018-07-15
18世纪/19世纪 德化白釉送子观音坐像		23,798	纽约苏富比	2018-03-24
清晚期 德化窑白瓷狮吼观音	高23.7cm	80,500	北京诚轩	2018-06-17
清 德化窑暗花纹梅瓶	高34.5cm	56,500	广东省拍	2018-09-20
清 德化窑白釉暗刻蕉叶纹龙耳瓶	高39cm	28,750	中国嘉德	2018-01-13
清 德化窑螭龙纹执壶	高15cm	21,850	印千山	2018-01-12
清 德化窑白釉双耳炉	瓷高9.3cm；总高10.9cm	44,705	万昌斯	2018-11-29
清 德化窑白釉暗刻螭龙纹筒式炉	直径10.2cm	25,300	中国嘉德	2018-09-19
清 德化如意观音	高20cm	86,250	中贸圣佳	2018-11-25
清 德化窑祥云观音立像	高49cm	161,000	北京华辰	2018-11-19
清 德化窑白釉观音立像	高57.5cm	69,000	博美拍卖	2018-01-06
清 德化窑和合二仙像	高34cm	51,750	中国嘉德	2018-11-20
清 德化白釉文殊菩萨坐像	24cm	51,744	伦敦苏富比	2018-05-16
清 博及渔人款德化观音坐像	高29cm	28,750	西泠拍卖	2018-07-07
清 德化窑观音坐像	高22cm	20,700	保利厦门	2018-07-15
清 德化窑白釉花形杯、粉彩一路连科图杯（三只）	长7.4cm；长7.3cm；直径6.5cm	36,800	中国嘉德	2018-01-13
清 德化窑白釉竹节柄杯、白釉龙柄杯各一只	长8cm；长7.7cm	23,000	中国嘉德	2018-09-19
清 德化窑白釉刘海戏金蟾、菊瓣盒（一组两件）	人高32cm；盒直径14.5cm	21,850	博美拍卖	2018-01-06
清 德化麻姑献寿	高49.3cm	86,250	中贸圣佳	2018-11-25
清 德化窑白釉（一组七件）	尺寸不一	25,300	博美拍卖	2018-01-06
清晚期；民国 德化白釉释迦坐像、德化白釉鱼篮观音立像	高33.8cm；高31cm	109,000	佳士得	2018-10-04
德化博及渔人观音（苏有力刻）	高35.6cm	161,000	中贸圣佳	2018-11-25
德化窑观音	高30cm	36,800	未来四方	2018-01-20
景德镇白釉				
唐 青白釉兔子、水呈（一组两件）	高2cm×2	109,250	广东崇正	2018-07-04
北宋 湖田窑青白釉梅瓶	高32cm	843,747	保利香港	2018-10-02
北宋 湖田窑青白釉六孔瓶	高11.9cm	205,792	保利香港	2018-10-02
北宋 湖田窑青白釉狮钮温壶（一套）	通高26cm；壶高22cm；通径17cm；碗口径19cm	805,000	西泠拍卖	2018-07-08
北宋 青白釉瓜棱执壶	高25cm	436,288	纽约佳士得	2018-03-22
北宋 湖田窑执壶	总高18.3cm	77,952	万昌斯	2018-05-30
北宋 青白釉瓜棱执壶	高25cm	57,277	中国嘉德	2018-04-02
北宋 青白釉八棱带盖执壶	高21.3cm	51,315	纽约佳士得	2018-09-13

2018瓷器拍卖成交汇总

(成交价RMB：2万元以上)

拍品名称	物品尺寸	成交价RMB	拍卖公司	拍卖日期
北宋 湖田窑“三娃娃”纹斗笠碗（一对）	最大直径11.8cm	29,232	万昌斯	2018-05-30
北宋至金 白釉刻划花水波游鱼纹盘	直径26.3cm	823,168	中国嘉德	2018-10-02
北宋 湖田窑 “花卉”纹花口盘	直径17.1cm	38,976	万昌斯	2018-05-30
北宋 白釉盏托	直径14.2cm	51,561	纽约佳士得	2018-03-20
北宋 湖田窑花形盏托	通高7cm；直径13.8cm	23,000	西泠拍卖	2018-07-08
北宋 湖田窑青白釉圆盏托	高4.5cm；宽14.7cm	20,579	保利香港	2018-10-02
北宋 青白釉托杯（一套）	高5.5cm	33,412	中国嘉德	2018-04-02
北宋 青白釉莲纹盖盒	直径10.2cm	182,448	纽约佳士得	2018-03-22
北宋 青白釉刻花堆塑盖盒	高5cm；直径13.7cm	34,500	西泠拍卖	2018-07-08
北宋 湖田三连盒	直径9.5cm	33,412	香港诚昌	2018-04-02
北宋 青白釉刻花葵口碗		126,920	纽约苏富比	2018-03-21
北宋 湖田兽纹注子	高23cm	62,050	香港诚昌	2018-04-02
北宋 青白釉刻花碗	直径20.2cm	38,486	纽约佳士得	2018-09-13
北宋 青白釉花口碗	直径17.2cm	34,210	纽约佳士得	2018-09-13
北宋 湖田窑钵	直径11.2cm	19,488	万昌斯	2018-05-30
南宋 湖田窑青白釉小梅瓶	高18cm	370,272	智得拍卖	2018-05-28
南宋 青白釉净瓶	高13cm；直径6cm	51,750	浙江佳宝	2018-07-01
南宋 湖田窑印花执壶	高7.5cm	46,000	西泠拍卖	2018-07-08
南宋 青白釉瓜棱式小执壶（一组两件）	高7cm；7.3cm	30,869	中国嘉德	2018-10-02
南宋 青白釉鼓钉小罐	直径7.6cm	237,975	纽约佳士得	2018-03-22
南宋 湖田窑四系罐	高9.3cm	19,488	万昌斯	2018-05-30
南宋/元 青白釉仿古纹兽面鬲式炉	17cm	406,000	佳士得	2018-05-30
南宋 湖田窑观音坐像	高15.5cm	138,000	西泠拍卖	2018-07-08
南宋 青白釉刻划花婴戏牡丹纹碗	直径20cm	28,811	中国嘉德	2018-10-02
南宋 湖田窑花形碟（一组四件）	高1.5cm；直径10.5cm	57,500	西泠拍卖	2018-07-08
南宋 湖田窑花口碟（一对）	最大直径14.2cm	53,592	万昌斯	2018-05-30
南宋 湖田窑青白釉蛋壳钵	高8cm；直径10cm	230,000	西泠拍卖	2018-07-08
南宋 青白釉刻花洗	直径13.3cm	237,975	纽约佳士得	2018-03-22
南宋 青白釉划花花口碗	直径18.2cm	103,123	纽约佳士得	2018-03-22
南宋 青白釉刻花碗	直径17.1cm	67,426	纽约佳士得	2018-03-20
南宋 青白釉刻花碗	直径17.8cm	30,144	纽约佳士得	2018-03-20
南宋 青白釉水滴	直径7cm	20,526	纽约佳士得	2018-09-13
宋 青白釉缠枝莲纹花口瓶	24.2cm	452,760	伦敦苏富比	2018-05-16
宋/元 湖田窑青白釉玉壶春瓶	高28.5cm	341,040	智得拍卖	2018-05-28
宋 湖田窑青白釉瓜棱瓶	高19cm；口直径6cm	207,000	浙江佳宝	2018-07-01
宋代 青白釉大梅瓶	高31cm	116,928	智得拍卖	2018-05-28
宋 青白釉凤首执壶	高19.7cm	183,260	伦敦佳士得	2018-05-15
宋 影青釉瓜棱形执壶	高21cm	152,739	保利香港	2018-04-02
宋 青白釉印花小执壶	高8cm	85,916	中国嘉德	2018-04-02
宋 青白釉八方小执壶	高7.3cm	57,277	中国嘉德	2018-04-02
宋 白釉划花萱草纹罐	高16.8cm；口径7cm	207,000	西泠拍卖	2018-07-08
宋–元 白釉瓜棱形罐	高9.5cm；口直径8.5cm	23,000	浙江佳宝	2018-07-01
宋 定系白釉瑞狮莲纹高足炉	17.8cm	452,760	伦敦苏富比	2018-05-16
宋–元 青白釉桐荫仕女荷叶形枕	高14cm；长22cm	253,000	西泠拍卖	2018-07-08
宋 白釉如意柄花形杯	高5cm；长9cm	23,000	西泠拍卖	2018-07-08
宋 白釉葵花形盏托	高3.8cm；直径11.2cm	115,000	西泠拍卖	2018-07-08
宋 青白釉刻划花婴戏纹碗	直径20.5cm	76,370	中国嘉德	2018-04-02
宋 青白釉刻划花婴戏纹浅碗	直径20.5cm	33,412	中国嘉德	2018-04-02
宋 青白釉刻划折枝牡丹纹花口碗	直径20cm	23,866	中国嘉德	2018-04-02
宋 湖田窑青白釉刻童子莲子荷花纹碗	直径21cm	19,550	保利香港	2018-10-02

拍品名称	物品尺寸	成交价RMB	拍卖公司	拍卖日期
宋 青白釉台盏（一套）	高12cm	45,822	中国嘉德	2018-04-02
宋 青白釉八瓣仙鹤纹粉盒	直径8.5cm	119,328	羅芙奧	2018-12-01
宋 青白釉印花花形盖盒	直径9.5cm	28,639	中国嘉德	2018-04-02
宋 青白釉瓜式盖盒	8.7cm	21,560	伦敦苏富比	2018-05-18
宋 青白釉瓜形盖盒		20,526	纽约苏富比	2018-09-15
宋 青白釉葵口碗	13.5cm	34,496	伦敦苏富比	2018-05-18
宋 白釉碗	直径11cm	30,144	纽约佳士得	2018-03-20
宋 青白釉刻划花卉纹碗		25,658	纽约苏富比	2018-09-15
宋/元 青白釉器皿（三件）	直径9cm	20,625	纽约佳士得	2018-03-20
辽 白釉印花棱形盘	宽11.6cm；长11.6cm	66,882	保利香港	2018-10-02
金 白釉剔花填彩鹿纹枕	宽43cm	45,822	中国嘉德	2018-04-02
金/元 白釉模印花卉纹碗（两件）	直径12cm	43,629	纽约佳士得	2018-03-20
元 青白釉花卉纹八方梅瓶	高17cm	1,725,000	北京东正	2018-06-17
元 白釉盘口长颈瓶	高45cm	690,000	保利厦门	2018-07-15
元 枢府釉模印鸾凤纹梅瓶（一对）	高26cm；高25.8cm	632,500	中贸圣佳	2018-06-20
元 白釉暗刻凤纹梅瓶	高39cm	218,500	印千山	2018-01-12
元 枢府釉凸花穿花凤纹玉壶春瓶	高26.5cm	51,750	中国嘉德	2018-05-19
元 枢府釉梅花纹瓶、云凤纹大碗各一件	直径21.5cm；高17.5cm	32,200	中国嘉德	2018-01-13
元 枢府釉双狮戏球图环耳瓶	高20cm；通径10cm	25,300	西泠拍卖	2018-05-04
元 白釉瓜棱塑贴狮纹提梁壶	高13cm	368,000	北京保利	2018-12-08
元 青白釉瓜棱形执壶	高11.7cm	264,500	北京东正	2018-06-17
元 白釉葫芦形执壶	高11cm	161,000	北京东正	2018-06-17
元 青白釉龙柄多穆壶	高28cm	138,000	北京保利	2018-06-19
元 青白釉温碗执壶（一套）	直径19.6cm	138,000	北京东正	2018-06-17
元 青白釉龙纹摩竭柄执壶带盖		63,460	纽约苏富比	2018-03-24
元 白釉划花贴塑提梁小壶	高13.5cm	40,250	北京保利	2018-12-09
元 白釉瓜棱盖壶	高26.8cm	28,750	华艺国际	2018-11-17
元 枢府釉高浮雕双凤纹荷叶小盖罐	高8.5cm	368,000	中贸圣佳	2018-06-20
元 月白釉双耳炉	高22.5cm	460,000	北京保利	2018-06-20
元 湖田窑双飘带耳三兽足炉	高14cm	34,500	北京荣宝	2018-06-14
元 青白釉狮形枕	长21cm；高9.5cm	230,000	保利厦门	2018-07-15
元 白釉斗笠碗	直径17.7cm	207,000	北京东正	2018-06-17
元 枢府窑甜白釉花卉盘	直径19cm	230,000	保利厦门	2018-07-15
元 枢府窑白釉双龙盘	直径18cm	207,000	保利厦门	2018-07-15
元 枢府釉印暗花龙纹盘	直径15.4cm	195,500	北京保利	2018-06-19
元 青白釉盏及盏托（一对）	直径7.4cm；直径13cm；高12.5cm	345,000	北京保利	2018-06-20
元 青白釉盏托（一对）	直径9cm；高4cm×2	126,500	北京东正	2018-06-17
元 白釉刻莲塘双凫大钵式碗	直径27.8cm	4,370,000	北京保利	2018-06-19
元 白釉划花大钵式碗	直径25cm	138,000	北京保利	2018-06-21
元 影青湖田窑刻婴戏牡丹碗	直径19.2cm	92,000	北京保利	2018-06-20
元 枢府釉云龙纹碗	直径17.5cm	69,000	华艺国际	2018-11-17
元代 枢府白釉凤纹碗	口径19cm；高10cm	37,027	智得拍卖	2018-05-28
元 枢府釉龙纹碗	高8.4cm；口径17.2cm	34,500	西泠拍卖	2018-07-08
元 邢窑白釉点彩鹦鹉杯	长13cm	690,000	北京保利	2018-06-19
元 枢府釉龙纹高足杯	高9.8cm；口径11.5cm	149,500	西泠拍卖	2018-07-08
元 青白釉高足杯	高9.7cm	117,084	万昌斯	2018-11-29
元 青白釉印龙纹高足杯	直径14.2cm	28,750	北京保利	2018-12-09
元 青白釉瓜棱形盖盒	直径14cm	69,000	北京东正	2018-06-17
元 白釉镂空线条纹香熏	高8cm	632,500	北京保利	2018-12-08
元 青白釉镂空香熏	高8cm	34,500	北京东正	2018-06-17
元 影青釉瓷器（二十件）	尺寸不一	20,700	中国嘉德	2018-09-18
明早期 白釉暗刻莲纹碗	直径27cm	1,852,128	保利香港	2018-10-02
明洪武 白釉模印云龙纹盘	直径19.6cm	92,000	北京中汉	2018-04-15

拍品名称	物品尺寸	成交价RMB	拍卖公司	拍卖日期
明洪武 白釉宝杵云龙纹盘	直径17.9cm	59,800	中国嘉德	2018-05-18
明洪武 白釉盘	直径15.2cm	36,800	中国嘉德	2018-05-18
明洪武 白釉模印云龙纹高足碗	直径14.2×高11.4cm	69,000	北京诚轩	2018-06-17
明永乐 甜白釉玉壶春瓶	高32cm	1,431,930	保利香港	2018-04-02
明永乐 甜白釉带盖执壶	高30cm	1,897,500	北京保利	2018-12-08
明永乐 甜白釉僧帽壶	高19.9cm	575,000	北京中汉	2018-06-19
明永乐 甜白釉暗刻龙纹罐	高20.5cm	874,616	中国嘉德	2018-10-02
明永乐 白釉四系罐	15.3×14.7×14.7cm	368,000	中国嘉德	2018-06-18
明永乐 甜白釉内折枝牡丹缠枝花卉外折枝瑞果纹大盘	直径34.3cm	1,479,661	保利香港	2018-04-02
明永乐 甜白釉暗刻缠枝花卉碗	直径20.8cm	1,955,000	北京保利	2018-06-20
明永乐 白釉刻花鸡心碗	直径16.1cm	115,000	中国嘉德	2018-06-18
明宣德 白釉盘	直径17cm	138,000	北京诚轩	2018-06-17
明宣德 白釉盘	直径17cm	126,500	中国嘉德	2018-06-18
明宣德 白釉暗刻龙纹盘	直径20.3cm	18,400	博美拍卖	2018-01-06
明宣德 甜白暗刻内石榴外菊瓣纹碗	直径20.8cm	1,725,000	北京保利	2018-06-20
明宣德 白釉大碗	直径25.6cm	213,813	纽约佳士得	2018-09-13
明宣德 白釉碗	16cm	202,250	香港苏富比	2018-04-03
明弘治 白釉大碗	直径20.3cm	1,437,500	北京保利	2018-06-20
明弘治 白釉碗		1,189,875	纽约苏富比	2018-03-20
明正德 青花缠枝莲纹白釉罐	高21.3cm	36,800	华艺国际	2018-11-17
明正德 白釉十棱洗	直径19.6cm	437,000	保利厦门	2018-01-08
明嘉靖 白釉暗花龙戏珠纹梅瓶	高39cm	64,680	伦敦佳士得	2018-05-15
明嘉靖 白釉暗刻花卉纹小罐	高13.4cm	207,000	北京保利	2018-12-08
明嘉靖 白釉暗刻龙纹小罐	高17.2cm	23,000	北京中汉	2018-09-21
明嘉靖 甜白釉暗刻凤纹盘	直径12.4cm	1,012,000	北京荣宝	2018-12-03
16世纪/17世纪初 白釉刻花莲纹罐	高20.3cm	72,696	纽约佳士得	2018-09-13
明万历 白釉小碗（一对）	直径10.7cm	59,800	北京中汉	2018-09-21
明天启 白釉碗	直径13cm	86,250	中国嘉德	2018-05-18
明天启 白釉暗刻云龙纹碗	直径13.9cm	36,800	中国嘉德	2018-09-19
17世纪/18世纪 白釉胭脂红浮雕蟠螭尊	高18cm	239,800	佳士得	2018-10-04
明末清初 白釉暗刻花卉纹筒式炉	直径11.4cm	28,750	中国嘉德	2018-09-19
明末清初 “永乐年制”款白釉暗刻龙纹斗笠盏（一对）	直径9.8cm	154,344	保利香港	2018-10-02
明 白釉刻花卉纹葫芦瓶	高26.3cm	63,250	中贸圣佳	2018-06-20
明 白釉执壶（一套）	高21cm	322,000	北京荣宝	2018-12-03
明 龙凤纹枢府折壶	高24cm；口径5.7cm	230,000	上海匡时	2018-04-30
明晚期 白釉鸡心执壶(带盖)	高27.6cm	184,000	北京中汉	2018-04-15
明 白釉壶	高13cm	36,800	北京荣宝	2018-06-14
明 甜白釉四系罐	高14.9cm	194,880	万昌斯	2018-05-30
明晚期 白釉鸟食罐	长4.3cm	80,500	中国嘉德	2018-09-19
明 白釉盖罐	高11cm；直径9cm	74,750	北京荣宝	2018-12-03
明 白釉罐	高21cm	55,200	北京保利	2018-06-21
明 青白釉香炉	直径11cm；高12cm	34,500	北京荣宝	2018-12-03
明 白釉灯	直径12.7cm	57,500	中国嘉德	2018-09-19
明 白釉划花小盘（一对）	直径10.5cm	552,000	北京荣宝	2018-06-14
明 白釉刻花盘	直径20cm	437,000	北京荣宝	2018-12-03
明 白釉双鹤纹盘（一对）	直径18cm	253,000	北京荣宝	2018-06-14
明 白釉花口高足小盘	直径7.7cm	40,250	中国嘉德	2018-09-19
明 白釉大盘	直径32.7cm	20,700	中贸圣佳	2018-11-25
明 白釉刻花盘（一组）	直径11cm×3	20,700	北京荣宝	2018-12-03
明 青白釉茶盏托（一套）	托直径15cm；杯直径7.2cm	115,000	北京荣宝	2018-12-03
明 青白釉刻花花口碗（一对）	直径18.5cm×2	48,300	北京荣宝	2018-12-03
明 枢府釉碗	直径19cm	34,500	北京翰海	2018-05-13
明 白釉刻花小盏	直径8.8cm	23,000	北京荣宝	2018-12-03
明 青白釉酒杯酒台（一套）	高9cm	92,000	北京荣宝	2018-12-03
明 白釉捧盒	直径11cm；高7cm	23,000	北京荣宝	2018-06-14
明 白釉柳条钵	直径7cm	103,500	北京荣宝	2018-12-03

拍品名称	物品尺寸	成交价RMB	拍卖公司	拍卖日期
明 白釉暗刻鱼藻纹折沿盘	直径28.5cm	33,350	北京保利	2018-01-21
明 白釉双鱼纹洗（一对）	直径11.6cm×2	207,000	北京荣宝	2018-06-14
明 白釉龙首勺	长12.2cm	161,000	中国嘉德	2018-09-19
明十六世纪 白釉高足碗		30,144	纽约苏富比	2018-03-20
18世纪 白釉双螭龙耳扁瓶	高19.3cm	28,750	北京中汉	2018-09-21
18世纪 白釉模印一束莲纹大盘	直径34.6cm	103,500	北京中汉	2018-04-15
清十八世纪 白釉模印凤穿花纹高足杯	高9.6cm	48,300	北京中汉	2018-11-21
18世纪 白釉暗花牡丹纹杯		31,730	纽约苏富比	2018-03-24
清早期 白釉小葫芦瓶	高6.9cm	105,800	中国嘉德	2018-09-19
清早期 白釉堆塑龙首壶	高13cm	57,500	北京荣宝	2018-12-03
清早期 白釉凸花瑞兽纹罐	高30cm	46,000	中国嘉德	2018-09-19
清早期 白釉菊瓣小罐	直径6.7cm	40,250	中国嘉德	2018-09-19
清早期 白釉刻菊纹水盂	高7.5cm	19,550	华艺国际	2018-03-30
清康熙 白釉刻花螭龙纹长颈瓶	高43.5cm	239,470	纽约佳士得	2018-09-13
清康熙 浆胎白釉凸花洞石牡丹纹瓶	高19.7cm	36,800	中国嘉德	2018-05-19
清康熙 白釉团龙纹太白尊		684,200	纽约苏富比	2018-09-12
清康熙 白釉团螭龙纹太白尊	直径12.5cm	322,000	中国嘉德	2018-06-18
清康熙 白釉青花淡描云龙赶珠纹长颈尊	高40.1cm	32,200	北京中汉	2018-09-21
清康熙 白釉弦纹炉	直径12.7cm	25,300	中国嘉德	2018-01-13
清康熙 甜白釉暗刻鸳鸯纹斗笠碗	直径16.5cm	195,500	华艺国际	2018-05-23
清康熙 仿定白釉刻花卉斗笠碗	直径16.5cm	115,000	北京保利	2018-12-09
清康熙 青白釉薄胎暗刻斗笠碗	直径13.4cm	46,000	北京保利	2018-12-09
清康熙 白釉暗刻龙纹斗笠杯	直径9.5cm	34,500	保利厦门	2018-01-08
清康熙 白釉暗刻模印云龙纹盘	直径20.1cm	87,462	保利香港	2018-10-02
清康熙 白釉暗刻海水绿龙纹盘	直径18.4cm	43,700	北京中汉	2018-06-19
清康熙 白釉模印云龙纹盘	直径20cm	34,500	北京中汉	2018-09-21
清康熙 白釉暗刻花卉大盘	直径40.5cm	20,700	北京保利	2018-10-28
清康熙 白釉暗刻双龙赶珠纹碗	直径15.7cm	534,587	保利香港	2018-04-02
清康熙 白釉暗刻龙纹碗	直径19.5cm；高9cm	92,000	西泠拍卖	2018-07-08
清康熙 郎廷极里外透锥宝箱花白釉大碗	直径16.5cm高9.5cm	92,000	北京荣宝	2018-06-14
清康熙 白釉暗刻缠枝莲纹碗	直径15cm；高7.5cm	57,500	保利厦门	2018-01-08
清康熙 白釉暗刻赶珠龙纹杯		598,675	纽约苏富比	2018-09-12
清康熙 白釉暗刻龙纹杯（四只）	直径6.7cm	72,027	保利香港	2018-10-02
清康熙 白釉暗刻龙纹杯（四件套）	直径5.2cm	46,000	北京保利	2018-12-09
清康熙 白釉暗刻花卉纹仰钟杯	直径9.5cm	20,700	华艺国际	2018-11-17
清康熙 白釉暗刻海水龙纹案缸	直径19.7cm	63,250	中国嘉德	9/19/2018
清康熙 白釉凸花缠枝牡丹开光青花山水人物花卉纹笔筒	直径18.2cm	66,700	中国嘉德	2018-09-19
清康熙 白釉刻花蝶纹笔筒	直径10.5cm；高11.7cm	43,700	北京匡时	2018-12-05
清康熙 白釉浮雕江舟独钓图笔筒	直径12.5cm	40,250	北京中汉	2018-04-15
清康熙 白釉暗刻云龙纹三足笔筒	直径18cm	20,700	中国嘉德	2018-09-19
清康熙 仿定白釉模印缠枝莲纹洗	直径10.9cm	94,300	北京中汉	2018-09-21
清康熙 白釉暗刻缠枝莲纹洗	直径24cm	25,300	中国嘉德	2018-05-18
清雍正 白釉模印蝴蝶纹小瓶	高11.1cm	161,000	北京保利	2018-06-19
清雍正 白釉八卦琮式瓶	高10cm	97,750	北京保利	2018-06-19
清雍正 白釉弦纹瓶	高12.3cm	36,800	北京中汉	2018-04-15
清雍正 白釉暗刻龙纹梅瓶（带座）	高15cm	25,300	华艺国际	2018-11-17
清雍正 白釉牵牛花纹倭角方瓶	高22.5cm	23,000	北京保利	2018-07-27
清雍正 白釉摇铃尊	高15.5cm	97,440	香港诚昌	2018-05-30
清雍正 白釉暗刻云龙纹太白罐	高21.2cm；直径17cm	46,000	中贸圣佳	2018-11-25

2018瓷器拍卖成交汇总

(成交价RMB：2万元以上)

拍品名称	物品尺寸	成交价RMB	拍卖公司	拍卖日期
清雍正 甜白釉斗笠杯（一对）	直径10.5cm；高4.6cm	43,700	中贸圣佳	2018-11-25
清雍正 白釉暗刻如意海水纹鼓形三足洗	直径22cm	23,000	北京匡时	2018-12-05
清雍正 白釉暗刻锦地布袋和尚像香盒	直径9.2cm	23,000	中国嘉德	2018-09-19
清雍正 甜白釉模印暗刻莲瓣花口盘	直径30cm	3,450,000	北京保利	2018-12-08
清雍正 白釉后加粉彩花鸟图盘（一对）		1,586,500	纽约苏富比	2018-03-21
清雍正 白釉菊瓣盘	直径17.8cm	1,150,000	华艺国际	2018-11-16
清雍正 白釉菊瓣碗	直径18cm	402,500	中国嘉德	2018-06-18
清雍正 影青釉暗刻缠枝莲纹高足碗	直径15.5cm；高10.5cm	368,000	保利厦门	2018-07-15
清雍正 白釉灵芝纹小杯		1,710,500	纽约苏富比	2018-09-12
清雍正 甜白釉莲花口高足杯	高9.5cm	862,500	华艺国际	2018-11-16
清雍正 白釉暗刻龙纹杯（一组六只）	直径5.2cm×6	437,000	北京诚轩	2018-06-17
清雍正 白釉暗刻龙纹杯	直径9cm	205,792	中国嘉德	2018-10-02
清雍正 甜白釉凤穿花高足杯（一对）	直径8.5cm	184,000	北京保利	2018-12-08
清雍正 白釉暗刻凤纹高足杯	高8.6cm	78,200	北京中汉	2018-04-15
清雍正 白釉卧足杯	直径9cm	28,750	中国嘉德	2018-01-13
清雍正 白釉莲蓬香盒	直径7.3cm	25,300	中国嘉德	2018-09-19
清雍正 白釉模印绳纹桶式缸	直径38.6cm	3,832,640	香港中汉	2018-05-31
清雍正 白釉暗刻金蟾闹海纹葵口十棱洗	直径21.9cm	153,306	香港中汉	2018-05-31
清雍正 白釉模印夔龙纹大莲子碗	直径20.3cm	348,800	佳士得	2018-10-04
18世纪 白釉三孔葫芦瓶	高11cm	322,000	保利厦门	2018-07-15
清乾隆 仿古白釉雕瓷瓶	高9.5cm	106,440	万昌斯	2018-11-29
清乾隆 白釉仿定剔刻缠枝花卉纹灯笼瓶	带座高39.8cm；高35.6cm	51,750	西泠拍卖	2018-07-08
清乾隆 白釉暗刻缠枝花卉双耳瓶	高48cm	25,300	北京保利	2018-04-29
18世纪 白釉双羊耳出戟尊	高26cm	667,000	保利厦门	2018-01-08
清乾隆 白釉模印缠枝莲纹撇口尊	高32cm	69,000	北京中汉	2018-09-21
清乾隆 白釉模印小方尊	高9.5cm	43,700	华艺国际	2018-11-16
清乾隆 白釉暗刻团螭纹太白尊	直径12.3cm	28,750	中国嘉德	2018-05-19
清乾隆 月白釉敦		684,200	纽约苏富比	2018-09-12
清乾隆 白釉娃娃枕	长37cm	43,700	北京保利	2018-10-27
18世纪 白釉暗刻双龙赶珠斗笠杯（一对）	高3.4cm；直径10cm	74,750	中贸圣佳	2018-06-20
清乾隆 白釉观音坐像	高23.5cm	207,000	中贸圣佳	2018-06-20
清乾隆 白釉墨彩暗刻云龙仙鹤纹盘	直径14.5cm	230,000	北京保利	2018-06-20
清乾隆 白釉绿彩暗刻海水云龙纹盘	直径18cm	51,750	太平洋	2018-11-22
清乾隆 白釉暗刻龙纹高足碗（一对）	直径14.3×高9.5高10cm×2	805,000	保利厦门	2018-01-08
清乾隆 白釉玲珑瓷暗花西番莲纹碗	直径10.8cm	667,000	北京保利	2018-06-19
清乾隆 白釉暗刻缠枝莲纹高足碗	直径14.5cm	138,000	北京匡时	2018-12-05
清乾隆 白釉模印莲瓣纹鸡心碗	直径19.5cm；高9.5cm	23,000	保利厦门	2018-07-15
清乾隆 白釉暗刻西蕃莲高足杯	高11cm	115,000	北京荣宝	2018-12-03
清乾隆 白釉镂雕太平有象小笔筒	高9.3cm	23,000	中国嘉德	2018-05-18
清乾隆 白釉模印宝相花纹镦	直径16cm	287,500	保利厦门	2018-07-15
清乾隆 白釉暗刻缠枝莲纹水丞	直径11cm	28,750	中国嘉德	2018-01-13

拍品名称	物品尺寸	成交价RMB	拍卖公司	拍卖日期
清嘉庆 白釉仿定印花卉石榴尊	高22.5cm	1,150,000	北京保利	2018-06-20
清嘉庆十三年（1808年）白釉仿周福螽	长18cm	195,500	中国嘉德	2018-05-18
清中期 白釉卍字形调色盘	长16.5cm	23,000	中国嘉德	2018-09-19
清中期 白釉海棠形花盆	长21.8cm	20,700	中国嘉德	2018-01-13
清中期 蓝釉暗刻锦纹案缸、青白釉暗刻云凤纹案缸各一件	直径25.5cm；直径22.5cm	51,750	中国嘉德	2018-09-19
清中期 仿定白釉桃形洗	长8.5cm	51,750	北京中汉	2018-09-21
清道光 白釉暗刻云龙纹杯（一对）	直径6.4cm	40,250	中国嘉德	2018-05-18
清光绪 月白釉穿带瓶	高30.5cm	43,700	北京翰海	2018-05-13
18世纪/19世纪 青白釉刻穿芝龙纹长颈瓶		33,317	纽约苏富比	2018-03-24
清光绪 白釉暗刻缠枝牡丹平安富贵纹盘	直径34.3cm	23,000	中贸圣佳	2018-11-24
18/19世纪 白釉暗花龙纹碗	直径15.1cm	19,092	中国嘉德	2018-04-02
清光绪 白釉雕瓷花蝶纹盖盒	高4.7cm	34,500	北京匡时	2018-12-05
18世纪/19世纪浆胎白釉器（三件）		25,658	纽约苏富比	2018-09-15
清晚期 白釉暗刻花卉纹双耳尊	高45cm	28,750	太平洋	2018-06-09
清宣统 白釉太极调色盘（一对）	直径9cm	28,750	中国嘉德	2018-05-18
清宣统 白釉碗（一对）	直径15.6cm	59,800	北京中汉	2018-09-21
清 白釉模印鲤鱼纹摇铃尊	高18.5cm	356,500	保利厦门	2018-07-15
清 白釉朝天耳六方小炉	长5.7cm	48,300	中国嘉德	2018-09-19
清 仿永乐款影青釉暗龙纹斗笠盏	直径19.9cm	23,000	中贸圣佳	2018-11-25
清 白釉缠枝莲纹玲珑瓷碗（一对）	直径13.2cm	25,300	中国嘉德	2018-01-13
清 白釉雕瓷山水人物盖盒	9.5×7.2×5cm	17,250	北京匡时	2018-12-05
清十八世纪 白釉荷叶形笔舔（一对）	长9cm	86,250	北京中汉	2018-06-19
清十八世纪 白釉笔洗（两件）	Washer：直径8.2cm；Lotus washer：across 7.6cm	25,384	纽约佳士得	2018-03-20
清代 白瓷弥勒佛	高57cm；宽49cm	322,000	未来四方	2018-01-20
民国 汪兆铭定制青白釉暗刻荷花纹高足盘	直径22.6cm	40,250	中国嘉德	2018-09-19
现代 青白釉丝瓜图剔刻瓶	高42.7cm	69,000	中贸圣佳	2018-11-24
青白釉暗刻缠枝花卉纹瓶	高18.3cm	32,200	中国嘉德	2018-09-20
白釉翰林款罐	直径17cm；高19cm	161,000	中贸圣佳	2018-11-24
19世纪/20世纪 青白釉暗划赶珠龙纹三足炉		25,658	纽约苏富比	2018-09-15
白釉折沿盘	直径12.5cm	172,500	中贸圣佳	2018-11-24
白釉花口盘	高4.8cm；直径13cm	69,000	中贸圣佳	2018-06-20
白釉模印道教人物纹盘	直径20.4cm	43,700	中贸圣佳	2018-11-24
白釉轮花小盘	直径9.4cm	40,250	中贸圣佳	2018-11-24
白釉刻花出筋花口碗	高7.7cm；直径20.8cm	28,750	中贸圣佳	2018-06-20
月白釉小高足杯	直径5.4cm	46,000	中国嘉德	2018-09-19
其他窑白釉				
隋 白瓷胡人像（两件）	高26.5cm	463,032	中国嘉德	2018-10-02
隋 白釉碗	高9cm；直径12.8cm	113,186	保利香港	2018-10-02
隋 巩县窑白釉杯	高7.9cm；口径9.2cm	138,000	西泠拍卖	2018-07-08
唐早期 刑窑白釉长颈瓶	高25.1cm	194,880	万昌斯	2018-05-30
唐 巩县窑白釉净水瓶	高26.7cm	155,904	万昌斯	2018-05-30
唐 白釉贴花双龙耳尊	高41.5cm	145,393	纽约佳士得	2018-09-13
唐 盈字款邢窑小执壶	高11.8cm；通径9.5cm	287,500	西泠拍卖	2018-07-08
唐 邢窑白釉执壶	高19.5cm	92,000	西泠拍卖	2018-07-08
唐 盈字款邢窑沥粉堆花卉纹倭角方盘	高2.3cm；边长12cm	977,500	西泠拍卖	2018-07-08
唐 白釉素香盒（一对）	高4cm；直径6.8cm；高4cm；直径6.6cm	25,724	保利香港	2018-10-02

拍品名称	物品尺寸	成交价RMB	拍卖公司	拍卖日期
唐 白釉洒蓝碗	直径16.2cm	153,945	纽约佳士得	2018-09-13
五代 青白瓷夹耳盖罐	高14.8cm	57,500	西泠拍卖	2018-07-08
五代 邢窑菱花口盘	高4.4cm；口径16.5cm	69,000	西泠拍卖	2018-07-08
五代 白釉菱口盘	13cm	53,900	伦敦苏富比	2018-05-18
五代 邢窑三叶碟	高3cm；口径12cm	55,200	西泠拍卖	2018-09-29
五代 邢窑白釉粉盒（三个）	口径7.5cm；口径4.5cm×2	53,592	智得拍卖	2018-05-28
南宋 高丽青瓷刻花牡丹纹钵	高7.5cm；口径：10.6cm	25,300	西泠拍卖	2018-07-08
元 耀州印花大碗	直径20cm；高7cm	46,000	保利厦门	2018-07-15
明 彭窑白釉暗刻缠枝莲纹葫芦瓶	高29cm	32,200	中国嘉德	2018-09-19
日本明治时期 白瓷索耳香炉	直径8.5cm	28,750	北京中汉	2018-04-15
明 邢窑盏带托	盏直径10cm；托直径9cm	28,750	保利厦门	2018-07-15
白釉长颈大盘口瓶	高37.8cm	575,000	中贸圣佳	2018-06-20
“官”字款白釉皮囊壶	高18.7cm	356,500	中贸圣佳	2018-06-20
白釉带盖执壶	高20cm；长19cm	69,000	中贸圣佳	2018-06-20
窑白釉卧狮形枕	高9cm；长16cm	1,150,000	保利厦门	2018-07-15
影青釉刻花仕女枕	高11.2cm；长19.5cm；宽13cm	460,000	中贸圣佳	2018-06-20
白釉印花莲池鸳鸯纹折沿盘	直径14.2cm	1,725,000	中贸圣佳	2018-06-20
白釉印花开光湖石牡丹锦鸡纹双层菊瓣花口盘	直径20.5cm；高2.5cm	402,500	中贸圣佳	2018-06-20
黑瓷				
黑釉				
北宋/金 磁州窑黑釉堆线纹小口瓶	高22cm	470,388	纽约佳士得	2018-09-13
北宋/金 黑釉铁锈斑小口瓶	高14.5cm	166,583	纽约佳士得	2018-03-22
北宋/金 黑釉酱花小口瓶		103,123	纽约苏富比	2018-03-21
北宋/金 黑釉花口瓶		95,190	纽约苏富比	2018-03-21
北宋至金 黑釉筋纹执壶	高20.5cm	84,375	中国嘉德	2018-10-02
北宋/金 黑釉堆线纹双系罐	直径17.8cm	436,288	纽约佳士得	2018-03-22
北宋/金 黑釉酱斑双系罐		64,144	纽约苏富比	2018-09-15
北宋至金 黑釉铁锈花卉纹罐	宽20cm	60,675	香港苏富比	2018-04-02
北宋/金 黑釉堆线纹小罐	直径11cm	42,763	纽约佳士得	2018-09-13
北宋 黑釉铁锈斑斗笠碗	直径15.6cm	301,435	纽约佳士得	2018-03-22
北宋 建窑虹油滴天目盏	高7cm；口径12.3cm	1,380,000	西泠拍卖	2018-07-08
北宋 黑釉铁锈斑茶盏	直径9cm	250,700	佳士得	2018-10-04
北宋 定窑系黑釉盏	直径13.5cm	119,900	佳士得	2018-10-04
北宋 定窑黑釉鹧鸪斑碗	直径19cm	26,732,525	纽约佳士得	2018-03-22
北宋/金 黑釉鹧鸪斑纹碗		299,338	纽约苏富比	2018-09-12
北宋至金 耀州黑釉笠式碗	13.5cm	111,238	香港苏富比	2018-04-02
北宋/金 黑釉褐斑盖碗	高11.5cm	94,078	纽约佳士得	2018-09-13
南宋 吉州窑黑釉梅瓶	高19.7cm	596,797	中国嘉德	2018-10-02
南宋 吉州窑玳瑁梅瓶	高32cm	345,000	西泠拍卖	2018-07-08
南宋 吉州窑彩绘海水纹胆瓶	高16cm	103,500	西泠拍卖	2018-07-08
南宋 吉州窑彩绘铺首小梅瓶	高10cm	46,000	西泠拍卖	2018-07-08
南宋/元 吉州窑褐彩绘奔鹿纹盖罐	高17.8cm	68,420	纽约佳士得	2018-09-13
南宋 吉州窑洒斑罐	直径13.3cm	35,921	纽约佳士得	2018-09-13
南宋 吉州贴三凤碗	直径15.5cm	57,277	香港诚昌	2018-04-02
南宋 吉州窑剔犀纹碗	高5cm；口径15cm	25,300	西泠拍卖	2018-09-29
南宋 建窑兔毫釉茶盏	12.2cm	2,180,000	香港苏富比	2018-10-03
南宋 建窑兔毫盏	直径15.8cm	872,575	纽约佳士得	2018-03-22
南宋 建窑“油滴天目”茶盏	直径8.9cm	467,712	万昌斯	2018-05-30
南宋 建窑银兔毫盏	直径12.7cm	465,675	佳士得	2018-11-28
南宋 建窑兔毫盏	直径12.4cm	406,000	佳士得	2018-05-30
南宋 建窑银毫束口盏	高7cm；口直径11.3cm	287,500	浙江佳宝	2018-07-01
南宋 建窑柿釉盏	直径12.3cm	239,800	佳士得	2018-10-04
南宋 吉州窑木叶盏	直径14.3cm	222,110	纽约佳士得	2018-03-22
南宋 吉州窑玳瑁盏	高6cm；口径12.7cm	184,000	西泠拍卖	2018-07-07
南宋 建窑黑釉敛口盏（进盏款）	口径12.5cm	146,160	智得拍卖	2018-05-28
南宋 遇林亭窑描银孔雀纹盏	高6cm；口径11.6cm	109,250	西泠拍卖	2018-07-08
南宋 建窑银油滴盏	直径11cm	102,896	保利香港	2018-10-02
南宋 吉州窑鹧鸪斑纹盏	直径14cm	102,896	中国嘉德	2018-10-02
南宋 建窑蓝兔毫盏	高6.3cm；口径11.8cm	80,500	西泠拍卖	2018-07-08
南宋 建窑兔毫盏	高6.3cm；口径12.5cm	57,500	西泠拍卖	2018-07-08
南宋/元 建窑兔毫纹茶盏（两件）	直径12cm	51,561	纽约佳士得	2018-03-20
南宋 吉州窑木叶盏	高5cm；口径10.8cm	34,500	西泠拍卖	2018-07-08
南宋 吉州窑剪纸贴花梅花盏	高5.5cm；口径13.5cm	28,750	西泠拍卖	2018-05-04
南宋 建窑兔毫盏	高6.7cm；口径13cm	25,300	西泠拍卖	2018-09-29
南宋 建窑兔毫盏	高6.5cm；口径12.3cm	23,000	西泠拍卖	2018-05-04
南宋 建窑黑釉兔毫纹碗		410,520	纽约苏富比	2018-09-12
南宋 吉州窑木叶碗	直径10.9cm	256,575	纽约佳士得	2018-09-13
南宋 吉州窑剪纸贴花双凤纹笠式碗		237,975	纽约苏富比	2018-03-21
南宋 吉州窑黑釉木叶碗	10.6cm	192,138	香港苏富比	2018-04-02
南宋 吉州窑剪纸贴花碗		85,525	纽约苏富比	2018-09-12
南宋 吉州窑剪纸贴花碗	直径12.1cm	76,973	纽约佳士得	2018-09-13
南宋 吉州窑剪纸贴花凤纹碗	直径16.2cm	35,921	纽约佳士得	2018-09-13
南宋 建窑兔毫纹碗		23,798	纽约苏富比	2018-03-24
宋 河南黑釉长颈撇口瓶	27.2cm	424,725	香港苏富比	2018-04-02
宋 黑釉铁锈花吐鲁瓶	高23cm	194,880	香港诚昌	2018-05-30
宋 吉州窑玳瑁纹小胆瓶	高9cm；直径1.5cm	57,500	浙江佳宝	2018-07-01
宋 吉州窑海水纹小胆瓶	高10.3cm	23,000	西泠拍卖	2018-07-08
宋 淄博窑黑釉线条壶	高17cm；通径15cm	253,000	西泠拍卖	2018-07-08
宋 黑釉大罐		256,575	纽约苏富比	2018-09-12
宋/金 黑釉铁锈花纹罐		42,763	纽约苏富比	2018-09-15
宋金 黑釉剔刻唐草纹罐	高11.2cm；口径；10.8cm	23,000	西泠拍卖	2018-07-08
宋 黑漆葵瓣盘		523,200	香港苏富比	2018-10-03
宋 黑漆花口盘	直径17cm	356,500	北京荣宝	2018-12-03
宋 当阳峪窑鹧鸪斑葵口盘	高4cm；直径17cm	172,500	西泠拍卖	2018-07-08
宋 黑漆花式盘		102,630	纽约苏富比	2018-09-12
宋 黑漆盏托		102,630	纽约苏富比	2018-09-12
宋 吉州窑黑釉叶纹碗	直径12.5cm	172,480	伦敦佳士得	2018-05-15
宋 建窑黑釉兔毫盏	12.4cm	916,300	伦敦苏富比	2018-05-16
黑定束口大盏	直径15.5cm；高7.4cm	575,000	中贸圣佳	2018-11-24
宋 吉州窑剪纸贴花茶盏	高5.5cm；直径16.5cm	383,400	罗芙奥	2018-06-02
宋 黑釉白口盏	直径15.6cm	301,435	纽约佳士得	2018-03-22
宋 建窑黑釉茶盏	12.4cm	252,813	香港苏富比	2018-04-02
宋 怀仁窑油滴盏	高4.3cm；口径9cm	207,000	西泠拍卖	2018-07-08
宋 建窑兔毫盏	直径11.8cm	181,378	保利香港	2018-04-02
宋 吉州窑系盏五件和建窑兔毫盏一件	直径12.8cm	133,647	中国嘉德	2018-04-02
宋 建窑黑釉「兔毫」盏	直径11.5cm	106,440	万昌斯	2018-11-29
宋“天”字款束口灰被盏	直径5.6×10.7cm	92,000	西泠拍卖	2018-07-08
宋 吉州窑剪纸漏花蓓卜花纹盏	高5.3cm；口径10.5cm	92,000	西泠拍卖	2018-07-07
宋 建窑银毫束口盏	高5.5cm；口直径11cm	92,000	浙江佳宝	2018-07-01
宋 吉州窑剪纸贴花盏	直径16.5cm	87,825	中国嘉德	2018-04-02
宋 吉州窑玳瑁茶盏	直径11.8cm	65,088	羅芙奥	2018-12-01
宋 吉州窑「剪纸花」「凤」纹盏	直径12.2cm	53,220	万昌斯	2018-11-29

2018瓷器拍卖成交汇总

(成交价RMB：2万元以上)

拍品名称	物品尺寸	成交价RMB	拍卖公司	拍卖日期
宋 磁州窑黑釉白口盏	15.3cm	47,039	纽约佳士得	2018-09-13
宋 建窑兔毫盏（一对）	高5cm；口直径9.7cm	46,000	浙江佳宝	2018-07-01
宋 吉州窑「剪纸花」盏	直径11.7cm	37,254	万昌斯	2018-11-29
宋 吉州窑剪纸贴花纹盏	高6.2cm；口直径11.5cm	28,750	浙江佳宝	2018-07-01
宋 吉州窑玳瑁釉盏	高5cm；口直径11.5cm	23,000	浙江佳宝	2018-07-01
宋 吉州窑鹧鸪斑茶盏	高6cm；直径10.8cm	20,448	罗芙奥	2018-06-02
宋/金 黑釉油滴纹小碗		317,300	纽约苏富比	2018-03-21
宋/金 黑釉油滴纹小碗		153,945	纽约苏富比	2018-09-12
宋 吉州窑玳瑁釉碗	直径15.5cm	140,140	伦敦佳士得	2018-05-15
宋 黑釉鹧鸪斑纹碗		119,735	纽约苏富比	2018-09-12
宋 建窑黑釉兔毫碗	12.1cm	64,680	伦敦苏富比	2018-05-18
北宋11世纪 磁州窑黑釉堆线花口尊	高9cm	76,300	佳士得	2018-10-04
金 黑釉铁锈花玉壶春瓶	高27.2cm	222,110	纽约佳士得	2018-03-22
金 黑釉梅瓶	高20cm	171,832	中国嘉德	2018-04-02
金代 黑釉剔刻花玉壶春瓶	高25cm	136,416	智得拍卖	2018-05-28
金 磁州窑系黑釉贴花「铁锈花」执壶	高20.4cm	51,091	万昌斯	2018-11-29
金 磁州窑黑釉铁锈斑鸡心罐	直径10.2cm	127,728	万昌斯	2018-11-29
金 黑釉盖罐	高19.8cm	41,052	纽约佳士得	2018-09-13
金 怀仁窑黑釉油滴盘	直径20.5cm	298,032	万昌斯	2018-11-29
金代 黑釉油滴大碗	口径18.6cm；高8.8cm	92,568	智得拍卖	2018-05-28
金 黑釉银油滴盏	直径9cm	56,593	中国嘉德	2018-10-02
元 磁州窑黑釉弦纹梅瓶	高34.5cm	1,150,000	北京华辰	2018-11-19
元 黑釉梅瓶	高24cm	690,000	北京保利	2018-12-09
元 黑釉木叶纹双耳八方瓶	高27cm	345,000	北京荣宝	2018-12-03
元 黑釉铁锈斑小梅瓶	直径19cm	322,000	保利厦门	2018-07-15
元 磁州窑黑釉撇口瓶	高23.8cm	115,000	北京保利	2018-06-20
元 磁州窑黑釉刻花玉壶春瓶	高30.5cm	69,000	保利厦门	2018-07-15
元 磁州窑黑釉玉壶春瓶 磁州窑黑釉盏	高28cm；直径12cm	48,300	保利厦门	2018-07-15
元 磁州窑黑釉鹧鸪斑梅瓶	高28cm	17,250	中国嘉德	2018-01-13
元 当阳峪黑釉盖罐（一对）	高11.6cm×2；高11.3cm×2	345,000	保利厦门	2018-07-15
元 建窑灰釉香炉盏（带托）	直径11.1cm	20,700	北京匡时	2018-06-16
元 吉州窑贴花双凤纹斗笠盏	直径15cm	32,200	北京中汉	2018-11-21
元 吉州窑剪纸贴花凤纹碗	直径11.5cm	92,000	北京保利	2018-12-09
元 黑釉碗（一对）	直径19cm	25,300	中国嘉德	2018-09-19
元 建窑黑釉盏	直径12.5cm；托直径17cm	920,000	北京保利	2018-06-21
元 怀仁油滴盏	直径8.5cm	230,000	保利厦门	2018-07-15
元 怀仁窑油滴盏	直径8cm	207,000	保利厦门	2018-07-15
元 北方窑口黑釉油滴茶盏	直径9.3cm	207,000	北京东正	2018-06-17
元 吉州窑玳瑁斑盏	直径11.5cm	195,500	保利厦门	2018-07-15
元 吉州窑黑釉木叶盏	直径14.8cm	172,500	北京保利	2018-12-09
元 建窑盏	直径12cm	97,750	中国嘉德	2018-11-20
元 黑釉蓝毫笠式盏	直径13.3cm	69,000	北京保利	2018-12-09
元 建窑兔毫小盏	直径9.5cm	69,000	北京保利	2018-06-20
元 建窑黑釉兔毫茶盏	直径12cm	59,800	北京匡时	2018-12-05
元 建窑黑釉茶盏	直径12.5cm	59,800	北京东正	2018-06-17
元 怀仁窑油滴小盏	直径9cm	59,800	北京中汉	2018-04-15
元 建窑黑釉兔毫盏	直径13.3cm	46,000	北京东正	2018-06-17
元 怀仁窑黑釉铁锈花盏	直径11cm×2	40,250	北京荣宝	2018-12-03
元 小束口盏	直径10.5cm	40,250	保利厦门	2018-07-15
元 七彩银毫笠式盏	直径10.8cm	34,500	北京匡时	2018-06-16
元 怀仁窑小盏	直径10.5cm	32,200	保利厦门	2018-07-15
元 黑釉镶铜口钵式缸	高22.6cm	164,634	保利香港	2018-10-02
元 磁州窑黑釉深腹钵	宽14cm	23,000	北京保利	2018-06-21

拍品名称	物品尺寸	成交价RMB	拍卖公司	拍卖日期
元 黑釉刻花卉纹花口洗	直径18.7cm	345,000	北京保利	2018-06-20
明以前 吉州窑玳瑁梅瓶	高18cm	402,500	广东崇正	2018-07-05
明早期 黑釉梅瓶及啫喱瓶	高28.5cm；高19cm	25,300	中国嘉德	2018-06-18
明 鲁山窑执壶 黑釉梅瓶（两件）	高31cm；高28cm	23,000	北京保利	2018-07-27
明 黑釉剔花罐	高15cm	57,500	北京荣宝	2018-06-14
明 黑釉线条罐	直径11.5cm；高16cm	23,000	北京荣宝	2018-06-14
明 金毫炉型盏	直径11cm	253,000	保利厦门	2018-07-15
明 黑釉玄纹三足炉	高11.7cm；直径15cm	34,500	北京荣宝	2018-12-03
明 黑釉兔毫“供御”盏	直径12.5cm	1,840,000	北京荣宝	2018-12-03
明 黑釉盏	直径11.8cm；高6cm	690,000	北京荣宝	2018-06-14
明 曜变天目盏	直径12cm；高6cm	575,000	保利厦门	2018-07-15
明 金兔毫束口盏（带托）	直径12cm	322,000	保利厦门	2018-07-15
明 油滴束口小盏	9.8×4.5cm	207,000	印千山	2018-01-12
明 黑釉油滴束口盏	12.5×7cm	158,700	印千山	2018-01-12
明 兔毫束口盏	12.5×7.5cm	69,000	印千山	2018-01-12
明 黑釉兔毫盏	直径13cm	63,250	北京荣宝	2018-12-03
明 兔毫小盏	9×6cm	57,500	印千山	2018-01-12
明或以前 建盏	高7cm；直径12.5cm	46,000	广东崇正	2018-07-05
明 芝麻花小盏	9×4cm	34,500	印千山	2018-01-12
明 兔毫小盏	9.3×4cm	29,900	印千山	2018-01-12
明 黑釉小盏	9×5cm	25,300	印千山	2018-01-12
明 山西怀仁窑油滴盏	直径11.8cm	23,000	北京荣宝	2018-12-03
明 建窑茶盏	直径13cm	23,000	北京保利	2018-07-27
明 酱釉茶盏 黑釉盏（两件）	直径13cm；直径12.5cm	17,250	北京保利	2018-12-09
清光绪 黑釉仿古“周京叔簋”弦纹四足盖炉	宽23cm	163,500	佳士得	2018-10-04
黑定堆白线条罐	高10cm；直径13cm	345,000	中贸圣佳	2018-06-20
吉州窑窑变赏瓶	高33cm	575,000	北京中贝	2018-06-24
黑釉铁锈花花卉纹吐噜瓶	直径17 cm；高19.2cm	32,200	中贸圣佳	2018-11-25
黑釉斗笠盏	直径15.1cm；高4.8cm	40,250	中贸圣佳	2018-11-24
褐釉				
隋/唐 酱褐釉双龙柄瓶	高37cm	57,277	中国嘉德	2018-04-02
北宋 磁州窑褐釉跳刀罐	高9cm	237,975	纽约佳士得	2018-03-22
北宋 磁州窑褐釉跳刀罐	高9.4cm	205,260	纽约佳士得	2018-09-13
北宋/金 褐釉堆线纹双系小罐	高10.7cm	68,420	纽约佳士得	2018-09-13
北宋 磁州窑褐釉篦纹碗	直径11cm	299,338	纽约佳士得	2018-09-13
宋 褐漆钵	16cm	1,199,000	香港苏富比	2018-10-03
金 磁州窑褐釉刻诗文梅瓶	高25.8cm	42,763	纽约佳士得	2018-09-13
元 褐釉乳钉柳斗纹罐	直径9cm；高8.6cm	241,500	北京保利	2018-12-08
明 褐色釉盏	直径13cm；高4.8cm	138,000	北京荣宝	2018-06-14
清宣统 褐釉碗	直径14.7cm	64,144	纽约佳士得	2018-09-13
乌金釉				
南宋 建窑乌金釉兔毫茶盏	直径12.2cm	194,880	万昌斯	2018-05-30
南宋 建窑乌金釉茶盏	直径12.5cm	155,904	万昌斯	2018-05-30
南宋 建窑乌金釉盏	高4cm；口径9.6cm	46,000	西泠拍卖	2018-07-08
宋 乌金釉束口油滴盏	直径6.5×12.5cm	368,000	西泠拍卖	2018-07-08
宋 建窑乌金釉包银口兔毫盏	直径13cm	79,830	万昌斯	2018-11-29
宋 建窑乌金釉盏	高6cm；口径12.2cm	57,500	西泠拍卖	2018-07-08
元 乌金釉银毫束口盏	直径12.5cm	862,500	保利厦门	2018-07-15
明 乌金釉茶叶沫口小盏	9.7×4cm	69,000	印千山	2018-01-12
清康熙 乌金釉油槌瓶	高43.5cm	46,000	中国嘉德	2018-05-18
清康熙 乌金釉描金花卉开光山水人物花卉纹棒槌瓶	高45.8cm	36,800	中国嘉德	2018-05-18

拍品名称	物品尺寸	成交价RMB	拍卖公司	拍卖日期
清康熙 乌金釉小直颈瓶	高10cm	34,500	北京保利	2018-12-08
康熙 乌金釉棒槌瓶	高45cm	19,550	博美拍卖	2018-01-06
清康熙 乌金釉描金庭院花卉图执壶	宽14.8×高16.8cm	34,500	北京诚轩	2018-06-17
清康熙 乌金釉小罐	高7.1cm	219,563	保利香港	2018-04-02
清 乌金釉梅瓶	高30.2cm	25,300	中国嘉德	2018-09-20
谢兴寿 乌金釉建盏	口径12.6cm；高7.3cm	24,640	上海联合	2018-07-01
彩 瓷				
褐绿彩				
元 长沙窑贴塑执壶	高19.5cm	138,000	保利厦门	2018-07-15
褐黑彩				
唐 长沙窑贴塑胡人纹执壶	高18cm；通径15cm	115,000	西泠拍卖	2018-07-08
唐 绿釉骑马男俑及褐彩骑马男俑	高40.6cm	273,680	纽约佳士得	2018-09-13
金/元 黑釉褐彩花卉纹玉壶春瓶	高29.4cm	62,050	中国嘉德	2018-04-02
金 磁州窑虎形枕	宽38.5cm	166,313	佳士得	2018-11-28
金/元 磁州窑白地褐彩山水诗文凤纹长方枕	宽32.6cm	54,500	佳士得	2018-10-04
元 龙泉窑青瓷褐斑点彩玉壶春瓶	高25cm	3,494,780	佳士得	2018-11-28
元 磁州窑白地褐彩花卉诗文小口瓶	高24cm	28,639	中国嘉德	2018-04-02
元 磁州窑褐彩龙纹罐	高21.7cm	196,200	佳士得	2018-10-04
元 磁州窑点褐彩笠式盏	直径12.5cm	23,000	北京匡时	2018-06-16
元 磁州窑白地黑花卷草纹高足杯	直径9cm；高8.8cm	161,000	北京保利	2018-12-08
清康熙 绿地褐彩云龙纹碗	直径10.2cm	92,000	北京匡时	2018-06-15
清乾隆 仿定锥拱穿花双龙纹撇口梅瓶	高38.1cm	109,250	中贸圣佳	2018-11-24
清乾隆 唐英制米黄地褐彩御题诗山水楼阁瓷板	38×56cm	2,530,000	北京保利	2018-12-12
清乾隆 绿地褐彩云龙纹小碗	直径11cm	48,300	中国嘉德	2018-09-19
清道光 绿地褐彩龙纹碗	直径11cm	28,750	北京保利	2018-10-27
褐彩豹斑纹梅瓶	高24.5cm	172,500	中贸圣佳	2018-06-20
青花				
元 青花缠枝"福禄万代"大葫芦瓶（亚历山大瓶）	高47cm	56,810,000	北京保利	2018-06-19
元 青花云龙纹梅瓶（一对）	高32.5cm；33.5cm	32,200,000	广东崇正	2018-07-05
元 青花孔雀牡丹带盖梅瓶	高45cm	16,675,000	北京保利	2018-06-19
元 青花缠枝牡丹纹梅瓶	高42cm	11,270,000	保利厦门	2018-01-08
元 青花垂肩通景人物故事图大梅瓶	高43.7cm	2,990,000	北京保利	2018-06-19
元 青花云龙纹玉壶春瓶	高25.2cm	690,000	中贸圣佳	2018-06-20
元 青花云凤纹玉壶春瓶	直径41cm	230,000	上海匡时	2018-04-30
元 青花凤穿牡丹纹玉壶春瓶	高18.4cm	101,200	北京中汉	2018-04-15
元 青花莲池清趣玉壶春瓶	高28cm	1,610,000	北京保利	2018-12-08
元 青花龙纹玉壶春	高28cm	977,500	北京保利	2018-06-19
元 青花云龙纹大罐	高28.5cm	11,500,000	北京保利	2018-06-19
元 青花缠枝牡丹纹大罐	高28.3cm	2,300,000	北京保利	2018-06-19
元 青花鱼藻纹罐	直径26cm	207,000	中国嘉德	2018-01-13
元 青花香莲纹匜	long 162cm	388,063	邦瀚斯	2018-11-27
元 青花满池娇纹花口折沿盘	直径28.5cm	4,370,000	北京保利	2018-12-08
元 青花莲塘菱口折沿大盘	39.8cm	3,980,280	香港苏富比	2018-04-03
元 青花荷塘鸳鸯盘	29.2cm	1,955,000	北京保利	2018-06-19
元 青花荷塘鸳鸯纹折沿菱口盘	直径28.5cm	517,500	北京匡时	2018-12-05
元 青花模印人物盘	直径15.4cm	517,500	北京保利	2018-06-19
元 青花荷塘鸳鸯纹菱口盘	直径28cm	143,750	华艺国际	2018-11-17
元 青花麒麟纹盘	直径29.3cm	34,500	北京保利	2018-10-28
元 青花莲瓣纹盏托	16cm	1,725,000	北京保利	2018-06-19
元 青花莲瓣火珠纹盏托	15.4cm	1,610,000	北京保利	2018-06-19
元 青花外缠枝莲内荷塘纹大碗	直径29.5cm	3,622,500	北京保利	2018-06-19
元 青花"人物故事"纹撇口碗	直径18.4cm	97,440	万昌斯	2018-05-30
元 青花模印游龙纹高足杯		7,590,000	北京保利	2018-06-19

拍品名称	物品尺寸	成交价RMB	拍卖公司	拍卖日期
元 青花凤纹模印杂宝小高足杯	直径9.1×高8.8cm	126,500	北京诚轩	2018-06-17
元 青花仙人童子图粉盒	直径9.3cm	207,000	北京保利	2018-12-09
明早期 青花荷塘纹梅瓶	高29cm	97,750	太平洋	2018-06-09
明早期 青花缠枝莲纹梅瓶	高28.5cm	28,750	北京保利	2018-10-28
明早期 黄地青花缠枝花卉纹执壶	高37cm	4,025,000	北京东正	2018-06-17
明早期 青花缠枝灵芝纹罐	直径25cm	115,000	中国嘉德	2018-09-19
明早期 青花缠枝花卉钵	直径10.3cm	57,500	北京保利	2018-10-28
元末明初 青花缠莲纹兽钮香熏	高19cm	184,000	北京荣宝	2018-06-14
明洪武 青花缠枝菊纹玉壶春瓶	高32.5cm	2,645,000	保利厦门	2018-07-15
元-明洪武 青花折枝花卉纹器座	直径16cm	59,800	中国嘉德	2018-05-18
明洪武 青花缠枝花卉纹凸莲瓣菱口盏盘	直径19.8cm	690,000	中贸圣佳	2018-06-20
明洪武 青花灵芝番莲纹菱口折沿盏托	19.6cm	1,962,000	香港苏富比	2018-10-03
明永乐 青花缠枝牡丹纹玉壶春瓶	高26.5cm	4,715,000	上海匡时	2018-04-30
明永乐 青花轮花纹绶带耳葫芦扁瓶		2,052,600	纽约苏富比	2018-09-12
明永乐 青花缠枝莲纹甘露瓶		872,575	纽约苏富比	2018-03-20
明永乐 青花缠枝莲纹梅瓶	25cm	431,200	伦敦苏富比	2018-05-16
明永乐 青花灵芝纹石榴尊	高18.6cm	3,680,000	北京保利	2018-06-20
明永乐 青花宝相花纹绶带葫芦扁壶	31.5cm	11,091,840	香港苏富比	2018-10-03
明永乐 青花缠枝牡丹纹执壶	高30cm	5,410,700	佳士得	2018-11-28
明永乐 青花折枝花卉纹八方烛台	高14.5cm	1,840,000	北京中汉	2018-04-15
明永乐 慈禧御赐青花葡萄纹折沿大盘	直径38cm	13,225,000	北京匡时	2018-12-05
明永乐 青花葡萄纹折沿盘	直径38cm	7,752,380	佳士得	2018-11-28
明永乐 青花葡萄纹折沿盘	37.3cm	6,592,320	香港苏富比	2018-10-03
明永乐 青花缠枝花卉菱口盘	直径34cm	5,980,000	北京保利	2018-12-08
明永乐 青花缠枝花卉葡萄纹海浪折沿大盘	直径37.5cm	4,657,500	中贸圣佳	2018-06-20
明永乐 青花花卉纹菱口折沿盘	37.8cm	4,077,360	香港苏富比	2018-04-03
明永乐 青花缠枝花卉一把莲盘	直径27.6cm	3,795,000	北京保利	2018-12-08
明永乐 青花花果纹菱花式小盘		3,750,486	纽约苏富比	2018-03-20
明永乐 青花缠枝花卉波浪纹大盘	直径40.5cm	3,410,400	香港诚昌	2018-05-30
明永乐 青花花卉纹菱口折沿盘	38cm	2,825,280	香港苏富比	2018-10-03
明永乐 青花一束莲大盘	直径45cm	2,645,000	北京华辰	2018-11-19
明永乐 青花一束莲纹大盘	直径32cm	1,495,000	北京东正	2018-06-17
明永乐 青花缠枝四季花卉一束莲纹大盘	直径33.5cm	1,150,000	北京中汉	2018-11-21
明永乐 青花折枝瓜果纹大盘	直径39.7cm	345,000	北京中汉	2018-04-15
明永乐 青花一束莲纹盘	直径28.1cm	207,000	北京中汉	2018-09-21
明永乐 青花缠枝四季花卉纹宫碗	直径17.3cm	1,533,056	香港中汉	2018-05-31
明永乐 青花内外缠枝花卉文碗	直径19.8cm	460,000	北京保利	2018-06-20
明永乐 青花折枝果大碗	高19cm；直径36.5cm	60,413	香港诚昌	2018-05-30
明永乐 青花缠枝月季纹笠式碗	20cm	4,080,960	香港苏富比	2018-10-03
明宣德 青花双凤穿花纹撇口尊	高14cm	14,372,400	香港中汉	2018-05-31
明宣德 青花缠枝花卉纹执壶		19,894,710	纽约苏富比	2018-03-20
明宣德 青花八吉祥纹罐	高18cm	4,600,000	北京保利	2018-06-20
明宣德 青花折枝花果图瓜棱罐	高11.4cm	2,643,260	佳士得	2018-11-28
明宣德 青花葡萄纹葫芦形鸟食罐	高6.1cm	1,725,000	北京保利	2018-06-19
明宣德 青花缠枝花纹罐	高13cm	782,000	华艺国际	2018-05-23
明宣德 青花缠枝花卉豆	高10cm	345,000	北京保利	2018-12-09
明宣德 青花缠枝莲江崖海水海兽纹大器座	直径35.8cm	80,500	北京中汉	2018-06-19
明宣德 青花石榴花盘	29.5cm	3,767,040	香港苏富比	2018-10-03

2018瓷器拍卖成交汇总

(成交价RMB：2万元以上)

拍品名称	物品尺寸	成交价RMB	拍卖公司	拍卖日期
明宣德 青花地留白石榴纹大盘	直径51cm	1,955,000	北京保利	2018-12-08
明宣德 青花龙纹大碗	直径21cm	17,666,370	纽约佳士得	2018-05-10
明宣德 青花鱼藻纹十棱菱口大碗	直径23cm	7,467,040	台北艺流	2018-12-01
明宣德 青花内模印缠枝芍药纹碗	直径20cm	6,325,000	北京保利	2018-12-08
明宣德 青花折枝四季花果纹大碗	直径30.2cm	2,300,000	北京中汉	2018-11-21
明宣德 青花莲瓣轮花纹鸡心碗	长16cm；高9.9cm	2,070,000	中贸圣佳	2018-11-24
明宣德 青花苜蓿花荷塘纹碗	直径15.2cm	1,782,500	华艺国际	2018-05-23
明宣德 青花缠枝莲纹碗	直径21cm；高10cm	1,552,500	保利厦门	2018-07-15
明宣德 青花缠枝莲托八宝大碗	直径28cm	1,380,000	北京保利	2018-06-20
明宣德 青花海涛缠枝莲纹碗	直径15cm	598,000	北京中汉	2018-06-19
明宣德 青花缠枝花卉纹碗	直径20cm	552,000	中国嘉德	2018-11-20
明宣德 青花矾红海兽波涛纹高足杯	直径9.9cm	9,825,200	佳士得	2018-05-30
明宣德 青花海水龙纹钵	直径26cm	920,000	保利厦门	2018-01-08
明宣德 青花缠枝花卉菊瓣纹花浇	高13.4cm	15,525,000	北京保利	2018-12-08
明宣德 青花缠枝莲纹莲子碗	直径20.8cm	4,346,300	佳士得	2018-11-28
明宣德 青花暗花缠枝芍药笠式碗	20.6cm	4,290,240	香港苏富比	2018-10-03
明宣德青花杂宝「泽物为物」纹桥纽方章	6.4×6.5×4.5cm	1,667,500	北京保利	2018-12-08
明宣德 白釉暗刻海水青花龙纹瓷砖	33×18.3×3.7cm	1,035,000	北京匡时	2018-06-15
明宣德 青花小山子	长10.7cm	25,300	中国嘉德	2018-09-19
明正统 青花把莲八吉祥盘	直径22.4cm	747,500	北京保利	2018-12-08
明景泰-天顺 青花庭院仕女图梅瓶	高25cm	517,500	北京保利	2018-12-08
15世纪 空白期 青花携琴访友图梅瓶(一对)		256,575	纽约苏富比	2018-09-12
明空白期 青花孔雀牡丹纹梅瓶	高33.1cm	112,700	中贸圣佳	2018-11-24
明空白期 青花携琴访友图大罐	高28cm	28,750	太平洋	2018-06-09
明空白期 青花麒麟葵口大盘	直径32.5cm	34,500	北京保利	2018-04-29
明成化 青花缠枝花莲瓣口瓶		18,371,670	纽约苏富比	2018-03-20
15世纪末 青花道教人物故事图双戟耳瓶	高18.1cm	171,050	纽约佳士得	2018-09-13
明成化 青花“竹溪六逸”雅集图罐	高23.5cm；宽24cm	27,025,000	北京保利	2018-06-19
明成化 青花缠枝花卉小罐	宽6cm	782,000	北京保利	2018-12-08
明成化 青花海浪折枝花卉纹罐	高11.5cm	368,000	北京保利	2018-12-08
明成化 青花云纹盖罐	高17.5cm	36,800	北京保利	2018-07-27
明成化 青花内金刚宝杵外缠枝宝相花纹盘	直径17.4cm；高3.8cm	1,725,000	中贸圣佳	2018-11-24
15世纪 青花金刚杵纹盘	直径17.3cm	700,700	伦敦佳士得	2018-05-15
明成化 青花洞石牡丹纹盘	直径34cm	552,000	西泠拍卖	2018-07-08
明成化 青花花卉纹折腰盘	直径8.4cm	46,000	北京中汉	2018-04-15
明成化 青花缠枝山茶花纹宫碗	直径15.2cm	10,350,000	北京保利	2018-06-19
明成化 青花葡萄纹高足碗	直径15.7cm	1,150,000	北京保利	2018-12-09
明成化 青花海水云波五龙纹碗	直径12cm	287,448	香港中汉	2018-05-31
明成化 青花折枝花卉纹卧足杯	直径7.7cm	10,005,000	北京保利	2018-06-19
明弘治 青花缠枝花卉纹大盘	46cm	43,120	伦敦苏富比	2018-05-18
明弘治 青花绿彩云龙纹大盘	直径25.2cm	36,800	中国嘉德	2018-01-13
明正德 青花缠枝莲托吉祥纹罐	高18.2cm	126,500	西泠拍卖	2018-07-08
明正德 青花如意足瓷砚	直径12cm	74,750	北京保利	2018-12-09
明正德 黄地青花石榴花盘	29.2cm	7,220,160	香港苏富比	2018-10-03
明正德 黄地青花折枝石榴花纹盘	直径29.5cm	1,725,000	北京保利	2018-06-20
明正德 黄地青花栀子花纹盘	直径19.7cm	855,250	纽约佳士得	2018-09-13
明正德 青花缠枝卷草托莲纹碗	直径20.7cm	977,500	北京诚轩	2018-06-17
明正德 青花穿花龙纹渣斗尊	高12.4cm	132,250	北京中汉	2018-06-19
明正德 青花卷草阿拉伯文五崖笔山	高13.4cm；直径20cm	3,450,000	北京保利	2018-12-08
明嘉靖 青花云鹤纹葫芦瓶	高9.7cm	805,000	北京荣宝	2018-12-03
明嘉靖 青花缠枝莲纹葫芦瓶	高26cm	460,000	华艺国际	2018-11-16
明嘉靖 青花八仙献寿图大蒜头瓶	高66.7cm	436,000	佳士得	2018-10-04
明嘉靖 青花“龙凤呈祥”云鹤八宝纹大葫芦瓶	高48.2cm	402,500	北京中汉	2018-06-19
明嘉靖 青花缠枝莲纹天圆地方葫芦瓶	高36cm	74,750	上海匡时	2018-04-30
明嘉靖 青花云龙纹尊	高14cm	57,500	北京保利	2018-07-27
明嘉靖 青花花卉瓜棱提梁壶	高19.5cm	287,500	深圳至正国际	2018-08-25
明嘉靖 青花狮球图梨壶	高14cm	40,250	中国嘉德	2018-09-19
明嘉靖 青花庭院婴戏纹罐	高34.5cm	12,075,000	北京保利	2018-12-08
明嘉靖 青花婴戏图大罐	高34cm	1,559,040	香港诚昌	2018-05-30
明嘉靖 青花婴戏图大罐	高33.5cm	1,115,500	华艺国际	2018-11-17
明嘉靖 青花琴棋书画图罐	高13.2cm	943,000	北京诚轩	2018-06-17
明嘉靖 青花龙纹方罐	高12cm	552,000	华艺国际	2018-11-16
明嘉靖 青花仿成化瑞兽小罐	高13cm	287,500	北京保利	2018-06-20
明嘉靖 青花婴戏图大罐	直径40cm	184,000	中国嘉德	2018-09-19
明嘉靖 青花云龙纹罐	高18.8cm	123,475	保利香港	2018-10-02
明嘉靖 青花八仙过海图罐	高33cm	119,735	纽约佳士得	2018-09-13
明嘉靖 青花穿花孔雀纹罐		87,258	纽约苏富比	2018-03-21
明嘉靖 青花庭院花卉图罐	高13.8cm	69,000	北京诚轩	2018-06-17
明嘉靖 青花海兽纹小罐	高13.2cm	48,300	北京中汉	2018-04-15
明嘉靖 青花群仙祝寿三足炉	直径27.5cm	230,000	北京匡时	2018-12-05
明嘉靖 青花人物故事图方斗杯	直径9.9cm；高7cm	460,000	北京保利	2018-12-08
明嘉靖 青花鹦鹉啄金桃纹盘	直径22.5cm；高3cm	575,000	中贸圣佳	2018-11-24
明嘉靖 青花戴胜桃树纹盘	直径22.5cm	552,000	西泠拍卖	2018-07-08
明嘉靖 青花石榴花鸟大盘	直径56.5cm	506,000	北京保利	2018-06-20
明嘉靖辛酉年（1561年）青花仙鹤花鸟盘	直径21.5cm	483,000	北京保利	2018-12-08
明嘉靖 青花云鹤纹盘	直径50cm	308,688	保利香港	2018-10-02
明嘉靖 青花孔雀高足盘	直径23cm	210,016	保利香港	2018-04-02
明嘉靖 青花云鹤纹大盘		118,988	纽约苏富比	2018-03-21
明嘉靖 青花花鸟云鹤纹盘	直径21.2cm	76,370	中国嘉德	2018-04-02
明嘉靖 青花黄彩松鹿纹盘	直径13.5cm	45,822	中国嘉德	2018-04-02
明嘉靖 青花缠枝花卉龙纹盘	直径21.5cm	34,500	北京诚轩	2018-06-17
明嘉靖 青花游龙图盘	直径21cm	34,500	中国嘉德	2018-09-19
明嘉靖 青花麒麟图盘	直径16.2cm	25,300	中国嘉德	2018-09-20
明嘉靖/万历 青花花卉折枝葡萄纹大盘	直径44cm；高8.2cm	23,000	中贸圣佳	2018-11-25
明嘉靖 青花折枝莲纹莲瓣盘（一对）	直径14.7cm	20,700	中国嘉德	2018-09-20
明嘉靖 青花团龙凤碗	高9.5cm；直径17cm	517,500	北京保利	2018-06-20
明嘉靖 青花云龙赶珠纹大碗	直径37cm；高17cm	276,000	北京保利	2018-12-08
明嘉靖 青花缠枝灵芝纹大海碗	直径32.5cm	172,500	华艺国际	2018-11-16
明嘉靖 青花缠枝花卉纹仰钟式碗	高10cm；直径15.5cm	138,000	博美拍卖	2018-01-05
明嘉靖 青花花卉鱼藻纹大碗	直径37cm	86,250	北京保利	2018-04-29
明嘉靖 青花龙纹碗	直径26.2cm	69,000	北京保利	2018-01-21
明嘉靖 黄地青花龙纹方碗	长16.3cm	57,500	北京保利	2018-07-27
明嘉靖 青花龙纹寿字纹方形撇口碗	直径16cm	57,500	北京荣宝	2018-06-14
明嘉靖 青花云鹤纹碗（一对）	直径7cm	46,000	华艺国际	2018-11-17
明嘉靖 青花凤穿花纹大碗	直径38cm	43,700	北京中汉	2018-04-15
明嘉靖 内青花荷塘鸳鸯图外矾红碗	直径11.7cm	40,250	中国嘉德	2018-01-13
明嘉靖 青花人物纹碗	直径14cm	34,500	中国嘉德	2018-09-19

拍品名称	物品尺寸	成交价RMB	拍卖公司	拍卖日期
明嘉靖 青花茶碗	直径8.2cm	20,700	中国嘉德	2018-05-18
明嘉靖 青花龙纹杯	直径11.2cm	641,438	纽约佳士得	2018-09-13
明嘉靖 青花婴戏杯	8.7cm	414,200	香港苏富比	2018-10-03
明嘉靖 青花山水高仕纹仰钟杯	直径6cm；高4.5cm	276,000	北京保利	2018-06-19
明嘉靖 青花云鹤纹杯（一对）	直径8.8cm×2	34,500	上海匡时	2018-04-30
明嘉靖 青花倭角松下采药图盖盒	长15.7cm	1,322,500	北京保利	2018-12-08
明嘉靖 青花雉鸡牡丹纹八方盖盒	宽29.5cm	812,000	佳士得	2018-05-30
明嘉靖 青花双龙戏珠盖盒	21.3cm	457,800	香港苏富比	2018-10-03
明嘉靖 青花百鸟朝凤图八方盖盒	直径30.4cm	368,000	北京保利	2018-12-08
明嘉靖 青花龙纹捧盒	高15cm；口径20.3cm	126,500	西泠拍卖	2018-07-08
明嘉靖 青花松鹿纹大捧盒	直径20cm	119,328	香港诚昌	2018-04-02
明嘉靖 青花云龙纹大缸	直径48cm；高41.5cm	575,000	中贸圣佳	2018-06-20
明嘉靖 青花三羊开泰仰钟式碗(一对)	16.2cm	18,939,840	香港苏富比	2018-10-03
明嘉靖 青花缠枝莲桃纹塔形道教祭器	高40.5cm	46,000	中国嘉德	2018-05-18
明中期 青花翼龙凤纹海兽橄榄瓶	高60.7cm	92,000	中国嘉德	2018-11-20
明中期 青花双狮绣球纹盘	直径31cm	920,000	北京华辰	2018-11-19
明隆庆 青花婴戏图碗	直径20cm	1,012,000	北京保利	2018-12-08
明万历 青花莲托八吉祥海马瑞兽图梅瓶	高48.8cm	1,092,500	北京保利	2018-12-08
明万历 青花寿字葫芦瓶	高65cm	920,000	北京华辰	2018-11-19
明万历 仿宣德青花缠枝牵牛花纹四方倭角兽耳瓶	高15cm	517,500	中国嘉德	2018-09-19
明万历 青花缠枝花卉六方葫芦瓶	高26cm	241,500	深圳至正国际	2018-08-25
明万历 青花云龙纹葫芦挂瓶	高30.5cm	229,109	保利香港	2018-04-02
明万历 青花龙纹葫芦瓶	高25cm	138,000	印千山	2018-01-12
明万历 青花花卉纹花口壁瓶	高36cm	57,500	北京中汉	2018-04-15
明万历 青花花卉纹壁瓶	高31cm	55,200	印千山	2018-01-12
明万历 青花龙纹梅瓶	高31.8cm	36,800	八益拍卖	2018-04-28
明万历-清顺治 青花杯、壶、瓶（五件）	尺寸不一	32,200	中国嘉德	2018-05-18
万历 青花花卉纹四方出戟花觚	高29cm	115,000	广东衡益	2018-07-01
明万历 青花象首军持	20.5cm	118,580	伦敦苏富比	2018-05-16
明万历 青花象首军持	21.5cm	53,900	伦敦苏富比	2018-05-16
明万历 青花龙凤纹茶壶	高20.2cm	659,750	佳士得	2018-05-30
明万历 青花龙纹提梁壶	高25cm	195,500	华艺国际	2018-03-30
明万历 青花缠枝莲纹藏草壶	高34cm	80,500	西泠拍卖	2018-07-08
明万历 青花云龙纹寿字大罐	高50cm	3,450,000	保利厦门	2018-01-08
明万历 青花龙凤纹瓜棱罐	高12.6cm	526,988	香港中汉	2018-05-31
明万历 青花四爱图八方蛐蛐罐	高10.4cm；直径10.4cm	517,500	中贸圣佳	2018-06-20
明万历 青花云龙纹花瓣形罐	高10cm	345,000	北京匡时	2018-12-05
明万历 青花穿花龙凤纹扇形蟋蟀罐	长9.5cm	207,000	中国嘉德	2018-09-19
明万历 青花锦地开光人物图围棋罐	高8.8cm	143,193	保利香港	2018-04-02
明万历 青花海水龙纹罐	高13cm	109,250	太平洋	2018-11-22
明万历 青花缠枝莲四系罐	高39cm	92,000	北京保利	2018-10-28
明万历 青花荷塘鸳鸯纹大罐	31.5cm	86,240	伦敦苏富比	2018-05-18
明万历 青花荷塘鱼藻纹六方罐	34cm	48,510	伦敦苏富比	2018-05-18
明万历 青花仕女图茶叶罐	直径14.5cm	34,500	中国嘉德	2018-09-20
明万历 青花开光牡丹荷莲图大罐		33,317	纽约苏富比	2018-03-24
明万历 青花岁寒三友纹罐	高16.5cm	17,920	上海联合	2018-11-25

拍品名称	物品尺寸	成交价RMB	拍卖公司	拍卖日期
明万历 青花角端形熏炉配盖		2,062,450	纽约苏富比	2018-03-20
明万历 青花龙纹四方香炉	高10cm	460,000	北京保利	2018-12-08
明万历 青花琴棋书画高仕图四方炉	长13.3cm	172,500	北京中汉	2018-09-21
明万历 青花孔雀牡丹铺首鼓墩（一对）	高36cm	575,000	北京保利	2018-12-09
明万历 青花缠枝灵芝花鸟纹镂空器座	直径23cm	32,200	北京中汉	2018-09-21
明万历 青花穿花翼龙如意纹大罐	直径45cm	1,725,000	北京中汉	2018-06-19
明万历 青花梵文莲瓣供盘	直径19cm	713,000	北京保利	2018-12-08
明万历 青花开光瑞兽大盘	直径48cm	483,000	深圳至正国际	2018-08-25
明万历）青花双凤穿花卉纹盘	直径18.4cm	322,000	北京保利	2018-12-08
明万历 青花龙凤纹菊瓣盘	直径14.8cm	86,250	华艺国际	2018-05-23
明万历 青花梵文盘	直径16.5cm	74,750	太平洋	2018-11-22
明万历 青花梵文莲瓣盘	直径18cm	66,823	保利香港	2018-04-02
明万历 青花云龙戏珠纹盘	直径19.7cm	64,680	伦敦佳士得	2018-05-15
明万历 青花瑞鹿图折沿盘	43.7cm	53,900	伦敦苏富比	2018-05-16
明万历 青花「龙」纹大盘	直径26cm	51,091	万昌斯	2018-11-29
明万历 青花龙纹盘	直径20cm	40,250	北京荣宝	2018-06-14
明万历 青花龙纹大盘	直径30.8cm	36,800	北京保利	2018-06-21
明万历 青花云龙纹缠枝花卉盘	直径29.5cm	34,500	北京保利	2018-04-30
明万历 青花龙纹盘	直径31cm	32,200	北京保利	2018-06-21
明万历 青花花鸟杯、盘（十件一套）	杯直径8.5cm；盘直径15.5cm	28,750	北京保利	2018-06-20
明万历 青花花卉纹小方盘	长6.5cm	23,000	中国嘉德	2018-09-19
明万历 青花对凤纹碗	直径19.9cm	862,500	北京保利	2018-06-20
明万历 青花海马图碗（一对）	直径9.2cm	552,000	北京保利	2018-06-20
明万历 青花龙凤纹小碗	直径9.7cm	360,136	北京匡时	2018-10-03
明万历 青花福禄寿小碗	直径8cm	322,000	北京保利	2018-06-19
明万历 青花婴戏图碗	直径17.6cm	264,500	华艺国际	2018-05-23
明万历 青花赤绘碗	直径9.3cm	226,371	中国嘉德	2018-10-02
16世纪早期 青花海屋添筹碗	直径14cm	174,923	保利香港	2018-10-02
明万历 青花人物花卉碗	直径8.8cm	138,000	北京保利	2018-06-20
明万历 青花海怪纹大碗	直径38cm	109,250	太平洋	2018-06-09
明万历 青花苍龙瑞兽图碗	直径16.4cm	92,000	北京诚轩	2018-06-17
明万历 青花龙虎瑞兽图碗	直径16.9cm	69,000	北京中汉	2018-09-21
明万历 青花穿花龙纹碗	直径12cm	32,200	保利厦门	2018-07-15
明万历 青花花鸟纹大碗	直径37.5cm	20,700	北京匡时	2018-06-15
明万历 青花龙凤穿花杯	直径9.5cm	264,500	北京保利	2018-12-08
明万历 青花云鹤纹小杯（一对）	直径8.8cm	163,500	佳士得	2018-10-04
明万历 青花高士图卧足杯	直径8.8cm	115,000	北京保利	2018-12-08
明万历 青花内龙纹外神仙人物小碟	直径8cm	92,000	保利厦门	2018-01-08
明万历 青花松鹤延年图小碟（一对）	直径8.5cm×2	57,500	保利厦门	2018-01-08
明万历 青花双龙戏珠长方盖盒	24×15.3×8cm	1,380,000	北京匡时	2018-12-05
明万历 青花龙纹镂空莲托八吉祥长方盖盒	长25.7cm；宽19.5cm；高9cm	1,322,500	北京保利	2018-12-08
明万历 青花双龙赶珠纹捧盒	直径18.5cm	862,500	北京保利	2018-12-08
明万历 青花双龙戏珠纹倭角长方盒	长24cm	230,000	华艺国际	2018-05-23
明万历 青花高士图调色盒	直径24.7cm	115,000	华艺国际	2018-11-17
明万历 青花婴戏图盒		72,696	纽约苏富比	2018-09-15
明万历 青花锦地开光花鸟纹格盒	直径18.7cm	34,500	中国嘉德	2018-09-19
明万历 青花麒麟形香插	长10.6cm	452,760	伦敦佳士得	2018-05-15
明万历 青花江崖海水云龙纹三崖笔山	长15.8cm；高10.8cm	1,667,500	北京保利	2018-12-08
明万历 青花江崖海水云龙纹三峰笔山	长16cm；宽3.3cm；高10.8cm	506,000	中贸圣佳	2018-06-20

(成交价RMB：2万元以上)

拍品名称	物品尺寸	成交价RMB	拍卖公司	拍卖日期
明万历 青花外云龙纹内壬字云纹连笔山长方笔盒	长29.5cm；宽11.8cm；高9.5cm	460,000	中贸圣佳	2018-06-20
明万历（1563-1622年）青花龙凤纹笔船	长30cm	115,000	北京保利	2018-12-08
明万历 青花人物故事折沿洗	宽35.5cm	1,782,500	北京保利	2018-06-20
明万历 青花龙凤纹笔洗	高11cm	438,480	香港诚昌	2018-05-30
明万历 青花道教人物图碗	直径15.5cm	507,500	佳士得	2018-05-30
明万历 青花花草纹捏塑太湖洞石鱼穿	高41cm；宽35cm	322,000	中贸圣佳	2018-06-20
明万历 青花福寿纹大碗	直径30.5cm	205,260	纽约佳士得	2018-09-13
明万历 青花五穀丰登图碗	直径17cm	163,500	佳士得	2018-10-04
明天启 青花山水人物蒜头瓶	高30.7cm	146,900	广东省拍	2018-09-20
明天启 青花高士图贯耳瓶	高19.2cm	23,000	中国嘉德	2018-01-13
明天启 青花花卉开光论道图纹大罐	高41.5cm	103,500	太平洋	2018-11-22
明天启 青花人物纹六方罐	高23.4cm	25,300	中国嘉德	2018-09-19
天启 青花岁寒三友纹莲瓣形盘	直径20cm	69,000	广东衡益	2018-07-01
明天启 青花虾纹海螺形盘	长18.5cm	37,730	伦敦佳士得	2018-05-15
明天启 青花山水人物纹大盘	直径35.7cm	20,700	中国嘉德	2018-05-18
明天启 青花赤绘人物纹碗	直径10cm	20,579	中国嘉德	2018-10-02
明崇祯 青花花鸟人物图筒瓶	45.2cm	668,360	伦敦苏富比	2018-05-16
明崇祯 青花清供图筒瓶	高44.5cm	667,000	北京保利	2018-12-08
明崇祯 青花钟馗福禄图筒瓶	40.6cm	646,800	伦敦苏富比	2018-05-16
明崇祯 青花水浒传人物故事图筒瓶	高46.8cm	575,000	北京保利	2018-12-08
明崇祯 青花人物故事图筒瓶	高38.8cm	572,772	保利香港	2018-04-02
17世纪中约1640年 青花山水人物图筒瓶	高46.4cm	513,150	纽约佳士得	2018-09-13
明末 青花丙吉问牛图筒瓶	44.6cm	485,100	伦敦苏富比	2018-05-16
明崇祯 青花凸花瓶花博古图筒瓶	高46.7cm	391,000	中国嘉德	2018-05-18
明崇祯 六方瓶	高31cm	172,500	凤凰拍卖	2018-01-21
明崇祯 青花人物故事图筒瓶	高40.5cm	161,000	华艺国际	2018-05-23
明崇祯 青花人物故事象腿瓶	高49cm	161,000	北京保利	2018-10-27
明崇祯 青花花卉带盖瓶（一对）	高21cm	126,500	上海嘉禾	2018-10-14
明末 青花花卉纹蒜头瓶	36.2cm	118,580	伦敦苏富比	2018-05-16
明崇祯 青花人物纹筒瓶	高42.2cm	103,500	中国嘉德	2018-09-19
明崇祯 青花梅花纹筒瓶	高21.2cm	79,100	广东省拍	2018-09-20
明崇祯 青花人物故事图瓶	高37cm	61,600	上海联合	2018-07-01
明崇祯 青花加官进爵图赏瓶	高36cm	57,500	中国嘉德	2018-05-18
明崇祯 青花高士锥把瓶	高21.7cm	51,750	北京保利	2018-04-29
明崇祯 青花人物纹瓶（一对）	高70cm（含罩座）	51,750	中国嘉德	2018-05-18
明崇祯 青花人物故事筒瓶	高43cm	48,300	上海匡时	2018-04-30
明崇祯 青花人物纹瓶	高37.5cm	39,100	中国嘉德	2018-01-13
明崇祯 青花花卉纹蒜头瓶	高38.2cm	32,200	博美拍卖	2018-01-06
明崇祯 青花人物八方瓶	高30cm	22,400	北京适珍	2018-01-07
明崇祯 青花“萧何月下追韩信”图花觚	高45cm	690,000	中贸圣佳	2018-11-24
明崇祯 青花刀马人物花觚	高41.5cm	287,500	北京保利	2018-10-27
明崇祯 青花“刘海戏金蟾”人物故事纹花觚	高36.3cm	253,000	北京中汉	2018-04-15
明崇祯 青花花蝶图花觚	高20.4cm	80,500	中国嘉德	2018-05-18
17世纪 青花荷塘鸳鸯形提壶	高19.7cm	128,288	纽约佳士得	2018-09-13
明崇祯 青花人物壶	高12cm	18,400	北京保利	2018-04-29
明崇祯 青花花鸟莲子罐带盖	高28cm	92,000	中国嘉德	2018-06-18
明崇祯 青花花鸟纹罐	高28cm	69,000	中国嘉德	2018-01-13
明崇祯 青花花鸟纹莲子罐	高19.7cm	46,000	中国嘉德	2018-09-19
明崇祯 牧童莲子罐	高16cm	34,500	凤凰拍卖	2018-01-21
明崇祯 青花一束莲纹莲子罐	高16.7cm	32,200	南京经典	2018-01-06
明崇祯 青花西厢记之焚香祈愿人物故事图莲子罐	高13.6cm	28,750	中国嘉德	2018-09-20

拍品名称	物品尺寸	成交价RMB	拍卖公司	拍卖日期
明崇祯 青花高士图莲子罐	高14cm	23,000	北京保利	2018-07-27
明崇祯十五年（1642年）青花开光山水人物纹罐	高24.6cm	23,000	中国嘉德	2018-05-18
明崇祯 青花童子牧牛图莲子罐	高14.5cm	20,700	中国嘉德	2018-05-18
明崇祯 青花淡描人物小围棋罐	高9cm	20,700	中国嘉德	2018-06-18
明崇祯 青花竹林七贤纹罐	直径20cm	18,400	太平洋	2018-11-22
明崇祯 青花人物高士图炉	高15.3cm	124,101	保利香港	2018-04-02
明崇祯 青花竹林七贤香炉	直径20.5cm	115,000	北京匡时	2018-12-05
明崇祯 青花八仙祝寿图香炉	直径20cm	78,200	北京保利	2018-12-09
明崇祯 青花凤纹香炉	直径19.5cm	61,600	北京适珍	2018-01-07
明崇祯 青花罗汉图炉	直径20cm	59,800	中国嘉德	2018-01-13
明崇祯 青花罗汉图香炉	直径18.8cm	48,300	北京中汉	2018-09-21
明崇祯 青花道教神仙人物双耳炉	宽19cm	46,000	北京保利	2018-06-21
明崇祯 青花团花纹狮耳炉	长11cm	40,250	中国嘉德	2018-09-20
明崇祯 青花如意开光莲纹盖盒		158,650	纽约苏富比	2018-03-21
明末清初 青花竹篾纹如意耳炉	长17cm	23,000	中国嘉德	2018-09-19
明崇祯 青花山水“海屋添筹”人物故事大盘	直径36cm	230,000	深圳至正国际	2018-08-25
明崇祯 青花云龙戏珠纹盘	直径26.5cm	103,500	北京中汉	2018-09-21
明崇祯 青花人物纹端把杯	高22.3cm	57,500	北京中汉	2018-04-15
明末清初 青花文王访贤图仰钟杯（一对）	直径8cm	36,800	中国嘉德	2018-05-18
明崇祯 青花“岁寒三友”图杯	长7cm	32,200	保利厦门	2018-01-08
17世纪 青花高足杯	高15.2cm	25,658	纽约佳士得	2018-09-13
明末清初 青花花鸟纹折沿盆	直径36.5cm	59,800	中国嘉德	2018-01-13
明崇祯 青花“春社醉归”案缸	直径21.5cm	575,000	北京匡时	2018-12-05
明崇祯 青花高唐梦人物故事图案缸	直径22.2cm	414,000	中国嘉德	2018-05-18
明崇祯 青花踏雪寻梅图案头缸	高17.9cm；直径23.2cm	212,750	博美拍卖	2018-01-05
明崇祯 青花留白“落花流水”纹案头小缸	高10cm；直径14.5cm	103,500	保利厦门	2018-01-08
明崇祯 青花牡丹春燕图小缸	直径18cm	92,000	中国嘉德	2018-01-13
明崇祯 青花文王访贤图案缸	直径21.6cm	78,200	中国嘉德	2018-05-18
明崇祯 青花海八怪小缸	直径12.2cm	63,250	中国嘉德	2018-06-18
明崇祯 青花崔戎捧靴图笔筒	高21cm	1,150,000	北京匡时	2018-12-05
明崇祯 青花洗象图大笔筒	高26cm	851,000	北京保利	2018-06-20
明崇祯 青花高仕图三足笔筒	高12.8cm；直径18.2cm	805,000	北京保利	2018-12-08
明崇祯 青花人物故事笔筒	高21cm	747,500	北京保利	2018-06-20
明崇祯 青花山水人物纹三足笔筒	直径20.5cm	690,000	中国嘉德	2018-05-18
明崇祯 青花山水图笔筒	直径20cm；高18cm	287,500	北京保利	2018-12-08
明崇祯 青花十八罗汉图三足笔筒	高19cm直径；21cm	287,500	北京荣宝	2018-06-14
明崇祯 青花麒麟送子笔筒	高20cm	149,500	华艺国际	2018-11-17
明崇祯 青花人物塞外驯马图笔筒	高15.6cm	138,000	北京中汉	2018-11-21
明崇祯 青花高士图笔筒	直径9.9×高17.2cm	138,000	北京诚轩	2018-06-17
明崇祯 青花羲之爱鹅图笔筒	高15.7cm	103,500	中国嘉德	2018-01-13
明崇祯 青花人物图大笔筒	直径17.6cm	92,000	北京中汉	2018-06-19
明崇祯 青花花鸟纹束腰笔筒		92,000	太平洋	2018-06-09
明崇祯 青花三国演义人物故事图笔筒	高16.7cm	82,800	中国嘉德	2018-05-18
明崇祯 青花人物故事图笔筒	高16.2cm	69,000	中贸圣佳	2018-11-24
明崇祯 青花山水纹笔筒	直径19.7cm	63,250	中国嘉德	2018-01-13
明崇祯 青花韩湘子与蓝采和神仙人物纹笔筒	高14.3cm	55,200	中国嘉德	2018-09-20
明崇祯 青花花鸟纹束腰笔筒	高20.7cm	51,750	北京匡时	2018-12-05

拍品名称	物品尺寸	成交价RMB	拍卖公司	拍卖日期
明崇祯 青花人物笔筒	高21.5cm；直径20.5cm	23,000	北京荣宝	2018-06-14
明崇祯 青花教子图笔筒	高15cm	23,000	中国嘉德	2018-05-18
明崇祯 青花人物纹笔筒	高18.4cm	23,000	中国嘉德	2018-09-20
明崇祯 青花高士图洗	直径19cm	40,250	中国嘉德	2018-09-19
明崇祯 青花五牛图水呈	高5.2cm	28,750	北京匡时	2018-12-05
明崇祯 青花人物筒物	高47cm	224,112	香港诚昌	2018-05-30
明崇祯 青花人物故事图花浇	高20.6cm	59,800	中国嘉德	2018-06-18
17世纪 青花佛狮花卉纹碗		19,038	纽约苏富比	2018-03-24
明 青花缠枝莲玉壶春瓶	直径13cm；高45cm	5,520,000	上海嘉禾	2018-06-25
明 青花携琴访友梅瓶	高10cm	230,000	印千山	2018-01-12
明 青花梅纹双耳瓶	高26cm	161,000	北京保利	2018-10-27
明晚期 青花花卉纹梅瓶（八件）	尺寸不一	138,000	中国嘉德	2018-05-18
明晚期 青花云凤纹、云鹤纹梅瓶（九件）	尺寸不一	126,500	中国嘉德	2018-05-18
明中期 青花凤纹葫芦瓶	高26cm	57,500	华艺国际	2018-03-30
明晚期 青花炉 瓶 罐（七件）	尺寸不一	36,800	中国嘉德	2018-09-18
明 青花高士图梅瓶	高35.5cm	34,500	中国嘉德	2018-01-13
明 青花荷塘鸳鸯梅瓶	高43cm	32,200	太平洋	2018-11-22
明 青花八仙人物梅瓶	高43cm	23,000	北京翰海	2018-01-14
明 青花穿花凤纹玉壶春瓶	高26.3cm	23,000	中国嘉德	2018-05-19
明 青花小炉 瓶 罐（七件）	尺寸不一	20,700	中国嘉德	2018-09-18
明 青花龙纹花觚	高31.1cm	34,500	北京保利	2018-10-28
明 青花云龙纹扁壶	高34.5cm	120,750	北京保利	2018-10-28
明十六世纪 青花蝶恋花纹壶	35cm	51,744	伦敦苏富比	2018-05-18
明 青花鸟食罐（一组三件）	高9cm	377,300	伦敦佳士得	2018-05-15
明 鱼贯万物青花聚宝罐	高32.5cm	194,880	香港诚昌	2018-05-30
明 青花缠枝牡丹纹罐	直径24cm	69,000	北京保利	2018-10-28
明代 青花人物故事灯笼罐	高22cm；口径8.5cm	54,480	北京雅藏	2018-01-28
明 青花碗、罐、炉（四件）	尺寸不一	51,750	中国嘉德	2018-05-18
明 青花龙纹罐	高50cm	46,000	北京保利	2018-01-21
明 青花狮子滚绣球纹罐	高23cm	34,500	北京华辰	2018-11-19
明 青花花卉纹鸟食罐	宽5.5cm	34,500	北京保利	2018-06-21
明 青花神仙人物纹罐	高32.5cm	28,750	中国嘉德	2018-05-19
明晚期 青花璎珞纹小口罐	高19.8cm	25,300	中国嘉德	2018-05-18
明 青花婴戏罐	高20.5cm	18,400	北京保利	2018-04-30
明 青花龙凤纹瓜棱罐	高11cm	18,400	太平洋	2018-06-09
明中期 青花瑞兽纹双象耳炉	长29.5cm	218,500	北京中汉	2018-06-19
明 人物青花香炉	10.5×10.5cm	36,800	上海嘉禾	2018-06-25
明中期 青花海马八卦炉	直径28cm	34,500	北京保利	2018-10-27
明 青花花卉三足炉	高16.5cm	34,500	北京翰海	2018-09-16
明中期 青花荷塘莲纹铺首三足炉	长20.1cm	34,500	北京中汉	2018-04-15
明 青花开光凤纹香炉	长32cm	32,200	太平洋	2018-06-09
明晚期 青花八卦麒麟图炉	直径21.5cm	20,700	中国嘉德	2018-01-13
明中期 青花锦地纹器座	直径18cm	25,300	太平洋	2018-06-09
明 黄地青花花卉盘	直径26.5cm	46,000	北京保利	2018-10-28
明—清 各式青花盘（十九件）	尺寸不一	32,200	北京保利	2018-12-09
明 青花麒麟图盘	直径16cm	26,450	广东衡益	2018-07-01
明晚期 青花阿拉伯文花口大盘	直径32cm	20,700	中国嘉德	2018-05-19
15世纪 青花鱼藻纹高足碗	直径15cm	57,500	北京中汉	2018-04-15
明 青花八宝纹高足碗	直径14cm	46,000	中国嘉德	2018-05-19
明 青花栀子花纹碗	径15.5cm	40,250	印千山	2018-01-12
明晚期 青花内缠枝莲石榴纹外菊瓣纹碗（一对）	直径13.5cm	28,750	中国嘉德	2018-05-18
明 青花人物诸葛碗	直径16.7cm	20,700	北京保利	2018-10-27
明晚期 青花云鹤杯（一对）	直径11.5cm	28,750	北京保利	2018-06-21
明 青花八宝云鹤纹扇形盖盒、狮子盖盒各一件	长9.5cm；长5.5cm	23,000	中国嘉德	2018-05-18
明 青花凤纹盖盒	直径28cm	20,700	北京保利	2018-07-27
明晚期 青花鱼藻纹大缸	直径62cm	87,400	北京保利	2018-07-27
明 青花龙纹缸	直径57.5cm	34,500	北京保利	2018-04-30
明 青花云龙纹大缸	直径50cm	34,500	北京保利	2018-10-28
明崇祯；约1640年 青花人物故事图笔筒	高19cm	409,640	伦敦佳士得	2018-05-15
明十五世纪 青花笔架山	长10.6cm	20,700	北京中汉	2018-04-15
明 青花鱼纹洗	直径31cm	103,500	上海匡时	2018-04-30
明中期 青花花卉纹孔明碗	口径16.5cm；高9cm	402,500	西泠拍卖	2018-07-08
明、清 青花、广彩瓷器（四件）	尺寸不一	28,750	中国嘉德	2018-05-19
明十六世纪 青花海水翼龙纹高足碗		25,658	纽约苏富比	2018-09-15
明中期 青花鸳鸯水丞	长12.5cm	25,300	中国嘉德	2018-05-18
18世纪 青花牡丹图抱月瓶		1,348,525	纽约苏富比	2018-03-24
18世纪 天蓝釉地青花凤纹荸荠瓶	高29.4cm	40,250	北京中汉	2018-09-21
18世纪 浆胎青花山水图蒜头瓶		25,658	纽约苏富比	2018-09-15
18世纪 青花莲托八吉祥纹大壮罐	高35.3cm	23,000	北京中汉	2018-04-15
18世纪 青花缠枝花卉纹盘		39,663	纽约苏富比	2018-03-21
18世纪 青花盘（两件）	直径39.4cm	25,384	纽约佳士得	2018-03-20
18世纪 青花皮球花纹盖盒	高17.2cm	34,500	北京中汉	2018-09-21
18世纪 青花四季花卉灵虫纹大缸	直径60.5cm	460,000	北京中汉	2018-06-19
十六世纪末至十八世纪 青花瓷（五件）		23,947	纽约苏富比	2018-09-15
清早期 青花折枝三多纹梅瓶	高29cm	517,500	华艺国际	2018-11-16
清早期 青花人物纹罐、花鸟纹筒瓶、洒蓝釉小瓶各一件	高20cm；高18.5cm；高18cm	32,200	中国嘉德	2018-05-19
清初 青花留白缠枝菊纹长颈瓶	高40.5cm	20,700	上海匡时	2018-04-30
清初 青花百寿纹尊	直径14.5cm；高11cm	138,000	保利厦门	2018-07-15
清早期 青花缠枝花卉纹炉	直径10cm	20,700	中国嘉德	2018-01-13
清早期 青花灵芝贯套如意纹碟	直径7.6cm	172,500	北京保利	2018-06-21
清初 青花庭院图碗	高14cm	92,000	保利厦门	2018-07-15
清早期 青花穿花凤纹大碗	直径23.5cm	28,750	中国嘉德	2018-01-13
清早期 青花山水人物纹杯（十只）	直径9.2cm	25,300	中国嘉德	2018-01-13
清早期 青花三清图画缸	直径32cm	28,750	华艺国际	2018-03-30
清早期 青花刀马人物图大笔筒	直径22cm	69,000	北京保利	2018-12-09
清早期 青花山水纹洗	直径27cm	17,250	北京华辰	2018-11-19
清早期 青花花卉纹印盒、水丞、太白罐各一件	高7cm；直径6.7cm；直径6.6cm	20,700	中国嘉德	2018-01-13
清顺治-乾隆 青花罐、梅瓶、花觚（四件）	尺寸不一	40,250	中国嘉德	2018-05-18
清顺治 青花荷塘图小筒瓶	高22cm	25,300	中国嘉德	2018-01-13
清顺治 青花花鸟纹小花觚	高20cm	43,700	中国嘉德	2018-09-19
清顺治十年（1653年）青花耿庙神灯神仙人物纹花觚	高49cm	43,700	中国嘉德	2018-09-19
清顺治 康熙 青花罐、花觚（四件）	尺寸不一	34,500	中国嘉德	2018-05-18
清顺治 青花群仙祝寿图花觚	高39.8cm	28,750	中国嘉德	2018-09-20
清顺治 青花花鸟纹莲子罐	高31cm	92,000	中国嘉德	2018-05-18
顺治 青花麒麟将军罐	高38cm；口径13.5cm	73,775	北京雅藏	2018-01-28
清顺治 青花留白折枝莲开光花鸟纹罐	高27.2cm	43,700	中国嘉德	2018-01-13
清顺治 青花花蝶罐	高24.7cm	40,250	北京保利	2018-10-27
清顺治 青花花鸟纹罐	高18cm	34,500	中国嘉德	2018-05-18
清顺治 青花人物纹粥罐	直径22cm	23,000	中国嘉德	2018-01-13
清顺治 青花凤穿牡丹纹大盘	直径37.2cm	230,000	深圳至正国际	2018-08-25
清顺治 青花麒麟芭蕉图大盘	直径35.5cm	25,300	中国嘉德	2018-01-13

2018瓷器拍卖成交汇总

(成交价RMB：2万元以上)

拍品名称	物品尺寸	成交价RMB	拍卖公司	拍卖日期
清顺治 青花八仙庆寿图大碗	直径35.3cm	36,800	中国嘉德	2018-05-18
清顺治 青花狮纹小碗	直径17.5cm	20,700	中国嘉德	2018-06-18
清顺治 青花高士图盒	直径7.5cm	20,700	中国嘉德	2018-09-19
清顺治 青花人物笔筒	高14cm	92,000	北京荣宝	2018-06-14
清顺治 青花孽海记人物故事诗文笔筒	高15.2cm	34,500	中国嘉德	2018-01-13
清顺治 青花竹石图撇口笔筒	高14.1cm	23,000	中国嘉德	2018-09-20
清顺治 青花穆王八骏图碗		27,764	纽约苏富比	2018-03-24
清康熙 青花刀马人大棒槌瓶	高76cm	2,990,000	北京保利	2018-06-19
清康熙 青花百鹿图大棒槌瓶	高72cm	2,162,000	中国嘉德	2018-05-18
康熙 青花饕餮纹四方出戟双耳瓶	高36.5cm	690,000	广东衡益	2018-07-01
清康熙 青花渔樵耕读图棒槌瓶	高46.8cm	632,200	佳士得	2018-10-04
清康熙 青花人物故事棒槌瓶	高48.5cm	483,000	深圳至正国际	2018-08-25
清康熙 青花海水龙纹观音瓶	高43cm	402,500	中国嘉德	2018-11-20
清康熙 青花三国人物故事图瓶		333,165	纽约苏富比	2018-03-20
清康熙 青花缠枝莲纹玉壶春瓶	高36cm	248,201	保利香港	2018-04-02
清康熙 青花翠毛蓝山水人物纹棒槌瓶	高46cm	207,000	中贸圣佳	2018-11-24
清康熙 青花行军图棒槌瓶	高45.7cm	188,155	纽约佳士得	2018-09-13
清康熙 青花开光缠枝莲纹棒槌瓶	高46.5cm	161,700	伦敦佳士得	2018-05-15
清康熙 青花开光狮纹棒槌瓶	高44cm	161,000	北京华辰	2018-11-19
清康熙 青花开光牛郎织女图棒槌瓶		158,650	纽约苏富比	2018-03-20
清康熙 青花人物婴戏长颈瓶（一对）	高24cm	149,500	北京保利	2018-07-27
清康熙 青花牡丹纹长颈瓶	高41cm	145,393	纽约佳士得	2018-09-13
清康熙 青花福禄寿三星图棒槌瓶	44.5cm	129,360	伦敦苏富比	2018-05-16
清康熙 青花开光水族图鱼耳瓶		126,920	纽约苏富比	2018-03-20
康熙 青花缠枝莲纹梅瓶	高17cm	126,500	广东衡益	2018-07-01
康熙 青花教子图观音瓶	高20.5cm	126,500	广东衡益	2018-07-01
清康熙 青花开光人物博古图六方长颈瓶（一对）		118,988	纽约苏富比	2018-03-20
清康熙 青花暗花花鸟图瓶	高30.5cm	109,000	佳士得	2018-10-04
清康熙 青花人物故事观音瓶	高47.5cm	103,500	北京荣宝	2018-06-14
清康熙 青花沧海麒麟图棒槌瓶		103,123	纽约苏富比	2018-03-21
清康熙 青花三国故事图棒槌瓶	高42.8cm	97,750	北京诚轩	2018-06-17
清康熙 青花九龙纹瓶	直径25.5cm	97,750	华艺国际	2018-03-30
清康熙 青花博古图瓶（一对）		95,190	纽约苏富比	2018-03-20
清康熙 青花人物瓶	↑ 28cm	84,042	香港普艺	2018-06-02
清康熙 青花缠枝莲弦纹蒜头瓶	高15cm	80,500	保利厦门	2018-07-15
清康熙 青花仕女图双环耳瓶	高22.9cm	76,370	保利香港	2018-04-02
清康熙 青花缠枝团花纹长颈瓶（一对）		75,359	纽约苏富比	2018-03-20
清康熙 青花鹤鹿同春棒槌瓶	46cm	70,070	伦敦苏富比	2018-05-16
清康熙 青花博古纹胆瓶	高25.5cm	67,800	广东省拍	2018-09-20
清康熙 青花山水人物纹胆瓶	高16.8cm	63,250	广东崇正	2018-07-05
清康熙 青花山海麒麟图棒槌瓶		59,868	纽约苏富比	2018-09-15
清康熙 青花祝寿图大棒槌瓶	高46.6cm	57,500	北京中汉	2018-04-15
清康熙 青花红拂记人物故事图棒槌瓶	高44.5cm	57,500	中国嘉德	2018-09-19
清康熙 蓝地青花云龙瑞兽纹梅瓶	高17.7cm	55,200	北京中汉	2018-11-21
清康熙 青花寿字观音瓶	高49cm	55,200	中国嘉德	2018-11-20
清康熙 青花龙凤纹梅瓶	高18.8cm	55,200	中国嘉德	2018-01-13
清康熙 青花花卉开光山水纹棒槌瓶	高45.3cm	51,750	太平洋	2018-11-22
清康熙 青花麒麟纹瓶		51,561	纽约苏富比	2018-03-20
清康熙 青花山水棒槌瓶	高47.5cm	46,000	北京保利	2018-07-27
清康熙 青花博古图小蒜头瓶	高20.4cm	43,700	中国嘉德	2018-05-18
清康熙 青花赶珠龙纹长颈瓶（一对）		43,629	纽约苏富比	2018-03-20
清康熙 青花山水人物棒槌瓶	高28cm	40,250	北京保利	2018-04-30
清康熙 青花五老观太极蒜头瓶	高22cm	40,250	北京保利	2018-10-27
清康熙 青花缠枝花卉纹长颈瓶（一对）		39,663	纽约苏富比	2018-03-20
清康熙 青花龙纹胆瓶	高23cm	34,500	华艺国际	2018-11-17
清康熙 青花伯夷叔齐人物故事图胆瓶	高24.5cm	34,500	中国嘉德	2018-09-19
清康熙 青花留白缠枝莲开光山水人物花鸟纹棒槌瓶	高45.3cm	34,500	中国嘉德	2018-09-19
清康熙 青花缠枝花卉纹双孔瓶	19.5cm	34,496	伦敦苏富比	2018-05-18
康熙 青花莲瓣形山水图观音瓶	高38.5cm	32,200	广东衡益	2018-07-01
清康熙 青花博古图小棒槌瓶	高26.7cm	32,200	中国嘉德	2018-05-18
清康熙 青花萧何月下追韩信人物故事图小棒槌瓶	高24.3cm	32,200	中国嘉德	2018-09-19
清康熙 青花开光博古图长颈瓶		30,144	纽约苏富比	2018-03-20
清康熙 青花缠枝莲纹长颈瓶		29,934	纽约苏富比	2018-09-15
清康熙 青花博古图瓶		27,764	纽约苏富比	2018-03-20
清康熙 青花山水携琴访友瓶	高28cm	25,300	北京翰海	2018-06-30
清康熙 青花云凤纹小棒槌瓶（一对）	高20.2cm	25,300	中国嘉德	2018-09-20
清康熙 青花鱼化龙瓶	高18.5cm	24,150	北京翰海	2018-09-16
清康熙 青花开光博古图诗文长颈瓶		23,798	纽约苏富比	2018-03-20
清康熙 青花龙纹长颈瓶	高20cm	23,000	太平洋	2018-11-22
清康熙 青花缠枝莲纹弦纹瓶	高28cm	23,000	华艺国际	2018-11-17
清康熙 青花花鸟棒槌瓶	高23.5cm	23,000	北京保利	2018-10-27
清康熙 青花博古蒜头口瓶	高30cm	23,000	北京翰海	2018-05-13
清康熙 青花山水人物棒槌瓶	高26cm	20,700	北京保利	2018-04-29
清康熙 青花竹林七贤长颈天球瓶	高45.5cm	20,700	北京保利	2018-10-28
清康熙 青花凤纹胆瓶	高23cm	20,700	北京荣宝	2018-06-14
清康熙 青花山水高士博古图六方瓶		20,625	纽约苏富比	2018-03-24
清康熙 青花天盘万寿大尊	高度高76.5cm；口径直径37.5cm；腹径直径47cm	66,232,290	香港中汉	2018-11-29
康熙 青花夔凤纹摇铃尊	高16.8cm	2,012,500	北京匡时	2018-12-05
清康熙 青花夔凤纹摇铃尊		1,745,150	纽约苏富比	2018-03-21
清康熙 青花山水人物观音尊	高45.5cm	920,000	北京荣宝	2018-06-14
清康熙 青花夔凤纹双陆尊	18.7cm	872,000	香港苏富比	2018-10-03
清康熙 青花开窗“喜上眉梢”“海屋添寿”图凤尾尊	高46.5cm	805,000	广东崇正	2018-07-05
清康熙 青花指日高升图凤尾尊	43.8cm	226,380	伦敦苏富比	2018-05-16
清康熙 青花山水开光凤尾尊	高42.5cm	207,000	北京匡时	2018-06-15
清康熙 青花携琴访友图凤尾尊		190,380	纽约苏富比	2018-03-20
清康熙 青花山水人物图凤尾尊（一对）	高55cm	138,000	博美拍卖	2018-01-06
清康熙 青花汉宫秋月故事纹观音尊	高48cm	138,000	广东崇正	2018-07-05
清康熙 青花仕女图观音尊配盖		126,920	纽约苏富比	2018-03-20
清康熙五十五年（1716年）青花人物纹凤尾尊	高46.3cm	126,500	中国嘉德	2018-09-19
清康熙 青花“鲁智深倒拔垂杨柳”观音尊	高27cm	115,000	北京保利	2018-10-27
清康熙 青花人物故事图凤尾尊	高42.9cm	84,375	中国嘉德	2018-10-02
清康熙 青花鹤鹿同春观音尊	45.4cm	75,460	伦敦苏富比	2018-05-16
清康熙 青花山水人物纹凤尾尊	高47cm	57,500	中国嘉德	2018-05-18
清康熙 青花十八学士琴棋书画文会图观音尊	高48cm	55,200	北京中汉	2018-06-19
清康熙 青花山水人物故事图凤尾尊（一对）	高35.3cm	51,315	纽约佳士得	2018-09-13

拍品名称	物品尺寸	成交价RMB	拍卖公司	拍卖日期
清康熙 青花仿青铜纹双耳尊	高38.4cm	48,300	北京中汉	2018-04-15
清康熙 青花人物故事图四方尊	长11.5cm；宽11.5cm；高28.5cm	46,000	中贸圣佳	2018-06-20
清康熙 青花博古纹凤尾尊	高44cm	36,800	太平洋	2018-11-22
清康熙 青花人物故事纹凤尾尊	高45cm	34,500	太平洋	2018-06-09
清康熙 青花锦地开光海兽纹尊	高42.6cm	34,500	中国嘉德	2018-09-20
清康熙 青花婴戏图小双陆尊	高13.7cm	32,200	中国嘉德	2018-09-19
清康熙 青花山水人物纹凤尾尊	高44.3cm	20,700	中国嘉德	2018-09-20
清康熙 青花刀马人物图花觚	高46cm	345,000	北京荣宝	2018-06-14
清康熙 青花昭君出塞人物故事图花觚	高41.5cm	184,000	中国嘉德	2018-05-18
清康熙 青花“红拂传”故事图纹花觚	高44cm	126,500	太平洋	2018-11-22
清康熙 青花开光高士图花觚		118,988	纽约苏富比	2018-03-20
清康熙 青花山水渔乐花觚	高44cm	115,000	北京保利	2018-06-21
清康熙 青花仕女图花觚（一对）		87,258	纽约苏富比	2018-03-20
清康熙 青花山海经故事纹花觚（一对）	高44cm	69,000	广东崇正	2018-07-05
清康熙 青花缠枝花卉纹花觚（两件）		59,494	纽约苏富比	2018-03-20
清康熙 青花山水人物纹盖罐、花觚（一套五件）	尺寸不一	57,500	中国嘉德	2018-05-18
清康熙 青花瑞兽纹觚	高42cm	55,200	华艺国际	2018-11-17
清康熙 青花山水纹花觚	高44.8cm	51,750	中国嘉德	2018-05-18
清康熙 青花四季花卉纹八棱大花觚	52.1cm	51,744	伦敦苏富比	2018-05-16
清康熙 青花聚瑞图花觚（一对）		49,182	纽约苏富比	2018-03-20
清康熙 青花开光仕女纹大花觚	高52cm	43,700	太平洋	2018-11-22
清康熙 青花桃花源记人物故事图小花觚	高22.8cm	43,700	中国嘉德	2018-05-18
清康熙 青花兽面纹觚	高24.5cm	28,750	华艺国际	2018-03-30
清康熙早期 青花山水人物纹花觚	高40.7cm	28,750	中国嘉德	2018-05-18
清康熙 青花穿花凤纹花觚		27,368	纽约苏富比	2018-09-15
清康熙 青花人物觚	高46.5cm	23,000	华艺国际	2018-11-17
清康熙 青花仙山投壶图盘		380,760	纽约苏富比	2018-03-20
清康熙 青花开光花卉图扁圆形执壶		79,325	纽约苏富比	2018-03-20
清康熙 青花开光山水人物纹倒流壶	长16cm	57,500	中国嘉德	2018-05-18
清康熙 青花四季花卉图菱花式凤首壶（一对）		53,941	纽约苏富比	2018-03-20
清康熙 青花开光山水纹茶壶	长16cm	28,750	太平洋	2018-06-09
清康熙 青花花卉纹提梁壶	高17cm	25,300	中国嘉德	2018-01-13
清康熙 青花博古图盏、人物纹杯盏（十件）	尺寸不一	25,300	中国嘉德	2018-09-20
清康熙 青花人物罐·青花博古纹茶壶（一组）	尺寸不一	20,700	华艺国际	2018-11-17
清康熙 青花饕餮纹茶叶罐	高13.2cm	1,150,000	华艺国际	2018-11-16
清康熙 青花云龙纹小盖罐	直径9cm；高11.4cm	632,500	中贸圣佳	2018-06-20
清康熙早期 青花凤凰牡丹图大将军罐	高40cm	207,000	中国嘉德	2018-09-19
清康熙 青花四喜图罐	高22.8cm	195,500	北京诚轩	2018-06-17
康熙 青花松竹梅诗文罐	高33cm	172,500	广东衡益	2018-07-01
清康熙 青花四美图盖罐（一对）	高27cm	161,000	中国嘉德	2018-05-18
清康熙 青花婴戏将军罐（一对）	高44cm	115,000	北京保利	2018-04-29

拍品名称	物品尺寸	成交价RMB	拍卖公司	拍卖日期
清康熙 青花百子婴戏图将军罐	高34cm	112,700	中国嘉德	2018-05-18
清康熙 青花杨门女将人物故事图将军罐	高28.5cm	105,800	中国嘉德	2018-05-18
康熙 青花冰梅纹将军罐	高43cm	103,500	广东衡益	2018-07-01
清康熙 青花缠枝莲纹盖罐形水丞	高7.7cm	97,750	北京中汉	2018-09-21
清康熙 青花雉鸡牡丹图罐	高22.5cm	97,750	中国嘉德	2018-09-19
清康熙 青花杨门女将人物故事图将军罐	高29cm	92,000	中国嘉德	2018-05-18
清康熙 青花人物罐	高21.8cm	87,400	北京保利	2018-04-29
清康熙 青花人物故事图将军罐	高28.5cm	83,950	博美拍卖	2018-01-06
清康熙 青花缠枝花纹罐	高38cm	79,100	广东省拍	2018-09-20
清康熙 青花百子婴戏图罐	高21.5cm	71,300	中国嘉德	2018-09-20
清康熙 青花荷塘鹭鸶纹罐	高24.6cm	69,000	中贸圣佳	2018-11-25
清康熙 青花翻羹不恚人物故事图粥罐	直径22.5cm	63,250	中国嘉德	2018-05-18
清康熙 青花四妃十六子图将军罐	高34cm	59,800	中国嘉德	2018-09-19
清康熙 青花百子婴戏图将军罐	高33.5cm	57,500	中国嘉德	2018-05-18
清康熙 青花人物纹罐	高22.3cm	57,500	中国嘉德	2018-09-19
清康熙 青花冰梅纹盖罐		55,591	纽约苏富比	2018-09-15
清康熙 青花大盖罐	15×47cm	51,750	上海嘉禾	2018-06-25
清康熙 青花寒江垂钓图罐（一对）	高20.5cm	40,250	博美拍卖	2018-01-06
清康熙 青花百子婴戏图罐	高34cm	36,800	中国嘉德	2018-09-19
清康熙 青花麒麟寿字罐	高19.2cm	34,500	中贸圣佳	2018-11-25
清康熙 黄地青花缠枝花卉纹太白罐	高31.5cm	34,500	北京中汉	2018-04-15
清康熙 青花四妃十六子图将军罐	高24.3cm	34,500	中国嘉德	2018-09-20
清康熙 青花博古图盖罐		33,317	纽约苏富比	2018-03-20
清康熙 青花“平升三级”人物故事图小罐	高17cm	32,200	保利厦门	2018-07-15
清康熙 青花开光人物罐	高16cm	28,750	北京保利	2018-10-27
清康熙 青花一路连科图罐	高17.5cm	28,750	中国嘉德	2018-01-13
清康熙 青花竹菊图罐	高20.3cm	25,300	中国嘉德	2018-05-19
清康熙、清乾隆 青花刀马人物纹折沿盘、花卉纹莲瓣碗、山水人物纹罐各一件	高26.5cm；高21cm；高19.5cm	25,300	中国嘉德	2018-09-20
清康熙 青花麒麟送子盖罐	直径21cm	23,000	北京保利	2018-04-30
清康熙 青花山水人物罐	高20cm	23,000	北京中贝	2018-06-24
清康熙 青花开光山水人物纹粥罐	直径20.5cm	23,000	中国嘉德	2018-01-13
清康熙 青花麒麟送子图罐	高16cm	23,000	中国嘉德	2018-05-18
清康熙 青花三多纹罐	高21.9cm	23,000	中国嘉德	2018-09-19
清康熙 青花冰梅开光博古图盖罐	高23cm	20,700	中国嘉德	2018-05-18
清康熙 青花瓜棱开光山水人物纹罐	高21cm	20,700	中国嘉德	2018-05-18
清康熙 青花花卉开光人物纹粥罐	直径23.5cm	20,700	中国嘉德	2018-09-19
清康熙 青花山水人物纹粥罐	直径22cm	20,700	中国嘉德	2018-09-19
清康熙 青花仕女婴戏图罐	高16.7cm	20,700	中国嘉德	2018-09-20
清康熙 青花罗汉图香炉	高13.6cm	86,250	北京翰海	2018-06-30
清康熙 青花“羲之爱鹅”图香炉	高9.8cm；口径10.8cm	57,500	西泠拍卖	2018-07-08
清康熙 青花山水人物纹筒式炉	直径11.5cm	48,300	中国嘉德	2018-01-13
清康熙 青花瑞兽纹炉	直径24.5cm	46,000	中国嘉德	2018-11-20
清康熙 青花双龙赶珠纹三足炉	直径19.2cm	34,500	北京中汉	2018-09-21
清康熙 青花博古图三足炉		34,210	纽约苏富比	2018-09-15
清康熙 青花八仙庆寿图大炉	直径25.5cm	32,200	中国嘉德	2018-05-18
清康熙 青花高士图钵式炉	直径17cm	25,300	北京保利	2018-07-27

拍品名称	物品尺寸	成交价RMB	拍卖公司	拍卖日期
清康熙 青花锦地开光博古图香炉	直径22.5cm	23,000	北京匡时	2018-12-05
清康熙 青花八仙祝寿钵式炉	直径24cm	23,000	北京翰海	2018-01-14
清康熙 青花花卉纹香炉	径18cm	23,000	印千山	2018-01-12
清康熙初 青花开光花石图炉		22,211	纽约苏富比	2018-03-20
清康熙 青花山水人物纹炉	直径23.5cm	20,700	中国嘉德	2018-09-18
清康熙 青花花篮图大盘		174,515	纽约苏富比	2018-03-20
清康熙 青花缠枝牡丹纹斗笠碗	直径20.5cm	322,000	太平洋	2018-06-09
清康熙 青花缠枝花卉纹斗笠碗	高7.5cm；直径20.5cm	230,000	中国嘉德	2018-11-20
清康熙 青花团龙纹斗笔	长17.2cm	82,800	北京中汉	2018-04-15
清康熙 “御赐纯一堂”款淡描青花竹凤纹斗笠碗	直径9.9cm	69,000	北京中汉	2018-06-19
清康熙 青花加粉彩耕织图瓷板（十三块）	26.2×23.2cm	230,000	北京中汉	2018-09-21
清康熙 青花人物故事图瓷板	直径32.4cm	19,550	博美拍卖	2018-01-06
清康熙 青花滕王阁诗文瓷砖插屏	高33.8cm	20,700	中国嘉德	2018-09-20
清康熙 黄地青花云龙纹盘	直径25.5cm	575,000	北京保利	2018-07-27
清康熙 青花暗划刻纹盘	直径22cm	368,000	深圳至正国际	2018-08-25
清康熙早期 青花西厢记人物故事诗文盘（一对）	直径18cm	345,000	中国嘉德	2018-09-19
清康熙 仿成化青花穿花龙纹大盘	直径39.2cm	253,000	中国嘉德	2018-09-20
清康熙 青花外淡描海水内绘金山图盘（一对）	直径17.1cm	207,000	中贸圣佳	2018-06-20
清康熙 青花缠枝莲纹盘（两对）	直径15.5cm	190,924	中国嘉德	2018-04-02
清康熙 青花缠枝莲纹盘	直径20.5cm	172,500	保利厦门	2018-07-15
清康熙 青花人物故事图盘（六件）	直径19.7cm	153,945	纽约佳士得	2018-09-13
清康熙 仿明青花岁寒三友图大盘	直径24.4cm	138,000	中国嘉德	2018-05-18
清康熙 黄地青花宝杵八宝纹盘		126,920	纽约苏富比	2018-03-24
清康熙 青花文字“赤壁赋”折沿盘	直径18.3cm	126,500	深圳至正国际	2018-08-25
清康熙 黄釉青花宝杵纹盘	直径20.5cm	115,000	西泠拍卖	2018-07-08
清康熙 青花双凤纹盘	直径16.5cm	97,750	北京诚轩	2018-06-17
清康熙 青花双凤纹盘（一对）	直径16.2cm	94,078	纽约佳士得	2018-09-13
清康熙 青花云龙纹盘（一对）	直径16cm	92,000	西泠拍卖	2018-07-08
清康熙 青花水浒人物图盘		87,258	纽约苏富比	2018-03-20
清康熙 青花缠枝莲纹盘（一对）	直径15.3cm	76,300	佳士得	2018-10-04
清康熙 青花留白云龙纹大盘	直径31.5cm	69,000	太平洋	2018-11-22
清康熙 青花山水人物纹盘	直径16.6cm	61,738	保利香港	2018-10-02
清康熙 青花博弈图大盘	38cm	59,290	伦敦苏富比	2018-05-18
清康熙 青花缠枝莲纹盘	直径15.5cm	57,500	北京中汉	2018-11-21
清康熙 青花缠枝莲纹盘	直径15.5cm	57,500	北京匡时	2018-06-15
清康熙 青花对弈图大盘	直径38.3cm	57,500	中国嘉德	2018-09-20
清康熙 青花内缠枝莲托寿字外竹石图盘	直径16cm	48,300	中国嘉德	2018-05-18
清康熙 青花穿莲龙纹大盘		47,595	纽约苏富比	2018-03-20
清康熙 青花秋胡戏妻人物故事图盘	直径14.8cm	40,250	中国嘉德	2018-05-18
清康熙 青花绿龙纹盘	直径19.7cm	40,250	中贸圣佳	2018-06-20
清康熙 青花云龙纹盘	直径21cm	38,185	保利香港	2018-04-02
清康熙 青花降龙罗汉图盘	直径21cm	36,800	中国嘉德	2018-09-20
清康熙 青花留白折枝莲纹大盘	直径53.2cm	36,800	中国嘉德	2018-09-20
清康熙 青花花蝶纹盘	直径16.8cm	34,500	北京保利	2018-10-27
清康熙 青花八吉祥云鹤纹盘	直径27.5cm	34,500	博美拍卖	2018-01-06
清康熙 青花海马图葵口小盘		34,210	纽约苏富比	2018-09-12
清康熙 青花路路连科图盘（一对）		33,317	纽约苏富比	2018-03-20

拍品名称	物品尺寸	成交价RMB	拍卖公司	拍卖日期
清康熙 青花海马图葵口小盘		30,144	纽约苏富比	2018-03-20
清康熙 青花山水人物大盘	直径54.8cm	28,750	北京保利	2018-10-27
清康熙 青花三国演义之凤仪亭人物故事图大盘	直径34cm	28,750	中国嘉德	2018-09-20
清康熙 青花西厢记人物故事图盘（一对）		27,764	纽约苏富比	2018-03-20
清康熙 青花鱼藻纹花式盘（一对）		25,384	纽约苏富比	2018-03-20
清康熙 青花花果纹盘（一对）	高13.5cm	25,300	华艺国际	2018-11-17
清康熙 青花山水人物大盘	直径55cm	25,300	北京保利	2018-04-29
清康熙 青花云鹤纹盘	直径16cm	25,300	中国嘉德	2018-09-20
清康熙 青花缠枝牡丹纹盘（一对）	直径15.7cm	25,300	中国嘉德	2018-09-20
清康熙 青花花卉纹莲瓣盘（五只）	直径26.5cm	25,300	中国嘉德	2018-09-20
清康熙 青花花鸟图盘（一对）		23,798	纽约苏富比	2018-03-20
清康熙 青花加五彩寿字纹盘（一对）	直径16cm	23,000	北京保利	2018-10-27
清康熙 仿明青花云龙纹马蹄盘	直径15.5cm	23,000	中国嘉德	2018-05-18
清康熙 青花山水人物纹盘	直径20.4cm	23,000	中国嘉德	2018-05-18
清康熙早期 青花留白穿花童子图盘	直径16cm	23,000	中国嘉德	2018-05-18
清康熙、雍正 青花、五彩、粉彩盘各一件	直径26cm；直径24.5cm；直径24cm	23,000	中国嘉德	2018-05-19
清康熙 青花高士图小盘（一对）	直径11.3cm	23,000	中国嘉德	2018-05-18
清康熙 青花花卉凤纹碗、狮纹小高足盘各一只	直径13cm；直径8cm	23,000	中国嘉德	2018-09-19
清康熙 青花仙人松鹿大盘	直径39cm	22,400	北京适珍	2018-01-07
清康熙 青花人物纹大盘	直径28.5cm	21,850	太平洋	2018-11-22
清康熙 青花云龙纹盘	直径20.8cm	20,700	北京中汉	2018-04-15
康熙 青花云鹤纹盘	直径16cm	18,400	广东衡益	2018-07-01
清康熙 青花“踏雪寻梅”图盘	直径15.5cm	18,400	华艺国际	2018-03-30
清康熙 青花御制耕织图大碗	直径20cm	322,000	太平洋	2018-11-22
清康熙 青花香草龙穿花纹碗	直径18.5cm	308,688	保利香港	2018-10-02
清康熙 青花松鼠葡萄纹大碗	直径22cm	230,000	北京中汉	2018-11-21
清康熙 青花葡萄松鼠纹大碗	直径20cm	230,000	深圳至正国际	2018-08-25
清康熙 青花缠枝莲纹碗（一对）	直径16.2cm×2	195,500	北京荣宝	2018-06-14
清康熙 青花人物纹大碗	直径26cm	184,000	北京保利	2018-06-20
清康熙 青花人物故事碗	直径21cm	172,500	深圳至正国际	2018-08-25
康熙 青花缠枝花卉纹碗	高9cm；直径19cm	161,000	广东衡益	2018-07-01
清康熙 青花缠枝莲纹宫碗	直径16.2cm	149,500	北京保利	2018-06-20
清康熙 青花缠枝牡丹纹碗	直径16.3cm	149,500	北京中汉	2018-11-21
清康熙 青花云龙纹小碗	高5.9cm；直径11cm	138,000	中贸圣佳	2018-11-24
清康熙 青花十八学士图大碗	直径36.2cm	120,750	中国嘉德	2018-01-13
清康熙 青花团龙碗（一对）	直径9.3cm	115,000	北京保利	2018-10-27
清康熙 内外青花缠枝莲纹碗	直径16.5cm	97,750	太平洋	2018-06-09
清康熙 青花独占鳌头人物故事图大碗	直径33.8cm；高15.8cm	97,750	西泠拍卖	2018-07-08
清康熙 青花龙凤鱼藻纹卧足碗	高5.5cm；直径15cm	90,689	保利香港	2018-04-02
清康熙 外矾红内青花一路连科纹碗（一对）	直径11cm；高6cm	80,500	中贸圣佳	2018-11-24
清康熙 青花西厢记大碗	直径20cm	72,551	香港诚昌	2018-04-02
康熙 青花花卉纹碗	直径13cm	69,000	广东衡益	2018-07-01
清康熙 青花开光西厢记人物故事图大碗	直径19.8cm	63,250	中国嘉德	2018-05-18

拍品名称	物品尺寸	成交价RMB	拍卖公司	拍卖日期
清康熙 青花八仙人物故事碗	直径17.5cm；高7.5cm	57,500	北京荣宝	2018-12-03
清康熙 青花群仙祝寿图碗	直径20cm	57,500	北京保利	2018-10-27
清康熙 青花缠枝花卉纹卧足碗	直径14.2cm	57,277	保利香港	2018-04-02
清康熙 青花缠枝莲纹碗	直径16.5cm	55,200	保利厦门	2018-01-08
清康熙 青花人物故事花口碗	直径20.6cm	55,200	北京翰海	2018-06-30
清康熙 青花凤穿牡丹纹大碗	直径20.5cm	51,750	太平洋	2018-11-22
清康熙 青花牡丹纹碗	直径11.7cm	51,750	中国嘉德	2018-11-20
清康熙 青花喜鹊牡丹纹大碗	高14.5cm；口直径34.5cm	46,000	浙江佳宝	2018-07-01
清康熙 青花松鼠葡萄纹大碗	直径22.3cm	43,700	北京中汉	2018-06-19
清康熙 青花山水人物纹大碗	直径36.2cm	43,700	中国嘉德	2018-05-18
清康熙 青花夜游赤壁诗文碗	直径16.2cm	43,700	中国嘉德	2018-09-20
清康熙 青花夔龙纹牡丹大碗	直径20.3cm	40,250	华艺国际	2018-11-17
清康熙 青花开光西厢记人物故事图大碗	直径19.5cm	40,250	中国嘉德	2018-09-20
清康熙 青花缠枝莲纹碗	直径16cm	39,200	上海联合	2018-07-01
清康熙 青花「龙」纹碗	直径14.5cm	31,932	万昌斯	2018-11-29
康熙 青花瑞兽纹碗	直径20cm	28,750	广东衡益	2018-07-01
清康熙 青花婴戏图大碗	直径21cm	28,750	中国嘉德	2018-01-13
清康熙 青花螭龙纹浅碗	直径12.2cm	25,300	中国嘉德	2018-09-19
清康熙 青花教子图折沿碗	直径21.2cm	25,300	中国嘉德	2018-09-20
清康熙 青花团龙凤纹碗	直径20.8cm	23,000	北京翰海	2018-06-30
清康熙早期 青花一路连科图大碗	直径21cm	23,000	中国嘉德	2018-05-18
清康熙 青花忍冬纹大碗	直径19.7cm	23,000	中国嘉德	2018-05-18
清康熙 青花八骏图碗	高5.6cm；口径17.4cm	20,700	西泠拍卖	2018-09-29
清康熙 青花百鸟朝凤图大碗	直径20.5cm	20,700	中国嘉德	2018-05-18
清康熙 青花十二月令花神杯（一套十二件）	直径6.5cm	32,020,700	佳士得	2018-11-28
清康熙 青花团凤纹杯	直径9.2cm	2,300,000	北京荣宝	2018-12-03
清康熙 青花海涛纹杯	直径9.1cm	2,224,880	佳士得	2018-05-30
清康熙 青花“叱石成羊”图杯	直径7cm；高5cm	1,610,000	保利厦门	2018-07-15
清康熙 青花花鸟纹小杯（五只）	直径6cm×5	805,000	北京荣宝	2018-06-14
清康熙 青花花卉小杯	直径6cm；高4cm	690,000	北京荣宝	2018-06-14
清康熙 青花牡丹图诗文花神杯		598,675	纽约苏富比	2018-09-12
清康熙 青花七月兰花图花神杯	口径6.2cm；高5cm	322,000	西泠拍卖	2018-07-08
清康熙 青花饮中八仙左丞相李适之图杯	直径7cm；高4.5cm	287,500	博美拍卖	2018-01-05
清康熙 青花双凤纹仰钟式杯（一对）	直径9.3cm	268,285	香港中汉	2018-05-31
清康熙 青花团龙纹杯	直径9.4cm；高6cm	218,500	中国嘉德	2018-06-18
清康熙 青花松下高士图小杯（一对）	直径6cm	161,700	伦敦佳士得	2018-05-15
清康熙 青花外海兽纹内梵文高足杯	高7.7cm；口径7.2cm	115,000	西泠拍卖	2018-07-08
清康熙 青花花卉纹杯	直径6.5cm	107,800	伦敦佳士得	2018-05-15
清康熙 青花城关郊色图仰钟式杯		102,630	纽约苏富比	2018-09-12
清康熙 青花团龙纹茶圆	直径9.3cm	92,000	太平洋	2018-11-22
清康熙 青花加彩鱼藻纹小杯	直径8cm	72,027	中国嘉德	2018-10-02
清康熙 青花荷塘鸳鸯纹小杯	直径6.7cm	66,700	北京中汉	2018-09-21
清康熙 青花回纹杯（一对）	直径5cm	57,500	华艺国际	2018-11-16
清康熙早期 青花花卉纹高足杯	高10.9cm	51,750	中国嘉德	2018-05-18
清康熙 青花赤壁赋杯	直径9cm	48,300	北京保利	2018-10-27
清康熙 青花贯套花卉纹杯	直径8.8cm	43,120	伦敦佳士得	2018-05-15
清康熙 青花进京赶考图茶杯连托（一组六套）	直径11.5cm	36,276	中国嘉德	2018-04-02
清康熙 青花模印仕女茶杯和托（一组六套）	直径6.5cm	26,753	中国嘉德	2018-10-02
清康熙 青花山溪独钓图高足杯		25,384	纽约苏富比	2018-03-20
清康熙 青花太白醉酒图仰钟杯	高10.4cm	25,300	中国嘉德	2018-05-18

拍品名称	物品尺寸	成交价RMB	拍卖公司	拍卖日期
清康熙 青花寿桃杯（一对）	直径6.5cm	23,000	华艺国际	2018-11-17
清康熙 青花人物博古图小杯	直径6cm；高4cm	23,000	保利厦门	2018-07-15
清康熙 青花缠枝花卉纹杯	直径6.6cm	23,000	北京匡时	2018-06-15
清康熙 青花山水杯（一对）	直径8cm	21,850	北京保利	2018-04-29
清康熙 青花云凤纹碟	直径16.4cm	74,460	香港诚昌	2018-04-02
清康熙 青花双凤纹盖盒	直径18.3cm	63,250	北京中汉	2018-06-19
清康熙 青花神仙人物纹鼓钉香盒	直径6.8cm	59,800	中国嘉德	2018-09-19
清康熙 青花宝相花纹盖盒（带木盒）	高5cm	46,000	北京匡时	2018-12-05
清康熙 青花开光博古图盖盒		23,798	纽约苏富比	2018-03-20
清康熙 青花花卉纹印泥盒	直径7.7cm	23,000	北京中汉	2018-04-15
清康熙 青花山水人物六方委角大花盆	长54cm；高36.5cm	287,500	中贸圣佳	2018-11-24
清康熙 青花十八学士图花盆（一对）	长22cm	172,500	保利厦门	2018-07-15
清康熙 青花山水人物纹长方花盆	长46cm	149,500	中国嘉德	2018-05-18
清康熙 青花云龙纹长方大花盆	长46.3cm	46,000	中国嘉德	2018-09-19
清康熙 青花八方开光山水花盆	宽38cm	23,000	北京保利	2018-10-27
清康熙 青花开光人物纹花盆	直径24.2cm	20,700	中国嘉德	2018-01-13
清康熙 青花十八学士图诗文小卷缸	高17.7cm	276,000	北京中汉	2018-04-15
清康熙 青花月影梅案头缸	净高17.3cm；直径20.6cm	149,500	博美拍卖	2018-01-05
清康熙 青花人物故事卷缸	直径21.4cm	138,000	中国嘉德	2018-11-20
清康熙 青花狩猎图纹卷缸	直径38cm	92,000	太平洋	2018-06-09
清康熙 青花双龙戏珠纹案缸	直径22cm；高17cm	51,750	保利厦门	2018-01-08
清康熙 青花岁寒三友纹案缸	直径20cm	43,700	太平洋	2018-11-22
清康熙 青花博古诗文案缸	直径22.5cm	40,250	中国嘉德	2018-05-18
清康熙 青花太白醉酒图小案缸	高12.5cm	32,200	中国嘉德	2018-05-18
清康熙 青花博古纹案缸	直径22.5cm	26,450	太平洋	2018-11-22
清康熙 青花鱼藻纹案缸	直径22.5cm	23,000	中国嘉德	2018-05-18
清康熙 蓝釉青花海兽纹渣斗	直径8.7cm	24,150	北京保利	2018-12-09
清康熙 青花云龙纹经筒	高26.5cm	920,000	北京匡时	2018-06-15
清康熙 青花花鸟笔海	高25cm	230,000	北京荣宝	2018-06-14
清康熙 青花赤壁夜游图诗文笔筒		951,900	纽约苏富比	2018-03-21
清康熙 青花十八学士图笔筒	直径18cm；高15.5cm	667,000	保利厦门	2018-07-15
清康熙 青花诗文笔筒	直径17.5cm；高14.5cm	517,500	北京荣宝	2018-06-14
清康熙 青花群仙会图笔筒	直径18.8cm	414,000	北京中汉	2018-06-19
清康熙 青花杨门女将图大笔筒	直径17.4cm	383,264	香港中汉	2018-05-31
清康熙 青花通景人物故事笔筒	直径19.3cm；高16.4cm	368,000	中国嘉德	2018-06-18
清康熙 青花竹林七贤图三足笔筒		356,963	纽约苏富比	2018-03-20
清康熙 青花通景十八学士图笔筒	直径18.6cm；高15.5cm	322,000	中贸圣佳	2018-11-24
清康熙 青花人物故事图笔筒		301,435	纽约苏富比	2018-03-20
清康熙 青花山水人物开光博古纹笔筒	直径18.2cm	207,000	上海匡时	2018-04-30
清康熙 青花金榜题名故事纹笔筒	高15.2cm；直径19cm	195,500	广东崇正	2018-07-05
清康熙 青花山水高士图笔筒		190,380	纽约苏富比	2018-03-20
清康熙 青花人物笔筒	高16.5cm	149,500	北京翰海	2018-05-13
清康熙 青花红拂记人物故事图笔筒	直径17cm	149,500	中国嘉德	2018-05-18
清康熙 青花“滕王阁序”诗文大笔筒	直径19.5cm	138,000	北京保利	2018-12-09
清康熙早期 青花折桂图笔筒	直径18cm	126,500	中国嘉德	2018-05-18
清康熙 青花诗文笔筒	直径28.5cm	120,750	北京保利	2018-10-28

(成交价RMB：2万元以上)

拍品名称	物品尺寸	成交价RMB	拍卖公司	拍卖日期
清康熙 青花披麻皴山水人物笔筒	直径18.2cm；高15.7cm	109,250	中贸圣佳	2018-11-24
清康熙 青花人物故事笔筒	高16.5cm；直径19.5cm	109,250	北京荣宝	2018-12-03
清康熙 青花山水高士图六方笔筒		103,123	纽约苏富比	2018-03-20
清康熙 青花百寿字笔筒	直径11.1cm	95,816	香港中汉	2018-05-31
清康熙 青花后赤壁赋山水人物诗文笔筒	直径19.8cm	74,750	中国嘉德	2018-05-18
清康熙 青花花鸟纹笔筒	高15.5cm；直径18cm	69,000	广东崇正	2018-07-05
清康熙 青花锦地开光渔樵耕读人物故事图笔筒	直径18.5cm	69,000	中国嘉德	2018-05-18
清康熙早期 青花鸳鸯绦人物故事图笔筒	直径17.5cm	63,250	中国嘉德	2018-09-19
清康熙早期 青花折桂图笔筒	高13.3cm	59,800	中国嘉德	2018-09-19
清康熙 青花开光人物诗文笔筒	直径19.5cm；高15cm	57,500	北京匡时	2018-12-05
清康熙 青花山水纹笔筒	直径17.5cm；高14.5cm	48,300	保利厦门	2018-07-15
清康熙 青花天官赐福图笔筒	高16cm	48,300	中国嘉德	2018-09-20
清康熙早期 青花西厢记人物故事图小笔筒	高12.7cm	43,700	中国嘉德	2018-05-18
清康熙 青花开光赤壁赋山水人物诗文笔筒	直径18.8cm	40,250	中国嘉德	2018-09-19
清康熙 青花开光山水人物博古图笔筒	高15.3cm	36,800	北京中汉	2018-04-15
清康熙 青花花蝶图小笔筒	高13.3cm	36,800	中国嘉德	2018-09-20
清康熙 青花花鸟纹撇口笔筒	高13.4cm	34,500	中国嘉德	2018-09-20
清康熙 青花赤壁赋纹笔筒	直径16.5cm	32,200	太平洋	2018-06-09
清康熙 青花人物笔筒	高12.5cm	28,750	北京保利	2018-10-27
清康熙 青花开光博古图撇口笔筒	高14.7cm	28,750	中国嘉德	2018-09-20
清康熙 青花龙凤纹撇口笔筒	高14.4cm	25,300	中国嘉德	2018-01-13
清康熙 青花高士观画图笔筒	高14cm	20,700	中国嘉德	2018-09-19
清康熙 青花龙戏珠纹洗	直径13.8cm	1,380,000	北京荣宝	2018-06-14
清康熙 仿宣德青花龙凤纹十棱洗	直径17cm；高4.2cm	287,500	北京匡时	2018-12-05
清康熙-雍正 青花二甲传胪图折沿洗	直径26.2cm	80,500	中国嘉德	2018-05-18
清康熙 青花鱼化龙折沿洗	直径39cm	55,200	北京保利	2018-04-30
清康熙 青花婴戏图洗	直径7.6cm	48,300	北京匡时	2018-12-05
清康熙 青花留白海马纹花口洗	直径15.3cm	44,800	上海联合	2018-11-25
清康熙 青花内宝杵纹外云龙纹洗	直径15.3cm	32,200	中国嘉德	2018-09-19
清康熙 青花缠枝莲纹水盂		107,089	纽约蘇富比	2018-03-20
清康熙 青花婴戏水呈	高5.2cm	172,500	北京荣宝	2018-06-14
清康熙 青花高仕图砚	直径10.5cm	28,750	中贸圣佳	2018-06-20
清康熙 青花布袋和尚印盒	直径6cm	69,000	北京保利	2018-12-08
清康熙 青花婴戏图印盒	直径9.5cm	20,700	中国嘉德	2018-05-18
清康熙 青花山水人物图砚屏（一对）		87,258	纽约蘇富比	2018-03-20
清康熙 青花庭园仕女图碗	19.5cm	16,323,840	香港苏富比	2018-10-03
清康熙 青花团龙纹茶圆（一对）	高9.2×2cm	3,795,000	北京东正	2018-06-17
清康熙 青花团龙纹葵式碗	直径19.4cm	2,030,000	佳士得	2018-05-30
清康熙 青花松鼠葡萄图碗		277,638	纽约苏富比	2018-03-20
清康熙 青花福寿云龙纹碗		256,575	纽约苏富比	2018-09-12
清康熙 青花八仙祝寿图碗		118,988	纽约苏富比	2018-03-20
清康熙 青花花卉四方座（一对）	9.5×6.8cm×2	103,500	北京荣宝	2018-06-14
清康熙 青花锦鲤化龙图六方菱口碗		63,460	纽约苏富比	2018-03-20
清康熙 青花佛教人物纹净水碗		51,561	纽约苏富比	2018-03-20
清康熙 青花开光仕女图四方倭角碗		39,663	纽约苏富比	2018-03-20
清康熙 青花开光花卉仕女图高足盖碗		31,730	纽约苏富比	2018-03-20
清康熙 青花花鸟图花式大碗		27,764	纽约苏富比	2018-03-20
清康熙 袖珍青花瓷器（五件）	高11.1cm	25,384	纽约佳士得	2018-03-20
清康熙 青花缠枝菊花纹水丞	直径11cm	23,000	中国嘉德	2018-01-13
清康熙 青花紫菀纹花式碗		22,211	纽约苏富比	2018-03-20
清康熙 青花瓷器（九件）	尺寸不一	20,700	中国嘉德	2018-09-20
清康熙 青花瓷（八件）		20,526	纽约苏富比	2018-09-15
清康熙 青花寿字纹高足碗	高14.3cm	19,038	纽约佳士得	2018-03-20
清雍正 青花缠枝花卉纹大天球瓶	高55cm；直径40cm	5,520,000	保利厦门	2018-01-08
清雍正 黄地青花缠枝莲梅瓶	高23.3cm	4,025,000	北京保利	2018-06-19
清雍正 青花福寿连绵纹六方贯耳瓶	高28cm	3,105,000	北京华辰	2018-11-19
清雍正 青花缠枝莲纹贯耳瓶	高51.5cm	1,552,500	广东崇正	2018-07-05
清雍正 青花神仙人物纹壁瓶	高28cm	977,500	北京保利	2018-06-19
清雍正 淡描青花缠枝花卉葫芦瓶	高23cm	977,500	深圳至正国际	2018-08-25
清雍正/乾隆 青花缠枝花卉纹葫芦瓶	高23.5cm	344,960	伦敦佳士得	2018-05-15
清雍正 青花折枝瑞果纹抱月瓶	高29.3cm	287,500	华艺国际	2018-11-16
清雍正 青花缠枝莲纹大天球瓶	高70cm	241,500	中贸圣佳	2018-11-24
清雍正 青花缠枝花卉纹小蒜头瓶	高10.4cm	103,500	北京诚轩	2018-06-17
清雍正 青花缠枝莲纹小瓶	高5.4cm	57,500	中国嘉德	2018-05-18
清雍正 青花高士诗文胆瓶	高21.3cm	43,700	中国嘉德	2018-01-13
清雍正 青花缠枝莲纹大口梅瓶	高17.9cm	32,200	中国嘉德	2018-05-18
清雍正 黄地青花缠枝牡丹纹小抱月瓶	高17.2cm	25,300	中国嘉德	2018-09-19
清雍正 青花缠枝花卉纹撇口大尊	70cm	9,312,960	香港苏富比	2018-10-03
清雍正 青花折枝三多纹石榴尊	高23cm	205,792	北京匡时	2018-10-03
清雍正 青花龙纹尊	高8cm	40,250	北京保利	2018-10-27
清雍正 青花锦地开光山水人物纹花觚	高36.8cm	57,500	中国嘉德	2018-01-13
清雍正 青花云龙纹花觚	高20.5cm	25,300	北京保利	2018-07-27
清雍正 青花折枝花卉纹罐	25.2cm	8,475,840	香港苏富比	2018-10-03
清雍正 青花岁寒三友图小罐	高8.8cm	391,000	中国嘉德	2018-05-18
清雍正 青花瓜瓞绵绵纹瓜棱小罐		342,100	纽约苏富比	2018-09-12
清雍正 青花仿宣缠枝莲纹小罐	高11.1cm	335,356	香港中汉	2018-05-31
清雍正 青花瓜瓞绵绵小罐	高9.5cm	323,400	伦敦佳士得	2018-05-15
清雍正 仿宣窑青花缠枝花卉纹小罐	高11cm	298,398	保利香港	2018-10-02
清雍正 青花花卉小罐	高9.5cm	287,500	北京荣宝	2018-12-03
清雍正 青花缠枝莲纹小罐	高11cm	287,500	北京荣宝	2018-06-14
清雍正 青花缠枝花卉纹小罐	高10.5cm	267,530	中国嘉德	2018-10-02
清雍正 青花缠枝莲罐	高10.5cm	253,000	北京保利	2018-10-27
清雍正 青花锦地开光花卉纹小罐		205,260	纽约苏富比	2018-09-12
清雍正 青花几何纹开光花卉折肩小罐	高7.6cm	114,554	保利香港	2018-04-02
清雍正 青花缠枝花卉纹轴头罐	宽6×高5cm	109,250	北京诚轩	2018-06-17
清雍正 青花折枝花果天字罐	高21cm	74,750	北京翰海	2018-05-13
清雍正 青花缠枝莲纹小罐	高10.5cm	69,000	北京保利	2018-07-27
清雍正 青花缠枝莲纹小罐	高11cm	43,700	北京中汉	2018-04-15
清雍正 青花松竹梅纹罐	高17.8cm	42,560	上海联合	2018-11-25
清雍正 青花竹纹开光雪景山水人物纹粥罐	直径20cm	32,200	中国嘉德	2018-01-13
清雍正 青花缠枝莲纹太白罐	高7cm	32,200	中国嘉德	2018-01-13

拍品名称	物品尺寸	成交价RMB	拍卖公司	拍卖日期
雍正 青花缠枝团花纹罐	高12.5cm	29,900	广东衡益	2018-07-01
清雍正 青花岁寒三友图罐	高21cm	23,000	中国嘉德	2018-09-19
清雍正—乾隆 仿永乐青花缠枝芍药花斗笠碗	直径20cm	172,500	北京保利	2018-12-09
清雍正 青花落花流水纹斗笠碗	直径21.5cm	55,200	太平洋	2018-11-22
清雍正 青花花卉斗笠杯（一对）	直径8.3cm×2	20,700	北京荣宝	2018-12-03
清雍正 青花如意耳荔枝纹抱月瓶	高26.5cm	12,347,520	保利香港	2018-10-02
清雍正 青花缠枝花卉如意披肩蕉叶纹折肩云耳盘口尊	高33.8cm	4,025,000	中贸圣佳	2018-11-24
雍正 黄地青花长寿如意纹盘	直径15.6cm	632,500	广东衡益	2018-07-01
清雍正 青花团凤如意连连纹碗	直径12cm	356,500	华艺国际	2018-11-16
清雍正 青花莲瓣蕉叶"如意万寿"凸弦纹圣寿碗	直径16.8cm；高7.5cm	310,500	中贸圣佳	2018-06-20
清雍正 青花八吉祥如意花口盘	直径15cm	126,500	北京保利	2018-12-09
清雍正 青花云鹤九桃纹盘	直径21.5cm	2,530,000	保利厦门	2018-01-08
清雍正 青花宝相花莲托八吉祥纹折沿大盘	直径45cm	1,852,128	保利香港	2018-10-02
清雍正 青花一束莲纹盘	直径35cm	1,840,000	西泠拍卖	2018-07-08
清雍正 青花瓜瓞绵绵纹折沿大盘	直径45.1cm	1,725,500	佳士得	2018-05-30
清雍正 青花宝相花八宝纹折沿大盘	直径44.7cm	1,725,000	北京匡时	2018-12-05
清雍正 黄地青花一把莲纹盘	21.5cm	1,635,000	香港苏富比	2018-10-03
清雍正 青花宝相花莲托八吉祥大盘	直径45cm	1,218,000	佳士得	2018-05-30
清雍正 柠檬黄地青花九桃纹盘	直径27.2cm	1,150,000	北京匡时	2018-12-05
清雍正 青花莲池鸳鸯卧足小盘（一对）	直径11.3cm；直径11.4cm	1,046,500	中国嘉德	2018-11-20
清雍正 青花洞石花蝶纹盘	直径21cm	862,500	保利厦门	2018-07-15
清雍正 青花折枝花卉纹小盘（一对）	直径8.3cm	665,250	佳士得	2018-11-28
清雍正 青花万寿锦纹寿桃盘（一对）	直径21cm	552,000	中贸圣佳	2018-11-24
清雍正 青花瓜瓞绵绵纹盘		324,995	纽约苏富比	2018-09-12
清雍正 青花梵文盘	直径15.6cm	239,470	纽约佳士得	2018-09-13
清雍正 青花八宝花口盘（两只）	直径15cm	230,000	北京保利	2018-12-09
清雍正 黄地青花缠枝莲纹盘	直径21.2cm	230,000	北京匡时	2018-06-15
清雍正 青花缠枝茶花纹盘	直径13cm	205,792	中国嘉德	2018-10-02
清雍正 青花缠枝花卉纹盘	直径15.3cm	184,000	北京诚轩	2018-06-17
清雍正 青花菊花纹小盘	直径15.6cm	172,500	中国嘉德	2018-11-20
清雍正 青花缠枝苜蓿花纹盘	直径15.7cm	172,500	中国嘉德	2018-05-18
清雍正 青花锦桃纹盘	直径15.5cm	161,000	华艺国际	2018-11-16
清雍正 青花菊纹盘	直径15.5cm	154,344	中国嘉德	2018-10-02
清雍正 青花"万寿连绵"图盘	直径15.5cm	149,500	保利厦门	2018-07-15
清雍正 青花鸡冠花纹盘（一对）	直径13cm	138,000	华艺国际	2018-05-23
清雍正 青花一把莲纹大盘	直径37cm	115,000	中国嘉德	2018-09-19
清雍正 青花人物纹盘（一对）	直径20.2cm	103,500	北京中汉	2018-04-15
清雍正 青花加彩忍冬纹盘	直径21cm	92,000	北京保利	2018-04-29
清雍正 青花缠枝西番莲纹盘	直径15.1cm	69,000	北京中汉	2018-06-19
清雍正 青花风竹图盘	直径14.8cm	69,000	中国嘉德	2018-09-19
清雍正 青花花卉纹菱口盘	直径16.3cm	57,500	北京中汉	2018-04-15
清雍正/乾隆 青花云龙纹盘	直径34.3cm	36,800	北京中汉	2018-04-15
雍正 青花夔龙纹盘	直径20cm	34,500	广东衡益	2018-07-01
清雍正 青花三国演义之凤仪亭人物故事图大盘	直径34.5cm	34,500	中国嘉德	2018-01-13
清雍正 乾隆 青花盘、碗（六只）	尺寸不一	32,200	中国嘉德	2018-05-18
清雍正 青花云龙纹盘（一对）	直径20.3cm	28,750	中国嘉德	2018-09-19
清雍正 青花山水人物纹、瑞兽纹大盘（三只）	直径28cm；直径26.5cm；直径17cm	25,300	中国嘉德	2018-09-19

拍品名称	物品尺寸	成交价RMB	拍卖公司	拍卖日期
清雍正 青花内盆花图外高士图盘	直径20.2cm	23,000	中国嘉德	2018-01-13
清雍正、清乾隆 青花、粉彩壶、杯、盏托（二十两件）	尺寸不一	46,000	中国嘉德	2018-09-20
清雍正 黄地青花折枝花果纹葵口高足碗	直径15.5cm	1,495,000	华艺国际	2018-05-23
清雍正 粉青釉青花五蝠茶碗	直径9.8cm	943,000	北京保利	2018-12-08
清雍正 青花灵芝花卉纹碗	直径7.5cm	437,000	保利厦门	2018-01-08
清雍正 青花穿花龙纹高足碗	直径18.4cm	402,500	北京中汉	2018-04-15
清雍正 青花暗刻海水云龙纹碗	直径20cm；高7cm	172,500	保利厦门	2018-07-15
清雍正 青花穿花龙纹高足碗	diam 182cm	166,313	邦瀚斯	2018-11-27
清雍正 青花海水轧道龙纹大碗	直径23.5cm	138,000	太平洋	2018-11-22
清雍正 青花缠枝花卉纹骰子碗	直径29.6cm	92,000	北京中汉	2018-04-15
清雍正 青花庭院仕女图碗	直径19.2cm	89,700	北京中汉	2018-04-15
清雍正–乾隆 青花内宝杵纹外缠枝莲托八宝纹高足碗	直径19.3cm	71,300	中国嘉德	2018-05-18
清雍正 青花仕女图大碗	直径22.8cm	34,500	中国嘉德	2018-01-13
清雍正 青花过墙凤竹纹小碗（一对）	直径12cm	32,200	中国嘉德	2018-01-13
清雍正 仿宣德青花内岁寒三友图外麻姑献寿图大碗	直径19.6cm	20,700	中国嘉德	2018-05-18
清雍正 青花八宝纹高足杯	直径9.4cm	4,173,680	佳士得	2018-05-30
清雍正 仿成化青花淡描团菊纹杯（一对）	直径7.4cm	1,012,000	中国嘉德	2018-05-18
清雍正 仿成化青花莲托梵文卧足杯（一对）	直径9.3cm	736,000	中国嘉德	2018-01-13
清雍正 青花仿成化缠枝莲小杯（一对）	直径7.2cm	632,500	北京保利	2018-06-19
清雍正 青花仙芝纹双蝶耳花口杯（一对）	直径8.5cm；高3.9cm	517,500	中贸圣佳	2018-11-24
清雍正 仿成化青花缠枝莲纹小杯（一对）	直径7.1cm；直径7.1cm	483,000	中国嘉德	2018-11-20
清雍正 青花团寿纹杯	直径9.4cm	368,000	北京中汉	2018-11-21
清雍正 青花团寿纹杯	直径9.5cm	345,000	北京中汉	2018-06-19
清雍正 青花忍冬纹小杯	直径7.4cm	218,500	北京匡时	2018-12-05
清雍正 青花赤壁夜游图诗文仰钟式杯（一对）		190,380	纽约苏富比	2018-03-21
清雍正 青花忍冬纹杯	高3.5cm；直径6.9cm	86,250	广东崇正	2018-07-05
清雍正 青花缠枝花卉纹小杯（一对）	6.8cm	86,240	伦敦苏富比	2018-05-16
清雍正 青花"三友图"铃铛杯	直径8cm	48,300	华艺国际	2018-03-30
清雍正 青花兰花纹小杯（一对）	直径6.5cm	28,750	华艺国际	2018-11-16
清雍正 青花兰花杯（一对）	直径6cm	23,866	香港诚昌	2018-04-02
清雍正 青花花卉纹小碟（一对）	直径8.5cm	172,500	北京华辰	2018-11-19
清雍正 青花缠枝花卉大钵盂式案缸	直径34.5cm；高16.2cm	805,000	中贸圣佳	2018-06-20
清雍正 青花缠枝花卉长方花盆	长21.5cm	63,250	北京翰海	2018-05-13
清雍正 青花山水人物纹花盆	长33.5cm	23,000	太平洋	2018-11-22
清雍正 青花鹤鹿同春图大缸	直径52cm	34,500	中国嘉德	2018-05-19
清雍正 青花赶珠龙纹折腰碗（一对）	17cm	708,500	香港苏富比	2018-10-03
清雍正 青花开光折枝花果纹花口高足碗		396,625	纽约苏富比	2018-03-21
清雍正 青花缠枝花卉纹碗	23.5cm	258,720	伦敦苏富比	2018-05-16
清雍正 外五彩花果纹内青花赶珠云龙纹碗(一对)		42,763	纽约苏富比	2018-09-12
清雍正 青花一束莲	直径55cm；高28cm	26,450	凤凰拍卖	2018-01-21
清乾隆 黄地青花穿花龙纹天球瓶	60.8cm	57,104,479	香港苏富比	2018-04-03

2018瓷器拍卖成交汇总

(成交价RMB：2万元以上)

拍品名称	物品尺寸	成交价RMB	拍卖公司	拍卖日期
清乾隆 御制青花夹洋彩通景“桃花源”图双耳活环大瓶	高55.2cm；足径16.7cm；足径12.8cm	50,600,000	中国嘉德	2018-06-18
清乾隆 青花缠枝佛莲“福庆有余”纹象耳扁瓶	高31cm	13,800,000	北京匡时	2018-12-05
清乾隆 青花苍龙教子图荸荠瓶	高24.7cm	10,925,000	中贸圣佳	2018-06-20
清乾隆 青花八吉祥吉庆有余双凤耳六方瓶	高35.3cm	10,350,000	北京保利	2018-12-12
清乾隆 青花折枝花果纹六方瓶	高66cm	10,350,000	保利厦门	2018-07-15
清乾隆 青花缠枝莲纹六方瓶	高47.5cm	8,280,000	保利厦门	2018-01-08
清乾隆 青花云蝠纹双螭龙耳瓶	高19.8cm	8,153,200	中国嘉德	2018-10-02
清乾隆 青花仿宣折枝花果三多纹梅瓶	高25.3cm	8,144,360	香港中汉	2018-05-31
清乾隆 青花折枝花果纹梅瓶	高32.5cm	7,475,000	北京保利	2018-06-19
清乾隆 御窑青花折枝瑞果纹梅瓶	高32.2cm	6,900,000	华艺国际	2018-11-16
清乾隆 青花折枝花果六方大瓶	高66cm	3,680,000	北京保利	2018-01-21
清乾隆 青花龙凤纹双耳抱月瓶	高46cm	3,220,000	北京华辰	2018-11-19
清乾隆 青花花卉福禄寿六方瓶	高67cm	2,070,000	北京翰海	2018-06-30
清乾隆 青花福寿万代葫芦瓶（一对）	高33cm	1,840,000	华艺国际	2018-11-16
清乾隆 青花缠枝莲纹赏瓶	高37cm	1,782,500	北京保利	2018-06-20
清乾隆 青花加彩花卉纹方瓶（一对）	高12.8cm	1,380,000	中国嘉德	2018-06-18
清乾隆 青花缠枝莲蕉叶海浪纹玉堂春瓶	高38cm	1,293,516	香港中汉	2018-05-31
清乾隆 青花葫芦扁瓶	高17.8cm	1,219,625	佳士得	2018-11-28
清乾隆 青花缠枝莲纹赏瓶	高37cm	1,207,500	保利厦门	2018-07-15
清乾隆 青花耕读图胆式瓶	高58.5cm	1,150,000	中国嘉德	2018-06-18
清乾隆 青花芭蕉竹石纹玉壶春瓶	长16.5cm；高28.4cm	943,000	中贸圣佳	2018-11-25
清乾隆 青花折枝花果纹蒜头瓶	高28cm	747,500	西泠拍卖	2018-07-08
清乾隆 青花缠枝莲托暗八宝纹耳瓶	高21.5cm	690,000	保利厦门	2018-07-15
清乾隆 青花缠枝花卉纹赏瓶		684,200	纽约苏富比	2018-09-12
清乾隆 青花三多纹抱月瓶	高32.8cm	632,500	西泠拍卖	2018-07-08
清乾隆 青花福寿纹抱月瓶	高32.5cm	617,376	北京匡时	2018-10-03
清乾隆 青花洞石芭蕉玉壶春瓶	高29.5cm	598,000	北京保利	2018-07-27
清乾隆 青花缠枝宝相花纹铺首蒜头瓶式壁挂（带座）	高25cm	552,000	华艺国际	2018-11-16
清乾隆 青花芭蕉竹石玉壶春瓶	高28.5cm	463,032	北京匡时	2018-10-03
18世纪 青花牵牛花纹四方倭角瓶	高14.5cm	426,300	佳士得	2018-05-30
清乾隆 青花缠枝莲赏瓶	高38cm	379,500	上海匡时	2018-04-30
清乾隆 青花缠枝莲纹双夔凤耳大瓶（一对）	高81cm	368,000	北京中汉	2018-11-21
清乾隆 青花龙凤呈祥纹双联瓶	高23.5cm	360,136	中国嘉德	2018-10-02
清乾隆 青花开光博古八宝花卉纹胆瓶	高29cm	264,500	深圳至正国际	2018-08-25
清乾隆 青花竹石芭蕉纹玉壶春瓶	高28.6cm	253,000	北京中汉	2018-09-21
清乾隆 青花松鹿图瓶	高26cm	230,000	中贸圣佳	2018-11-24
清乾隆 青花缠枝莲纹天球瓶	高50cm	230,000	保利厦门	2018-01-08
清乾隆 青花折枝花果纹六方瓶	高36cm	230,000	深圳至正国际	2018-08-25
清乾隆 青花象耳海棠瓶	高37cm	195,500	华艺国际	2018-11-17
清乾隆 青花竹石芭蕉玉壶春瓶	高29.4cm	184,000	中国嘉德	2018-06-18
清乾隆 青花三多纹穿带盘口瓶	高22cm	138,000	西泠拍卖	2018-07-08
清乾隆 青花三多纹梅瓶	高34.5cm	138,000	中国嘉德	2018-01-13
清乾隆 青花缠枝莲抱月瓶	高24.5cm	115,000	北京保利	2018-10-27
清乾隆 青花折枝花果梅瓶	高17cm	92,000	北京保利	2018-10-27
清乾隆 青花夔龙纹观音瓶	高41.5cm	92,000	华艺国际	2018-03-30
清乾隆 青花缠枝莲纹蒲槌瓶	高32cm	89,700	印千山	2018-01-12
18世纪 青花花卉纹螭龙耳瓶	高36.5cm	87,462	中国嘉德	2018-10-02

拍品名称	物品尺寸	成交价RMB	拍卖公司	拍卖日期
清乾隆 青花莲托八吉祥纹双螭耳瓶	高21.2cm	63,250	北京中汉	2018-11-21
清乾隆 青花禄寿图瓶	高40.5cm	43,700	北京匡时	2018-06-15
清乾隆 青花加粉彩菊花扁瓶	高24cm	40,250	北京保利	2018-10-27
清乾隆 青花团凤纹双耳瓶	高31.4cm	35,650	博美拍卖	2018-01-06
清乾隆 青花百寿字琮式瓶	高35.5cm	34,500	中国嘉德	2018-09-20
清乾隆 青花卷草纹小梅瓶	高12cm	32,200	保利厦门	2018-07-15
清乾隆 青花山水人物瓶	高35.5cm	28,750	中国嘉德	2018-11-20
清乾隆 青花缠枝莲纹瓶	高36.5cm	25,300	华艺国际	2018-11-17
清乾隆 浆胎青花三多荷花纹葫芦瓶	高15.4cm	23,000	中国嘉德	2018-01-13
清乾隆 青花鹿鹤同春观音瓶	高39cm	20,700	中贸圣佳	2018-11-25
清乾隆 青花折枝瑞果纹折肩六方大尊	高65.7cm	9,430,000	中贸圣佳	2018-11-24
清乾隆 青花莲托八宝纹大铺首尊	高49.7cm	5,175,000	中贸圣佳	2018-11-24
清乾隆 青花缠枝花卉纹双龙耳尊	高34.5cm	2,415,000	中国嘉德	2018-11-20
清乾隆 青花缠枝花卉八吉祥盖碗尊	高49.5cm	2,070,000	北京翰海	2018-06-30
清乾隆 青花缠枝莲纹鹿头尊	高44.5cm	1,725,000	北京保利	2018-06-20
清乾隆 青花缠枝莲纹小尊（一对）	高8.1cm	1,150,000	中贸圣佳	2018-11-24
清乾隆 青花缠枝莲纹洗口尊	高54cm	897,000	保利厦门	2018-01-08
清乾隆 青花瓜蝶连绵纹七孔小尊	高10cm	690,000	北京匡时	2018-12-05
清乾隆 青花折枝瑞果象耳尊	高43.6cm	609,500	北京中汉	2018-04-15
清乾隆 青花缠枝莲双龙耳尊	高27cm	287,500	北京保利	2018-10-27
18世纪 青花蟠螭饕餮纹双耳鹿头尊	高30cm	241,500	保利厦门	2018-01-08
清乾隆 青花淡描穿花龙凤纹大尊	高49cm	92,000	中贸圣佳	2018-11-25
清乾隆 青花双环鱼篓尊	高15.5cm	89,700	华艺国际	2018-11-17
清乾隆 青花柳雀图尊	直径22cm；高36.1cm	36,800	中贸圣佳	2018-11-25
清乾隆 青花宝相花纹敞口尊	高19cm	25,300	太平洋	2018-06-09
清乾隆 青花仿古铜双耳尊	高29cm	20,700	北京保利	2018-07-27
清乾隆 青花莲池清趣图折肩大贯耳壶	高54cm	25,300,000	北京保利	2018-12-12
清乾隆 青花云龙戏珠纹螭龙耳扁壶	30.2cm	18,056,880	香港苏富比	2018-04-03
清乾隆 青花八吉祥莲花缠枝纹盉壶	高21.5cm；宽22.7cm	2,012,500	北京保利	2018-06-20
清乾隆 青花莲托八吉祥纹盉壶	高17.6cm；宽24.5cm	1,437,500	北京保利	2018-12-09
清乾隆 青花缠枝莲纹执壶	高10.4cm	1,337,648	保利香港	2018-10-02
清乾隆 青花竹石芭蕉玉壶春	高28cm	575,000	北京荣宝	2018-06-14
清乾隆 青花折枝果纹执壶	高26cm；宽23.5cm	535,920	香港诚昌	2018-05-30
清乾隆 青花折枝花卉开光花果纹玉壶春执壶	高26cm	230,000	中国嘉德	2018-01-13
清乾隆 青花果纹执壶	高26cm	195,500	北京荣宝	2018-06-14
清乾隆 青花莲托八宝纹盉壶	长25cm	115,000	中国嘉德	2018-09-19
清乾隆 青花缠枝花卉纹太白罐	高32.5cm	2,530,000	保利厦门	2018-07-15
清乾隆 青花缠枝莲纹小口罐	高12.3cm	1,955,024	中国嘉德	2018-10-02
清乾隆 黄地青花夔龙穿花纹双系小罐	高10cm	1,337,648	保利香港	2018-10-02
清乾隆 青花缠枝莲纹盖罐	高60cm	584,640	香港诚昌	2018-05-30
清乾隆 青花花卉纹壮罐	高29cm	345,000	北京匡时	2018-06-15
清乾隆 青花锦地缠枝花卉罐	高22.8cm	345,000	北京翰海	2018-06-30
清乾隆 青花缠枝纹太白罐	高35cm	253,000	北京华辰	2018-11-19
清乾隆 青花缠枝莲纹大罐	高35cm	253,000	北京保利	2018-12-09
清乾隆 青花胭脂红彩罐	高21.5cm	230,000	华艺国际	2018-11-17

拍品名称	物品尺寸	成交价RMB	拍卖公司	拍卖日期
18世纪早期 青花花卉博古图盖罐（一对）	高16.8cm；17.1cm	143,193	保利香港	2018-04-02
清乾隆 青花锦纹罐	高23.5cm	140,140	伦敦佳士得	2018-05-15
清乾隆 青花缠枝花卉纹壮罐	高22.5cm	92,000	广东崇正	2018-07-05
清乾隆 青花云龙纹罐	直径11cm	36,800	北京保利	2018-04-29
清乾隆 青花缠枝莲双耳香炉	高28cm	230,000	北京荣宝	2018-06-14
清乾隆 青花仿古环耳回字纹豆	高12.8cm	126,500	太平洋	2018-06-09
乾隆 豆青青花狮子滚球锈墩	高50cm	52,504	香港诚昌	2018-04-02
清乾隆 青花双耳豆	高12.7cm	20,700	北京匡时	2018-12-05
清乾隆 青花岁寒三友盆景图盘（一对）	直径19.5cm×2	25,300	保利厦门	2018-07-15
18世纪青花花卉纹小烛台（一对）	直径7.2cm	97,020	伦敦佳士得	2018-05-15
清乾隆 青花缠枝莲镂空钱纹鼓墩	高45.7cm	69,000	中国嘉德	2018-09-20
清乾隆 青花缠枝莲绣墩	高45.5cm	48,300	北京保利	2018-10-28
清乾隆 青花缠枝莲绣墩	高43cm	32,200	北京保利	2018-10-28
清乾隆 青花缠枝花卉鼓丁绣墩	直径23.3cm	23,000	北京中汉	2018-09-21
清乾隆 青花六龙捧日挂屏	长79×45.2cm	1,610,000	北京保利	2018-06-19
清乾隆 青花春耕图双福如意大抱月瓶	高59cm	56,718,200	佳士得	2018-05-30
清乾隆 青花缠枝莲绶带耳如意尊	高23.3cm	29,313,200	佳士得	2018-05-30
清乾隆 青花垂肩如意缠枝花卉纹赏瓶	37cm	1,526,000	香港苏富比	2018-10-03
清乾隆 青花团凤牡丹纹如意耳四方瓶	高14cm	1,035,000	北京华辰	2018-11-19
清乾隆 青花如意万寿纹瓶	高13cm	862,500	保利厦门	2018-07-15
清乾隆 青花如意卷草纹马蹄杯	直径8.5cm	747,500	北京保利	2018-12-09
清乾隆 青花如意云头缠枝花纹出灯	高18.7cm	322,000	北京荣宝	2018-06-14
清乾隆 青花缠枝花卉如意吉祥纹盘	直径21.4cm	20,700	北京中汉	2018-04-15
清乾隆 青花正面龙捧寿大盘	直径44.5cm	4,025,000	北京保利	2018-12-12
清乾隆 青花海水应龙穿花纹大盘	直径50.8cm	3,450,000	华艺国际	2018-05-23
清乾隆 黄地青花九桃盘	直径26.5cm	2,185,000	北京保利	2018-06-19
清乾隆 黄地青花九桃盘	直径36.9cm	1,552,500	北京保利	2018-12-09
清乾隆 青花瑞兽纹小高足盘（一对）	直径7cm	782,000	中国嘉德	2018-06-18
清乾隆 黄地青花折枝寿桃纹盘	直径26.5cm	747,500	华艺国际	2018-11-16
清乾隆 青花缠枝四季花卉纹大盘	直径41cm	517,500	上海匡时	2018-04-30
清乾隆 御制青花内九桃外牵牛花纹盘	直径27cm；高5.5cm	402,500	广东崇正	2018-07-05
清乾隆 青花游龙赶珠纹高足盘	高18.3cm	370,426	保利香港	2018-10-02
清乾隆 青花外缠枝花卉内折枝九桃纹盘	直径26.6cm；高5.3cm	345,000	中贸圣佳	2018-06-20
清乾隆 青花贯套花纹盘（一对）	直径15.5cm	276,000	华艺国际	2018-11-17
清乾隆 青花黄彩云龙纹大盘（一对）	直径25.5cm	276,000	中国嘉德	2018-05-18
清乾隆 青花双凤纹盘（一对）	直径16.3cm	207,000	中国嘉德	2018-11-20
清乾隆 仿永乐青花内岁寒三友图外仕女婴戏图盘（一对）	直径18.2cm	184,000	中国嘉德	2018-05-18
清乾隆 青花福寿盘（一对）	直径15.5cm	149,500	北京保利	2018-07-27
清乾隆 青花赶珠龙纹盘	直径16.4cm	141,700	佳士得	2018-10-04
清乾隆 青花内岁寒三友外庭园仕女图盘	直径17.8cm	103,500	北京中汉	2018-06-19
清乾隆 青花福禄万代莲托八吉祥纹盘（一对）	直径15.9cm	97,750	北京中汉	2018-06-19
清乾隆 蓝地青花龙纹盘	口径25.7cm；高4.3cm	92,000	西泠拍卖	2018-07-08
清乾隆 青花云龙赶珠纹盘	直径16.7cm	86,250	北京中汉	2018-06-19
清乾隆 青花云龙纹盘	直径16.6cm	82,800	中国嘉德	2018-05-18
清乾隆 青花龙纹盘	直径16.6cm	74,750	中国嘉德	2018-11-20
清乾隆 青花缠枝莲调色盘	直径13.5cm	74,750	北京保利	2018-12-09
清乾隆 青花云龙纹盘	直径17cm	74,750	中国嘉德	2018-09-19
清乾隆 青花云龙纹盘	直径16.5cm	71,300	中国嘉德	2018-06-18
清乾隆 青花缠枝花卉纹盘	直径19.5cm	63,250	中国嘉德	2018-06-18
清乾隆 青花九龙纹盘（一对）	直径17.5cm	57,500	北京华辰	2018-11-19
清乾隆 青花缠枝山茶花纹盘（一对）	直径13.5cm	57,500	中国嘉德	2018-09-19
清乾隆 青花缠枝茶花纹盘	直径13.3cm	55,200	北京中汉	2018-06-19
清乾隆 青花缠枝花卉纹小盘	直径13.4cm	55,200	中国嘉德	2018-06-18
清乾隆 青花双凤纹盘	直径16.6cm	46,000	中国嘉德	2018-05-18
清乾隆 青花五蝠捧寿八宝纹调色盘	直径13.1cm	41,158	中国嘉德	2018-10-02
清乾隆 青花莲托八吉祥福禄万代纹盘	直径20cm	36,800	北京匡时	2018-06-15
清乾隆 青花龙纹盘	直径16.5cm	34,500	华艺国际	2018-11-17
清乾隆 青花花卉纹盘	直径19.5cm；高4cm	34,500	保利厦门	2018-01-08
清乾隆 青花八卦缠枝花卉纹折沿盘	直径16cm	34,500	北京诚轩	2018-06-17
清乾隆 青花花卉纹格盘	直径15cm	32,200	华艺国际	2018-11-17
清乾隆 青花缠枝花卉纹大盘	直径37cm	32,200	北京保利	2018-12-09
清乾隆 青花双凤纹盘	直径15.9cm	32,200	北京中汉	2018-09-21
清乾隆 青花山水图杯盘	盘径13cm；杯口径8.2cm	31,360	上海联合	2018-11-25
清乾隆 青花缠枝花卉盘（两件）	直径19.9cm	25,300	北京翰海	2018-06-30
清乾隆 青花留白龙纹盘	直径26.1cm	25,300	北京中汉	2018-04-15
清乾隆 青花山高水长图小盘（一对）	直径10cm×2	23,000	保利厦门	2018-07-15
清乾隆 青花缠枝莲纹盘	直径15cm	23,000	广东崇正	2018-07-05
清乾隆 青花岁寒三友图盘	直径18cm	20,700	保利厦门	2018-07-15
清乾隆 青花云龙纹盘	直径16.8cm	20,700	中国嘉德	2018-05-19
清乾隆 青花八仙祝寿图盏托	直径12.3cm	97,750	北京诚轩	2018-06-17
清乾隆 青花云龙纹盏托	直径12.1cm	51,750	中贸圣佳	2018-06-20
清乾隆 青花福寿纹盏托	直径12cm	40,250	中国嘉德	2018-01-13
清乾隆青花八仙祝寿图碗（一对）	直径10.6cm	1,193,275	保利香港	2018-04-02
清乾隆 青花缠枝莲托八宝杵大碗（一对）	直径25.8cm	897,000	北京保利	2018-06-20
清乾隆青花莲托八宝纹碗（一对）	直径26cm	575,000	华艺国际	2018-11-16
清乾隆 青花缠枝莲托八吉祥纹大碗（一对）	直径25.8cm	368,000	北京中汉	2018-06-19
清乾隆 青花婴戏碗（一对）	直径15.5cm	322,000	北京华辰	2018-11-19
清乾隆 青花婴戏碗（一对）	直径15.5cm	322,000	北京保利	2018-07-27
清乾隆 青花八仙纹碗	高6.1cm；直径14.9cm	288,109	保利香港	2018-10-02
清乾隆青花云龙纹折腰碗（一对）	直径17.1cm；高8cm	253,000	中贸圣佳	2018-06-20
清乾隆 青花云龙纹碗（一对）	直径10.9cm	218,500	北京中汉	2018-11-21
清乾隆 青花西蕃莲纹碗（一对）	直径9.8cm×2	207,000	北京荣宝	2018-12-03
清乾隆 青花缠枝花卉大碗	直径20.5cm	207,000	深圳至正国际	2018-08-25
清乾隆 青花八仙祝寿图碗	直径10.8cm	184,000	北京匡时	2018-06-15
清乾隆 青花莲托“万寿无疆”纹碗	直径11.3cm	149,500	太平洋	2018-11-22
清乾隆 青花莲托八宝大碗	直径25.3cm	138,000	北京保利	2018-06-21
清乾隆 青花八仙纹碗	直径15cm	115,000	中国嘉德	2018-11-20
清乾隆 青花莲托八吉祥纹碗	直径11.1cm	94,300	北京中汉	2018-11-21
清乾隆 青花缠枝莲托八宝纹碗	直径14.2cm	92,000	北京匡时	2018-06-15
清乾隆 青花缠枝莲托八宝开光万寿无疆大碗	直径18.3cm	82,800	中国嘉德	2018-01-13
清乾隆 青花荷塘纹碗	直径15.5cm	82,317	中国嘉德	2018-10-02
清乾隆 青花加彩荷塘鸳鸯小碗	直径10cm	77,952	香港诚昌	2018-05-30
清乾隆 青花八仙过海图碗	直径15.1cm	64,680	伦敦佳士得	2018-05-15
清乾隆 青花三果纹碗（一对）	直径15.4cm×2	59,800	中国嘉德	2018-06-18
18世纪 仿永乐青花折枝花果纹碗	直径11.5cm；高5.5cm	57,500	保利厦门	2018-07-15

2018瓷器拍卖成交汇总

(成交价RMB：2万元以上)

拍品名称	物品尺寸	成交价RMB	拍卖公司	拍卖日期
清乾隆 青花庭院婴戏图碗	直径15.5cm	57,500	北京中汉	2018-09-21
清乾隆 御题诗青花三清诗文盖碗	高8cm；口径11.5cm	57,500	西泠拍卖	2018-09-29
清乾隆 青花八卦云鹤纹碗	直径14.1cm	55,200	北京中汉	2018-04-15
清乾隆 青花缠枝莲托八宝开光“山高水长”碗（一对）	直径13.2cm	46,000	中国嘉德	2018-09-20
清乾隆 青花缠枝花卉纹碗	直径16.7cm	43,700	中国嘉德	2018-01-13
清乾隆 青花缠枝花卉纹碗	直径10cm	34,500	北京华辰	2018-11-19
清乾隆 青花缠枝莲托梵文高足碗	直径14.5cm	34,500	中国嘉德	2018-01-13
清乾隆 青花松鹿延年图大碗	直径19.5cm	28,750	中国嘉德	2018-01-13
清乾隆 青花“三娘教子”图碗	直径26.6cm	26,450	博美拍卖	2018-01-06
清乾隆 青花缠枝莲花卉纹碗	直径17.4cm；高7.8cm	19,550	博美拍卖	2018-01-06
清乾隆 青花缠枝番莲梵文高足杯		301,435	纽约苏富比	2018-03-24
清乾隆 仿永宣青花内折枝桃梵文外缠枝莲托八宝纹高足杯	直径8.2cm	253,000	中国嘉德	2018-05-18
清乾隆 青花莲托杂宝纹小高足杯	高5.5cm	195,500	北京中汉	2018-11-21
清乾隆 青花梵文缠枝莲高足杯		126,920	纽约苏富比	2018-03-21
清乾隆 青花花卉高足杯	高10.5cm	57,500	北京翰海	2018-05-13
18世纪 青花五爪龙纹杯（一对）	直径6.5cm	43,120	伦敦佳士得	2018-05-15
清乾隆 青花莲托八吉祥纹酥油杯	直径9.2cm	36,800	北京中汉	2018-04-15
清乾隆 青花莲托八宝纹小杯	直径6.8cm	28,750	北京荣宝	2018-06-14
清乾隆 青花高足杯	直径9cm	24,150	华艺国际	2018-11-17
清乾隆 青花缠枝莲托梵文高足杯	直径11cm	23,000	中国嘉德	2018-01-13
清乾隆 青花梵文高足杯	高10.7cm	23,000	中国嘉德	2018-06-18
清乾隆 青花山高水长纹碟（四只）	直径10.4cm	63,250	中贸圣佳	2018-11-25
清乾隆 青花云龙纹盖盒	直径6.7cm	287,500	北京中汉	2018-11-21
18世纪 黄地青花龙纹印泥盒	长3cm	103,500	保利厦门	2018-07-15
清乾隆 青花百子戏春图盖盒	直径11.5cm	32,200	北京中汉	2018-04-15
清乾隆 青花般若波罗蜜多心经伏虎罗汉图盖钵	高18cm	1,380,000	保利厦门	2018-01-08
清乾隆 青花海水云龙纹钵		299,338	纽约苏富比	2018-09-12
清乾隆 青花缠枝莲纹钵式洗	高16cm	299,000	深圳至正国际	2018-08-25
清乾隆 青花缠枝西番莲纹钵	带盖高11.6cm；口径15.2cm	253,000	西泠拍卖	2018-07-08
清乾隆 青花缠枝西番莲纹钵	高25.3cm	69,000	西泠拍卖	2018-07-08
乾隆 青花牡丹花鸟纹供盆	长33cm；宽34cm；高11cm	36,800	广东衡益	2018-07-01
清乾隆 青花暗八仙纹水仙盆	长34cm	23,000	太平洋	2018-11-22
清乾隆 青花云龙纹案缸	直径21cm	935,528	保利香港	2018-04-02
清乾隆 青花云龙纹大缸	高58.5cm	823,168	保利香港	2018-10-02
清乾隆 青花五龙纹缸	高43cm；直径52cm	575,000	北京华辰	2018-11-19
清乾隆 青花胡人进宝图案缸	直径29cm	105,800	中国嘉德	2018-09-19
清乾隆 青花缠枝莲寿字大缸	直径61.5cm	82,800	中国嘉德	2018-09-20
清乾隆 青花三多纹缸	直径28cm	57,500	华艺国际	2018-11-17
清乾隆 青花缠枝花卉纹渣斗	高8.5cm	348,800	香港苏富比	2018-10-03
清乾隆 “敬畏堂制”款青花缠枝花卉纹渣斗	高7.2cm	154,344	北京匡时	2018-10-03
清乾隆 青花山水人物笔筒	高16.5cm	57,500	北京中贝	2018-06-24
清乾隆 青花人物故事笔筒	高14.5cm；直径19cm	34,500	北京荣宝	2018-12-03
清乾隆 青花海水云龙纹锣洗	直径15.5cm	552,000	保利厦门	2018-07-15
清乾隆 青花八卦纹镗锣洗	直径10.8cm	57,500	北京荣宝	2018-06-14
清乾隆 青花缠枝莲纹洗	直径25.8cm	28,750	中国嘉德	2018-09-19
清乾隆 青花八卦镗锣洗	直径11.2cm	23,000	北京保利	2018-10-27
清乾隆 青花缠枝花卉福寿格式洗	直径13.8cm	20,700	北京保利	2018-10-27
清乾隆 青花鼓钉洗	直径26.5cm	20,700	中国嘉德	2018-05-18

拍品名称	物品尺寸	成交价RMB	拍卖公司	拍卖日期
清乾隆 青花梵文缠枝番莲纹高足碗		555,275	纽约苏富比	2018-03-21
清乾隆 青花花卉纹小碗	9.7cm	70,070	伦敦苏富比	2018-05-16
清乾隆 青花地黄彩赶珠龙纹碗		47,595	纽约苏富比	2018-03-24
清乾隆 青花云龙纹水丞	直径6cm	25,300	北京保利	2018-10-27
清嘉庆 青花夔凤福寿纹双耳长颈胆瓶	高31.5cm	5,577,500	保利厦门	2018-01-08
清嘉庆 青花串枝花卉纹纸槌瓶	高30.6cm	862,500	中贸圣佳	2018-11-24
清嘉庆 青花九龙闹海纹瓶	高26cm	431,172	香港中汉	2018-05-31
清嘉庆 青花折枝花卉茶瓶	高30cm	172,500	北京荣宝	2018-12-03
清嘉庆 青花福寿纹双耳扁瓶	高24.3cm	138,000	中国嘉德	2018-11-20
清中期 青花折枝花果纹六方瓶（一对）	高44.2cm	59,800	中国嘉德	2018-01-13
清嘉庆 青花竹石芭蕉图玉壶春瓶	高24.5cm	57,500	中国嘉德	2018-05-19
清中期 青花瓜瓞绵绵壁瓶	高14.8cm	23,000	北京中汉	2018-09-21
清中期 青花折枝花卉三多纹小蒜头瓶	高14.5cm	23,000	中国嘉德	2018-01-13
清嘉庆 青花缠枝莲纹弦纹尊	高22cm	230,000	北京保利	2018-07-27
清中期 青花缠枝莲纹象耳衔环尊	高33.5cm	46,000	中国嘉德	2018-01-13
清中期 青花鱼藻纹、缠枝花卉纹鸟食罐（三件）	长5.2cm；长4.7cm；长3.8cm	66,700	中国嘉德	2018-05-19
清中期 豆青青花兽面双耳盖罐	宽29cm	57,277	香港诚昌	2018-04-02
清嘉庆 青花缠枝莲托八吉祥纹烛台	高28.5cm	69,000	北京诚轩	2018-06-17
清嘉庆 青花莲托八宝纹烛台	高12.5cm	57,500	太平洋	2018-11-22
清中期 青花花卉小鼓墩	高24cm	28,750	北京荣宝	2018-06-14
清嘉庆 青花缠枝莲绣墩	高47cm	25,300	北京保利	2018-10-28
清嘉庆 青花淡描缠枝莲纹绣墩	高24.8cm	23,000	北京保利	2018-04-29
清中期 青花五伦图镂空钱纹鼓墩（一对）	高47cm	23,000	中国嘉德	2018-09-20
清中期青花龙穿花六方绣墩（一对）	高48.5cm	18,400	北京保利	2018-07-27
清嘉庆 青花御题诗海棠形盘	长15.8cm	222,365	纽约佳士得	2018-09-13
清中期 青花缠枝花卉纹盘	高6cm；直径34cm	207,000	浙江佳宝	2018-07-01
清嘉庆 青花暗八仙纹盘	直径15.2cm	57,500	中国嘉德	2018-01-13
清中期 青花缠枝莲纹大盘	口径29cm	18,400	南京经典	2018-07-22
清嘉庆 青花卷草龙纹盘	直径19.5cm	17,250	中国嘉德	2018-11-20
清嘉庆 青花八卦云鹤纹碗	直径14cm；高7cm	103,500	保利厦门	2018-07-15
清嘉庆 青花缠枝花卉盖碗	直径11.2cm	48,300	北京翰海	2018-06-30
清中期 青花夔凤纹葵口碗	高10.2cm；直径21cm	47,731	保利香港	2018-04-02
清嘉庆 青花缠枝莲纹碗	直径16.8cm	46,303	中国嘉德	2018-10-02
清嘉庆 青花三多纹小碗（一对）	直径12cm	36,800	中国嘉德	2018-09-19
清嘉庆 青花云龙纹碗	直径14cm	32,200	太平洋	2018-11-22
嘉庆 青花八宝纹碗	直径17cm	23,000	广东衡益	2018-07-01
清嘉庆 青花花卉纹羹匙（一对）	长15.5cm	43,700	北京中汉	2018-04-15
清嘉庆 青花暗刻苍龙教子图捧盒	直径34.5cm	253,000	中国嘉德	2018-09-19
清中期 青花蝶盖盒	直径21cm	40,250	北京翰海	2018-06-30
清中期 青花云蝠暗八仙盖盒	直径11.6cm	18,400	北京中汉	2018-04-15
清中期 青花卷草纹花盆	长22.8cm	57,500	中国嘉德	2018-11-20
清中期 青花开光花卉纹花盆	高19□cm；径24.5cm	56,750	北京雅藏	2018-01-28
清中期 青花山水人物纹大花盆（一对）	直径37.5cm	43,700	中国嘉德	2018-09-19
清中期 青花冰梅开光山水人物花卉云龙纹六方花盆带奁（一对）	花盆长41.5cm；盆奁长37cm	40,250	中国嘉德	2018-09-19
清中期 青花缠枝花卉水仙盆	长29.5cm	23,000	北京翰海	2018-06-30
清中期 青花九龙图大缸	直径73.5cm	82,800	中国嘉德	2018-01-13
清中期 青花缠枝莲大缸	直径54cm	23,000	北京保利	2018-10-28
清中期 青花云龙纹渣斗	直径16cm	25,300	华艺国际	2018-11-17
清中期 青花龙纹笔筒	高21cm；口径22cm	57,500	未来四方	2018-01-20
清嘉庆 青花缠枝花卉开光御制诗文海棠洗（一对）	长16.1cm；宽12.2cm	517,500	中贸圣佳	2018-11-24
清嘉庆 青花缠枝花卉御制诗文海棠形洗（一对）	长15.8cm	517,500	北京中汉	2018-06-19

拍品名称	物品尺寸	成交价RMB	拍卖公司	拍卖日期
清嘉庆 青花御题诗缠枝莲纹海棠形洗	长16cm	253,000	北京中汉	2018-11-21
清中期 青花缠枝花卉纹水丞	高7.3cm	36,800	中国嘉德	2018-09-20
清中期 青花缠枝八宝骰盅	高13cm；直径16cm	26,450	北京荣宝	2018-12-03
清中期 青花缠枝莲纹水丞	直径6.5cm	25,300	中国嘉德	2018-09-19
清道光 青花缠枝花卉纹长颈瓶（一对）	高37cm	1,617,000	伦敦佳士得	2018-05-15
清道光 青花洞石芭蕉玉壶春瓶（一对）	高20cm	1,092,500	北京华辰	2018-11-19
清道光 青花云龙纹大葫芦瓶	高43.5cm	575,000	北京中汉	2018-06-19
清道光 青花开光花卉纹瓶		324,995	纽约苏富比	2018-09-12
清道光 青花折枝花卉茶瓶	高30cm	207,000	北京荣宝	2018-12-03
清道光 青花竹石芭蕉纹玉壶春瓶	高28.3cm	172,500	北京中汉	2018-04-15
清道光青花明式玉壶春瓶（一对）	高29.5cm	150,920	伦敦佳士得	2018-05-15
清道光 青花双龙捧寿纹葫芦扁瓶	高17.9cm	57,500	北京中汉	2018-04-15
清道光 青花折枝花卉蒜头瓶	高29cm	34,500	北京保利	2018-10-28
清道光 青花“竹石芭蕉”纹玉壶春瓶	高18.3cm	20,700	北京中汉	2018-04-15
清道光 仿宣德青花缠枝花卉纹贯耳瓶	高19.5cm	20,700	中国嘉德	2018-09-20
清道光 墨地开光青花双龙戏珠纹海棠形铺首大尊	高51.5cm	124,561	香港中汉	2018-05-31
清道光 青花西番莲托八宝纹花觚	高29cm	74,750	保利厦门	2018-07-15
清道光二十九年（1849年）青花缠枝莲开光携琴访友诗文壶	长15.2cm	713,000	中国嘉德	2018-09-19
清道光 青花缠枝花卉纹壶	24.8cm	107,800	伦敦苏富比	2018-05-16
清道光 青花缠枝花卉纹罐	高14.6cm	36,800	北京中汉	2018-04-15
清道光青花团凤纹鸟食罐（一对）	长4.6cm	23,000	中国嘉德	2018-09-19
清道光 青花八宝纹烛台	高31cm	36,800	北京中汉	2018-04-15
清道光 青花缠枝莲纹盘（五只）	直径15.2cm	126,500	北京中汉	2018-11-21
清道光 青花一把莲小盘（一对）	11.7cm	109,000	香港苏富比	2018-10-03
清道光 青花缠枝寿字盘（一对）	直径15.3cm	89,700	中国嘉德	2018-05-18
清道光青花缠枝花卉纹盘（一对）	直径13.4cm	59,868	纽约佳士得	2018-09-13
道光 青花缠枝莲纹盘	直径15.3cm	59,800	广东衡益	2018-07-01
清道光 青花梵红彩蝠纹盘	直径15.3cm	57,500	北京翰海	2018-06-30
清道光 青花对凤纹盘	直径16.5cm	51,750	太平洋	2018-11-22
清道光青花缠枝莲纹大盘（一对）	直径27.2cm	51,750	中国嘉德	2018-05-18
清道光 青花梵红彩蝠纹盘	直径15.5cm	48,300	北京翰海	2018-06-30
清道光 青花花卉纹盘	直径13.5cm	46,303	中国嘉德	2018-10-02
清道光 青花花卉寿字盘	直径15.3cm	46,000	北京翰海	2018-06-30
清道光 青花花卉寿字盘	直径15.3cm	41,400	北京翰海	2018-06-30
清道光 青花双凤纹盘	直径16.5cm	40,250	中国嘉德	2018-05-18
清康熙；清道光 青花杏林春燕图大盘及青花安居乐业图花口盘青花福寿龙纹碗	直径35.5cm；直径26.5cm；直径13cm	32,700	佳士得	2018-10-04
清道光 青花双凤纹盘	直径16.6cm	32,200	中国嘉德	2018-05-18
清道光 青花缠枝花卉盘	直径13cm	31,050	北京翰海	2018-06-30
清道光 青花云龙赶珠纹盘	直径26.6cm	28,750	北京中汉	2018-11-21
清道光 青花云龙纹大果盘	长45cm	25,300	中国嘉德	2018-09-19
清道光 青花双凤纹盘	直径16.4cm	23,000	中国嘉德	2018-09-20
清道光 青花黄彩云龙纹盘	直径25cm	20,700	太平洋	2018-11-22
清道光 青花云龙纹碗（一对）	直径14.7cm	172,500	北京中汉	2018-06-19
清道光 青花八仙人物碗	直径15cm	155,250	北京翰海	2018-06-30
清道光青花万寿无疆纹碗（一对）	直径18.4cm×2	138,000	北京诚轩	2018-06-17
清道光 青花折枝灵芝竹纹花口小碗（一对）	直径11.7cm	138,000	中国嘉德	2018-05-18
清道光 青花八卦云鹤纹碗（一对）	直径13.9cm×2	126,500	北京诚轩	2018-06-17
清道光 青花花卉凤纹碗	直径23.2cm	115,000	北京翰海	2018-06-30
清道光 青花团花纹碗（一对）	直径11.5cm	109,250	华艺国际	2018-11-16
清道光 青花花卉纹梵文碗	直径18.3cm	109,250	北京中汉	2018-06-19
清道光 青花龙纹碗	直径13.4cm	109,250	中国嘉德	2018-06-18

拍品名称	物品尺寸	成交价RMB	拍卖公司	拍卖日期
清道光 青花缠枝莲纹碗（一对）	直径16cm×2；高7.5cm×2	92,000	保利厦门	2018-01-08
清道光 青花婴戏图碗	直径15.3cm	86,250	北京翰海	2018-06-30
清道光 青花缠枝牡丹纹碗（一对）	直径11.4cm×2	78,200	北京诚轩	2018-06-17
清道光 青花缠枝花卉荷莲碗	直径14.4cm	74,750	北京翰海	2018-06-30
清道光 仿嘉靖青花云龙纹碗（一对）	直径14.5cm	71,300	中国嘉德	2018-01-13
清道光 青花婴戏图碗	直径16cm；高8cm	69,000	保利厦门	2018-01-08
清道光 青花缠枝花卉纹小碗（一对）	直径11.5cm	69,000	中国嘉德	2018-09-19
清道光 青花缠枝牡丹纹碗	直径16.4cm	66,823	中国嘉德	2018-04-02
清道光 青花缠枝花卉碗	直径16.5cm	63,250	北京翰海	2018-06-30
清道光 青花缠枝花卉荷莲碗	直径14.4cm	63,250	北京翰海	2018-06-30
清道光 青花花卉纹茶碗（一对）	直径11cm	62,050	香港诚昌	2018-04-02
清道光 青花花卉碗	直径15cm	58,464	香港诚昌	2018-05-30
清道光 青花团花纹碗（一对）	直径16.7cm×2	57,500	中国嘉德	2018-06-18
清道光 青花缠枝莲碗	直径16cm	55,200	北京保利	2018-04-29
清道光 青花缠枝花卉碗	直径16.5cm	55,200	北京翰海	2018-06-30
清道光 青花云龙纹小碗	直径11cm	55,200	中国嘉德	2018-09-19
清道光 青花婴戏图碗	直径15.3cm	52,900	北京翰海	2018-06-30
清道光 青花缠枝花卉碗	直径16.5cm	51,750	北京翰海	2018-06-30
清道光 青花缠枝莲托八宝开光“万寿无疆”大碗	直径18.3cm	51,750	中国嘉德	2018-05-18
清道光 青花八卦云鹤纹大碗（一对）	直径14.2cm	48,300	中国嘉德	2018-05-18
清道光 青花三多碗	直径15.3cm	46,000	北京翰海	2018-06-30
清道光 黄地青花云龙纹碗	直径14.8cm	46,000	中国嘉德	2018-01-13
清道光 青花缠枝花卉纹小碗	直径11.6cm	46,000	中国嘉德	2018-01-13
清道光 青花福寿云龙纹碗	直径13.2cm	43,700	北京翰海	2018-06-30
清道光 青花三多碗	直径15.2cm	39,100	北京翰海	2018-06-30
清道光 青花缠枝莲纹碗	直径17cm	39,100	中国嘉德	2018-10-02
清道光 青花「竹」纹折腰碗	直径15.3cm	37,254	万昌斯	2018-11-29
清道光 青花缠枝莲纹碗	直径16.5cm	36,800	中国嘉德	2018-09-19
清道光 轧道粉彩内青花开光花卉纹碗	直径14.5cm	25,300	北京保利	2018-12-09
清道光 青花三多纹碗	直径15.3cm	25,300	中国嘉德	2018-09-19
清道光 青花龙纹碗	直径13.2cm	25,300	中国嘉德	2018-06-18
清道光 仿永乐内外青花苜蓿纹碗	直径14.3cm	23,000	太平洋	2018-06-09
清道光 青花缠枝苜蓿花纹碗	直径14.6cm	23,000	中国嘉德	2018-09-19
清道光 青花缠枝苜蓿花纹碗	直径14.3cm	20,700	中国嘉德	2018-05-18
清道光 青花缠枝花卉梵文高足杯	直径14.4cm	172,500	北京翰海	2018-06-30
清道光 青花缠枝花卉梵文高足杯	直径7.5cm	75,900	北京翰海	2018-06-30
清道光 青花缠枝莲托梵文高足杯	高8.5cm	43,700	中国嘉德	2018-09-19
清道光二十年（1840年）作 青花葫芦香盒	长12.2cm	40,250	中国嘉德	2018-01-13
清道光 青花花鸟纹六方花盆	直径31cm	17,250	太平洋	2018-11-22
清道光 青花山水缸	直径43.5cm	23,000	北京保利	2018-07-27
清道光 青花荷花纹渣斗	高9cm	18,521	中国嘉德	2018-10-02
清道光 青花缠枝西番莲纹笔筒	高11.3cm；直径6.5cm	287,500	中贸圣佳	2018-06-20
清道光 里青花外胭脂红地粉彩轧道开光五谷丰登碗（一对）	直径14.9cm	831,563	佳士得	2018-11-28
清道光 青花八仙贺寿碗（一对）	15cm	323,600	香港苏富比	2018-04-03
清道光 青花缠枝花卉纹碗（一对）	直径15cm	145,393	纽约佳士得	2018-09-13
清道光 青花八仙图碗(一对)		102,630	纽约苏富比	2018-09-12

拍品名称	物品尺寸	成交价RMB	拍卖公司	拍卖日期
清道光 青花八卦云鹤纹碗（一对）		87,258	纽约苏富比	2018-03-24
清道光 青花福寿双喜纹碗		79,325	纽约苏富比	2018-03-21
清道光 青花岁寒三友图碗		31,730	纽约苏富比	2018-03-21
清咸丰 青花竹石芭蕉图玉壶春瓶	高29cm	402,500	中国嘉德	2018-09-19
清咸丰 青花芭竹石纹玉壶春瓶	高29cm	1,437,500	北京保利	2018-06-20
清咸丰 青花“三友图”盘（一对）	直径18cm	218,500	华艺国际	2018-11-17
清咸丰 青花缠枝莲纹盘	直径15.5cm	92,650	佳士得	2018-10-04
清咸丰 青花三友图盘	直径18cm	66,700	华艺国际	2018-05-23
清咸丰 青花云龙纹小盘	直径14.1cm	43,216	保利香港	2018-10-02
清咸丰 青花云龙赶珠纹碗	直径11.1cm	345,000	北京保利	2018-06-20
清咸丰 青花赶珠龙纹茶碗（一对）	直径11.2cm	287,500	北京中汉	2018-11-21
清同治 青花缠枝莲纹赏瓶	高39cm	207,000	北京保利	2018-04-30
清同治 青花缠枝莲纹赏瓶	高37cm	126,500	北京荣宝	2018-06-14
清同治 青花缠枝莲纹赏瓶	高37cm	115,000	印千山	2018-01-12
清同治 青花花卉玉壶春瓶－青花双行六字款	↑ 30cm	69,101	香港普艺	2018-06-02
清同治 青花竹石芭蕉玉壶春瓶	高29cm	34,500	北京匡时	2018-06-15
清同治 青花“灵仙祝寿”盘（一对）	直径14.5cm	86,250	华艺国际	2018-11-17
清同治 青花缠枝莲纹盘（一对）	直径15.5cm	59,800	中国嘉德	2018-05-18
清同治 青花云凤纹盘（一对）		59,494	纽约苏富比	2018-03-24
清同治 青花云龙纹盘	直径26.8cm	44,800	上海联合	2018-11-25
清同治 青花缠枝莲纹盘（一对）	直径15.5cm	28,750	北京保利	2018-06-21
清同治 青花缠枝荷莲纹大碗	直径19.5cm	115,000	上海匡时	2018-04-30
清同治 内青花外粉彩荷塘纹碗	高7cm；直径15.2cm	46,000	广东崇正	2018-07-05
清同治 青花缠枝莲纹碗	高7.5cm；口径15cm	23,000	西泠拍卖	2018-07-08
18世纪/19世纪初 青花苍龙教子图大玉壶春瓶		940,775	纽约苏富比	2018-09-12
清光绪 青花海水云龙纹铺首衔环大盖瓶（一对）	高141cm	690,000	中贸圣佳	2018-11-24
清光绪 青花龙凤呈祥图螭龙耳抱月瓶（一对）	高45-47cm	494,500	华艺国际	2018-03-30
清光绪 青花竹石芭蕉纹玉壶春瓶	高29cm	460,000	北京匡时	2018-12-05
清光绪 青花缠枝莲纹赏瓶	高39cm	253,000	中国嘉德	2018-09-19
清光绪 青花缠枝莲赏瓶	高40cm	253,000	北京保利	2018-04-30
清光绪 青花缠枝花卉赏瓶	高39.2cm	230,000	北京翰海	2018-06-30
清光绪 青花竹石芭蕉纹玉壶春瓶	高23cm	230,000	深圳至正国际	2018-08-25
清光绪 青花缠枝莲赏瓶	直径23.2cm；高38.7cm	184,000	中贸圣佳	2018-11-25
清光绪 青花缠枝花卉赏瓶	高39.3cm	161,000	北京翰海	2018-06-30
清光绪 青花缠枝花卉纹赏瓶		111,055	纽约苏富比	2018-03-24
清光绪 青花人物赏瓶	高40.5cm	92,000	北京翰海	2018-05-13
清光绪 青花缠枝莲纹瓶	高40cm	86,250	印千山	2018-01-12
清光绪 青花缠枝莲赏瓶	高39cm	80,500	北京保利	2018-10-27
清光绪 青花缠枝莲纹赏瓶	高38.7cm	78,200	中国嘉德	2018-05-18
清光绪 青花双龙花卉纹五管瓶	高25cm	69,000	深圳至正国际	2018-08-25
光绪 青花人物故事图蒜头瓶	高45.5cm	28,750	广东衡益	2018-07-01
约1640至1660年 五彩庭院人物图瓶及19世纪 青花松下人物图长颈胆瓶（一对）（一组三件）	五彩瓶：23cm	28,028	伦敦苏富比	2018-05-18
清光绪 青花刘海戏金蟾棒槌瓶	高76cm	23,000	北京保利	2018-10-28
19世纪 青花六联瓶（两件）		20,625	纽约苏富比	2018-03-20

拍品名称	物品尺寸	成交价RMB	拍卖公司	拍卖日期
清光绪 青花百鹿尊	高48cm	25,300	北京保利	2018-01-21
18世纪/19世纪 洒蓝地开光青花山水人物花鸟图凤尾尊		23,798	纽约苏富比	2018-03-24
清光绪 青花高士图花觚	高31cm	23,000	北京保利	2018-01-21
清光绪 青花云龙纹壶	长23cm	101,200	中国嘉德	2018-05-18
光绪 青花龙穿牡丹纹莲子罐（一对）	高43.5cm	34,500	广东衡益	2018-07-01
清光绪 青花诗文盖罐	高16cm	20,700	北京保利	2018-10-28
清光绪 青花八仙人物炉	直径26cm	25,300	北京保利	2018-07-27
清光绪 青花内云龙纹外梅兰竹菊四君子图墩式碗（一对）	直径16.5cm	32,200	中国嘉德	2018-05-18
清光绪 黄地青花九桃缠枝花卉纹大盘		1,665,825	纽约苏富比	2018-03-21
清光绪 青花双龙纹大盘	直径34.3cm	172,500	中国嘉德	2018-11-20
清光绪 青花外缠枝牵牛花内蟠桃九熟图大盘	直径47.8cm	78,200	北京中汉	2018-09-21
清光绪 青花缠枝莲纹盘（一对）	直径15.3cm	43,700	中国嘉德	2018-05-18
清光绪 青花龙纹盘（一对）	直径7.2cm	42,958	中国嘉德	2018-04-02
清光绪 青花一把莲纹小盘	直径10.9cm	41,158	保利香港	2018-10-02
清光绪 青花八卦龙纹盘（一对）	直径14.8cm×2	40,250	北京荣宝	2018-12-03
清光绪 青花缠枝花卉盘（两件）	直径15.6cm	35,650	北京翰海	2018-06-30
清光绪 青花云龙纹盘（一对）	直径15.2cm	34,500	北京保利	2018-06-21
清光绪 青花双龙戏珠纹盘	高34cm	34,500	广东崇正	2018-07-05
清光绪 青花云龙纹盘	直径18.5cm	34,500	中国嘉德	2018-01-13
清光绪 青花龙纹碗、盘（两件）	直径11cm；直径17cm	32,200	北京保利	2018-06-21
清光绪 青花双龙赶珠纹大盘	直径34cm	32,200	北京中汉	2018-09-21
清光绪 青花云龙纹盘	直径18.5cm	32,200	中国嘉德	2018-01-13
清光绪 青花双凤纹大盘	直径26.5cm	32,200	中国嘉德	2018-09-20
清光绪 青花游龙戏珠盘（一对）		31,730	纽约苏富比	2018-03-24
清光绪 青花云鹤八卦龙纹盘（一对）		30,144	纽约苏富比	2018-03-24
清光绪 青花龙纹盘	直径17cm	29,900	北京匡时	2018-06-15
清光绪 青花云凤纹盘	直径27cm	26,450	北京翰海	2018-01-14
清光绪 青花双凤纹大盘	直径26.7cm	25,300	中国嘉德	2018-01-13
清光绪 青花云龙纹大盘	直径27cm	25,300	中国嘉德	2018-05-19
清光绪 青花松树图盘	直径19.5cm	23,000	北京保利	2018-10-27
清光绪 青花云龙纹盘	直径16.6cm	23,000	北京翰海	2018-06-30
清光绪 青花松虬纹盘	直径19.5cm	23,000	北京中汉	2018-04-15
清光绪 青花云龙纹大盘	直径34cm	23,000	中国嘉德	2018-05-19
清光绪 青花、青花加彩缠枝莲纹盘、碗、温杯（十五件）	尺寸不一	23,000	中国嘉德	2018-05-18
清光绪 青花云凤纹盘		22,211	纽约苏富比	2018-03-24
清光绪 青花云龙纹盘	直径16.6cm	21,850	北京翰海	2018-06-30
清光绪 青花云龙纹玲珑盘（一对）	直径14.8cm	20,700	中国嘉德	2018-09-20
清光绪 青花双龙戏珠纹盘（一对）		20,625	纽约苏富比	2018-03-24
清光绪 青花松鼠葡萄纹大碗	直径22.3cm	161,000	北京匡时	2018-12-05
清光绪 青花缠枝莲纹大碗	直径45.3cm	149,500	中国嘉德	2018-05-18
清光绪 青花云龙纹碗（一对）	口径11cm	112,000	上海联合	2018-11-25
清光绪 青花胭脂红“八仙渡海”大碗	直径21.5cm	86,250	华艺国际	2018-11-17
清光绪 青花八卦云鹤纹碗（一对）	直径13.6cm	74,085	中国嘉德	2018-10-02
清光绪 青花云龙纹盖碗（一对）	高9.6cm	69,969	中国嘉德	2018-10-02
清光绪 青花缠枝莲托八宝纹碗	直径13.5cm×2；高6cm×2	63,250	保利厦门	2018-07-15

拍品名称	物品尺寸	成交价RMB	拍卖公司	拍卖日期
清光绪 青花云龙纹大碗	直径27.3cm	59,800	北京翰海	2018-06-30
清光绪 青花海兽纹大碗	直径20.9cm	55,200	中国嘉德	2018-09-19
清光绪 青花岁寒三友图碗（一对）	直径13cm	47,731	中国嘉德	2018-04-02
清光绪 青花缠枝花卉纹碗（一对）	直径16.5cm	46,000	北京保利	2018-06-21
清光绪 青花云鹤八卦纹碗	直径13.5cm	46,000	北京翰海	2018-06-30
清光绪 青花三多碗	直径15.4cm	46,000	北京翰海	2018-06-30
清光绪 内青花外粉彩荷花纹碗	直径15.2cm	43,700	中国嘉德	2018-09-19
清光绪 青花云鹤八卦纹碗	直径13.5cm	40,250	北京保利	2018-06-21
清光绪 青花缠枝花卉纹碗	直径11.3cm；高6cm	40,250	凤凰拍卖	2018-01-21
清光绪-民国 青花云龙纹碗（一对）	口径9.2cm	39,200	上海联合	2018-11-25
清光绪 内青花外粉彩花卉纹碗	直径17.5cm	36,800	太平洋	2018-11-22
清光绪 青花矾莲托八宝纹碗（一对）	直径10.3cm	36,800	太平洋	2018-06-09
清光绪 青花莲托八宝碗	直径14cm	34,500	北京保利	2018-04-29
清光绪 青花云龙纹小碗	直径11cm	34,500	中国嘉德	2018-05-18
清光绪 青花缠枝莲纹盖碗（一对）	直径10.6cm	34,500	中国嘉德	2018-09-20
清光绪 青花赶珠龙纹碗	直径12.6cm	33,412	中国嘉德	2018-04-02
清光绪 青花松竹梅三友图碗	直径13.2cm	32,200	中国嘉德	2018-11-20
清光绪 青花三多碗	直径15.5cm	32,200	北京翰海	2018-06-30
清光绪 内青花外粉彩荷花纹碗	直径15.3cm	32,200	中国嘉德	2018-09-20
清光绪 青花松竹梅纹碗	直径13cm	28,750	八益拍卖	2018-04-28
清光绪 青花缠枝莲碗	直径16.6cm	28,750	北京保利	2018-04-29
清光绪 青花云龙纹小碗	直径11cm	28,750	中国嘉德	2018-09-19
清光绪 青花松虬纹小碗（一对）	直径12.5cm	28,750	中国嘉德	2018-09-19
清光绪 青花云鹤八卦纹碗	直径13.7cm	25,300	北京翰海	2018-06-30
清光绪 青花缠枝牡丹纹碗	直径11.5cm	25,300	北京中汉	2018-06-19
清光绪 青花松虬茶碗（一对）	直径9.5cm	25,300	中国嘉德	2018-05-18
清光绪 内青花外粉彩荷塘图碗	直径15.3cm	25,300	中国嘉德	2018-05-19
清光绪 青花八卦云鹤纹碗（一对）	直径13.9cm	25,300	中国嘉德	2018-09-20
清光绪 青花花卉纹碗	直径17.6cm	23,000	北京保利	2018-06-21
清光绪 青花云鹤八卦碗（一对）	直径11.3cm	23,000	北京保利	2018-10-27
清光绪 青花花卉卧足碗	直径8.2cm	23,000	北京保利	2018-10-27
清光绪 青花云龙纹碗	直径11cm；高5.5cm	20,700	保利厦门	2018-07-15
清光绪 青花龙纹碗	直径14.5cm	20,700	北京荣宝	2018-06-14
清光绪 青花洞石水仙图杯（一对）	直径5.6cm	20,700	中国嘉德	2018-09-19
清光绪 青花团龙四季花卉纹盖盒（一对）	直径27cm	381,500	佳士得	2018-10-04
18世纪/19世纪 青花缠枝莲纹方盖盒及凤纹圆盒（一组两件）	直径23.7cm	107,800	伦敦佳士得	2018-05-15
清光绪 青花龙凤纹朝珠盒	直径25.8cm	34,500	中国嘉德	2018-09-19
清光绪 青花一路连科图折沿盆	直径32.3cm	103,500	中国嘉德	2018-09-19
清光绪 青花云龙纹花盆（一对）	直径27cm；高18cm×2	34,500	北京荣宝	2018-12-03
19世纪 青花海水江崖赶珠云龙纹大缸		412,490	纽约苏富比	2018-03-21
清光绪 青花缠枝莲团螭开光“万寿无疆”冰箱	46×46×31cm	471,500	中国嘉德	2018-09-19
清光绪 青花云龙纹温盅（一对）	直径17cm	71,300	中国嘉德	2018-01-13
清光绪 内青花缠莲纹外粉彩花鸟图碗		51,315	纽约苏富比	2018-09-15
清宣统 青花缠枝花卉纹赏瓶		126,920	纽约苏富比	2018-03-24

拍品名称	物品尺寸	成交价RMB	拍卖公司	拍卖日期
明万历、清晚期 青花花鸟纹罐、螭龙纹梅瓶（三件）	高48.5cm；高40cm；高18cm	46,000	中国嘉德	2018-01-13
清晚期 青花折枝花果纹石榴耳八方大瓶、粉彩神仙人物纹瓶三件	高48.7cm；高44cm；高43.7cm	40,250	中国嘉德	2018-09-20
清晚期 青花留白缠枝莲开光人物纹棒槌瓶	高46cm	28,750	中国嘉德	2018-01-13
清晚期 青花瓶（四件）	尺寸不一	28,750	中国嘉德	2018-05-18
清晚期-二十世纪 青花 粉彩瓶（三件）	高45cm；高44.5cm；高42cm	28,750	中国嘉德	2018-09-18
清晚期 青花山水人物纹方瓶（一对）	高42.8cm	25,300	中国嘉德	2018-01-13
清康熙、清晚期 青花山水人物纹莲瓣盖罐、青花留白缠枝牡丹纹赏瓶各一件	高31.3cm；高26cm	23,000	中国嘉德	2018-05-19
清晚期 青花墨彩三国演义之草船借箭人物故事诗文书卷形瓶	高14.5cm	20,700	中国嘉德	2018-01-13
清晚期 青花寒江独钓图荸荠瓶、青花留白冰梅纹盖罐（三件）	高41cm；高41cm；高27.5cm	20,700	中国嘉德	2018-05-18
清晚期 青花缠枝莲纹鹿头尊	高35cm	29,900	中国嘉德	2018-05-19
清晚期 青花门神斗将军罐	高44cm	20,700	太平洋	2018-06-09
清晚期 青花竹林七贤图鸟食罐（一对）	高6.5cm	20,700	中国嘉德	2018-05-19
清宣统 青花缠枝莲纹盘（一对）	直径15cm	97,750	中国嘉德	2018-09-19
清宣统 青花云龙纹盘	直径18.5cm	46,000	中国嘉德	2018-01-13
清宣统 内青花外粉彩荷塘纹碗（一对）	直径17.5cm	253,000	华艺国际	2018-05-23
清宣统 内外青花缠枝荷叶纹碗（一对）	直径17cm×2	195,500	北京匡时	2018-06-15
清宣统 青花西番莲福寿喜字纹碗	直径21.3cm	48,300	北京保利	2018-12-09
清宣统 青花云鹤纹碗	直径13.5cm	34,500	北京保利	2018-10-27
清晚期 青花八仙图碗（一对）	直径14.5cm	20,700	中国嘉德	2018-01-13
清宣统 青花八卦凤纹碗	直径13.5cm	20,700	中国嘉德	2018-06-18
清宣统二年（1910年）青花花卉纹杯（一对）	直径8.3cm	25,300	中国嘉德	2018-01-13
清宣统 青花缠枝莲卧足杯（一对）	直径8.3cm	20,700	北京保利	2018-04-29
清晚期 青花团龙纹四方洗、粉彩荷塘图长方花盆各一件	长21.2cm；长19.5cm	20,700	中国嘉德	2018-09-19
清晚期 青花加彩耕织图笔筒	直径13.8cm	36,800	中国嘉德	2018-05-19
清晚期 青花八仙图莲蓬（一对）	长42.5cm	43,700	中国嘉德	2018-09-20
清晚期 青花云凤纹温盅（一对）	直径15cm	20,700	中国嘉德	2018-09-19
清 青花勾莲兽耳方瓶（两件）	高37cm	322,000	北京翰海	2018-05-13
清 青花海水花卉玉壶春瓶	高30cm	207,000	北京翰海	2018-09-16
清晚期 寿星图青花棒槌瓶	高49.5cm	207,000	中贸圣佳	2018-06-20
清 青花四海升平图狮耳大瓶	高91cm	195,500	广东衡益	2018-07-01
清代 青花人物故事纹瓶	高22cm；口径6.5cm	184,000	未来四方	2018-01-20
清 青花人物故事图棒槌瓶	45.3cm	150,920	伦敦苏富比	2018-05-16
清代 青花苍龙教子瓶	高58cm；口径20cm	115,000	未来四方	2018-01-20
清代 青花开光人物纹抱月瓶	高25cm；口径5cm	115,000	未来四方	2018-01-20
清 青花缠枝莲赏瓶	高37cm	103,500	北京保利	2018-10-27
清 青花通景山水人物云蝠天球瓶	高55cm	97,440	香港诚昌	2018-05-30
清 青花人物故事图棒槌瓶	46.5cm	80,850	伦敦苏富比	2018-05-16
清 青花花鸟瓶（两件）	高47cm	80,500	北京翰海	2018-01-14
清 青花八宝缠枝花卉纹贯耳瓶	高54cm	80,500	广东衡益	2018-07-01
清代 青花人物故事纹双耳六方瓶	高60cm	69,000	未来四方	2018-01-20
清代 青花人物纹双耳瓶	高35cm；口径16.5cm	69,000	未来四方	2018-01-20
清 青花山水人物纹天圆地方大瓶	高79.5cm	57,500	中国嘉德	2018-09-20

2018瓷器拍卖成交汇总

(成交价RMB：2万元以上)

拍品名称	物品尺寸	成交价RMB	拍卖公司	拍卖日期
清代 青花博古图棒槌瓶	高45cm；口径12cm	52,210	北京雅藏	2018-01-28
清 青花夔龙蒜头瓶	高20cm	51,750	北京保利	2018-01-21
清 青花花鸟抱月瓶	高30.5cm	51,750	北京翰海	2018-01-14
清 青花三多梅瓶	高33cm	46,000	北京翰海	2018-05-13
清 青花缠枝莲纹天球瓶	高51.5cm	46,000	博美拍卖	2018-01-06
清末/二十世纪 青花仙瑞图象耳大瓶		43,629	纽约苏富比	2018-03-24
清 青花山水兽耳衔环四方瓶	高30cm	40,250	北京翰海	2018-09-16
清 青花花鸟大瓶	高89cm	40,250	北京翰海	2018-09-16
清代 青花人物纹瓶	高35cm；口径15.5cm	36,800	未来四方	2018-01-20
清 青花缠枝莲八宝纹天球瓶	高56cm	34,500	北京匡时	2018-06-15
清 青花团鹤纹葫芦瓶	高28cm	34,500	博美拍卖	2018-01-06
清 青花釉红松虎棒槌瓶	高46cm	33,412	香港诚昌	2018-04-02
清 青花缠枝莲纹天球瓶	高50.5cm	32,200	中国嘉德	2018-01-13
清 青花竹石芭蕉玉壶春瓶	高29cm	28,750	保利厦门	2018-01-08
清 青花穿花凤纹大玉壶春瓶	高34.4cm	28,750	中国嘉德	2018-09-20
清 青花团龙方瓶 连木座	↑ 43cm	28,014	香港普艺	2018-06-02
清 青花山水人物棒槌瓶	高46cm	23,000	北京保利	2018-07-27
清 青花山水诗文四方瓶	高52cm	23,000	北京翰海	2018-09-16
清 青花、粉彩、素三彩瓶、罐（六件）	尺寸不一	23,000	中国嘉德	2018-09-20
清 青花开光人物图瓶	高40.5cm	21,850	博美拍卖	2018-01-06
清 蓝釉青花凤纹瓶	高27cm	20,700	华艺国际	2018-03-30
清 黄地青花缠枝莲八宝盘口尊	高51cm	17,250	太平洋	2018-11-22
清 青花后赤壁赋花觚	高47cm	23,000	北京保利	2018-01-21
清 青花博古图壶	高14.5cm	18,400	博美拍卖	2018-01-06
清 青花海水云龙罐	高32cm	126,500	北京翰海	2018-01-14
清代 青花冰梅盖罐	高23cm；直径21cm	77,180	北京雅藏	2018-01-28
清代 青花花卉纹冬瓜罐（一对）	高35cm；口径10cm×2	57,500	未来四方	2018-01-20
清代 青花冰梅盖罐	高23cm；直径22cm	54,480	北京雅藏	2018-01-28
清 青花花卉纹壮罐	高23.2cm	48,300	中国嘉德	2018-01-13
清代 青花龙纹罐（一对）	高20cm	34,500	中贸圣佳	2018-11-25
清代 青花人物罐	高27cm；口径13cm	34,500	未来四方	2018-01-20
清 雍正青花龙纹大罐	宽24cm；高24cm	28,750	凤凰拍卖	2018-01-21
清 青花人物提梁罐	→25cm	27,076	香港普艺	2018-10-06
清 青花 粉彩碗 盘 罐（十三件）	尺寸不一	25,300	中国嘉德	2018-09-18
清 青花人物罐	直径19cm	23,000	北京翰海	2018-05-13
清 青花、粉彩盘、碗、罐（十两件	尺寸不一	23,000	中国嘉德	2018-09-20
清 青花冰梅纹将军罐	高46cm	22,400	北京适珍	2018-01-07
清 青花云凤炉	直径22cm	97,750	北京翰海	2018-01-14
清 青花博古纹炉	直径25cm	24,150	北京翰海	2018-01-14
清 青花人物炉	直径25cm	23,000	北京翰海	2018-05-13
清 豆青地青花鱼纹倭角盘	直径24.5cm	78,200	北京东正	2018-06-17
清 青花花卉纹瓶、罐、烛台（四件）	尺寸不一	36,800	中国嘉德	2018-01-13
清 青花骑象罗汉挂屏	53×44cm	28,000	北京适珍	2018-01-07
清代 青花人物故事瓷塑对象（一对）	高22cm；长35cm；宽16cm	90,800	北京雅藏	2018-01-28
清 青花云龙大盘	直径48cm	59,406	香港诚昌	2018-05-28
清 青花八骏盘	直径36.5cm	55,200	北京翰海	2018-05-13
清 青花蓝釉大盘	直径45cm	28,750	北京翰海	2018-05-13
清 青花花鸟纹方盘	宽11.6cm	23,000	中国嘉德	2018-06-18
清 各式青花盘（一组二十一件）	尺寸不一	21,850	博美拍卖	2018-01-06
清 青花山水大盘	直径28cm	18,400	北京翰海	2018-01-14

拍品名称	物品尺寸	成交价RMB	拍卖公司	拍卖日期
清 青花万寿无疆碗	直径18.5cm	63,250	北京翰海	2018-05-13
清 青花云凤盖碗（四件）	直径17cm	59,800	北京翰海	2018-06-30
清 青花凤纹碗	直径23cm	51,750	北京翰海	2018-05-13
清 青花梵文海八怪碗	直径22cm	46,000	北京保利	2018-10-28
清 青花缠枝花卉碗	直径16.5cm	43,700	北京翰海	2018-05-13
清 大清康熙年制款青花缠枝牡丹纹小碗（一组两件）	1.高5.9cm；口径11.8cm；2.高5.9cm；口径11.8cm	25,300	西泠拍卖	2018-07-07
清 青花缠枝莲花卉纹碗	径21cm	25,300	印千山	2018-01-12
清 青花八仙碗	直径22.5cm	20,700	北京保利	2018-04-30
清 青花勾莲碗	直径15cm	20,700	北京翰海	2018-05-13
清 青花、五彩、粉彩杯盏（三十三件）	尺寸不一	34,500	中国嘉德	2018-05-19
清 青花鱼藻纹杯盏（五套）	盏托直径11.3cm；杯直径6.2cm	25,300	中国嘉德	2018-01-13
清 青花杯盏（十七只）	尺寸不一	23,000	中国嘉德	2018-09-20
清 青花人物把杯	高20cm	55,200	北京翰海	2018-01-14
清 青花、洒蓝釉杯（二十六只）	尺寸不一	48,300	中国嘉德	2018-01-13
清 青花兰花诗文杯	高5cm	23,000	北京华辰	2018-11-19
清代 青花鱼化龙纹捧盒	直径16cm；高8.5cm	23,000	南京经典	2018-07-22
清 青花龙纹盖盒	直径16.5cm	20,700	华艺国际	2018-03-30
清 青花岁岁平安图钵式缸	直径17.5cm；高14.7cm	63,250	中贸圣佳	2018-06-20
清 青花缠枝莲纹钵	直径16.5cm	43,700	太平洋	2018-06-09
清 青花八仙图花盆（一对）	直径25cm	25,300	中国嘉德	2018-01-13
清 青花团花寿字花盆	高14cm	20,700	北京翰海	2018-09-16
清 青花山水人物纹卷缸	高18cm	115,000	广东崇正	2018-07-05
清 青花缠枝莲开光山水花鸟纹大缸	直径59.5cm	48,300	中国嘉德	2018-05-19
清 青花龙穿花画缸	直径47cm	33,600	北京适珍	2018-01-07
清 青花人物故事纹卷缸	高17.3cm；直径22cm	23,000	浙江佳宝	2018-07-01
清代 青花瓜蝶绵绵镂空帽筒	高28cm；直径13cm	28,375	北京雅藏	2018-01-28
清 青花人物纹大笔筒	高17cm；直径19cm	149,500	华艺国际	2018-11-17
清 青花花鸟笔筒	高14cm	41,400	北京翰海	2018-05-13
清 青花笔筒	高13cm	39,100	北京翰海	2018-09-16
清 青花山水人物笔筒	高22cm	20,700	北京翰海	2018-09-16
清 康熙青花婴戏水洗	直径7.5cm	55,368	香港诚昌	2018-04-02
清 老坑端石青花冰纹砚	长22cm	51,750	中国嘉德	2018-09-19
清 瓜瓞绵绵青花端砚	16.6×12.7×3.1cm	23,000	西泠拍卖	2018-07-07
清 浆胎青花云凤纹、麒麟图印盒各一件	直径6.4cm；直径6.2cm	71,300	中国嘉德	2018-09-19
清光绪 青花云龙纹印盒	直径8.8cm	46,000	中国嘉德	2018-05-19
清 青花山水人物纹文房案压	28.5×28.5cm	46,000	广东万丰	2018-01-07
清 青花瓷器（六件）	尺寸不一	46,000	中国嘉德	2018-01-13
清 青花文房（四件）	尺寸不一	40,250	中国嘉德	2018-09-18
清 青花、粉彩瓷器（九件）	尺寸不一	36,800	中国嘉德	2018-05-18
清 青花瓷器（八件）	尺寸不一	23,000	中国嘉德	2018-01-13
民国 王步作青花岁寒三友图观音瓶（一对）	高84cm×2；直径36cm×2	4,427,500	保利厦门	2018-07-15
民国 王步绘青花双禽图观音瓶	高23.5cm	1,610,000	西泠拍卖	2018-07-08
民国 蓝彩山水图诗文瓶		94,078	纽约苏富比	2018-09-15
民国 青花加粉彩通景山水瓶	高25cm	46,000	北京保利	2018-04-29
民国 青花五老观太极盘口瓶	高33.5cm	23,000	博美拍卖	2018-01-06
民国 青花缠枝莲开光粉彩花鸟纹龙耳瓶	高33.3cm	20,700	中国嘉德	2018-05-19
民国 青花开窗《人物花卉》玲珑皮灯（一对）	高20.5cm；带座高37cm	69,000	北京保利	2018-12-09
民国 青花龙纹墩式碗	直径10cm	23,000	北京翰海	2018-09-16
王步 民国 青花人物故事瓷板（一组四件）	24×37.5cm×4	29,325,000	北京匡时	2018-06-15
王步 绘 民国 青花卢雀图瓷板	画心50×23.5cm	4,255,000	华艺国际	2018-05-23

拍品名称	物品尺寸	成交价RMB	拍卖公司	拍卖日期
王步 民国 鹏程万里 旭日东升青花瓷板	瓷板尺寸24.5×43.5cm；外框尺寸41.5×60.5cm	2,990,000	中贸圣佳	2018-06-20
王步 民国 携琴访友青花人物瓷板	长18.5cm；高46cm	345,000	中贸圣佳	2018-06-20
民国 青花观音立像		102,630	纽约苏富比	2018-09-15
民国 青花布袋和尚坐像		51,315	纽约苏富比	2018-09-15
清/民国 粉彩人物纹盘/青花人物纹盘	尺寸不一	36,800	华艺国际	2018-11-17
清、民国 青花杯（二十七只）	尺寸不一	20,700	中国嘉德	2018-09-20
民国 王步作青花雀鸟图印泥盒两件		2,223,650	纽约蘇富比	2018-09-12
民国 青花缠枝牡丹纹花盆（一对）	直径26cm	48,300	中国嘉德	2018-09-19
民国 青花缠枝莲纹花口花盆带奁（一对）	花盆直径25.4cm；盆奁直径20.5cm	28,750	中国嘉德	2018-09-19
民国 王步风格青花花鸟纹花盆	直径24.5cm	20,700	中国嘉德	2018-01-13
民国 青花王步画钟馗嫁妹笔筒	高13cm；直径15cm	230,000	北京荣宝	2018-06-14
民国 花鸟虫草纹青花四方笔筒	长11cm；宽11cm高15.8cm	48,300	中贸圣佳	2018-11-24
民国 青花云龙纹洗	高13.5cm；直径18cm	94,300	广东衡益	2018-07-01
民国 青花鱼化龙纹洗（一对）	直径13cm	25,300	中国嘉德	2018-01-13
民国 青花云龙纹洗	直径19cm	25,300	中国嘉德	2018-01-13
民国 青花缠枝莲纹荷叶洗	直径15.3cm	23,000	太平洋	2018-06-09
薛长森 民国 青花观音大仕	高52cm	286,386	香港诚昌	2018-04-02
清-民国 青花瓷器（五件）	尺寸不一	34,500	中国嘉德	2018-01-13
清晚期民国 魏洪春造青花弥勒佛	高23.2cm	32,200	中贸圣佳	2018-11-25
民国 青花暗八仙纹笑佛	高29cm；宽27cm	19,092	香港诚昌	2018-04-02
方航 当代 青花分水紫云瓶	高35.5cm	36,800	北京匡时	2018-06-15
王青 当代 青花籽彩紫藤八哥瓷板	79×43cm	80,500	北京匡时	2018-06-15
王步 现代 双飞燕青花笔洗	直径20.8cm	517,500	中贸圣佳	2018-06-20
青花花鸟纹抱月瓶	高28.3cm	517,500	太平洋	2018-11-22
王隆夫 青花《八哥》瓶	高42cm	322,000	北京保利	2018-12-09
郭文光 青花《持莲观音》瓶	高91.5cm	115,000	北京保利	2018-12-09
约1640年代 青花婴戏图瓶	22.5cm	59,290	伦敦苏富比	2018-05-18
汪向军 晨曲　青花瓷瓶	高68cm	34,500	中国嘉德	2018-11-20
何炳钦 蝴蝶花开　青花瓷瓶	高31cm	23,000	中国嘉德	2018-11-20
50年代 青花石榴瓶	高20cm	21,002	香港诚昌	2018-04-02
邓和平 江南民居　青花摇铃尊	52cm	92,000	中国嘉德	2018-06-20
清乾隆款 青花缠枝花莲老觚	高31cm；直径15cm	28,750	上海嘉禾	2018-10-14
青花执壶	高38cm	253,000	北京保利	2018-04-29
1950年代作 青花《天鸡》壶	长26cm	138,000	北京保利	2018-12-09
15世纪 青花荷塘水禽图罐	高30.4cm	63,250	北京诚轩	2018-06-17
陆如 梅兰竹菊　青花镶器	38×17×17cm	92,000	中国嘉德	2018-11-20
冷军 爽秋　青花瓷板	112×82cm	1,265,000	中国嘉德	2018-06-20
王亮 青花《松溪清梦》瓷板	56×32cm	57,500	北京保利	2018-12-09
鲍兆年 瑶里山居图　青花瓷板	39×25cm	20,700	中国嘉德	2018-11-20
鲍兆年 罗汉图　青花瓷板	50×30cm	20,700	中国嘉德	2018-11-20
十五世纪 青花庭院洞石花卉纹大盘	直径49.8cm；高10.1cm	287,500	中贸圣佳	2018-11-24
安南15世纪 青花牡丹纹大盘		33,317	纽约苏富比	2018-03-24
青花海水龙纹盘	直径20.5cm	30,800	北京乔禧	2018-05-13
浣溪古窑　松鼠葡萄三才盖碗套组　青花茶具	尺寸不一	25,300	中国嘉德	2018-06-20
青花云鹤双层盖盒	高13cm	414,200	佳士得	2018-10-04
青花花卉纹食盒	高28.5cm；长15cm	55,200	未来四方	2018-01-20
日本 青花云龙大缸	直径66cm	230,000	北京翰海	2018-09-16
过渡期 青花人物故事图笔筒		145,393	纽约苏富比	2018-09-15
青花狩猎图大笔筒	高25cm	93,500	北京乔禧	2018-05-13
自牧堂制 竹林七贤　青花笔筒	13.3cm	32,200	中国嘉德	2018-06-20

拍品名称	物品尺寸	成交价RMB	拍卖公司	拍卖日期
青花海浪纹圆砚	直径14cm	40,250	北京中汉	2018-09-21
张焕庆 荷塘情趣 青花印章	4.5×1.7×1.7cm；重量33.5g	50,400	上海联合	2018-07-01
王剑伟 太狮少狮 青花印章	2.9×2.6×1.8cm；重量25.8g	20,160	上海联合	2018-07-01
蒋大雄 静心养性 青花文房（四件套）	尺寸不一；总重373.2g	44,800	上海联合	2018-07-01
璟色堂 霁红青花闲庭观景山水纹茶器（一组五件）	盖碗口径10.5cm；高9.5cm；杯口径8cm；高5cm	20,700	北京匡时	2018-12-06
自牧堂制 青花松竹梅纹茶圆	8.6cm	20,700	中国嘉德	2018-06-20
釉里红				
元 釉里红荷塘鹭鸶纹匜	长17.5cm	747,500	北京保利	2018-06-19
明洪武 釉里红缠枝花卉玉壶春瓶	33.5cm	4,140,000	北京保利	2018-06-20
明洪武 釉里红缠枝花卉玉壶春瓶	高32.4cm	1,495,000	中贸圣佳	2018-11-24
明洪武 釉里红缠枝牡丹玉壶春瓶	高32cm	92,000	北京保利	2018-07-27
明洪武 釉里红缠枝牡丹纹执壶	高33.5cm	592,900	伦敦佳士得	2018-05-15
明洪武 釉里红缠枝牡丹纹墩式碗	直径21.2cm	2,300,000	北京保利	2018-12-09
明洪武 釉里红缠枝牡丹纹大碗	直径20.5cm	1,916,320	香港中汉	2018-05-31
明 釉里红海水龙纹梅瓶	高34.5cm	103,500	北京保利	2018-10-28
明 釉里红八宝开窗双耳罐	高38 cm	293,348	台北艺流	2018-12-01
清康熙 白釉贴釉里红螭龙纹长颈瓶(一对)		1,368,400	纽约苏富比	2018-09-12
清康熙 釉里红瑞兽纹长颈瓶		153,945	纽约苏富比	2018-09-12
清康熙 釉里红夔凤纹双陆尊	高17.5cm	2,300,000	保利厦门	2018-01-08
清康熙 釉里红折枝花卉纹苹果尊	高7.2cm	805,000	北京匡时	2018-06-15
清康熙 釉里红四季团花纹苹果尊		384,863	纽约苏富比	2018-09-12
清康熙 白釉暗刻海水釉里红龙纹莱菔尊		324,995	纽约苏富比	2018-09-12
清康熙 釉里红青花开光人物故事花觚	高22.5cm	20,700	北京保利	2018-07-27
清康熙 釉里红竹石芭蕉纹执壶	高34.5cm	823,168	北京匡时	2018-10-03
清康熙 豆青釉里红荷花缸	高16cm	713,000	北京东正	2018-06-17
清康熙 釉里红双龙纹外霁蓝釉盘	直径20.6cm	103,500	北京诚轩	2018-06-17
清康熙 釉里红团龙纹碗	直径14.5cm；高6.5cm	1,150,000	保利厦门	2018-07-15
清康熙 釉里红团凤纹杯	直径9.4cm	1,265,000	北京匡时	2018-06-15
清康熙 青釉釉里红荷花案缸	长25.5cm	25,300	中国嘉德	2018-05-18
清康熙 釉里红万寿图笔筒	直径18.5cm	437,000	华艺国际	2018-11-16
清康熙 釉里红龙纹十棱洗	直径14.5cm	322,000	保利厦门	2018-07-15
清康熙 冬青釉里红捏塑荷叶大洗	长25.5cm；高18.8cm	92,000	中贸圣佳	2018-11-25
清康熙 釉里红三多纹碗（一对）	直径15.4cm	490,500	佳士得	2018-10-04
清康熙 釉里红云龙赶珠纹碗		206,245	纽约苏富比	2018-03-21
清康熙 釉里红团凤纹碗	9.2cm	183,260	伦敦苏富比	2018-05-16
清雍正 豆青地釉里红三多纹碗	直径15.1cm	253,000	北京中汉	2018-11-21
清雍正 豆青地釉里红五蝠纹碗	直径15.2cm	230,000	北京中汉	2018-11-21
清雍正 仿永宣填红三鱼纹盘	直径16.6cm	149,500	中国嘉德	2018-09-19
清雍正 釉里红三鱼大碗（一对）	直径22.5cm	974,400	香港诚昌	2018-05-30
清雍正 釉里红三多纹碗	直径12cm	230,000	保利厦门	2018-01-08
清雍正 釉里红五蝠纹碗	直径14cm	161,000	北京中汉	2018-04-15
清雍正 釉里红三鱼碗	直径19cm	132,250	北京荣宝	2018-12-03
清雍正 釉里红三多纹碗	直径12cm	103,500	保利厦门	2018-07-15
清雍正 釉里红花蝶纹笔筒	直径18.5cm	207,000	北京华辰	2018-11-19
清乾隆 釉里红云龙鸿福葫芦瓶	31.3cm	7,863,480	香港苏富比	2018-04-03
清乾隆 釉里红海水云龙纹小梅瓶	直径11.5cm	2,530,000	保利厦门	2018-01-08
清乾隆 釉里红宝相花双兽耳扁瓶	高25cm	1,092,500	北京保利	2018-12-09
清乾隆 釉里红四季花卉纹梅瓶	高18.7cm	690,000	中国嘉德	2018-09-19
清乾隆 釉里红云龙纹小梅瓶	高11.5cm	632,500	北京华辰	2018-11-19
清乾隆 釉里红苍龙教子图大梅瓶	高64cm	253,000	北京诚轩	2018-06-17
清乾隆 釉里红龙纹梅瓶	高35.7cm	115,000	北京保利	2018-10-27
清乾隆 粉青釉加釉里红莲荷壁瓶	高15cm	34,500	北京保利	2018-07-27
清乾隆 天蓝釉釉里红堆白竹石诗文鹿头尊	高35cm	299,000	中国嘉德	2018-01-13
18世纪 釉里红花卉纹方壶	高33.7cm	102,630	纽约佳士得	2018-09-13

2018瓷器拍卖成交汇总

(成交价RMB：2万元以上)

拍品名称	物品尺寸	成交价RMB	拍卖公司	拍卖日期
清乾隆 釉里红云海九龙如意耳抱月瓶	高26cm	21,850,000	北京保利	2018-12-12
清乾隆 釉里红莲花锦纹如意耳扁壶	17.5cm	10,045,440	香港苏富比	2018-10-03
清乾隆 釉里红喜上梅梢纹如意耳抱月瓶	高26.2cm	3,807,152	保利香港	2018-10-02
清乾隆 釉里红三多纹暗刻高足碗	直径14.5cm	126,500	保利厦门	2018-01-08
清乾隆 釉里红番莲纹印盒	5.5cm	1,011,250	香港蘇富比	2018-04-03
清乾隆 釉里红缠枝花卉纹双系花囊	高7.8cm	109,250	北京中汉	2018-06-19
清嘉庆 釉里红缠枝花果纹长颈瓶	高29.5cm	1,380,000	北京匡时	2018-06-15
清中期 釉里红深山访友图瓶	高22.5cm	28,750	中国嘉德	2018-09-19
清中期 釉里红山水人物纹帽筒（一对）	高26.3cm	25,300	中国嘉德	2018-05-19
清嘉庆 釉里红花蝶纹洗	直径18cm	161,000	北京华辰	2018-11-19
清道光 釉里红“渔樵耕读”图方瓶	高30.5cm	1,380,000	保利厦门	2018-01-08
清道光 釉里红团凤纹碗	直径14.9cm	126,500	中国嘉德	2018-09-19
清道光 釉里红团凤蚊碗	直径14.5cm	31,360	北京适珍	2018-01-07
朝鲜王朝19世纪 釉里红透雕万字纹枕	宽8.6cm	25,658	纽约佳士得	2018-09-13
清晚期 釉里红山水人物纹海棠瓶	高33.6cm	253,000	北京中汉	2018-09-21
清晚期 釉里红瑞兽长颈瓶	高40cm	80,500	北京荣宝	2018-12-03
清晚期 釉里红夔凤纹摇铃尊	高19.3cm	20,700	中国嘉德	2018-09-20
清 釉里红团花纹摇铃尊	高12.3cm	1,380,000	中国嘉德	2018-09-19
清 釉里红团花纹摇铃尊	高22.5cm	43,700	保利厦门	2018-07-15
清 大清康熙年制款釉里红番莲纹苹果尊	高7cm，通径10cm	18,400	西泠拍卖	2018-05-04
清 白釉里红团凤纹碗	直径14.5cm	36,800	北京荣宝	2018-06-14
清 釉里红海水龙纹缸	直径40cm	184,000	太平洋	2018-06-09
清末/民国 釉里红瑞枝龙纹水盂	高7cm	25,300	中贸圣佳	2018-11-25
璟色堂 釉里红芝菊祥瑞缠枝花卉纹盏托（一组两件）	葵口盘直径20cm；高3cm；卧足杯口径8cm；高4cm	33,350	北京匡时	2018-12-06
璟色堂 釉里红富贵延绵缠枝牡丹纹茶器（一组三件）	盖碗口径10.5cm；高9.5cm；杯口径9.3cm；高4.8cm	43,700	北京匡时	2018-12-06
青花釉里红				
元 青花釉里红龙凤纹狮耳尊	高38.5cm	3,565,000	北京东正	2018-06-17
元 青花釉里红双凤纹大盘	直径42.5cm	21,334	台北艺流	2018-12-01
17世纪 青花釉里红花虫图诗文小茶罐		35,696	纽约苏富比	2018-03-21
明 青花釉里红双象耳瓶	高40.7cm	67,800	广东省拍	2018-09-20
明 青花釉里红缠枝莲花卉瓶	高54cm	66,700	北京保利	2018-04-29
18世纪 传唐英制青花釉里红一品富贵图瓶（一对）		2,532,054	纽约苏富比	2018-03-21
清十八世纪 青花釉里红喜上眉梢图双铺首壁瓶	高13.5cm	32,200	北京中汉	2018-11-21
清康熙 青花釉里红海水云龙纹观音瓶（一对）	高56cm×2	402,500	上海匡时	2018-04-30
清康熙 青花釉里红“荷塘”纹瓶	高22.1cm	389,760	万昌斯	2018-05-30
清康熙 青花釉里红冠上加冠图瓶	高20.6cm	138,000	中国嘉德	2018-01-13
清康熙 青花釉里红九龙图观音瓶	高43.1cm	66,700	中国嘉德	2018-05-18
清康熙 豆青地青花釉里红松山八骏图花觚（一对）		237,975	纽约苏富比	2018-03-20
清康熙 青花釉里红“一路连科”纹花觚	高36cm	109,250	保利厦门	2018-07-15
清康熙 青花釉里红缠枝牡丹纹盖罐		269,705	纽约苏富比	2018-03-20
清康熙 青花釉里红冰梅纹将军罐	高33.5cm	57,500	中国嘉德	2018-09-19
清康熙 豆青地青花釉里红寿桃纹炉		47,039	纽约苏富比	2018-09-15
清康熙 青花釉里红鱼藻图大盘		436,288	纽约苏富比	2018-03-20
清康熙 内青花釉里红花卉纹外暗花缠枝莲纹葵口盘		67,426	纽约苏富比	2018-03-20
清康熙 青花釉里红海水异兽纹碗	口径19cm	50,400	上海联合	2018-11-25
清康熙 青花釉里红八仙过海纹碗	直径22.9cm	23,000	北京中汉	2018-04-15
清康熙 青花釉里红兰菊图盏	直径14cm	23,000	北京保利	2018-04-29
清康熙 青花釉里红山水高士图印泥盒		301,435	纽约蘇富比	2018-03-20
清康熙 青花釉里红云凤纹案缸	直径21cm	43,700	中国嘉德	2018-09-20
清康熙 青花釉里红“圣主得贤臣颂”笔筒	径19.2cm	5,859,840	香港苏富比	2018-10-03
清康熙 青花釉里红圣主得贤臣颂大笔筒	直径19.3cm	5,557,328	香港中汉	2018-05-31
清康熙 青花釉里红四景读书乐诗文笔筒	直径19.1cm	3,491,600	佳士得	2018-05-30
清康熙 青花釉里红“圣主得贤臣颂”笔筒	直径19cm；高15.5cm	2,645,000	保利厦门	2018-07-15
清康熙 青花釉里红圣主得贤臣颂诗文笔筒	直径19.2cm	207,000	中国嘉德	2018-09-19
清康熙 豆青地青花釉里红魁星点斗笔筒（带座）	高14.2cm	69,000	广东崇正	2018-07-05
清康熙 青花釉里红松竹梅雀纹笔筒	直径17.2cm；高14.5cm	23,000	中贸圣佳	2018-11-25
清康熙 青花釉里红三鱼橄榄	高23cm	64,400	华艺国际	2018-11-17
清康熙 青花釉里红堆白雪梅图碗		49,182	纽约苏富比	2018-03-20
清雍正 贡御青花釉里红加胭脂紫彩灵芝西番莲纹大抱月瓶	高48.1cm	14,950,000	中贸圣佳	2018-11-24
清雍正 青花釉里红缠枝花卉七弦瓶	高26cm	368,000	华艺国际	2018-03-30
清雍正 青花釉里红钟馗接福梅瓶	高18.5cm	322,000	深圳至正国际	2018-08-25
清雍正 青花釉里红云龙纹瓶	高22.5cm	258,750	北京中汉	2018-04-15
清雍正 青花釉里红梅花图双耳瓶	高33.4cm	69,000	北京中汉	2018-04-15
清雍正 青花釉里红缠枝莲纹小瓶	高6.3cm	23,000	中国嘉德	2018-05-19
清雍正、清乾隆 青花云凤纹盘、青花釉里红狮球图折沿碗各一只	直径20.5cm；直径20.5cm	48,300	中国嘉德	2018-09-19
清雍正、乾隆 青花、青花釉里红、青花粉彩碗、盘（四只）	尺寸不一	28,750	中国嘉德	2018-01-13
清雍正 青花釉里红三果纹高足碗	直径16.6cm	1,840,000	北京保利	2018-06-20
清雍正 青花釉里红缠枝莲盖碗	直径21.8cm	23,000	北京匡时	2018-06-15
清乾隆 青花釉里红海水龙纹抱月瓶	高26.5cm	6,440,000	保利厦门	2018-07-15
清乾隆 青花釉里红龙纹扁瓶	高38.5cm	2,415,000	北京保利	2018-06-21
清乾隆 青花釉里红缠枝莲纹莲蓬口瓶	高23.5cm	2,300,000	保利厦门	2018-07-15
清乾隆 青花釉里红缠枝花卉瓶	高38cm	1,150,000	北京华辰	2018-11-19
清乾隆 青花釉里红狮子戏球蒜头瓶	高36.5cm	920,000	博美拍卖	2018-01-05
18世纪 青花釉里红梅花纹梅瓶	高53cm	754,600	伦敦佳士得	2018-05-15
清乾隆 青花釉里红穿花龙纹灯笼瓶（一对）	高29cm	690,000	上海匡时	2018-04-30
清乾隆 青花釉里红加胭脂红缠枝莲纹梅瓶	高24.3cm	575,000	中国嘉德	2018-09-19
乾隆 蓝地青花釉里红福寿花果纹玉壶春瓶	高28cm	345,000	广东衡益	2018-07-01
清乾隆 青花釉里红缠枝牡丹葫芦瓶	高34cm	322,000	深圳至正国际	2018-08-25
清乾隆 青花釉里红螭龙耳方瓶	高37cm	287,500	北京东正	2018-06-17
清乾隆 青花釉里红海天旭日图抱月瓶	高30.8cm	138,000	北京中汉	2018-04-15
清乾隆 斗彩青花釉里红缠枝花卉纹镂雕转心瓶	高34.1cm	126,500	博美拍卖	2018-01-05

拍品名称	物品尺寸	成交价RMB	拍卖公司	拍卖日期
清乾隆 青花釉里红海水龙纹灯笼瓶	高30cm	115,000	北京中汉	2018-04-15
乾隆 豆青釉青花釉里红花蝶纹贯耳瓶	高38cm	78,200	广东衡益	2018-07-01
清乾隆 青花釉里红海水瑞兽纹简瓶	高42cm	57,500	太平洋	2018-11-22
清乾隆 青花釉里红龙衔灵芝瓶	高27cm	46,000	北京翰海	2018-06-30
清乾隆 天蓝地青花釉里红诗文瓶	高20.4cm	43,700	北京中汉	2018-04-15
清乾隆 青花釉里红牵牛花纹瓶	带座高32.8cm；高29.4cm	40,250	西泠拍卖	2018-07-08
清乾隆 天蓝釉青花釉里红堆白梅花纹螭耳六方瓶	高41.8cm	28,750	中国嘉德	2018-01-13
清乾隆 青花釉里红云蝠纹橄榄瓶	高27.5cm	23,000	中国嘉德	2018-05-18
清乾隆 青釉开光青花釉里红梅兰竹菊四君子诗文蝠耳瓶	高42.7cm	20,700	中国嘉德	2018-09-19
清乾隆 青花釉里红缠枝莲纹鸠耳尊	high 343cm	20,844,500	邦瀚斯	2018-11-27
清乾隆 青花釉里红琵琶尊	高23.5cm	41,400	华艺国际	2018-03-30
清乾隆 御窑松石绿地青花釉里红海水腾龙纹扁壶	高30.8cm	16,100,000	华艺国际	2018-05-23
清乾隆 青花釉里红团凤纹香炉	直径25cm	115,000	北京荣宝	2018-12-03
清乾隆 青花釉里红八仙盘（一对）	直径14.5cm	138,000	北京保利	2018-06-21
清乾隆 青花釉里红内寿星外八仙过海图盘	直径21.1cm	51,750	北京中汉	2018-04-15
清乾隆 冬青釉青花釉里红诗文葵口盘	直径24cm	23,000	保利厦门	2018-07-15
清乾隆 青花釉里红花果纹盏托	高7cm；直径16cm	77,952	香港诚昌	2018-05-30
清乾隆 青花釉里红八仙过海纹碗	直径22.3cm	523,330	香港中汉	2018-11-29
清乾隆 青花釉里红八仙过海纹大碗	直径22cm	391,000	北京中汉	2018-11-21
清乾隆 青花釉里红“八仙过海”碗	直径13cm	257,240	中国嘉德	2018-10-02
清乾隆 青花釉里红“八仙过海”图碗	直径22.5cm	36,014	中国嘉德	2018-10-02
清乾隆 青花釉里红云龙纹卧足杯	直径6.8cm	63,250	中国嘉德	2018-09-19
清乾隆 青花釉里红八仙图小碟（一对）	直径8.9cm	97,750	中贸圣佳	2018-11-24
清乾隆 青釉青花釉里红堆白梅花诗文花盆	长38.8cm	34,500	中国嘉德	2018-01-13
清乾隆 青花釉里红海屋添筹香筒	高11.5cm	32,200	保利厦门	2018-01-08
清乾隆 “陶成堂”款青花釉里红红梅诗文笔筒	直径10cm	86,250	北京中汉	2018-06-19
清乾隆 青釉青花釉里红诗文双联笔筒	高7.7cm	43,700	北京保利	2018-07-27
清乾隆 青釉青花釉里红诗文笔舔	长7.5cm	20,700	中国嘉德	2018-05-18
清乾隆 青花釉里红云龙赶珠纹水盂	10.8cm	495,880	伦敦蘇富比	2018-05-16
清中期 青花釉里红岁寒三友图大梅瓶	高54.2cm	287,500	北京中汉	2018-06-19
清中期 青花釉里红缠枝莲纹折肩瓶	高47.5cm	103,500	中国嘉德	2018-05-18
清中期 青花釉里红百鹿尊	高35cm	162,285	香港诚昌	2018-04-02
清中期 青釉青花釉里红加白瓜瓞连绵罐	高24cm	43,700	中国嘉德	2018-09-19
清中期 青花釉里红瑞兽香薰	高17cm	103,500	北京匡时	2018-12-05
清中期 青花釉里红三多纹缸	直径26cm	20,700	中国嘉德	2018-01-13
清嘉庆 青花釉里红海屋添筹	高16.7cm	46,000	北京保利	2018-04-29

拍品名称	物品尺寸	成交价RMB	拍卖公司	拍卖日期
清道光 青花釉里红海水云龙纹大灯笼尊	高49cm	57,500	北京保利	2018-12-09
清道光 青花釉里红云龙纹大碗	直径25.5cm	149,500	北京保利	2018-04-29
清光绪-民国 青花、青花釉里红、青花矾红盘、杯、壶（五件）	尺寸不一	36,800	中国嘉德	2018-05-18
清晚期 青花釉里红菊石图瓶	高36.4cm	32,200	中国嘉德	2018-05-18
清晚期 青花釉里红童子牧牛图花插	高7.3cm	20,700	中国嘉德	2018-01-13
清晚期 青花釉里红桃花春燕瓶	高53.1cm	483,000	中贸圣佳	2018-11-25
清 青花釉里红瓶	高40cm	43,700	北京翰海	2018-09-16
清 青花釉里红渔纹梅瓶	高23cm	36,800	北京翰海	2018-01-14
清 青花釉里红虎纹长颈瓶	高24.5cm	34,500	中国嘉德	2018-11-20
清 青花釉里红人物大瓶	高58cm	34,500	北京翰海	2018-05-13
清 青花釉里红鹿纹梅瓶	高22.8cm	28,750	中国嘉德	2018-05-19
清 青花釉里红狮子戏球蒜头瓶	高40cm	23,000	太平洋	2018-06-09
清 青花釉里红山水人物荸荠瓶	高33.5cm	18,400	北京保利	2018-04-29
民国 青花釉里红福寿纹梅瓶（一对）	高20.3cm	25,300	中国嘉德	2018-09-19
青花釉里红鱼藻纹大盘	直径45.3cm	48,300	中国嘉德	2018-09-20
青花釉里红缠枝葵口大盘	直径67.5cm	25,370	台北艺流	2018-06-30
十七世纪 青花釉里红荷叶形洗连水滴（一对）		47,595	纽约蘇富比	2018-03-21
璟色堂 青花釉里红万寿无疆缠枝莲纹茶器（一组五件）	尺寸不一	48,300	北京匡时	2018-12-06
青花加彩				
明嘉靖 黄地青花矾红彩缠枝莲纹葫芦瓶		206,245	纽约苏富比	2018-03-20
明嘉靖 青花五彩鱼藻纹罐	直径42cm	218,500	北京保利	2018-04-29
明嘉靖 青花五彩灵芝盘	直径15.5cm	34,500	北京保利	2018-07-27
明嘉靖 青花五彩葡萄纹小杯	直径8cm；高6cm	805,000	保利厦门	2018-07-15
明嘉靖 青花五彩高足杯	直径11.5cm	253,000	深圳至正国际	2018-08-25
明万历 青花矾红彩龙纹盘	直径16.8cm	575,000	中国嘉德	2018-11-20
明万历 青花五彩龙凤纹盘	直径21.9cm	418,664	香港中汉	2018-11-29
明万历 青花五彩篮花纹大盘	直径29.5cm	91,025	香港中汉	2018-05-31
明万历 青花五彩乐舞人物图大盘	直径26.5cm	28,750	中国嘉德	2018-09-19
明万历 青花五彩五谷丰登碗（一对）	直径16.8cm	879,194	香港中汉	2018-11-29
明万历 青花五彩云龙八仙祝寿图碗	直径17cm	230,000	中贸圣佳	2018-06-20
明万历 青花五彩双龙戏珠纹盖盒	长35cm；高10cm	8,165,000	上海匡时	2018-04-30
明万历 青花五彩云龙纹方盖盒	高9cm	23,000	北京保利	2018-10-28
明万历 青花加五彩杂宝纹格式洗	直径25.5cm	92,000	北京保利	2018-12-09
明万历 青花五彩八仙贺寿图碗	直径17cm	981,000	佳士得	2018-10-04
明天启 青花矾红描金人物纹八方罐	高31cm	34,500	中国嘉德	2018-05-18
17世纪中期 青花五彩庭院仕女婴戏图盖罐	高40cm	114,554	保利香港	2018-04-02
明 青花五彩穿花龙凤纹盘	直径19.8cm	23,000	中国嘉德	2018-09-20
明万曆 青花五彩云龙纹葵口折沿洗	直径37.5cm	402,500	北京中汉	2018-04-15
18世纪 青花五彩花虫纹小罐	高8cm	25,300	北京中汉	2018-09-21
清顺治 青花五彩凤凰仕女图梅瓶	高20cm	20,700	中国嘉德	2018-01-13
清顺治 青花五彩凤凰牡丹图观音尊	高37cm	48,300	中国嘉德	2018-05-18
清顺治 青花五彩加官进爵图大观音尊	高45.2cm	23,000	中国嘉德	2018-09-20
清顺治 青花五彩人物纹花觚	高40.7cm	103,500	中国嘉德	2018-09-20
清顺治 青花五彩指日高升、加官进爵图花觚	高40cm	32,200	中国嘉德	2018-05-18
清顺治 青花五彩人物纹罐	高36cm	97,750	中国嘉德	2018-01-13

拍品名称	物品尺寸	成交价RMB	拍卖公司	拍卖日期
清顺治 青花五彩蟾宫折桂图将军罐	高34cm	48,300	中国嘉德	2018-01-13
清顺治 青花五彩凤凰麒麟图罐	高23cm	36,800	中国嘉德	2018-01-13
清顺治 青花五彩蟾宫折桂图将军罐	高34cm	34,500	中国嘉德	2018-09-20
清顺治 矾红锦地开光青花团龙团凤纹罐	高18cm	20,700	中国嘉德	2018-05-18
清康熙 青花五彩开光人物花鸟图葫芦瓶（一对）		64,144	纽约苏富比	2018-09-15
清康熙 青花矾红描金壶	高11cm；口径4.5cm	20,430	北京雅藏	2018-01-28
清康熙 青花五彩四妃十六子将军罐（一对）	高40.5cm	218,500	广东崇正	2018-07-05
清康熙 青花五彩云林洗桐图罐	高19.8cm	115,000	中国嘉德	2018-05-18
清康熙 青花五彩太白赋诗图罐（一对）	高26.2cm	92,000	中国嘉德	2018-05-18
清康熙 青花五彩描金缠枝花卉开光人物故事图大罐	高60.5cm	55,200	中贸圣佳	2018-11-24
清康熙 青花五彩仕女将军罐	高40cm	46,000	印千山	2018-01-12
清康熙 青花五彩洞石花卉四系罐	高32cm	44,800	北京适珍	2018-01-07
清康熙 青花五彩人物故事诗文莲子盖罐	高21.5cm	36,800	保利厦门	2018-01-08
清康熙 青花五彩人物故事斗笠碗	直径20cm	23,000	北京保利	2018-10-27
清康熙 青花绿龙纹盘	直径32cm	667,000	北京华辰	2018-11-19
清康熙 青花黄龙纹盘	直径25.5cm	632,500	北京华辰	2018-11-19
清康熙 青花五彩清供图八宝纹大盘	直径36cm	322,000	深圳至正国际	2018-08-25
清康熙 墨地青花五彩人物故事大盘	直径31.5cm	230,000	深圳至正国际	2018-08-25
清康熙 青花五彩福山寿海纹盘	直径20.3cm	115,000	北京匡时	2018-06-15
清康熙 青花五彩福山寿海图盘	直径20.4cm	69,000	中国嘉德	2018-09-20
清康熙 青花五彩缠莲鱼藻纹盘	直径21.7cm	31,730	纽约苏富比	2018-03-20
清康熙 青花地五彩云龙纹碗	直径14cm	287,448	香港中汉	2018-05-31
清康熙 外矾红内青花一路连科纹碗（一对）	直径5.9cm；高11cm	109,250	中贸圣佳	2018-06-20
清康熙 青花五彩荷花鸳鸯花神杯	高4.9cm；直径6.9cm	4,887,500	中贸圣佳	2018-06-20
清康熙 青花五彩花神杯	直径6.7cm	517,500	北京中汉	2018-11-21
清康熙 青花五彩花神（桂花）杯	直径6.2cm	264,500	北京中汉	2018-11-21
清康熙 青花五彩人物故事诗文小缸	高10.5cm	23,000	保利厦门	2018-07-15
清康熙 青花五彩群仙会笔筒	高16cm	414,000	中国嘉德	2018-09-19
清康熙 青花绿彩云龙纹折沿洗	直径26cm	66,700	太平洋	2018-11-22
清雍正 青花绿彩云龙纹盘	直径21.3cm	345,000	北京中汉	2018-11-21
清雍正 青花加黄釉缠枝莲盘	直径20.6cm	253,344	香港诚昌	2018-05-30
雍正 青花加彩龙纹盘	直径16cm	138,000	广东衡益	2018-07-01
清雍正 青花五彩龙纹盘	直径15.9cm	126,500	博美拍卖	2018-01-05
清雍正 青花矾红夔龙纹盘	直径11cm	92,000	保利厦门	2018-01-08
清雍正 “浴砚书屋”款青花矾红云龙纹盘	直径14.5cm	69,000	保利厦门	2018-01-08
清雍正 青花矾红花卉纹盘	直径15.6cm	69,000	北京中汉	2018-09-21
清雍正 青花五彩龙凤纹盘	直径19.9cm	34,500	中国嘉德	2018-01-13
清雍正 青花矾红云龙纹盘	直径9cm；高3cm	32,200	保利厦门	2018-01-08
清雍正 青花五彩云龙纹花口盘	直径15.5cm	28,750	中国嘉德	2018-09-19
清雍正 青花矾红云龙纹碗	直径19.2cm	17,250	北京保利	2018-12-09
清雍正 青花加矾红折枝宝相花纹小杯（一对）	直径8.1cm	632,500	北京中汉	2018-06-19
清雍正 仿成化青花红彩花卉纹小杯	直径8.3cm；高4.3cm	552,000	中国嘉德	2018-11-20
清雍正 青花斗彩云龙纹水盂	直径6.5cm	1,725,000	北京保利	2018-12-08

拍品名称	物品尺寸	成交价RMB	拍卖公司	拍卖日期
清雍正 青花矾红彩番莲纹碗（一对）	8.1cm	654,000	香港苏富比	2018-10-03
清雍正 仿万历青花五彩龙纹水丞	直径8cm	63,250	北京保利	2018-10-27
清雍正 青花矾红花卉纹瓷珠	直径2cm	32,927	中国嘉德	2018-10-02
清乾隆 青花加彩团花纹花口瓶	高20.4cm	514,480	保利香港	2018-10-02
清乾隆/嘉庆 青花加矾红云龙戏珠纹大瓶（一对）	高53cm	470,388	纽约佳士得	2018-09-13
清乾隆 青花矾红龙纹穿花小贯耳瓶	高10cm	287,500	北京荣宝	2018-12-03
清乾隆 青花矾红海浪龙纹盘	直径17.5cm	379,500	北京保利	2018-06-20
清乾隆 青花黄彩云龙纹盘	直径24.7cm	299,000	北京荣宝	2018-12-03
清乾隆 青花矾红海浪龙纹盘	直径17.8cm	287,500	北京保利	2018-06-20
清乾隆 青花海涛红龙纹盘	直径17.5cm	287,500	北京保利	2018-06-20
18世纪 青花矾红海水龙纹盘（一对）	直径17.5cm	218,000	佳士得	2018-10-04
清乾隆 青花矾红九龙闹海图撇口盘	直径17.4cm	172,500	北京中汉	2018-06-19
清乾隆 青花矾红海水云龙纹盘	直径17.5cm	115,000	北京保利	2018-10-27
清乾隆 胭脂红青花五福捧寿盘	直径16.5cm	112,700	华艺国际	2018-05-23
清乾隆 青花矾红九龙盘	直径15cm	34,500	华艺国际	2018-03-30
清乾隆 青花红彩龙纹盘	直径17.4cm	25,300	中国嘉德	2018-11-20
清乾隆 青花矾红海水龙纹盘	直径17.2cm	25,300	中国嘉德	2018-09-20
清乾隆 青花地五彩云龙纹茶碗	直径10.3cm	184,000	北京中汉	2018-11-21
清乾隆 青花胭脂水云福碗	直径17cm	115,000	北京荣宝	2018-06-14
清乾隆 青花加彩花卉碗	直径14cm	63,336	香港诚昌	2018-05-30
清乾隆 青花加彩云龙纹碗	直径13.3cm	46,000	北京匡时	2018-12-05
清乾隆青花矾红龙纹卧足杯（一对）	直径6.3cm	92,000	北京东正	2018-06-17
清乾隆 青花矾红云龙纹盖盒	直径23cm	1,127,000	深圳至正国际	2018-08-25
清乾隆 木纹釉开光青花拐子龙纹墨床	7.5×3.7×2.7cm	80,500	北京匡时	2018-12-05
清中期 青花描金花卉开光粉彩高士图狮耳壁瓶、珊瑚红描金花卉开光粉彩山水纹壁瓶各一件	高18.1cm；高17.6cm	20,700	中国嘉德	2018-09-20
清中期 青花加斗彩夔凤缠枝花卉八宝纹大盘	直径48cm	115,000	北京保利	2018-12-09
清嘉庆 青花矾红海水龙纹盘	直径17.7cm	172,500	中国嘉德	2018-09-19
清嘉庆 青花矾红龙纹杯托（一套）	直径4cm；直径11.8cm	28,750	北京保利	2018-10-27
清中期 青花胭脂红云龙纹轴头（两件）	长6cm×2	28,750	中国嘉德	2018-06-18
清道光 青花加粉彩刀马人物抱月瓶	高47.7cm	115,000	北京保利	2018-10-27
清道光 青花矾红云龙纹盘	直径17.7cm	103,500	中国嘉德	2018-01-13
清道光 青花矾红海浪龙纹盘	直径17.7cm	92,000	北京保利	2018-06-21
清道光 青花矾红海水龙纹盘	17.8cm	64,680	伦敦苏富比	2018-05-16
清道光 青花五彩忍冬纹大盘	直径21cm	63,250	中国嘉德	2018-09-19
清道光 青花五彩龙凤纹碗（一对）	高6.4cm；直径15cm	329,267	保利香港	2018-10-02
清道光 胭脂红地青花海水八仙纹碗	直径22.2cm	191,632	香港中汉	2018-05-31
清道光 青花加胭脂彩八仙过海大碗	直径22.3cm	36,800	北京保利	2018-06-21
清道光 青花胭脂红八仙图大碗	直径22.5cm	23,000	中国嘉德	2018-05-18
清道光 青花粉彩缠枝莲福寿纹八方花盆	直径19.5cm	207,000	北京中汉	2018-11-21
清咸丰 青花矾红龙纹盖碗（一对）	直径15.7cm	46,000	北京保利	2018-10-27
清咸丰 青花五彩花神杯	直径5.9cm	51,750	北京中汉	2018-04-15
清同治 青花胭脂红彩海水八仙纹碗	直径12cm	95,462	保利香港	2018-04-02
清同治 青花五彩诗文花神杯	直径6.5cm	32,200	太平洋	2018-11-22

拍品名称	物品尺寸	成交价RMB	拍卖公司	拍卖日期
清同治 青花五彩花神杯（两件）	直径6cm	23,000	北京翰海	2018-06-30
清同治 青花加彩花口花盆	直径36.5cm	20,700	北京保利	2018-10-27
19世纪 胭脂红釉盘青花描金螭龙直颈瓶	高22.8cm	460,000	北京中汉	2018-06-19
清光绪 青花矾红蝙蝠纹盘（一对）	直径15.2cm	42,958	中国嘉德	2018-04-02
清光绪 青花五彩忍冬纹大盘	直径21.5cm	32,200	中国嘉德	2018-05-18
清光绪 胭脂红青花海水八仙人物碗	直径22cm	143,750	北京翰海	2018-06-30
清光绪 青花胭脂红八仙人物纹碗	高7.2cm；直径22cm	86,250	广东崇正	2018-07-05
清光绪 青花矾纹云蝠碗（一对）	直径13.5cm	69,000	北京保利	2018-04-29
清光绪 青花矾红洪福齐天纹碗（一对）	直径13.5cm×2	46,000	广东崇正	2018-07-05
清光绪 青花、青花矾红云蝠纹碗、盆、奁（四件）	尺寸不一	46,000	中国嘉德	2018-01-13
清光绪 内青花外矾红缠枝莲托八宝纹碗（一对）	直径14.8cm	18,400	西泠拍卖	2018-07-08
清晚期/民国 青花矾红瓷塑大象摆件（一对）	长18.6cm；高15cm；宽13.3cm	28,750	中贸圣佳	2018-11-25
清晚期 青花五彩云龙纹兽钮大印	长12.7cm	40,250	中国嘉德	2018-05-19
清 青花、青花五彩壶（八把）	尺寸不一	32,200	中国嘉德	2018-09-20
清 敦睦堂制青花矾红莲纹盘	直径37.2cm	102,896	北京匡时	2018-10-03
清 青花斗彩仙鹤碗	直径9cm	92,000	北京保利	2018-12-09
清 青花矾红云龙纹马蹄碗（一对）	高7cm；口径15.2cm；高7cm；口径15.2cm	28,750	西泠拍卖	2018-09-29
民国 青花矾红云蝠观音瓶	高29cm	28,750	北京保利	2018-04-30
民国 青花粉彩描金花蝶纹天球瓶	高32.5cm	20,700	中贸圣佳	2018-11-25
青花胭脂釉宝相花赏瓶	高22cm	41,800	北京乔禧	2018-05-13
王步 青花加粉彩寿桃纹缸（一对）	高48cm；直径53cm	843,747	保利香港	2018-10-02
清乾隆 青花粉彩仙人瑞兽山水瓶	高34.2cm	287,500	深圳至正国际	2018-08-25
清乾隆 青花粉彩杏林春燕图瓷板	长38cm；宽25cm	48,300	北京中汉	2018-06-19
清乾隆 青花粉彩人物福寿碗	直径8.7cm	28,750	北京翰海	2018-06-30
清乾隆 青花粉彩玲珑盖碗	直径11.5cm	20,700	华艺国际	2018-03-30
清中期 木嵌青花粉彩八仙图瓷板屏风	136×78cm	28,750	中国嘉德	2018-01-13
清中期 青花粉彩鱼藻纹盘（一对）	直径15.8cm	23,000	中国嘉德	2018-01-13
清道光 青花粉彩花神杯（一对）	直径6cm	80,500	中国嘉德	2018-05-18
清道光 青花粉彩花神杯	直径5.9cm	63,250	中国嘉德	2018-05-18
清道光 青花粉彩花神杯	直径5.9cm	59,800	中国嘉德	2018-05-18
清咸丰 青花粉彩开光草虫图茶壶	高10.5cm；直径6cm；宽5.5cm	4,600,000	北京东正	2018-06-17
清光绪 青花粉彩福寿有鱼图碗	直径16cm	172,500	深圳至正国际	2018-08-25
清光绪 青花粉彩龙凤纹杯（一对）	直径6.8cm	23,000	中国嘉德	2018-01-13
清光绪 青花粉彩龙凤纹温盅	直径23cm	69,000	中国嘉德	2018-05-19
清晚期 粉彩花鸟纹荸荠瓶、青花粉彩花卉纹筒瓶各一件	高38.5cm；高27cm	20,700	中国嘉德	2018-01-13
清 青花粉彩云鹤纹扁瓶	高33cm	23,000	北京保利	2018-04-30
清 青花粉彩采莲图盖碗（两件）	直径11.6cm	46,000	北京翰海	2018-06-30
斗彩				
明成化 斗彩海兽纹天字罐	直径15.5cm	80,500	北京保利	2018-04-29
明嘉靖 斗彩如意云纹折腰盘	直径14.7cm	1,955,000	北京保利	2018-12-08
明万历 斗彩荷塘鸳鸯纹大碗	直径17.6cm	3,928,456	香港中汉	2018-05-31
18世纪 斗彩鸡缸杯	6.5cm	817,500	香港苏富比	2018-10-03

拍品名称	物品尺寸	成交价RMB	拍卖公司	拍卖日期
清康熙 斗彩松竹梅纹玉壶春瓶	高27cm	1,725,000	保利厦门	2018-07-15
清康熙 斗彩瑞兽图葫芦瓶	高36.5cm	230,000	保利厦门	2018-01-08
清康熙 斗彩八卦海天浴日小棒槌瓶	高15.8cm	69,000	北京中汉	2018-04-15
清康熙 浆胎斗彩文王访贤图橄榄瓶	高32cm	59,800	中国嘉德	2018-05-18
清康熙 斗彩博古图花觚	直径12cm；高24.1cm	32,200	中贸圣佳	2018-11-25
清康熙 斗彩缠枝莲纹罐	高7.5cm	322,000	华艺国际	2018-11-16
清康熙 斗彩缠枝莲纹茶叶罐	高8cm	287,500	华艺国际	2018-11-16
清康熙 斗彩人物故事图盘(一对)		162,498	纽约苏富比	2018-09-12
清康熙 斗彩喜上眉梢纹盘	直径15.8cm	118,580	伦敦佳士得	2018-05-15
清康熙 斗彩教子图盘	直径16cm	115,000	北京中汉	2018-06-19
清康熙 斗彩云龙纹卧足杯		95,190	纽约苏富比	2018-03-20
清康熙/雍正 斗彩胡人进宝图杯	直径8.2cm	94,300	中贸圣佳	2018-06-20
清康熙 斗彩鸣凤在竹斗笠盏（一对）	直径6.6cm×2	92,000	北京诚轩	2018-06-17
清康熙 斗彩螭龙纹碗	直径12cm；高6.2cm	92,000	北京荣宝	2018-06-14
清康熙 斗彩福寿团鹤纹盘	直径21.2cm	80,500	北京中汉	2018-06-19
清康熙 斗彩高士图纹盘（一对）	高2.8cm；直径11.5cm	80,500	广东崇正	2018-07-05
清康熙 斗彩子午莲模印龙凤纹盘	直径20.5cm	74,750	中国嘉德	2018-05-18
清康熙 斗彩花叶纹盘（一对）	直径14.4cm；直径14cm	63,250	中国嘉德	2018-01-13
清康熙 斗彩描金八宝纹折腰盘	直径25cm；高6.5cm	34,500	保利厦门	2018-07-15
清康熙 斗彩鸡缸杯	直径6cm	34,500	北京保利	2018-01-21
清康熙/雍正 斗彩仕女图盘		25,658	纽约苏富比	2018-09-12
清康熙 斗彩花叶纹盘	直径16.5cm	20,700	中国嘉德	2018-01-13
清康熙 斗彩花叶纹盘	直径20.8cm	20,700	中国嘉德	2018-09-20
清康熙/雍正 斗彩万字如意菊纹六方花盆	宽60.5cm	349,846	中国嘉德	2018-10-02
清康熙 斗彩描金八宝纹折腰盘	直径26cm	1,955,000	保利厦门	2018-01-08
清康熙 斗彩矾红彩云龙戏珠纹盘	21.3cm	283,400	香港苏富比	2018-10-03
清康熙 斗彩梅鹊报喜图盘（一对）	15.8cm	194,040	伦敦苏富比	2018-05-16
清康熙 斗彩寿老观卷图盘		142,785	纽约苏富比	2018-03-20
清康熙 斗彩鱼化龙纹盘	直径15.5cm	48,300	华艺国际	2018-11-17
清康熙-雍正 斗彩团花纹碗（一对）	直径14cm；高6.7cm	334,117	保利香港	2018-04-02
清康熙 斗彩龙凤纹“万寿齐天”六棱杯、盏（两套）	直径5.8cm；直径14.1cm	345,000	北京中汉	2018-06-19
清康熙 斗彩饮中八仙之“苏晋图”题诗卧足杯	6.4cm	2,621,160	香港苏富比	2018-04-03
清康熙 斗彩鸡缸杯	直径9.8cm	862,500	北京荣宝	2018-06-14
清康熙 仿成化斗彩鸡缸杯	直径6.2cm	598,000	中国嘉德	2018-11-20
清康熙 斗彩荷塘鸳鸯杯	高4.3cm	345,000	北京荣宝	2018-12-03
清康熙 斗彩人物图茶圆	直径6.5cm	195,500	华艺国际	2018-11-16
清康熙 斗彩人物杯	直径7.7cm	175,392	香港诚昌	2018-05-30
清康熙 斗彩仙女祝寿图八方花盆	宽51.1cm	2,532,054	纽约苏富比	2018-03-20
清康熙/雍正 斗彩花果图花盆	高36cm；直径30cm	874,616	北京匡时	2018-10-03
清康熙 斗彩高士策马图笔筒	直径18.5cm	402,500	保利厦门	2018-07-15
清康熙 斗彩五龙图大印盒	直径12.6cm	86,250	中国嘉德	2018-09-19
清雍正 斗彩花卉小天球瓶	高10cm	782,000	北京华辰	2018-11-19
清雍正 斗彩缠枝莲纹瓶	高24cm	69,000	中国嘉德	2018-01-13
清雍正 凤凰斗彩尊	高33.5cm	494,500	凤凰拍卖	2018-01-21
清雍正 仿成化斗彩开光折枝莲纹罐	高10.7cm	287,500	华艺国际	2018-11-16
清雍正 斗彩应龙纹天字罐	高9.5cm	115,000	北京诚轩	2018-06-17
清雍正 斗彩福运纹小碗		190,380	纽约苏富比	2018-03-21

2018瓷器拍卖成交汇总

(成交价RMB：2万元以上)

拍品名称	物品尺寸	成交价RMB	拍卖公司	拍卖日期
清雍正 斗彩描金喜上梅梢纹盘（一对）	直径10.9cm×2	115,000	北京诚轩	2018-06-17
清雍正 斗彩携琴访友图格盘	直径22.7cm	95,462	保利香港	2018-04-02
清雍正 斗彩夔龙纹双联盖盒	长10cm	92,000	太平洋	2018-06-09
清雍正 斗彩荷塘鸳鸯卧足碗	直径18.2cm	69,000	北京保利	2018-06-21
清雍正 斗彩福禄纹碗（一对）	直径19.6cm×2	63,250	中国嘉德	2018-06-18
清雍正 斗彩缠枝西番莲纹盘	直径15.5cm	59,800	北京中汉	2018-04-15
清雍正 斗彩龙纹盘	直径19.8cm	51,448	中国嘉德	2018-10-02
清雍正 斗彩外云鹤内双龙戏珠纹盘	直径14.5cm	46,000	保利厦门	2018-01-08
清雍正 斗彩岁寒三友纹碗	直径18cm	46,000	北京匡时	2018-06-15
清雍正 斗彩三多纹盘（一对）	直径15.7cm	46,000	中国嘉德	2018-01-13
清雍正 斗彩落花流水图大碗	直径20cm	43,700	中国嘉德	2018-01-13
清雍正 斗彩云凤纹杯（一对）	直径8.8cm	40,250	中国嘉德	2018-09-19
清雍正 斗彩荷塘鸳鸯图盘（一对）	直径17.5cm	36,800	中国嘉德	2018-05-18
清雍正 斗彩福禄寿图盘	直径15.6cm	32,200	北京诚轩	2018-06-17
清雍正 斗彩落花流水图大碗	直径18.5cm	32,200	中国嘉德	2018-01-13
清雍正-乾隆 斗彩"花卉"纹小卷缸	直径22cm	27,283	万昌斯	2018-05-30
清雍正 斗彩花竹图大盘	直径28.2cm	25,300	中国嘉德	2018-01-13
清雍正 斗彩荷塘图盘（一对）	直径16cm	25,300	中国嘉德	2018-05-18
清雍正 斗彩寿山福海盘	直径15.5cm	23,000	北京保利	2018-04-29
清雍正 斗彩三多纹杯	高3.2cm；直径7.2cm	23,000	广东崇正	2018-07-05
雍正 斗彩荷塘鸳鸯纹盘	直径20.3cm	18,400	广东衡益	2018-07-01
清雍正 斗彩仿成化如意纹折腰小碟	直径8.2cm	747,500	北京保利	2018-06-19
清雍正 斗彩花卉纹盘	直径20cm	1,150,000	北京匡时	2018-06-15
清雍正 斗彩并蒂莲纹盘（一对）	直径13.5cm×2	920,000	保利厦门	2018-01-08
清雍正 斗彩灵仙祝寿纹盘	直径21.8cm	805,000	八益拍卖	2018-04-28
清雍正 斗彩团花寿字盘	直径20.5cm	690,000	中国嘉德	2018-09-19
清雍正 斗彩龙纹盘	直径26.5cm；高5cm	690,000	保利厦门	2018-07-15
清雍正 御制斗彩"龙"纹盘	直径17.5cm	662,592	万昌斯	2018-05-30
清雍正 斗彩西番莲纹盘	直径20cm	598,000	华艺国际	2018-11-16
清雍正 斗彩群仙祝寿图盘	直径15.5cm	437,000	华艺国际	2018-11-16
清雍正 斗彩云龙纹盘	diam 117cm	388,063	邦瀚斯	2018-11-27
清雍正 斗彩八仙祝寿图盘	直径15.5cm	345,000	广东崇正	2018-07-05
清雍正 斗彩花卉纹小盘（一对）	直径10.8cm	342,100	纽约佳士得	2018-09-13
清雍正 斗彩"芝仙祝寿"盘	直径21cm	308,688	中国嘉德	2018-10-02
清雍正 斗彩花卉盘	直径21cm	287,500	北京华辰	2018-11-19
清雍正 斗彩花卉盘（一对）	直径15.5cm	287,500	北京华辰	2018-11-19
清雍正 斗彩寿桃纹盘	15.1cm	261,600	香港苏富比	2018-10-03
清雍正 斗彩寿字纹盘	口径15cm	207,000	西泠拍卖	2018-07-08
清雍正 斗彩缠枝西洋花卉纹盘	直径11.3cm	94,300	北京匡时	2018-12-05
清雍正 斗彩灵芝云纹盏托	直径12cm	40,250	北京中汉	2018-06-19
清雍正 斗彩花卉斗笠碗（一对）	直径23cm	3,680,000	北京华辰	2018-11-19
清雍正 斗彩郁金香纹碗	直径11.8cm	1,852,128	保利香港	2018-10-02
清雍正 斗彩采芝图碗	9.2cm	872,000	香港苏富比	2018-10-03
清雍正 斗彩海水云龙赶珠纹笠式碗		674,263	纽约苏富比	2018-03-21
清雍正 斗彩并头莲纹碗	diam 123cm	665,250	邦瀚斯	2018-11-27
清雍正 斗彩暗八仙碗	直径13cm	598,000	北京华辰	2018-11-19
清雍正斗彩缠枝莲纹小碗（一对）	直径9.5cm×2	575,000	保利厦门	2018-01-08
清雍正 斗彩团花碗（一对）	直径14.5cm×2	322,000	保利厦门	2018-01-08
清雍正 斗彩花卉纹碗（一对）	直径14.6cm	253,000	北京东正	2018-06-17
清雍正 斗彩云龙纹碗	直径18.2cm；高7.8cm	43,700	中贸圣佳	2018-11-25
清雍正 斗彩云蝠纹小杯（一对）	直径7cm	2,185,000	中国嘉德	2018-11-20
清雍正 斗彩松竹梅纹杯	直径8.5cm	2,057,920	中国嘉德	2018-10-02
清雍正 御窑仿成化斗彩鸡缸杯	直径8.2cm	1,380,000	华艺国际	2018-11-16
清雍正 仿成窑斗彩团花花鸟纹撇口杯	直径8cm	1,322,261	香港中汉	2018-05-31
清雍正 斗彩三多杯（一对）	直径7.3cm	1,145,544	中国嘉德	2018-04-02
清雍正 斗彩灵芝纹杯（一对）	直径7.5cm	1,028,960	中国嘉德	2018-10-02
清雍正 斗彩莲托五珍宝卧足小杯	直径7.4cm	897,000	中国嘉德	2018-06-18
清雍正 斗彩落花流水纹缸式杯	直径8.4cm	732,662	香港中汉	2018-11-29
清雍正 仿成化斗彩灵芝纹杯	直径10.3cm	667,000	中国嘉德	2018-11-20
清雍正 斗彩花蝶纹茶圆	直径9cm；高5cm	598,000	保利厦门	2018-07-15
清雍正 斗彩落花流水九如杯（一对）	口径7.2cm；高3cm	552,000	上海匡时	2018-04-30
清雍正 斗彩兰蝶纹三秋杯	直径9cm	470,997	香港中汉	2018-11-29
清雍正 斗彩灵芝纹小杯	直径7.3cm	460,000	北京中汉	2018-06-19
清雍正 仿成窑斗彩鸡缸杯	直径8cm	402,500	北京保利	2018-12-08
清雍正 斗彩三多小杯	直径7.3cm	345,000	北京华辰	2018-11-19
清雍正 斗彩云福纹小杯	直径7cm	230,000	北京匡时	2018-12-05
清雍正 斗彩竹叶纹小茶圆（一对）	直径6.5cm	138,000	华艺国际	2018-11-16
清雍正 斗彩三多纹卧足杯	高7cm	34,500	华艺国际	2018-11-17
清雍正 斗彩花卉纹花插	高15cm	287,500	北京华辰	2018-11-19
清乾隆 斗彩加粉彩暗八仙缠枝莲纹天球瓶	高53.9cm	106,047,200	佳士得	2018-05-30
清乾隆 斗彩加粉彩三多双蝠耳抱月瓶	高30cm	10,120,000	北京保利	2018-12-12
清乾隆 斗彩云福纹荸荠瓶	高21cm	6,325,000	印千山	2018-01-12
清乾隆 斗彩苍龙教子扁瓶	高47cm	747,500	北京华辰	2018-11-19
18世纪 斗彩云龙纹瓶	高20.6cm	109,000	佳士得	2018-10-04
清乾隆 斗彩缠枝花卉五蝠纹蒜头瓶	高10.7cm	92,000	博美拍卖	2018-01-05
清乾隆 斗彩缠枝莲纹云口瓶	高33.5cm	86,250	华艺国际	2018-03-30
18世纪 斗彩人物图瓶	高33cm	43,120	伦敦佳士得	2018-05-15
清乾隆 斗彩缠枝莲纹瓶	高19cm	23,000	北京保利	2018-10-27
清乾隆 斗彩花卉双耳瓶	高28.5cm	23,000	北京保利	2018-10-27
清乾隆 斗彩缠枝莲纹狮耳瓶	高19.5cm	23,000	中国嘉德	2018-05-19
清乾隆 斗彩莲托八吉祥纹花觚	高35cm	958,160	香港中汉	2018-05-31
清乾隆 斗彩莲托八宝纹贲巴壶	高19.3cm	4,370,000	中国嘉德	2018-11-20
清乾隆 斗彩婴戏图双贯耳小方壶	高8.5cm	485,100	伦敦佳士得	2018-05-15
清乾隆 斗彩绿龙罐	高21cm	1,150,000	北京保利	2018-10-27
清乾隆 斗彩绿龙罐	高20cm	805,000	北京保利	2018-06-20
清乾隆 斗彩番莲团菊纹盖罐		726,963	纽约苏富比	2018-09-12
清乾隆 斗彩绿龙罐	直径16.8cm；高19.8cm	690,000	中贸圣佳	2018-11-25
清乾隆 斗彩折枝花卉纹小罐		513,150	纽约苏富比	2018-09-12
清乾隆 斗彩菊花纹小罐	高11.8cm	237,160	伦敦佳士得	2018-05-15
清乾隆 斗彩绿龙纹罐	高18.5cm	207,000	北京匡时	2018-06-15
清乾隆 斗彩缠枝莲纹鼓形罐	高17.7cm	48,300	博美拍卖	2018-01-06
清乾隆 斗彩云龙罐连木盖	高23cm	40,243	香港诚昌	2018-05-28
清乾隆 斗彩三多纹罐	高19cm	28,750	八益拍卖	2018-04-28
清乾隆 斗彩缠枝八宝纹烛台	直径26cm；高19cm	40,250	北京保利	2018-06-21
清乾隆 斗彩暗八仙纹束腰盘	直径20cm	141,700	佳士得	2018-10-04
清乾隆 斗彩缠枝花卉八吉祥纹盘	直径21.8cm	132,250	博美拍卖	2018-01-05
清乾隆 斗彩贯套花卉碗	直径14.5cm	115,000	北京保利	2018-04-29
清乾隆 斗彩寿字忍冬纹盘	直径20.7cm	109,250	北京中汉	2018-06-19
清乾隆 斗彩"桃芝祝寿"图盘（一对）	直径14.5cm	102,896	中国嘉德	2018-10-02
清乾隆 斗彩团花花卉马蹄碗	直径15.5cm	97,750	北京翰海	2018-06-30
清乾隆 斗彩双凤八吉祥盘	直径48cm	86,250	北京保利	2018-04-29
清乾隆 斗彩八吉祥折腰盘	直径20cm	80,500	北京保利	2018-07-27
清乾隆 斗彩内暗八仙外缠枝花卉纹折腰碗	直径20.4cm	57,500	中国嘉德	2018-05-19
清乾隆 斗彩荷塘鸳鸯纹碗	口径19cm；高8.3cm	51,750	西泠拍卖	2018-07-08
清乾隆 斗彩缠枝花卉花口盆	长22cm	40,250	北京保利	2018-04-30
清乾隆 斗彩"蕃莲"纹缸	直径34.4cm	38,976	万昌斯	2018-05-30
清乾隆 斗彩洋莲纹盘	直径15.5cm	35,840	上海联合	2018-07-01

拍品名称	物品尺寸	成交价RMB	拍卖公司	拍卖日期
清乾隆 斗彩寿字纹盘	直径20cm	25,300	华艺国际	2018-03-30
清乾隆 斗彩花卉夔凤纹盘	直径19.8cm	23,000	中国嘉德	2018-06-18
清乾隆 斗彩夔凤纹八吉祥折沿盘	直径47cm	690,000	上海匡时	2018-04-30
清乾隆 斗彩描金缠枝莲托八吉祥纹折腰盘	直径22.1cm	299,000	北京诚轩	2018-06-17
清乾隆 斗彩夔凤纹盘	直径19cm	272,832	香港诚昌	2018-05-30
清乾隆 斗彩夔凤纹盘	直径19cm	138,000	保利厦门	2018-01-08
清乾隆 斗彩“海屋添筹”盘	直径15.8cm	74,750	北京保利	2018-12-09
清乾隆 斗彩忍冬纹盘	直径20.5cm	72,450	华艺国际	2018-11-17
清乾隆 斗彩加粉彩暗八仙纹折腰盘	直径19.8cm	32,200	北京匡时	2018-12-05
清乾隆 斗彩八仙碗（一对）	直径11.2cm	897,000	北京华辰	2018-11-19
清乾隆 斗彩描金宝相花莲托八宝纹折腰碗	直径22cm	205,792	中国嘉德	2018-10-02
清乾隆 斗彩缠枝花卉纹案缸	直径32.8cm；高23cm	3,680,000	北京匡时	2018-06-15
清乾隆 斗彩缠枝花卉香插	高10.3cm	48,720	香港诚昌	2018-05-30
清乾隆 斗彩瑞莲福至心灵水盂	高5.5cm	8,970,000	北京保利	2018-12-08
清嘉庆 斗彩桃芝祝寿图小盘		118,988	纽约苏富比	2018-03-21
清中期 斗彩挂屏	宽35cm；高35cm	80,500	凤凰拍卖	2018-01-21
清中期 斗彩缠枝花卉梵文盘	直径16.8cm	59,800	中国嘉德	2018-01-13
清嘉庆 斗彩荷塘鸳鸯小碗	直径10cm	40,250	保利厦门	2018-07-15
清中期 内矾红喜字外斗彩缠枝莲纹莲瓣碗（一对）	直径14.5cm	28,750	中国嘉德	2018-09-20
清中期 斗彩荷塘鸳鸯图盘	直径15.2cm	25,300	中国嘉德	2018-01-13
清嘉庆 斗彩花卉纹碗（一对）	高6cm；直径15cm	690,000	中贸圣佳	2018-06-20
清嘉庆 斗彩花卉贯套纹碗(一对)		256,575	纽约苏富比	2018-09-12
清中期 斗彩折枝莲纹竹节香插	高10.3cm	82,800	中国嘉德	2018-09-19
清嘉庆 斗彩婴戏图水呈	高5.8cm	69,000	中国嘉德	2018-11-20
清道光 斗彩团菊纹罐	高12cm	667,000	北京保利	2018-06-20
清道光 斗彩团菊天字罐	高11.5cm	402,500	北京翰海	2018-05-13
清道光 斗彩绿云龙八吉祥纹罐	高19.5cm	105,008	保利香港	2018-04-02
清道光 斗彩花卉纹碗（一对）	直径15.2cm×2	230,000	北京匡时	2018-06-15
清道光 斗彩荷塘鸳鸯碗（一对）	直径10cm；高5cm	230,000	博美拍卖	2018-01-05
清道光 斗彩荷塘鹭鸶纹卧足杯	直径6.5cm	207,000	华艺国际	2018-05-23
清道光 斗彩荷塘鸳鸯碗（一对）	直径10cm×2	189,750	北京荣宝	2018-06-14
清道光 斗彩寿字纹碗（一对）	直径13cm	154,344	中国嘉德	2018-10-02
清道光 斗彩“一路连科”纹墩式碗	直径16.1cm	136,416	万昌斯	2018-05-30
清道光 斗彩暗八仙纹折腰碗		126,920	纽约苏富比	2018-03-21
清道光 斗彩莲池鸳鸯墩式碗	直径16.6cm	115,000	北京保利	2018-10-27
清道光 斗彩折枝花卉纹碗	直径15cm	115,000	北京中汉	2018-06-19
清道光 斗彩并蒂莲纹鸡心碗	直径12.5cm	115,000	中国嘉德	2018-05-18
清道光 斗彩缠枝牡丹纹盘	直径16.3cm	70,070	伦敦佳士得	2018-05-15
清道光 斗彩喜鹊登梅图卧足杯	直径6.4cm	59,800	中国嘉德	2018-01-13
清道光 斗彩花卉纹碗	直径14.1cm	57,500	北京中汉	2018-04-15
清道光 斗彩并蒂莲纹碗（一对）	直径12cm×2	55,200	保利厦门	2018-01-08
清道光 斗彩寿字纹盘	直径14.6cm	40,250	北京中汉	2018-04-15
清道光 斗彩缠枝花卉纹碗	直径14.2cm	40,250	中国嘉德	2018-09-19
清道光 斗彩荷塘鸳鸯纹碗	直径18.5cm	30,520	佳士得	2018-10-04
清道光 斗彩荷塘鸳鸯纹墩式碗	直径16.6cm	195,502	保利香港	2018-10-02
清道光 斗彩忍冬纹盘（一对）	直径21cm	164,634	中国嘉德	2018-10-02
清道光 斗彩佛花盘	直径21cm	115,000	北京保利	2018-06-21
清道光 斗彩缠枝花卉纹盖碗（一对）	6.1cm	592,900	伦敦苏富比	2018-05-16
清道光 斗彩并蒂莲纹鸡心碗（一对）	直径12.3cm	253,000	中国嘉德	2018-01-13
清道光 斗彩“荷塘鸳鸯”纹碗（一对）	直径10.3cm	226,371	中国嘉德	2018-10-02
清道光 斗彩寿字纹碗	直径13.5cm	63,250	北京保利	2018-12-09

拍品名称	物品尺寸	成交价RMB	拍卖公司	拍卖日期
清光绪 斗彩三多纹蒜头瓶	高28.7cm	57,500	中国嘉德	2018-06-18
清光绪 斗彩暗八仙折腰盘	直径21cm	218,500	北京东正	2018-06-17
清光绪 斗彩暗八仙束腰盘	直径25cm	72,027	保利香港	2018-10-02
清光绪 斗彩四季花卉龙纹捧盒	直径22cm	69,000	太平洋	2018-06-09
清光绪 斗彩内暗八仙纹外缠枝花卉纹折腰碗	直径21.2cm	32,200	中国嘉德	2018-01-13
清光绪 斗彩团花纹墩式碗	高6.2cm；直径13cm	28,750	广东崇正	2018-07-05
清光绪 斗彩荷塘鸳鸯图杯	直径10.1cm	25,300	博美拍卖	2018-01-06
清晚期 斗彩穿花龙凤纹大梅瓶	高44.7cm	63,250	中国嘉德	2018-05-19
清晚期 斗彩折枝花果纹小罐	高8.7cm	25,300	中国嘉德	2018-01-13
清晚期 斗彩荷塘鸳鸯图盘（一对）	直径18.7cm	46,000	中国嘉德	2018-01-13
清 斗彩云福天球瓶	高58cm	28,750	北京翰海	2018-09-16
清 斗彩花虫瓶	高14cm	19,163	香港诚昌	2018-05-28
清 斗彩缠枝莲福寿纹铺首尊	高40.3cm	20,700	中国嘉德	2018-09-20
清 斗彩团菊天字罐	高11.5cm	69,000	北京翰海	2018-05-13
清 斗彩团菊天字罐	高12cm	69,000	北京翰海	2018-05-13
清 斗彩八吉祥龙凤纹罐	高19cm	47,731	香港诚昌	2018-04-02
清 斗彩缠枝莲纹盖罐	高10.7cm	32,200	博美拍卖	2018-01-06
清 斗彩冷冬纹盘	直径21.5cm	180,800	广东省拍	2018-09-20
清 斗彩花卉纹盘	径21cm	89,700	印千山	2018-01-12
清 斗彩花神杯（六只）	径6cm×6	69,000	印千山	2018-01-12
清 斗彩内暗八仙纹外缠枝花卉纹折腰碗（一对）	直径20.4cm	46,000	中国嘉德	2018-01-13
清 斗彩荷塘鸳鸯图碗	直径16.8cm	28,750	博美拍卖	2018-01-06
清 斗彩龙纹碟	直径12cm	23,000	北京翰海	2018-01-14
清 斗彩福寿八吉祥折腰花口碗	直径14.5cm	23,000	北京翰海	2018-06-30
清 斗彩福寿八吉祥折腰花口碗	直径14.5cm	23,000	北京翰海	2018-06-30
清 斗彩葡萄花卉纹盘	直径8.2cm	21,850	博美拍卖	2018-01-05
清 斗彩人物故事碗	直径12cm	23,000	北京荣宝	2018-12-03
清末 斗彩鸡缸杯（一对）	直径9cm；高4.2cm	69,000	中贸圣佳	2018-11-24
清 斗彩鸳鸯诗文小杯	直径6.7cm	46,000	中国嘉德	2018-11-20
民国 斗彩群仙祝寿葫芦瓶	高33cm	51,750	华艺国际	2018-11-17
民国 斗彩花卉诗文鸡缸杯	直径8.3cm	36,800	广东衡益	2018-07-01
艺林觉山 斗彩海水龙纹碗（一组两件）	直径14cm×2	92,000	北京匡时	2018-06-16
自牧堂制 斗彩皮球花茶器	茶碗9.8cm；茶杯7.5cm	55,200	中国嘉德	2018-06-20
艺林觉山 斗彩落花流水茶杯（一组四件）	直径9.5cm×4	28,750	北京匡时	2018-06-16
红绿彩				
明成化-弘治 红绿彩高士图盘	直径17cm	161,000	西泠拍卖	2018-07-08
明中期 红绿彩高仕人物盘	直径30.6cm	322,000	北京保利	2018-12-08
明 怀仁窑红绿彩小盏（一对）	直径8cm×2	69,000	保利厦门	2018-07-15
五彩				
元 五彩戗金八吉祥梵文高足杯	高11cm	3,450,000	北京保利	2018-12-08
明嘉靖 五彩仕女婴戏图罐	高29.4cm	379,500	北京中汉	2018-09-21
明嘉靖 五彩双龙戏珠纹杯	高5.5cm；直径8.2cm	747,500	博美拍卖	2018-01-05
明万历 五彩云龙纹兽头方尊	高38cm	57,500	太平洋	2018-06-09
明万历 五彩松阴纳凉图六棱觚	13.8cm	431,200	伦敦苏富比	2018-05-16
明万历 五彩花鸟图执壶	高18.5cm	86,250	北京诚轩	2018-06-17
明万历 五彩缠枝花卉纹罐	高9.8cm	828,000	北京保利	2018-12-08
明万历 五彩婴戏图罐	高13.5cm	517,500	深圳至正国际	2018-08-25
明万历 五彩婴戏图罐	12.7cm	107,800	伦敦苏富比	2018-05-16
明万历 五彩云龙仙人五毒纹小盘	直径9.3cm	862,500	北京保利	2018-06-19
明万历 五彩花鸟图盘	直径31.4cm	483,000	北京保利	2018-12-08
明万历 五彩人物故事纹盘	直径20.5cm	333,500	北京中汉	2018-11-21
明万历 五彩龙凤纹盘	直径16.3cm	92,000	北京诚轩	2018-06-17
明万历 五彩「龙」纹盘	直径19.7cm	40,447	万昌斯	2018-11-29
明万历 五彩瑞兽龙纹碗（一对）	直径14.8cm	2,760,000	北京保利	2018-06-20

(成交价RMB：2万元以上)

拍品名称	物品尺寸	成交价RMB	拍卖公司	拍卖日期
明万历 五彩八仙纹碗	直径17cm	999,000	香港佳士得	10/4/2018
明万历 五彩清供图纹碗	直径19.2cm	402,500	北京保利	2018-12-08
明万历 五彩九供双龙戏珠纹碗	直径19.5cm	345,000	华艺国际	2018-05-23
明万历 五彩柳荫莺蝶纹盖盒	直径24.4cm	1,380,000	北京保利	2018-12-08
明万历 五彩群猫图花棱形盖盒	直径14.4cm；高10.5cm	517,500	西泠拍卖	2018-07-08
明万历 五彩海水云龙纹斗笔管	长16cm	3,910,000	北京保利	2018-12-08
明万历 五彩鱼藻纹折沿洗	直径35.5cm	1,322,500	中国嘉德	2018-11-20
明万历 五彩云鹤纹折沿洗	直径23.7cm	287,500	北京保利	2018-12-08
明万历 五彩龙凤纹折沿洗	直径36cm	207,000	中国嘉德	2018-11-20
明万历 五彩锦地开光瑞兽纹洗	直径29.8cm	40,250	北京中汉	2018-09-21
明天启 五彩寒江独钓图盘（一对）	直径14.6cm	28,750	中国嘉德	2018-01-13
明崇祯 五彩花鸟纹筒瓶	高29.2cm	253,000	北京保利	2018-12-08
明末清初 五彩花鸟纹筒瓶	高36cm	53,900	伦敦佳士得	2018-05-15
明末清初 五彩婴戏图盖罐（一对）	高35.5cm	107,800	伦敦佳士得	2018-05-15
17世纪中 五彩人物故事图盖罐两件	高36.2cm	94,078	纽约佳士得	2018-09-13
17世纪 五彩凤纹罐	高24.1cm	38,486	纽约佳士得	2018-09-13
17世纪 五彩鱼藻纹盖罐	38cm	19,404	伦敦苏富比	2018-05-18
崇祯 五彩团鹤纹方盖盒	直径9.5cm	172,500	广东衡益	2018-07-01
明 五彩梅瓶	高35cm	32,200	北京翰海	2018-09-16
明 五彩龙纹出戟花觚	高27cm	23,000	北京保利	2018-04-30
明 五彩开光花卉纹瓜棱罐	高12cm	26,450	太平洋	2018-06-09
明晚期 五彩松竹梅纹碗	直径10.8cm	36,800	北京中汉	2018-11-21
清早期 五彩三多纹小玉壶春瓶	高13.2cm	59,800	中国嘉德	2018-05-18
清早期 五彩凤凰牡丹纹花觚	高20cm	20,700	南京经典	2018-07-22
清顺治 五彩花果纹筒瓶	高48cm	897,000	北京保利	2018-12-08
清顺治 五彩勒马玉楼图筒瓶		273,680	纽约苏富比	2018-09-12
清顺治 五彩锦堂富贵图花觚		67,426	纽约苏富比	2018-03-21
清顺治 五彩蟾宫折桂图花觚	高38.8cm	65,400	佳士得	2018-10-04
清顺治 五彩缠枝花卉纹盘		23,798	纽约苏富比	2018-03-24
清顺治 五彩凤凰牡丹图洗	直径24.7cm	20,700	中国嘉德	2018-09-20
清康熙 五彩叩马阻兵图大棒槌瓶		9,994,950	纽约苏富比	2018-03-20
清康熙 五彩加金凸雕群仙庆寿图大棒槌瓶	高76.5cm	5,750,000	北京东正	2018-06-17
清康熙 五彩山隐湖居图瓶		436,288	纽约苏富比	2018-03-20
清康熙 五彩水淹七军图棒槌瓶		333,165	纽约苏富比	2018-03-20
清康熙 五彩山水人物纹棒槌瓶	高46.8cm	310,500	中国嘉德	2018-09-19
清康熙 五彩开光人物故事图棒槌瓶		277,638	纽约苏富比	2018-03-20
清康熙 洒蓝地开光五彩山水花鸟博古图棒槌瓶（一对）	高43cm	256,575	纽约佳士得	2018-09-13
清康熙 五彩庭院仕女纹棒槌瓶	高48cm	253,000	广东崇正	2018-07-05
清康熙 五彩人物故事图蒜头瓶		222,365	纽约苏富比	2018-09-12
清康熙 五彩龙舟竞渡图棒槌瓶		222,110	纽约苏富比	2018-03-20
清康熙 五彩郭子仪庆寿图棒槌瓶		222,110	纽约苏富比	2018-03-20
清康熙 五彩花鸟纹棒槌瓶	高45cm	205,792	中国嘉德	2018-10-02
清康熙 五彩人物故事图盖瓶	高60cm	204,820	伦敦佳士得	2018-05-15
清康熙 蓝地开光五彩花鸟纹棒槌瓶	高46cm	161,000	华艺国际	2018-11-17
清康熙 五彩花鸟图诗文小棒槌瓶		150,718	纽约苏富比	2018-03-20
清康熙 五彩福禄寿纹棒槌瓶	高43.2cm	138,000	北京匡时	2018-12-05
清康熙 五彩开光花鸟虫蝶图棒槌瓶		126,920	纽约苏富比	2018-03-20
清康熙 五彩八仙祝寿纹棒槌瓶	高43.2cm	115,000	北京匡时	2018-12-05
清康熙 五彩三国人物故事棒槌瓶	高44.5cm	115,000	北京荣宝	2018-06-14
清康熙 五彩三狮纹胆瓶	高29cm	96,600	华艺国际	2018-11-17
清康熙 五彩婴戏图棒槌瓶		85,525	纽约苏富比	2018-09-12
清康熙 五彩岁寒三友图大胆瓶	高40.7cm	78,200	中国嘉德	2018-01-13
清康熙 五彩岳云刀马故事图小棒槌瓶		75,359	纽约苏富比	2018-03-20
清康熙 五彩描金狮子滚绣球纹长颈瓶	高43.2cm	69,000	北京中汉	2018-04-15
清康熙 五彩神仙人物纹天圆地方瓶	高44.5cm	59,800	中国嘉德	2018-05-18
清康熙 五彩缠枝团花纹长颈瓶		59,494	纽约苏富比	2018-03-20
清康熙 五彩开光花蝶博古图瓶		51,315	纽约苏富比	2018-09-12
清康熙 五彩花蝶纹小棒槌瓶		38,076	纽约苏富比	2018-03-20
清康熙 五彩仕女婴戏图小棒槌瓶	高19.5cm	34,500	中国嘉德	2018-09-19
清康熙 五彩开光花卉纹长颈瓶（一对）		34,210	纽约苏富比	2018-09-15
清康熙 五彩人物图棒槌瓶	高21cm	25,300	西泠拍卖	2018-07-08
清康熙 浆胎五彩龙凤纹花鸟凸雕棒槌瓶	高39cm	23,000	北京保利	2018-06-21
清康熙 五彩杂技人物纹小棒槌瓶	高24.1cm	20,700	中国嘉德	2018-05-18
清康熙 五彩浮雕四仙图洗口尊		1,665,825	纽约苏富比	2018-03-20
清康熙 五彩木兰破敌人物故事图凤尾尊	高45cm	690,000	中国嘉德	2018-05-18
清康熙 五彩鸿门尊	高46cm	345,000	凤凰拍卖	2018-01-21
清康熙 五彩花鸟纹凤尾尊	高50.3cm	49,390	保利香港	2018-10-02
清康熙 五彩隋唐演义三星图凤尾尊	高47cm	40,250	中国嘉德	2018-05-18
清康熙 五彩花蝶开光瑞兽图大凤尾尊	高63.3cm	36,800	中国嘉德	2018 09 20
清康熙 五彩锦地开光花鸟博古图凤尾尊	高45.9cm（含座）	32,200	中国嘉德	2018-05-18
清康熙 五彩一路连科图凤尾尊	高25.5cm	28,750	中国嘉德	2018-09-20
清康熙 五彩人物故事花觚	高43.2cm	402,500	深圳至正国际	2018-08-25
清康熙 五彩西厢记故事图大花觚	高45.8cm	97,750	北京中汉	2018-09-21
清康熙 五彩锦堂富贵图花觚（一对）		95,190	纽约苏富比	2018-03-20
清康熙 五彩雉鸡牡丹图花觚	高47.4cm	32,200	中国嘉德	2018-01-13
清康熙 五彩花卉花觚	高47.4cm	20,700	北京保利	2018-04-29
清康熙 五彩花卉纹执壶	高12cm；口径5.8cm	54,480	北京雅藏	2018-01-28
清康熙 五彩花鸟茶壶	长15cm	46,000	北京荣宝	2018-12-03
清康熙 五彩人物故事图盖罐（一对）	64cm	215,600	伦敦苏富比	2018-05-16
清康熙 五彩人物图大罐	高47cm	174,515	纽约佳士得	2018-03-20
清康熙 五彩三国演义之三英战吕布人物故事图将军罐	高33.4cm	115,000	中国嘉德	2018-05-18
清康熙 五彩凤凰麒麟纹罐	高33cm	74,750	广东崇正	2018-07-05
清康熙 五彩缠枝牡丹纹罐		55,528	纽约苏富比	2018-03-24
清康熙 五彩缠枝莲纹罐	直径9cm	54,500	佳士得	2018-10-04
清康熙 五彩持莲童子纹将军罐	高33cm	51,750	广东崇正	2018-07-05
康熙 五彩将军罐	高44cm	43,700	凤凰拍卖	2018-01-21
清康熙早期 五彩百鸟朝凤图大将军罐	高48cm	43,700	中国嘉德	2018-05-18
清康熙 五彩花鸟纹将军盖罐	高31.7cm	43,600	佳士得	2018-10-04
清康熙 五彩开光花鸟图罐配盖		33,317	纽约苏富比	2018-03-20
清康熙 五彩凤栖梧桐图将军罐	高41cm	28,750	中国嘉德	2018-05-18
清康熙 五彩仕女图将军罐	高53cm	25,300	北京保利	2018-07-27
清康熙 五彩仕女将军罐	高53cm	23,000	北京保利	2018-10-28
清康熙 五彩加官进爵图将军罐	高33cm	23,000	中国嘉德	2018-09-19
清康熙 五彩开光鱼藻纹将军罐	高31.5cm	20,700	北京保利	2018-07-27
清康熙 米黄釉五彩云龙纹罐	高16cm	20,700	中国嘉德	2018-05-19
清康熙 五彩喜鹊登梅图盖罐	高23.2cm	20,700	中国嘉德	2018-09-19
清康熙 内五彩花蝶诗文外矾红鱼纹大斗笠碗	直径21cm	20,700	中国嘉德	2018-01-13

拍品名称	物品尺寸	成交价RMB	拍卖公司	拍卖日期
清康熙 五彩人物故事图瓷板（两件）		95,190	纽约苏富比	2018-03-20
清康熙 五彩神仙人物纹瓷板（一对）	26×18.8cm；25×18.3cm	94,300	中国嘉德	2018-05-18
清康熙 五彩喜鹊登梅图、荷塘鹭鸶图瓷板插屏（一对）	高37.5cm；高37.3cm	43,700	中国嘉德	2018-09-20
清康熙 五彩荷塘图、花蝶纹瓷板各一方	25.5×19cm；25×18.5cm	23,000	中国嘉德	2018-09-20
清康熙 五彩李白像	across 16.5cm	27,764	纽约佳士得	2018-03-20
清康熙 五彩荷塘清趣盘	直径25cm	1,749,232	保利香港	2018-10-02
清康熙 五彩龙凤呈祥纹大盘	直径32cm	1,380,000	华艺国际	2018-05-23
清康熙 五彩穿花龙凤纹大盘	32.5cm	872,000	香港苏富比	2018-10-03
清康熙 五彩暗花祝寿图盘（一对）		555,275	纽约苏富比	2018-03-21
清康熙 五彩过枝花蝶纹盘	直径15.6cm	286,386	保利香港	2018-04-02
清康熙 五彩寿桃盘	28.7cm	283,400	香港苏富比	2018-10-03
清康熙 矾红五彩游鱼纹盘	直径20cm	218,500	保利厦门	2018-07-15
清康熙 五彩“喜相逢”花卉纹盘	直径21.2cm	172,500	北京中汉	2018-04-15
清康熙 五彩贵妃妆点图诗文盘		158,650	纽约苏富比	2018-03-21
清康熙 五彩水浒人物图盘（两件）		150,718	纽约苏富比	2018-03-20
清康熙 五彩美人试妆图诗文盘		111,055	纽约苏富比	2018-03-21
清康熙 矾红彩加五彩描金寿老图暗刻云龙纹盘		87,258	纽约苏富比	2018-03-20
清康熙 五彩人物故事图盘（三件）		79,325	纽约苏富比	2018-03-21
清康熙 五彩过枝花蝶纹盘	直径15.6cm	76,653	香港中汉	2018-05-31
清康熙 五彩竹林七贤图大盘	直径33.5cm	62,100	中国嘉德	2018-01-13
清康熙 五彩“三国故事”图大盘	直径34cm	57,500	华艺国际	2018-05-23
清康熙 五彩仕女图盘（一对）		55,528	纽约苏富比	2018-03-21
清康熙 五彩“人物故事”纹大盘	直径31cm	48,720	万昌斯	2018-05-30
清康熙 五彩花石锦鸡图菊瓣盘		47,595	纽约苏富比	2018-03-20
清康熙 五彩过枝花蝶纹盘	直径17cm	46,000	中国嘉德	2018-05-19
清康熙 五彩荷塘鸳鸯模印龙纹盘	直径20.3cm	43,700	北京中汉	2018-04-15
清康熙 五彩折枝花卉纹盘	直径19cm	40,250	中国嘉德	2018-05-18
清康熙 五彩仙人乘槎图盘	直径21.3cm	36,800	北京中汉	2018-09-21
清康熙 米黄地五彩花卉纹碗、黄地素三彩花卉纹盘各一只	直径20cm；直径15.2cm	36,800	中国嘉德	2018-01-13
清康熙 五彩水浒人物纹大盘	直径41cm	34,500	南京经典	2018-01-06
清康熙 五彩花鸟诗文大盘	直径27cm	34,500	中国嘉德	2018-01-13
清康熙 五彩山水纹盘	直径35.7cm	32,200	中国嘉德	2018-09-20
康熙 五彩仕女图菊瓣纹盘	直径26cm	27,600	广东衡益	2018-07-01
清康熙 五彩有凤来仪图大盘		25,658	纽约苏富比	2018-09-12
清康熙 洒蓝釉描金缠枝莲开光五彩山水纹大盘	直径40.5cm	25,300	中国嘉德	2018-09-19
清康熙 五彩双凤纹盘及五彩穆王八骏碗及五彩人物故事图碗	盘：36cm	23,716	伦敦苏富比	2018-05-18
清康熙 五彩寿星图大盘	直径36cm	20,700	中国嘉德	2018-05-18
清康熙、雍正 五彩、粉彩花鸟纹、花卉纹大盘三只	直径36.2cm；直径35.5cm；直径34.5cm	20,700	中国嘉德	2018-05-19
清康熙 五彩花鸟图盘及碗		18,816	纽约苏富比	2018-09-15
康熙 五彩通花边三娘教子图盘（一对）	直径21.5cm	18,400	广东衡益	2018-07-01
清康熙 五彩鱼藻纹大盘（一对）	直径34.5cm；直径34cm	18,400	中国嘉德	2018-01-13
清康熙 五彩“落花流水”碗	直径21cm	1,646,336	中国嘉德	2018-10-02
清康熙 五彩鱼藻纹碗（一对）	直径14.2cm×2	552,000	北京荣宝	2018-06-14
清康熙 珊瑚红地五彩九秋图碗	直径11cm；高5.5cm	437,000	保利厦门	2018-07-15

拍品名称	物品尺寸	成交价RMB	拍卖公司	拍卖日期
清康熙 五彩诗文花卉碗	直径19.6cm	322,000	北京保利	2018-12-08
清康熙 五彩八骏图大马蹄碗	直径21cm	48,300	中国嘉德	2018-05-18
清康熙 米黄地五彩描金龙纹开光诗文棱口碗	直径17.2cm	40,250	北京中汉	2018-11-21
清康熙 五彩神兽纹碗	直径19cm	35,840	上海联合	2018-07-01
清康熙 五彩寿桃纹高足盖碗		951,900	纽约苏富比	2018-03-20
清康熙 五彩鹤寿延年纹盖碗		317,300	纽约苏富比	2018-03-20
清康熙 五彩花鸟图小碗（一对）	直径8.3cm	64,144	纽约佳士得	2018-09-13
清康熙 五彩穆王八骏图碗		59,494	纽约苏富比	2018-03-20
清康熙 五彩描金珍禽异兽纹碗	直径22.5cm	42,763	纽约佳士得	2018-09-13
清康熙 五彩龙凤呈祥纹碗		39,663	纽约苏富比	2018-03-24
清康熙 五彩西厢记人物故事图仰钟式杯（一对）		7,329,630	纽约苏富比	2018-03-21
清康熙 五彩花神杯（石榴花）	直径6.5cm	2,070,000	华艺国际	2018-11-16
清康熙 五彩“十一月月季”花神杯	直径6.5cm；高5cm	2,070,000	保利厦门	2018-07-15
清康熙 五彩花神杯	6.6cm	981,000	香港苏富比	2018-10-03
清康熙 五彩松下高士图杯	直径9cm	808,500	伦敦佳士得	2018-05-15
清康熙 五彩芙蓉图诗文花神杯		726,963	纽约苏富比	2018-09-12
清康熙 五彩芙蓉图诗文花神杯		470,388	纽约苏富比	2018-09-12
清康熙 五彩西厢记马蹄杯	直径8.3cm	460,000	北京中汉	2018-06-19
清康熙 五彩水仙花神杯	高4.9cm；直径7.6cm	207,000	中贸圣佳	2018-06-20
清康熙 五彩荷塘鸳鸯纹杯	直径6.4cm	190,924	中国嘉德	2018-04-02
清康熙 五彩寻梅图笠式杯		190,380	纽约苏富比	2018-03-20
清康熙 五彩梅花图诗文花神杯		128,288	纽约苏富比	2018-09-12
清康熙 五彩松鼠葡萄纹杯		118,988	纽约苏富比	2018-03-20
清康熙 五彩婴戏图杯		75,359	纽约苏富比	2018-03-20
清康熙 五彩花果纹卧足杯	直径6.1cm	51,750	中国嘉德	2018-01-13
清康熙 五彩高士饮亭图高足杯	高12cm	34,500	中国嘉德	2018-09-19
清康熙 五彩花鸟纹杯（一对）	长17cm	25,300	中国嘉德	2018-09-20
清康熙 五彩教子图仰钟杯	高10.7cm	20,700	中国嘉德	2018-05-18
清康熙 五彩开光高士图盖盒		118,988	纽约苏富比	2018-03-20
清康熙 五彩锦地花卉开光山水纹长方盒	长12.2cm	32,200	中国嘉德	2018-05-18
清康熙 五彩开光花蝶麒麟图缸	直径42cm	57,500	中国嘉德	2018-09-20
清康熙 五彩人物“燃藜”故事笔筒	高14cm	184,000	深圳至正国际	2018-08-25
清康熙 五彩花鸟图诗文笔筒		158,650	纽约苏富比	2018-03-20
清康熙 五彩喜上眉梢图笔筒	高14.3cm	152,600	佳士得	2018-10-04
清康熙 五彩魁星点斗笔筒	高14cm	138,000	华艺国际	2018-05-23
清康熙 五彩魁星点斗图笔筒		134,853	纽约苏富比	2018-03-20
清康熙 五彩人物纹笔筒	高13.5cm	126,500	华艺国际	2018-03-30
清康熙 五彩洞石牡丹花蝶纹大笔筒	直径19.3cm	103,500	北京中汉	2018-09-21
清康熙 五彩锦鳞图笔筒		95,190	纽约苏富比	2018-03-20
清康熙 五彩人物故事纹笔筒	高12.8cm	69,000	太平洋	2018-11-22
清康熙 五彩描金花卉开光梵文笔筒	高14cm	57,500	北京翰海	2018-06-30
清康熙 五彩花鸟纹笔筒	直径10.4cm	43,700	北京中汉	2018-04-15
清康熙 五彩花鸟纹笔筒	高14cm	34,500	保利厦门	2018-01-08
清康熙 五彩花鸟纹笔筒	高13.4cm	32,200	中国嘉德	2018-05-18
清康熙 五彩鱼藻图笔筒	直径10.6×高13.2cm	28,750	北京诚轩	2018-06-17
清康熙 五彩平升三级图笔筒	高12cm	28,750	中国嘉德	2018-05-18
清康熙 五彩花鸟纹笔筒	高13.5cm	28,750	中国嘉德	2018-09-20
清康熙 五彩仕女婴戏图笔筒	直径10.8cm	25,300	北京中汉	2018-09-21
清康熙 五彩高士博古图四方笔筒	高13cm	23,000	北京中汉	2018-09-21
清康熙 五彩鱼藻诗文笔筒	高11cm	23,000	华艺国际	2018-03-30
清康熙 五彩仕女笔筒	高14cm	21,850	北京保利	2018-07-27
清康熙 五彩魁星点斗笔架	高10.5cm	80,500	北京匡时	2018-12-05

2018瓷器拍卖成交汇总

(成交价RMB：2万元以上)

拍品名称	物品尺寸	成交价RMB	拍卖公司	拍卖日期
清康熙 五彩麒麟图洗		134,853	纽约蘇富比	2018-03-21
清康熙 五彩金玉满堂折沿洗	直径23cm	69,000	北京中汉	2018-09-21
清雍正 墨地五彩缠枝莲纹胆瓶	高23.5cm	460,000	保利厦门	2018-01-08
清雍正 绿釉连墨地五彩花卉纹台座小香瓶	高14cm	149,500	西泠拍卖	2018-07-08
清雍正 矾红开光五彩人物故事瓶	长27cm	50,600	华艺国际	2018-03-30
清雍正 墨地五彩加柠檬黄缠枝花卉盘	直径14.5cm	345,000	北京保利	2018-12-09
清雍正 五彩龙纹花口盘	直径15.9cm	185,213	中国嘉德	2018-10-02
清雍正 五彩渔家乐图大盘	直径40cm	32,200	中国嘉德	2018-01-13
清雍正 五彩龙凤呈祥纹碗	直径14.7cm	324,995	纽约佳士得	2018-09-13
清雍正 五彩松鹤延年图大碗	直径21.5cm	20,700	中国嘉德	2018-01-13
清雍正 外红釉内五彩花蝶卧足杯	直径12.5cm	34,500	北京保利	2018-04-29
雍正 五彩对弈图笔筒	高12cm	28,750	广东衡益	2018-07-01
清乾隆 五彩龙凤呈祥纹碗		239,470	纽约苏富比	2018-09-12
清乾隆 五彩龙凤呈祥纹碗	直径15cm	59,950	佳士得	2018-10-04
清乾隆 五彩龙凤纹碗	直径14.7cm	59,800	中国嘉德	2018-06-18
清乾隆 五彩龙凤纹碗	直径15.6cm	23,000	中国嘉德	2018-09-20
清乾隆 五彩花神杯（一对）	直径6cm	323,400	伦敦佳士得	2018-05-15
清中期 洒蓝描金五彩十二学仕棒槌瓶	高44cm	42,958	香港诚昌	2018-04-02
清中期 五彩钟馗捉鬼图梅瓶	高19.2cm	23,000	中国嘉德	2018-05-19
清中期 五彩夔龙纹罐	宽13cm；高11.2cm	32,200	浙江佳宝	2018-07-01
清中期 五彩阿文筒式炉	直径17.8cm	120,750	北京保利	2018-12-09
清中期 五彩采莲图大盘	直径33.2cm	20,700	中国嘉德	2018-09-19
清嘉庆 外松石绿堆白内五彩小杯，盏托（一组两件）	尺寸不一	92,000	保利厦门	2018-01-08
清嘉庆 五彩龙凤呈祥纹碗（一对）		436,288	纽约苏富比	2018-03-21
清嘉庆 五彩龙凤纹碗	直径14.9cm	36,800	北京中汉	2018-04-15
清中期 内五彩鱼藻纹外粉彩雕瓷博古图大缸	直径46.5cm	92,000	中国嘉德	2018-05-19
清道光 五彩龙凤纹碗（一对）	直径14.8cm	299,000	华艺国际	2018-11-17
清道光 五彩龙凤纹小碗（一对）	直径13cm	299,000	中国嘉德	2018-09-19
清道光 五彩龙凤纹碗（一对）	高6.5cm；直径14.8cm	190,924	保利香港	2018-04-02
清道光 五彩龙凤呈祥纹碗(一对)		171,050	纽约苏富比	2018-09-12
清道光 五彩龙凤纹碗	高6.5cm；直径15cm	138,000	广东崇正	2018-07-05
清道光 五彩龙凤碗	直径15.5cm	109,250	北京保利	2018-10-27
清道光 五彩龙纹碗	直径13.2cm	71,300	中国嘉德	2018-06-18
清道光 五彩龙凤呈祥纹碗		42,763	纽约苏富比	2018-09-15
清道光 五彩龙凤呈祥纹碗		38,486	纽约苏富比	2018-09-15
清同治 五彩龙凤纹小杯（一对）	直径5.9cm	32,927	中国嘉德	2018-10-02
19世纪 五彩引福归堂图小棒槌瓶		39,663	纽约苏富比	2018-03-20
19世纪 墨地五彩缠枝花卉纹观音瓶	高24.3cm	34,500	北京中汉	2018-09-21
清光绪 洒蓝开光五彩人物故事纹大棒槌瓶	高65cm	25,300	太平洋	2018-06-09
清光绪 五彩历史故事观音瓶	高28cm	20,700	北京保利	2018-04-29
清光绪 五彩人物故事图凤尾尊（一对）	高44cm	218,500	华艺国际	2018-05-23
19世纪 五彩开光渔乐图大凤尾尊		55,528	纽约苏富比	2018-03-24
19世纪 五彩喜上眉梢大凤尾尊	高75.9cm	51,315	纽约佳士得	2018-09-13
清光绪 五彩牡丹雉鸡纹盖罐	高22cm	41,040	上海联合	2018-11-25
清光绪 五彩花鸟人物纹罐	高23cm	28,639	中国嘉德	2018-04-02
19世纪 素胎五彩“飞鸣宿食”图墩式碗	直径13.3cm	25,300	北京中汉	2018-04-15

拍品名称	物品尺寸	成交价RMB	拍卖公司	拍卖日期
光绪 五彩龙凤纹小杯	直径7cm	43,700	广东衡益	2018-07-01
清光绪 五彩开光人物纹大缸	直径41cm	69,000	太平洋	2018-06-09
清光绪 墨地五彩花卉纹卷缸	高29cm；直径36cm	20,700	南京经典	2018-01-06
清光绪 五彩龙凤呈祥纹碗	直径14cm	70,850	佳士得	2018-10-04
清晚期五彩人物纹狮耳方瓶（一对）	高56.5cm	40,250	中国嘉德	2018-09-20
清晚期 蓝釉粉彩博古图象耳方瓶、洒蓝釉开光五彩瑞兽纹象耳尊各一件	高31.5cm；高26cm	32,200	中国嘉德	2018-05-18
清晚期 五彩钟馗捉鬼图棒槌瓶	高46.7cm	23,000	中国嘉德	2018-01-13
清晚期 五彩西厢记人物故事图凤尾尊	高43.8cm	32,200	中国嘉德	2018-09-19
清晚期 墨地五彩花蝶开光山水人物花鸟纹盖罐（一对）	高31.5cm	20,700	中国嘉德	2018-09-19
清晚期 五彩雉鸡牡丹图大盘	直径50cm	43,700	中国嘉德	2018-05-18
清晚期 五彩花神杯（十二只）	直径6cm	97,750	北京中汉	2018-06-19
清晚期 五彩人物纹大缸	直径52.5cm	34,500	中国嘉德	2018-05-19
清晚期 五彩穿花螭龙开光西厢记人物故事图笔筒	直径17.5cm	25,300	中国嘉德	2018-05-19
清 雕瓷五彩胆瓶	高49cm	71,597	香港诚昌	2018-04-02
清 蓝釉开光五彩花鸟纹棒槌瓶	高47.5cm	57,500	广东崇正	2018-07-05
清代 黄底五彩荷花纹观音瓶	高38cm；口径11cm	45,400	北京雅藏	2018-01-28
清 五彩人物故事图棒槌瓶	高48cm	32,200	太平洋	2018-06-09
清 蓝釉五彩描金鱼藻纹大瓶	高45cm	32,200	中国嘉德	2018-05-19
清 洒蓝釉开光五彩花卉纹胆瓶	高44cm	25,300	博美拍卖	2018-01-06
清 五彩花鸟图橄榄瓶	高58.8cm	23,000	博美拍卖	2018-01-06
清 五彩多子多福图纹瓶	高30cm	23,000	广东崇正	2018-07-05
清 五彩百鸟朝凤观音尊	高46.8cm	30,510	广东省拍	2018-09-20
清 五彩人物故事纹尊	高30.5cm	23,000	广东崇正	2018-07-05
清 五彩芭蕉侍女花觚（两件）	高46cm	172,500	北京翰海	2018-05-13
清 五彩人物故事花觚（两件）	高45.5cm	172,500	北京翰海	2018-05-13
清代 五彩奔马纹将军罐	高36cm；口径10.5cm	24,970	北京雅藏	2018-01-28
清 五彩人物纹将军罐	高42cm	23,000	太平洋	2018-06-09
清 五彩三足炉	直径14.5cm	57,500	北京翰海	2018-05-13
清代 五彩人物故事大盘	直径54.3cm	74,750	中贸圣佳	2018-11-25
清 米黄釉五彩、粉彩、矾红盘、碗（四只）	尺寸不一	32,200	中国嘉德	2018-09-20
清 五彩开窗花鸟纹鱼缸（一对）	39×47cm	124,561	香港诚昌	2018-05-28
清代 五彩花鸟纹卷缸	高27cm；口径23cm	54,480	北京雅藏	2018-01-28
清代 五彩花鸟纹卷缸	高27.5cm；直径29.5cm	51,075	北京雅藏	2018-01-28
清 五彩一路连科图缸	直径36.8cm	40,250	中国嘉德	2018-01-13
清 五彩人物故事图卷缸	高22cm；直径26cm	28,000	上海联合	2018-07-01
清 五彩山水人物笔筒	高16cm	28,750	北京翰海	2018-09-16
陶润文 不染红尘 釉下五彩花鸟瓶	高30cm	115,000	中国嘉德	2018-06-20
洪宪年 五彩人物故事观音瓶	高34.5cm；口沿直径10.5cm	39,725	北京雅藏	2018-01-28
80年代五彩圆瓷板画（两组八件）	直径31cm	22,600	广东省拍	2018-09-20
郑则耀 护佑 五彩老挝石三连章	10.3×5×3.5cm；255g；10.6×4.8×4.8cm；491g；7.9×4.8×3.7cm；242g	134,400	上海联合	2018-07-01
三 彩				
金代 当阳峪窑三彩花卉铺首衔环瓶	高25.5cm	97,440	智得拍卖	2018-05-28
明成化14年（1479年）三彩神像	高61.6cm	41,052	纽约佳士得	2018-09-13
明万历 蓝釉三彩龙凤壶	高25cm	149,500	北京华辰	2018-11-19

拍品名称	物品尺寸	成交价RMB	拍卖公司	拍卖日期
17世纪 素三彩海水江崖杂宝纹盖罐		87,258	纽约苏富比	2018-03-20
17世纪 素三彩海马杂宝纹笔筒		17,452	纽约苏富比	2018-03-20
17世纪 素三彩海马杂宝纹碗（一对）		87,258	纽约苏富比	2018-03-20
明 三彩道教人物坐像两尊		68,420	纽约苏富比	2018-09-15
明 褐地素三彩龙纹罐	高38.5cm	23,000	北京保利	2018-10-28
明代 三彩弥勒佛		690,000	未来四方	2018-01-20
明 三彩卧狮		174,515	纽约苏富比	2018-03-20
明 三彩龙穿花纹壁砖	长59.7cm	85,525	纽约佳士得	2018-09-13
明 三彩佛供	高42cm	69,000	西泠拍卖	2018-07-08
18世纪 墨地素三彩花卉图大盖罐		67,426	纽约苏富比	2018-03-20
清早期 素三彩寿星	高23cm	23,000	北京荣宝	2018-12-03
清康熙 釉下三彩鹤鹿同春图观音瓶	高41.2cm	59,800	中国嘉德	2018-05-18
清康熙 墨地素三彩麻姑献寿纹梅瓶	高16cm	28,750	太平洋	2018-11-22
清康熙 墨地素三彩刘海戏蟾四方瓶	高50.3cm	25,300	中国嘉德	2018-11-20
康熙 釉下三彩松鹿鹤纹梅瓶	高22cm	23,000	广东衡益	2018-07-01
清康熙 素三彩山水人物纹梅瓶	高17.7cm	17,250	北京中汉	2018-09-21
清康熙 洒蓝地釉里三彩八仙祝寿图观音尊		222,110	纽约苏富比	2018-03-20
清康熙 釉里三彩山水垂钓图花觚	高40.2cm	327,000	佳士得	2018-10-04
清康熙 釉下三彩山水人物纹花觚	高45.7cm	23,000	中国嘉德	2018-05-18
清康熙 素三彩寿桃形倒流壶		67,426	纽约苏富比	2018-03-20
清康熙 素三彩博古图六方提梁壶		33,317	纽约苏富比	2018-03-20
清康熙 釉里三彩湖山独钓图炉		793,250	纽约苏富比	2018-03-20
清康熙 虎皮三彩墩式碗	直径12.5cm	86,250	华艺国际	2018-05-23
清康熙 素三彩钟离权立像		47,595	纽约苏富比	2018-03-20
清康熙 素三彩韩湘子立像		38,076	纽约苏富比	2018-03-20
清康熙 素三彩折枝花卉赭绿云龙纹大盘	直径35.3cm	828,000	中贸圣佳	2018-11-24
清康熙 黄地素三彩龙纹盘（一对）	直径13.3cm	720,272	保利香港	2018-10-02
清康熙 黄地素三彩折枝花卉双龙纹大盘	直径31.7cm	620,503	保利香港	2018-04-02
清康熙 黄地紫绿彩双龙戏珠纹盘(一对)		145,393	纽约苏富比	2018-09-12
清康熙 素三彩龙纹盘	直径13.3cm	138,000	西泠拍卖	2018-07-08
清康熙 黄地赭绿彩龙纹盘（一对）	直径13cm	102,896	中国嘉德	2018-10-02
康熙 黄地云鹤纹盘	直径25cm	57,500	广东衡益	2018-07-01
清康熙 素三彩和合二仙供盘	长20cm	48,300	中国嘉德	2018-05-18
清康熙 黄地素三彩双龙赶珠纹小盘（一对）	直径13.6cm	46,000	北京中汉	2018-09-21
清康熙 黄地素三彩云龙纹盘	直径13.4cm	36,800	中国嘉德	2018-05-19
清康熙 素三彩双龙小盘	直径13cm	34,500	北京保利	2018-10-28
清康熙 白地素三彩暗龙花蝶纹碗	直径14.9cm	334,117	保利香港	2018-04-02
清康熙 虎皮三彩大碗	直径20.4cm	126,500	中国嘉德	2018-06-18
清康熙 素三彩海马纹碗（一对）	直径17.5cm	69,000	中国嘉德	2018-01-13
清康熙 虎皮三彩碗（一对）	直径16.7cm	34,500	北京保利	2018-06-21
清康熙 虎皮三彩碗	直径10.2cm	34,500	中国嘉德	2018-05-19
清康熙 素三彩双龙赶珠纹小碟	直径13.2cm	74,750	北京中汉	2018-06-19
清康熙 素三彩赶珠龙纹文具盒		237,975	纽约苏富比	2018-03-20
清康熙 釉下三彩花鸟纹笔筒	直径17.6；高14.5cm	460,000	中国嘉德	2018-06-18
清康熙 素三彩“岁寒三友”笔筒		95,190	纽约苏富比	2018-03-20
清康熙 素三彩花卉洗	直径11.8cm	20,700	中国嘉德	2018-11-20
清康熙 素三彩卧马形水滴		87,258	纽约苏富比	2018-03-20
清康熙 素三彩文王访贤图台式几	长24.5cm	78,400	上海联合	2018-11-25
清康熙 素三彩寒江夜渔图方几		67,426	纽约苏富比	2018-03-20

拍品名称	物品尺寸	成交价RMB	拍卖公司	拍卖日期
清康熙 黄地素三彩海水赶珠龙纹碗		32,500	纽约苏富比	2018-09-15
清康熙 墨地素三彩猫蝶图兽足四方几	长19cm	23,000	中国嘉德	2018-05-18
清康熙 虎皮三彩碗（一对）		20,625	纽约苏富比	2018-03-20
清乾隆 黄地紫绿彩龙凤纹盘（一对）	直径13.5cm	92,000	八益拍卖	2018-04-28
清道光 素三彩暗刻五福捧寿纹如意	长41.8cm	86,250	北京中汉	2018-04-15
清道光 黄地素三彩云龙纹小盘	直径13.1cm	36,800	中国嘉德	2018-05-18
清道光 黄地赭绿彩双龙戏珠纹小碟（五件）	直径10.7cm	241,500	北京保利	2018-12-09
19世纪 墨地素三彩锦堂富贵图瓶		31,730	纽约苏富比	2018-03-20
19世纪 素三彩龙纹贲巴壶	高20.1cm	138,000	北京中汉	2018-04-15
19世纪 素三彩执壶两件及观音像		42,763	纽约苏富比	2018-09-15
19世纪 素三彩虎摆件	高20cm	36,800	北京中汉	2018-04-15
清光绪 黄地三彩云龙戏珠纹折沿盘	63.2cm	654,000	香港苏富比	2018-10-03
清光绪 黄地褐绿彩龙纹盘（一对）	直径11cm	25,300	华艺国际	2018-03-30
清光绪 黄地素三彩双龙戏珠盘（一对）	直径13cm	20,700	北京保利	2018-12-09
清光绪 黄地素三彩云龙纹小盘	直径13.3cm	20,700	中国嘉德	2018-09-20
清光绪 素三彩龙纹盘	直径11cm	20,160	北京适珍	2018-01-07
清光绪 黄地紫绿龙纹碟（一对）	直径11cm	23,000	华艺国际	2018-11-17
清宣统 黄地紫绿彩龙纹盘	直径14.5cm	42,958	中国嘉德	2018-04-02
清宣统 黄地素三彩龙纹碗	直径16.5cm	103,500	中国嘉德	2018-06-18
清 黄地素三彩云龙瓶	高29.5cm	23,000	太平洋	2018-06-09
清 素三彩喜鹊登梅玉壶春	高27.5cm	18,400	北京翰海	2018-01-14
清 墨地素三彩仿珐华缠枝梅花“康”字罐	高23cm	28,750	中国嘉德	2018-05-18
清 黄地三彩龙纹盘（3件）	直径11cm	40,250	北京翰海	2018-05-13
清 素三彩送子观音	高32cm	19,550	广东衡益	2018-07-01
民国 素三彩望子成龙笔筒	高17cm	46,000	北京华辰	2018-11-19
粉 彩				
18世纪 孔雀蓝地粉彩开光人物故事图盖瓶（一对）	41.5cm	53,900	伦敦苏富比	2018-05-18
18世纪 粉彩神仙纹大瓶	42.2cm	40,964	伦敦苏富比	2018-05-18
18世纪 粉彩杯及小盘（一组）		27,368	纽约苏富比	2018-09-15
18世纪 粉彩茶具（一组）		22,237	纽约苏富比	2018-09-15
清雍正 粉彩群仙品酌图灯笼瓶	高23cm	4,600,000	北京匡时	2018-12-05
清雍正 粉彩唐英风格鱼龙变化虞美人抱月瓶	高29.5cm	920,000	北京保利	2018-12-12
清雍正 粉彩踏雪寻梅图玉壶春瓶	高21.5cm	651,549	香港中汉	2018-05-31
清雍正 粉彩福禄寿三星图瓶	高39cm	494,500	华艺国际	2018-05-23
清雍正 粉彩安居乐业瓶	高18cm	460,000	北京华辰	2018-11-19
清雍正 粉彩人物故事长颈瓶	高20cm	322,000	深圳至正国际	2018-08-25
清雍正 粉彩仕女图瓶		206,245	纽约苏富比	2018-03-21
清雍正 粉彩仕女婴戏图瓶	高43.7cm	181,378	保利香港	2018-04-02
清雍正 粉彩人物棒槌瓶	高43.5cm	158,200	广东省拍	2018-09-20
清雍正 粉彩福禄寿三星图瓶		145,393	纽约苏富比	2018-09-12
清雍正 粉彩花鸟纹瓶	高46.8cm	92,606	中国嘉德	2018-10-02
清雍正 粉彩五老观画图盘口瓶	高37cm	69,000	中国嘉德	2018-05-19
清雍正 粉彩福禄寿三星人物棒槌瓶	高41.8cm	55,200	北京中汉	2018-11-21
清雍正 粉彩开光锦地鹤寿延年纹瓶		51,561	纽约苏富比	2018-03-24
清雍正 粉彩尉迟恭战秦琼图棒槌瓶	高44.2cm	40,250	北京中汉	2018-06-19
清雍正 粉彩三国演义之“空城计”人物故事图观音瓶	高40.5cm	34,500	北京中汉	2018-04-15
请雍正 粉彩麻姑献寿图瓶	高23.3cm	34,500	中国嘉德	2018-09-19

拍品名称	物品尺寸	成交价RMB	拍卖公司	拍卖日期
清雍正 粉彩“踏雪寻梅”图撇口瓶	高25.8cm	23,000	北京中汉	2018-11-21
清雍正 粉彩五老观画瓶	高45cm	23,000	北京保利	2018-07-27
清雍正 粉彩竹石画眉图橄榄瓶	高22.5cm	23,000	中国嘉德	2018-05-19
清雍正 粉彩仕女婴戏图盘口瓶	高36cm	23,000	中国嘉德	2018-09-20
清雍正 粉彩牡丹蒜头瓶	高29cm	20,700	中国嘉德	2018-11-20
清雍正 粉彩福山寿海马蹄尊	高7.7cm	345,000	北京匡时	2018-06-15
清雍正 粉彩群仙祝寿图凤尾尊	高43.9cm	230,000	北京中汉	2018-04-15
清雍正 黄地粉彩烂柯图瓜棱橄榄尊	高41.5cm	43,700	太平洋	2018-11-22
清雍正 粉彩人物纹凤尾尊	高42.8cm	40,250	中国嘉德	2018-05-19
清雍正 粉彩花蝶图琵琶尊	高39.4cm	36,800	中国嘉德	2018-09-19
清雍正 粉彩凤凰牡丹图凤尾尊	高44.2cm	23,000	中国嘉德	2018-05-18
清雍正 粉彩锦地花卉开光神仙人物花鸟纹八方花觚	高50.5cm	34,500	中国嘉德	2018-05-19
清雍正 粉彩锦地开光博古花鸟纹八方狮钮大罐	高71.5cm	57,500	博美拍卖	2018-01-06
清雍正 粉彩教子图罐	高21cm	43,700	中国嘉德	2018-09-20
清雍正 粉彩花卉纹罐	高22cm	23,000	中国嘉德	2018-09-19
清雍正 粉彩花卉锦地镂空狮钮四方熏炉	高22.7cm	103,500	中贸圣佳	2018-11-24
清雍正 粉彩花卉纹斗笠碗	直径22.5cm	20,700	中国嘉德	2018-05-19
清雍正 粉彩过枝八桃五蝠福寿双全盘成对	直径20.2cm	50,600,000	北京保利	2018-06-19
清雍正 粉彩云鹤双龙捧寿福山寿海纹折沿大盘	直径53.8cm	1,092,500	北京中汉	2018-06-19
清雍正 外胭脂红内粉彩花鸟纹盘	直径20.8cm	552,000	保利厦门	2018-01-08
清雍正 粉彩牡丹花卉纹大盘	直径32.2cm	395,500	广东省拍	2018-09-20
清雍正 外祭蓝釉内粉彩花卉纹盘	直径20.5cm	207,000	太平洋	2018-06-09
清雍正 外胭脂红内粉彩福迭富贵图盘		206,245	纽约苏富比	2018-03-21
清雍正 外胭脂红内粉彩喜上眉梢图盘（一对）		126,920	纽约苏富比	2018-03-21
清雍正 外胭脂红内粉彩侍女婴戏盘	直径20.8cm	92,000	西泠拍卖	2018-07-08
清雍正 粉彩“枫叶传情”图折沿盘	直径19.7cm	92,000	西泠拍卖	2018-07-08
清雍正 粉彩西厢记人物故事图折沿大盘	直径43.5cm	92,000	中国嘉德	2018-01-13
清雍正 粉彩人物故事图盘	直径36cm	86,250	北京中汉	2018-11-21
清雍正 粉彩蝶恋花图盘（一对）	直径15.2cm×2	86,250	北京诚轩	2018-06-17
清雍正 粉彩灵芝花卉纹盘（一对）	直径14.6cm×2	86,250	北京匡时	2018-06-15
清雍正 粉彩人物故事图大盘	42cm	75,460	伦敦苏富比	2018-05-18
清雍正 粉彩锦地开光花卉图盘		59,494	纽约苏富比	2018-03-21
清雍正 粉彩人物纹大盘	直径35.6cm	55,200	中国嘉德	2018-01-13
清雍正 外珊瑚红釉内粉彩花卉纹小盘（一对）	直径10.5cm×2	51,750	保利厦门	2018-07-15
清雍正 粉彩没骨秋海棠折腰小盘	直径9cm	48,300	保利厦门	2018-07-15
清雍正 粉彩人物故事图盘	直径27.1cm	43,700	北京中汉	2018-04-15
清雍正 粉彩芦雁图大盘	直径35.3cm	40,250	中国嘉德	2018-01-13
清雍正 粉彩三国故事盘（两件）	直径35.5cm	36,800	北京保利	2018-10-27
清雍正 粉彩高仕图盘	直径21cm；高3.5cm	34,500	中贸圣佳	2018-11-25
清雍正 粉彩玉簪记故事图盘	直径16.3cm	34,500	北京诚轩	2018-06-17
清雍正 粉彩折枝花卉纹盘	直径19cm	28,750	北京中汉	2018-04-15
清雍正 粉彩花卉纹盘（一对）	直径15.9cm	28,750	中国嘉德	2018-09-20
清雍正 粉彩折枝花卉纹折沿大盘	直径46.5cm	28,750	中国嘉德	2018-09-20
清雍正 粉彩狩猎图大盘	38.2cm	28,028	伦敦苏富比	2018-05-18
清雍正 粉彩教子图纹盘	直径14cm	20,700	太平洋	2018-06-09
清雍正 粉彩双龙戏珠杯及盏托（一对）	盏直径5.9cm；托直径11.8cm	20,700	中国嘉德	2018-11-20

拍品名称	物品尺寸	成交价RMB	拍卖公司	拍卖日期
清雍正 粉彩“玉堂富贵”花卉纹碗	直径14.6cm	7,475,000	中国嘉德	2018-11-20
清雍正 珊瑚红地洋彩九秋同庆花卉纹碗（一对）	直径13cm；直径13.2cm	6,900,000	中国嘉德	2018-06-18
清雍正 粉彩蝶恋花撇口碗（一对）	18cm	2,224,750	香港苏富比	2018-04-03
清雍正 粉彩百花迎春图碗	口径14.5cm；高6.6cm	805,000	西泠拍卖	2018-07-08
清雍正 粉彩虞美人杂宝博古纹盖碗	直径11cm	376,798	香港中汉	2018-11-29
清雍正 粉彩八仙祝寿葵口碗（一对）	直径21.5cm	287,500	深圳至正国际	2018-08-25
清雍正 粉彩玉堂富贵图折腰碗	直径17.5cm	172,500	北京中汉	2018-06-19
清雍正/乾隆 粉彩过枝花卉纹小碗	直径8.9cm；高4.8cm	161,000	中贸圣佳	2018-06-20
清雍正 粉彩折枝花卉纹碗	直径16.4cm	105,800	北京中汉	2018-04-15
清雍正 粉彩高仕图碗	直径14cm	92,000	太平洋	2018-11-22
清雍正 内粉彩花果纹外胭脂红开光花卉纹茶碗	直径11.6cm	51,750	中国嘉德	2018-05-19
清雍正 粉彩喜鹊登梅图碗	直径11.2cm	40,250	北京中汉	2018-11-21
清雍正 粉彩折枝牡丹花蝶纹碗	直径17.9cm	32,200	北京中汉	2018-06-19
清雍正 粉彩高士图盖碗	直径11.5cm	25,300	北京保利	2018-07-27
清雍正 粉彩花卉纹碗	直径12cm	23,000	中国嘉德	2018-05-19
清雍正 粉彩花蝶图大碗	直径21cm	23,000	中国嘉德	2018-09-19
清雍正 粉彩仕女纹碗	直径11cm	19,092	保利香港	2018-04-02
清雍正 粉彩松鹤折腰小杯（一对）	直径6.1cmcm	2,587,500	北京保利	2018-12-08
清雍正 唐英制粉彩山水纹题诗双耳方杯	高5.3cm	1,265,000	北京匡时	2018-06-15
清雍正 外胭脂红内粉彩寿桃纹茶圆	直径9.5cm	617,376	中国嘉德	2018-10-02
清雍正 粉彩过枝蝶恋花图杯	直径9cm	460,000	北京诚轩	2018-06-17
清雍正 粉彩花卉杯（一对）	高9.5cm	218,500	北京华辰	2018-11-19
清雍正 粉彩福禄万寿图杯托	直径12.3cm	92,000	北京诚轩	2018-06-17
清雍正 粉彩花卉纹杯	直径6.2cm	32,200	北京中汉	2018-04-15
清雍正 粉彩八仙人物纹四方杯	高7.5cm；长10cm；宽9.8cm	32,200	西泠拍卖	2018-07-08
清雍正 粉彩花卉纹杯	直径7.8cm	25,300	中国嘉德	2018-01-13
清雍正 粉彩福禄寿小杯	直径6cm；高3.5cm	23,000	北京荣宝	2018-06-14
清雍正 粉彩花蝶纹碟（一对）	直径15cm	85,916	香港诚昌	2018-04-02
清雍正—乾隆 洋彩黄地开光缠枝牡丹纹大花盆	直径39cm	230,000	北京保利	2018-06-21
清雍正 粉彩人物纹四方花盆	长20cm	34,500	中国嘉德	2018-01-13
清雍正 粉彩人物纹案缸	直径24cm	32,200	中国嘉德	2018-09-19
清雍正 洋彩镂雕团龙捧寿纹塔式笔筒	高17cm	5,290,000	保利厦门	2018-07-15
清雍正 粉彩仕女婴戏图小笔筒	高9.7cm	40,250	中国嘉德	2018-05-18
清雍正 粉彩刀马人物图笔筒	直径18.2cm	23,000	北京保利	2018-01-21
清雍正 粉彩牡丹诗文笔筒	高12cm	23,000	北京保利	2018-04-30
清雍正 粉彩麻姑献寿图折沿洗	直径40.3cm	552,000	中国嘉德	2018-05-18
清乾隆 瓷胎洋彩黄地锦上添花莲纹长春百子图双龙耳瓶	高38.8cm	53,977,700	佳士得	2018-05-30
清乾隆 紫红地洋彩轧道锦上添花胆瓶	21.7cm	40,663,981	香港苏富比	2018-04-03
清乾隆 御制洋彩胭脂红地轧道祥莲瑞蝠纹开光御题诗壁瓶	高18.2cm	23,575,000	北京保利	2018-12-12
清乾隆 洋彩透云蝠内八仙贺寿玲珑转心瓶	高30cm	10,289,600	北京匡时	2018-10-03
清乾隆 绿地粉彩轧道通景十八罗汉图双耳撇口瓶	37.2cm	5,665,968	伦敦苏富比	2018-05-16
清乾隆 粉彩九桃天球瓶	高52.3cm	4,600,000	北京保利	2018-06-20
清乾隆 粉彩湖山村隐图锦上添花凤耳大瓶		3,222,582	纽约苏富比	2018-09-12

拍品名称	物品尺寸	成交价RMB	拍卖公司	拍卖日期
清乾隆 洋彩胭脂红地锦上添花梅瓶	高38cm	3,200,160	台北艺流	2018-12-01
清乾隆 黄地洋彩凤穿牡丹纹吉庆绶带耳盘口瓶	高38.8cm	3,162,500	中贸圣佳	2018-06-20
清乾隆 粉彩锦上添花开光山水图御题诗轿瓶（一对）		2,379,750	纽约苏富比	2018-03-21
清乾隆 粉彩描金缠枝西番莲纹双耳瓶（一对）	高15.5cm	2,070,000	北京保利	2018-06-19
清乾隆 约1740年 粉彩锦堂富贵图大盖瓶（一对）		1,745,150	纽约苏富比	2018-03-20
清乾隆 粉彩堆雕螭龙追把瓶	高32cm	1,380,000	印千山	2018-01-12
清乾隆 粉彩木釉十二花神卷口瓶	高42cm	1,035,000	北京保利	2018-04-29
清乾隆 松石绿地洋彩缠枝莲纹螭龙耳四方扁瓶	高20.1cm	1,028,960	保利香港	2018-10-02
清乾隆 粉彩缠枝花卉开光"山水楼廓"图海棠瓶	高47cm	920,000	保利厦门	2018-01-08
清乾隆 洋彩绿地轧道云蝠葫芦壁瓶	高18.5cm	812,000	佳士得	2018-05-30
清乾隆 绿地粉彩缠枝莲三多纹梅瓶	高21.5cm	754,600	伦敦佳士得	2018-05-15
清乾隆 黄地粉彩莲托八吉祥纹贲巴瓶	高25.7cm	539,000	伦敦佳士得	2018-05-15
清乾隆 松石绿地粉彩吉庆纹莲花瓶	高44.5cm	356,500	上海匡时	2018-04-30
清乾隆 褐地描金粉彩开光山水图小瓶	高10.2cm	324,995	纽约佳士得	2018-09-13
清乾隆 洋彩西番莲纹双耳赏瓶	高30cm	322,000	太平洋	2018-06-09
18世纪 豆青地描金开光粉彩西洋人物图瓶（一对）	高29.9cm	299,338	纽约佳士得	2018-09-13
清乾隆 胭脂红地粉彩轧道「春江水暖图」灯笼瓶	高40cm	299,000	华艺国际	2018-11-16
清乾隆 蓝釉描金缠枝莲开光粉彩山水人物纹海棠形瓶	高49.8cm	287,500	中国嘉德	2018-05-19
清乾隆 松石绿粉彩花卉纹包袱葫芦瓶	高28cm	264,500	太平洋	2018-06-09
清乾隆 粉彩绿地轧道开光高士图瓶	高51.5cm	253,000	华艺国际	2018-05-23
清乾隆 洋彩洋花山水楼阁纹西洋壁瓶式花插	长23cm	172,500	北京中汉	2018-06-19
清乾隆 粉彩花鸟灯笼瓶	高40cm	138,000	北京保利	2018-06-21
清乾隆 粉彩山水图灯笼瓶	高24cm	97,750	西泠拍卖	2018-07-08
清乾隆 珊瑚红地粉彩描金开光婴戏图瓶	高24.2cm	70,070	伦敦佳士得	2018-05-15
清乾隆 珊瑚红描金缠枝莲开光粉彩婴戏图蝶耳瓶（一对）	高20cm；高19.7cm	69,000	中国嘉德	2018-05-19
清乾隆 粉彩山水图灯笼瓶	高26cm	63,250	华艺国际	2018-03-30
清乾隆 粉彩十二花神图灯笼瓶	高36.8cm	57,500	中国嘉德	2018-05-18
清乾隆 珊瑚红地描金花卉开光粉彩婴戏图瓶	高22.8cm	55,200	中国嘉德	2018-01-13
清乾隆 绿地洋彩开光御题诗壁瓶	高23cm	41,400	北京保利	2018-04-30
清乾隆 粉彩凤凰牡丹纹灯笼瓶	高40.3cm	36,800	北京中汉	2018-04-15
清乾隆 粉彩御题诗四季花卉八方瓶	高33.5cm	34,500	北京保利	2018-04-30
清乾隆 粉彩群仙祝寿图瓶	高37.2cm	23,000	中国嘉德	2018-05-19
清乾隆 粉彩婴戏图双耳小扁瓶	高6.5cm	20,700	中国嘉德	2018-09-19
清乾隆 约1740至1745年 粉彩花蝶图瓶（一对）		19,038	纽约苏富比	2018-03-20
清乾隆 洋彩黄地粉青透龙夹层吉庆有余玲珑尊	高40.8cm	130,007,352	香港苏富比	2018-10-03
清乾隆 粉彩百鹿尊	高44.5cm	40,021,740	香港佳士得	11/28/2018
清乾隆 磁胎洋彩蓝耳百鹿尊	高44.5cm	40,003,700	佳士得	2018-11-28
清乾隆 粉彩百鹿尊	高45cm	2,990,000	北京荣宝	2018-12-03
清乾隆-嘉庆 粉彩龙穿花象耳尊	高32cm	195,500	北京保利	2018-04-29
清乾隆 洋彩八吉祥宝相花花觚（一对）	高23cm	2,990,000	北京保利	2018-12-12
清乾隆 珊瑚红地粉彩八吉祥纹花觚	高27.5cm	575,000	华艺国际	2018-11-16
清乾隆 粉彩缠枝莲八宝花觚	高29cm	345,000	北京保利	2018-04-29
清乾隆 白地粉彩缠枝莲托八吉祥纹花觚	高28.6cm	94,300	北京中汉	2018-04-15
清乾隆 粉彩胭脂红花卉壶	长16cm；高14cm	1,840,000	北京华辰	2018-11-19
清乾隆 蓝地粉彩番莲八吉祥纹贲巴壶		1,427,850	纽约苏富比	2018-03-21
清乾隆 粉彩御题诗葫芦形鼻烟壶	高6.7cm	103,500	西泠拍卖	2018-07-08
清乾隆 粉彩仕女童子图茶壶	29.5cm	34,496	伦敦苏富比	2018-05-18
清乾隆 粉彩描金满大人人物壶杯（一套）	壶高13cm；口径7cm；杯高4.3cm；口径8cm	28,375	北京雅藏	2018-01-28
清乾隆 胭脂红地粉彩八吉祥纹罐	高33cm	1,026,300	纽约佳士得	2018-09-13
清乾隆 蓝地粉彩仿珐华荷塘图盖罐	连盖通高40.7cm	872,000	香港苏富比	2018-10-03
清乾隆 粉彩花卉纹盖罐	高37cm	63,250	广东崇正	2018-07-05
清乾隆 粉彩牡丹纹大盘、将军罐各一件	高46.5cm；直径36cm	32,200	中国嘉德	2018-09-20
清乾隆 粉彩开光柳荫双骏鸟食罐	长6cm	25,300	北京保利	2018-10-27
清乾隆 胭脂紫地粉彩缠枝莲托八宝纹鼎式三足炉	高15.5cm；宽15cm	3,450,000	北京东正	2018-06-17
清乾隆 胭脂紫地洋彩莲托八吉祥纹朝冠耳香炉	高45.5cm	689,875	香港中汉	2018-05-31
清乾隆 粉彩八吉祥双耳炉	高27.3cm	345,000	北京荣宝	2018-06-14
清乾隆 粉地粉彩八吉祥纹朝冠耳三足炉	28.5cm	323,400	伦敦佳士得	2018-05-15
清乾隆 豆青地洋彩八吉祥纹朝冠耳炉	高25cm	143,724	香港中汉	2018-05-31
清乾隆 松石绿地粉彩缠枝宝相花纹大炉	长40.2cm 高47.7cm	97,750	中贸圣佳	2018-11-24
清乾隆 松石绿地粉彩缠枝莲福寿纹朝冠耳三足炉	高48cm	92,000	中国嘉德	2018-05-18
清乾隆 胭脂地粉彩缠枝莲纹佛塔	高44cm	1,322,500	保利厦门	2018-07-15
清乾隆 粉彩八宝描金西番莲纹佛塔	高45cm	379,500	太平洋	2018-06-09
清乾隆 粉彩「八宝」纹佛塔	高34.6cm	170,304	万昌斯	2018-11-29
清乾隆 粉彩七珍八宝供器	高39cm	287,500	北京华辰	2018-11-19
清乾隆 黄地粉彩云龙纹豆（一对）	高19.8cm	115,000	北京保利	2018-10-27
清乾隆 粉彩松鼠葡萄龙耳烛台	15cm	23,716	伦敦苏富比	2018-05-18
清乾隆 粉彩折枝瑞果三多纹墩式碗	直径15cm	431,172	香港中汉	2018-05-31
清乾隆 粉彩皮球花纹墩式碗	直径15cm；高6.5cm	322,000	保利厦门	2018-07-15
清乾隆 粉彩三多纹墩式碗	直径15cm	51,750	北京中汉	2018-09-21
清乾隆 洋彩'华封献祝'图瓷板	长51cm；宽40cm	2,990,000	中贸圣佳	2018-06-20
18世纪；19世纪 硬木嵌粉彩安居乐业图瓷板挂屏	53×39.1cm	381,500	佳士得	2018-10-04
清乾隆 粉彩海屋添筹图瓷板挂屏	90×47cm；瓷板39×29.7cm	368,000	中国嘉德	2018-09-19
清乾隆 粉彩仙山楼阁瓷板（一对）	67×30.3cm	299,000	北京保利	2018-12-09
清乾隆 唐英制粉彩张果老瓷板	高35.5cm	226,371	保利香港	2018-10-02
清乾隆 粉彩人物故事图瓷板	76×28.2cm	185,213	中国嘉德	2018-10-02
清乾隆/嘉庆 松石绿地粉彩花卉八宝纹瓷板方桌	高75cm	171,832	中国嘉德	2018-04-02

2018瓷器拍卖成交汇总

（成交价RMB：2万元以上）

拍品名称	物品尺寸	成交价RMB	拍卖公司	拍卖日期
清乾隆 粉彩神仙人物纹瓷板挂屏	37.5×28cm	43,700	中国嘉德	2018-09-19
清乾隆 粉彩庭院人物纹瓷板	21×16.5cm	25,300	太平洋	2018-06-09
清乾隆 白地粉彩缠枝花卉纹瓷板（一对）	27×33cm×2	23,000	北京匡时	2018-06-15
清乾隆 粉彩百子婴戏图座屏	长59cm；宽38.4cm	138,000	北京中汉	2018-06-19
清乾隆 粉彩渔乐图挂屏（一对）	长52cm	138,000	华艺国际	2018-03-30
清乾隆 粉彩人物座屏	高35cm	63,250	北京保利	2018-04-29
清乾隆 粉彩博古图挂屏（一对）	30.5×28.8cm×2	57,500	北京匡时	2018-06-15
清乾隆 粉彩仕女婴戏纹插屏	直径28cm	55,200	广东崇正	2018-07-05
清乾隆 黄地洋彩葫芦形福禄斋戒牌	长6.5cm	297,030	香港中汉	2018-05-31
18世纪 粉彩缠枝莲斋戒牌	高5.5cm	116,928	香港诚昌	2018-05-30
清乾隆 粉彩斋戒牌	长5.6×宽4.1×厚0.8cm	109,250	北京诚轩	2018-06-17
清乾隆 粉彩斋戒牌	长5.5cm	57,500	北京华辰	2018-11-19
清乾隆 宫粉地洋彩鹤鹿同春如意瓶	高28cm	121,984,566	巴黎苏富比	2018-06-12
清乾隆 御制洋彩江山万代如意耳琵琶尊	高37cm	94,875,000	北京保利	2018-12-08
清乾隆 松石绿地粉彩安居图如意耳瓶	34cm	14,173,680	香港苏富比	2018-04-03
清乾隆 松石绿地粉彩宝相花纹如意耳瓶	高20.3cm	483,000	北京东正	2018-06-17
清乾隆 御制粉彩无量寿佛坐像	高41.5cm	2,004,702	保利香港	2018-04-02
清乾隆 粉彩送子观音坐像	高26cm	138,000	西泠拍卖	2018-07-08
清乾隆 粉彩观音像	高27.3cm	115,000	中贸圣佳	2018-11-25
清乾隆 粉彩太平有象摆件	长31.5cm	82,800	北京中汉	2018-04-15
清乾隆 轧道粉彩观音像	高33.5cm	34,500	中国嘉德	2018-11-20
清乾隆 粉彩人物坐像	高12.4cm	23,000	北京中汉	2018-04-15
清乾隆 轧道粉彩观音坐像	高31.3cm	23,000	北京中汉	2018-09-21
清乾隆 粉青地粉彩花卉纹四足盘	直径18.4cm	153,945	纽约佳士得	2018-09-13
清乾隆 粉彩什锦盘（九只）	尺寸不一	115,000	中国嘉德	2018-09-19
清乾隆 粉彩什锦盘（九只）	尺寸不一	109,250	中国嘉德	2018-09-19
清乾隆 粉彩什锦盘、碗（五只）	尺寸不一	105,800	中国嘉德	2018-09-19
清乾隆 粉彩莲池鸳鸯福寿纹盘	直径19.6cm	92,000	北京中汉	2018-09-21
清乾隆 洋彩荷花纹盘	直径17.1cm	92,000	北京中汉	2018-04-15
清乾隆 粉彩花蝶纹盘（一对）	直径15.5cm×2	86,250	保利厦门	2018-07-15
清乾隆 粉彩什锦盘（十只）	尺寸不一	78,200	中国嘉德	2018-09-19
清乾隆 粉彩什锦盘（九只）	尺寸不一	78,200	中国嘉德	2018-09-19
清乾隆 粉彩什锦盘（六只）	尺寸不一	78,200	中国嘉德	2018-09-19
清乾隆 粉彩什锦盘（六只）	尺寸不一	74,750	中国嘉德	2018-09-19
清乾隆 珊瑚红地粉彩缠枝西番莲纹盘	直径15.8cm	71,862	香港中汉	2018-05-31
清乾隆 粉彩安居乐业图盘（一对）	直径15.9cm	69,000	北京中汉	2018-06-19
清乾隆 粉彩折枝花卉纹盘	长19.3cm	65,088	羅芙奥	2018-12-01
清乾隆 粉彩仕女婴戏图花口盘（一对）	直径13.3cm	51,750	中国嘉德	2018-09-19
清乾隆 粉彩什锦盘（六只）	尺寸不一	43,700	中国嘉德	2018-09-19
清乾隆 外胭脂红内粉彩“晚峰晴露巅”盘	直径17cm	28,750	太平洋	2018-11-22
清乾隆 绿地粉彩花卉盘（一对）	直径23.8cm	25,300	北京保利	2018-10-27
清乾隆 粉彩暗八宝纹盘	直径8cm	23,000	太平洋	2018-06-09
清乾隆 粉彩洞石花卉纹盘	直径19.2cm	23,000	太平洋	2018-06-09
清乾隆 粉彩仕女图盘	直径17.6cm	23,000	中国嘉德	2018-09-19
清乾隆 粉彩福在眼前图盘	直径15cm	23,000	中国嘉德	2018-09-20
清乾隆-民国 粉彩碗、盘、匙（十件）	尺寸不一	20,700	中国嘉德	2018-01-13
清乾隆 粉彩福山寿海图镂空大盘	直径27.6cm	20,700	中国嘉德	2018-09-19
清乾隆 粉彩安居乐业图盘	直径16.2cm	20,700	中国嘉德	2018-09-20
清乾隆 粉彩花卉纹盘	直径13.3cm	20,700	中国嘉德	2018-06-18
清乾隆 粉彩轧道花卉大盘	直径40cm	20,160	北京适珍	2018-01-07
乾隆 粉彩三娘教子图盘	直径23cm	18,400	广东衡益	2018-07-01
清乾隆 粉彩教子图纹折腰盘	直径25.6cm	18,400	太平洋	2018-06-09
清乾隆 粉彩暗八仙盏托（一对）	直径11.2cm	46,000	华艺国际	2018-11-17
清乾隆 粉彩婴戏图碗（一对）	直径15cm	3,680,000	北京东正	2018-06-17
清乾隆 粉彩百花不落地盖碗	直径10.4cm	1,782,500	华艺国际	2018-11-16
清乾隆 粉彩过枝癞瓜花卉碗	直径10.8cm	920,000	北京保利	2018-06-20
清乾隆 粉彩过枝癞瓜纹碗(一对)		812,488	纽约苏富比	2018-09-12
清乾隆 粉彩癞瓜纹碗（一对）	直径11cm	609,500	华艺国际	2018-05-23
清乾隆 粉彩八吉祥纹碗（一对）	直径10.5cm	596,797	中国嘉德	2018-10-02
清乾隆 粉彩过枝癞瓜纹碗（一对）	直径11.1cm	594,059	香港中汉	2018-05-31
清乾隆 粉彩团花纹碗		396,625	纽约苏富比	2018-03-21
清乾隆 粉彩三多碗	直径14.5cm	324,800	佳士得	2018-05-30
清乾隆 黄地洋彩开光“佛日常明”纹碗	直径11.5cm	308,688	保利香港	2018-10-02
清乾隆 粉彩过枝癞瓜纹碗		301,435	纽约苏富比	2018-03-21
清乾隆 黄地粉彩“佛日常明”碗		237,975	纽约苏富比	2018-03-21
清乾隆 粉彩佛日常明碗	直径16cm	207,000	北京华辰	2018-11-19
清乾隆 黄地粉彩开光佛日常明碗	直径11.5cm	195,500	北京诚轩	2018-06-17
清乾隆 松石绿地粉彩描金万福宝相纹茶碗	直径11cm	184,000	保利厦门	2018-01-08
清乾隆 粉彩八吉祥纹碗（一对）	直径11.9cm；高5.6cm	172,500	中贸圣佳	2018-11-24
清乾隆 粉彩什锦大碗（四只）	尺寸不一	149,500	中国嘉德	2018-09-19
清乾隆/嘉庆 粉彩人物故事图嵌套碗（一组十件）	直径11.3cm	145,393	纽约佳士得	2018-09-13
清乾隆 粉彩什锦大碗（三只）	直径20.5cm；直径19.5cm；直径18cm	138,000	中国嘉德	2018-09-19
清乾隆/嘉庆 轧道粉彩开光菊花碗	直径18.4cm	138,000	中国嘉德	2018-06-18
清乾隆 粉彩折枝花卉纹碗	高6cm；直径15cm	126,500	博美拍卖	2018-01-05
清乾隆 粉彩什锦大碗（四只）	尺寸不一	97,750	中国嘉德	2018-09-19
清乾隆 粉彩什锦大碗（三只）	直径19.3cm；直径19.2cm；直径19cm	78,200	中国嘉德	2018-09-19
清乾隆 胭脂红地粉彩折枝花卉纹碗	直径21cm	69,000	北京中汉	2018-06-19
清乾隆 粉彩什锦大碗（四只）	尺寸不一	48,300	中国嘉德	2018-09-19
清乾隆 青釉加粉彩灵芝花卉碗	直径17cm	40,250	太平洋	2018-11-22
清乾隆 粉彩岁寒三友纹碗	直径9.3cm	39,100	太平洋	2018-06-09
清乾隆 仿石纹釉内粉彩御题诗纹碗	直径11.5cm	23,000	太平洋	2018-11-22
清乾隆 粉彩人物故事诗文四方盖碗	高7.4cm	23,000	中贸圣佳	2018-11-25
乾隆 蓝釉描金粉彩金玉满堂纹大碗	直径39cm	23,000	广东衡益	2018-07-01
清乾隆 酱釉地开光粉彩花卉纹碗	口径19.4cm	19,440	上海联合	2018-11-25
清乾隆 粉彩大吉图杯盏（两套）	盏托直径11.2cm；杯直径7cm	23,000	中国嘉德	2018-05-19
清乾隆 粉彩白地轧道海水矾红龙纹杯（一对）	直径9.4cm	954,620	保利香港	2018-04-02
清乾隆 粉彩御题诗鸡缸杯	直径8cm	575,000	北京保利	2018-06-20
清乾隆 胭脂红地洋彩轧道香莲纹杯	高9.2cm	257,240	保利香港	2018-10-02
清乾隆 粉彩折枝三多瑞果纹杯	直径9.7cm；高6.5cm	74,750	中贸圣佳	2018-11-24
清乾隆 松石绿地粉彩缠枝莲纹杯	直径7.4cm	46,000	中国嘉德	2018-01-13
清乾隆 粉彩灵芝梅花诗文方杯	高5.5cm	25,300	北京匡时	2018-12-05
清乾隆 粉彩花蝶纹杯	直径11cm	25,300	华艺国际	2018-03-30

拍品名称	物品尺寸	成交价RMB	拍卖公司	拍卖日期
清乾隆 粉彩仿松石地开光墨彩饮中八仙诗文折沿杯	直径7cm	23,000	中国嘉德	2018-01-13
清乾隆 粉彩匙（一套十只）	长12cm	25,300	中国嘉德	2018-05-18
清乾隆 粉彩开光婴戏盖盒	直径9.2cm	23,000	北京保利	2018-04-29
清乾隆 天蓝地粉彩宝相花纹花盆	直径17.5cm；高9cm	632,500	西泠拍卖	2018-07-08
清乾隆 粉彩山水图折沿盆	直径38.5cm	287,500	华艺国际	2018-11-16
清乾隆 松石绿地洋彩宝相花福庆纹花盆	长43.1cm；宽27.6cm；高22.5cm	161,000	中贸圣佳	2018-06-20
清乾隆 蓝地粉彩缠枝莲蝠纹水仙盆	直径19.1cm	126,500	中国嘉德	2018-05-18
清乾隆 金釉粉彩安居乐业花盆	长24cm	25,300	北京保利	2018-04-29
清乾隆 御制洋彩「江山一统」八卦玲珑旋转笔筒	直径10.4cm；高12.1cm	48,300,000	北京保利	2018-12-12
清乾隆 粉彩花卉图诗文双胜形笔筒		1,539,450	纽约苏富比	2018-09-12
清乾隆 珊瑚红地粉彩花卉笔筒	高13.2cm；直径12.5cm	632,500	北京荣宝	2018-12-03
清乾隆 粉彩开光花鸟纹笔筒	直径16cm	483,000	深圳至正国际	2018-08-25
清乾隆 木纹釉开光粉彩安居乐业诗文笔筒	高12.3cm	184,000	北京匡时	2018-12-05
清乾隆 粉彩仕女图四方笔筒	高8.5cm	184,000	华艺国际	2018-11-16
清乾隆 粉彩麻姑献寿山水纹四方小笔筒	高8.5cm	101,200	中国嘉德	2018-05-18
清乾隆 珊瑚红地描金粉彩开光山水花卉纹书卷形小笔筒	高9cm	57,500	北京中汉	2018-09-21
清乾隆 粉彩开窗花鸟人物图四方笔筒	高7.5cm	32,200	博美拍卖	2018-01-05
清乾隆 粉彩西厢记人物故事图四方小笔筒	高8.5cm	28,750	中国嘉德	2018-01-13
清乾隆 粉彩开光四季花卉纹笔筒	高9.7cm	23,000	北京中汉	2018-09-21
清乾隆 粉彩仿木纹开光四季花卉纹四方小笔筒	高6.8cm	20,700	中国嘉德	2018-05-18
清乾隆—嘉庆 粉彩墨床、笔筒（三件一组）	①高7.7cm；②长9cm；③长9cm	17,250	北京匡时	2018-12-05
清乾隆 粉彩神仙人物笔山	长12.2cm	43,700	中国嘉德	2018-05-18
清乾隆 粉彩桃形笔掭	长9cm	43,700	保利厦门	2018-07-15
清乾隆 粉彩癞瓜葫芦形水洗	长9.8cm	287,500	北京保利	2018-12-08
清乾隆 御制洋彩胭脂红地轧道西洋花卉纹腰圆水盂连盖	长7.3cm；高5.7cm	29,900,000	北京保利	2018-06-19
清乾隆 蓝釉粉彩描金「缠枝莲」纹水盂	高6.2cm	44,705	万昌斯	2018-11-29
清乾隆 粉彩葫芦形笔砚	长9.6cm	34,500	北京匡时	2018-12-05
清乾隆 粉彩开光山水庭院墨床	6.7×3.7×2.5cm	25,300	北京匡时	2018-12-05
清乾隆粉彩仙山楼阁纹御题诗砚屏	16.5×22.8cm	1,380,000	北京匡时	2018-06-15
清乾隆 粉彩宫苑图砚屏	瓷板高22.6×宽16.2cm	115,000	北京诚轩	2018-06-17
清乾隆 粉彩山水人物图砚屏	高52.5cm	115,000	中贸圣佳	2018-06-20
清乾隆 粉彩春风得意图砚屏	瓷板高21.4×宽16.9cm	80,500	北京诚轩	2018-06-17
清乾隆 粉彩山水纹纸镇（一组两件）	长5.5cm	32,200	保利厦门	2018-07-15
清乾隆 粉彩无量寿佛	高 28.7cm	4,025,000	中贸圣佳	2018-11-24
清乾隆 粉彩描金云龙纹笔	17.1cm	1,853,000	香港苏富比	2018-10-03
清乾隆 粉彩涂金无量寿佛	高21cm	874,000	华艺国际	2018-05-23
清乾隆 洋彩描金大吉葫芦壁挂	高35cm	575,000	华艺国际	2018-11-16
清乾隆 粉彩太平有象陈设件	长26.4cm；高27.4cm	253,000	中贸圣佳	2018-11-24
清乾隆 粉彩七珍佛供	高18cm	92,000	西泠拍卖	2018-07-08
清乾隆 粉彩缠枝莲纹“斋戒”牌	宽4cm；长5.7cm	87,462	保利香港	2018-10-02
清乾隆 粉彩松鼠葡萄香熏	宽16.5cm	34,500	北京保利	2018-04-29
清乾隆 松石绿珍珠地开光粉彩山水花卉诗文水丞	高6cm	25,300	中国嘉德	2018-01-13

拍品名称	物品尺寸	成交价RMB	拍卖公司	拍卖日期
清乾隆 粉彩仿生海螺水丞	长9.6cm	25,300	中国嘉德	2018-05-19
清嘉庆 胭脂红地粉彩九子婴戏瓜瓞绵绵长颈瓶	高35.1cm	4,830,000	北京保利	2018-12-09
清嘉庆 粉彩万花锦纹长颈瓶		3,222,582	纽约苏富比	2018-09-12
清嘉庆/民国 粉彩福寿双全图天球瓶 粉彩福寿双全图天球瓶		1,197,350	纽约苏富比	2018-09-12
清嘉庆 粉红地粉彩轧道福寿双全纹瓶	20.5cm	1,185,800	伦敦苏富比	2018-05-16
清嘉庆 粉彩猴子挑双耳瓶	高37cm	814,436	香港诚昌	2018-05-28
清嘉庆 秋葵绿地粉彩福寿连绵撇口瓶	高27.3cm	426,300	佳士得	2018-05-30
清嘉庆 秋葵绿地洋彩洞石四季花卉纹铺首双环耳撇口瓶	高68.4cm	368,000	北京中汉	2018-11-21
清嘉庆 孔雀绿地粉彩缠枝莲纹双耳瓶	高29.2cm	301,840	伦敦佳士得	2018-05-15
清嘉庆 珊瑚红地洋彩西番莲纹梅瓶	高15.8cm	230,000	太平洋	2018-11-22
清嘉庆 粉彩百子图龙耳大瓶		222,110	纽约苏富比	2018-03-21
清嘉庆 粉彩百花不落地观音瓶	高33.2cm	184,000	北京保利	2018-10-27
清嘉庆 蓝地洋彩冰梅纹壁瓶	高21cm	92,000	北京中汉	2018-06-19
清中期 粉彩文姬归汉图小梅瓶	直径12cm；高21cm	92,000	浙江佳宝	2018-07-01
清嘉庆 粉彩婴戏图灯笼瓶	高16.5cm	89,700	印千山	2018-01-12
清中期 粉地粉彩凤凰牡丹打大葫芦瓶	高48.5cm	80,500	北京保利	2018-07-27
清中期 粉彩人物故事大瓶	高85cm	69,000	北京保利	2018-10-27
清中期 粉彩无双谱人物故事诗文狮耳小方瓶（一对）	高22.5cm	57,500	中国嘉德	2018-05-18
清中期 粉彩金陵十二钗人物故事图狮耳方瓶	高39.7cm	55,200	中国嘉德	2018-05-18
清中期 粉彩金陵十二钗人物故事图狮耳方瓶（一对）	高38.3cm	46,000	中国嘉德	2018-05-18
清中期 粉彩无双谱人物故事诗文胆瓶	高35cm	32,200	中国嘉德	2018-05-18
清中期 粉彩百花开光钱纹玲珑方瓶	高35.5cm	28,750	中国嘉德	2018-05-18
清中期 粉彩神仙人物纹狮耳衔环六方瓶	高30.8cm	28,750	中国嘉德	2018-05-18
清中期 粉彩渔樵耕读人物故事图狮耳方瓶	高31.3cm	28,750	中国嘉德	2018-05-18
清嘉庆 粉彩花卉梅瓶	高21cm	23,000	北京保利	2018-01-21
清中期 粉彩红楼梦人物故事诗文狮耳方瓶	高40.5cm	23,000	中国嘉德	2018-05-18
清中期 粉彩无双谱人物故事诗文蒜头瓶	高18.8cm	23,000	中国嘉德	2018-05-18
清嘉庆 黄地粉彩开光花鸟纹三孔扁瓶	高11.8cm	20,700	北京保利	2018-04-29
清中期 粉彩无双谱人物故事诗文狮耳小方瓶	高30cm	20,700	中国嘉德	2018-05-18
清嘉庆十三年（1808年）珊瑚红地粉彩博古图诗文六方瓶（一对）	高29.8cm	20,700	中国嘉德	2018-09-19
清嘉庆 黄地粉彩三阳开泰象耳尊（一对）	高29cm	5,750,000	北京保利	2018-06-19
清嘉庆 绿地粉彩连年福寿纹双兽耳尊	高19.8cm	970,200	伦敦佳士得	2018-05-15
清中期 粉彩无双谱人物故事诗文壶四把	尺寸不一	20,700	中国嘉德	2018-05-19
清嘉庆 粉彩折枝图太白罐	高20cm	862,500	北京华辰	2018-11-19
清嘉庆 黄地粉彩瓜蝶绵绵罐	高26.5cm	57,500	北京保利	2018-04-29
清中期粉彩花卉纹将军罐（一对）	高36cm	25,300	中国嘉德	2018-09-20
清嘉庆 粉彩麻姑仙坛花口碗	直径18cm	34,500	华艺国际	2018-11-17
清嘉庆 绿地粉彩八吉祥纹炉	高29cm	1,380,000	华艺国际	2018-11-16

2018瓷器拍卖成交汇总

(成交价RMB：2万元以上)

拍品名称	物品尺寸	成交价RMB	拍卖公司	拍卖日期
清嘉庆 黄地粉彩八宝纹香炉	宽25.5cm	308,688	中国嘉德	2018-10-02
清中期 粉彩长方形熏炉	长40cm	80,500	北京华辰	2018-11-19
清嘉庆 松石绿粉彩莲托八宝朝冠耳大香炉	直径46.5cm	69,000	太平洋	2018-11-22
清中期 粉彩八吉祥纹香炉	高30cm	23,000	上海匡时	2018-04-30
清嘉庆粉彩莲台八宝供器（一对）		356,963	纽约苏富比	2018-03-21
清中期 黄地粉彩龙纹豆（一对）	高29.3cm	432,163	保利香港	2018-10-02
清嘉庆 粉彩西厢记人物故事图方斗	长11.5cm	40,250	中国嘉德	2018-05-18
清嘉庆 粉彩三多纹墩式碗	直径15cm	220,377	香港中汉	2018-05-31
清嘉庆 粉彩「癞瓜飞蝶」纹墩式碗（一对）	最大直径13.7cm	44,705	万昌斯	2018-11-29
清中期 粉彩仙人故事瓷板	46.5×32.5cm	86,250	北京保利	2018-04-29
清中期 粉彩人物纹瓷板	43×32cm	69,000	中国嘉德	2018-05-18
清中期 粉彩春宫瓷板（一对）	宽23.5cm；长37.5cm	19,092	保利香港	2018-04-02
清中期 粉彩山水酸枝插屏	高65cm；宽54cm	18,205	香港诚昌	2018-05-28
清中期 绿地粉彩镂空描金“事事如意”纹大如意	长42.7cm	517,500	中国嘉德	2018-06-18
清中期 瓷塑粉彩衔芝灵鹿	高31.5cm	23,000	北京中汉	2018-09-21
清嘉庆 浅绿地粉彩御制诗海棠式茶盘(一对)	16.2cm	545,000	香港苏富比	2018-10-03
清嘉庆 黄地粉彩“万寿无疆”花卉纹盘（一对）	直径15.5cm	126,500	北京中汉	2018-11-21
清嘉庆 绿地暗刻龙内粉彩灵芝花卉纹盘	直径19cm	93,553	香港诚昌	2018-04-02
清嘉庆 粉彩花鸟纹盘	径24.5cm	46,000	印千山	2018-01-12
清嘉庆 粉彩开光麻姑献寿海棠高足盘	长28.5cm	34,500	北京匡时	2018-06-15
清中期 粉地粉彩缠枝莲福寿纹折沿大盘	直径42cm	34,500	中国嘉德	2018-09-19
清中期 粉彩狩猎图大盘	直径26cm	28,750	中国嘉德	2018-05-19
清中期 粉彩人物香盘	直径12cm	23,000	华艺国际	2018-11-17
清嘉庆 外粉彩八吉祥内花卉纹盘（一对）	直径15cm	23,000	北京保利	2018-07-27
清中期 粉彩八吉祥盘（一对）	直径15cm	23,000	北京中汉	2018-09-21
清中期 粉彩“西山叠翠”图四方委角盘	直径17cm	19,550	华艺国际	2018-03-30
清嘉庆 胭脂红地洋彩九秋花卉图小碗（一对）	直径9.2cm	5,175,000	北京保利	2018-06-19
清嘉庆 粉彩百花不落地碗	直径11cm	345,000	华艺国际	2018-11-17
清嘉庆 粉彩江西十景图碗（三只）	直径14.5cm；直径14.3cm；直径14.7cm	304,500	佳士得	2018-05-30
清嘉庆 粉彩“庐山瀑布”山水纹碗	直径14.5cm	230,000	中国嘉德	2018-11-20
清嘉庆 粉地粉彩锦上添花开光花卉图碗		205,260	纽约苏富比	2018-09-12
清嘉庆 粉彩万寿无疆纹碗（一对）	直径18.4cm	141,700	佳士得	2018-10-04
清嘉庆 粉彩胭脂紫地轧道开光花卉纹碗	直径15cm；高6.2cm	115,000	博美拍卖	2018-01-05
清嘉庆 金地粉彩仙人乘槎过海图倭角盖碗	直径16.5cm	105,800	华艺国际	2018-05-23
清中期 粉彩“秋声红叶”图诗文盖碗	高9.2cm	86,250	西泠拍卖	2018-07-08
清中期 粉彩鸳鸯荷花纹马蹄碗	口直径19cm；高8.3cm	69,000	浙江佳宝	2018-07-01
清嘉庆 粉彩八吉祥碗	直径10.5cm	63,250	北京翰海	2018-06-30
清嘉庆 宫粉地洋彩缠枝花卉吉庆有余纹碗	直径18.1cm	57,500	北京中汉	2018-06-19
清嘉庆 内松石绿釉外粉彩人物纹莲瓣碗	直径18cm	51,750	中国嘉德	2018-05-19

拍品名称	物品尺寸	成交价RMB	拍卖公司	拍卖日期
清嘉庆 五福捧寿对碗	口径14.5cm×2	46,000	北京中贝	2018-06-24
清嘉庆 苹果绿地粉彩宝相花纹折腰花口盖碗	直径17.8cm；高11.2cm	46,000	西泠拍卖	2018-07-08
清中期 粉彩江西十景之浔阳秋泊山水楼阁诗文四方倭角碗	长16.4cm	34,500	中国嘉德	2018-05-18
清嘉庆 粉彩“江西十景”之麻姑仙山、庐山瀑布图碗（一对）	直径18cm	28,750	博美拍卖	2018-01-06
清中期 粉彩江西十景之花洲春晓山水楼阁诗文六方碗	直径18cm	28,750	中国嘉德	2018-05-18
清嘉庆 粉彩高士图八方碗	直径17cm	25,300	中国嘉德	2018-01-13
清嘉庆 珊瑚红地粉彩婴戏纹碗	直径20cm	23,000	北京华辰	2018-11-19
清中期 黄地粉彩西洋花卉碗	直径15.5cm	23,000	北京保利	2018-04-29
清嘉庆 粉彩八蛮进宝图马蹄碗	直径19cm	23,000	中国嘉德	2018-05-18
清中期 粉彩江西十景之庐山瀑布山水楼阁诗文碗	直径13.7cm	23,000	中国嘉德	2018-09-19
清中期 粉彩花蝶图大碗（一对）	直径19.8cm	23,000	中国嘉德	2018-09-19
清嘉庆 粉彩人物故事图大碗	直径23.3cm	23,000	中国嘉德	2018-09-20
清中期 黄地粉彩吉庆有余碗（一对）	直径15cm	20,700	北京保利	2018-04-29
清中期 粉彩江西十景之徐庭烟柳山水楼阁诗文花口碗（两只）	直径14.5cm；直径11.3cm	20,700	中国嘉德	2018-05-18
清中期 粉彩折枝花卉纹莲瓣碗	直径18.5cm	20,700	中国嘉德	2018-09-19
清嘉庆粉彩百花不落地杯（一对）	直径10cm	103,500	北京保利	2018-04-29
清嘉庆 粉彩落花流水小杯（一对）	直径6cm×2	92,000	北京荣宝	2018-06-14
清嘉庆 粉彩十六子婴戏图卧足杯	直径7cm	69,000	中国嘉德	2018-09-19
清嘉庆 粉彩百花不落地杯	径8cm	66,700	印千山	2018-01-12
清嘉庆 粉彩轧道八仙祝寿图八角杯	直径8cm	57,500	北京中汉	2018-11-21
清嘉庆 粉彩荷花杯及托（一套）	宽11cm	57,277	香港诚昌	2018-04-02
清嘉庆 粉彩万花锦纹杯		51,315	纽约苏富比	2018-09-12
清嘉庆 粉彩无双谱图杯	直径7.9cm	34,500	北京中汉	2018-04-15
清中期 粉彩五蝠纹杯（一对）	直径9cm	28,750	中国嘉德	2018-05-19
清中期 粉彩耕织图诗文杯（两只）	直径10cm；直径8.2cm	20,700	中国嘉德	2018-01-13
清嘉庆 蓝釉洋彩西番莲纹四层佼盒	高22.5cm	460,000	深圳至正国际	2018-08-25
清嘉庆 粉彩庭院婴戏图印泥盒（一对）	直径11cm；高5.5cm	299,000	中贸圣佳	2018-11-24
清中期 仿石纹地粉彩开光婴戏纹盖盒	长8cm	138,000	北京华辰	2018-11-19
清中期 粉彩福寿连绵图朝珠盒	直径21cm	25,300	中国嘉德	2018-09-19
清嘉庆 松石绿地开光粉彩婴戏图盖盒	高6.5cm	23,000	北京匡时	2018-12-05
嘉庆 胭脂地洋彩宝相花纹贡盆	直径39cm	1,840,000	广东衡益	2018-07-01
清嘉庆 粉彩折枝花果蝴蝶纹葵口花盆	直径23.2cm	92,000	北京中汉	2018-06-19
清中期 粉彩婴戏图长方花盆	长20cm	40,250	中国嘉德	2018-01-13
清中期 粉彩缠枝莲纹“连生贵子”折沿盆	直径38.5cm	34,500	华艺国际	2018-11-17
清嘉庆 粉彩人物折沿盆	直径37.5cm	23,000	北京保利	2018-04-29
清中期 粉彩花蝶图折沿盆	直径37.7cm	20,700	中国嘉德	2018-05-18
清中期 锦地粉彩玉堂富贵图鱼浅	直径52.5×高25cm	138,000	北京诚轩	2018-06-17
清中期 内粉彩鱼藻纹外松石绿地粉彩雕瓷博古图缸	直径46cm	172,500	中国嘉德	2018-01-13
清中期 内粉彩鱼藻纹外黄地粉彩雕瓷博古图缸	直径51.5cm	166,750	中国嘉德	2018-01-13
清中期 粉彩锦地花卉缸	直径51.5cm	138,000	北京保利	2018-06-21
清嘉庆 粉彩人物纹鱼缸	高46.5cm；直径52.5cm	90,400	广东省拍	2018-09-20
清中期 粉彩折枝四季花卉纹大缸	直径34cm	74,750	北京中汉	2018-09-21
清嘉庆 祭蓝开光粉彩婴戏大缸	直径50cm	39,100	北京保利	2018-04-29

拍品名称	物品尺寸	成交价RMB	拍卖公司	拍卖日期
清中期 内粉彩鱼藻纹外墨地粉彩贴塑博古图缸	直径52cm	28,750	中国嘉德	2018-09-20
清嘉庆 天蓝釉粉彩花卉纹三足香插	高14.5cm	1,725,000	北京东正	2018-06-17
清嘉庆 粉彩雕瓷和合二仙香插	直径12cm	460,000	中国嘉德	2018-06-18
清中期 粉彩雕瓷狮球图笔筒	高11.8cm	20,700	中国嘉德	2018-05-18
清中期 粉彩鱼藻纹洗	直径25cm	23,000	中国嘉德	2018-01-13
清中期 珊瑚红地粉彩葫芦型砚滴	长9.8cm	23,000	北京中汉	2018-09-21
清中期 粉彩墨床、笔床（二件）	长8.2cm；长8.7cm	32,200	中贸圣佳	2018-11-25
清中期 粉彩桃杏诗文砚屏	长22.4cm；宽23.3cm	36,800	中贸圣佳	2018-11-25
清中期 粉彩福寿香熏	高18cm	20,700	中国嘉德	2018-09-20
清道光 果绿地洋彩西番莲螭龙葫芦瓶	高28cm	3,680,000	北京华辰	2018-11-19
清道光 淡绿地粉彩通景“三多”图双耳瓶	高28.5cm	2,881,088	北京匡时	2018-10-03
清道光 蓝地洋彩云龙纹大筒瓶	高108.1cm；直径27.3cm	805,000	中贸圣佳	2018-11-24
清道光 柠檬黄地缠枝花卉粉彩通景婴戏图瓶	高29cm	805,000	西泠拍卖	2018-07-08
清道光 粉彩花卉描金四方象耳琮式瓶	高28.5cm	644,000	北京中汉	2018-04-15
清道光 粉彩三羊开泰象耳瓶	高34cm	575,000	北京华辰	2018-11-19
清道光 粉彩洞石灵芝纹双寿耳瓶	高28cm	230,000	北京保利	2018-07-27
清道光 粉彩梅竹纹瓶		190,380	纽约苏富比	2018-03-21
清道光 粉彩西洋花卉纹小瓶	高16cm	149,500	上海匡时	2018-04-30
清道光 粉彩落花流水游鱼图瓶	高24.4cm	138,000	西泠拍卖	2018-07-08
清道光 松石绿地粉彩通景人物图瓶	高30.8cm	92,000	中国嘉德	2018-11-20
清道光 绿地粉彩缠枝花卉纹瓶	高28.7cm	43,700	北京中汉	2018-09-21
清道光 粉彩无双谱人物故事诗文狮耳方瓶	高38cm	36,800	中国嘉德	2018-01-13
清道光 绿地粉彩龙穿花纹瓶（一对）	高23.5cm	23,000	太平洋	2018-06-09
清道光 松石绿地粉彩八宝纹花觚	高27.5cm	63,250	太平洋	2018-06-09
清道光 粉彩锦地玉堂富贵纹茶壶	直径21.5cm；高15cm	368,000	保利厦门	2018-01-08
清道光 粉彩花卉虫草大茶壶	高22cm	36,410	香港诚昌	2018-05-28
清道光 粉红地粉彩描金“福寿莲喜”纹罐	高15.7cm；直径14.1cm	57,500	中贸圣佳	2018-11-25
清道光 粉彩无双谱盖罐	高18cm	24,640	上海联合	2018-07-01
清道光 粉彩八仙人物盖罐	直径17.5cm	19,550	北京保利	2018-04-29
清道光 粉彩江西十景之麻姑仙坛山水楼阁图花口折沿碗	直径18.3cm	20,700	中国嘉德	2018-05-18
清道光 胭脂紫地洋彩莲托八吉祥纹朝冠耳炉	高38.5cm	230,000	北京中汉	2018-11-21
清道光 粉彩连升三级缠枝莲纹炉	直径19cm	23,000	中国嘉德	2018-01-13
清道光 粉彩八吉祥供器（一对）	高28cm×2	92,000	保利厦门	2018-07-15
清道光 粉彩三多敦式碗	直径14.5cm	34,500	北京保利	2018-07-27
清道光 粉彩三多墩式碗（一对）	直径15cm×2	506,000	北京荣宝	2018-06-14
清道光 粉彩花蝶墩式碗	8.5cm	69,000	中国嘉德	2018-06-18
清道光 粉彩江西十景图碗、盘、汤勺（共三十件）	尺寸不一	333,500	广东崇正	2018-07-05
清道光 粉彩过枝绣球花纹盘	直径19cm	172,500	中国嘉德	2018-05-18
清道光 粉彩八吉祥盘（一对）	15cm	161,800	香港苏富比	2018-04-03
清道光 粉彩张天师除五毒盘	直径24cm	126,672	香港诚昌	2018-05-30
清道光 胭脂红地粉彩缠枝花卉纹盘	直径23.6cm	114,554	保利香港	2018-04-02
清道光 粉彩寿字五蝠捧寿盘（两件）	直径24cm	55,200	北京翰海	2018-06-30
清道光 粉彩神仙祝寿图盘	直径15cm	46,000	北京保利	2018-12-09
道光 粉彩忍冬纹盘	直径21cm	46,000	广东衡益	2018-07-01
清道光 粉彩过枝花蝶纹小盘	直径12.5cm	34,500	保利厦门	2018-07-15
清道光 内珊瑚红描金团花纹外粉彩仿雕漆填金缠枝莲佛日常明盘	直径18.2cm	32,200	中国嘉德	2018-05-19
清道光粉彩耕织图花口盘（一对）	直径18.3cm	20,700	中国嘉德	2018-05-19
道光 粉彩刀马人图倭角盘	直径23.5cm	18,400	广东衡益	2018-07-01
清道光 粉彩莲塘纹御题诗盖碗	直径10.8cm	920,000	华艺国际	2018-11-16
清道光 黄地轧道粉彩寿海开光花卉纹碗（一对）	直径15cm	759,000	中国嘉德	2018-01-13
清道光 粉彩胭脂紫地轧道开光山水人物图碗	直径14.5cm	690,000	深圳至正国际	2018-08-25
清道光 粉彩过枝癞瓜纹盖碗（一对）	直径11.9cm	575,000	北京中汉	2018-11-21
清道光 胭脂紫地轧道开光粉彩五谷丰登碗（一对）	直径14.8cm	517,500	中国嘉德	2018-06-18
清道光 黄地粉彩“佛日常明”碗（一对）	直径16cm	506,000	西泠拍卖	2018-07-08
清道光 黄地洋彩开光“佛日常明”碗	直径11.8cm	483,000	北京保利	2018-06-20
清道光 粉彩描金五福捧寿碗	直径17.5cm	460,000	北京翰海	2018-06-30
清道光 胭脂红地轧道粉彩开光花卉纹碗（一对）	直径15cm	431,200	伦敦佳士得	2018-05-15
清道光 洋彩胭脂红地开光山水膳碗	直径15cm	414,000	北京保利	2018-12-08
清道光 粉彩开窗五谷丰登碗（一对）	直径17cm	409,248	香港诚昌	2018-05-30
清道光 粉彩婴戏纹盖碗（一对）	直径11cm×2；高8cm×2	402,500	保利厦门	2018-07-15
清道光 黄地粉彩花卉五福宫碗	直径15cm；高6.5cm	402,500	保利厦门	2018-07-15
清道光 粉彩轧道五谷丰登纹碗	直径14.9cm	402,500	北京中汉	2018-06-19
清道光 胭脂红地粉彩轧道开光九秋玉兔纹碗	直径14.5cm	391,000	保利厦门	2018-07-15
清道光 胭脂紫地轧道粉彩开光四季长春图碗	直径15cm	333,500	北京诚轩	2018-06-17
清道光 黄地轧道开光粉彩山水纹碗	直径15cm	276,000	保利厦门	2018-07-15
清道光 黄地洋彩描金折枝四季花卉纹碗	直径14.4cm	253,000	北京中汉	2018-11-21
清道光 粉彩过墙簌瓜纹碗	直径11cm	201,250	太平洋	2018-11-22
清道光 胭脂紫地洋彩轧道开光山水纹碗	直径14.9cm	195,500	北京中汉	2018-11-21
清道光 粉彩描金灵芝水仙纹碗（一对）	直径10.8cm	184,000	八益拍卖	2018-04-28
清道光 黄地粉彩万寿无疆碗（一对）	直径14cm×2	184,000	保利厦门	2018-01-08
清道光 粉彩扎道开光折枝花卉碗（一对）	直径9.8cm×2	172,500	北京荣宝	2018-12-03
清道光 粉彩过枝籁瓜纹盖碗	直径10.5cm	161,000	保利厦门	2018-01-08
清道光 粉地粉彩大婚碗	直径21cm	149,500	北京保利	2018-06-21
清嘉庆-道光 粉彩连枝癞瓜碗	直径15.5cm；高7.5cm	114,554	保利香港	2018-04-02
清道光 黄地粉彩开光轧道碗	直径14.8cm；高6.6cm	103,500	中贸圣佳	2018-11-25
清道光 粉彩百子图碗	直径17.5cm	97,750	华艺国际	2018-03-30
清道光 “荣瑞堂制”粉彩加蓝料彩锦地开光矾红团寿纹碗（一对）	直径16.6cm	92,000	北京中汉	2018-06-19
清道光 粉彩锦地开光“牛郎织女”碗	直径15cm	92,000	华艺国际	2018-03-30
清道光 粉彩夔凤纹碗	直径21cm	92,000	华艺国际	2018-05-23

拍品名称	物品尺寸	成交价RMB	拍卖公司	拍卖日期
清道光 粉彩洞石花卉灵鸽纹碗（一对）	直径9.2cm	91,025	香港中汉	2018-05-31
清道光 粉彩折枝花卉纹大碗	直径18.5cm	80,500	中国嘉德	2018-05-18
清道光 粉彩瓜瓞绵绵碗	直径10.7cm	70,070	伦敦佳士得	2018-05-15
清道光 粉彩龙凤纹八吉祥折沿碗	直径11.5cm	69,000	北京翰海	2018-06-30
清道光 粉彩扎道开光花卉碗	直径14.3cm	66,700	北京荣宝	2018-06-14
清道光 松石绿地轧道开光粉彩艾叶祥符纹碗	直径14.3cm	63,250	北京中汉	2018-09-21
清道光 黄地粉彩“佛日长明”纹碗	直径11.6cm	57,500	太平洋	2018-11-22
清道光十七年（1837年）粉彩印心石屋山水楼阁诗文碗（两只）	直径12.5cm；直径11.4cm	55,200	中国嘉德	2018-01-13
清道光 粉彩福寿纹小碗	直径12cm	51,750	中国嘉德	2018-01-13
清道光 珊瑚红地粉彩开光花卉纹碗	直径11cm	46,000	保利厦门	2018-01-08
清道光 粉彩洞石兰芝图碗	高5.7cm；口径11.5cm	46,000	西泠拍卖	2018-09-29
清道光 蓝地轧道粉彩开光牛郎织女纹碗	直径15cm	40,250	北京匡时	2018-06-15
清道光 粉彩喜上眉梢图花口大碗	高22.3cm	40,250	北京中汉	2018-09-21
清道光 粉彩吉庆有余纹碗	直径14.5cm	36,800	太平洋	2018-11-22
清道光 粉彩开光博古花卉碗	直径14cm	36,800	北京保利	2018-12-09
清道光 粉彩三多纹碗	高5.7cm；直径10.5cm	36,800	广东崇正	2018-07-05
清道光 粉彩江西十景之西山叠翠山水楼阁诗文花口折腰碗	直径14.5cm	36,800	中国嘉德	2018-05-18
清道光 黄地粉彩开光清供碗	直径16.3cm	34,500	北京保利	2018-12-09
清道光 蓝地粉彩云鹤纹钵盂碗	直径19.2cm	34,500	北京中汉	2018-04-15
清道光（1848年）作 粉彩八吉祥纹碗	直径17cm	28,750	北京中汉	2018-04-15
清道光 粉彩吉庆有余纹盖碗	直径10.9cm	28,750	北京中汉	2018-04-15
清道光 粉彩八美图四方倭角碗	长17cm	28,750	中国嘉德	2018-05-18
清道光 粉彩“芝仙祝寿”纹大碗	直径25cm	25,724	中国嘉德	2018-10-02
道光 珊瑚红开光洋彩花卉纹碗	直径11cm	25,300	广东衡益	2018-07-01
清道光 粉彩万寿无疆碗（一对）	直径11.3cm	25,300	中国嘉德	2018-05-19
清道光 粉彩江西十景之滕阁高风山水楼阁诗文花口碗	直径18.2cm	25,300	中国嘉德	2018-05-18
清道光 粉彩无双谱盖碗（一对）	直径13cm	23,000	中国嘉德	2018-11-20
清道光 粉彩花果碗	直径17cm	23,000	北京保利	2018-04-29
清道光 粉彩江西十景之徐亭烟柳山水楼阁诗文花口碗	直径18.3cm	20,700	中国嘉德	2018-01-13
清道光 粉彩七政纹杯（一对）	直径5.8cm×2	230,000	北京荣宝	2018-06-14
清道光 粉彩兰花杯（一对）	直径8cm	92,000	北京保利	2018-12-09
清道光 粉彩浮雕折枝兰花图杯	直径7.9cm	82,800	北京诚轩	2018-06-17
清道光 松石绿粉彩福寿纹杯	直径10cm	43,700	太平洋	2018-06-09
清道光 粉彩麻姑献寿图盖杯（一对）	高8cm	36,800	博美拍卖	2018-01-05
清道光 粉彩西湖十景卧足杯（一对）	直径6.8cm	34,500	北京保利	2018-07-27
清道光 轧道粉彩八仙杯（一对）	直径6.8cm；高5.8cm×2	29,900	北京荣宝	2018-12-03
清道光 粉彩夔凤纹杯（一对）	直径9cm	25,300	太平洋	2018-06-09
清道光 粉彩夔凤纹套杯（一组）	直径11.5cm	23,000	太平洋	2018-06-09
清道光 粉彩芦雁杯（两件）	直径6.1cm	20,700	北京翰海	2018-06-30
清道光 粉彩江西十景之庐山瀑布山水楼阁图花口杯（一对）	直径10.4cm	20,700	中国嘉德	2018-01-13
清道光十二年（1832年）介眉定制粉彩洞石兰花图马蹄杯	直径8.3cm	20,700	中国嘉德	2018-09-19
清道光 粉彩西厢记套杯（十只）	尺寸不一	19,163	香港诚昌	2018-05-28

拍品名称	物品尺寸	成交价RMB	拍卖公司	拍卖日期
清道光 黄地粉彩折枝花卉纹匙（一对）	长18.5cm	32,200	中国嘉德	2018-09-19
清道光 粉彩花卉福寿纹八角盆	高10cm	310,500	北京翰海	2018-06-30
清道光 粉彩西番莲纹八方花盆	长18cm	207,000	保利厦门	2018-07-15
清道光 粉彩花卉葵口花盆	高12.5cm；直径23cm	62,050	香港诚昌	2018-04-02
清道光 仿木釉粉彩人物香插	宽14.5cm	19,550	北京保利	2018-07-27
清道光 雕瓷粉彩松鼠葡萄纹笔筒	高15.2cm	92,000	北京匡时	2018-12-05
清道光 粉彩花卉纹笔筒	高11.3cm	34,500	北京匡时	2018-12-05
清道光 粉彩瑞犬纹碗（一对）	直径18.5cm	555,913	纽约佳士得	2018-09-13
清道光 黄地粉彩花卉纹碗		475,950	纽约苏富比	2018-03-21
清道光 粉彩月白地轧道开光菊花碗	15cm	327,000	香港苏富比	2018-10-03
清道光 胭脂红地粉彩锦上添花开光博古图碗		273,680	纽约苏富比	2018-09-12
清道光 胭脂红地粉彩锦上添花开光博古图碗		68,420	纽约苏富比	2018-09-12
清道光 粉红地轧道锦地粉彩开光花卉纹碗	14.8cm	53,900	伦敦苏富比	2018-05-18
清道光 粉彩莲瓣纹盖碗		41,052	纽约苏富比	2018-09-12
清咸丰 粉彩龙纹“福寿万代”爵杯（一对）	长14.5cm；高14cm×2	80,500	北京荣宝	2018-12-03
清咸丰粉彩描金团龙爵杯（一对）	宽14.8cm	40,250	北京保利	2018-12-09
清咸丰 粉彩三国演义之凤仪亭人物故事图墩式碗	直径18cm	34,500	中国嘉德	2018-05-18
清咸丰 粉彩牡丹花卉纹盘（一对）	口径15.8cm；口径15.8cm	51,750	西泠拍卖	2018-09-29
清咸丰 粉彩花虫纹小盘（一对）	直径7.8cm	36,800	中国嘉德	2018-09-19
清咸丰 黄地粉彩开光人物图碗	直径10.5cm	344,960	伦敦佳士得	2018-05-15
清咸丰 粉彩花卉纹盖碗（一对）	直径25cm	93,790	广东省拍	2018-09-20
清咸丰 黄地洋彩钩莲纹碗	直径14.5cm	59,800	博美拍卖	2018-01-06
清咸丰 粉彩八宝纹卧足杯	直径5.5cm	28,750	中国嘉德	2018-05-18
清咸丰 粉彩七珍杯	直径8.5cm	25,300	中国嘉德	2018-01-13
清咸丰 粉彩人物纹碟（一对）	直径13.7cm	19,550	华艺国际	2018-03-30
清咸丰 粉彩草虫小蝶（一对）	直径7.6cm	32,200	北京保利	2018-04-29
清咸丰 粉彩白蛇传人物故事图盖碗（一对）		23,947	纽约苏富比	2018-09-15
清同治 粉彩花卉开光庭院人物纹螭耳大地瓶	高90.5cm	94,300	中国嘉德	2018-05-19
清同治 粉彩开光人物故事大瓶（一对）	高63.8cm	57,500	北京保利	2018-10-27
清同治 胭脂红地粉彩岁寒三友诗文蟋蟀罐、过笼、记分牌一套三件	直径13cm；长7.7cm；长6.7cm	322,000	中国嘉德	2018-05-18
清同治 黄地粉彩“喜上眉梢”盘	直径28.1cm	188,155	纽约佳士得	2018-09-13
清同治 黄地粉彩喜鹊登梅图大碗	直径17.8cm	63,250	中国嘉德	2018-09-19
清同治 黄地粉彩喜鹊梅花大碗	直径26cm	57,500	中国嘉德	2018-11-20
清同治 粉彩喜上眉梢碗（一对）	直径13.5cm	40,250	华艺国际	2018-11-17
清同治 黄地粉彩喜鹊登梅碗	直径25cm	40,250	北京保利	2018-10-27
清同治 粉彩花鸟纹碗（一对）	直径13.5cm	32,340	伦敦佳士得	2018-05-15
清同治 粉彩八宝碗	直径14.5cm；高7cm	20,700	中贸圣佳	2018-11-25
清同治 黄地粉彩五福捧寿纹杯（一对）	直径8.8cm	130,800	佳士得	2018-10-04
清同治 黄地粉彩五蝠洋莲纹杯（一对）	直径5.8cm×2	57,500	北京匡时	2018-06-15
清同治 粉彩婴戏杯（一对）	直径6cm	51,750	北京保利	2018-10-27
清同治 黄地“喜上眉梢”杯（一对）	直径10cm×2	34,500	保利厦门	2018-07-15
清同治 粉彩八吉祥纹杯（一对）	直径9cm	28,750	博美拍卖	2018-01-05

拍品名称	物品尺寸	成交价RMB	拍卖公司	拍卖日期
清同治 黄地粉彩花卉蓝料寿字小碟（四只）	直径8.3cm×4	28,750	北京荣宝	2018-12-03
清同治 粉彩团寿兰花纹捧盒		59,494	纽约苏富比	2018-03-24
清同治 粉彩蝴蝶纹盆	直径41.5cm	43,120	伦敦佳士得	2018-05-15
清同治 粉彩折枝牡丹花卉纹花盆（带奁）	直径40.5cm	36,800	太平洋	2018-06-09
清同治 粉彩云龙纹笔筒	高14cm	28,750	太平洋	2018-06-09
清同治 粉彩玉兰花纹四方大印盒	长15cm	172,500	保利厦门	2018-07-15
清光绪 粉彩百蝶赏瓶（一对）	高40cm	575,000	北京华辰	2018-11-19
19世纪 粉彩喜上眉梢图天球瓶	高55cm	414,200	佳士得	2018-10-04
清光绪 粉彩喜上眉梢图蒜头瓶	高18cm	368,000	华艺国际	2018-05-23
清光绪 粉彩百蝶纹赏瓶	高39cm	302,400	上海联合	2018-11-25
清光绪 粉彩洪福齐天赏瓶	高39cm	276,000	保利厦门	2018-07-15
清光绪 粉彩百蝶赏瓶	高39.5cm	264,500	北京翰海	2018-06-30
清光绪 粉彩云蝠纹赏瓶	高39.3cm	184,000	中国嘉德	2018-11-20
清光绪 粉彩白蝶赏瓶	高38cm	184,000	北京翰海	2018-09-16
清光绪 粉彩描金龙凤八吉祥纹赏瓶	高40cm	150,920	伦敦佳士得	2018-05-15
清光绪 百福粉彩荸荠瓶	高32cm；直径7cm	146,900	广东省拍	2018-09-20
清光绪 粉彩云蝠纹荸荠瓶	高32cm	138,000	北京荣宝	2018-12-03
清光绪 粉彩云蝠纹扁瓶	高33cm	115,000	太平洋	2018-06-09
清光绪 粉彩百蝶赏瓶	高39cm	109,250	北京翰海	2018-05-13
清光绪 粉彩百福荸荠瓶	高33cm	109,250	印千山	2018-01-12
清光绪 粉彩洪福齐天荸荠瓶（一对）	高33cm；33.5cm	101,200	中贸圣佳	2018-11-25
清光绪 粉彩百蝶图赏瓶	高38.6cm	92,000	北京中汉	2018-06-19
清光绪 粉彩福寿纹赏瓶	高38.5cm	82,800	北京匡时	2018-06-15
清光绪 粉彩荷塘鸳鸯赏瓶	高40cm	74,750	北京匡时	2018-06-15
清光绪粉彩龙纹双龙耳瓶（一对）	高65cm	69,000	北京保利	2018-04-29
清光绪 粉彩喜上眉梢纹瓶	高30cm	69,000	广东崇正	2018-07-05
19世纪 粉青地粉彩折枝花卉纹方瓶（一对）		67,426	纽约苏富比	2018-03-20
清光绪 粉彩百福图长颈瓶		64,144	纽约苏富比	2018-09-15
清光绪 粉彩福寿赏瓶	高32cm	57,500	北京翰海	2018-05-13
清光绪 粉彩百蝶纹赏瓶	高39cm	57,500	西泠拍卖	2018-09-29
清光绪 青釉粉彩矾红双龙戏珠贯耳瓶	高30.3cm	55,200	北京保利	2018-12-09
19世纪 粉彩“八仙过海”四方瓶	高29.2cm	51,315	纽约佳士得	2018-09-13
清光绪 粉彩百福图赏瓶（两件）		42,763	纽约苏富比	2018-09-15
清光绪 粉彩九桃天球瓶	高55cm	39,100	华艺国际	2018-11-17
19世纪 胭脂红地粉彩福寿双全纹瓶		35,696	纽约苏富比	2018-03-24
19世纪 粉彩八仙过海图天球瓶		31,730	纽约苏富比	2018-03-24
清光绪 粉彩九桃赏瓶	高40cm	28,750	中国嘉德	2018-11-20
清光绪 黄地粉彩雕瓷博古瓶	高48cm	28,750	北京保利	2018-10-27
清光绪 粉彩百蝠荸荠瓶	高31.8cm	25,300	北京保利	2018-04-30
清光绪 粉彩百蝶赏瓶	高39.2cm	23,000	北京保利	2018-04-30
清光绪 紫地粉彩藤萝花鸟纹大瓶	高70cm	23,000	太平洋	2018-06-09
清光绪 粉彩百蝶赏瓶	高38.3cm	20,700	北京翰海	2018-06-30
清光绪 粉彩龙凤纹赏瓶	高38cm	20,700	中国嘉德	2018-05-18
清光绪 粉彩九桃纹玉壶春瓶	高26.5cm	18,400	北京保利	2018-10-28
清光绪 粉彩百鹿尊（一对）	高38cm	402,500	北京保利	2018-04-29
清光绪 粉彩百鹿尊（一对）	直径27.8cm；高37.1cm	299,000	中贸圣佳	2018-11-24
清光绪 粉彩百鹿尊	高44cm	172,500	中国嘉德	2018-06-18
清光绪 粉彩安居乐业图双龙耳尊	高47cm	92,000	北京保利	2018-10-27
清光绪 粉彩云龙纹双耳尊	高55cm	57,500	北京保利	2018-04-29
清光绪 粉彩人物纹象耳尊	高30cm	51,750	南京经典	2018-07-22
清光绪 粉彩百蝶图荷叶罐	高40cm	437,000	华艺国际	2018-03-30
清光绪 粉彩花蝶纹罐	高32cm	69,000	太平洋	2018-06-09
清光绪 粉彩凤穿花罐	高30.5cm	34,500	北京保利	2018-04-29
19世纪末 粉彩金玉满堂图花盆及盖罐		20,526	纽约苏富比	2018-09-15

拍品名称	物品尺寸	成交价RMB	拍卖公司	拍卖日期
清光绪 粉彩模印云龙纹豆	高38.8cm	46,000	北京中汉	2018-11-21
清光绪 粉彩内福禄万代图外夔凤纹墩式碗	直径15.4cm	46,000	中国嘉德	2018-01-13
19世纪 粉彩龙凤鼓式墩（一对）	高46.8cm	33,412	中国嘉德	2018-04-02
18世纪/19世纪 粉彩描金太平有象摆件	高14cm	140,140	伦敦佳士得	2018-05-15
清十八至十九世纪 粉彩盘（三件）		273,680	纽约苏富比	2018-09-15
19世纪末 粉彩福寿双全图大盘		153,945	纽约苏富比	2018-09-15
19世纪 粉彩牡丹纹大盘	直径52cm	138,000	保利厦门	2018-01-08
清光绪 粉彩云蝠大盘	直径34.3cm	138,000	北京翰海	2018-06-30
清光绪 粉彩云蝠大盘	直径34.3cm	105,800	北京翰海	2018-06-30
清光绪 粉彩牡丹形四联盘（四件）		95,190	纽约苏富比	2018-03-21
清光绪 粉彩夔凤纹盘	直径18cm	74,750	华艺国际	2018-11-17
清光绪 黄地粉彩龙凤纹盘	直径33.8cm	57,500	中国嘉德	2018-06-18
清光绪 粉彩穿花夔凤纹盘		55,528	纽约苏富比	2018-03-21
清光绪 黄地粉彩开光龙凤呈祥盘（一对）	直径19cm	55,200	太平洋	2018-11-22
清代 大清光绪年制粉彩五福捧寿盘	直径20cm	47,670	北京雅藏	2018-01-28
光绪 粉彩过枝九桃纹盘	直径46.5cm	46,000	广东衡益	2018-07-01
清光绪 黄地粉彩万寿无疆盘（一对）	直径28cm	43,700	北京保利	2018-10-27
清光绪 黄地洋彩缠枝花卉纹盘	直径19.6cm	40,250	中国嘉德	2018-05-18
清光绪 粉彩花卉小盘（四件）	直径15.2cm	36,800	中贸圣佳	2018-11-25
清光绪 粉彩云龙纹杯、盘（四只）	尺寸不一	34,500	中国嘉德	2018-05-18
清光绪 内刻花虫纹外蓝釉粉彩癞瓜纹盘	直径18.8cm	34,500	中国嘉德	2018-05-18
清光绪 内粉彩寿桃纹外黄釉暗刻云龙纹盘	直径17.8cm	34,500	中国嘉德	2018-09-19
清光绪 粉彩艾叶祥符花卉纹大盘（一对）	直径21.8cm	34,500	中国嘉德	2018-09-20
18世纪/19世纪 粉彩人物图盘及杯（一组）		32,500	纽约苏富比	2018-09-15
清光绪 粉彩花卉纹盘（四件）	直径22cm	28,750	中贸圣佳	2018-11-25
清光绪 粉彩八吉祥纹盘（一对）	直径15.3cm×2	28,750	北京诚轩	2018-06-17
清光绪 粉彩百蝶纹团龙盘（一对）	直径24.5cm	25,300	北京保利	2018-10-27
清光绪 粉彩紫地花卉花盘（一对）	20×28×20cm×2	25,300	北京荣宝	2018-06-14
清光绪 黄地粉彩万代云开光“万寿无疆”大盘	直径24.5cm	25,300	中国嘉德	2018-09-19
清光绪 黄地粉彩团寿字盘（一对）	直径18.5cm	23,000	中国嘉德	2018-05-18
清光绪 粉彩万寿无疆盘	直径19.4cm	20,700	北京保利	2018-04-29
清光绪 粉彩博古纹盘（一对）	直径14cm	20,700	北京保利	2018-04-29
清光绪 内矾红五蝠纹外黄地粉彩缠枝花卉纹盘	直径16.9cm	20,700	中国嘉德	2018-09-19
清光绪 粉彩过枝癞瓜纹盘（一对）	直径15cm	20,700	中国嘉德	2018-09-20
19世纪 粉彩刀马人物故事图大盘		20,526	纽约苏富比	2018-09-15
清光绪 内青花外粉彩花卉碗（一对）	直径17.5cm×2	207,000	中国嘉德	2018-06-18
清光绪 内青花荷花纹外粉彩三多纹碗（一对）	直径17.5cm	161,000	中国嘉德	2018-01-13
清光绪 粉彩双龙抢珠纹碗	高9cm；口径21cm	92,000	南京经典	2018-01-06
清光绪 粉彩龙凤纹碗	直径20.8cm	89,700	中国嘉德	2018-06-18
清光绪 粉彩夔凤碗	直径21cm	82,800	中国嘉德	2018-06-18
清光绪 粉彩蝠禄万代开光四季花卉碗（一对）	直径18cm	80,500	北京保利	2018-04-29

2018瓷器拍卖成交汇总

(成交价RMB：2万元以上)

拍品名称	物品尺寸	成交价RMB	拍卖公司	拍卖日期
清光绪 粉彩龙凤纹碗（一对）	高7cm；直径16.8cm	74,750	广东崇正	2018-07-05
清光绪 粉彩皮球花盖碗（一组）	直径10.5cm	69,000	华艺国际	2018-11-17
清光绪 蓝釉粉彩癞瓜纹大碗（一对）	直径19.9cm	66,700	中国嘉德	2018-09-19
清光绪 粉彩江山万代图碗	直径12.4cm	63,250	北京诚轩	2018-06-17
清光绪 粉彩云蝠纹碗	直径17.4cm	56,593	中国嘉德	2018-10-02
清光绪 粉彩九桃碗	直径20cm	55,200	华艺国际	2018-05-23
清光绪 粉彩八宝纹碗（四只）	直径14cm	46,000	太平洋	2018-06-09
清光绪 粉彩过枝桃纹碗	直径13.3cm	40,250	北京保利	2018-04-29
清光绪 矾红粉彩八宝纹盖碗	直径11cm	34,500	太平洋	2018-11-22
清光绪 黄地粉彩西番莲纹碗	直径18.2cm	34,500	太平洋	2018-06-09
清光绪 黄地轧道粉彩开光三羊开泰碗	直径15cm	32,200	太平洋	2018-11-22
清光绪 粉彩雉鸡牡丹图大碗	直径18.8cm	25,300	中国嘉德	2018-05-18
清光绪 矾红地粉彩花蝶开光龙凤纹喜字茶碗	直径10.4cm	25,300	中国嘉德	2018-09-19
清光绪 黄地粉彩福禄万代开光五谷丰登图小碗	直径13.8cm	25,300	中国嘉德	2018-09-19
清光绪 粉彩夔凤纹碗	直径12.4cm	20,700	北京保利	2018-04-29
清光绪 粉彩云龙纹碗（一对）	直径14.5cm	20,579	中国嘉德	2018-10-02
清光绪 内矾红云龙纹外粉彩福禄万代图单錾杯盏（一对）	盏托直径14.7cm；杯长10cm	20,700	中国嘉德	2018-05-18
清光绪 粉彩一路连科、灵仙祝寿杯（一对）	直径5.5cm×2；高5cm×2	149,500	保利厦门	2018-07-15
清光绪 粉彩荷叶秋操杯	长19.6cm	71,300	中国嘉德	2018-11-20
清光绪 粉彩水仙纹杯（一对）	直径5.5cm	51,750	华艺国际	2018-11-17
清光绪 粉彩樱桃小杯（两件）	直径7.1cm	43,700	北京翰海	2018-06-30
清光绪 粉彩八宝云龙纹杯（一对）	直径5.9cm	28,750	中国嘉德	2018-05-18
清光绪 粉彩过枝癞瓜纹杯（一对）	直径7.5cm	25,300	中国嘉德	2018-01-13
清光绪 粉彩百花纹杯（一对）	直径9cm	20,700	中国嘉德	2018-05-19
清光绪 粉彩过枝癞瓜纹折腰卧足杯（两只）	直径6.8cm；直径5cm	20,700	中国嘉德	2018-09-20
清光绪 仿康熙粉彩花卉纹碟	直径19cm；高3.5cm	34,500	凤凰拍卖	2018-01-21
清光绪 内花蝶纹外黄地粉彩“万寿无疆”调羹（一对）	长19.8cm	32,200	太平洋	2018-11-22
清光绪 内粉彩花蝶纹外黄地粉彩福寿万代开光“万寿无疆”匙（一对）	长19.5cm	34,500	中国嘉德	2018-09-19
清光绪 粉彩花鸟盖盒	直径16.3cm	149,500	中国嘉德	2018-06-18
清光绪 松石绿地粉彩花鸟纹捧盒	直径24.3cm	28,750	北京匡时	2018-12-05
清光绪 粉彩八宝龙凤纹捧盒	直径27.7cm	23,000	中国嘉德	2018-05-18
清光绪 粉彩花卉纹捧盒（一对）	直径26cm	23,000	中国嘉德	2018-05-18
19世纪 黄地粉彩益寿延年图花盆（一对）		55,528	纽约苏富比	2018-03-24
清同治/光绪 松石绿地粉彩百蝶纹大花盆	直径39.8cm	25,658	纽约佳士得	2018-09-13
清光绪 粉彩九龙图大缸	直径70cm	195,500	中国嘉德	2018-05-18
光绪 粉彩婴戏图缸	高22cm；直径24cm	161,000	广东衡益	2018-07-01
清光绪 粉彩松鹿博古缸	直径54cm	89,700	北京翰海	2018-01-14
清光绪 黄地龙纹缸	直径55cm；高51cm	50,600	北京荣宝	2018-06-14
清光绪 粉彩龙凤纹卷缸	带座高19cm；高15.8cm	18,400	西泠拍卖	2018-09-29
清光绪 粉彩缠枝荷花纹水盂（一对）	高6cm×2	17,250	北京匡时	2018-12-05
清光绪 蓝地粉彩癞瓜纹碗（一对）		63,460	纽约苏富比	2018-03-24

拍品名称	物品尺寸	成交价RMB	拍卖公司	拍卖日期
清嘉庆/十九世纪初 粉彩春宫图蟋蟀筒		51,315	纽约苏富比	2018-09-15
清光绪 黄地粉彩开光五谷丰登图碗		22,237	纽约苏富比	2018-09-15
清宣统 粉彩缠枝莲纹双凤朝阳瓶	高39cm；直径10cm	158,200	广东省拍	2018-09-20
清宣统 粉彩花卉玉壶春瓶	高29cm	138,000	北京荣宝	2018-12-03
清宣统 粉彩百蝠纹赏瓶（一对）	高40cm	92,000	华艺国际	2018-03-30
清晚期 粉彩百蝶赏瓶	高43.1cm	51,448	保利香港	2018-10-02
清晚期 粉彩二十四孝人物故事图狮耳大方瓶（一对）	高57.5cm	36,800	中国嘉德	2018-09-19
清晚期 粉彩通景山水纹天球瓶	高67cm	34,500	太平洋	2018-06-09
清晚期 黄地粉彩折枝花卉纹螭耳盘口瓶（一对）	高42.3cm	28,750	中国嘉德	2018-09-19
清晚期 粉彩刀马人物纹狮耳六方瓶	高62cm	25,300	中国嘉德	2018-09-19
清晚期 粉彩花鸟纹六方狮耳瓶	高44.3cm	25,300	中国嘉德	2018-09-19
清晚期 蓝地粉彩花鸟棒槌瓶	高61cm	23,000	北京保利	2018-10-28
清晚期 粉彩九桃玉壶春瓶	高27cm	23,000	北京中汉	2018-04-15
清晚期 粉彩渔樵耕读人物故事图双耳小方瓶	高13.2cm	23,000	中国嘉德	2018-09-19
清晚期 粉彩九桃小天球瓶	高31.5cm	20,700	中国嘉德	2018-05-18
清晚期 粉彩大富贵亦寿考人物故事图狮耳方瓶	高38.2cm	20,700	中国嘉德	2018-05-18
清晚期 粉彩刀马人物纹狮耳方瓶	高39.8cm	20,700	中国嘉德	2018-05-18
清晚期 粉彩花卉纹大方瓶	高59.7cm	20,700	中国嘉德	2018-09-19
清晚期-民国 仿铜釉雕瓷兽面纹开光粉彩八仙庆寿图铺首方尊（一对）	高35cm	112,700	中国嘉德	2018-05-18
清宣统 粉彩龙凤纹鼓式罐	高25.1cm	92,000	中国嘉德	2018-09-19
清晚期 粉彩仕女婴戏图罐	直径22cm	34,500	中国嘉德	2018-01-13
清晚期 粉彩福禄图瓷板	35×35cm	40,250	中国嘉德	2018-01-13
清晚期 粉彩仕女婴戏图如意耳瓶（一对）	高44.7cm	43,700	中国嘉德	2018-01-13
清晚期 内矾红地粉彩福禄万代图外黄地粉彩锦地开光“福禄寿喜”盘（一对）	直径17.6cm；直径17.3cm	74,750	中国嘉德	2018-09-19
清宣统 粉彩牡丹蜻蜓盘	直径19cm	34,500	北京保利	2018-07-27
清晚期 黄地粉彩喜鹊登梅图小盘（六只）	直径10.4cm	32,200	中国嘉德	2018-09-20
清宣统 粉彩花卉纹折沿盘	直径14.7cm	28,750	中国嘉德	2018-09-19
清宣统 粉彩团龙缠枝莲纹盘	22.2cm	28,028	伦敦苏富比	2018-05-18
清晚期 粉彩团花纹盘、碗（九只）	直径15cm；直径14.5cm；直径14.3cm	23,000	中国嘉德	2018-09-19
清宣统 粉彩缠枝花卉纹碗	直径13.3cm	34,500	北京中汉	2018-06-19
清晚期 粉彩十八罗汉图大碗（一对）	直径19.8cm	32,200	中国嘉德	2018-01-13
清宣统 粉彩云龙纹大碗	直径19.5cm	28,750	中国嘉德	2018-01-13
清晚期 粉彩九桃大碗、盖盅各一件	直径26.5cm；直径20cm	25,300	中国嘉德	2018-05-18
清晚期 黄地粉彩八宝开光缠枝莲纹马蹄碗	直径15.6cm	23,000	中国嘉德	2018-05-18
清晚期 粉彩鸡缸杯（一对）	直径7.5cm	89,700	中国嘉德	2018-01-13
清晚期 粉彩博古图套杯（十只）	尺寸不一	32,200	中国嘉德	2018-01-13
清宣统 粉彩太极八卦纹碟（一对）	直径8.8cm×2	36,800	北京诚轩	2018-06-17
清晚期 松石绿地粉彩缠枝莲纹花口花盆带奁（一对）	花盆直径17.8cm；盆奁直径17cm	97,750	中国嘉德	2018-09-19
清晚期 粉彩花鸟纹长方花盆（一对）	长34.7cm	63,250	中国嘉德	2018-09-19
清晚期 黄地粉彩缠枝花卉纹花盆（一对）	直径26.5cm	40,250	中国嘉德	2018-05-18

拍品名称	物品尺寸	成交价RMB	拍卖公司	拍卖日期
清晚期 粉彩博古图大花盆	直径39.8cm	32,200	中国嘉德	2018-09-19
清晚期 粉彩云蝠云鹤纹方盆	长33.3cm	28,750	中国嘉德	2018-05-18
清晚期 粉彩喜鹊登梅图大花盆	直径37cm	25,300	中国嘉德	2018-09-19
清晚期 粉彩皮球花图六方大花盆	长40.8cm	23,000	北京中汉	2018-04-15
清晚期 粉彩内荷塘鸳鸯图外团花博古图盆	直径40cm	20,700	中国嘉德	2018-09-19
清晚期 粉彩荷塘图大缸	直径54.5cm	80,500	中国嘉德	2018-05-19
清晚期 粉彩花果纹卷缸（一对）	直径26.2cm	46,000	北京中汉	2018-09-21
清末民初 粉彩雕塑苏武牧羊图松段式笔筒	18.5×15.4cm	25,300	北京诚轩	2018-06-17
清宣统 粉彩花卉纹四方洗	直径22cm	138,000	太平洋	2018-11-22
清晚期 粉彩灵仙祝寿水丞	长7.3cm	23,000	北京保利	2018-10-28
清 群仙贺寿粉彩撇口双耳大瓶	高86cm；直径31cm	531,100	广东省拍	2018-09-20
清 洋彩胭脂红釉小荸荠瓶（一对）	高7.8cm	483,000	北京保利	2018-06-19
清 粉彩高士图胆瓶	高18.8cm	483,000	中国嘉德	2018-01-13
清 锦地彩粉料粉通花雕瓷花果方瓶（一对）	高32.2cm；直径11.5cm	418,100	广东省拍	2018-09-20
清 绿地粉彩大吉葫芦式壁瓶	高35.5cm	391,005	北京匡时	2018-10-03
清 粉彩九老图双耳瓶	高33.5cm	322,000	太平洋	2018-06-09
清末/二十世纪 粉彩九桃图天球瓶		256,575	纽约苏富比	2018-09-15
清 粉彩万花描金双耳瓶	高32cm	115,000	北京翰海	2018-05-13
清嘉清 绿地粉彩三阳开泰瓶	高31.5cm	107,800	伦敦佳士得	2018-05-15
清 粉彩水浒故事图大瓶（一对）	高162cm	50,600	北京保利	2018-07-27
清 粉彩“三阳开泰”双耳瓶（一对）	高52cm	48,300	博美拍卖	2018-01-06
清 粉彩海水龙纹小抱月瓶	高11cm	48,300	太平洋	2018-06-09
清代 粉彩婴戏图花瓶（一对）	高26cm；直径24cm	47,670	北京雅藏	2018-01-28
清 粉彩五老观太极图瓶（一对）	高45cm	46,000	博美拍卖	2018-01-06
清代 粉彩天球瓶	高36cm；口径6.5cm	46,000	未来四方	2018-01-20
清 珊瑚红粉彩婴戏图纹绶带耳葫芦瓶	高22cm	40,250	太平洋	2018-11-22
清 粉彩博古图观音瓶（一对）	高61.2cm	40,250	博美拍卖	2018-01-06
清 粉彩花卉瓶	高33.5cm	36,800	北京翰海	2018-01-14
清 粉彩百蝶赏瓶	高37cm	34,500	北京中贝	2018-06-24
清 粉彩白头富贵大瓶	高61.5cm	32,200	八益拍卖	2018-04-28
清 粉彩八仙人物图四方瓶（一对）	高26cm	32,200	西泠拍卖	2018-07-08
清 粉彩百福瓶	高33cm	28,750	北京翰海	2018-01-14
清 粉彩安居乐业纹双耳瓶	高16.5cm	23,000	太平洋	2018-11-22
清 粉彩人物瓶	高33cm	23,000	北京保利	2018-01-21
清 粉彩百子双耳大瓶（一对）	高80cm	23,000	北京保利	2018-04-30
清 粉彩无双谱直径瓶	高36cm	23,000	北京翰海	2018-09-16
清 粉彩福寿瓶	高45cm	21,850	北京翰海	2018-05-13
清 粉彩百蝠纹荸荠扁瓶	高33cm	20,700	北京保利	2018-01-21
清 珊瑚地开光山水壁瓶（两件）	高17.5cm	20,700	北京翰海	2018-05-13
清 粉彩童子抱瓶烟壶	高4.5cm	20,700	北京翰海	2018-05-13
清 粉彩开光花鸟图四方扁瓶	高40cm	20,700	博美拍卖	2018-01-06
清 粉彩百蝶纹赏瓶	高33cm	18,400	太平洋	2018-06-09
清 粉彩通景戏龙舟双耳瓶	高30cm	18,400	太平洋	2018-06-09
清 粉彩榴开百子双耳瓶	高27cm	18,400	太平洋	2018-06-09
清代 粉彩富贵白头花鸟纹尊	高53cm；宽35cm	681,000	北京雅藏	2018-01-28
清 粉彩百鹤尊	高45cm	89,700	印千山	2018-01-12
清 粉彩花卉纹琵琶尊	高27.2cm；直径18cm	36,800	西泠拍卖	2018-07-08
清代 清代粉彩花卉博古纹石榴尊	直径12cm；高11cm	26,105	北京雅藏	2018-01-28
清 粉彩花鸟纹摇铃尊	高18cm	23,000	太平洋	2018-11-22
清 粉彩花蝶玉壶春	高29cm	40,250	北京翰海	2018-01-14

拍品名称	物品尺寸	成交价RMB	拍卖公司	拍卖日期
清 紫地粉彩花卉八吉祥喷巴壶	高26cm	20,700	北京翰海	2018-05-13
清 粉彩竹纹蟋蟀罐（一套三件）	尺寸不一	241,500	印千山	2018-01-12
清粉彩吴王彩莲图将军罐（一对）	高41cm	32,200	博美拍卖	2018-01-06
清 粉彩花卉纹罐	高27cm	22,600	广东省拍	2018-09-20
清 粉彩人物故事图将军罐（一对）	高46cm	18,400	博美拍卖	2018-01-06
清 粉彩春意图瓷板（一组四件）	27×19cm	181,378	中国嘉德	2018-04-02
清代 紫檀架粉彩人物瓷板	长24cm；宽27cm；带座高50cm	172,500	南京经典	2018-07-22
清 粉彩百鹿图瓷板挂屏	42×25.2cm	20,700	中国嘉德	2018-09-19
清 松石绿地粉彩花卉双如意耳瓶	高29cm	28,750	北京保利	2018-04-30
清 粉彩缠枝花卉纹螭龙如意	长41cm	23,000	西泠拍卖	2018-07-08
清 粉彩吉祥如意暗八仙瓷枕	15.5×12.2×8.6cm	21,850	北京匡时	2018-06-15
清 粉彩描金无量寿佛坐像	高34.5cm	184,000	博美拍卖	2018-01-05
清 粉彩寿星麻姑骑鹤像（一对）	高46cm；宽18cm	33,412	香港诚昌	2018-04-02
清代 粉彩伏虎罗汉瓷塑	高22cm	32,200	南京经典	2018-01-06
清 粉彩过枝九桃纹大盘	直径46.5cm	100,050	太平洋	2018-06-09
清 粉彩花卉盘	直径17cm	97,750	北京保利	2018-04-29
清 乾隆款金地粉彩百花不露地纹盘	直径21.3cm	92,000	上海嘉禾	2018-06-25
清；1879-1880年 外销粉彩波斯纹大盘	直径33.5cm	43,120	伦敦佳士得	2018-05-15
清 松石绿花鸟对盘	口径17×2cm×2	34,500	北京中贝	2018-06-24
清 粉彩花鸟纹盘（一对）	直径11.8cm	23,000	北京保利	2018-12-09
清 内矾红福寿纹外蓝地粉彩穿花凤纹盘	直径15.5cm	23,000	广东崇正	2018-07-05
清 粉彩和合二仙香盘（一对）	高4.3cm×2	20,700	北京匡时	2018-12-05
清 粉彩八仙祝寿纹大盘	直径47.9cm	20,700	博美拍卖	2018-01-06
清 松石绿粉彩御题诗海棠盘	长18cm	20,700	太平洋	2018-06-09
清 粉彩矾红描金龙纹盘	直径34cm	18,400	广东衡益	2018-07-01
清 粉彩海水“福寿”纹小碗	宽9cm	172,469	香港诚昌	2018-05-28
清代 粉彩花鸟纹盖碗（一对）	高8.5cm；直径20cm	113,500	北京雅藏	2018-01-28
清 粉彩荷叶纹碗（两件）	直径15cm	94,300	北京翰海	2018-05-13
清 粉彩竹纹碗（两件）	直径12.5cm	69,000	北京翰海	2018-05-13
清 黄地粉彩轧道开光婴戏图大碗	径41cm	55,200	印千山	2018-01-12
清 粉彩花卉折腰碗	直径9.8cm	48,300	太平洋	2018-06-09
清 珊瑚地开光花卉碗	直径11cm	44,850	北京翰海	2018-01-14
清 粉彩癞瓜碗（两件）	直径9.5cm	43,700	北京翰海	2018-05-13
清 绿地花鸟碗（两件）	直径16.5cm	34,500	北京翰海	2018-05-13
清晚期 任焕章婴戏图瓷碗	直径15cm；高7cm	34,500	北京中贝	2018-06-24
清 粉彩九桃蝠纹过墙碗	直径23.5cm	32,200	博美拍卖	2018-01-06
清 粉彩花卉碗	直径12.5cm	23,000	北京翰海	2018-05-13
清 粉彩荷莲盖碗	直径11cm	23,000	北京翰海	2018-05-13
清 粉彩梅花碗	直径9.5cm	23,000	北京翰海	2018-09-16
清 粉彩瓜蝶连绵纹碗（一对）	直径11.7cm	23,000	广东衡益	2018-07-01
清 粉彩折枝花卉纹碗（一对）	直径22cm	23,000	广东衡益	2018-07-01
清 粉彩江西十景诗文碗	直径16.7cm	23,000	中国嘉德	2018-05-19
清 粉彩百蝶图碗碟（二套四件）	碗直径13cm；碟直径13.6cm	21,850	广东衡益	2018-07-01
清 粉彩花卉瓜棱碗（两件）	直径9cm	20,700	北京翰海	2018-05-13
清 粉彩过枝“萱寿延龄”图杯（一对）	直径8.5cmcm	747,500	北京保利	2018-12-08
清 粉彩花蝶花口杯	直径9.3cm	74,750	北京翰海	2018-06-30
清 粉彩龙凤纹杯（两件）	直径7cm	51,750	北京翰海	2018-01-14
清 粉彩秋操杯（一对）	长18.5cm×2	40,250	北京荣宝	2018-12-03
清晚期 粉彩御题诗鸡缸杯	高7cm；直径7.5cm	34,500	保利厦门	2018-01-08
清 粉彩凤纹套杯（一组十个）	尺寸不一	34,500	博美拍卖	2018-01-06
清 粉彩江西十景山水楼阁图马蹄杯（六只）	直径9cm	23,000	中国嘉德	2018-05-19
清晚期 粉彩百碟花钵（一对）	高23.5cm；长52cm；宽31.5cm	49,824	香港诚昌	2018-05-28

2018瓷器拍卖成交汇总

(成交价RMB：2万元以上)

拍品名称	物品尺寸	成交价RMB	拍卖公司	拍卖日期
清 粉彩爆竹形盖盒		95,190	纽约苏富比	2018-03-20
清 粉彩婴戏捧盒	直径22.5cm	82,800	北京翰海	2018-05-13
清 粉彩龙凤葫芦形盖盒	高25.7cm	25,300	北京保利	2018-10-27
清代 粉彩锦鸡富贵花鸟纹四方盆（一对）	长22cm；宽16cm；高15.5cm；底座4.5cm	68,100	北京雅藏	2018-01-28
清 粉彩一路连科大盆	直径40cm	43,700	北京保利	2018-01-21
清 粉彩山水图折沿盆	直径41.8cm	23,000	北京保利	2018-07-27
清 粉彩西番莲纹六方花盆	直径17cm	23,000	太平洋	2018-06-09
清 黄地粉彩大花盆（一对）	31×36cm	20,700	北京中贝	2018-06-24
清 粉彩六角花盆（一对）	高12cm	20,121	香港诚昌	2018-05-28
清 粉彩花卉纹缸	直径53.5cm	34,500	中国嘉德	2018-01-13
清 粉彩花卉缸	直径53cm	28,750	北京保利	2018-01-21
清 粉彩无双谱人物故事诗文缸	直径53cm	28,750	中国嘉德	2018-01-13
清 松石绿粉彩龙穿花纹大缸	直径40cm	25,300	太平洋	2018-11-22
清 粉彩花卉大缸	直径52cm	20,700	北京保利	2018-10-27
清 粉彩折枝花卉纹缸	直径35.5cm；高31cm	20,700	博美拍卖	2018-01-06
清 粉彩雕百子图笔筒	直径18.8cm	460,000	北京保利	2018-06-21
清 粉彩博古图笔筒	直径15cm	34,500	太平洋	2018-06-09
清 粉彩开光山水诗文笔筒	高11.5cm	21,850	印千山	2018-01-12
清 粉彩山水诗文臂搁	长20cm	28,750	北京保利	2018-12-09
清 粉彩仕女图臂搁	长20cm	25,300	西泠拍卖	2018-07-08
清代 粉彩花卉四方倭角水洗	长16.8cm；宽16.8cm；高7cm	92,000	南京经典	2018-01-06
清十八世纪 粉彩五蝠捧寿纹莲花洗（一对）	直径12.6cm	34,500	北京中汉	2018-09-21
清道光三十年（1850年）作 粉彩鱼藻纹灵芝洗	长33cm	34,500	中国嘉德	2018-05-18
清道光 内粉彩折枝花卉纹外矾红螭龙纹井字洗	长13.1cm	23,000	中国嘉德	2018-05-18
清光绪 粉彩木兰水盂	直径8.5cm	20,700	北京保利	2018-04-29
清道光 仿木纹釉粉彩开光花鸟图书卷式墨床	长8.1cm	182,050	香港中汉	2018-05-31
清 粉彩“春耕图”砚屏	23×13.2×33.7cm	126,500	北京保利	2018-12-09
清粉彩关公、关平、周仓（一套）	高36cm	124,561	香港诚昌	2018-05-28
清 粉彩黄釉福寿纹弥勒佛	高26cm；宽28cm	76,653	香港诚昌	2018-05-28
清 粉彩相连石榴 连木座	→20cm	74,704	香港普艺	2018-06-02
清 粉彩释迦牟尼佛连木座	高31cm	74,460	香港诚昌	2018-04-02
清 粉彩无量寿佛（两件）	高11.5cm	69,000	西泠拍卖	2018-07-08
清 单色釉 粉彩瓷器（六件）	尺寸不一	43,700	中国嘉德	2018-09-18
清代 粉彩凤纹笔杆	长15cm	28,750	南京经典	2018-07-22
清光绪 粉彩云蝠纹水丞	高8cm	28,750	中国嘉德	2018-05-18
清末 粉彩赶珠云龙纹三供		25,658	纽约苏富比	2018-09-15
清 粉彩五色瑞兽（一对）	高30cm	20,700	中国嘉德	2018-01-13
田鹤仙 民国 粉彩罗浮仙子梅花瓶	高39.8cm	2,185,000	北京匡时	2018-06-15
汪野亭 民国 粉彩山水葵口瓶（一组两件）	高25cm×2	2,070,000	北京匡时	2018-06-15
王琦 民国 粉彩稚子敲针作钓钩人物故事瓶	高16.5cm	1,495,000	北京匡时	2018-12-05
王大凡 民国 粉彩秋江鱼隐图瓶	高19.3cm	1,380,000	北京匡时	2018-06-15
何许人 民国 粉彩群鹅嬉水瓶	高18cm	1,150,000	北京匡时	2018-06-15
汪野亭 民国 粉彩山水四方瓶	高27cm	805,000	北京匡时	2018-06-15
民国 田鹤仙绘粉彩山水人物纹瓶	高23cm	632,500	西泠拍卖	2018-07-08
王琦 民国 粉彩人物瓷瓶	高9.2cm	575,000	北京匡时	2018-06-15
汪野亭 民国 粉彩湖山春暖蒜头瓶	高20.8cm	345,000	北京匡时	2018-12-05
田鹤仙 民国 粉彩青绿山水人物瓶	高22.5cm	345,000	北京匡时	2018-12-05
民国 汪晓棠作 粉彩刘海戏蟾纹灯笼瓶	28cm	344,960	伦敦苏富比	2018-05-16
民国 青绿山水粉彩瓶（一对）	高24.2cm×2	322,000	中贸圣佳	2018-06-20
民国 粉彩仕女观音瓶	高24cm	291,200	北京适珍	2018-01-07
民国 粉彩富贵牡丹纹长颈瓶	高44cm	241,500	广东崇正	2018-07-05

拍品名称	物品尺寸	成交价RMB	拍卖公司	拍卖日期
民国 粉彩“钟馗嫁妹”图瓶（一对）	高19cm	230,000	西泠拍卖	2018-07-08
民国 粉彩山水图双耳瓶	高39.5cm	215,600	伦敦佳士得	2018-05-15
方云峰 民国 粉彩童乐图瓶	高36.5cm	195,500	北京匡时	2018-12-05
民国 粉彩夜宴图诗文长颈瓶	高22.5cm	184,000	北京荣宝	2018-12-03
民国 粉彩婴戏图双耳瓶	高33cm	172,500	北京荣宝	2018-12-03
民国 粉彩花卉纹胆瓶	高29.5cm	164,634	中国嘉德	2018-10-02
林瑞生 民国 青绿山水粉彩瓶	高25.1cm	161,000	中贸圣佳	2018-11-24
何许人 民国 寒江独钓粉彩雪景瓶	高22.4cm	161,000	中贸圣佳	2018-11-24
何许人 民国 青绿山水粉彩螭耳抱月瓶	高14.8cm	138,000	中贸圣佳	2018-11-24
民国 粉彩皮球花钒红描金包袱瓶	高25.9cm	115,000	北京中汉	2018-06-19
李明亮 民国 踈柳秋声粉彩瓶	高23.4cm	115,000	中贸圣佳	2018-06-20
民国 王大凡风格 东山丝竹图粉彩瓶	高29.4cm	103,500	中贸圣佳	2018-06-20
民国 粉彩花卉开光凤纹转心瓶	高22cm	102,896	北京匡时	2018-10-03
何许人 民国 开窗山水雪景粉彩瓶（一对）	高32cm	92,000	中贸圣佳	2018-11-25
民国癸酉（1933年）作 方云峰绘粉彩秋意图小长颈瓶（一对）	高9.8cm×2	74,750	北京诚轩	2018-06-17
民国 松石绿地开光粉彩福禄寿三星图五子登科壁瓶	高17cm	71,300	中国嘉德	2018-05-19
民国 粉彩缠枝花卉纹瓶	高26cm	69,000	北京保利	2018-06-21
民国 粉彩西洋人物图方瓶		68,420	纽约苏富比	2018-09-15
民国 粉彩题诗山水人物图长颈瓶	高20.3cm	64,680	伦敦佳士得	2018-05-15
民国 珊瑚红地描金开光粉彩诗文山水图瓶	25.3cm	64,680	伦敦苏富比	2018-05-18
民国 粉彩安居乐业图天球瓶		63,460	纽约苏富比	2018-03-24
段子安 民国 山下孤烟粉彩山水瓶	高24cm	63,250	中贸圣佳	2018-06-20
民国 珊瑚红地粉彩庭院侍女婴戏图双龙衔环耳瓶	带含座高21.8cm；瓶净高19.4cm	59,800	北京中汉	2018-09-21
民国 福寿开窗山水人物故事粉彩方瓶	高34.3cm	57,500	中贸圣佳	2018-11-25
王锡良 民国 三顾茅庐人物故事粉彩筒瓶	高33.2cm	57,500	中贸圣佳	2018-11-24
民国 粉彩花卉瓶	高27.5cm	51,750	北京荣宝	2018-06-14
民国 粉彩凤凰牡丹图大口梅瓶	高34.3cm	51,750	中国嘉德	2018-01-13
民国 粉彩山水人物图棒槌瓶	高18.9cm	47,150	博美拍卖	2018-01-05
民国 红地粉彩缠枝莲纹转心瓶	高18.5cm	46,000	博美拍卖	2018-01-05
民国 粉彩长拨诗文瓶（一对）	高31cm	45,992	香港诚昌	2018-05-28
民国 粉彩神仙人物诗文小瓶（一对）	高10cm×2	43,700	保利厦门	2018-07-15
民国 粉彩麻姑献寿图瓶	高22.8cm	43,700	中国嘉德	2018-01-13
民国 秀擢九秋民国仿乾隆粉彩花卉赏瓶	高39.5cm	42,550	中贸圣佳	2018-11-25
民国 珊瑚红地粉彩荸荠瓶	高11.1cm	41,052	纽约佳士得	2018-09-13
民国 九秋图粉彩薄胎瓶	高18.8cm	40,250	中贸圣佳	2018-11-24
民国 粉彩开光花鸟纹天球瓶	高40.5cm	40,250	北京保利	2018-04-29
民国 粉彩人物灯笼瓶	高34cm	36,276	香港诚昌	2018-04-02
民国 粉彩文会图诗文大瓶		35,921	纽约苏富比	2018-09-15
民国 珊瑚红釉开光粉彩天球瓶（一对）	高29cm	35,840	北京适珍	2018-01-07
民国 粉彩高士图灯笼瓶（一对）	高20.5cm	34,500	北京保利	2018-01-21
民国 王琦风格粉彩加料彩描金人物故事琮式瓶	高27cm	34,500	北京保利	2018-06-21
民国 粉彩山水人物纹双螭龙耳瓶	高33.5cm	34,500	北京中汉	2018-09-21
民国 粉彩花卉纹献寿图双龙耳瓶（一对）	高32.5cm	34,500	广东衡益	2018-07-01
民国 粉彩人物诗文瓶	高33.5cm	33,350	北京保利	2018-07-27
民国粉彩山水人物纹大瓶（一对）	高39.5cm	32,200	中国嘉德	2018-05-18
民国 粉彩菊石图蝠耳瓶	高34.5cm	32,200	中国嘉德	2018-05-18

拍品名称	物品尺寸	成交价RMB	拍卖公司	拍卖日期
民国 粉彩八仙人物故事瓶（一对）	高38cm×2	31,050	印千山	2018-01-12
民国 胭脂红地粉彩百蝶喜字开光仕女图瓶、盖盅、盖盒（八件）	尺寸不一	28,750	中国嘉德	2018-09-20
民国 粉彩五伦图大瓶	高56.2cm	28,750	中国嘉德	2018-09-20
民国 粉彩仕女诗文天球瓶（一对）	高22cm	28,745	香港诚昌	2018-05-28
民国 袖珍粉彩小天球瓶	高6.5cm	27,764	纽约佳士得	2018-03-20
民国 粉彩三多纹天球瓶	高19.6cm	25,300	太平洋	2018-11-22
民国 蓝地粉彩人物纹方瓶	高40cm	25,300	北京保利	2018-12-09
民国 粉彩花鸟天球瓶	高39cm	25,300	北京翰海	2018-09-16
民国 松石绿地粉彩缠枝莲开光花鸟纹兽耳瓶	高22.3cm	25,300	中国嘉德	2018-05-18
民国 粉彩寒江独钓诗文瓶	高20.5cm	25,300	中国嘉德	2018-09-19
民国 粉彩寿星图瓶	高34.5cm	23,000	太平洋	2018-11-22
民国 珊瑚红地描金开光粉彩山水图双螭龙耳瓶	直径32.8cm	23,000	北京保利	2018-12-09
民国 粉彩狩猎图天球瓶	高17cm	23,000	北京保利	2018-07-27
民国 黄地粉彩诗文壁瓶	高19.5cm	23,000	北京翰海	2018-01-14
何许人 民国 粉彩雪景小瓶	高7cm	23,000	北京匡时	2018-06-15
民国 粉彩折枝九桃纹三足瓶	高20.5cm	23,000	广东崇正	2018-07-05
民国 粉彩花鸟纹天球瓶	高52cm	23,000	太平洋	2018-06-09
民国 粉彩百花不落地瓶（一对）	高19.4cm；高19.7cm	23,000	西泠拍卖	2018-07-08
民国 粉彩九秋图三多耳小赏瓶	高15.5cm	23,000	中国嘉德	2018-01-13
民国 粉彩芝仙祝寿图天球瓶	高32.7cm	23,000	中国嘉德	2018-09-19
民国 粉彩缠枝莲人物诗文赏瓶（一对）	高39.3cm	23,000	中国嘉德	2018-09-19
民国 毕伯涛款粉彩菊雀图瓶	高32.2cm	23,000	中国嘉德	2018-09-20
民国 粉彩山水楼阁图瓶	高34.8cm	20,700	中国嘉德	2018-05-19
民国 胭脂红地开光粉彩山水人物纹小灯笼瓶（一对）	高15.3cm	20,700	中国嘉德	2018-09-20
王晓帆 民国 刘阮入天台粉彩马蹄尊	高16cm	1,012,000	中贸圣佳	2018-11-24
民国 粉彩花卉纹小鹿头尊（一对）	高15.9cm	143,724	香港中汉	2018-05-31
民国 粉彩御题诗大吉有余小摇铃尊	高7.3cm	57,500	北京保利	2018-06-21
民国 粉彩竹林七贤双耳尊	高23cm	43,700	太平洋	2018-06-09
民国 粉彩百鹿尊		38,486	纽约苏富比	2018-09-15
民国 金地粉彩百花开光花鸟图观音尊	高27.5cm	34,500	北京保利	2018-07-27
民国 粉彩安居乐业图小铺首尊（一对）	高17.3cm	32,200	中国嘉德	2018-09-19
民国 粉彩云鹤地开光花鸟图象耳尊		25,658	纽约苏富比	2018-09-15
民国 黄地轧道粉彩花卉开光花鸟纹小鹿头尊（一对）	高17.3cm	25,300	中国嘉德	2018-09-19
民国 粉彩荷塘花卉纹花觚	高25cm	32,200	太平洋	2018-06-09
民国 粉彩团鹤纹花觚（一对）	高19.4cm	28,750	华艺国际	2018-11-17
民国 粉彩暗八仙玉壶春	高22.5cm；直径16cm	79,100	广东省拍	2018-09-20
李明亮 民国 秋声鸣蝉双面粉彩壶	长18.3cm；高13.7cm	28,750	中贸圣佳	2018-11-24
熊梦亭 民国 花鸟粉彩胜利壶	长16.5cm；高7cm	27,600	中贸圣佳	2018-06-20
熊梦亭 民国 花鸟粉彩胜利壶	长17.5cm；高9cm	23,000	中贸圣佳	2018-06-20
民国 粉地粉彩折枝花卉开光钟馗图小罐	高12.8cm	40,250	中国嘉德	2018-09-20
民国 粉彩花卉罐	高47.5cm	25,300	北京翰海	2018-05-13
清晚期民国 绿松地粉彩宝相花盖罐	高13.8cm	20,700	中贸圣佳	2018-11-25
民国 粉彩喜鹊登梅图罐	高27cm	20,700	中国嘉德	2018-05-19
民国 粉彩云蝠纹三足炉	高19cm	18,400	华艺国际	2018-03-30
民国 粉彩太平有象烛台（一对）	长26cm	28,750	太平洋	2018-06-09

拍品名称	物品尺寸	成交价RMB	拍卖公司	拍卖日期
王琦 民国 粉彩四尊者人物瓷板（一组四件）	37.5×24.5cm×4	14,950,000	北京匡时	2018-06-15
徐仲南 民国 粉彩渔樵耕读瓷板（一组四件）	37×24cm×4	3,220,000	北京匡时	2018-06-15
民国十八年（1929年）王大凡作粉彩泛舟五湖图及红拂夜奔图瓷板一组两屏		2,138,125	纽约苏富比	2018-09-12
民国 王琦、程意亭、邓碧珊及余见田作粉彩瓷板（一套四屏）		1,586,500	纽约苏富比	2018-03-21
刘雨岑 民国 粉彩荷间鸳鸯长条瓷板	93×23cm	1,495,000	北京匡时	2018-06-15
张志汤 民国 秋郊牧马图粉彩扇形瓷板	瓷板61.5×21.2cm；外框87.6×49.8cm	1,230,500	中贸圣佳	2018-11-24
汪野亭 民国 秋江帆影青绿山水粉彩瓷板	长78.2cm；宽27.8cm	920,000	中贸圣佳	2018-11-24
王琦 民国 米颠拜石粉彩瓷板	长25.3cm；宽39.3cm	874,000	中贸圣佳	2018-11-24
魏墉生 民国 桃李夜宴粉彩瓷板	长79.7cm；宽21.2cm	862,500	中贸圣佳	2018-11-24
程意亭 民国 荷塘鸟趣粉彩瓷板	长25.4cm；高38.5cm	862,500	中贸圣佳	2018-06-20
张志汤 民国 粉彩春郊散牧图瓷板	46.5×29.5cm	805,000	北京匡时	2018-06-15
田鹤仙 民国 梅花弄影粉彩瓷板	长25cm；宽39cm	690,000	中贸圣佳	2018-11-24
民国 田鹤仙绘粉彩梅花图瓷板	39×25.3cm	632,500	华艺国际	2018-11-17
王晓帆 民国 江边观景图粉彩瓷板	长24.8cm；宽38cm	598,000	中贸圣佳	2018-11-24
王大凡 民国 粉彩黛玉葬花瓷板	40.5×26cm	598,000	北京匡时	2018-06-15
王大凡 民国 粉彩嫦娥奔月瓷板	39.5×26.5cm	517,500	北京匡时	2018-12-05
方云峰 民国 粉彩蝴蝶梦瓷板	38.5×25.5cm	483,000	北京匡时	2018-06-15
刘雨岑 民国 满园春色粉彩瓷板	瓷板尺寸24.8×38cm；外框尺寸44×58cm	460,000	中贸圣佳	2018-06-20
余文襄 民国 梁园飞雪粉彩瓷板	长25cm；宽38cm	402,500	中贸圣佳	2018-11-24
民国 粉彩百子图瓷板屏风（一套）	高178cm；宽42cm	341,040	香港诚昌	2018-05-30
民国 粉彩青莲醉酒图瓷板	23.6×36.8cm	312,620	伦敦佳士得	2018-05-15
民国 曾福庆风格 福禄寿喜粉彩大中堂瓷板	长73cm；宽42cm	207,000	中贸圣佳	2018-06-20
民国 王琦款粉彩人物瓷板	画心35×40cm	105,800	华艺国际	2018-11-17
民国 潘匋宇款粉彩花虫纹扇形瓷板	长27cm	86,250	中国嘉德	2018-01-13
民国 粉彩山水人物图瓷板四扇屏风	19.6×12.7cm	86,240	伦敦佳士得	2018-05-15
段子安 民国 人物故事粉彩瓷板（两块）	长24.7cm；宽36.7cm	69,000	中贸圣佳	2018-11-24
民国 粉彩高士图瓷板（一组四件）		68,420	纽约苏富比	2018-09-15
民国 粉彩山水瓷板	长38cm；宽23cm	30,548	香港诚昌	2018-04-02
民国 粉彩山水楼阁人物瓷板	48×24.5cm	28,750	北京保利	2018-06-21
民国二十二年（1933年）粉彩鹿纹瓷板挂屏	65.8×47.8cm	28,750	中国嘉德	2018-01-13
民国 红木框粉彩喜鹊登梅图瓷板插屏	长47.5cm	28,750	中国嘉德	2018-09-19
民国 粉彩渔翁垂钓山水图瓷板		27,764	纽约苏富比	2018-03-24
民国 粉彩扁舟归村图瓷板		22,237	纽约苏富比	2018-09-15
民国 粉彩山水人物瓷板	高32cm	20,700	北京翰海	2018-01-14
民国 粉彩老叟角力图瓷板	37.5×25cm	20,700	北京中汉	2018-09-21
民国 硬木框粉彩山水人物纹瓷板插屏	高46.8cm	20,700	中国嘉德	2018-09-19
王大凡 民国 花神粉彩册页两片	瓷板尺寸12×19cm×2；外框尺寸21×60cm	632,500	中贸圣佳	2018-06-20

2018瓷器拍卖成交汇总

(成交价RMB：2万元以上)

拍品名称	物品尺寸	成交价RMB	拍卖公司	拍卖日期
毕伯涛 民国 粉彩四季花鸟册页（一组四件）	19.8×12cm×4	598,000	北京匡时	2018-06-15
王琦 民国 粉彩人物册页（一组两件）	17×8cm×2	368,000	北京匡时	2018-12-05
李明亮 民国 花卉虫草粉彩册页（一套四块）	瓷板 13.1×20.2cm×4	92,000	中贸圣佳	2018-11-25
余文襄 民国 孤山放鹤粉彩册页	瓷板长12.9cm；宽19.5cm；外框长17cm；宽23.8cm	40,250	中贸圣佳	2018-11-25
民国 王琦作粉彩降龙罗汉挂屏	37.5×24.5cm	1,127,000	北京保利	2018-12-09
民国 王琦作粉彩渊明爱菊挂屏	38×25cm	759,000	北京保利	2018-12-09
民国 王琦作粉彩“时还读我书”挂屏	38×25cm	529,000	北京保利	2018-12-09
民国 王琦粉彩十二花神四条屏	画心81.5×20.5cm	230,000	华艺国际	2018-11-17
民国 粉彩山水四条屏	140×54cm	115,000	北京保利	2018-07-27
民国　粉彩大吉四条屏	高115cm	105,800	北京翰海	2018-09-16
民国 粉彩山水题诗三镶挂屏（共四幅）	115×34cm×4	19,092	香港诚昌	2018-04-02
民国 粉彩神仙人物纹如意形印盒	长10.9cm	20,700	中国嘉德	2018-01-13
民国 粉彩观音菩萨像	高37cm	230,000	深圳至正国际	2018-08-25
清晚期/民国 粉彩财神像	高47.4cm	43,700	中贸圣佳	2018-11-25
民国 粉彩普贤菩萨像	高41cm	28,750	北京保利	2018-04-29
民国 粉彩罗汉坐像	高40cm	27,600	博美拍卖	2018-01-06
民国 粉彩童子弥勒像	高24cm	23,000	北京保利	2018-07-27
民国 蔡福记造 福贵有余粉彩瓷塑	高86cm	138,000	中贸圣佳	2018-06-20
民国 粉彩罗汉瓷塑	高29cm	74,750	中贸圣佳	2018-11-24
民国 外胭脂红内粉彩山水人物纹盘	直径19.9cm	48,300	北京中汉	2018-09-21
民国粉彩描金八吉祥纹盘（一对）	直径17cm	43,600	佳士得	2018-10-04
王锡良 民国 粉彩大盘	直径33cm	38,326	香港诚昌	2018-05-28
清 民国粉彩盘、碗、匙（十件）	尺寸不一	36,800	中国嘉德	2018-05-18
民国 粉彩云龙纹喜字盘（一对）	直径18cm	34,500	中国嘉德	2018-05-18
民国 粉彩石榴花卉纹盘（一对）	直径17cm (each)	29,832	羅芙奥	2018-12-01
民国 粉彩八宝盘	直径14cm	28,750	北京保利	2018-04-29
民国 粉彩八骏图盘	直径24.5cm	23,000	北京保利	2018-01-21
余学均 民国 花鸟粉彩盘	直径22.4cm	18,400	中贸圣佳	2018-11-25
余文襄 民国 踏雪寻梅粉彩薄胎碗（一对）	直径10.5cm；高5.1cm	112,700	中贸圣佳	2018-11-24
清、民国 粉彩、单色釉杯、茶碗（二十只）	尺寸不一	36,800	中国嘉德	2018-09-20
民国 胭脂红地粉彩开光鹊桥仙图碗（一对）	直径15cm	28,750	北京中汉	2018-04-15
民国 粉彩花果碗	直径15.5cm	23,000	北京翰海	2018-05-13
民国 粉彩御题诗鸡缸杯（一对）	直径6.5cm；高5.5cm	276,000	保利厦门	2018-07-15
民国 粉彩御题诗鸡缸杯（一对）	高7.3cm	138,000	太平洋	2018-11-22
民国 粉彩鹤鹿同春图杯（一对）		64,144	纽约苏富比	2018-09-15
民国 粉彩人物杯	直径10.5cm	28,750	北京保利	2018-10-27
民国粉彩洞石花蝶纹把杯（一对）	直径9.8cm	20,700	北京中汉	2018-09-21
民国 胭脂红地粉彩牡丹花卉纹杯（一对）	直径7.2cm；高4.9cm	18,400	博美拍卖	2018-01-06
民国 颐养堂制 粉彩花蝶墨盒	13×10×5.7cm	230,000	北京匡时	2018-06-15
民国 粉彩百花不露地盖盒（两件）	直径7.2cm	69,000	北京翰海	2018-06-30
民国 粉彩百花纹捧盒	直径27cm	23,000	中国嘉德	2018-09-20
民国 粉彩百蝶图盖盒	直径24cm	20,700	中国嘉德	2018-01-13
民国 粉彩百花开光山水人物纹花口花盆（一对）	直径26.5cm	103,500	中国嘉德	2018-09-19
清末/民国 粉彩“灵仙祝寿”图铺首花盆（带座）（一对）	直径47.6cm；高34.3cm	92,000	中贸圣佳	2018-11-25
民国 六方粉彩花鸟纹花盆（带盆托）	长26cm	48,300	保利厦门	2018-07-15
民国 粉彩山水人物花盆（一对）	长26cm×2	46,000	北京荣宝	2018-06-14

拍品名称	物品尺寸	成交价RMB	拍卖公司	拍卖日期
民国 粉彩瓜瓞连绵图花盆（一对）	直径16cm	46,000	中国嘉德	2018-05-18
民国粉彩四季花卉纹水仙盆（一对）	长24cm	46,000	中国嘉德	2018-09-19
民国 粉彩山水花盆	直径25cm	28,750	北京保利	2018-04-29
民国 粉彩山水花盆（两件）	直径24cm	25,300	北京翰海	2018-05-13
民国 粉彩喜鹊登梅图花口花盆（一对）	直径27.8cm	25,300	中国嘉德	2018-09-19
民国 粉彩花鸟长方花盆（两件）	长22cm	23,000	北京翰海	2018-05-13
民国 粉彩荷花纹花盆带奁（一对）	花盆长22.5cm；奁长15cm	23,000	中国嘉德	2018-05-19
民国 粉彩牡丹纹花盆（一对）	直径17.3cm	23,000	中国嘉德	2018-09-19
民国 黄地粉彩缠枝花卉纹套盆	盆宽23cm；托宽19cm	20,700	北京保利	2018-12-09
民国 粉彩梅兰竹菊四君子图水仙盆	长28.7cm	20,700	中国嘉德	2018-05-19
民国 粉彩三多开光三羊开泰婴戏图折沿盆	直径37cm	20,700	中国嘉德	2018-09-20
民国 粉彩花卉纹卷缸	直径43cm	186,300	太平洋	2018-06-09
民国 粉彩花卉开光人物缸	高48cm	23,000	北京翰海	2018-05-13
王琦 何许人 王大凡 汪野亭 民国 许人出品粉彩春夏秋冬山水人物四方笔筒	高19.5cm	8,165,000	北京匡时	2018-06-15
民国甲戌年（1934年）何许人作粉彩雪阁寒林图诗文四方笔筒		1,710,500	纽约苏富比	2018-09-12
徐仲南 民国 粉彩竹石图诗文四方笔筒	高14.8cm	1,150,000	北京匡时	2018-12-05
民国 粉彩山水纹海棠形笔筒	高10cm	195,502	中国嘉德	2018-10-02
民国 黄地粉彩雕瓷仿漆喜从天降花鸟图笔筒	高12.3cm	59,950	佳士得	2018-10-04
民国 粉彩婴戏图笔筒	高11cm	37,950	华艺国际	2018-11-17
民国 粉彩花卉纹四方笔筒	高13cm	23,575	太平洋	2018-06-09
程意亭 民国 粉彩文房水盂	直径9.5cm	69,000	北京匡时	2018-06-15
王大凡 民国 粉彩东坡遗风瓷砚	14.7×10.5×3.2cm	713,000	北京匡时	2018-06-15
民国 郭葆昌粉彩山水诗文砚屏	18.5×12.5cm	713,000	中国嘉德	2018-06-18
程意亭 何许人 毕伯涛　民国 岁寒图 雪景图 秋闹双禽图粉彩三长条	瓷板尺寸20×81.5cm×3；外框尺寸40.5×107cm×3	1,782,500	中贸圣佳	2018-06-20
汪大仓 民国 粉彩果老骑驴长条横板	19.5×80.5cm	943,000	北京匡时	2018-06-15
魏墉生 民国 粉彩描金四美图	74.5×19cm×4	345,000	北京匡时	2018-06-15
清、民国 粉彩瓷器（二十件）	尺寸不一	74,750	中国嘉德	2018-09-18
林瑞生 民国 对坐谈经粉彩山水花插	高16.5cm；直径5.5cm	63,250	中贸圣佳	2018-06-20
清 民国 粉彩瓷器（十件）	尺寸不一	48,300	中国嘉德	2018-05-18
民国 粉彩锦地书形镇纸“乐善堂”款	长18cm；宽10cm	34,500	北京中贝	2018-06-24
民国 粉彩江乡雪景图碗（一对）		31,730	纽约苏富比	2018-03-24
王锡良 当代 粉彩东山行乐图瓶（一组两件）	高31.6cm×2	2,070,000	北京匡时	2018-06-15
戴荣华 当代（2005年）作 粉彩祝寿图瓶	高34.8cm	575,000	北京匡时	2018-12-05
现代 送公粮粉彩山水人物象耳瓶	高41.5cm	253,000	中贸圣佳	2018-06-20
曹达柏 现代 开光山水粉彩象耳瓶	高44.5cm	41,400	中贸圣佳	2018-11-25
20世纪 粉彩寿桃蝙蝠瓶	高39cm	21,696	羅芙奥	2018-12-01
刘雨岑 现代 兰花图粉彩壶	长17cm；高18.9cm	69,000	中贸圣佳	2018-11-24
现代 粉彩瑞雪镶器	62×26cm	253,000	北京翰海	2018-05-13
王锡良 当代（2006年）作 粉彩兰亭集序图瓷板	32×53.5cm	4,082,500	北京匡时	2018-12-05
汪平孙 当代 粉彩山水瓷板	32×55.5cm	51,750	北京匡时	2018-06-15
汪平孙 近现代 粉彩山谷春色瓷板	55×30cm	28,750	北京匡时	2018-12-05
王锡良 当代 粉彩人物松风吹解带瓷盘	直径21cm	529,000	北京匡时	2018-06-15
王步 现代 鳜鱼图粉彩盘（一对）	13×19cm×2	172,500	中贸圣佳	2018-06-20

拍品名称	物品尺寸	成交价RMB	拍卖公司	拍卖日期
现代 军民一家亲 粉彩人物看盘	直径32.2cm	57,500	中贸圣佳	2018-11-24
王锡良 当代 粉彩人物故事盘	直径24.7cm	34,500	北京匡时	2018-12-05
张松涛 近现代 粉彩花鸟盘一组两件	直径21.6cm×2	23,000	北京匡时	2018-12-05
20世纪 藕荷地粉彩花鸟纹花盆（一对）	直径38cm	327,000	佳士得	2018-10-04
汪平孙 近现代 粉彩夏江渔乐青绿山水笔筒	直径15cm；高16cm	28,750	北京匡时	2018-12-05
现代 粉彩白云深处有人家	111×56cm	368,000	北京翰海	2018-05-13
现代 枇杷花鸟 粉彩文房（三件）	尺寸不一	17,250	中贸圣佳	2018-11-24
章鉴 1981年 骏马图粉彩薄胎瓶	高18.8cm	586,500	中贸圣佳	2018-06-20
1970年代作 粉彩《梅雀双清图》薄胎瓶	高24.5cm	345,000	北京保利	2018-12-09
二十世纪 松绿地粉彩开光花卉御制诗六棱灯笼瓶	高32.4cm	335,356	香港中汉	2018-05-31
徐仲南 粉彩《虚心友石》文房瓶	高13.3cm	138,000	北京保利	2018-12-09
魏墉生 粉彩人物瓶	高32.5cm	103,500	南京经典	2018-07-22
1970年代作 景德镇艺术瓷厂金地万花开窗重工粉彩《山水》薄胎瓶	高12.8cm	103,500	北京保利	2018-12-09
近代 汪昆荣绘粉彩"雪景图"瓶	高26cm	86,250	西泠拍卖	2018-07-08
近代 陆如绘粉彩梅竹洞石纹梅瓶	高20.5cm	80,500	西泠拍卖	2018-07-08
近代 戴荣华绘粉彩仕女图小瓶（两件）	高16cm；高7.5cm	74,750	西泠拍卖	2018-07-08
粉彩人物纹六棱瓶	高59cm×2	63,250	未来四方	2018-01-20
毛光辉 粉彩《梅花小鸟》瓶	高48cm	46,000	北京保利	2018-12-09
粉彩人物纹瓶	高44cm；口径10cm	46,000	未来四方	2018-01-20
50年代 粉彩山水人物通景瓶	高34cm	40,243	香港诚昌	2018-05-28
80年代 粉彩熊猫梅瓶	高34cm	32,075	香港诚昌	2018-04-02
1979年 粉彩雪景薄胎胆瓶	高19.5cm	30,661	香港诚昌	2018-05-28
60、70年代 粉彩现代人物瓶	高52cm	28,745	香港诚昌	2018-05-28
王琦 粉彩人物纹瓶	高24.5cm	25,300	南京经典	2018-07-22
二十世纪 粉彩喜上眉梢图瓶		23,947	纽约苏富比	2018-09-15
近代 陆如绘粉彩菊花图瓶	高19.5cm	23,000	西泠拍卖	2018-07-08
90年代 粉彩花鸟瓶	高49cm	22,996	香港诚昌	2018-05-28
方毅 青青翠竹迎风舞 粉彩瓷瓶	高41cm	20,700	中国嘉德	2018-11-20
70年代粉彩战士民兵人物瓶（一对）	高19.5cm	20,121	香港诚昌	2018-05-28
况坚 2001年作 瓷韵轩 粉彩'二乔'瓶	↑ 48cm	20,056	香港普艺	2018-10-06
70年代 粉彩文革人物瓶	高39cm	19,163	香港诚昌	2018-05-28
60年代 粉彩蝶恋花薄胎瓶	高20.5cm	19,163	香港诚昌	2018-05-28
1940年作 汪野亭-粉彩开光《深林古寺枫林晓露》图灯笼尊	高50cm	2,242,500	西泠拍卖	2018-07-08
二十世纪 粉彩百鹿尊（一对）		237,975	纽约苏富比	2018-03-24
江民辉 粉彩《锦衣天工》象耳尊	高50cm	115,000	北京保利	2018-12-09
二十世纪 粉彩春宫图盘一对及茶壶（一组三件）	21cm；16.5cm	59,290	伦敦苏富比	2018-05-18
60年代 粉彩现代人物茶壶	高16cm；宽21cm	22,996	香港诚昌	2018-05-28
粉彩盖罐（一对）	高13cm	48,300	未来四方	2018-01-20
黄萍 荷和美美 粉彩镶器	高63.5cm	368,000	中国嘉德	2018-06-20
俞瑞林 粉彩《八仙图》菱形镶器	高40.5cm	46,000	北京保利	2018-12-09
郭文连 马到成功 粉彩瓷板	168×80cm	5,750,000	中国嘉德	2018-11-20
郭文连 黄龙飞瀑 粉彩瓷板	113×57cm	2,185,000	中国嘉德	2018-06-20
毕伯涛 粉彩花鸟四屏瓷板	长38cm；宽25cm×4	920,000	南京经典	2018-01-06
金品卿 粉彩花鸟图瓷板	长38cm；宽25cm	563,500	广东衡益	2018-07-01
段子安 粉彩老子出关图瓷板	长63.5cm；宽38cm	172,500	广东衡益	2018-07-01
程门 粉彩山水瓷板	长27cm；宽27cm	161,000	南京经典	2018-01-06
汪野亭 粉彩山水瓷板	长26cm；宽17.5cm	138,000	南京经典	2018-01-06

拍品名称	物品尺寸	成交价RMB	拍卖公司	拍卖日期
70年代 粉彩翠羽鸣春瓷板"汪以俊作"	48×30cm	116,928	香港诚昌	2018-05-30
1960年代作 粉彩《踏雪访友》雪景山水瓷板	35.5×23cm；连座高75cm；长47.5cm；宽28cm	92,000	北京保利	2018-12-09
段子安 粉彩雪景图瓷板	长39cm；宽25.5cm	92,000	广东衡益	2018-07-01
王锡良款粉彩人物纹瓷板（四方）	20.2×13cm	57,500	中国嘉德	2018-01-13
程子风 长坂坡赵子龙救主 粉彩瓷板	49×31cm	57,500	中国嘉德	2018-06-20
朱泓 春夏秋冬 粉彩瓷板	30×110cm×4	32,200	中国嘉德	2018-11-20
毕德芳 款 粉彩威镇寰宇图瓷板挂屏	87×54.5cm	23,000	中国嘉德	2018-05-19
汪野亭制粉彩山水人物瓷板画	宽25cm；高37.5	18,400	上海嘉禾	2018-06-25
二十世纪 粉彩梅苍书屋图插屏		39,663	纽约苏富比	2018-03-24
章鉴 吴康 绘 五十年代 伟人像粉彩挂盘（一套）	直径27.4cm	575,000	中贸圣佳	2018-11-24
文革时期 粉彩女童摆件	高32cm	34,500	博美拍卖	2018-01-06
王芝文 粉彩泳花诗微书扇盘	长32cm	69,000	北京荣宝	2018-09-14
王锡良 粉彩山水盘	宽31cm	28,745	香港诚昌	2018-05-28
粉彩九桃纹团鹤碗（一对）	直径26cm	30,800	北京乔禧	2018-05-13
艺林堂 粉彩八桃五福鸡心杯（一组四件）	直径7.8cm×4	36,800	北京匡时	2018-06-16
二十世纪 黄地粉彩牡丹图花盆连座		35,921	纽约苏富比	2018-09-15
粉彩人物纹帽筒（一对）	高28cm×2	25,300	未来四方	2018-01-20
刘雨岑 粉彩芦雁纹笔海	口径19cm；高16cm	103,500	南京经典	2018-07-22
粉彩金陵十二钗笔筒	高15cm	23,000	中国嘉德	2018-06-18
1962年作 粉彩《花鸟》文房（二件套）	尺寸不一	138,000	北京保利	2018-12-09
50年代 精品粉彩持珠罗汉	高40cm；宽25cm	66,823	香港诚昌	2018-04-02
涂菊清 1958年作 唐诗人物故事粉彩茶具（两套）	尺寸不一	57,500	中贸圣佳	2018-11-24
艺林堂 粉彩菊花图茶具（一组四件）	直径7.8cm×2；高8.8cm；高9.8cm	46,000	北京匡时	2018-06-16
艺林堂 粉彩荷花图茶具（一组四件）	直径7.8cm×2；高9.8cm×2	34,500	北京匡时	2018-06-16
艺林堂 粉彩梦蝶茶具（一组四件）	高5.5cm×2；高8.5cm；直径15cm	23,000	北京匡时	2018-06-16
珐琅彩				
清康熙 洒蓝地珐琅彩寿桃纹碗（疑似后加彩）	直径14.5cm	920,000	保利厦门	2018-01-08
清康熙 粉红地珐琅彩开光花卉碗	14.7cm	193,195,268	香港苏富比	2018-04-03
清雍正 料彩樱桃纹盘	直径14.3cm	115,000	北京匡时	2018-06-15
清雍正 珐琅彩万花锦纹碗	直径10.2cm	8,970,000	中国嘉德	2018-06-18
清雍正 红地珐琅彩九秋图碗	直径11.2cm	4,715,000	北京诚轩	2018-06-17
清雍正 '金红料珐琅彩'外胭脂水内绘瑞果纹马蹄杯（一对）	高4.2cm；直径8.3cm	8,050,000	中贸圣佳	2018-06-20
清雍正 澄怀园制料彩洗	10.3×10.3cm	109,250	北京匡时	2018-06-15
清乾隆 珐琅彩开光西洋妇婴图双管耳瓶	高15.5cm	78,200,000	印千山	2018-01-12
民国或乾隆 珐琅彩课子图蒜头瓶	高15.2cm	3,105,000	中贸圣佳	2018-06-20
清乾隆 御制珐琅彩虞美人题诗碗	11.8cm	147,728,136	香港苏富比	2018-10-03
清乾隆 料彩文房（一套九件）	尺寸不一	57,500	中国嘉德	2018-09-20
清道光 料彩莲瓣纹盖碗	直径10.8cm	69,000	北京保利	2018-12-09
清道光 料彩锦地团寿字花口碗	直径18.3cm	28,750	中国嘉德	2018-05-18
清同治 黄地蓝料彩寿字小盘（一对）	直径8.3cm	25,300	中国嘉德	2018-05-18
清宣统 蓝料内外松竹梅纹碗	直径14cm；高6.9cm	71,300	中贸圣佳	2018-11-25
清 蓝料彩御题诗纹笔筒	高11cm	18,400	太平洋	2018-06-09

拍品名称	物品尺寸	成交价RMB	拍卖公司	拍卖日期
清代 珐琅彩（一对）	高18cm；口径4cm×2	149,500	未来四方	2018-01-20
叶震嘉 民国 竹报平安人物故事珐琅彩瓶	高47.2cm	1,633,000	中贸圣佳	2018-11-24
民国 珐琅彩竹林七贤六方长颈瓶	高29.5cm	253,000	北京匡时	2018-06-15
民国 粉彩珐琅彩“耄耋”灯笼瓶	高40cm	155,904	香港诚昌	2018-05-30
民国 母子折桂图珐琅彩瓶	高19.5cm	109,250	中贸圣佳	2018-11-24
民国 珐琅彩仕女童子图小瓶	高10.5cm	103,500	西泠拍卖	2018-07-08
民国 鹌鹑图珐琅彩瓶	高18.5cm	97,750	中贸圣佳	2018-11-24
何许人 民国 钟馗舞剑珐琅彩瓶	高22.1cm	80,500	中贸圣佳	2018-11-24
民国 矾红仿石纹开光仿珐琅彩西洋人物纹小抱月瓶	高10cm	55,200	中国嘉德	2018-09-19
民国 仿珐琅彩“安居乐业”图小瓶（一对）	高8.6cm	41,158	中国嘉德	2018-10-02
民国 仿珐琅彩制牧牛童子图瓶（一对）	高19.5cm	34,500	北京保利	2018-12-09
民国 仿珐琅彩猫蝶诗文瓶	高27cm	34,500	中国嘉德	2018-01-13
民国 珐琅彩开光西洋人物纹盘口瓶	高25.5cm	25,300	太平洋	2018-11-22
民国 仿珐琅彩猎犬图诗文小瓶（一对）	高8.8cm	25,300	中国嘉德	2018-09-19
民国 仿珐琅彩孔雀梅花诗文兽耳衔环瓶	高25.7cm	23,000	中国嘉德	2018-01-13
民国珐琅彩罗汉图诗文瓶（一对）	高14cm	20,700	博美拍卖	2018-01-06
民国 仿珐琅彩婴戏诗文小尊	高4.7cm	48,300	中国嘉德	2018-05-18
民国 珐琅彩花鸟纹薄胎灯罩（一对）	高16.5cm；直径6.5cm	43,130	北京雅藏	2018-01-28
民国 安居乐业 喜鹊登梅 铁骨泥开窗珐琅彩如意耳尊（一对）	高18.5cm	460,000	中贸圣佳	2018-11-24
民国 珐琅彩花鸟纹盖碗（两件）	直径11.5cm	218,500	北京翰海	2018-06-30
民国 珊瑚红地仿珐琅彩荷花纹碗	直径11.5cm	20,700	广东崇正	2018-07-05
民国 珐琅彩竹石纹杯（一对）	直径9.5cm×2	92,000	上海匡时	2018-04-30
民国 珐琅彩花鸟诗文印泥盒	高2.2cm；直径5.3cm	63,250	西泠拍卖	2018-07-08
民国 仿珐琅彩花蝶纹盒	长10cm	20,700	中国嘉德	2018-09-19
民国 仕女、山水珐琅彩双面砚屏	长15.4cm；宽8.2cm；高26.1cm	138,000	中贸圣佳	2018-11-24
叶震嘉 民国 珐琅彩抬头见福镇纸	长21.3cm	1,150,000	北京匡时	2018-06-15
徐志军 花开富贵 珐琅彩将军罐	高42cm	48,300	中国嘉德	2018-11-20
艺林堂 黄地珐琅彩兰石图茶具（一组六件）	直径7.6cm×4；高12.5cm×2	55,200	北京匡时	2018-06-16
广彩				
18世纪广彩人物图杯及盘（一组）		64,144	纽约苏富比	2018-09-15
清乾隆 金彩花卉开光广彩人物纹六方瓶（一对）	高36.5cm	28,750	中国嘉德	2018-09-20
乾隆 广彩庭院仕女图四方盘	直径27.5cm	40,250	广东衡益	2018-07-01
清乾隆 广彩狩猎图大碗	直径41cm	201,140	广东省拍	2018-09-20
清乾隆 广彩西洋人物故事图碗	直径29.6cm	18,400	博美拍卖	2018-01-06
清乾隆 广彩洛克菲勒风格仕女纹盖盒（一对）	高14cm；直径28cm	92,000	广东崇正	2018-07-05
清中期 广彩花卉博古开光人物纹盘螭瓶（一对）	高42.5cm	20,700	中国嘉德	2018-05-19
19世纪末 黄地广彩花鸟图六方坐墩（一对）		38,869	纽约苏富比	2018-03-20
清 广彩人物故事图瓶（一对）	高90cm	109,250	博美拍卖	2018-01-05
清 广彩人物瓶（一对）	高64.5cm	23,000	北京保利	2018-10-28
清 广彩花卉开光人物铺首耳瓶	高62.8cm	23,000	北京翰海	2018-06-30
清晚期 广彩开光人物梅瓶	高42.3cm；直径4.8cm	22,600	广东省拍	2018-09-20
珐华彩（釉）				
明成化—弘治 珐华彩“一鹭莲科”图罐	高25cm	429,579	保利香港	2018-04-02
明正德或嘉靖 珐华八仙过海罐	高36.5cm	1,840,000	北京保利	2018-12-08

拍品名称	物品尺寸	成交价RMB	拍卖公司	拍卖日期
明正德—嘉靖 珐华蓝地黄釉龙纹簋	宽26cm	23,000	北京保利	2018-12-09
明中期 珐华璎珞花卉纹梅瓶	高27cm	299,000	北京保利	2018-12-08
明中期 珐华八仙拜寿图雕瓷人物瓷板座屏	高27.9cm；直径28.1cm	230,000	北京保利	2018-12-08
明中期 珐华釉观音坐像	高40.5cm	172,500	北京中汉	2018-11-21
明中期 珐华彩龙头迎风摆件（一对）	长26.6cm；宽41.1cm；高78.4cm	138,000	中贸圣佳	2018-11-24
明中期 绿地珐华花鸟图大罐	高42cm	25,300	北京诚利	2018-10-28
明 珐华彩观音坐像	高55cm	105,008	保利香港	2018-04-02
明代 珐华莲池纹钵式卷缸	直径18.5cm	345,000	北京保利	2018-12-08
明 珐华瑞象（一对）	32cm	75,460	伦敦苏富比	2018-05-18
明代 珐华彩无量寿佛	高25cm	28,750	南京经典	2018-07-22
清 法花人物梅瓶	高30cm	23,000	北京翰海	2018-05-13
浅绛彩				
金品卿 同治 花鸟浅绛碗（一对）	直径15.4cm；高6.8cm	230,000	中贸圣佳	2018-11-24
谭寅阶 同治 醉翁亭记文字浅绛帽筒（一对）	直径12.5cm；高28.6cm	138,000	中贸圣佳	2018-11-24
金品卿 同治 梅花诗文浅绛笔筒	直径6.6cm；高12.3cm	368,000	中贸圣佳	2018-11-24
清光绪 程门浅绛彩山水人物纹大铺首尊	高39cm	216,082	保利香港	2018-10-02
清光绪 浅绛彩花鸟绣墩	高47cm	25,300	北京保利	2018-04-29
清光绪 程门款浅绛彩山水纹瓷板插屏	带座高55.5cm	92,000	广东崇正	2018-07-05
清光绪 浅降彩人物纹盘（六只）	直径18.6cm	126,500	北京中汉	2018-09-21
清光绪 浅降彩盘勺（一组十五只）	碗直径7.8cm；勺长14.6cm	40,250	北京荣宝	2018-06-14
清光绪丙申（1896年）作 许达生绘浅绛彩花卉双雀图碗（一对）	直径21cm×2	63,250	北京诚轩	2018-06-17
清光绪 浅绛彩四方人物图帽筒（一对）	高29cm	32,200	太平洋	2018-06-09
光绪 喻春制 浅绛彩山水花鸟诗文六角帽筒（一对）	高27.3cm	25,300	广东衡益	2018-07-01
清晚期 五彩、浅绛彩仕女图花觚、瓶（三件）	高45.7cm；高38cm；高38cm	34,500	中国嘉德	2018-05-18
清晚期 祉庭石氏绘浅绛彩山水楼台瓷板	长38×25.5cm	149,500	北京保利	2018-06-21
清晚期-民国 马庆云绘浅绛彩麻姑献寿图瓷板	46×33.5cm	40,250	中国嘉德	2018-09-19
清晚期 汪俊臣绘浅绛彩红木四条屏	长181×45.4cm	69,000	北京保利	2018-06-21
清嘉庆、清晚期 粉彩高士图四方倭角碗、任焕章款浅绛彩花鸟纹花口折腰碗各一只	直径17.3cm；直径13.7cm	46,000	中国嘉德	2018-05-19
清晚期 俞子明绘浅绛彩山水人物花鸟诗文四方花盆	长20.4cm	23,000	中国嘉德	2018-05-18
清晚期浅绛彩花鸟纹帽筒（一对）	高27.2cm	40,250	中国嘉德	2018-01-13
清晚期 高心田绘浅绛彩花鸟纹六方帽筒（一对）	高27.8cm	40,250	中国嘉德	2018-05-18
程门 清晚 浅绛彩山水花鸟人物琮式瓶	高29.3cm×2	2,185,000	北京匡时	2018-06-15
王少维 清晚期 虎溪三笑图浅绛赏瓶	高39cm	690,000	中贸圣佳	2018-11-24
程言 清晚期 山水花鸟浅绛琮瓶	高29cm	161,000	中贸圣佳	2018-11-25
王少维 清晚期 山水浅绛美人肩赏瓶（一对）	高28.5cm	115,000	中贸圣佳	2018-11-25
清筱园风格浅绛彩山水图瓶（一对）	高32.5cm	92,000	西泠拍卖	2018-07-08
任焕章 清晚期 山水人物浅绛彩瓶	高29.8cm	69,000	中贸圣佳	2018-11-25
清 浅绛彩人物花鸟山水四方瓶	高34cm	43,700	北京翰海	2018-01-14
清晚期 花鸟浅绛贯耳尊	直径39.8cm；高53.4cm	115,000	中贸圣佳	2018-11-24

拍品名称	物品尺寸	成交价RMB	拍卖公司	拍卖日期
云生 清晚期 花鸟浅绛将军壶	高15.5cm；长14cm	138,000	中贸圣佳	2018-11-25
王少维 清晚期 山水人物浅绛盖罐	高15.2cm	126,500	中贸圣佳	2018-11-24
清晚期 友梅山房 山水三件套浅绛火锅	长16.4cm；高17.3cm	32,200	中贸圣佳	2018-11-25
月舫 清晚期 观极图浅绛暖锅	直径19.5cm；高15.7cm	23,000	中贸圣佳	2018-11-25
王少维 清晚 浅绛彩山水纹瓷板	31×41cm	713,000	北京匡时	2018-06-15
金品卿 清晚 浅绛松鹤延年瓷板	41×30.5cm	632,500	北京匡时	2018-12-05
王少维 清晚期 渔樵问答浅绛山水瓷板	长43.5cm；宽32.3cm	621,000	中贸圣佳	2018-06-20
程言 清晚期 山水浅绛瓷板	长25.7cm；宽38.2cm	253,000	中贸圣佳	2018-11-24
俞子明 清晚期 四季花鸟浅绛瓷板（一套）	瓷板尺寸14.5×22.5cm×4；外框尺寸43.7×55.8cm×4	138,000	中贸圣佳	2018-06-20
清 浅绛彩五美图瓷板	长41cm；宽25cm	71,597	香港诚昌	2018-04-02
程门 清晚期 浅绛山水瓷板	瓷板尺寸23.7×37.4cm；外框尺寸43.8×58cm	28,750	中贸圣佳	2018-06-20
清 浅绛彩十八罗汉瓷板	长43cm；宽29cm	28,639	香港诚昌	2018-04-02
金品卿 清 浅绛瓷板	39×26cm	19,163	香港诚昌	2018-05-28
王少维 清晚期 携琴访友浅绛山水看盘	长42.6cm 宽32cm 高3.5cm	345,000	中贸圣佳	2018-06-20
胡孔规 清晚期 溪山肃寺浅绛山水狮钮温碗（一套）	直径18cm；高16cm	57,500	中贸圣佳	2018-06-20
程门清晚期山水浅绛盖盒（一对）	直径24.2cm；高12cm	34,500	中贸圣佳	2018-11-24
清晚期 山水花鸟人物浅绛四方花盆	长33.5cm；宽24.6cm；高24cm	230,000	中贸圣佳	2018-11-24
经生 清晚期 山水花鸟浅绛四方花盆（一对）	长35.6cm；宽35.6cm；高28cm	82,800	中贸圣佳	2018-11-25
清 粉彩福寿开窗浅绛彩山水人物大花盆（一对）	高34cm；直径39cm	59,406	香港诚昌	2018-05-28
潘光裕 清晚期 花鸟浅绛帽筒（一对）	高28.3cm；直径12.2cm	230,000	中贸圣佳	2018-11-25
金品卿 清晚期 花鸟浅绛帽筒（一对）	高28.2cm；直径12cm	207,000	中贸圣佳	2018-11-25
张子英 清晚期 花鸟浅绛帽筒	高27.6cm；直径12cm	89,700	中贸圣佳	2018-11-25
张子英 清晚期 花鸟浅绛开窗帽筒（一对）	直径12.5cm；高28.3cm	59,800	中贸圣佳	2018-11-25
清晚期 漱石山房 山水浅绛帽筒	直径12.4cm；高28.2cm	28,750	中贸圣佳	2018-11-25
清 浅绛彩“渔樵耕读”图笔筒	长7.2cm；宽7.2cm；高12.5cm	25,300	西泠拍卖	2018-07-08
民国 张子英制浅绛彩菊花口双龙耳禄寿长颈荸荠瓶（一对）	高62cm；直径25.5cm	79,100	广东省拍	2018-09-20
民国 浅绛彩人物图诗文双耳大瓶（一对）		51,315	纽约苏富比	2018-09-15
民国 金品卿款浅绛彩松鹿图瓷板挂屏	42×31cm	74,750	广东崇正	2018-07-05
民国 浅绛彩山水截盒	高23cm	23,000	北京保利	2018-04-30
民国 浅绛彩山水花鸟图六方花盆		301,435	纽约苏富比	2018-03-24
民国 浅绛彩倭角四方花盆	高18cm	59,800	北京翰海	2018-09-16
清晚期民国 浅绛彩人物方盆（一对）	高18cm	26,828	香港诚昌	2018-05-28
民国 浅绛彩“轻舟已过万重山”笔筒	直径20.5cm	34,500	太平洋	2018-11-22
许品衡 晚晴 富贵白头花鸟浅绛壶（一对）	①长16.7cm；高10.6cmcm；②长16.8cm；高10cm	34,500	中贸圣佳	2018-11-25
程门 1877年作 山水浅绛瓷板	长31.4cm；宽41.8cm	690,000	中贸圣佳	2018-11-24

拍品名称	物品尺寸	成交价RMB	拍卖公司	拍卖日期
程友石 1879年作 梅花浅绛瓷板	长33.5cm；宽44.5cm	506,000	中贸圣佳	2018-11-24
红彩				
明宣德 矾红盘	直径12.5cm	89,645	香港诚昌	2018-05-30
明正德 矾红地绿彩双龙戏珠大盘	直径26.8cm	1,150,000	深圳至正国际	2018-08-25
明正德 矾红阿拉伯文盘	20.7cm	409,640	伦敦苏富比	2018-05-16
明嘉靖 黄地红彩莲托八宝纹小罐	高17cm	34,500	保利厦门	2018-07-15
明嘉靖 内暗刻如意花卉纹外矾红云龙寿字碗	直径12.3cm	46,000	中国嘉德	2018-01-13
明嘉靖 矾红龙纹大碗	直径31.3cm	1,725,000	北京保利	2018-06-20
明嘉靖 矾红描金团凤花卉纹碗（一套四只）	高6.2cm；直径12cm	69,000	中贸圣佳	2018-11-25
明嘉靖 矾红彩龙纹小杯（一对）	直径7cm；直径6.7cm	57,500	中国嘉德	2018-06-18
明嘉靖 黄釉地矾红彩“丹鹤八卦”图倭角盖盒	长12.7cm	379,500	北京保利	2018-12-09
明万历 矾红缠枝莲纹盘	直径30cm	23,000	北京保利	2018-07-27
明 矾红龙纹梅瓶	高33cm	34,500	北京翰海	2018-09-16
明 矾红阿拉伯文盘	直径17.7cm	40,250	中国嘉德	2018-05-19
明 矾红云龙纹杯（五只）	直径6.7cm	51,750	中国嘉德	2018-05-19
明 矾红龙纹卧足杯（五件）	直径7.2cm	23,000	北京保利	2018-10-28
清十八世纪 矾红描金龙纹小杯	直径6.2cm	69,000	北京中汉	2018-11-21
清康熙 宝石蓝地填彩矾红鱼藻纹观音瓶	高46.5cm	69,000	太平洋	2018-11-22
清康熙 矾红落花流水纹棒槌瓶	高24.8cm	57,500	博美拍卖	2018-01-05
清康熙 洒蓝釉描金矾红金玉满堂图棒槌瓶	高44cm	57,500	中国嘉德	2018-09-19
清康熙 矾红描金花鸟纹小花觚	高25cm	32,200	中国嘉德	2018-09-19
清康熙 矾红彩暗花洪福齐天盘	直径17.4cm	831,563	佳士得	2018-11-28
清康熙 矾红描金龙凤捧寿纹盘	直径15.5cm	109,250	北京中汉	2018-11-21
清康熙 矾红描金龙凤纹盘	直径15.5cm	92,000	保利厦门	2018-07-15
清康熙 仿正德矾红缠枝灵芝纹盘（一对）	直径17.5cm	64,400	中国嘉德	2018-05-18
清康熙 矾红地绿彩云龙纹盘	直径21.8cm	59,800	北京中汉	2018-04-15
清康熙 矾红双龙赶珠纹碗	高15.9cm	200,470	保利香港	2018-04-02
清康熙 矾红龙纹暗刻海水纹大碗	直径20.5cm	92,000	北京保利	2018-07-27
清康熙 矾红云龙纹碟	直径10.5cm	89,700	华艺国际	2018-03-30
清雍正 矾红描金瑞兽图胆瓶	高19.5cm	109,250	华艺国际	2018-11-17
清雍正 矾红瑞兽纹小胆瓶	高19.5cm	51,750	中国嘉德	2018-05-18
清雍正 矾红墨彩麻姑献寿图盘口瓶	高28.6cm	43,700	中国嘉德	2018-05-18
清雍正 矾红衔芝夔龙纹盘	直径11cm	57,500	太平洋	2018-11-22
清雍正 矾红龙纹杯	直径6cm	184,000	华艺国际	2018-05-23
清雍正 矾红龙纹杯	直径6cm	63,250	北京诚轩	2018-06-17
清雍正 矾红描金龙纹小杯	直径5.8cm	28,750	北京中汉	2018-09-21
清雍正 矾红花卉碟	直径11.8cm	40,250	八益拍卖	2018-04-28
清雍正 矾红彩卷草纹水丞	高5cm	280,280	伦敦佳士得	2018-05-15
清乾隆 御制矾红描金“万福延年”小葫芦瓶	高11cm	6,440,000	北京保利	2018-06-19
清乾隆 矾红彩宝相花甘露瓶（一对）	高21cm	1,610,000	中贸圣佳	2018-11-24
清乾隆 矾红藏草瓶	高22cm	690,000	北京荣宝	2018-06-14
清乾隆 矾红彩甘露瓶	高22.1cm	418,664	香港中汉	2018-11-29
清乾隆 矾红折枝莲纹藏草瓶	高21.7cm	94,300	中国嘉德	2018-01-13
清乾隆 胭脂红赶珠云龙纹花觚	高26.5cm	1,543,440	北京匡时	2018-10-03
清乾隆 珊瑚红莲托八宝纹花觚	高27.5cm	747,500	北京保利	2018-06-20
清乾隆 矾红描金凤栖牡丹将军罐	高35cm	33,600	北京适珍	2018-01-07
清乾隆 松石绿地胭脂红彩云龙纹双耳鼎式炉	高24.2cm	2,856,140	佳士得	2018-11-28
清乾隆 矾红地留白缠枝花卉纹碗	直径12.7cm	154,344	中国嘉德	2018-10-02
清乾隆 矾红云龙碗	直径15.8cm	57,500	北京翰海	2018-01-14
清乾隆 米黄地矾红彩“引蝠归堂”碗	直径19cm	34,500	华艺国际	2018-11-17

拍品名称	物品尺寸	成交价RMB	拍卖公司	拍卖日期
清乾隆 内金彩外矾红仿木纹扎古扎雅木碗	直径12.4cm	34,500	中国嘉德	2018-09-19
清乾隆 内银釉外矾红仿木纹折沿小碗	直径12cm	25,300	中国嘉德	2018-09-20
清乾隆 内金彩外矾红仿木纹扎古扎雅木碗	直径12cm	23,000	中国嘉德	2018-05-19
清乾隆 矾红龙纹杯（一对）	直径6.3cm	690,000	北京保利	2018-06-20
清乾隆 矾红龙纹杯（两套）	碟11.5cm；杯5.5cm	575,000	北京华辰	2018-11-19
清乾隆 矾红彩双龙戏珠纹杯（一对）	直径6cm	280,280	伦敦佳士得	2018-05-15
清乾隆 矾红彩龙纹杯	直径7.8cm	172,500	北京匡时	2018-12-05
清乾隆 矾红墨彩安居乐业图杯	直径9cm	28,750	中国嘉德	2018-09-19
清乾隆 矾红龙纹杯	直径6.2cm	23,000	北京保利	2018-10-27
清乾隆 矾红缠枝莲纹花盆	直径19cm	184,000	中国嘉德	2018-09-19
清乾隆 米黄釉矾红山水墨床	长8.5cm	57,500	北京荣宝	2018-06-14
清嘉庆 矾红龙凤穿花纹盖罐（一对）	高29cm	2,645,000	上海匡时	2018-04-30
清嘉庆 矾红描金缠枝莲福寿纹茶船（一对）	长19.2cm	36,800	中国嘉德	2018-09-20
清嘉庆 内矾红五蝠捧寿图外珊瑚红描金缠枝莲蝠纹开光“甲子万年”小盘（一对）	直径11.5cm	36,800	中国嘉德	2018-05-18
清嘉庆 矾红釉碗	直径12.3cm	36,800	中国嘉德	2018-06-18
清嘉庆 矾红三清茶御题诗茶钟	直径10.8cm	154,344	中国嘉德	2018-10-02
清中期 单色釉、矾红喜字扳指三只	内径2.1cm；内径2cm；内径1.9cm	71,300	中国嘉德	2018-05-18
清道光 胭脂红龙凤纹长颈瓶	高27cm	48,866	香港诚昌	2018-05-28
清道光 矾红彩钟馗捉鬼纹鼻烟壶	高7.7cm	71,300	北京中汉	2018-09-21
清道光 矾红彩洪福有余暗花水波纹盘	直径18cm	76,300	佳士得	2018-10-04
清道光 红彩蝠纹盘	直径30.4cm	43,700	中国嘉德	2018-06-18
清道光青釉矾红团凤纹碗（一对）	直径14.5cm	164,634	中国嘉德	2018-10-02
清道光矾红五爪御龙纹杯（一对）	直径6cm×2	92,000	上海匡时	2018-04-30
清道光 矾红云龙纹盖盒	宽7.5cm	61,738	中国嘉德	2018-10-02
清咸丰 白地暗刻水波矾红彩金玉满堂纹缸（一对）		206,245	纽约苏富比	2018-03-21
清咸丰 矾红喜庆连绵纹碗	直径16.6cm	38,486	纽约佳士得	2018-09-13
清同治/光绪 矾红彩九龙戏珠纹大盘	直径48cm	388,063	佳士得	2018-11-28
清同治 黄地矾红描金百蝠纹大盘	直径28.7cm	43,700	中国嘉德	2018-05-18
清同治 轧道海水矾红龙纹大碗	直径19.5cm	23,000	北京保利	2018-12-09
清同治 矾红彩海水赶珠龙纹杯（一对）		76,973	纽约苏富比	2018-09-15
清同治 红彩龙纹小杯（一对）	直径6cm	36,800	中国嘉德	2018-11-20
清光绪 矾红描金龙凤呈祥纹赏瓶	39.5cm	48,510	伦敦苏富比	2018-05-18
清光绪 矾红彩云蝠纹赏瓶	高39cm	34,500	中国嘉德	2018-11-20
清光绪 矾红彩赶珠云龙纹豆	高30.5cm	161,700	伦敦佳士得	2018-05-15
18世纪/19世纪 墨彩矾红描金群仙图瓷板		256,575	纽约苏富比	2018-09-15
清光绪 矾红云龙纹大盘	直径51.5cm	138,000	中国嘉德	2018-05-19
清光绪 矾红描金龙纹大盘	直径45.3cm	138,000	北京诚轩	2018-06-17
清光绪 矾红彩描金云龙戏珠纹盘（一对）		111,183	纽约苏富比	2018-09-15
清光绪 梵红彩云龙纹盘	直径21.9cm	89,700	北京翰海	2018-06-30
清光绪 矾红龙纹盘	长35cm	69,000	北京翰海	2018-05-13
清光绪 矾红龙纹盘	长28cm	46,000	北京翰海	2018-05-13
清光绪矾红彩洪福齐天纹盘（一对）		42,763	纽约苏富比	2018-09-15
清光绪 矾红蝠纹盘（一对）	直径16.5cm	40,250	华艺国际	2018-11-17
清光绪 矾红云龙纹盘（一对）	直径16.8cm；直径16.5cm	32,200	中国嘉德	2018-09-20
清光绪 矾红“洪福齐天”纹盘（一对）	直径14.7cm×2	28,750	北京匡时	2018-06-15
清光绪 矾红洪福齐天盘	直径15.5cm	23,000	北京保利	2018-10-27
清光绪 矾红彩双龙赶珠纹盖碗（一对）	直径10.5cm	34,500	中国嘉德	2018-11-20
清光绪 矾红福寿纹碗	直径12cm	28,750	北京保利	2018-04-29
清光绪 胭脂红团凤纹茶碗	直径11cm	28,750	中国嘉德	2018-01-13
清光绪 矾红彩双龙戏珠纹酒杯（两件）	直径5.8cm	109,000	佳士得	2018-10-04
清光绪 矾红云龙纹杯（一对）	直径5.9cm；高4.7cm	86,250	中贸圣佳	2018-11-24
清光绪 矾红龙纹杯（一对）	直径5.5cm×2	80,500	保利厦门	2018-07-15
清光绪 矾红彩龙纹杯（一对）	直径5.8cm	63,250	北京保利	2018-12-09
清光绪 矾红云龙纹杯（一对）	直径5.9cm；高4.8cm	46,000	中贸圣佳	2018-11-25
清光绪 梵红彩云龙纹杯	直径5.8cm	46,000	北京翰海	2018-06-30
清光绪 梵红彩云龙纹杯	直径5.8cm	36,800	北京翰海	2018-06-30
清光绪 梵红彩云龙纹杯	直径5.8cm	36,800	北京翰海	2018-06-30
清光绪 矾红江山万代纹杯	直径7.8cm	27,600	太平洋	2018-11-22
清光绪 矾红彩龙纹杯	直径6cm	25,300	北京保利	2018-06-21
清光绪 矾红云龙纹杯	直径5.9cm	23,000	太平洋	2018-11-22
清光绪 矾红描金双龙纹杯	直径5.8cm	20,160	北京适珍	2018-01-07
清光绪 黄地矾红团寿杯	直径5.6cm	18,400	太平洋	2018-11-22
清光绪 矾红缠枝花卉纹捧盒	直径28cm	20,700	中国嘉德	2018-01-13
清光绪 胭脂红地爬花花鸟花盆连底托	高15cm	116,928	香港诚昌	2018-05-30
清光绪 矾红游龙赶珠纹花盆（一对）	37.4cm	80,850	伦敦苏富比	2018-05-18
清光绪—宣统 矾红云龙赶珠纹小盅（两只）	直径6cm	23,000	北京保利	2018-06-21
清宣统 矾红加彩云龙纹贲巴壶	高18cm	46,000	中国嘉德	2018-01-13
清晚期 矾红描金双龙戏珠纹盘	直径28.1cm	34,500	北京中汉	2018-09-21
清宣统 梵红彩云龙纹杯	直径5.8cm	69,000	北京翰海	2018-06-30
清宣统 矾红龙纹杯	直径6cm	61,738	中国嘉德	2018-10-02
清宣统 胭脂红彩夔凤纹四方双环铺首花盆	长21.9cm	92,000	北京中汉	2018-11-21
清 洒蓝描金矾红鱼藻纹棒槌瓶	高42cm	66,700	太平洋	2018-06-09
清 红彩勾莲福寿将军罐	高44cm	27,600	北京翰海	2018-01-14
清代 珊瑚红牡丹纹罐	高28.5cm	20,700	南京经典	2018-07-22
清 凡红彩阿拉伯纹炉	高19cm；直径24cm	21,002	香港诚昌	2018-04-02
清末 矾红彩描金双龙戏珠纹大盘（一对）		237,975	纽约苏富比	2018-03-24
清代 矾红描金龙纹盘（六件）	直径14.4cm	34,500	中贸圣佳	2018-11-25
清 矾红墨彩阿拉伯文大盘	直径20.7cm	25,300	中国嘉德	2018-05-18
清代 绿釉红彩龙纹碗	口径11.8cm；高5.3cm	57,500	南京经典	2018-07-22
清 蓝料红彩团寿碗（两件）	直径16.5cm	55,200	北京翰海	2018-05-13
清 矾红描金海水云龙纹盖碗	直径10.3cm	55,200	中国嘉德	2018-01-13
清 矾红龙凤纹碗	直径18cm；高7cm	20,700	凤凰拍卖	2018-01-21
清 清红彩龙纹杯（两件）	直径6cm	63,250	北京翰海	2018-05-13
清 红彩龙纹杯（两件）	直径6cm	32,200	北京翰海	2018-05-13
清 矾红料二龙戏珠洗	C：4cm B：13.8cm 高11.5cm	6,670,000	比斯特	2018-08-30
清中晚期 墨彩矾红云龙纹芦蟹图芦洗	直径24cm；高6cm	51,750	中贸圣佳	2018-06-20
民国 白釉胭脂水螭龙纹瓶	高17.5cm	264,500	北京翰海	2018-06-30
民国 矾红彩龙凤穿花纹盖罐	高28.5cm	23,000	北京保利	2018-06-21
民国 矾红地百蝶图盘（一对）	直径20cm	20,700	广东衡益	2018-07-01
民国 矾红仿木纹缸	直径52cm	28,750	中国嘉德	2018-09-20
王步 民国 对石传经矾红笔筒	直径4.5cm；高13.8cm	2,070,000	中贸圣佳	2018-11-24
20世纪 墨彩矾红天生图双耳尊	高39cm	32,200	北京保利	2018-12-09
黄彩				
明嘉靖 红地黄彩龙纹罐	高21cm	230,000	北京中贝	2018-06-24

拍品名称	物品尺寸	成交价RMB	拍卖公司	拍卖日期
明嘉靖 紫地黄彩穿莲凤凰纹方斗杯		359,205	纽约苏富比	2018-09-12
明万历 茄皮紫地黄彩暗花云龙纹碗	直径15.1cm	3,281,900	佳士得	2018-11-28
明 红地黄彩缠枝莲罐	高24.5cm	218,500	北京保利	2018-04-30
明 绿地黄彩福寿团龙纹大盘	直径47.8cm	23,000	北京保利	2018-10-28
清康熙 青花地黄彩赶珠云龙纹盘		1,269,200	纽约苏富比	2018-03-20
清康熙 青花黄彩云龙纹盘	直径25cm	460,000	中国嘉德	2018-06-18
清康熙 蓝地黄彩赶珠云龙盘	25.3cm	303,375	香港苏富比	2018-04-03
清康熙 蓝地黄彩龙纹碗	直径13.3cm	43,700	华艺国际	2018-05-23
清乾隆 青花黄彩龙纹盘	直径25cm	172,500	保利厦门	2018-01-08
清乾隆 青花黄釉缠枝莲六蝠纹花盆	高7cm；长20cm	438,480	香港诚昌	2018-05-30
清咸丰 青花地黄彩火焰云龙纹盘	直径25.6cm	124,561	香港中汉	2018-05-31
清同治 蓝地黄龙茶碗（一对）	直径10cm	89,700	华艺国际	2018-05-23
绿彩				
明正德 白地绿彩云龙纹盘	直径17.3cm	46,000	北京中汉	2018-09-21
明正德 黄地绿龙纹盘	直径19cm	40,250	北京匡时	2018-06-15
明嘉靖 黄地绿彩龙纹碗	直径15.5cm	51,448	中国嘉德	2018-10-02
明嘉靖 黄地绿彩刻花卉碟	直径15.4cm	1,322,500	北京保利	2018-12-08
明嘉靖 黄地绿彩暗刻龙纹盖盒	直径20cm	34,500	北京保利	2018-07-27
明 黄釉绿彩龙纹罐	直径34cm	46,000	北京保利	2018-10-28
明 黄地绿彩福禄寿碗	直径18cm	25,300	北京保利	2018-04-30
清康熙 暗刻海水绿龙盘	直径17.5cm	57,500	华艺国际	2018-05-23
清康熙 绿彩云龙纹盘	直径17.9cm	48,300	中国嘉德	2018-05-18
清康熙 暗刻海水绿彩龙纹盘	直径16.3cm	43,700	北京诚轩	2018-06-17
清康熙 黄地绿彩芥纹大盘瓷样	直径42cm	34,500	北京荣宝	2018-06-14
清康熙 黄地绿彩云龙纹碗（一对）	直径14.6cm	1,173,000	北京保利	2018-06-20
清康熙 黄地绿彩云龙赶珠寿字纹碗（一对）	直径10.2 cm	460,000	北京保利	2018-06-20
清康熙 黄地绿彩龙纹碗	直径10.5cm	207,000	西泠拍卖	2018-07-08
清康熙 黄地绿彩云龙纹碗	直径14.7cm	105,800	北京中汉	2018-09-21
清康熙 黄地绿彩婴戏图碗	直径15.3cm	57,500	中国嘉德	2018-05-18
康熙 黄地绿彩花卉纹碗	直径11.5cm	40,250	广东衡益	2018-07-01
清康熙 黄地绿彩龙纹碗	直径15cm	34,500	北京保利	2018-04-30
清雍正 黄地绿彩云龙纹墩式碗	直径14cm	126,500	保利厦门	2018-01-08
清雍正 仿正德黄地绿彩龙纹盘	直径18.5cm	368,000	华艺国际	2018-05-23
清雍正 仿明刻填绿彩云龙纹盘	直径19cm	34,500	中国嘉德	2018-01-13
清雍正 黄地绿彩云蝠鸡心碗	直径15cm	1,265,000	北京华辰	2018-11-19
清雍正 黄地绿彩云龙纹碗	直径14cm	1,150,000	北京匡时	2018-06-15
清雍正 黄地绿彩庭院婴戏图碗	直径14.9cm	1,097,813	保利香港	2018-04-02
清雍正 黄地绿彩婴戏图碗（一对）	直径14.8cm	1,006,068	香港中汉	2018-05-31
清雍正 黄地绿彩桃果纹碗（一对）	高6.2cm；直径12.4cm	473,322	保利香港	2018-10-02
清雍正 黄地绿彩婴戏图碗	直径14.9cm	149,500	北京中汉	2018-04-15
清雍正 黄地绿彩云鹤碗	直径15cm	109,250	北京保利	2018-04-29
清雍正 黄地绿彩缠枝莲纹卧足杯	直径7.2cm	667,000	华艺国际	2018-05-23
清乾隆 黄地绿彩暗刻海水云龙纹贯耳橄榄瓶	高30.5cm	9,546,200	保利香港	2018-04-02
清乾隆 白地绿彩云龙赶珠纹罐		515,613	纽约苏富比	2018-03-21
清乾隆 绿彩八吉祥云龙赶珠纹罐	高20.5cm	402,500	保利厦门	2018-07-15
清乾隆 黄地绿彩云龙纹花口盘（一对）	13.1cm	599,500	香港苏富比	2018-10-03
清乾隆 黄地绿彩龙纹花口盘	直径13.4cm；高2.7cm	115,000	中贸圣佳	2018-11-24
清乾隆 黄地绿彩龙纹花口盘	直径13.1cm	86,250	中国嘉德	2018-06-18
清乾隆 墨地绿彩洞石兰花图盘	直径16.5cm	23,000	中国嘉德	2018-01-13
清乾隆 黄地绿龙纹碗	直径10.5cm	184,000	北京华辰	2018-11-19
清乾隆 黄地绿彩云龙纹碗	直径14.5cm；高6.9cm	66,700	博美拍卖	2018-01-05
清乾隆 黄地绿彩洞石瑞果花鸟纹碗	直径12.3cm	57,500	北京中汉	2018-11-21
清乾隆 黄地绿彩龙纹碗	直径11cm	37,950	太平洋	2018-11-22

拍品名称	物品尺寸	成交价RMB	拍卖公司	拍卖日期
18世纪 绿龙寿字杯及托	杯宽6cm；碟宽12cm	50,669	香港诚昌	2018-05-30
清乾隆 黄地绿彩云龙赶珠纹碗		188,155	纽约苏富比	2018-09-12
清中期 墨彩地绿彩龙纹绣墩（一对）	高37cm	20,700	北京保利	2018-10-28
清康熙或清中期 绿彩海水龙纹盘	直径18.4cm	28,750	中国嘉德	2018-01-13
清嘉庆 黄地绿彩龙凤纹渣斗	直径8.5cm	172,500	华艺国际	2018-11-17
清道光 白地绿彩云龙赶珠纹罐		333,165	纽约苏富比	2018-03-21
清道光 绿彩龙纹罐	直径18.8cm	20,700	北京保利	2018-10-27
清道光 黄地绿彩龙纹盘（一对）	16cm	242,700	香港苏富比	2018-04-03
清道光 白地绿彩赶珠云龙纹盘（一对）	18.2cm	183,260	伦敦苏富比	2018-05-16
清道光 黄地绿彩万寿纹盘（一对）	直径15cm×2	80,500	北京诚轩	2018-06-17
清道光 绿彩暗刻龙纹盘	直径17.8cm	74,750	北京保利	2018-06-21
清道光 绿彩云龙纹盘	直径17.7cm	23,000	中国嘉德	2018-09-19
清道光 黄地绿彩万寿茶碗	直径11cm	126,500	北京中汉	2018-11-21
清道光 黄地绿彩万寿纹茶碗	直径11cm	105,800	北京诚轩	2018-06-17
清道光 绿彩龙纹大碗	高8.1cm；直径22cm	76,840	广东省拍	2018-09-20
清道光 黄地绿彩云龙纹小碗	直径10.4cm	55,200	中国嘉德	2018-01-13
清道光 黄地绿彩云龙纹小碗	直径10cm	34,500	中国嘉德	2018-09-19
道光 白地绿彩二龙赶珠碗	直径22cm	28,750	广东衡益	2018-07-01
清道光 黄地绿彩云龙纹茶碗	直径10.2cm	28,750	中国嘉德	2018-05-19
清道光 黄地绿彩云龙纹茶碗	直径10cm	20,700	中国嘉德	2018-09-20
清咸丰 绿彩云龙纹盘（一对）	直径18cm	69,000	中国嘉德	2018-05-19
清同治 白釉暗刻海水绿彩云龙纹盘	直径18.3cm	67,850	北京翰海	2018-06-30
清光绪 绿彩云龙纹盘（一对）	直径18.5cm	57,500	中国嘉德	2018-05-18
清光绪 黄地绿彩穿花龙纹花口大盘	直径17.8cm	28,750	中国嘉德	2018-05-19
清光绪 黄地绿龙纹碗（一对）	直径10.1cm；高5.1cm	109,250	中贸圣佳	2018-06-20
清光绪 黄地绿彩云龙赶珠纹碗（一对）	直径15.1cm	94,300	北京中汉	2018-11-21
清光绪 黄地绿龙纹葵瓣口小碟（一对）	直径13.3cm	48,300	北京中汉	2018-09-21
清宣统 黄釉赭绿龙纹盘（两件）	直径14.6cm	80,500	北京翰海	2018-06-30
清 绿彩龙纹罐	高22.5cm	57,500	太平洋	2018-11-22
清 黄地绿彩龙纹碗	直径10.2cm	43,700	北京翰海	2018-05-13
紫彩				
清乾隆 绿地紫龙纹碗	直径11cm	239,540	香港中汉	2018-05-31
清乾隆 绿地紫彩云龙纹撇口碗	直径11.2cm	126,500	北京中汉	2018-11-21
民国 胭脂紫彩菊瓣盘		436,288	纽约苏富比	2018-03-24
赭彩				
清康熙 绿地赭彩暗刻龙纹碗（一对）	直径10.3cm	1,127,000	北京保利	2018-12-08
清乾隆 米黄地赭色山水纹墩式碗	直径11.9cm	23,000	中国嘉德	2018-11-20
清乾隆 米黄釉赭彩山水人物纹大碗	直径19.5cm	23,000	中国嘉德	2018-09-20
仿古铜彩				
清乾隆 仿古铜彩炉	宽24.3cm；高15cm	32,200	中国嘉德	2018-06-18
民国 古铜彩开光山水诗文双耳瓶	高19.5cm	69,000	华艺国际	2018-11-17
金彩(描金)				
北宋晚期 定窑黑釉描金玉壶春瓶	高21.1cm	1,319,500	佳士得	2018-05-30
元 御用蓝釉金彩云龙纹玉壶春瓶	高25.5cm	3,814,100	佳士得	2018-11-28
明 大明万历年制款黑漆描金云龙纹笔	长28.7cm	46,000	西泠拍卖	2018-07-07
清康熙 乌金釉描金赶珠云龙纹瓶		158,650	纽约苏富比	2018-03-20
清康熙 洒蓝釉描金花鸟纹棒槌瓶	高46.5cm	71,300	广东崇正	2018-07-05
清康熙 乌金釉描金博古纹棒槌瓶	高43.5cm	69,000	北京匡时	2018-06-15

(成交价RMB：2万元以上)

拍品名称	物品尺寸	成交价RMB	拍卖公司	拍卖日期
清康熙/雍正 仿日本漆器或珊瑚红地描金黑彩花卉图诗文瓶		55,528	纽约苏富比	2018-03-20
清康熙 乌金釉描金山水人物诗文棒槌瓶	高47cm	40,250	中国嘉德	2018-09-20
清康熙 洒蓝釉描金滕王阁山水诗文棒槌瓶	高43.5cm	32,200	中国嘉德	2018-05-18
清康熙 洒蓝描金花鸟纹棒槌瓶（一对）	高49cm	29,900	太平洋	2018-11-22
清康熙 乌金釉描金花鸟凤尾尊	高45.7cm	74,750	北京保利	2018-10-27
清康熙 洒蓝釉描金狩猎图将军罐	高34.7cm	32,200	中国嘉德	2018-05-18
清康熙 洒蓝釉描金锦地开光花蝶纹将军罐	高42.5cm	23,000	中国嘉德	2018-05-18
清康熙 洒蓝地描金夜游赤壁笔筒	直径18.5cm	207,000	北京匡时	2018-12-05
清康熙 矾红海水龙纹描金笔筒	高15cm	131,738	香港诚昌	2018-04-02
清康熙 洒蓝釉描金人物纹笔筒	直径18.7cm	25,300	中国嘉德	2018-09-20
清雍正 酱釉描金冰梅扁瓶	高21.7cm	632,500	北京翰海	2018-06-30
清雍正 墨彩描金山居渔隐图杯（一对）	直径5.2cm×2	109,250	北京诚轩	2018-06-17
清雍正 内金彩外蓝釉小杯（一对）	直径6.1cm	57,500	中国嘉德	2018-05-19
清雍正 红彩描金云龙纹杯	直径7cm	55,200	北京翰海	2018-06-30
清雍正 外蓝釉内金彩小杯（一对）	直径6cm	36,800	北京中汉	2018-09-21
清雍正 墨彩描金山水人物图葵口杯（一对）		35,696	纽约苏富比	2018-03-24
清乾隆 蓝釉描金花卉纹橄榄瓶	高74cm	4,140,000	北京匡时	2018-06-15
清乾隆 抹红描金双龙牡丹四系壁瓶	高26.5cm	1,495,000	北京保利	2018-06-19
清乾隆 蓝釉描金松芝纹御题诗瓶	高41cm	526,988	香港诚昌	2018-05-28
清乾隆 蓝釉金彩折枝花卉纹小瓶（带座）	高8cm	172,500	华艺国际	2018-11-16
清乾隆 “敬畏堂制“茶叶茉描金四方瓶	高33cm	55,573	香港诚昌	2018-05-28
清乾隆 豆青地描金花卉纹袖珍瓶	高9.5cm	29,934	纽约佳士得	2018-09-13
清乾隆 洒蓝釉描金龙凤纹瓶	高25.5cm	27,600	博美拍卖	2018-01-05
清乾隆 珊瑚红描金小玉壶春瓶	高17.8cm	23,000	中国嘉德	2018-01-13
清乾隆 酱釉描金缠枝花卉纹鹰首双耳赏瓶	高32.5cm	20,296	台北艺流	2018-06-30
清乾隆 绿地金彩雕青铜纹双系尊（一对）	高10.2cm×2	19,569,200	佳士得	2018-05-30
清乾隆 祭蓝描金吉庆有余双牺尊	高19.5cm	115,000	北京保利	2018-07-27
清乾隆 珊瑚红地描金团龙纹太白尊	直径12.5cm	107,800	伦敦佳士得	2018-05-15
清乾隆 金釉描金团花纹兽钮双耳小熏炉	高10.5cm	115,000	北京中汉	2018-04-15
清乾隆「乐善堂」红釉描金「花卉」纹「书册形」盖盒	瓷长13.7cm；总高9.4cm	127,728	万昌斯	2018-11-29
清乾隆 蓝釉描金缠枝花卉纹碗（一对）	直径15.5cm	149,500	华艺国际	2018-03-30
清乾隆 祭蓝描金缠枝莲碗	直径14.2cm	23,000	北京保利	2018-01-21
清乾隆 内金彩外蓝釉杯盏	盏托直径10cm；杯直径5cm	97,750	中国嘉德	2018-05-18
清乾隆 蓝釉描金缠枝莲团寿字杯盏	盏托直径11.5cm；杯直径5.6cm	40,250	中国嘉德	2018-01-13
清乾隆 珊瑚红地金彩折枝莲纹圆盖盒（一对）	直径10.5cm	3,069,020	佳士得	2018-11-28
清乾隆 祭蓝釉描金花卉海棠形福寿盆奁	长25cm	28,750	中国嘉德	2018-06-18
清乾隆 珊瑚红地描金松竹梅诗文小笔筒	直径6.2cm	20,700	北京中汉	2018-09-21
清乾隆 宝石蓝釉描金宝相花海棠式水盂	高5cm	230,000	北京匡时	2018-12-05
清嘉庆 蓝地金彩万福连连纹蒜头瓶（一对）	高28.5cm×2	33,350,000	保利厦门	2018-01-08
清嘉庆 洒蓝地金彩夔凤牡丹寿字纹瓶	高30cm	1,725,000	西泠拍卖	2018-07-08
清嘉庆 珊瑚红描金花卉托寿字葫芦瓶	高29cm	74,750	北京保利	2018-04-29
清中期 乌金釉描金云龙纹天球瓶	高53.5cm	32,200	中国嘉德	2018-01-13
清中期 蓝釉描金狮球图石榴尊	高33.2cm	23,000	中国嘉德	2018-01-13
清嘉庆 珊瑚红地描金云龙赶珠福运纹花觚		158,650	纽约苏富比	2018-03-21
清嘉庆 珊瑚红描金万寿无疆格盘	直径13.1cm	25,300	北京保利	2018-04-29
清中期 蓝釉描金福寿连年图海棠形花盆	长29.5cm	115,000	中国嘉德	2018-09-19
清中期 祭蓝描金缠枝莲纹八方倭角水仙盆	直径23cm	23,000	保利厦门	2018-07-15
清中期 碧玉描金刻石鼓文字席镇	高7cm	126,500	北京翰海	2018-06-30
清中期 云蝠纹万年红描金朱砂墨	高9.5cm	48,300	北京翰海	2018-06-30
清中期 云蝠纹描金朱砂墨	高6cm	23,000	北京翰海	2018-06-30
清道光 祭蓝描金缠枝莲纹荸荠瓶	高21.2cm	172,500	中国嘉德	2018-06-18
清光绪 祭蓝釉金彩龙凤猴鹿八方大瓶	高55cm	345,000	北京保利	2018-12-09
清光绪 霁蓝釉描金皮球花赏瓶	高38.5cm	276,000	北京翰海	2018-06-30
清光绪 蓝釉描金团花纹赏瓶	高40.5cm	149,500	中国嘉德	2018-09-19
清光绪 祭蓝釉描金皮球花纹赏瓶	直径38.5cm	138,000	保利厦门	2018-01-08
清光绪 祭蓝描金云龙纹赏瓶（一对）	高37.5cm	86,250	北京保利	2018-10-27
清光绪 蓝釉描金皮球花赏瓶	高40cm	69,000	北京荣宝	2018-12-03
清光绪 霁蓝釉描金皮球花赏瓶	高38.9cm	57,500	西泠拍卖	2018-09-29
光绪 霁蓝釉描金龙纹赏瓶	长38.4cm	51,750	广东衡益	2018-07-01
清光绪 蓝地描金寿字纹赏瓶	高38cm	34,500	华艺国际	2018-03-30
19世纪 珊瑚红地描金折枝花卉纹瓶	高31.7cm	32,200	北京中汉	2018-09-21
清光绪 洒蓝描金清供图盖罐	高26cm	39,200	上海联合	2018-11-25
清光绪 珊瑚红描金砖瓦文大碗（一对）	直径17cm	23,000	中国嘉德	2018-05-18
清光绪 珊瑚红描金喜字碗	直径14cm	20,700	中国嘉德	2018-05-19
清光绪 珊瑚红描金喜字盖盒	直径24.6cm	78,200	中国嘉德	2018-11-20
清晚期 珊瑚红描金喜字、寿字高足碗、盘（三只）	直径17cm；直径14.5cm；直径13.5cm	36,800	中国嘉德	2018-01-13
清 宝石蓝釉描金开光松竹梅转心瓶（一对）	高35cm×2	1,234,752	北京匡时	2018-10-03
清 祭蓝描金赏瓶	高39cm	69,000	北京翰海	2018-05-13
清 郎红釉描金团龙直颈瓶	高30cm	66,700	华艺国际	2018-11-17
清 松石绿地金彩花卉开光御制诗文小瓶	高18.6cm	46,000	西泠拍卖	2018-07-08
清 酱釉描金西番莲纹大花觚	高66cm	23,000	太平洋	2018-11-22
清 蓝釉描金凤纹花盆	直径26cm	32,200	北京保利	2018-04-29
清晚期 金星石描金砚屏	高38cm	103,500	上海匡时	2018-04-30
清 蓝地、绿地、粉地描金云蝠纹、花卉纹绢、宣纸（七张）	尺寸不一	86,250	中国嘉德	2018-01-14
曾龙升 民国 天蓝釉描金达摩像	高51cm	229,109	香港诚昌	2018-04-02
民国 仿竹描金荷塘清趣御题诗臂格	长26.5cm	32,200	北京翰海	2018-01-14
白花				
16世纪/17世纪初 褐地白花牡丹纹瓶	高27.5cm	59,868	纽约佳士得	2018-09-13
明万历 酱釉堆白路路连科图梅瓶		51,315	纽约苏富比	2018-09-12
明晚期 酱釉堆白麒麟图炉	直径16.8cm	51,750	中国嘉德	2018-01-13
清康熙 墨地凸白花鸟琵琶尊	高21.5cm	368,000	北京保利	2018-12-08
清康熙 矾红留白龙纹盘	直径15.7cm	287,500	北京荣宝	2018-06-14
清雍正 洒蓝釉白花花卉纹盘	33.3cm	3,494,880	香港苏富比	2018-04-03
清雍正 洒蓝釉白花花卉纹盘	33.2cm	2,825,280	香港苏富比	2018-10-03
清雍正 蓝地堆白莲池鱼藻纹碗	直径17.4cm	310,500	中国嘉德	2018-06-18
清乾隆 矾红地留白缠枝花卉纹碗	直径13.1cm	172,500	北京中汉	2018-11-21
清嘉庆 珊瑚红地留白竹纹碗	直径18.1cm	86,250	北京中汉	2018-11-21

拍品名称	物品尺寸	成交价RMB	拍卖公司	拍卖日期
清嘉庆 珊瑚红留白缠枝莲纹碗	直径12.8cm	57,500	中国嘉德	2018-05-18
清嘉庆 松石绿釉堆白莲纹器		68,420	纽约苏富比	2018-09-12
清道光 黄地暗刻三鱼盘（一对）	直径18.5cm	48,300	北京保利	2018-04-29
清道光 珊瑚红地留白花卉碗	直径17cm	57,500	北京荣宝	2018-06-14
清道光 珊瑚红地留白缠枝莲纹碗	直径13cm	101,500	佳士得	2018-05-30
清道光 珊瑚红地留白缠枝莲纹碗		67,426	纽约苏富比	2018-03-21
清晚期 珊瑚红留白竹纹弦纹花盆（一对）	直径20.5cm；直径20cm	23,000	中国嘉德	2018-09-19
清 酱釉堆白花卉长颈瓶	高24cm	19,040	北京适珍	2018-01-07
清 青豆釉堆白花卉图纹荸荠瓶	高33cm	18,080	广东省拍	2018-09-20
墨彩				
北宋/金 磁州窑白地黑花鱼藻纹小口瓶	高25.1cm	11,121,365	纽约佳士得	2018-03-22
北宋/金 磁州窑白地黑花牡丹纹小口瓶	高24.1cm	513,150	纽约佳士得	2018-09-13
北宋/金 磁州窑白地黑花花卉纹玉壶春瓶	高24.1cm	51,315	纽约佳士得	2018-09-13
北宋 磁州窑白地黑花鱼藻纹罐	高12cm	102,896	保利香港	2018-10-02
北宋/元 磁州窑白地黑花草纹大盖罐	高37.4cm	51,315	纽约佳士得	2018-09-13
北宋 白釉黑线罐	直径12.7cm	27,368	纽约佳士得	2018-09-13
北宋/金 磁州窑白地黑花叶纹圆盖盒	直径9.8cm	136,840	纽约佳士得	2018-09-13
金 磁州窑白地黑花花卉纹梅瓶	高45.5cm	94,078	纽约佳士得	2018-09-13
金/元 磁州窑白地黑彩绘山水人物图枕	长43.5cm	185,300	佳士得	2018-10-04
金/元 白釉黑彩长方枕（一组三件）	宽44cm	114,554	中国嘉德	2018-04-02
金/元 磁州窑白釉黑花虎纹长方枕	长28.5cm	87,200	佳士得	2018-10-04
金 磁州窑白地黑花蝴蝶纹钵	高18cm	872,575	纽约佳士得	2018-03-22
金 磁州窑白地黑花草纹钵	高18.8cm	273,680	纽约佳士得	2018-09-13
元/明 磁州窑白地黑花开光松鹤童子图梅瓶		34,210	纽约苏富比	2018-09-15
元磁州窑白地黑褐彩花鸟纹三足炉		25,658	纽约苏富比	2018-09-15
明 白地黑彩人物绘画罐	高32cm；直径10.5cm	402,500	北京荣宝	2018-06-14
明 白地黑花镜盒	直径22.5cm	28,750	北京荣宝	2018-06-14
清雍正 墨彩山居图小盘	直径11cm	23,000	保利厦门	2018-07-15
清雍正 墨彩山水人物纹盘	直径15.5cm	20,700	中国嘉德	2018-09-19
清雍正 墨彩山水小碗	直径9.3cm	287,500	北京华辰	2018-11-19
清雍正 墨彩山水人物碗	直径11.8cm；高5.6cm	57,500	北京荣宝	2018-12-03
清雍正 墨彩博古图盖碗（一对）	直径10cm×2；高7cm×2	34,500	保利厦门	2018-07-15
清雍正 墨彩罗汉图套杯七只	尺寸不一	46,000	中国嘉德	2018-09-19
清雍正 墨彩十八罗汉图马蹄套杯	尺寸不一	34,500	华艺国际	2018-05-23
清雍正 墨彩渔家乐钵洗	直径25cm	51,750	北京保利	2018-04-29
清雍正 墨彩竹石图六方花盆	宽29cm	23,000	北京保利	2018-10-28
清雍正 墨彩渔家乐图水洗	直径19cm	34,500	华艺国际	2018-03-30
清雍正 墨彩山水人物纹水盂	高5.3cm	43,700	北京匡时	2018-12-05
清雍正 墨彩山水亭台楼阁高仕图案几	高6.8cm；长15.4cm；宽21cm	421,874	保利香港	2018-10-02
清乾隆 墨彩山水瓶	高26cm	230,000	北京华辰	2018-11-19
清乾隆 墨彩山水人物方斗杯	宽10.5cm	57,500	中国嘉德	2018-06-18
清乾隆 墨彩开光山水御题诗文八方小笔筒	高10cm	6,325,000	北京中汉	2018-11-21
清乾隆 唐英制墨彩云龙纹题诗笔筒	直径19.5cm；高14.5cm	3,737,500	保利厦门	2018-07-15
清乾隆 唐英制仿石纹釉墨彩诗文笔筒	高11.1cm	2,300,000	北京保利	2018-06-19
清嘉庆 墨彩山水人物纹方杯	高5cm；长5.5cm	63,250	广东崇正	2018-07-05
清道光 墨彩梅花纹盘	直径18.9cm	20,700	中国嘉德	2018-09-20

拍品名称	物品尺寸	成交价RMB	拍卖公司	拍卖日期
清光绪 淡绿地墨彩梅鹊图花盆（一对）	高15.5cm；长17.5cm；宽13cm	218,500	西泠拍卖	2018-07-08
清光绪 黄地墨彩四季花卉纹盆托	宽14.7cm	65,400	佳士得	2018-10-04
清光绪 黄地墨彩菊花花盆	高12cm	34,104	香港诚昌	2018-05-30
清光绪 黄地墨彩花卉纹水仙盆	长23.5cm	33,350	太平洋	2018-11-22
清光绪 黄地墨彩牡丹图大缸	直径53cm	812,000	佳士得	2018-05-30
清光绪 松石绿地墨彩花鸟纹大卷缸	直径46cm；高31.3cm	299,000	中贸圣佳	2018-11-24
清光绪 松石绿地墨彩花卉纹大缸	直径50cm	253,000	太平洋	2018-06-09
清晚期 墨彩祝寿图尊	高33.1cm	40,250	北京中汉	2018-04-15
清晚期 松石绿地墨彩花鸟纹长方花盆（一对）	长22.8cm	32,200	中国嘉德	2018-09-19
金品卿 清晚期 鹊鸲登梅刻瓷荸荠瓶	高66cm	747,500	中贸圣佳	2018-06-20
金品卿 清晚期 梅花墨彩茶盏（一对）	直径10.4cm；高8.5cm	920,000	中贸圣佳	2018-11-25
清 米黄地墨彩山水纹杯（一对）	直径7cm	20,700	中国嘉德	2018-01-13
清 黄地轧道开光墨彩山水纹四方花盆（一对）	高10cm×2	55,200	保利厦门	2018-01-08
清 黄地墨彩花鸟纹花盆（一对）	长29cm	32,200	太平洋	2018-06-09
清 墨彩山水人物笔筒	高12cm	57,500	北京翰海	2018-05-13
清 红釉水盂 笔洗 黑地墨彩笔筒等文房（一组七件）	尺寸不一	36,800	北京保利	2018-12-09
程友石 晚清 梅兰墨彩笔洗	长29.3cm；宽20.8cm；高5cm	115,000	中贸圣佳	2018-11-24
金品卿 清晚期 双雀寒梅刻瓷圆板	直径35.4 cm	287,500	中贸圣佳	2018-06-20
汪晓棠 民国 仕女图墨彩瓶	高34cm	172,500	中贸圣佳	2018-06-20
民国 墨彩古币图瓶	高28cm	57,500	华艺国际	2018-11-17
民国 墨彩山水人物灯笼瓶	高21cm	23,000	保利厦门	2018-01-08
民国 山水墨彩瓷板（连旧框）（一对）	高20cm；宽39cm	19,092	香港诚昌	2018-04-02
民国黄地墨彩牡丹纹大盘（八只）	直径24.5cm	23,000	中国嘉德	2018-09-19
民国 墨彩山水纹小碗（一对）	直径11.6cm	28,750	中国嘉德	2018-09-19
汪小亭 民国 墨彩山水文房（一组三件）	尺寸不一	92,000	北京匡时	2018-12-05
民国 汪小亭 墨彩山水方盂	长11cm；宽8cm	23,000	上海嘉禾	2018-10-14
王芝文 墨彩《唐诗》微书天球罐	高14.5cm	138,000	北京荣宝	2018-09-14
近代 卓安之绘墨彩梅花纹笔筒	高13.5cm；口径14.5cm	25,300	西泠拍卖	2018-07-08
艺林堂 墨彩龙纹茶具（一组六件）	直径9cm；直径8.9cm×4；直径12.9cm	69,000	北京匡时	2018-06-16
刻剔彩				
北宋 磁州窑黑剔花牡丹纹梅瓶	高30.7cm	2,516,189	纽约佳士得	2018-03-22
北宋/金 磁州窑绿釉黑剔花牡丹纹瓶	高21.5cm	1,586,500	纽约佳士得	2018-03-22
北宋 磁州窑黑釉剔缠枝牡丹纹大瓶		1,282,875	纽约苏富比	2018-09-12
北宋 磁州窑黑剔花牡丹纹瓶	高22.5cm	940,775	纽约佳士得	2018-09-13
北宋 磁州窑黑剔花牡丹纹梅瓶	高32.5cm	684,200	纽约佳士得	2018-09-13
北宋/金 磁州窑白剔花花卉纹玉壶春瓶	高26.3cm	598,675	纽约佳士得	2018-09-13
北宋磁州窑白地剔黑彩牡丹纹梅瓶	高29.5cm	411,584	北京匡时	2018-10-03
北宋 磁州窑黑剔花牡丹纹小瓶	高14.8cm	359,205	纽约佳士得	2018-09-13
北宋 磁州窑白剔花牡丹纹梅瓶	高31cm	222,365	纽约佳士得	2018-09-13
北宋 磁州窑黑剔花牡丹纹罐	高22.3cm	301,435	纽约佳士得	2018-03-22
北宋 磁州窑白釉剔花花卉纹折沿小罐	高11.4cm	51,315	纽约佳士得	2018-09-13
北宋/金 磁州窑黑剔花钱纹钵	高15.2cm	1,269,200	纽约佳士得	2018-03-22
北宋 磁州窑白剔花钵	直径16.8cm	713,925	纽约佳士得	2018-03-22
北宋 磁州窑白剔花花瓣纹钵	10.8cm	145,393	纽约佳士得	2018-09-13
北宋 登封白沙窑刻花卉纹碗	直径21cm	221,750	佳士得	2018-11-28
北宋 磁州刻花纹碗	直径24.5cm	51,561	纽约佳士得	2018-03-20

2018瓷器拍卖成交汇总

(成交价RMB：2万元以上)

拍品名称	物品尺寸	成交价RMB	拍卖公司	拍卖日期
宋/金 磁州窑剔花梅瓶	高27cm	73,080	智得拍卖	2018-05-28
宋 定窑紫釉修内司御用款御题凤首壶	高24cm	5,333,600	台北艺流	2018-12-01
宋代 青白釉加彩剔刻纹枕	长20cm；高9.8cm	77,952	智得拍卖	2018-05-28
金 磁州窑黑剔花几何纹罐	高18cm	1,197,350	纽约佳士得	2018-09-13
金/元 磁州窑白剔花大碗	直径23.2cm	25,658	纽约佳士得	2018-09-13
元 吉州窑黑釉剪纸剔凤凰纹瓶	28cm	1,078,000	伦敦苏富比	2018-05-16
元 磁州窑刻划牡丹纹梅瓶	高35cm	345,000	北京保利	2018-06-20
元 磁州窑白釉刻花划花梅瓶	高38cm	322,000	保利厦门	2018-07-15
元 黑釉刻花罐	高26cm	87,258	纽约佳士得	2018-03-20
金/元 磁州窑黑剔花草纹玉壶春瓶	高29.2cm	598,675	纽约佳士得	2018-09-13
金/元 磁州窑黑剔花草纹小罐	高8.5cm	47,039	纽约佳士得	2018-09-13
明以前 磁州窑刻花牡丹纹瓶	高27.5cm	36,800	广东崇正	2018-07-05
清乾隆 仿剔红雕锦地蝠纹盏托	直径13.8cm	51,448	保利香港	2018-10-02
清道光 仿剔红盏托		63,460	纽约苏富比	2018-03-24
清同治 茄皮紫暗刻云龙纹碗	高6.5cm	23,000	广东崇正	2018-07-05
民国 刻瓷花鸟瓶	高19.5cm	78,279	香港诚昌	2018-04-02
五十年代 粉青剔刻缠枝莲花纹冬瓜瓶（一对）	高80cm×2	690,000	中贸圣佳	2018-06-20
其他彩瓷				
金 磁州窑彩绘刻花「冰消北岸」纹梅瓶	高39.8cm	745,080	万昌斯	2018-11-29
17世纪 彩绘神仙图盖罐	40cm	107,800	伦敦苏富比	2018-05-18
明—清 各式杯盘盏洗瓶（七件）	尺寸不一	32,200	北京保利	2018-06-21
明 霁蓝釉开光镂雕三彩龙纹执壶	高24.6cm	115,000	博美拍卖	2018-01-05
明 绞釉斗笠碗	直径26.5cm	19,550	北京保利	2018-04-30
明、清 瓷器（七件）	尺寸不一	59,800	中国嘉德	2018-01-13
18世纪 花式瓷杯及盘（一组）		27,368	纽约苏富比	2018-09-15
18世纪至民国 彩瓷杯及碗（四件）		59,868	纽约苏富比	2018-09-15
清初-乾隆 各式颜色釉瓶及小盖盒（四件）	尺寸不一	138,000	北京保利	2018-12-08
清康熙 彩绘开光云龙戏珠纹八棱瓶	53cm	48,510	伦敦苏富比	2018-05-18
清康熙 彩绘开光高士山水图盖罐（一对）	31.5cm	30,184	伦敦苏富比	2018-05-18
清康熙 鹿鹤同春粥罐	直径32cm	18,400	北京保利	2018-04-29
清康熙 洒蓝地开光花卉图盘（两件）		174,515	纽约苏富比	2018-03-20
清康熙 黑地彩绘五龙纹盘	直径17.7cm	97,020	伦敦佳士得	2018-05-15
清康熙 各色釉菊瓣碗	直径18.3cm	23,000	中国嘉德	2018-09-20
清康熙 隐青梅花纹案缸	直径23.5cm	46,000	中国嘉德	2018-05-18
清康熙 通景人物山水图笔筒	直径18.5cm	109,250	华艺国际	2018-05-23
清康熙 黑漆螺钿人物瓷笔筒	高14.5cm	92,000	北京保利	2018-12-09
清雍正 卧鹿图马蹄杯（一对）	直径6.1cm；高2.9cm	310,500	中贸圣佳	2018-11-25
清乾隆《奄至帖》诗文瓷版方插屏	高38.8cm	161,700	伦敦佳士得	2018-05-15
清乾隆 粉地西番莲纹盖碗	直径14cm	27,600	太平洋	2018-11-22
清乾隆 满彩折肩盆	宽34.5cm；高10cm	132,250	上海泛华	2018-04-15
清乾隆 彩绘餐具一套		7,343,730	纽约佳士得	2018-05-09
清中期 各色小梅瓶（一组三件）	最高7.5cm	31,360	上海联合	2018-11-25
清道光 凤穿牡丹大碗	直径21.5cm	34,494	香港诚昌	2018-05-28
清同治 绿地松竹梅诗文蟋蟀罐（一套三件）	尺寸不一	552,000	印千山	2018-01-12
清同治十三年（1874）作 白端菖蒲盆 清 柯逢时铭	长25cm；宽16.3cm；高3.8cm（连座11.8cm）；重1050g	264,500	北京保利	2018-06-19
清光绪 粉青釉加彩“福寿万代”琮式瓶	高30cm	195,500	华艺国际	2018-11-16
19世纪 瓷板画（一对）	直径46.5cm	46,000	西泠拍卖	2018-07-09
清光绪 光绪凤穿牡丹纹碗	高7cm；口径15.5cm	46,000	南京经典	2018-01-06
清光绪 黄地龙纹碗	直径14.7cm；高6.4cm	23,000	中贸圣佳	2018-11-25
清光绪 紫地花卉花盆（一对）	长17.5cm	184,000	北京华辰	2018-11-19
19世纪 彩瓷轴头（两对）		38,486	纽约苏富比	2018-09-15
清宣统 彩凤纹盘	直径24.3cm	59,800	中国嘉德	2018-06-18
清晚期 各色釉八骏文玩（十九件）	尺寸不一	46,000	中国嘉德	2018-09-18
清 雕瓷葫芦瓶	高9.1cm	51,091	万昌斯	2018-11-29
清 黑地瓷嵌螺钿人物图灯笼瓶	高38cm	46000	博美拍卖	2018-01-06
清光绪 百蝠荸荠瓶	高33cm	23000	北京保利	2018-10-28
清 彩绘婴戏图盖罐	42.5cm	30,184	伦敦苏富比	2018-05-18
清晚期 钟鼎象形文暖锅	高13.3cm；直径14.2cm	20,700	中贸圣佳	2018-11-25
唐英 清 六角诗文笔筒	高13cm	47,908	香港诚昌	2018-05-28
清 仿竹纹釉夔龙纹笔筒	高11cm	34,500	太平洋	2018-06-09
清 瓷器（四件）	尺寸不一	25,300	中国嘉德	2018-05-18
何许人 民国 四季山水人物方瓶	高35cm	409,248	香港诚昌	2018-05-30
徐仲南 民国 釉上彩花鸟文房瓶	高14.5cm	230,000	北京匡时	2018-12-05
徐仲南 民国 釉上彩花鸟瓶	高19.5cm	207,000	北京匡时	2018-06-15
民国 汪野亭画青绿山水大瓶	高58cm	124,101	香港诚昌	2018-04-02
民国 苹果绿地开光山水纹包袱瓶	高45cm	92,000	华艺国际	2018-11-17
邓碧珊 田鹤仙 程意亭 汪晓棠 民国 四方瓶	高22cm	47,908	香港诚昌	2018-05-28
李明亮 民国 秋色秋声文房瓶	高8.2cm	34,500	北京匡时	2018-06-15
民国 瓷雕罗怙罗尊者坐像		342,100	纽约苏富比	2018-09-15
民国 瓷雕耽没罗跋尊者坐像		273,680	纽约苏富比	2018-09-15
民国 瓷雕阿氏多尊者坐像		239,470	纽约苏富比	2018-09-15
民国 百鸟朝凤纹鹿首尊	高30.5cm；口径10.2cm	138,000	未来四方	2018-01-20
民国 大清乾隆年制款生瓷雕山水人物图灯笼尊	高25cm；通径13cm	48,300	西泠拍卖	2018-05-04
民国 王琦画关云长瓷板	38.3×25cm	682,080	香港诚昌	2018-05-30
民国 王大凡画“四爱图”瓷板（一套）	37×24.5cm	514,480	中国嘉德	2018-10-02
王大凡民国人物瓷板（一套四块）	高38cm；宽25cm	487,200	香港诚昌	2018-05-30
民国 张志汤画山水瓷板	宽61.4cm	381,848	中国嘉德	2018-04-02
民国 何许人画花鸟纹瓷板（一套三件）	44.2×25.5cm	349,846	中国嘉德	2018-10-02
何许人 民国 雪景瓷板	38×24.5cm	345,000	北京匡时	2018-06-15
邓碧珊 民国 鱼藻纹长条瓷板	81×20cm	243,600	香港诚昌	2018-05-30
何许人民国雪景瓷板（一套四块）	长38cm；宽24cm	194,880	香港诚昌	2018-05-30
汪野亭 民国 山水人物泛舟长条瓷板	81×20cm	175,392	香港诚昌	2018-05-30
汪野亭 民国 釉上彩青峰山水瓷板	24×37.5cm	57,500	北京匡时	2018-06-15
李明亮 民国 釉上彩聊寄江南一枝春图瓷板	25×39cm	36,800	北京匡时	2018-12-05
民国 邓碧珊画水藻鱼瓷板	长42cm；宽27cm	23,866	香港诚昌	2018-04-02
程意亭 毕伯涛 民国 釉上彩花鸟册页（一组两件）	① 19×12.5cm；② 17.8×12cm	287,500	北京匡时	2018-06-15
程意亭 民国 釉上彩花鸟册页	20.2×13cm	207,000	北京匡时	2018-12-05
李明亮 民国 釉上彩花鸟册页	18.8×11.8cm	34,500	北京匡时	2018-06-15
汪大仓 民国 山水人物册页	18.5×10cm	23,000	北京匡时	2018-12-05
潘匋宇 民国 釉上彩春夏秋冬四季屏（一组四件）	74.5×18cm×4	1,035,000	北京匡时	2018-06-15
汪野亭 汪小亭 民国 釉上彩山水花鸟 三连屏	① 37.5×25cm；② 37.5×12cm×2	517,500	北京匡时	2018-06-15
民国 何许人溪山访友如意耳尊	高22.5cm	20,700	北京翰海	2018-05-13
曾龙升 民国 济公像	高73cm	272,832	香港诚昌	2018-05-30
民国 瓷雕罗汉坐像	高40.6cm	256,575	纽约佳士得	2018-09-13
民国 陆云山款大盘	口径27cm	46,000	未来四方	2018-01-20
民国 瓷盘	口径24cm	28,750	未来四方	2018-01-20
清、民国 各式杯 盖碗 茶碗（十四只）	尺寸不一	78,200	中国嘉德	2018-09-18
王步 民国 纸画	125.5×35cm	57,500	北京匡时	2018-06-15
民国 胭脂水色金餐具（一套一百零一件）	尺寸不一	55,200	中贸圣佳	2018-11-25

拍品名称	物品尺寸	成交价RMB	拍卖公司	拍卖日期
壬戌年（1982）梅纹玉壶春瓶		153,945	纽约佳士得	2018-09-13
19世纪/20世纪 彩瓷（三件）		27,368	纽约苏富比	2018-09-15
现当代瓷器				
周湘甫 现代 大富贵亦寿考墨彩描金蝠耳瓶（一对）	高34.2cm	1,035,000	中贸圣佳	2018-06-20
夏忠勇 当代 墨彩描金胡笳十八拍伏桶瓶	高35.7cm	345,000	北京匡时	2018-06-15
夏忠勇 当代 墨彩描金天生图瓶	高41.7cm	299,000	北京匡时	2018-12-05
戴荣华 当代（1996年）作 综合装饰秾丽最宜新着雨瓶	高33.5cm	287,500	北京匡时	2018-12-05
赖德全 当代 釉中泼彩朝霞映照黄山俊瓷瓶	高41cm	230,000	北京匡时	2018-12-05
黄勇 当代 墨彩描金韩熙载夜宴图瓶	高61cm	69,000	北京匡时	2018-12-05
当代 山水茶叶罐（一组两件）	高12.5cm×2	23,000	北京匡时	2018-12-05
刘文斌 当代 釉上彩山高入云双面镲器	高36cm	63,250	北京匡时	2018-06-15
当代 菊花如唔斗笠杯（一组四件）	直径10cm×4 高4.5cm×4	23,000	北京匡时	2018-12-05
赖德全 当代 中华印象彩虹瓷板	82×82cm	3,162,500	北京匡时	2018-12-05
杨善深 当代 热带鱼瓷板	33×27cm	92,000	广东崇正	2018-07-05
周国桢 当代 犀牛瓷塑	长47.8cm；宽17.3cm；高23.1cm	20,700	中贸圣佳	2018-11-25
赖德全 当代 釉中泼彩夏瓷盘	直径30cm	57,500	北京匡时	2018-12-05
王恩怀 当代 釉下彩花鸟、硕果对杯	直径7.2cm×2 高12.7cm×2（连盖）	34,500	北京匡时	2018-12-05
当代 叮当系列（一组七件）	尺寸不一	92,000	北京匡时	2018-12-05
当代 行乐图雍正人物（一组九件）	直径9.2cm×9 高6cm×9	74,750	北京匡时	2018-12-05
当代 溪山行旅文房（八件）	尺寸不一	69,000	北京匡时	2018-12-05
当代 踏雪寻梅系列（一组四件）	尺寸不一	23,000	北京匡时	2018-12-05
当代 绣球花系列（一组四件）	尺寸不一	18,400	北京匡时	2018-12-05
邓景渊 湖南省陶瓷研究所 釉下五彩《丝路花雨》瓶	高46cm	1,012,000	北京保利	2018-12-09
1971年作 醴陵群力瓷厂 釉下五彩《松鹰图》瓶	高50cm	897,000	北京保利	2018-12-09
朱乐耕 古彩《梅花仕女》兽耳梅瓶	高54cm	529,000	北京保利	2018-12-09
乐茂顺 金秋时节醉江南　新彩综合装饰瓶	高42.8cm	402,500	中国嘉德	2018-06-20
戴荣华 古彩《古典美女》薄胎瓶	高16.3cm	287,500	北京保利	2018-12-09
1977年作 釉下五彩《纺织娘》草虫瓶	高22.8cm	264,500	北京保利	2018-12-09
1970年代作 轻工部陶瓷研究所半刀泥高温色釉《鳜鱼肥》综合装饰长颈瓶	高38cm	184,000	北京保利	2018-12-09
张大千 大风堂制红梅瓷瓶	高22.5cm	171,832	保利香港	2018-04-02
毛丹阳 国色天香 梅子青釉花瓶	25.5×38.5cm	138,000	中国嘉德	2018-11-20
朱文 春风瓶	高44cm；直径24cm	120,750	凤凰拍卖	2018-01-21
凌宗正 踏雪寻梅大梅瓶	高45cm	119,328	香港诚昌	2018-04-02
陶润文 仙客　釉下五彩花鸟瓶	高21.8cm	115,000	中国嘉德	2018-06-20
朱文 春韵瓶	直径38cm；高27cm	115,000	凤凰拍卖	2018-01-21
朱德群 2005年作 矩形花瓶F26	56×39×11.5cm	81,200	佳士得	2018-05-27
1瓶	高78.8cm	57,500	北京保利	2018-12-09
周华 周鑫 寻梅 青釉花瓶	12.8×19.3cm	51,750	中国嘉德	2018-11-20
陈扬龙 釉下五彩《玉兰花》瓶	高29cm	40,250	北京保利	2018-12-09
50、60年代 现代人物瓶	高46cm	38,185	香港诚昌	2018-04-02
50、60年代 毛主席大灯笼瓶	高66cm	28,639	香港诚昌	2018-04-02
50、60年代 童趣大灯笼瓶	高66cm	28,639	香港诚昌	2018-04-02
徐诗微 春意 粉青釉花瓶	18×30cm	25,300	中国嘉德	2018-11-20

拍品名称	物品尺寸	成交价RMB	拍卖公司	拍卖日期
谭演湘 釉下五彩《清气乾坤》瓶	高28cm	23,000	北京保利	2018-12-09
边平山 瓷瓶人物画	高31.0cm	23,000	中国嘉德	2018-11-22
近代 傅尧笙绘墨梅图小瓶	高12.6cm	23,000	西泠拍卖	2018-07-08
70年代 现代山水人物四方瓶	高26cm	19,092	香港诚昌	2018-04-02
徐建新 雪胎梅骨 铁胎哥窑粉青釉花瓶	15×23.5cm	17,250	中国嘉德	2018-11-20
杨盛侃 青莲 青釉花瓶	18×32.5cm	17,250	中国嘉德	2018-11-20
1950年代作 桃红堆白《玉兰花》手抓壶	长16cm；高10.8cm	345,000	北京保利	2018-12-09
刘国安 钧瓷茶壶	长19.5cm	57,500	北京荣宝	2018-05-18
东道汝官窑顺耳壶（天青）	壶长13.5cm；宽9.5cm；高9.2cm	20,700	中国嘉德	2018-11-20
1960年代作 釉下五彩《蝴蝶》盖罐	高12cm	299,000	北京保利	2018-12-09
陈善林 米字纹盖罐 粉青釉盖罐	20.2×28.5cm	172,500	中国嘉德	2018-11-20
陈爱明 金丰 梅子青釉、茶叶沫釉盖罐	24.2×22.8cm	103,500	中国嘉德	2018-11-20
王传斌 太湖系列—朝阳 梅子青釉盖罐	23.5×23.5cm	59,800	中国嘉德	2018-11-20
王传斌 太湖系列—月光 梅子青釉盖罐	20×29.5cm	57,500	中国嘉德	2018-11-20
巴勃罗·毕加索 1969年作 人脸水罐	高30.5cm	57,500	北京荣宝	2018-12-03
徐志军 福寿康宁　祭蓝描金茶叶罐	高32cm	43,700	中国嘉德	2018-11-20
巴勃罗·毕加索 鸟型水罐	23.5×25.5×11cm	36,800	中国嘉德	2018-09-18
等于堂　柴烧高腰敛口金丝瓷罐	高12cm；直径20cm	20,700	中国嘉德	2018-06-20
杨盛侃 云心鹿影 青釉盖罐	22×29cm	17,250	中国嘉德	2018-11-20
金逸瑞 鬲式炉 铁胎哥窑月白釉鬲式炉	15.5×12.3cm	43,700	中国嘉德	2018-11-20
1970年代作 景德镇红星瓷厂 稀土半刀泥《仙鹤》综合装饰玉兰型皮灯	高18cm	126,500	北京保利	2018-12-09
剪纸贴花旃波迦纹斗笠盏	直径15.3cm；高5.3cm	241,500	中贸圣佳	2018-11-24
定白柳斗杯	直径11.3cm；高7.2cm	92,000	中贸圣佳	2018-11-24
启功 启功绘制瓷板画	30×22cm	667,000	中国嘉德	2018-11-21
李泉 魂　高温颜色釉瓷板	90×80cm	575,000	中国嘉德	2018-11-20
李泉 色戒　高温颜色釉瓷板	86×82cm	575,000	中国嘉德	2018-11-20
50、60年代 现代山水人物瓷板 李兆麟、龚林生、余正青等老艺人五、六十年代创作（一套四片）	宽28cm；长40cm	194,880	香港诚昌	2018-05-30
杨厚兴近代人物瓷板（一组四件）	25×18.7cm×4	161,000	北京匡时	2018-06-15
伟人瓷板（马、恩、列、斯、毛）（一套五块）	37×25cm	95,816	香港诚昌	2018-05-28
邹平朝 罗汉图　釉上彩瓷板	53×53cm	92,000	中国嘉德	2018-11-20
邹平朝 罗汉梅花图　釉上彩瓷板	50×50cm	92,000	中国嘉德	2018-06-20
王勇 弄　釉上彩瓷板	高120×41cm	46,000	中国嘉德	2018-11-20
王勇 故乡雨　釉上彩瓷板	84×45cm	46,000	中国嘉德	2018-11-20
沈诗逸 作 "鸿源"瓷板画		23,000	北京匡时	2018-12-06
沈诗逸 作 "云楼"瓷板画		23,000	北京匡时	2018-12-06
沈诗逸 作 "邀月"瓷板画		23,000	北京匡时	2018-12-06
邹文侯 近代 釉上彩花鸟册页	19×12cm	92,000	北京匡时	2018-06-15
汪大仓 近代 釉上彩人物册页	18.5×12cm	57,500	北京匡时	2018-06-15
绞胎孔雀开屏式折沿盘	直径17.3cm；高2.1cm	299,000	中贸圣佳	2018-06-20
黄永平 釉下五彩《春夏秋冬》八方如意瓶	高39.5cm	517,500	北京保利	2018-12-09
1960年代作 加彩《韶山日出》毛泽东主席立像	高29.8cm	172,500	北京保利	2018-12-09
刘传制 石湾窑达摩立像	高42.5cm	143,750	广东崇正	2018-07-04

2018瓷器拍卖成交汇总

(成交价RMB：2万元以上)

拍品名称	物品尺寸	成交价RMB	拍卖公司	拍卖日期
韩国 统一新罗时代 铜鎏金僧人立像		102,630	纽约苏富比	2018-09-15
陶塑布袋和尚与童子嬉戏摆件	高30.5cm	69,000	广东崇正	2018-07-04
王武 玉璧—青韵西湖 粉青釉摆件	47×63cm	46,000	中国嘉德	2018-11-20
刘德荣 持卷观音造像	高23cm	34,500	南京经典	2018-07-22
达摩瓷像	高47cm	19,163	香港诚昌	2018-05-28
1950年代作 轻工部陶瓷研究所 桃红堆白《欢天喜地》挂盘	直径13.3cm	1,265,000	北京保利	2018-12-09
1970年代 轻工部陶瓷研究所 高温色釉《小熊猫》综合装饰盘	直径16.7cm；带座高55cm	322,000	北京保利	2018-12-09
史一墨 羊舞岭窑高温窑变《楚风汉韵》大盘	直径49cm	149,500	北京保利	2018-12-09
石鲁 红秋火柿　釉上彩瓷盘	34cm	92,000	中国嘉德	2018-06-20
张大千 1963年作 花卉瓷盘	直径20.5cm×2	57,500	北京匡时	2018-12-05
五十年代 花好月圆牡丹图综合装饰盘	直径27.5cm	40,250	中贸圣佳	2018-06-20
程十发 瓷盘	直径24cm	33,600	上海联合	2018-07-01
余竹青画春夏秋冬挂盘（四件）	直径26.5cm	21,002	香港诚昌	2018-04-02
陆俨少 梅石瓷盘	直径41cm	20,700	中国嘉德	2018-05-19
1974年作 釉下五彩《春夏秋冬》双面四季花碗（一套四只）	直径12.5cm	1,817,000	北京保利	2018-12-09
余文襄 雪景人物里外大碗（一对）	高11cm；直径23.5cm	477,310	香港诚昌	2018-04-02
紫定模印花卉莲瓣团花纹茶碗	高5.4cm；直径13.7cm	115,000	中贸圣佳	2018-11-24
1950年代作 天青釉堆白《兰草》碗（一对）	直径14.2cm；直径14cm	69,000	北京保利	2018-12-09
邱藏亿 金兔毫茶碗	直径13cm高7cm	33,600	上海联合	2018-11-25
镰田幸二 耀变紫光天目盏	直径13cm	92,000	北京荣宝	2018-05-18
廖成义 兔毫大盏	直径25cm	57,500	北京荣宝	2018-05-18
木村盛康 耀变天目天空茶盏	直径13.6cm；高6.8cm	57,500	北京荣宝	2018-05-18
木村盛康 耀变天目小宇宙盏	直径10.5cm	57,500	北京荣宝	2018-05-18
木村盛康 耀变天目黄山茶盏	直径13cm；高9cm	57,500	北京荣宝	2018-05-18
木村盛康 油滴天目茶盏	直径13.8cm；高7cm	57,500	北京荣宝	2018-05-18
木村盛康 赫天目别雷茶盏	直径13.7cm；高6cm	57,500	北京荣宝	2018-05-18
黄勇 2018年作 松间一杯茶	50×50cm	154,344	保利香港	2018-10-01
青瓷印花荷莲“天之美禄”铭龙首八方杯	长10.5cm；宽12.1cm；高4cm	74,750	中贸圣佳	2018-06-20
白地黑花几何纹钵	高14.9cm	74,750	中贸圣佳	2018-06-20
70年代 文革题材花盆（一对）	高17cm；直径23.5cm	21,002	香港诚昌	2018-04-02
1974年作 釉下五彩《跃马擒敌》缸	直径29cm；高23.3cm	345,000	北京保利	2018-12-09
周华 周鑫 钰　青釉渣斗	8.6×6.1cm	86,250	中国嘉德	2018-11-20
1970年代作 釉下五彩《红梅》笔筒（醴陵特制主席用瓷）	直径9.5×11.8cm	1,150,000	北京保利	2018-12-09
陈扬龙 1975年作 釉下五彩《水仙花》水洗	高20cm	322,000	北京保利	2018-12-09
黄勇2017年作《雅集图》系列三件	82×173cm×3	10,289,600	保利香港	2018-10-01
黄勇 2014年作 笑指山林别有天	80×80cm	3,910,048	保利香港	2018-10-01
黄勇 2016年作 隐者自怡乐	82×173cm	3,601,360	保利香港	2018-10-01
黄勇 2013年作 静气超然	113×57cm	3,498,464	保利香港	2018-10-01
黄勇 2016年作 云烟满林壑 山水有清音	82×173cm	3,086,880	保利香港	2018-10-01
黄勇 2013年作 道不虚行	90×80cm	1,646,336	保利香港	2018-10-01
黄勇 2016年作 云散天空烟水阔	82×173cm	1,543,440	保利香港	2018-10-01
黄勇 2017年作 春水流	直径50cm	1,543,440	保利香港	2018-10-01
格雷森·佩里 1996年作 大老粗、妓女、怪胎与当代艺术	62×38×38cm	1,538,250	伦敦苏富比	2018-03-07
瓷器（六件）	尺寸不一	1,058,000	中国嘉德	2018-09-20
黄勇 2016年作 山无俗路藏高士	80×60cm	668,824	保利香港	2018-10-01
黄勇 2014年作 闲静似娇花照水	80×80cm	668,824	保利香港	2018-10-01
乘风破浪　东道汝窑茶具一套 张守智（设计）	尺寸不一	598,000	中国嘉德	2018-11-20
邓景渊 釉下五彩《送医》雪景山水3头酒具	尺寸不一	402,500	北京保利	2018-12-09
草间弥生2002年作南瓜（共五件）	10×9.5×8.5cm×5	355,250	佳士得	2018-05-27
卢伟孙 溪山月影 粉青釉陶艺	25×25×17cm	322,000	中国嘉德	2018-11-20
草间弥生 2002年作 南瓜（五件一组）	11（长）×10（宽）×8（高）cm（每件）	271,200	羅芙奧	2018-12-02
黄勇 2016年作 色釉山水	60×60cm	267,530	保利香港	2018-10-01
黄勇 2017年作 长乐	50×50cm	257,240	保利香港	2018-10-01
黄勇 2017年作 风入松	60×60cm	246,950	保利香港	2018-10-01
黄勇 2017年作 万壑松参天	60×60cm	246,950	保利香港	2018-10-01
黄勇 2015年作 无题	60×60cm	246,950	保利香港	2018-10-01
1970年代作 釉下五彩《山水》4头方肩酒具	尺寸不一	230,000	北京保利	2018-12-09
黄勇 2018年作 飞流直下三千尺	50×50cm	185,213	保利香港	2018-10-01
黄勇 2017年作 归	高50cm	174,923	保利香港	2018-10-01
黄勇 2018年作 唯大乃容	50×50cm	154,344	保利香港	2018-10-01
黄勇 2018年作 如烟往事俱忘却	50×50cm	154,344	保利香港	2018-10-01
黄勇 2018年作 琴心	50×50cm	154,344	保利香港	2018-10-01
黄勇 2017年作 山色空蒙小船行	50×50cm	154,344	保利香港	2018-10-01
黄勇 2018年作 云雾山中	直径50cm	154,344	保利香港	2018-10-01
黄勇 2017年作 清泉石上流	直径50cm	154,344	保利香港	2018-10-01
黄勇 2017年作 江流天地外	高20cm	154,344	保利香港	2018-10-01
金煌瓷艺 釉下五彩《万花赏》茶器（十件套）	尺寸不一	138,000	北京保利	2018-12-09
杰夫·昆斯 2017年作 气球猴子（蓝）	39.2（长）×20.9（宽）×24.9（高）cm	130,176	羅芙奧	2018-12-02
杰夫·昆斯 2017年作 气球天鹅	21（长）×16.4（宽）×24.1（高）cm	119,328	羅芙奧	2018-12-02
姚永康 屈春生 观音　雕塑	高113cm	115,000	中国嘉德	2018-11-20
杨庆云 2013年作 春色凌云 镜心	99×39cm	115,000	北京保利	2018-11-19
杨庆云 2014年作 荷塘清趣 镜心	99×39cm	115,000	北京保利	2018-11-19
杨庆云 2011年作 赣江烟云 镜心	39×99cm	115,000	北京保利	2018-11-19
ISTORIATO DISH	42.6 cm.	105,690	纽约苏富比	2018-02-02
王乐耕 雨原NO.124 镜框	60×84cm	103,500	北京荣宝	2018-12-03
陈大羽 大吉图	直径26cm	95,450	上海嘉禾	2018-10-14
萧勤 1984年作 大雨之四	120×40cm	91,350	佳士得	2018-05-27
藤田嗣治 约1934年作 无题	直径15.5cm；高14.5cm	81,200	佳士得	2018-05-27
毕加索 1956年作 人脸	直径36.5cm	80,500	北京荣宝	2018-06-14
朱新建 一枝梅	35×19cm×2	80,500	中国嘉德	2018-06-20
周华 周鑫 绣春（9件套）青釉茶具套组		78,200	中国嘉德	2018-11-20
ALBERT YONATHAN SETYAWAN 2008年作 大自然的集会（共六十八件）	直径126cm	77,613	佳士得	2018-11-25
黄永玉 戊午（1978）年作 猫头鹰	直径26cm	74,750	上海嘉禾	2018-10-14
吴冠中 1995年作 春天	37×67cm	71,300	中国嘉德	2018-01-13
张大千 芝仙祝寿	直径36.2cm	64,144	纽约佳士得	2018-09-11
徐结根 东道汝窑玉兔套组（天青）	尺寸不一	57,500	中国嘉德	2018-11-20
木村盛康 仙女座	直径14cm；高7cm	57,500	北京荣宝	2018-05-18
瓷器六件	尺寸不一	57,500	中国嘉德	2018-05-19
郭文光 观自在菩萨	高95cm	56,000	湖南逸典	2018-06-09
郭文光 观世音菩萨	高95cm	53,760	湖南逸典	2018-06-09
茹小凡 2013年作 禅定	31×31×43.5cm	48,300	北京匡时	2018-12-06
赵无极 2005年作 火之石	直径36.5cm	42,473	香港苏富比	2018-04-01

拍品名称	物品尺寸	成交价RMB	拍卖公司	拍卖日期
徐建新 对花啜茶（5件套）铁胎哥窑粉青釉茶具套组		40,250	中国嘉德	2018-11-20
周春芽 2016年 黑根舞桃红	高18cm	40,250	中贸圣佳	2018-11-24
萨尔瓦多·达利 扑克红桃A	直径24cm	34,500	北京荣宝	2018-12-03
萨尔瓦多·达利 国王K	直径24cm	34,500	北京荣宝	2018-12-03
瓷器（四件）	尺寸不一	32,200	中国嘉德	2018-01-13
巴勃罗·毕加索 鸟	直径25cm	32,200	中国嘉德	2018-09-18
萨尔瓦多·达利 征服宇宙	直径22.5cm	28,750	北京荣宝	2018-12-03
瓷器（四件）	尺寸不一	28,750	中国嘉德	2018-01-13
景德镇艺术瓷厂 刷花《寿桃》9头茶具	尺寸不一	25,300	北京保利	2018-12-09
器盖（十八件）	尺寸不一	25,300	中国嘉德	2018-09-20
爱马仕 2018 CHEVAL D'ORIENT系列瓷质茶具（一组九件）		18,521	保利香港	2018-10-02
张浩 枝头玉（6件套）粉青釉茶具套组		17,250	中国嘉德	2018-11-20

色釉瓷

红釉

拍品名称	物品尺寸	成交价RMB	拍卖公司	拍卖日期
宋 朱漆莲瓣盘	17cm	348,800	香港苏富比	2018-10-03
金-元 磁州窑柿红釉梅瓶	高37cm	23,000	西泠拍卖	2018-09-29
金 介休窑柿红釉扁仓茶入	高6cm；口直径7.8cm	28,750	浙江佳宝	2018-07-01
15世纪 红釉鸟食器	4.5cm	385,700	佳士得	2018-05-30
18世纪 霁红釉梅瓶	高19.3cm	402,500	北京中汉	2018-06-19
18世纪 红釉梅瓶		230,043	纽约苏富比	2018-03-20
18世纪 红釉瓶		75,359	纽约苏富比	2018-03-24
18世纪 红釉梅瓶	高27.5cm	59,800	北京中汉	2018-04-15
十八世纪 郎窑红釉弦纹长颈瓶	高22.8cm	34,500	北京匡时	2018-12-05
18世纪 红釉玉壶春瓶		25,384	纽约苏富比	2018-03-24
18世纪 胭脂红玉壶春瓶	高32.2cm	23,000	北京中汉	2018-04-15
18世纪 霁红釉玉壶春瓶	高32.5cm	23,000	北京中汉	2018-04-15
18世纪 郎窑红釉观音尊		253,840	纽约苏富比	2018-03-20
18世纪 珊瑚红釉提梁茶壶		19,038	纽约苏富比	2018-03-24
18世纪 郎窑红式碗 (一对)		72,696	纽约苏富比	2018-09-12
清早期 红釉天球瓶	高37cm；口径8cm	115,000	未来四方	2018-01-20
清初或稍晚 豇豆红釉高足碗	直径15cm；高10.5cm	149,500	中贸圣佳	2018-11-25
清康熙 豇豆红釉柳叶瓶	高15.5cm	4,600,000	北京保利	2018-12-08
清康熙 豇豆红釉菊瓣瓶	高21.3cm	3,910,000	北京保利	2018-12-08
清康熙 宝石红釉梅瓶	高18cm	379,500	北京中汉	2018-11-21
清康熙 豇豆红釉柳叶瓶		324,995	纽约苏富比	2018-09-15
清康熙 郎窑红釉塔式瓶	高25.1cm	322,000	中贸圣佳	2018-06-20
清康熙 霁红釉梅瓶	高18.5cm	224,250	北京诚轩	2018-06-17
清康熙 郎窑红釉梅瓶	高21.5cm（不带座）	195,500	中贸圣佳	2018-06-20
清康熙 郎窑红釉瓶		171,050	纽约苏富比	2018-09-12
清康熙 郎窑红釉小胆瓶	高11cm	126,500	中国嘉德	2018-05-18
清康熙 郎窑红釉长颈瓶		111,183	纽约苏富比	2018-09-15
清康熙 郎窑红釉长颈瓶	高33cm	59,800	中贸圣佳	2018-11-25
清康熙 郎窑红釉葫芦瓶	高24cm	55,200	中国嘉德	2018-09-19
清康熙 郎窑红釉长颈瓶	高14cm	51,750	西泠拍卖	2018-07-08
清康熙 郎窑红釉长颈瓶		47,595	纽约苏富比	2018-03-24
清康熙 郎窑红椎把瓶	高14.5cm	36,800	北京匡时	2018-06-15
清康熙 郎窑红釉观音瓶	高44cm	25,300	博美拍卖	2018-01-05
清康熙 郎窑红釉观音瓶	高46cm	23,000	北京保利	2018-07-27
清康熙 红釉锥把瓶	高32.5cm	23,000	北京保利	2018-10-28
清康熙 豇豆红釉太白尊	直径12.6cm	3,565,000	北京保利	2018-06-20
清康熙 豇豆红釉太白尊	高8.5cm	2,760,000	北京匡时	2018-12-05
清康熙 豇豆红釉暗刻团螭纹太白尊	直径12.7cm	1,725,000	中国嘉德	2018-11-20
清康熙 豇豆红釉太白尊	12.6cm	1,618,000	香港苏富比	2018-04-03
清康熙 豇豆红釉刻团螭纹太白尊	12.5cm	1,526,000	香港苏富比	2018-10-03
清康熙 豇豆红釉暗刻团龙纹太白尊		674,263	纽约苏富比	2018-03-21
清康熙 豇豆红釉太白尊	直径12.7cm；高9.5cm	460,000	北京荣宝	2018-06-14
清康熙 豇豆红釉暗刻团螭龙纹太白尊	直径12.6cm	322,000	北京匡时	2018-12-05
清康熙 豇豆红釉暗刻团龙纹太白尊		317,300	纽约苏富比	2018-03-21
清康熙 郎窑红苹果尊	直径9cm；高6cm	310,500	保利厦门	2018-01-08
清康熙 豇豆红团龙纹太白尊	直径12.5cm	287,500	保利厦门	2018-07-15
清康熙 豇豆红釉团龙纹太白尊		239,470	纽约苏富比	2018-09-12
清康熙 豇豆红暗刻团龙纹太白尊	高9cm；直径12.5cm	230,000	保利厦门	2018-01-08
清康熙 豇豆红釉暗刻团螭纹太白尊	直径12.9cm	184,000	中国嘉德	2018-01-13
清康熙 豇豆红太白尊	直径12.5cm	164,634	中国嘉德	2018-10-02
清康熙 豇豆红釉太白尊	直径12.7cm	161,000	北京中汉	2018-11-21
清康熙 豇豆红釉苹果尊	直径9.7cm	101,200	中国嘉德	2018-06-18
清康熙 豇豆红釉暗刻团螭纹太白尊	直径12.7cm	92,000	北京中汉	2018-06-19
清康熙 珊瑚红釉弦纹铺首尊	高19cm	86,250	保利厦门	2018-01-08
清康熙 珊蝴红釉九弦纹三铺首尊	高19cm	69,000	北京华辰	2018-11-19
清康熙 年红釉琵琶尊	高21cm	57,500	华艺国际	2018-11-17
清康熙 郎窑红釉观音尊		55,591	纽约苏富比	2018-09-15
清康熙 豇豆红太白尊	直径12.9cm	40,250	北京保利	2018-12-09
清康熙 红釉小双陆尊	高12.8cm	40,250	中国嘉德	2018-01-13
清康熙 红釉橄榄尊	高15cm	23,000	华艺国际	2018-03-30
清康熙 珊瑚红地提梁壶	长15.6cm	28,750	北京中汉	2018-09-21
清康熙 ■窑红釉罐连镂空夔龙木盖	高17.4cm；直径18.2cm	138,000	中贸圣佳	2018-11-25
清康熙 豇豆红釉镗锣洗	11.6cm	1,962,000	香港蘇富比	2018-10-03
清康熙 豇豆红釉镗锣洗		1,110,550	纽约蘇富比	2018-03-20
清康熙 豇豆红釉镗锣洗	直径11cm	920,000	保利厦门	2018-01-08
清康熙 豇豆红印泥盒	直径7.2cm	862,750	佳士得	2018-05-30
清康熙 豇豆红釉镗锣洗		684,200	纽约蘇富比	2018-09-12
清康熙 豇豆红釉镗锣洗	直径11.8cm	310,450	佳士得	2018-11-28
清康熙 豇豆红釉高足杯	高12.2cm	253,000	深圳至正国际	2018-08-25
清康熙 豇豆红釉镗锣洗	直径12cm	161,000	中国嘉德	2018-05-18
清康熙 豇豆红釉镗锣洗	直径11.5cm	66,700	中国嘉德	2018-01-13
清康熙 豇豆红釉汤罗洗	直径11.5cm	48,300	北京中汉	2018-04-15
清康熙 ■窑红釉斗笠碗	直径20.3cm；高7cm	23,000	中贸圣佳	2018-11-25
清康熙 郎窑红釉盘	直径21.5cm	115,000	北京保利	2018-12-09
清康熙 郎窑红大盘	直径29cm	109,250	保利厦门	2018-07-15
清康熙 祭红釉盘	直径20cm	92,000	太平洋	2018-11-22
清康熙 红釉盘（一对）	直径16.2cm×2	66,700	中国嘉德	2018-06-18
清康熙 红釉盘（一对）	直径16cm×2	57,500	中国嘉德	2018-06-18
清康熙 红釉盘（一对）	直径20.4cm×2	36,800	中国嘉德	2018-06-18
清康熙 祭红釉盘	19.5cmDiam	34,500	太平洋	2018-11-22
清康熙 郎窑红釉碗	高8cm；直径18.5cm	86,250	广东崇正	2018-07-05
清康熙 郎窑红大碗	直径22.5cm	74,750	保利厦门	2018-01-08
清康熙 霁红釉碗	直径15.3cm	43,700	北京中汉	2018-04-15
清康熙 郎窑红釉折腰碗	直径19.4cm	23,000	中国嘉德	2018-09-20
清康熙 胭脂水釉马蹄杯	直径8.3cm	5,175,000	北京保利	2018-12-08
清康熙 珊瑚红釉卧足杯	直径6cm；高4cm	46,000	保利厦门	2018-01-08
清康熙 珊瑚红釉卧足杯	直径6cm；高4.5cm	28,750	保利厦门	2018-01-08
康熙 郎窑红笔筒	直径18.5cm；高18cm	322,000	保利厦门	2018-07-15
清康熙 祭红釉水盂	直径12cm	552,000	保利厦门	2018-01-08
清康熙 红釉碗	13.5cm	258,720	伦敦苏富比	2018-05-18
清康熙 郎窑红釉碗		23,798	纽约苏富比	2018-03-24
清康熙 红釉鸡心水丞	直径9.5cm	23,000	中国嘉德	2018-05-18
清雍正 霁红釉胆瓶	高39.4cm	920,000	保利厦门	2018-01-08
清雍正 霁红釉瓶	↑11cm	373,520	香港普艺	2018-06-02

拍品名称	物品尺寸	成交价RMB	拍卖公司	拍卖日期
清雍正 珊瑚红釉荸荠瓶	高23cm	299,000	北京保利	2018-12-08
清雍正 霁红釉胆瓶	高30cm	161,000	北京诚轩	2018-06-17
清雍正 胭脂红釉瓶	高40cm	149,500	北京诚轩	2018-06-17
清雍正 红釉小梅瓶	高14.7cm	138,000	中国嘉德	2018-05-18
清雍正 珊蝴红釉瓶	高15cm	90,689	保利香港	2018-04-02
清雍正 红釉橄榄瓶	高28.1cm	74,750	中国嘉德	2018-05-18
清雍正 霁红釉玉壶春瓶	直径18.2cm；高32.4cm	46,000	中贸圣佳	2018-11-24
清雍正 红釉玉壶春	高31cm	207,000	北京保利	2018-04-29
清雍正 红釉罐	高16cm	103,500	华艺国际	2018-03-30
清雍正 年窑红釉如意足花盆（一对）	直径20.5cm×2；高14cm×2（连托）	517,500	北京匡时	2018-12-05
清雍正 胭脂粉釉盘	直径13.4cm	3,795,000	北京保利	2018-06-19
清雍正 胭脂粉釉菊瓣盘	直径16.1cm	1,437,500	北京保利	2018-06-20
清雍正 胭脂红釉菊瓣盘	直径17.3cm	1,028,960	保利香港	2018-10-02
清雍正 胭脂水釉菊瓣盘	直径18cm	920,000	北京匡时	2018-12-05
清雍正 珊瑚红釉菊瓣盘	直径16.2cm	460,000	北京中汉	2018-11-21
清雍正 霁红釉弦纹高足盘	直径20.7Cm	345,000	北京保利	2018-06-20
清雍正 胭脂红釉盘		273,680	纽约苏富比	2018-09-15
清雍正 霁红釉盘	直径16.5cm	184,000	凤凰拍卖	2018-01-21
清雍正 红釉盘（一对）	直径16.4cm×2	149,500	中国嘉德	2018-06-18
清雍正 红釉盘（一对）	直径20.7cm×2	126,500	中国嘉德	2018-06-18
清雍正 霁红釉盘	直径16.4cm	115,000	西泠拍卖	2018-07-08
清雍正 红釉大盘	直径20.7cm	92,000	中国嘉德	2018-05-18
清雍正 霁红釉盘	直径16.2cm	74,750	博美拍卖	2018-01-05
清雍正 红釉盘（一对）	直径16.4cm×2	74,750	中国嘉德	2018-06-18
清雍正 红釉盘	直径16.4cm	69,000	中国嘉德	2018-11-20
清雍正 霁红釉盘	直径16.1cm	63,250	北京中汉	2018-06-19
清雍正 霁红釉盘	直径20.9cm	48,300	北京中汉	2018-04-15
清雍正 红釉大盘	直径20.8cm	48,300	中国嘉德	2018-09-20
清雍正、乾隆 红釉盘、胭脂红釉碗盖各一只	直径18.3cm；直径10.5cm	28,750	中国嘉德	2018-01-13
清雍正 胭脂红釉小碗（一对）	直径9.1cm	2,070,000	北京中汉	2018-11-21
清雍正 红釉高足碗（一对）	直径19cm	345,000	中国嘉德	2018-06-18
清雍正 霁红釉卧足碗	高5.5cm；直径13.1cm	246,950	保利香港	2018-10-02
清雍正 胭脂红釉小碗	直径9.8cm	230,000	北京华辰	2018-11-19
清雍正 霁红釉碗	直径18.5cm	218,500	西泠拍卖	2018-07-08
清雍正 红釉高足碗	直径18.8cm×2	207,000	中国嘉德	2018-06-18
清雍正 红釉高足碗	高15cm；直径8.5cm	138,000	广东崇正	2018-07-05
清雍正 红釉高足碗	直径18.2cm	138,000	中国嘉德	2018-09-19
清雍正 霁红釉高足碗	直径18.5cm；高13cm	115,000	保利厦门	2018-07-15
清雍正 红釉高足碗	直径18cm	115,000	华艺国际	2018-05-23
清雍正 霁红釉碗	直径15.3cm	46,000	北京中汉	2018-04-15
清雍正 红釉高足碗	直径18cm	36,800	华艺国际	2018-03-30
清雍正 祭红釉高足碗	直径18.5cm；高10.5cm	25,300	保利厦门	2018-07-15
清雍正 红釉碗	直径15.5cm	18,400	北京保利	2018-07-27
清雍正 珊瑚红釉内描银盏	口径8.8cm；高5cm	69,000	西泠拍卖	2018-07-08
清雍正 霁红釉小杯	直径7.3cm	598,000	北京保利	2018-06-19
清雍正 红釉小杯（一对）	直径7.3cm	345,000	中国嘉德	2018-06-18
清雍正 红釉小杯（一对）	直径7.3cm	345,000	中国嘉德	2018-06-18
清雍正 红釉小杯（一对）	直径7.3cm×2	276,000	中国嘉德	2018-06-18
清雍正 珊瑚红釉杯	直径7.2cm	253,000	北京保利	2018-12-08
清雍正 祭红釉杯	直径7.1cm	154,344	中国嘉德	2018-10-02
清雍正 红釉杯	直径6cm	105,800	中国嘉德	2018-09-19
清雍正 红釉小杯	直径7.3cm	76,370	香港诚昌	2018-04-02
清雍正 祭红杯（一对）	直径7.2cm	70,157	香港诚昌	2018-05-30
清雍正 胭脂红釉茶圆	直径6.5cm	54,050	华艺国际	2018-11-16
清雍正 霁红釉高足杯	直径15.5cm	48,720	万昌斯	2018-05-30

拍品名称	物品尺寸	成交价RMB	拍卖公司	拍卖日期
清雍正 霁红釉铃铛杯	直径7.8cm	34,500	北京诚轩	2018-06-17
清雍正 红釉卧足杯	直径6cm	20,700	中国嘉德	2018-01-13
清雍正 霁红釉茶钟（一对）	直径7.7cm	805,000	北京保利	2018-06-20
清雍正 霁红釉花盆盆奁（一套）	盆直径14cm；奁直径14.3cm	782,000	北京中汉	2018-06-19
清雍正 霁红釉花盆	高13.5cm	322,000	上海匡时	2018-04-30
清雍正 红釉水呈	直径6cm	1,495,000	北京荣宝	2018-12-03
清雍正 红釉高足碗（一对）		436,288	纽约苏富比	2018-03-21
清雍正 红釉卧足碗	13.1cm	202,250	香港苏富比	2018-04-03
清雍正 红釉碗	直径15.3cm	102,630	纽约佳士得	2018-09-13
清乾隆 霁红釉梅瓶	高30cm	1,840,000	保利厦门	2018-01-08
清乾隆 红釉梅瓶	高23.5cm	1,725,000	中国嘉德	2018-06-18
清乾隆 红釉梅瓶	高22cm	1,380,000	华艺国际	2018-05-23
清乾隆 霁红釉撇口荸荠瓶	直径12.2cm；高17.5cm	805,000	中贸圣佳	2018-11-24
清乾隆 霁红釉小荸荠瓶（一对）	高16.5cm×2	690,000	保利厦门	2018-07-15
清乾隆 红釉胆瓶	高24cm	667,000	华艺国际	2018-05-23
清乾隆 红釉梅瓶	高22cm	575,000	北京保利	2018-04-29
清乾隆 红釉玉壶春瓶	22.7cm	344,960	伦敦苏富比	2018-05-16
清乾隆 红釉玉壶春瓶		277,638	纽约苏富比	2018-03-21
清乾隆 霁红釉梅瓶	高18.5cm	172,500	上海嘉禾	2018-06-25
清乾隆 霁红釉梅瓶	高20.9cm	162,887	香港中汉	2018-05-31
清乾隆 祭红釉小椎把瓶（一对）	高16.5cm	162,285	中国嘉德	2018-04-02
清乾隆 郎窑红小直颈瓶	高8.7cm	115,000	北京保利	2018-06-20
清乾隆 霁红釉橄榄瓶	高28.5cm	115,000	西泠拍卖	2018-07-08
18世纪 郎窑红葫芦瓶	高42.4cm	100,838	中国嘉德	2018-10-02
清乾隆 霁红釉天球瓶	高32cm	74,750	博美拍卖	2018-01-05
清乾隆 霁红釉双耳六方瓶	高47cm	71,300	北京华辰	2018-11-19
清乾隆 胭脂红釉小梅瓶	高20.8cm	69,000	中国嘉德	2018-06-18
清乾隆 珊瑚红釉小瓶	高14cm	63,460	纽约佳士得	2018-03-20
清乾隆 霁红釉天球瓶	高28.5cm	63,250	北京诚轩	2018-06-17
清乾隆 霁红釉玉壶春瓶	直径26cm	46,000	北京中汉	2018-04-15
清乾隆 红釉玉壶春瓶	高31.3cm	34,500	北京保利	2018-04-29
清乾隆 霁红釉玉壶春瓶	高26.8cm	28,750	北京中汉	2018-04-15
清乾隆 红釉锥把瓶	高32.3cm	25,300	北京保利	2018-10-27
清乾隆 郎窑红釉胆瓶	高42cm	25,300	中国嘉德	2018-05-19
18世纪 郎窑红观音尊	高40.2cm	114,554	保利香港	2018-04-02
清乾隆 霁红釉玉壶春瓶	高29.3cm	425,500	北京翰海	2018-06-30
清乾隆 豇豆红釉腰圆洗	长17.3cm	287,500	北京匡时	2018-06-15
清乾隆 胭脂红釉菊瓣盘	直径18cm	483,000	华艺国际	2018-11-17
18世纪 霁红釉暗花云纹盘	直径16.2cm	355,250	佳士得	2018-05-30
清乾隆 祭红釉盘（一对）	直径18cm	126,500	太平洋	2018-11-22
清乾隆 霁红釉高足盘	直径20.5×高9.2cm	115,000	北京诚轩	2018-06-17
清乾隆 祭红釉高足盘	直径21cm	109,250	太平洋	2018-11-22
清乾隆 红釉盘（一对）	直径18cm×2	105,800	中国嘉德	2018-06-18
清乾隆 红釉盘（一对）		103,123	纽约苏富比	2018-03-24
清乾隆 祭红釉盘（一对）	直径16.3cm	97,750	北京保利	2018-06-21
清乾隆 红釉盘（一对）	直径17.8cm×2	89,700	中国嘉德	2018-06-18
清乾隆 红釉盘	直径21cm	82,800	中国嘉德	2018-01-13
清乾隆 祭红釉盘	直径17.5cm	74,750	保利厦门	2018-01-08
清乾隆 霁红釉盘	直径20cm	69,000	北京翰海	2018-06-30
清乾隆 红釉盘（一对）	直径16.5cm	69,000	中国嘉德	2018-09-19
清乾隆 红釉盘	直径16.7cm	63,250	中国嘉德	2018-06-18
清乾隆 红釉高足盘	直径20.5cm	55,200	中国嘉德	2018-09-19
清乾隆 红釉盘	直径16.6cm	51,750	中国嘉德	2018-06-18
清乾隆 红釉盘	直径16.5cm	48,300	中国嘉德	2018-06-18
清乾隆 红釉小盘（一对）	直径11.2cm×2	46,000	中国嘉德	2018-06-18
清乾隆 霁红釉盘	直径16.5cm	43,700	北京翰海	2018-06-30
清乾隆 霁红釉盘	直径16.6cm	43,700	北京翰海	2018-06-30
清乾隆 霁红釉盘	直径16.5cm	43,700	北京中汉	2018-06-19
清乾隆 霁红釉盘	直径16.2cm	40,250	北京荣宝	2018-12-03

拍品名称	物品尺寸	成交价RMB	拍卖公司	拍卖日期
清乾隆 红釉盘		38,076	纽约苏富比	2018-03-24
清乾隆 霁红釉盘	直径20.9cm	36,800	博美拍卖	2018-01-06
清乾隆 红釉盘	直径21cm	36,800	中国嘉德	2018-01-13
清乾隆 红釉盘	直径16.4cm	36,800	中国嘉德	2018-05-19
清乾隆 红釉盘	直径18.8cm	34,500	广东崇正	2018-07-05
清乾隆 红釉盘	直径21cm	32,200	中国嘉德	2018-05-19
清乾隆 霁红釉盘	直径21.1cm	28,639	保利香港	2018-04-02
清乾隆 红釉盘	直径21cm	25,300	华艺国际	2018-11-17
清乾隆 红釉大碗、蓝釉盘各一只	直径21cm；直径16cm	25,300	中国嘉德	2018-05-18
清乾隆 祭红釉盘	直径21.5cm	23,000	北京华辰	2018-11-19
清乾隆 霁红釉盘	直径16.4cm；高3.3cm	23,000	中贸圣佳	2018-11-24
清乾隆 红釉盘	直径20.6cm	23,000	华艺国际	2018-03-30
清乾隆 红釉盘	直径21cm	23,000	中国嘉德	2018-05-18
清乾隆 红釉盘	直径15.5cm	20,700	北京保利	2018-04-29
清乾隆 红釉盘	直径16cm	20,700	中国嘉德	2018-05-18
乾隆 红釉盘	直径20cm	18,400	广东衡益	2018-07-01
清乾隆 仿永乐红釉高足碗	直径15.2cm	345,000	北京保利	2018-06-20
清乾隆 霁红釉高足碗	直径19.3cm；高10.6cm	115,000	博美拍卖	2018-01-05
清乾隆 红釉鸡心碗	直径15cm	115,000	中国嘉德	2018-06-18
清乾隆 红釉小碗	直径11.3cm	69,000	中国嘉德	2018-06-18
清乾隆 红釉鸡心碗	直径15.2cm	55,200	中国嘉德	2018-09-19
清乾隆 霁红釉碗	直径19.3cm；高8.3cm	48,300	中贸圣佳	2018-11-24
清乾隆 红釉碗	直径18.2cm	48,300	中国嘉德	2018-09-20
清乾隆 霁红釉碗	直径19.4cm	25,300	北京中汉	2018-04-15
清乾隆 红釉大碗（两件）	21.2cm；直径17.8cm	23,000	中国嘉德	2018-06-18
清乾隆 红釉小口杯（四只）	直径5.3cm×4	112,700	中国嘉德	2018-06-18
清乾隆 红釉杯	高4.5cm；直径9.8cm	92,000	广东崇正	2018-07-05
清乾隆 祭红釉小茶圆（一对）	直径3.8cm	46,000	北京保利	2018-12-09
清乾隆 红釉小杯	直径6.8cm	20,700	八益拍卖	2018-04-28
清乾隆 霁红釉茶钟（一对）	直径5.3cm	333,500	北京保利	2018-06-20
清乾隆 红釉镗锣洗	直径8.4cm	103,500	北京匡时	2018-06-15
清乾隆 红釉腰圆水洗	长17.5cm	23,000	北京匡时	2018-12-05
清乾隆 红釉水盂	直径6.3cm	184,000	北京保利	2018-06-19
清乾隆 红釉小水呈	宽8.3cm	195,500	中国嘉德	2018-06-18
清乾隆 霁红釉水呈	直径7.5cm	28,750	北京荣宝	2018-12-03
清乾隆 胭脂红釉水丞（配座）	长6.8cm	920,000	华艺国际	2018-11-16
清乾隆 红釉茶圆（一对）	直径9cm	667,000	中国嘉德	2018-05-18
清乾隆 祭红釉高足碗	直径18.8cm	171,050	纽约佳士得	2018-09-13
清中期 祭红釉葫芦瓶	高48cm	78,200	印千山	2018-01-12
清中期 郎窑红釉荸荠瓶	高26.7cm	40,250	中国嘉德	2018-09-19
清中期 红釉水洗、花瓶（共三件）	洗宽11.2cm；瓶高12cm；高15cm	23,000	北京保利	2018-06-21
清中期 红釉胆瓶（一对）	高32cm；高31.2cm	23,000	中国嘉德	2018-09-19
清中期 红釉天球瓶	高40cm	20,700	北京保利	2018-04-29
清中期 红釉大苹果尊	直径21cm	40,250	中国嘉德	2018-09-19
清道光 胭脂红釉广口瓶	高12cm	747,500	保利厦门	2018-07-15
18世纪/19世纪 红釉长颈瓶	高43.2cm	222,365	纽约佳士得	2018-09-13
清道光 霁红釉玉壶春瓶（一对）	高29cm×2	218,500	北京荣宝	2018-06-14
清道光 祭红玉壶春瓶	高28.5cm	71,300	北京翰海	2018-01-14
清道光 胭脂红釉玉壶春瓶	高29.1cm	20,700	中国嘉德	2018-09-20
清道光 红釉盘（一对）	直径21cm	82,800	中国嘉德	2018-05-18
清道光 霁红釉盘（三只）	直径20.7cm	80,500	北京中汉	2018-06-19
清道光 红釉盘	直径20.6cm	55,200	中国嘉德	2018-06-18
清道光 霁红釉盘	直径18.5cm	20,700	北京匡时	2018-12-05
清道光 胭脂红釉宝相花纹笔筒	高10.3cm	115,000	广东崇正	2018-07-05
清同治 胭脂红釉玉壶春瓶	高29.6cm	40,250	北京中汉	2018-04-15
清同治 胭脂红釉碗	直径15.5cm	46,000	北京翰海	2018-06-30

拍品名称	物品尺寸	成交价RMB	拍卖公司	拍卖日期
清同治 胭脂红釉碗	直径15.5cm	18,400	北京翰海	2018-06-30
清同治 胭脂红杯（一对）	最大高4.9cm	40,447	万昌斯	2018-11-29
清同治 胭脂水釉小杯（一对）	直径6cm；高5cm×2	34,500	北京荣宝	2018-12-03
19世纪 豇豆红釉柳叶瓶	高16.4cm	55,200	北京中汉	2018-04-15
19世纪 豇豆红釉柳叶瓶	高15.5cm	46,000	保利厦门	2018-01-08
18世纪/19世纪 红釉玉壶春瓶		42,763	纽约苏富比	2018-09-15
清光绪 珊瑚红釉狮耳瓶	高29.5cm	34,500	北京保利	2018-04-29
清光绪 红釉玉壶春瓶		34,210	纽约苏富比	2018-09-15
19世纪 红釉瓶（两件）		25,384	纽约苏富比	2018-03-24
19世纪 红釉瓶（两件）		19,038	纽约苏富比	2018-03-24
光绪 外胭脂红内锦地九龙纹盘（一对）	直径24cm	92,000	广东衡益	2018-07-01
清光绪 霁红釉盘	直径18.4cm	23,000	北京翰海	2018-06-30
清光绪胭脂红釉盘、碗（十四只）	尺寸不一	23,000	中国嘉德	2018-09-20
清光绪 胭脂红釉盘（一对）	直径14.5cm	18,400	华艺国际	2018-11-17
清光绪 珊瑚红釉竹纹碗（两件）	直径14.3cm	57,500	北京翰海	2018-06-30
清光绪 胭脂红釉碗（一对）	直径15.6cm	51,750	中国嘉德	2018-09-19
清光绪 珊瑚红釉竹纹碗	直径17.3cm	43,700	北京翰海	2018-06-30
清光绪 珊瑚红釉竹纹碗	直径16.2cm	36,800	北京翰海	2018-06-30
清同治；光绪 胭脂红釉碗（两件）	直径15.2cm；15.5cm	32,200	广东崇正	2018-07-05
光绪 胭脂红釉碗	直径17.3cm	20,700	广东衡益	2018-07-01
清光绪 胭脂红釉碗	直径15.4cm	20,700	中国嘉德	2018-09-20
清光绪 红釉花盆及盆奁（一对）	托直径12.8cm；盆直径14.2cm	43,700	北京中汉	2018-09-21
清光绪 胭脂红釉碗		29,934	纽约苏富比	2018-09-15
清晚期 豇豆红釉花觚（一对）	高23.5cm	23,000	中国嘉德	2018-05-19
清晚期 豇豆红釉文房（四件）	尺寸不一	46,000	中国嘉德	2018-09-20
清 红釉梅瓶	高14cm	69,000	北京保利	2018-01-21
清 红釉玉壶春瓶	高30cm	69,000	北京翰海	2018-01-14
清 霁红釉观音瓶（一对）	高48cm	36,800	博美拍卖	2018-01-06
清 红釉梅瓶	高11cm	34,500	北京翰海	2018-05-13
清 霁红釉天球瓶	高28.1cm	32,200	中贸圣佳	2018-11-25
清 红釉灯笼瓶	高35cm	29,900	广东衡益	2018-07-01
清 红釉大瓶	高46.5cm	28,750	八益拍卖	2018-04-28
清 红釉天球瓶	高34.2cm	28,750	八益拍卖	2018-04-28
清 红釉观音瓶	高40cm	25,300	北京翰海	2018-01-14
清 豇豆红釉菊瓣瓶	高19.3cm	25,300	广东崇正	2018-07-05
清 红釉梅瓶	高14.5cm	23,000	北京翰海	2018-09-16
清 红釉天球瓶	高36.5cm	21,850	广东衡益	2018-07-01
清 白地胭脂红釉龙纹瓶	高24.8cm	20,700	博美拍卖	2018-01-06
清康熙 豇豆红釉太白尊	12.5cm	97,020	伦敦苏富比	2018-05-18
清 红釉水丞、小尊（各一只）	尺寸不一	25,300	中国嘉德	2018-11-20
清代 红釉花觚	高44.5cm；口径21cm	32,200	未来四方	2018-01-20
清 豇豆红釉太白尊、德化窑白釉镂雕花卉纹笔筒、器座各一件	高14cm；直径12.8cm；直径8cm	66,700	中国嘉德	2018-01-13
清 胭脂水碗（两件）	直径14cm	43,700	北京翰海	2018-05-13
清 红釉水洗 连木座	→21cm	46,690	香港普艺	2018-06-02
清道光 胭脂红釉镗锣洗	直径18cm	34,500	北京保利	2018-04-30
清十八/十九世纪 红釉洗		25,658	纽约蘇富比	2018-09-15
清十八世纪 红釉水盂	22cm	32,340	伦敦蘇富比	2018-05-18
清十八世纪 霁红釉桃形水盂	长11.6cm	25,300	北京中汉	2018-04-15
清 红釉卧牛	长25cm	230,000	北京东正	2018-06-17
清末/民国 红釉瓶		27,368	纽约苏富比	2018-09-15
清至民国 红釉大长颈瓶	高45.5cm	23,000	中贸圣佳	2018-11-25
清晚期/民国 胭脂红釉天球瓶	高30.5cm	22,211	纽约佳士得	2018-03-20
清—民国 红釉苹果尊	宽9.8cm	23,000	北京保利	2018-06-21
民国 胭脂红釉花觚	高23.3cm	20,700	中国嘉德	2018-06-18
民国 胭脂水碗（两件	直径14cm	46,000	北京翰海	2018-05-13
红釉截口瓶	高29.5cm；口径7.3cm	32,200	未来四方	2018-01-20

拍品名称	物品尺寸	成交价RMB	拍卖公司	拍卖日期
耀州柿红釉浅洗	直径15cm；高2.2cm	69,000	中贸圣佳	2018-11-25
50年代 红釉堂罗洗	直径25cm	19,092	香港诚昌	2018-04-02
黄釉				
唐 长沙窑青黄釉葫芦形执壶	高19cm	41,420	佳士得	2018-10-04
辽 黄釉线刻执壶	高31.8cm	555,913	纽约佳士得	2018-09-13
黄釉水波纹带盖执壶	高19.7cm	287,500	中贸圣佳	2018-06-20
辽 黄釉皮囊壶和绿釉皮囊壶（共三件）	高29.5cm	40,094	中国嘉德	2018-04-02
元 龙泉窑黄釉鬲式炉	直径9.2cm；高7.7cm	1,150,000	北京匡时	2018-12-05
明弘治 黄釉牺耳罐	高33cm	700,700	伦敦佳士得	2018-05-15
明弘治 娇黄釉盘	直径21.1cm	345,000	北京中汉	2018-06-19
明弘治 黄釉盘	直径17.8cm	264,500	中国嘉德	2018-11-20
明弘治 黄釉盘	直径21.8cm	28,750	中国嘉德	2018-01-13
明弘治 黄釉碗	直径16.8cm	57,500	太平洋	2018-06-09
明正德 娇黄釉盘	直径17.8cm	747,500	北京保利	2018-12-08
明正德 黄釉盘		253,840	纽约苏富比	2018-03-21
明正德 娇黄釉盘	直径15.5cm	195,502	保利香港	2018-10-02
明正德 黄釉盘		142,785	纽约苏富比	2018-03-21
明正德 黄釉仰钟碗	直径13.7cm	1,725,000	北京保利	2018-06-20
明正德 黄釉撇口碗	直径18.1cm	92,000	北京中汉	2018-11-21
明正德 黄釉碗	直径16cm	57,500	北京保利	2018-04-29
明正德 黄釉碗	直径16.8cm	34,500	中国嘉德	2018-11-20
明嘉靖 黄釉爵杯	直径9cm	977,500	华艺国际	2018-11-16
明嘉靖 黄釉小盘（一对）	直径11.8cm	230,000	中国嘉德	2018-01-13
明嘉靖 浇黄釉小盘	直径12.6cm	184,000	北京中汉	2018-11-21
明嘉靖 黄釉暗刻云龙纹大盘	直径35.7cm	92,000	中国嘉德	2018-09-19
明嘉靖 黄釉撇口盘	直径17.3cm	82,800	北京中汉	2018-04-15
明嘉靖 黄釉盘	直径19.2cm	20,700	中国嘉德	2018-05-18
明嘉靖 娇黄釉碗	直径17.8cm	1,495,000	北京保利	2018-12-08
明嘉靖 娇黄釉碗	直径12cm；高5cm	690,000	保利厦门	2018-07-15
明嘉靖 黄釉浅盏	直径17.5cm	52,900	太平洋	2018-06-09
明嘉靖 娇黄釉仰钟杯	直径9.9cm	690,000	北京保利	2018-06-19
明嘉靖 黄釉杯	直径8.5cm	32,200	中国嘉德	2018-01-13
明嘉靖 黄釉铃铛杯	高7.5cm	25,300	太平洋	2018-06-09
明末清初 黄釉斗笠碗	直径17.5cm	69,000	中国嘉德	2018-05-18
清十八世纪 黄哥釉三足蚰耳炉	长15.1cm；高6.5cm	23,000	中贸圣佳	2018-11-25
清十八世纪 柠檬黄釉小碗	直径9cm	36,800	北京中汉	2018-11-21
清初 黄釉观音瓶	高34cm	69,000	华艺国际	2018-11-17
清初 黄釉苹果尊	高20cm	55,200	华艺国际	2018-05-23
清康熙 黄釉长颈瓶	高19cm	345,000	太平洋	2018-11-22
清康熙 御制黄釉梅瓶	高22.5cm	92,000	西泠拍卖	2018-07-08
清康熙 黄釉夔龙纹簋（一对）	高28.5cm；长23.5cm	356,500	博美拍卖	2018-01-05
清康熙 黄釉暗刻龙纹盘	直径17.4cm	149,500	西泠拍卖	2018-07-08
清康熙 黄釉盘	直径18.3cm	94,300	中国嘉德	2018-09-19
清康熙 黄釉龙纹盘（一对）	直径17.5cm	92,000	西泠拍卖	2018-07-08
清康熙 娇黄釉内外暗刻云龙纹盘	直径17.1cm；高3.8cm	92,000	中贸圣佳	2018-06-20
清康熙 御制黄釉盘	直径18cm	74,750	西泠拍卖	2018-07-08
清康熙 黄釉碗	直径16.3cm	370,426	保利香港	2018-10-02
清康熙 黄釉碗	直径11.5cm；高6cm	322,000	保利厦门	2018-07-15
清康熙 黄釉碗	直径12.5cm；高6cm	230,000	保利厦门	2018-07-15
清康熙 黄釉碗	直径16.2cm；高7.5cm	115,000	中贸圣佳	2018-11-24
清康熙 黄釉大碗	直径31.5cm	109,250	中国嘉德	2018-06-18
清康熙 黄釉暗刻云龙纹碗	直径12cm	72,027	保利香港	2018-10-02
清康熙 黄釉暗刻团花纹碗	直径12cm	46,000	北京华辰	2018-11-19
清康熙 黄釉暗刻皮球花纹碗	直径12cm	43,700	北京中汉	2018-09-21

拍品名称	物品尺寸	成交价RMB	拍卖公司	拍卖日期
清康熙 娇黄釉撇口钟式杯	直径9.2cm	240,732	香港中汉	2018-11-29
清康熙 黄釉暗龙纹耳杯	7.8cm	218,000	香港苏富比	2018-10-03
清康熙 娇黄釉茶钟	直径11.1cm	264,500	北京保利	2018-06-20
清康熙 黄釉钵	高9.6cm	138,000	北京翰海	2018-06-30
清康熙 黄釉小缸	直径8cm	46,000	太平洋	2018-11-22
清康熙 黄釉暗花龙纹四方倭角碗		30,144	纽约苏富比	2018-03-24
清雍正 黄釉九弦菊瓣纹长颈瓶	高23cm	487,200	香港诚昌	2018-05-30
清雍正 娇黄釉浮雕苍龙教子图大梅瓶	高60cm；直径25.4cm	368,000	中贸圣佳	2018-11-24
清雍正 柠檬黄釉莲形盘	直径29.4cm	21,850,000	北京华辰	2018-11-19
清雍正 黄釉暗花松鹤遐龄图小盘		555,275	纽约苏富比	2018-03-21
清雍正 柠檬黄釉小盘（一对）	8.8cm	545,000	香港苏富比	2018-10-03
清雍正 柠檬黄釉盘	直径21cm	456,750	佳士得	2018-05-30
清雍正 姜黄釉菊瓣盘	直径16.3cm	257,240	保利香港	2018-10-02
清雍正 黄釉暗刻缠枝花卉纹盘	直径15.9cm	63,250	北京诚轩	2018-06-17
清雍正 黄釉暗刻八宝纹盘	直径14.5cm	47,040	上海联合	2018-07-01
清雍正 黄釉暗刻缠枝莲纹盘	直径15.9cm	34,500	中国嘉德	2018-01-13
清雍正 黄釉暗刻八吉祥高足碗	直径18.5cm	1,725,000	北京保利	2018-06-20
清雍正 柠檬黄模印夔龙纹大碗	直径23cm	782,000	太平洋	2018-11-22
清雍正 娇黄釉碗（一对）	直径14.4cm	720,272	保利香港	2018-10-02
清雍正 米黄釉暗刻万福纹碗	直径14.4cm	25,300	北京中汉	2018-09-21
清雍正 柠檬黄釉杯（一对）	直径7.3cm	3,795,000	北京保利	2018-12-08
清雍正 娇黄釉撇口小杯（一对）	高3.6cm；直径6.2cm	1,909,240	保利香港	2018-04-02
清雍正 柠檬黄釉小杯	直径5cm	1,610,000	华艺国际	2018-05-23
清雍正 黄釉仰钟杯（一对）	直径9.5cm；直径9.7cm	1,495,000	中国嘉德	2018-06-18
清雍正 柠檬黄釉杯(一对)	直径5cm	920,000	北京华辰	2018-11-19
清雍正 柠檬黄釉杯	直径6cm	805,000	北京匡时	2018-06-15
清雍正 柠檬黄釉小杯	直径7.5cm	237,160	伦敦佳士得	2018-05-15
清雍正 柠檬黄釉小碟	直径7.9cm	690,000	北京保利	2018-12-08
清雍正 柠檬黄釉碟	直径8.8cm	152,739	香港诚昌	2018-04-02
清雍正 柠檬黄釉葫芦形水呈	高5cm	1,046,500	北京保利	2018-12-08
清乾隆 黄料橄榄瓶	高18cm	172,500	北京翰海	2018-06-30
清乾隆 黄釉夔龙纹簋	高25cm	264,500	太平洋	2018-06-09
清乾隆 黄釉模印曲波纹簋	高23cm	78,200	北京中汉	2018-09-21
清乾隆 鳝鱼黄釉如意绶带耳汉壶尊	高26cm	598,000	北京保利	2018-06-20
清乾隆 柠檬黄釉小盘(一对)	8.9cm	599,500	香港苏富比	2018-10-03
清乾隆 柠檬黄釉高足盘	直径17cm	368,000	北京中汉	2018-06-19
清乾隆 黄釉暗刻龙纹盘	直径14.2cm	299,000	中国嘉德	2018-11-20
清乾隆 蓝地黄釉龙纹盘	直径23.5cm	105,008	中国嘉德	2018-04-02
清乾隆 柠檬黄釉碗	直径11cm；高5.5cm	575,000	北京匡时	2018-06-15
清乾隆 黄釉暗刻龙纹碗	直径12.5cm	517,500	北京保利	2018-06-20
清乾隆 黄釉暗刻团花纹碗	高6.1cm	429,579	保利香港	2018-04-02
清乾隆 米黄釉折腰碗（一对）	直径15.5cm	230,000	北京中汉	2018-11-21
清乾隆 米黄釉碗	直径15.5cm；高8.3cm	80,500	中贸圣佳	2018-11-25
清乾隆 米黄釉碗	直径12.1cm	57,500	北京诚轩	2018-06-17
清乾隆 黄釉暗刻龙纹碗	直径13.8cm	51,750	北京保利	2018-04-29
清乾隆 黄釉小碗	直径10cm	34,500	中国嘉德	2018-01-13
清乾隆 柠檬黄釉卧足杯（一对）	直径6.7cm	322,000	北京保利	2018-07-27
清乾隆 柠檬黄釉杯	直径10cm	25,870	香港诚昌	2018-05-28
清乾隆 柠檬黄釉小碟（一对）	直径8.9cm	574,896	香港中汉	2018-05-31
清乾隆 米黄釉进宝图笔筒	高8.5cm；口径7.4cm	195,500	西泠拍卖	2018-07-08
乾隆 黄釉鸡心水盂连座	直径9.5cm	34,500	广东衡益	2018-07-01
清嘉庆 黄釉碗	直径14.5cm	58,464	香港诚昌	2018-05-30
清中期 黄釉雕瓷麻姑献寿笔筒	高12cm	115,000	北京匡时	2018-12-05
清中期 黄釉雕瓷仿竹节梅竹双清图小笔筒	高11.8cm	36,800	中国嘉德	2018-09-19

拍品名称	物品尺寸	成交价RMB	拍卖公司	拍卖日期
清道光 黄釉暗刻龙纹盘	直径17.1cm	126,500	北京保利	2018-06-20
清道光 鸡油黄釉盘	直径16.2cm	46,000	北京保利	2018-06-21
清道光 黄釉暗刻云龙纹盘	直径17.2cm	34,500	太平洋	2018-11-22
清道光 黄釉暗刻双龙戏珠纹盘		25,658	纽约苏富比	2018-09-15
清道光 浇黄釉盘	直径14.6cm	25,300	北京中汉	2018-04-15
清道光 黄釉碗	直径12.6cm	69,000	北京翰海	2018-06-30
清道光 米黄釉折腰碗	直径15.5cm	57,500	北京荣宝	2018-12-03
清道光 黄釉暗刻花卉云纹碗	直径11.7cm	57,500	北京保利	2018-01-21
清道光 黄釉碗	直径16.5cm	57,500	北京翰海	2018-06-30
清道光 黄釉碗	直径12.6cm	55,200	北京翰海	2018-06-30
清道光 黄釉碗	直径14.8cm	35,840	北京适珍	2018-01-07
清道光 黄釉暗刻团花纹碗	直径11.5cm	32,200	太平洋	2018-11-22
清道光 黄釉暗刻云龙纹碗	直径16.2cm	32,200	中国嘉德	2018-05-19
清道光 黄釉碗	直径14.7cm	32,200	中国嘉德	2018-05-18
清道光 娇黄釉渣斗（一对）	直径8.5cm	287,500	华艺国际	2018-11-17
清道光 黄釉雕瓷洗马图笔筒	直径13cm；高14cm	34,500	北京匡时	2018-12-05
清道光 黄釉刻兰石图仿竹节式纸镇	长9cm	80,500	中贸圣佳	2018-11-25
清道光 黄釉暗刻赶珠龙凤纹碗		47,039	纽约苏富比	2018-09-15
清咸丰 黄釉暗刻云龙戏珠纹胆瓶	高21cm	377,300	伦敦佳士得	2018-05-15
清咸丰 黄釉剔刻西番莲纹双联瓶	高16.9cm	80,500	西泠拍卖	2018-07-08
清同治 黄釉豆	高18cm	28,750	太平洋	2018-06-09
清同治 黄釉暗刻龙纹盘（一对）	直径13.3cm	59,800	北京中汉	2018-04-15
清同治 娇黄釉暗刻“云龙赶珠”纹碗	直径15.5cm	37,027	万昌斯	2018-05-30
同治 黄釉锦地开光花鸟纹碗	直径12.5cm	34,500	广东衡益	2018-07-01
清同治 黄釉杯	直径9.7cm	74,750	北京匡时	2018-06-15
清同治 黄釉雕瓷烹茗图船	长18.5cm	230,000	华艺国际	2018-11-16
清同治 黄釉模印龟甲纹三足铏	高17.1cm	195,500	北京中汉	2018-11-21
清光绪 鳝鱼黄釉扁瓶	高32.6cm	287,500	北京翰海	2018-06-30
清光绪 鳝鱼黄釉扁瓶	高32.5cm	230,000	北京翰海	2018-06-30
清光绪 鳝鱼黄釉扁瓶	高32.5cm	218,500	北京翰海	2018-05-13
清光绪 鳝鱼黄釉贯耳瓶	高30cm	57,500	北京翰海	2018-06-30
清光绪 黄釉浮雕夔龙纹簋	高27.5cm	86,250	保利厦门	2018-01-08
清光绪 黄釉暗刻云龙纹盘（一对）	直径13.5cm	48,300	中国嘉德	2018-01-13
清光绪 黄釉暗刻云龙纹盘（一对）	直径17.8cm	43,700	中国嘉德	2018-09-19
清光绪 柠檬黄釉碗（一对）	直径14.4cm	97,750	北京中汉	2018-11-21
清光绪 黄釉暗刻云龙纹碗	直径16cm	32,200	中国嘉德	2018-05-18
清光绪 黄釉碗	直径16cm	28,750	北京保利	2018-04-29
清光绪 黄釉碗	直径14.7cm	25,300	北京翰海	2018-06-30
光绪 黄釉暗刻二龙赶珠纹碗（一对）	直径12.5cm	23,000	广东衡益	2018-07-01
清光绪 黄釉暗刻兰菊花卉纹花盆连盆托	直径17cm	236,661	中国嘉德	2018-10-02
19世纪 淡黄釉雕瓷梅花纹香插	11.7cm	64,680	伦敦苏富比	2018-05-18
清光绪 黄釉模印龟甲纹三足铏	高16.8cm	379,500	北京中汉	2018-06-19
19世纪 黄釉雕瓷水丞	直径10cm	47,731	中国嘉德	2018-04-02
清宣统 黄釉暗刻云龙纹盘	直径18.7cm	25,300	中国嘉德	2018-09-19
清宣统 黄釉碗	高17cm；直径37.5cm	207,000	广东崇正	2018-07-05
清晚期 黄釉雕瓷龙纹印盒	宽9.7cm	25,300	中国嘉德	2018-06-18
清晚期 黄釉雕瓷瑞果纹四方倭角水丞	长7.2cm	28,750	中国嘉德	2018-05-19
清 黄釉梅瓶	高21cm	23,000	华艺国际	2018-03-30
清 黄釉簋	宽29cm	63,250	北京保利	2018-12-09
清 柠檬黄釉小盘	直径8.9cm	92,000	中国嘉德	2018-09-20
清 黄釉暗刻云龙纹盘	直径17.5cm	43,700	中国嘉德	2018-01-13
清 柠檬黄釉盘	直径14.8cm	23,000	北京保利	2018-07-27
清 黄釉杯	高5.5cm	34,500	太平洋	2018-06-09
清 黄釉卷草纹元宝形茶托（五个）	长12.5cm	32,200	北京东正	2018-06-17

拍品名称	物品尺寸	成交价RMB	拍卖公司	拍卖日期
蓝 釉				
唐 蓝釉三足小罐	高5cm	95,190	纽约佳士得	2018-03-20
宋 钧窑紫斑天蓝釉碗	直径14.4cm	116,928	万昌斯	2018-05-30
金/元 钧窯天蓝釉洗	直径22cm	40,250	北京中汉	2018-04-15
元末明初 孔雀蓝釉下青花渔藻纹钵	口径14cm；高4.5cm	58,464	智得拍卖	2018-05-28
明永乐/宣德 霁蓝釉高足碗	直径14.9×高10.7cm	230,000	北京诚轩	2018-06-17
明宣德 孔雀蓝釉弦纹三足炉	直径14.7cm；高14cm	1,495,000	北京匡时	2018-06-15
明嘉靖 蓝釉杏圆玉壶春执壶	高23.4cm	40,250	中国嘉德	2018-09-20
明嘉靖 祭蓝罐	高31cm	34,500	北京翰海	2018-09-16
明万历 蓝釉模印鱼纹盖罐	高25cm	36,800	北京保利	2018-10-28
17世纪 蓝釉卧足盘		598,675	纽约苏富比	2018-09-12
明中晚期 霁蓝釉大梅瓶	高35.8cm	172,500	北京中汉	2018-09-21
明 祭蓝釉蒜头瓶	高37cm	25,300	太平洋	2018-06-09
明 蓝釉暗刻云龙纹瓜棱罐	直径29.5cm	23,000	中国嘉德	2018-05-19
明 欧窑仿钧天蓝釉钵式洗	直径22cm	57,500	保利厦门	2018-07-15
明、清 孔雀蓝釉瓷器（四件）	尺寸不一	20,700	中国嘉德	2018-09-19
18世纪 孔雀蓝釉葫芦瓶		30,144	纽约苏富比	2018-03-20
18世纪 蓝釉盘		79,325	纽约苏富比	2018-03-21
清康熙 天蓝釉柳叶瓶	高16cm	1,610,000	北京匡时	2018-12-05
清康熙 天蓝釉菊瓣瓶	高21cm	690,000	北京匡时	2018-12-05
清康熙 洒蓝棒槌瓶	高47.5cm	25,300	北京保利	2018-10-27
清康熙 洒蓝釉棒槌瓶	高45cm	23,000	中国嘉德	2018-09-20
清康熙 天蓝釉苹果尊	直径10.2cm	4,370,000	北京保利	2018-06-19
清康熙 天蓝釉苹果尊	宽10.4cm	690,000	北京保利	2018-06-20
清康熙 天蓝釉苹果尊	直径7.5cm	526,988	香港诚昌	2018-05-28
清康熙 洒蓝釉观音尊		119,735	纽约苏富比	2018-09-15
清康熙 天蓝釉百条罐	直径18cm	920,000	北京匡时	2018-12-05
清康熙 洒蓝釉开光花鸟博古图罐	高25cm	28,750	中国嘉德	2018-09-19
清康熙 祭蓝釉碗	直径10cm	23,000	北京匡时	2018-06-15
清康熙 天蓝釉百条缸	直径29.5cm	310,450	佳士得	2018-11-28
清康熙 霁蓝釉觚式笔海	直径25cm；高28cm	690,000	中贸圣佳	2018-11-24
清康熙 蓝釉暗刻缠枝牡丹纹笔筒	13.5cm	40,964	伦敦苏富比	2018-05-18
清康熙 天蓝釉镗锣洗	宽11.5cm	3,795,000	北京保利	2018-12-08
清康熙 天蓝釉镗锣洗	直径12cm；高3.8cm	862,500	北京保利	2018-06-19
清康熙 天蓝釉洗	直径12.5cm	97,750	广东崇正	2018-07-05
清康熙 天蓝釉镗锣洗	直径8.3cm；高3.5cm	80,500	北京匡时	2018-06-15
清康熙 黄釉碗一对及孔雀蓝釉碗（一组三件）	一对盘：19cm	30,184	伦敦苏富比	2018-05-18
清雍正 宝石蓝釉弦纹直颈塔式瓶	高27.3cm	4,709,970	香港中汉	2018-11-29
清雍正 天蓝釉天球瓶	高33cm	1,092,500	保利厦门	2018-01-08
清雍正 天蓝釉长颈瓶	高15.3cm	782,788	保利香港	2018-04-02
清雍正 蓝釉大天球瓶	高65cm	391,000	中国嘉德	2018-09-19
清雍正 蓝釉玉壶春瓶		158,650	纽约苏富比	2018-03-21
清雍正 宜兴窑天蓝釉贯耳瓶	高30.5cm	115,000	博美拍卖	2018-01-05
清雍正 蓝釉堆白鱼藻纹盉式盖碗（一对）	直径17.5cm	7,590,000	中国嘉德	2018-06-18
清雍正 天蓝釉盘（一对）	直径13.2cm	690,000	北京保利	2018-06-20
清雍正 天蓝釉盘（一对）	高2.5cm；口径8.5cm	287,500	西泠拍卖	2018-07-08
清雍正 宝石蓝釉小盘	直径11.4cm	195,500	北京保利	2018-06-20
清雍正 宝石蓝釉盘	直径16.3cm	161,000	北京保利	2018-06-20
清雍正 天蓝釉捏塑仿生果盘	直径15.7cm	86,234	香港中汉	2018-05-31
清雍正 宝石蓝釉大碗	直径18.7cm	345,000	北京保利	2018-06-20
清雍正 蓝釉高足碗	直径18cm	105,800	中国嘉德	2018-05-18
清雍正 天蓝釉碗	直径11cm	103,500	保利厦门	2018-01-08
清雍正 祭蓝釉碗	直径13.5cm	25,300	华艺国际	2018-11-17
清雍正 霁蓝釉小杯	直径5.2cm	308,688	中国嘉德	2018-10-02

2018瓷器拍卖成交汇总

(成交价RMB：2万元以上)

拍品名称	物品尺寸	成交价RMB	拍卖公司	拍卖日期
清雍正 天蓝釉弦纹小花盆	直径13.2cm	149,500	中国嘉德	2018-06-18
清雍正 宝石蓝釉花囊	高15.9cm	5,520,000	中贸圣佳	2018-11-24
清雍正 霁蓝釉水丞	直径6cm	659,750	佳士得	2018-05-30
清雍正 孔雀蓝釉碗一对及茄皮紫釉折腰碗（一组三件）	一对孔雀蓝釉器：16.5cm	30,184	伦敦苏富比	2018-05-18
清乾隆 天蓝釉观音瓶	高27.5cm	6,440,000	保利厦门	2018-07-15
清乾隆 霁蓝釉长颈胆瓶	46.5cm	4,290,240	香港苏富比	2018-10-03
清乾隆 蓝釉开光花鸟纹玉壶春瓶	高19cm	920,000	深圳至正国际	2018-08-25
清乾隆 霁蓝釉天球瓶	高50cm	437,000	北京荣宝	2018-12-03
清乾隆 祭蓝釉玉壶春瓶	高23.4cm	345,000	北京保利	2018-12-09
清乾隆 天蓝釉沥粉福寿纹螭耳瓶	高32.4cm	188,155	纽约佳士得	2018-09-13
清乾隆 孔雀蓝釉梅瓶	高27cm	172,500	西泠拍卖	2018-07-08
清乾隆 蓝釉长颈瓶		145,393	纽约苏富比	2018-09-12
清乾隆 蓝釉天球瓶	高47.5cm	82,800	中国嘉德	2018-09-20
清乾隆 霁蓝釉长颈大胆瓶	高51.5cm	57,500	北京中汉	2018-04-15
清乾隆 蓝釉螭耳大瓶	高49.5cm	46,000	中国嘉德	2018-01-13
清乾隆 蓝釉锥把瓶	高41cm	32,200	北京保利	2018-04-29
清乾隆 孔雀蓝釉灯笼尊	高23.5cm	1,319,500	佳士得	2018-05-30
清乾隆 霁蓝釉锥拱云龙纹活环双耳盘口尊	高36.8cm	632,500	中贸圣佳	2018-11-24
清乾隆 天蓝釉石榴尊	宽12.5cm	514,480	中国嘉德	2018-10-02
乾隆 蓝釉摇铃尊	高16.8cm	23,000	广东衡益	2018-07-01
清乾隆 霁蓝釉鹦鹉耳扁壶	高32.5cm	6,407,280	香港苏富比	2018-04-03
清乾隆 祭蓝印花云纹豆	高27.5cm	230,000	北京荣宝	2018-06-14
清乾隆 孔雀蓝釉仿古环耳盖豆	高19cm	69,000	保利厦门	2018-01-08
清乾隆 霁蓝釉豆	高17.7cm	23,000	北京中汉	2018-04-15
清乾隆 霁蓝釉斗笠碗（一对）	直径8cm×2	65,550	北京荣宝	2018-12-03
清乾隆 霁蓝釉盘（一对）	直径16.2cm	381,848	保利香港	2018-04-02
清乾隆 霁蓝釉盘	直径16.3cm	34,500	北京翰海	2018-06-30
清乾隆 霁蓝釉盘	直径16.3cm	32,200	北京翰海	2018-06-30
乾隆 霁蓝釉盘	直径16.1cm	32,200	广东衡益	2018-07-01
清乾隆 霁蓝釉盘	直径20.6cm	28,750	北京中汉	2018-06-19
清乾隆 蓝釉盘（一对）		25,658	纽约苏富比	2018-09-15
清乾隆 霁蓝釉盘	直径16cm	25,300	北京荣宝	2018-12-03
清乾隆 霁蓝釉盘	直径20.7cm；高3.7cm	20,700	中贸圣佳	2018-11-25
清乾隆 蓝釉碗	直径15cm	437,000	北京保利	2018-12-08
清乾隆 霁蓝釉碗（一对）	直径14.6cm×2	172,500	北京荣宝	2018-12-03
清乾隆 霁蓝釉碗	直径14.8cm	28,750	北京翰海	2018-06-30
清乾隆 霁蓝釉小杯（一对）	直径8.5cm	184,000	北京中汉	2018-11-21
清乾隆 霁蓝釉杯（一对）	直径6.3cm	57,500	北京华辰	2018-11-19
清乾隆 祭蓝釉杯（一对）	直径6.3cm	46,000	北京保利	2018-07-27
清乾隆 蓝釉瓜棱水盂	高8.5cm	195,500	华艺国际	2018-11-16
清中期 宝石蓝釉方瓶	高32cm	38,185	香港诚昌	2018-04-02
清中期 蓝釉橄榄瓶	高30.7cm	20,700	中国嘉德	2018-05-19
清中期 天蓝釉胭脂红“缠枝花卉”纹花觚	高31.5cm	107,184	万昌斯	2018-05-30
清嘉庆 霁蓝釉印花簋	高18.5cm	172,500	西泠拍卖	2018-07-08
清嘉庆 祭蓝釉碗	直径18cm	57,500	中国嘉德	2018-06-18
清中期 蓝釉雕瓷仿剔红锦地团寿字盖碗	直径11.9cm	23,000	中国嘉德	2018-09-19
清嘉庆 天蓝釉双耳洗	直径7.8cm；高4.8cm	207,000	北京匡时	2018-06-15
清中期 天蓝釉凸花梅花纹水丞	直径8.2cm	25,300	中国嘉德	2018-09-19
清道光 霁蓝釉象耳琮式瓶	高29.3cm	140,300	北京诚轩	2018-06-17
清道光 霁蓝釉象耳方瓶	高30cm	51,750	保利厦门	2018-07-15
清道光 霁蓝釉象耳琮式瓶	高28.7cm	48,300	北京中汉	2018-09-21
清道光 天蓝釉模印折枝花卉纹石榴尊	高9cm	34,500	北京匡时	2018-12-05
清道光 蓝釉盘（一对）	直径16.5cm	48,300	中国嘉德	2018-05-18
清道光 霁蓝釉盘	直径16.2cm	20,700	博美拍卖	2018-01-06
清道光 蓝釉碗	直径14.9cm	253,000	北京保利	2018-12-08
清道光 祭蓝釉碗（一对）	直径18cm；直径17.8cm	115,000	中国嘉德	2018-06-18
清道光 蓝釉碗	直径14.5cm	28,750	中国嘉德	2018-09-19
清道光 霁蓝釉碗	直径14.8cm	20,700	北京翰海	2018-06-30
清道光 蓝釉碗	直径14.4cm	20,700	中国嘉德	2018-05-19
清道光 天蓝釉弦纹洗	直径13.6cm	23,000	太平洋	2018-11-22
清道光 蓝釉水丞	直径9cm	23,000	华艺国际	2018-11-17
清同治 宝石蓝釉玉壶春瓶（一对）	直径18.5cm；高29.6cm	575,000	中贸圣佳	2018-11-24
19世纪 蓝釉梅瓶		111,055	纽约苏富比	2018-03-24
清光绪 霁蓝釉象耳方瓶	高29.5cm	80,500	北京保利	2018-06-21
清光绪 祭蓝象耳方瓶	高29cm	80,500	北京翰海	2018-09-16
清光绪 祭蓝釉象耳瓶	高29.3cm	74,750	中国嘉德	2018-11-20
19世纪 孔雀蓝釉抱月瓶		71,393	纽约苏富比	2018-03-24
清光绪 祭蓝釉象耳方瓶	高30cm	69,000	北京保利	2018-06-21
清光绪 霁蓝釉象耳瓶	高27cm	57,500	北京荣宝	2018-12-03
清光绪 蓝釉象耳方瓶	高29.7cm	57,500	中国嘉德	2018-01-13
清光绪 蓝釉象耳方瓶	高29.5cm	48,300	中国嘉德	2018-05-18
清光绪 霁蓝釉象耳方瓶	高29cm	43,700	北京翰海	2018-06-30
清光绪 霁蓝釉象耳方瓶	高29.5cm	41,400	北京翰海	2018-06-30
清光绪 蓝釉象耳方瓶	高30.4cm	34,500	西泠拍卖	2018-09-29
清光绪 蓝釉赏瓶	高39cm	34,500	中国嘉德	2018-05-19
清光绪 天蓝釉双兽耳尊	高28cm	20,700	北京保利	2018-04-29
清光绪 洒蓝釉大盘	直径28.5cm	34,500	北京保利	2018-06-21
清光绪 蓝釉大盘	直径20.5cm	25,300	中国嘉德	2018-05-18
清光绪 蓝釉小盘（一对）	直径10.3cm	23,000	中国嘉德	2018-05-18
清光绪 祭蓝釉大碗（一对）	直径20.5cm	69,000	北京保利	2018-12-09
清光绪 祭蓝釉大碗（一对）	直径20cm	69,000	北京保利	2018-12-09
清光绪 霁蓝釉碗	直径15cm	26,450	北京翰海	2018-06-30
清晚期 天蓝釉小长颈瓶	高10.8cm	20,700	中国嘉德	2018-01-13
清晚期 天蓝釉胭脂红云龙纹铺首尊	高26cm	20,700	中国嘉德	2018-05-19
清宣统 天蓝釉把杯及盏托（四套）	直径12.7cm；杯子直径7.5cm	33,412	保利香港	2018-04-02
清晚期 蓝釉大花盆（三件）	直径36cm	101,200	中国嘉德	2018-09-19
清 霁蓝釉梅瓶	高36.2cm	138,000	北京翰海	2018-06-30
清代 天蓝釉盂口瓶	高33cm	103,500	南京经典	2018-07-22
清代 蓝釉四方八卦纹琮式瓶	高28cm	65,550	南京经典	2018-01-06
清 蓝釉玉壶春瓶	高34.5cm	48,300	广东衡益	2018-07-01
清 天蓝釉柳叶瓶	高15.5cm	40,250	中国嘉德	2018-09-19
清 蓝釉双耳瓶（一对）	高63cm	25,300	华艺国际	2018-03-30
清中晚期 孔雀蓝长颈瓶	高76cm	21,850	凤凰拍卖	2018-01-21
清 祭蓝釉兽耳尊	高25cm	28,750	北京保利	2018-04-30
清 宜兴窑天蓝釉铺首尊	高10.1cm	23,000	博美拍卖	2018-01-06
清 天蓝釉双耳尊	高27.8cm	23,000	中国嘉德	2018-06-18
清 天蓝釉菊瓣型茶壶	宽20.5cm	154,344	中国嘉德	2018-10-02
清 天蓝釉碗（一对）	直径15.5cm	34,500	中国嘉德	2018-01-13
清 孔雀蓝釉碗	直径19.5cm	29,900	太平洋	2018-11-22
清 天蓝釉四方水仙盆（一对）	长25cm	23,520	北京适珍	2018-01-07
清代 蓝釉雕瓷龙形笔架	长8.2cm	71,300	古天一	2018-12-08
清代 天蓝釉水洗	长25.6cm；宽16.1cm	25,300	中贸圣佳	2018-11-25
清道光 蓝釉莲蓬印盒	宽7cm	69,000	北京保利	2018-06-21
民国 天蓝釉螭耳瓶	高33cm	23,000	中国嘉德	2018-01-13
民国 天蓝釉螭耳尊	高35.5cm	36,800	中国嘉德	2018-05-19
民国 天蓝釉小铺首尊	高16.1cm	20,700	中国嘉德	2018-01-13
霁蓝釉天球瓶	高42cm；口径8.8cm	57,500	未来四方	2018-01-20
清十八世纪 孔雀蓝釉桃形笔掭	17cm	25,872	伦敦蘇富比	2018-05-18
绿釉				
汉 琥珀绿釉盖壶	高42.5cm	59,494	纽约佳士得	2018-03-20
汉 绿釉双耳壶	高43cm	30,144	纽约佳士得	2018-03-20

拍品名称	物品尺寸	成交价RMB	拍卖公司	拍卖日期
汉代 绿釉盘口罐	口径13cm；高30cm	21,437	智得拍卖	2018-05-28
汉 绿釉博山盖神兽纹樽	高24.1cm	20,625	纽约佳士得	2018-03-20
汉 绿釉博山盖神兽纹樽	高29.2cm	20,625	纽约佳士得	2018-03-20
北齐 绿釉贴花大罐	高57.5cm	237,975	纽约佳士得	2018-03-20
唐 绿釉模印猴戏图扁壶	高15.2cm	136,840	纽约佳士得	2018-09-13
唐 绿釉盖罐	高20.5cm	82,317	中国嘉德	2018-10-02
唐 绿釉弦纹奁炉	高9cm	94,078	纽约佳士得	2018-09-13
五代 绿釉印花卷草八棱香盒	高4.5cm；宽6cm	92,606	保利香港	2018-10-02
北宋 褐绿釉凤首执壶	高30.5cm	20,526	纽约佳士得	2018-09-13
南宋 阿弥陀佛铭吉州窑绿釉三足炉	高9.2cm；直径13cm	120,750	西泠拍卖	2018-07-08
辽 绿釉贴花倒流壶	高12cm	87,200	佳士得	2018-10-04
辽 绿釉刻花枕	长17.5cm	54,500	佳士得	2018-10-04
辽 绿釉龟形器	高4cm；长：13.8cm	23,000	西泠拍卖	2018-07-08
明 河南绿钧胆瓶	高28.5cm	345,000	北京荣宝	2018-12-03
明晚期 瓜绿釉碗	直径17.6cm	161,000	北京保利	2018-12-08
18世纪 绿釉小梅瓶（一对）		79,325	纽约苏富比	2018-03-24
清康熙 郎绿釉钵式香炉	宽12.5cm	34,500	北京保利	2018-06-21
清康熙 孔雀绿釉斗笠碗	直径21cm	20,700	华艺国际	2018-03-30
清康熙 绿釉暗刻龙纹小碟（一对）	直径13.3cm	69,000	中贸圣佳	2018-11-24
清康熙 绿釉模印四季花卉纹笔筒	直径11.5cm	23,000	北京中汉	2018-04-15
清康熙 绿釉树叶形笔舔	长13.7cm	28,750	北京匡时	2018-12-05
清康熙-雍正 瓜皮绿釉印盒	直径9.2cm	43,700	中国嘉德	2018-05-18
清康熙 松石绿釉六足座	直径24.8cm	33,317	纽约佳士得	2018-03-20
清康熙 孔雀绿釉兽足长方几	长14.5cm	23,000	中国嘉德	2018-09-19
清康熙或以后 松石绿釉瓷器（五件）	高14.5cm	19,038	纽约佳士得	2018-03-20
清雍正 瓜皮绿釉玉壶春瓶	高26.8cm	230,000	中国嘉德	2018-09-19
清雍正 翠绿釉捏塑荷叶包袱瓶	高26.6cm	34,500	中贸圣佳	2018-11-24
清雍正 绿釉小罐	高12cm	24,150	华艺国际	2018-03-30
清雍正 孔雀绿釉如意足棱口洗	宽23cm	282,576	香港诚昌	2018-05-30
清雍正 松石绿釉菊瓣纹盘	直径18.2cm	2,415,000	北京东正	2018-06-17
清雍正 瓜皮绿釉暗刻八宝纹大盘	直径20.8cm	55,200	中国嘉德	2018-05-19
清雍正 秋葵绿釉花口茶碗	直径9.5cm	2,300,000	华艺国际	2018-11-16
清雍正 瓜绿釉莲托八宝纹高足碗	直径18.4cm	897,000	北京保利	2018-12-08
清雍正 淡松石绿釉菱花纹撇口浅碗	直径14cm	575,000	保利厦门	2018-01-08
清雍正 松石绿釉杯子(一对)	直径7.3cm	920,000	北京华辰	2018-11-19
清雍正 湖水绿釉小杯	直径7.4cm	287,500	北京保利	2018-06-20
清雍正 松石绿釉盖盒	直径19.3cm	2,300,000	北京保利	2018-12-08
清乾隆 苹果绿釉荸荠瓶	高18.8cm	1,380,000	博美拍卖	2018-01-05
18世纪早期 孔雀绿釉葫芦瓶	高23.7cm	114,554	保利香港	2018-04-02
清乾隆 孔雀绿釉小抱月瓶	高24.3cm	40,250	中国嘉德	2018-09-19
清乾隆 鱼子绿釉石榴尊	高18cm	149,500	北京匡时	2018-06-15
清乾隆 绿釉小盘		119,735	纽约苏富比	2018-09-12
清乾隆 淡绿釉小碗	直径12cm	102,896	中国嘉德	2018-10-02
清乾隆 瓜皮绿釉暗刻云龙纹碗	直径13cm	57,500	北京保利	2018-07-27
清乾隆 秋葵绿釉茶圆	直径11.2cm	2,300,000	北京荣宝	2018-12-03
清嘉庆 孔雀绿釉暗刻缠枝莲纹赏瓶	高28.7cm	34,500	中国嘉德	2018-09-19
清嘉庆 绿釉云龙纹带盖执壶	直径24cm	184,000	深圳至正国际	2018-08-25
清中期 孔雀绿釉雕瓷鸭	13×14×10cm	23,000	中国嘉德	2018-06-18
18世纪/19世纪 孔雀绿釉凤纹瓶	高21.3cm	38,486	纽约佳士得	2018-09-13
清道光 李裕成制淡绿釉雕瓷竹菊草虫图小花觚	高15.8cm	103,500	北京诚轩	2018-06-17

拍品名称	物品尺寸	成交价RMB	拍卖公司	拍卖日期
清道光 绿釉红彩福寿盘	直径13.4cm	20,700	北京翰海	2018-06-30
清道光 淡绿釉雕瓷山水人物盖盒	8×8×5.5cm	57,500	北京匡时	2018-12-05
19世纪 绿釉花觚及绿釉三足炉		23,798	纽约苏富比	2018-03-20
19世纪 雕瓷龙纹如意	长51cm	51,448	中国嘉德	2018-10-02
清光绪 秋葵绿釉碗	直径14.7cm	23,000	北京中汉	2018-11-21
清光绪 吹绿釉暗刻龙纹碗	高6.2cm；直径13.5cm	23,000	广东崇正	2018-07-05
清光绪 绿釉暗刻云龙纹碗	直径15.5cm	23,000	中国嘉德	2018-09-19
清光绪 绿釉碗	16cm	34,496	伦敦苏富比	2018-05-18
清晚期 仿青铜绿釉尊	高28cm	40,250	北京中汉	2018-09-21
清晚期 孔雀绿釉十八罗汉像	尺寸不一	36,800	中国嘉德	2018-05-18
清晚期 张勉诒作淡绿釉雕瓷“当朝一品”水丞	直径8cm	34,500	中国嘉德	2018-05-18
清 孔雀绿釉盘龙大地瓶	高78cm	29,120	北京适珍	2018-01-07
清 绿釉长颈瓶		25,658	纽约苏富比	2018-09-15
清 绿釉长颈瓶	高30cm	25,300	北京保利	2018-04-30
清 孔雀绿釉胆瓶（一对）	高31.5cm	25,300	中国嘉德	2018-05-19
清代 郎窑绿釉荸荠瓶	高16.2cm	23,000	中贸圣佳	2018-11-25
清 绿釉太白尊	高9cm	57,500	北京荣宝	2018-12-03
清 孔雀绿釉瓜棱橄榄尊（一对）	高33.5cm	28,750	中国嘉德	2018-01-13
清 孔雀绿釉花觚	高36.8cm	51,448	中国嘉德	2018-10-02
清 绿釉玉壶春	高28cm	63,250	北京荣宝	2018-06-14
清 松石绿釉雕瓷豆	高19.5cm	81,650	中国嘉德	2018-06-18
清 松石绿釉菊瓣盘	直径17.2cm	57,500	北京保利	2018-07-27
清 孔雀绿釉花盆（一对）	直径23.5cm	25,300	中国嘉德	2018-09-20
清 孔雀绿釉荷叶式洗	C:22cm B:16cm 高3cm	3,220,000	比斯特	2018-08-30
清-民国 孔雀绿釉瓷器（八件）	尺寸不一	34,500	中国嘉德	2018-05-18
孔雀绿釉荷叶式洗	高:5.6cm 直径:19.8cm	4,444,290	台湾上之角	2018-11-26
金 釉				
清雍正 金釉盘	18.7cm	1,820,250	香港苏富比	2018-04-03
清雍正 金釉碗	直径11.2cm	8,050,000	中国嘉德	2018-06-18
清 金釉加彩法轮	高27.5cm	48,300	太平洋	2018-11-22
酱 釉				
唐 长沙窑酱釉双鱼壶	高25cm；通径15cm	138,000	西泠拍卖	2018-07-08
北宋 当阳山谷窑酱釉盏托连盏	直径13.4cm	66,823	中国嘉德	2018-04-02
南宋 建窑紫金釉盏	高5cm；口直径12.5cm	172,500	浙江佳宝	2018-07-01
宋/金 耀州窑酱釉梅瓶	口径6cm；高21cm	633,360	智得拍卖	2018-05-28
宋 酱釉五龙管瓶	高20.5cm	57,500	西泠拍卖	2018-07-08
紫定撇口盏	直径12.1cm；高5.4cm	207,000	中贸圣佳	2018-11-24
宋 建窑酱釉撇口盏	直径13cm	18,521	中国嘉德	2018-10-02
金 定窑柿釉印游鱼花卉纹碗	直径16.5cm	609,000	佳士得	2018-05-30
元/明 酱釉小口瓶		253,840	纽约苏富比	2018-03-24
元 柿釉盏托	直径11.6cm	460,000	北京保利	2018-12-08
元 紫定盘	直径15.2cm	345,000	中国嘉德	2018-06-18
明嘉靖 酱釉双耳炉	宽22cm	34,500	北京保利	2018-04-30
清康熙 紫金釉碗	12.3cm	960,688	香港苏富比	2018-04-03
清雍正 紫金釉水丞	直径12.5cm	86,250	北京保利	2018-07-27
清乾隆 紫金釉菊瓣瓶	高9cm	460,000	华艺国际	2018-11-16
清乾隆 酱釉观音坐像	高45.5cm	345,000	北京翰海	2018-06-30
清乾隆 紫金釉碗	直径11.5cm	411,584	保利香港	2018-10-02
清乾隆 酱釉弦纹浅碗	16.9cm	130,800	香港苏富比	2018-10-03
清中期 紫金釉花觚	高32.6cm	23,000	中国嘉德	2018-01-13
清道光 紫金釉碗（一对）	直径11.3cm；高6.2cm	34,500	中贸圣佳	2018-11-24
清同治 紫金釉模印如意云头碗	直径17.5cm	32,200	太平洋	2018-11-22
清光绪 紫金釉如意云头碗	直径17.6cm	36,800	中国嘉德	2018-06-18

2018瓷器拍卖成交汇总

(成交价RMB：2万元以上)

拍品名称	物品尺寸	成交价RMB	拍卖公司	拍卖日期
清光绪 紫金釉碗（一对）	直径12.5cm	36,800	北京保利	2018-06-21
清光绪 紫金釉碗	直径12cm	25,300	北京保利	2018-10-27
清 酱釉龙纹开光碗	径40cm	43,700	印千山	2018-01-12
清 酱釉碗两只	直径17.2cm；直径16.3cm	25,300	中国嘉德	2018-09-20
清 紫金釉碗	直径13cm	24,640	北京适珍	2018-01-07
清 酱釉仿生葫芦	高18.5cm	40,250	中国嘉德	2018-09-19
铁锈釉				
元 当阳裕铁锈花斗笠盏	直径12cm	80,500	北京保利	2018-06-21
明以前 磁州窑铁锈花纹梅瓶	高25cm	28,750	广东崇正	2018-07-05
明 山西铁锈花罐	高22cm；直径29cm	34,500	北京荣宝	2018-12-03
18世纪 铁锈花釉朝天耳三足炉		17,452	纽约苏富比	2018-03-24
清雍正 铁锈花釉盘	直径20.5cm	172,500	北京诚轩	2018-06-17
18世纪/19世纪 铁锈花釉贯耳壶		47,039	纽约苏富比	2018-09-15
窑变釉				
元 窑变花釉盏（四只）	直径12cm×4	172,500	北京荣宝	2018-12-03
清雍正 窑变釉抱月瓶	高34cm	2,436,000	香港诚昌	2018-05-30
清雍正 窑变釉玉壶春瓶	高25cm	460,000	北京华辰	2018-11-19
清雍正 窑变釉三联尊	高34cm	816,500	北京保利	2018-12-08
清雍正 窑变釉三足洗	直径20.6cm	1,380,000	北京荣宝	2018-06-14
清雍正 窑变釉六方座（一对）	直径20cm	23,000	太平洋	2018-06-09
清乾隆 窑变釉蝴蝶耳大瓶	高43cm	2,030,000	佳士得	2018-05-30
清乾隆 窑变釉撇口荸荠瓶	高21.5cm	1,766,047	保利香港	2018-04-02
清乾隆 窑变釉双耳瓶		1,031,225	纽约苏富比	2018-03-21
清乾隆 窑变釉玉壶春瓶	高22cm	575,000	上海匡时	2018-04-30
清乾隆 窑变釉三联瓶		513,150	纽约苏富比	2018-09-12
清乾隆 窑变釉贯耳方瓶	高30.5cm	299,000	北京保利	2018-06-21
清乾隆 窑变釉双耳瓶	高21.8cm	118,330	保利香港	2018-10-02
清乾隆 窑变釉梅瓶	高16.5cm	94,300	太平洋	2018-11-22
清乾隆 窑变釉大胆瓶	高51cm	71,300	中国嘉德	2018-09-20
清乾隆 窑变釉长颈瓶	高45cm（连座）	63,250	北京匡时	2018-06-15
清乾隆 窑变釉胆瓶	高43.5cm	57,500	华艺国际	2018-11-17
清乾隆 窑变釉杏园贯耳瓶	高31cm	57,500	上海匡时	2018-04-30
清乾隆 窑变釉小梅瓶	高17.8cm	48,300	中贸圣佳	2018-11-25
清乾隆 窑变釉象耳衔环瓶	高34.3cm	36,800	中国嘉德	2018-05-18
清乾隆 窑变釉双鱼瓶连木座	高26cm	36,410	香港诚昌	2018-05-28
清乾隆 窑变釉杏圆小贯耳瓶	高20.6cm	34,500	北京中汉	2018-11-21
清乾隆 窑变釉蒜头瓶	高36.5cm	32,200	中国嘉德	2018-01-13
清乾隆 窑变釉大瓶	高57.2cm	32,200	中国嘉德	2018-09-20
清乾隆 窑变釉象耳大瓶	高57cm	28,750	中国嘉德	2018-09-20
清乾隆 窑变釉玉壶春瓶	高29cm	20,700	中国嘉德	2018-05-18
清乾隆 窑变釉仿古弦纹双耳罍式尊	高34cm	5,060,000	北京保利	2018-06-19
清乾隆 窑变釉双耳盖碗尊	高21.7cm	1,495,000	北京保利	2018-06-20
清乾隆 窑变釉石榴尊	高19.3cm	1,193,275	保利香港	2018-04-02
清乾隆 窑变釉石榴尊	高19.2cm	552,000	博美拍卖	2018-01-05
清乾隆 窑变釉石榴尊	高19cm	552,000	华艺国际	2018-05-23
清乾隆 窑变釉双耳尊		256,575	纽约苏富比	2018-09-12
清乾隆 窑变釉盖碗尊	高22.5cm	172,500	北京翰海	2018-06-30
清乾隆 窑变釉尊	高18.7cm	92,000	中贸圣佳	2018-11-25
清乾隆 窑变釉弦纹尊	高42cm	25,300	中国嘉德	2018-05-19
清乾隆 窑变釉秋海棠式花觚	高26.5cm	1,035,000	保利厦门	2018-07-15
清乾隆 窑变釉海棠形花觚	高26.5cm	327,000	佳士得	2018-10-04
清乾隆 窑变釉海棠形花觚	高26.6cm	103,500	北京中汉	2018-04-15
清乾隆 窑变釉贯耳方壶	30.4cm	204,820	伦敦苏富比	2018-05-16
18世纪 窑变釉双象耳壶	高30.5cm	107,800	伦敦佳士得	2018-05-15
清乾隆 窑变釉太白坛	高33cm	2,070,000	中贸圣佳	2018-06-20
清乾隆 窑变釉如意耳小抱月瓶	高22cm	48,300	中国嘉德	2018-01-13
清乾隆 窑变釉四方倭角小笔筒	高9.8cm	345,000	中国嘉德	2018-01-13
清乾隆 窑变釉达摩人物（一对）	高47cm	690,000	上海匡时	2018-04-30
清乾隆 窑变釉瑞兽香熏	高15.5cm	92,000	中国嘉德	2018-09-19
清乾隆 窑变青蛙（一对）	长18cm	46,000	华艺国际	2018-11-17
清中期 窑变釉瓶（四件）	尺寸不一	48,300	中国嘉德	2018-05-18
清中期 窑变釉玉壶春瓶	高42.5cm	46,000	北京匡时	2018-06-15
清中期 窑变釉蒜头梅瓶	高38.5cm	43,700	中国嘉德	2018-05-19
清中期 窑变釉荸荠瓶	高34.5cm	32,200	中国嘉德	2018-01-13
清中期 窑变釉大瓶（两件）	高61cm；高57.5cm	20,700	中国嘉德	2018-05-18
清中期 窑变釉小梅瓶	高15.5cm	20,700	中国嘉德	2018-09-19
清中期 窑变釉凤尾尊	高22.7cm	80,500	北京匡时	2018-12-05
清中期 窑变釉石榴尊	高27.5cm	59,800	北京保利	2018-12-09
清嘉庆 窑变釉贯耳尊	高30.5cm	57,500	北京保利	2018-07-27
清嘉庆 窑变釉贯耳方壶	高30.5cm	118,580	伦敦佳士得	2018-05-15
清中期 窑变釉大卷缸	高38cm；直径39cm	175,392	香港诚昌	2018-05-30
清中期 窑变釉天禄大香熏	高39.2cm	138,000	中贸圣佳	2018-11-24
清道光 窑变釉贯耳瓶	高30.3cm	425,500	北京荣宝	2018-12-03
清道光 窑变釉太白尊	高34cm	276,000	印千山	2018-01-12
清道光 窑变釉石榴尊	高17.8cm	132,250	太平洋	2018-11-22
清道光 窑变釉马蹄尊	高6.7cm	109,250	博美拍卖	2018-01-05
清光绪 窑变釉贯耳瓶（一对）	高30cm	402,427	香港中汉	2018-05-31
清光绪 窑变釉贯耳瓶（一对）	高30cm×2	368,000	保利厦门	2018-07-15
18世纪/19世纪初 窑变釉象耳六方大瓶		237,975	纽约苏富比	2018-03-21
清光绪 窑变釉贯耳瓶	高30.3cm	184,000	北京翰海	2018-06-30
清光绪 窑变釉贯耳瓶	高30.2cm	71,300	北京中汉	2018-04-15
清光绪 窑变釉贯耳瓶	高29.5cm	57,500	华艺国际	2018-11-17
18世纪/19世纪 窑变釉瓶		43,629	纽约苏富比	2018-03-24
清光绪 窑变釉贯耳瓶	高29.8cm	39,100	太平洋	2018-11-22
18世纪/19世纪 窑变釉瓶		38,076	纽约苏富比	2018-03-24
19世纪 窑变釉双耳壶	连底座35.5cm	51,744	伦敦苏富比	2018-05-18
清光绪 窑变釉贯耳方壶		51,561	纽约苏富比	2018-03-24
18世纪/19世纪 窑变釉贯耳方壶		39,663	纽约苏富比	2018-03-20
清 窑变釉梅瓶	高33cm	34,500	博美拍卖	2018-01-06
清 窑变釉贯耳瓶	高36cm	32,200	北京保利	2018-10-28
清 窑变釉双耳瓶	高31cm	23,000	北京保利	2018-10-28
清 窑变釉象耳瓶	高37.2cm	23,000	博美拍卖	2018-01-06
清 窑变釉天球瓶	高38cm	20,160	北京适珍	2018-01-07
清 窑变瓶	高36cm	19,163	香港诚昌	2018-05-28
清 窑变釉双龙耳蒜头瓶	高42.5cm	18,400	博美拍卖	2018-01-06
清 窑变釉三羊尊	高19cm	28,750	中国嘉德	2018-05-19
清道光 窑变釉水丞	直径9.5cm	43,700	中国嘉德	2018-05-19
炉钧釉				
18世纪 宜兴窑炉钧釉汉方壶	高16.3cm	34,500	北京中汉	2018-04-15
清雍正 炉钧釉小梅瓶	高12.7cm	34,500	中国嘉德	2018-06-18
清雍正 炉钧釉铺首耳弦纹尊	高25cm	713,000	北京保利	2018-12-09
清雍正 炉钧釉弦纹小花觚	高16.1cm；直径9.9cm	253,000	中贸圣佳	2018-11-24
清雍正 炉钧釉堆塑福寿纹活环耳把杯	宽12×高8.2cm	207,000	北京诚轩	2018-06-17
清雍正 炉钧釉双耳炉	宽19cm	46,000	北京保利	2018-10-27
清乾隆 炉钧釉灯笼瓶	高23.5cm	1,380,000	北京保利	2018-06-20
清乾隆 炉钧釉灯笼瓶	高23.2cm	690,000	华艺国际	2018-11-16
18世纪 炉钧釉鼓钉纹长颈盘口瓶	高33cm	304,500	佳士得	2018-05-30
清乾隆 炉钧釉灯笼瓶	23.7cm	218,000	香港苏富比	2018-10-03
18世纪 炉钧釉琮式瓶	高29cm	163,500	佳士得	2018-10-04
清乾隆 炉钧釉兽首衔环弦纹小瓶	高11.8cm	138,000	中贸圣佳	2018-11-24
清乾隆 炉钧釉灯笼瓶	高30.1cm	57,500	北京诚轩	2018-06-17
清乾隆 炉钧釉胆瓶	高16.8cm	55,200	中贸圣佳	2018-11-25
清乾隆 炉钧釉瓶	高16.6cm	51,750	中国嘉德	2018-01-13
清乾隆 炉钧釉胆瓶（带座）	高12.5cm	43,700	华艺国际	2018-11-17
乾隆 炉钧釉小瓶	高17.5cm	23,000	广东衡益	2018-07-01
清乾隆 炉均釉菱形出戟尊	高34.5cm	460,000	北京荣宝	2018-06-14

拍品名称	物品尺寸	成交价RMB	拍卖公司	拍卖日期
清乾隆 炉钧釉蝶耳尊	高30.2cm	333,500	北京诚轩	2018-06-17
清乾隆 炉钧釉大花觚	高34cm	36,800	中贸圣佳	2018-06-20
18世纪 炉均釉双兽耳小壶	高9.2cm	70,070	伦敦佳士得	2018-05-15
清乾隆 炉钧釉罐	高15.2cm	103,500	中贸圣佳	2018-11-24
清乾隆 炉钧釉冲耳三足炉	直径15.9cm	286,386	保利香港	2018-04-02
清乾隆 炉钧釉小笔筒	高7.8cm	59,800	北京保利	2018-12-09
清乾隆 炉钧釉笔筒	直径8.6cm；高11cm	46,000	北京匡时	2018-06-15
清乾隆 炉钧釉梨形水注	高15cm	69,000	北京匡时	2018-06-15
清嘉庆 炉钧釉灯笼瓶	高23cm	205,792	中国嘉德	2018-10-02
清中期 宜兴胎炉钧釉大撇口瓶	高47cm	78,200	中贸圣佳	2018-06-20
清嘉庆 炉钧釉灯笼尊		126,920	纽约苏富比	2018-03-24
清中期 炉钧釉直口缸	高24.3cm	596,797	保利香港	2018-10-02
清中期 “世思堂制”款炉钧釉三足朝天耳炉	高8cm	25,300	北京中汉	2018-04-15
清道光 炉钧釉水仙盆	长26cm	23,000	太平洋	2018-11-22
清同治 炉钧釉罐	高19.1cm	37,254	万昌斯	2018-11-29
19世纪 炉钧釉小瓶	高16.8cm	98,100	佳士得	2018-10-04
18世纪/19世纪 宜兴炉钧釉梅瓶		35,921	纽约苏富比	2018-09-15
清光绪 炉钧釉盘	直径18.2cm	25,300	中国嘉德	2018-09-19
清 炉钧釉金彩龙纹抱月瓶	高18cm	74,750	保利厦门	2018-07-15
清 炉钧釉胆瓶	高19.5cm	23,000	博美拍卖	2018-01-05
清代 炉钧釉开光粉彩婴戏图花盆	高15.5cm；直径20cm	24,970	北京雅藏	2018-01-28
清代 炉钧釉如意形印泥盒	长13cm；宽5cm	23,000	南京经典	2018-01-06
清 炉钧釉蝠纹笔筒	高12cm	43,700	北京保利	2018-07-27
仿古铜釉				
18世纪 仿古铜釉双耳瓶	高49.3cm	28,750	华艺国际	2018-11-17
清乾隆 仿古铜釉洒金竹节三足炉	直径10cm	1,058,000	北京保利	2018-06-20
清乾隆 金地描金仿古铜釉乳钉狮钮双耳方炉	高10.5cm；直径7.5cm	715,965	保利香港	2018-04-02
清乾隆 仿洒金古铜釉小炉	宽6cm	345,000	北京保利	2018-12-08
清 仿古铜釉大蒜头尊	高40cm	34,500	北京保利	2018-07-27
清 “雍正年制”款仿古铜釉编钟	高50cm	575,000	中贸圣佳	2018-06-20
清 仿古铜釉雕梅花纹花插	高15cm	23,000	北京匡时	2018-12-05
仿木釉				
18世纪 仿木纹釉碗	直径14cm	31,730	纽约佳士得	2018-03-20
清雍正 洋彩仿花梨木纹釉黄彩篾纹瓷桶	直径39cm	7,130,000	北京保利	2018-12-08
清乾隆 木纹釉花盆（一对）	直径37cm	253,000	北京华辰	2018-11-19
清乾隆 仿石纹釉扳指	直径3cm	23,000	保利厦门	2018-01-08
清 仿木纹釉大缸	直径53cm	28,750	太平洋	2018-11-22
民国 仿木釉夔龙纹笔筒	高10cm	17,250	北京翰海	2018-09-16
仿竹釉				
仿石釉				
清雍正 仿青金石釉水仙盆	直径22.4cm；高5.4cm	69,000	中贸圣佳	2018-11-24
清乾隆 石纹釉诗文梅瓶	高12cm	86,250	北京保利	2018-07-27
清乾隆 仿石纹釉贯耳瓶	高15cm	57,500	北京华辰	2018-11-19
清乾隆 粉青仿石釉花盆	长23.3×宽15.8×高4.8cm	25,300	北京诚轩	2018-06-17
18至19世纪 仿石釉渣斗	宽22.3cm	205,792	中国嘉德	2018-10-02
清 仿石釉荷花碗（两件）	直径12cm	138,000	北京翰海	2018-05-13
清 仿石纹釉诗文笔筒	直径22cm	34,500	太平洋	2018-11-22
茄皮紫釉				
清康熙 茄皮紫釉兽耳香炉	直径16.5cm	33,350	太平洋	2018-06-09
清康熙 茄皮紫釉暗刻龙纹盘	直径25cm	460,000	北京匡时	2018-12-05
清康熙 茄皮紫釉碗	高12.5cm	322,000	北京保利	2018-12-08
清康熙 紫釉杯（四件）		23,798	纽约佳士得	2018-03-20
清雍正 新紫釉弦纹瓶	高21cm	3,220,000	北京保利	2018-12-09
清雍正 茄皮紫釉小杯	直径5cm	46,000	保利厦门	2018-01-08

拍品名称	物品尺寸	成交价RMB	拍卖公司	拍卖日期
清雍正 茄皮紫缠枝石榴纹小碟（一对）	直径11cm	632,500	北京保利	2018-12-08
清乾隆 茄皮紫釉梅瓶	高22.4cm	107,184	万昌斯	2018-05-30
清乾隆 茄皮紫釉天球瓶	高31.4cm	28,750	博美拍卖	2018-01-05
清乾隆 茄皮紫釉仿鼎式模印瑞兽纹出戟双耳熏炉	高24.6cm	34,500	北京中汉	2018-09-21
清乾隆 茄皮紫釉暗刻云龙赶珠纹盘（一对）	直径19.1cm	747,500	北京保利	2018-06-20
清乾隆 茄皮紫釉盘	直径21.1cm	72,027	保利香港	2018-10-02
清乾隆 茄皮紫釉暗刻云龙纹盘	直径19.5cm	57,500	北京匡时	2018-06-15
清乾隆 茄皮紫釉盘	直径21.3cm	57,500	中国嘉德	2018-01-13
清乾隆 茄皮紫釉大碗	直径23.8cm	287,500	北京保利	2018-12-08
清 茄皮紫暗刻花卉双耳方瓶	直径9cm；高29cm	322,000	上海嘉禾	2018-06-25
清 茄皮紫釉暗刻三多纹梅瓶	高29.8cm	37,950	博美拍卖	2018-01-06
清 茄皮紫釉玉壶春瓶	高36.5cm	18,400	北京保利	2018-07-27
清 茄皮紫釉佛塔、素三彩狮子香插各一件	高30.5cm；高19.7cm	89,700	中国嘉德	2018-09-19
清 紫釉碗（两件）	直径14.5cm	34,500	北京翰海	2018-01-14
清 茄皮紫釉小方儿	长23cm；宽16.5cm；高6cm	18,400	广东衡益	2018-07-01
茶叶末釉				
唐 茶叶末釉树叶纹脉枕	长16cm；高8cm	166,140	罗芙奥	2018-06-02
明 茶叶末釉三登尊	高19.5cm	115,000	中国嘉德	2018-09-19
清早期 茶叶末釉葫芦瓶	高12.5cm	17,250	华艺国际	2018-03-30
清雍正 茶叶末釉小葫芦瓶	高20.3cm	1,610,000	北京保利	2018-12-08
清雍正 茶叶末釉四联瓶		396,625	纽约苏富比	2018-03-21
清雍正 茶叶末釉荸荠瓶	高33.4cm	261,665	香港中汉	2018-11-29
清乾隆 厂官釉茶叶末菊棱贯耳瓶	高40.2cm	4,025,000	中贸圣佳	2018-06-20
清乾隆 茶叶末釉双龙耳海棠瓶	高29.5cm	3,220,000	北京匡时	2018-12-05
清乾隆 茶叶末釉贯耳瓶	高24.9cm	3,086,880	保利香港	2018-10-02
清乾隆 厂官釉茶叶末六方贯耳瓶	长21.4cm；宽17cm；高35cm	2,990,000	中贸圣佳	2018-06-20
清乾隆 茶叶末釉描金福寿纹葫芦瓶	高24.7cm	1,725,000	北京匡时	2018-06-15
清乾隆 茶叶末釉荸荠瓶（原配座）	高42.5cm	1,322,500	华艺国际	2018-05-23
清乾隆 茶叶末釉盘口瓶	高18.5cm	1,150,000	北京荣宝	2018-06-14
清乾隆 茶叶末釉小荸荠瓶	高22cm	1,035,000	北京保利	2018-12-08
清乾隆 茶叶末釉荸荠扁瓶	高33cm	1,002,351	保利香港	2018-04-02
清乾隆 茶叶末釉贯耳瓶	高30cm	920,000	北京荣宝	2018-12-03
清乾隆 茶叶末釉贴塑粉彩绘三多纹双耳瓶	高29.5cm	690,000	保利厦门	2018-07-15
清乾隆 茶叶末釉荸荠瓶	带座高36cm；高33.4cm	667,000	西泠拍卖	2018-07-08
清乾隆 茶叶末釉瓶		598,675	纽约苏富比	2018-09-12
清乾隆 茶叶末釉长颈瓶	高32.7cm	586,500	北京中汉	2018-11-21
清乾隆 茶叶末釉荸荠瓶	高32cm	506,000	北京中汉	2018-06-19
清乾隆 茶叶末釉荸荠瓶		475,950	纽约苏富比	2018-03-20
清乾隆 厂官釉梅瓶	高17.1cm	460,000	北京荣宝	2018-06-14
清乾隆 茶叶末釉荠瓶	高21cm	456,750	佳士得	2018-05-30
清乾隆 茶叶末釉荸荠瓶		427,625	纽约苏富比	2018-09-12
清乾隆 茶叶末釉长颈盘口瓶	19cm	242,700	香港苏富比	2018-04-03
清乾隆 茶叶末釉贯耳小瓶	高14.5cm	230,000	北京诚轩	2018-06-17
清乾隆 茶叶末釉扁瓶	高33cm	207,000	北京翰海	2018-06-30
清乾隆 茶叶末釉绶带葫芦扁瓶	高29.5cm	57,277	保利香港	2018-04-02
清乾隆 茶叶末釉摇铃尊	高26.8cm	4,945,000	北京翰海	2018-06-30
清乾隆 茶叶末釉鸠耳尊	高19.5cm	2,875,000	北京东正	2018-06-17
清乾隆 茶叶末釉鸠耳尊	高20.5cm	1,610,000	华艺国际	2018-05-23
清乾隆 茶叶末釉鸠耳小尊	高19.5cm	1,380,000	保利厦门	2018-07-15
清乾隆 茶叶末釉铺首耳小方壶		42,763	纽约苏富比	2018-09-12
清乾隆 茶叶末釉三兽足天盘口折沿洗	直径21.2cm	1,149,792	香港中汉	2018-05-31

2018瓷器拍卖成交汇总

(成交价RMB：2万元以上)

拍品名称	物品尺寸	成交价RMB	拍卖公司	拍卖日期
清乾隆 茶叶末釉盆	直径35cm	23,000	北京保利	2018-07-27
清乾隆 茶叶末釉缸	直径20cm	599,500	佳士得	2018-10-04
清中期 茶叶末釉鱼篓尊	高20cm	25,300	太平洋	2018-06-09
清中期 绞胎加茶叶末釉镂空开光山水纹笔筒	直径12.7cm；高11.1cm	23,000	中贸圣佳	2018-11-25
清中期 茶叶末釉辟邪形水滴	长8cm	184,000	古天一	2018-06-17
清道光 茶叶末釉扁瓶	高32.6cm	575,000	北京翰海	2018-06-30
清道光 茶叶末釉荸荠瓶		205,260	纽约苏富比	2018-09-12
清道光 茶叶末釉高足盘	直径15.9cm	20,700	北京中汉	2018-04-15
清光绪 茶叶末釉贯耳瓶	高30cm	322,000	北京翰海	2018-06-30
清光绪 茶叶末釉荸荠瓶	高33cm	138,000	北京荣宝	2018-12-03
清光绪 茶叶末釉荸荠瓶	高33cm	63,250	中国嘉德	2018-05-18
清光绪 茶叶末釉贯耳瓶	高30cm	57,500	中国嘉德	2018-05-18
18世纪/19世纪 茶叶末釉瑞兽耳出戟壶		47,595	纽约苏富比	2018-03-24
清 茶叶末釉锥把瓶	高21cm	57,500	北京保利	2018-07-27
清 茶叶末釉玉壶春瓶	高37cm	34,500	广东衡益	2018-07-01
清 茶叶末釉蒜头瓶	高27.5cm	23,000	北京保利	2018-01-21
清 茶叶末釉双兽耳盘口尊	高30cm	55,200	北京荣宝	2018-12-03
清 植本堂款茶叶末釉高足杯	高9.2cm	66,700	西泠拍卖	2018-07-07
其他色釉				
隋 米色釉瓷罐带玉钮盖	高5.3cm	38,185	中国嘉德	2018-04-02
唐 鲁山窑花釉双系注壶	高21cm	143,193	中国嘉德	2018-04-02
宋或以后 瓷器（三件）	across 6.8cm	79,325	纽约佳士得	2018-03-20
元—明 各式瓷盘（三件）	尺寸不一	28,750	北京保利	2018-06-21
元 搅釉有托香盒（一套）	高6cm	34,500	北京东正	2018-06-17
元 明 清 单色釉瓷器（六件）	尺寸不一	28,750	中国嘉德	2018-05-18
元、清 单色釉瓷器（九件）	尺寸不一	20,700	中国嘉德	2018-09-20
17世纪/18世纪单色釉瓷器（四件）	尺寸不一	30,144	纽约佳士得	2018-03-20
清中期 仿翡翠釉模印云龙赶珠纹磬	长25.5cm	103,500	北京中汉	2018-11-21
19世纪 单色釉瓶（一组三件）	最大一件：21cm	107,800	伦敦苏富比	2018-05-18
18世纪/19世纪单色釉小瓶（七件）	高9.5cm	43,629	纽约佳士得	2018-03-20
清光绪 单色釉盘、碗（六只）	尺寸不一	25,300	中国嘉德	2018-05-18
19世纪 单色釉瓷（四件）		41,052	纽约苏富比	2018-09-15
清十八至十九世纪 单色釉瓷（六件）		18,816	纽约苏富比	2018-09-15
清 瓷烟壶、小瓶（五件）	尺寸不一	43,700	中国嘉德	2018-09-19
清 单色釉瓶、倒流壶（五件）	尺寸不一	28,750	中国嘉德	2018-05-18
清 单色釉瓷器（九件）	尺寸不一	25,300	中国嘉德	2018-05-19
清 单色釉瓷器（八件）	尺寸不一	25,300	中国嘉德	2018-09-18
清、民国 单色釉瓷器（四件）	尺寸不一	25,300	中国嘉德	2018-01-13
反 瓷				
明 湖田窑素身高足盏（一对）	直径16cm×2；高8.5cm×2	40,250	保利厦门	2018-07-15
清早期 挂釉双龙耳把杯	宽14.5cm	138,000	北京保利	2018-06-20
清道光 仿紫砂素瓷贯耳瓶	高29.3cm	172,500	中国嘉德	2018-05-18
清 仿生瓷鹿	高32cm	23,000	北京匡时	2018-06-15
清末/民国 素胎黑彩麒麟吐书图长颈瓶		23,798	纽约苏富比	2018-03-20
民国 素胎白瓷春郊放马图笔筒	12.7cm	20,482	伦敦苏富比	2018-05-18